Helmut Fries: Die große Katharsis · 2

Helmut Fries

Die große Katharsis
Der Erste Weltkrieg in der Sicht
deutscher Dichter und Gelehrter

Band 1
Die Kriegsbegeisterung von 1914:
Ursprünge – Denkweisen – Auflösung

Band 2
Euphorie – Entsetzen – Widerspruch:
Die Schriftsteller 1914-1918

Über den Autor:

Helmut Fries, geboren 1949 in München. Studium der Germanistik und p[...]
tischen Wissenschaften an den Universitäten München und Konstanz. Z[...]
Jahre Auslandsaufenthalt in Coventry/Großbritannien. 1991 Promotion [...]
Dr. phil. Derzeit in Konstanz tätig als Deutschlehrer in der Erwachsenenbil[...]
Weitere Veröffentlichung zum Thema: Helmut Fries, „Deutsche Schriftste[...]
Ersten Weltkrieg". In: *Der Erste Weltkrieg. Wirkung, Wahrnehmung, Analy*[...]
von Wolfgang Michalka, München 1994, S. 825-848.

Helmut Fries

Die große Katharsis

Der Erste Weltkrieg in der Sicht
deutscher Dichter und Gelehrter

Band 2
Euphorie − Entsetzen − Widerspruch:
Die Schriftsteller 1914-1918

Verlag am Hockgraben · Konstanz 1995

Die Deutsche Bibliothek – CIP-Einheitsaufnahme

Fries, Helmut:
Die grosse Katharsis : der erste Weltkrieg in der Sicht deutscher Dichter und Gelehrter / Helmut Fries. – Konstanz : Verl. am Hockgraben.

    Teilw. zugl.: Konstanz, Univ., Diss., 1991 u.d.T.: Fries, Helmut: Euphorie, Desillusionierung, Widerspruch
    ISBN 3-930680-00-9

  Bd. 2. Euphorie – Entsetzen – Widerspruch : die Schriftsteller 1914-1918. – 1995
    ISBN 3-930680-02-5

© Karlheinz Hülser, Verlag am Hockgraben · Konstanz 1995

Alle Rechte vorbehalten. Jede Verwertung dieses Werks außerhalb der engen Grenzen des Urheberrechtsgesetzes ist ohne Zustimmung des Verlags unzulässig und strafbar. Das gilt insbesondere für Übersetzungen, Vervielfältigungen, Mikroverfilmungen oder ähnliche Verfahren sowie für die Einspeicherung und Verarbeitung in elektronischen Systemen.

Gedruckt auf chlor- und säurefreiem Papier
Satz: pagina GmbH, Tübingen
Druck: MZ-Verlagsdruckerei GmbH, Memmingen
Printed in Germany

Für Dirk
mit Antje, Wiebke, Tilmann

In memoriam
Margot Ipsen 1940-1988

Inhaltsverzeichnis

Vorbemerkung IX
Erläuterung der Zitierweise X

I. Einführung

1. Geistige Mobilmachung 1
2. Probleme der Forschung 3
3. Erster Weltkrieg und Expressionismus 8

II. Die Dichter und der Krieg: Euphorie und Desillusionierung

1. Geistige Führung der Nation 11
2. „Welche Heimsuchung!" Die anfängliche Kriegsbegeisterung deutscher Schriftsteller und ihre literarischen Folgen 14
2.1. „Wir sind Geweihte!" Die Reaktionen deutscher Dichter und Künstler auf den neuen Krieg im Herbst 1914 14
2.2. Formen literarischer Apologie des Krieges 18
2.3. Umfang und Verbreitung kriegsapologetischer Literatur . . . 21
2.4. Motive und Hintergründe 23
2.5. Schriftsteller in der Opposition gegen den Krieg 27
3. Krieg und Kunst 30
3.1. Der Krieg als ästhetischer Reiz und Anstoß zu künstlerischem Schaffen 30
3.2. Katharsis der Kunst 35
3.3. Der Dichter als „Soldat" 46
4. Der Krieg als Entscheidung über die geistige Führung der Welt . 50
4.1. Die geistigen Grundlagen des Krieges 50
4.2. Deutschlands Anspruch auf geistige Führung der Welt . . . 62
4.3. August 1914: Die Wiedergeburt des deutschen ›Wesens‹ . . . 71
4.4. „Kultur" contra „Zivilisation" (Thomas Mann) 83
4.5. Der Feind als Tier und Ungeheuer 91
5. Desillusionierungen 95
5.1. Kampfgeschehen: Erwartung und Realität 95
5.2. Literarische Ent-Heroisierung des Geschehens an der Front: Die „Verse vom Schlachtfeld" 101
5.3. „Kein Krieg bringt Kunst hervor" 107
5.4. Der Verlust der Hoffnungen auf Katharsis und Neuerung . . 114
5.5. Sinn-Zweifel, Pflicht-Gedanke und Verstummen 122

III. Erneuerung von Mensch und Welt: Die Antwort des Expressionismus auf den Krieg

1.	Vorbemerkung	132
2.	„Kreuzzug des Geists zur Rettung des Menschen": Das Selbstverständnis des Expressionismus der Kriegsjahre	134
2.1.	Expressionismus als Lebensgefühl und Weltanschauung	134
2.2.	Die außerästhetische Zielsetzung der Expressionisten	136
3.	Der Krieg als Wendepunkt der Weltgeschichte	139
3.1.	Umsturz und Neubau der Welt	139
3.2.	Sinngebung des Sinnlosen	143
3.3.	Säkularisierte Heilsgeschichte	147
4.	Die Entstehung des Krieges aus expressionistischer Sicht	150
4.1.	Der Krieg als Abschluß einer Epoche	150
4.2.	Der naturwissenschaftliche Sündenfall der Menschheit	151
4.3.	Die Verschüttung des Menschen	157
4.4.	Schuld und Sühne	163
4.5.	Die Leistung der Expressionisten	166
5.	Die Erneuerung des Menschen	169
5.1.	Verschüttung und Wiedergeburt	169
5.2.	Vom wahren Menschsein	171
5.3.	„Ein jeder dir nah und Bruder"	185
5.4.	Der Mensch als Träger der Erneuerung	193
5.5.	Geistige Revolution	201
5.6.	Neubau der Gesellschaft durch Erneuerung des Menschen	215
5.7.	Die Erneuerungslehre des Expressionismus im Kontext des Ersten Weltkrieges	220
6.	Kunst und Erneuerung	232
6.1.	Expressionismus und Kunst	232
6.2.	Die Unwirklichkeit des Menschen	233
6.3.	Introversion und Erkenntnis	238
6.4.	Kunst und Vision	244
6.5.	Kunst und Wirkung	251
6.6.	Der Künstler als Führer	268

IV. Zusammenfassung

1.	Kernpunkte der allgemeinen Kriegseuphorie vom Sommer 1914	279
2.	Neue Einstellungen durch Erfahrung der Realität	281
3.	Ausblick	283

Literaturverzeichnis	285
Personenverzeichnis	302
Liste der Marginalien	309

Vorbemerkung

Der erste Band meiner ausführlichen Untersuchung über die Denkhaltungen deutscher Dichter und Gelehrten in den Jahren des Ersten Weltkriegs erschien vor wenigen Monaten, im Dezember 1994. Seine positive Aufnahme bei einer schnell wachsenden Leserschaft läßt mich zuversichtlich sein, daß auch der nun abgeschlossene zweite Band sein interessiertes Publikum finden wird.
Ausgangsbasis für die beiden Bände mit dem gemeinsamen Obertitel *Die große Katharsis* war meine Dissertation vom Sommer 1991. Für die Publikation als Buch wurde die ursprüngliche Fassung sorgfältig überarbeitet und in zwei selbständig benutzbare Bände aufgeteilt. Durch Beachtung neuer Gesichtspunkte und Einbezug zusätzlicher Texte aus den Jahren 1914-1918 erfolgte stellenweise eine deutliche Erweiterung. Dies gilt insbesondere für den hier vorgelegten zweiten Band. Sein Thema sind die bis heute nur wenig erforschten Reaktionen der deutschen Schriftsteller damaliger Zeit auf Beginn und Verlauf des Ersten Weltkriegs.
Meinen bereits in Band 1 genannten Freunden, deren geduldiger Zuspruch mir in der langen Zeit des Forschens und Formulierens immer wieder Antrieb und Zuversicht gab, sei auch an dieser Stelle noch einmal herzlich gedankt. Ebenso meinem Verleger Karlheinz Hülser für seine erneut große Geduld und kompetente Hilfe bei der Fertigstellung dieses Bandes.

Konstanz, im April 1995   Helmut Fries

Erläuterung der Zitierweise:

Jede Quellenangabe wird bei ihrer ersten Nennung ausführlich bibliographisch belegt (Verfasser, Titel, Erscheinungsort, Erscheinungsjahr; gegebenenfalls Publikationsorgan, Jahrgang etc.). Jede weitere Nennung derselben Quelle geschieht dann in Form einer Kurzangabe (Autor, Kurztitel). Auf diese folgt eine in Klammern gesetzte Zahl, d. i. die Nummer des Titels im Literaturverzeichnis. Das Verfahren von erster ausführlicher Nennung und anschließendem Kurztitel wiederholt sich in jedem der vier Hauptkapitel. Die ungewohnt aufwendige Zitierweise entspricht dem Interesse der Untersuchung. In einer Arbeit zur Kultur- und Mentalitätsgeschichte des wilhelminischen Kaiserreiches ist die genaue zeitliche Datierung der herangezogenen Materialien von großer Bedeutung. Nur so können die Kontinuitäten wie auch die Veränderungen in den Denkhaltungen der damaligen Zeitgenossen zuverlässig erfaßt werden. So weit wie möglich wird deshalb auch die jeweilige Erstveröffentlichung der verwendeten Primärtexte angegeben, bei großen Abweichungen überdies auch die Entstehungszeit.

I. Einführung

1. Geistige Mobilmachung

Als die Führung des Deutschen Reiches Anfang August 1914, nach einer langen Zeit des Friedens, zuerst Rußland und dann auch Frankreich den Krieg erklärte, reagierte die deutsche Bevölkerung mit freudiger Zustimmung und nicht selten sogar großer Begeisterung. Die bekannten Bilder patriotischer Aufmärsche wie auch die enorme Zahl euphorischer Äußerungen aus den ersten Tagen des Krieges dürfen aber nicht darüber hinwegtäuschen, daß neben aller Hochstimmung und Abenteuerlust oftmals auch Sorgen und Ängste die Zeitgenossen bedrückten. Aufmerksame Beobachter ahnten sehr schnell, daß das Geschehen des neuen Krieges alle bisherigen Vorstellungen und Erfahrungen übersteigen werde. Stefan Zweig z. B. notierte nach dem Einfall der deutschen Truppen in das neutrale Belgien verstört in sein Tagebuch: „Es ist Genialität oder Irrsinn – nie war die Welt so rasend. Jetzt fühle ich schon, Alles was die Menschheit erlebte ist Kinderspiel gegen diese letzte äußerste Tat." Und wenig später: „Es ist der entsetzlichste Tag meines ganzen Lebens – [...]"[1]   *Freude/Sorge*

Nach der ersten Überraschung und Hochstimmung stellte sich für viele Deutsche schon bald die Frage nach den tieferen Hintergründen und Zielsetzungen des erneuten ‚Völkerringens'. Vollkommen überzeugt von einer absoluten Unschuld des deutschen Reiches an der Entstehung des neuen Krieges fragte man nach den Motiven und Zielen der Feinde. Aus verschiedenen Gründen, die im Verlaufe der vorliegenden Arbeit genauer aufgedeckt werden können, fühlte sich eine Gruppe innerhalb der wilhelminischen Gesellschaft ganz besonders zur Auseinandersetzung mit den vermeintlich tieferen, den ‚wahren' Entscheidungsfragen des neuen Krieges berufen: die Schriftsteller. In den ersten Wochen und Monaten nach Kriegsbeginn wurde von seiten der Schriftsteller nicht nur eine schier unübersehbare Zahl affirmativer Kriegsgedichte veröffentlicht. Im gleichen Zeitraum entstand auch eine Fülle publizistischer Arbeiten, in denen die deutschen Schriftsteller ihren besorgten Landsleuten Aufklärung über die eigentlichen Hintergründe, Entscheidungsfragen und Auswirkungen der neuen „gewaltigen Heimsuchung" (Th. Mann)[2] versprachen.   *Die Dichter als Deuter*

Die direkt auf das Ereignis des Ersten Weltkriegs bezogenen Zeitungsartikel, Essays, Reden, Aufrufe, Aufsätze liefern das Quellenmaterial der folgenden Untersuchung. Ziel der Analyse ist das Aufdecken der verschiedenen, bisher nur wenig erforschten Denkmuster, mit denen die deutschen Schriftsteller der Zeit den Ersten Weltkrieg erklärten, rechtfertigten, ihm epochalen Sinn und Bedeu-   *Wahl der Quellen*

---

[1] Stefan Zweig, *Tagebücher*. Herausgegeben, mit Anmerkungen und einer Nachbemerkung versehen von Knut Beck. Frankfurt a. M. 1984, S. 84. Die Eintragung datiert vom 4.8.1914.
[2] Aus einem Brief Thomas Manns an Richard Dehmel vom 14.XII.14. Enthalten in: Thomas Mann, *Briefe 1889–1936*. Hrsg. von Erika Mann. Frankfurt a. M. 1961, S. 114/115.

tung zuschrieben. Zur Kontrolle wie auch Ergänzung der für einen späteren Betrachter oft sehr schockierenden Befunde werden neben der schriftstellerischen Publizistik immer wieder auch private Dokumente wie Tagebücher und Briefe in die Untersuchung miteinbezogen.[3] Nur sehr wenig Beachtung findet dagegen die gewaltige „Sturm- und Springflut" (so ein Zeitgenosse 1915)[4] affirmativer Kriegsgedichte, die sofort mit dem Tage der Mobilmachung im Deutschen Reich einsetzte. Diese massenhafte Kiegslyrik, zu deren Verfassern sowohl professionelle Autoren wie auch unzählige literarische Dilettanten gehörten, ist inhaltlich wie formal fast ohne Ausnahme in völlig traditioneller, epigonaler Schreibart abgefaßt. Die Gedichte der die Zeitgenossen so erfreuenden „poetischen Mobilmachung"[5] vom Herbst 1914 verraten dem späteren Leser außer allgemeiner Kriegsromantik und stereotypem Hurra-Patriotismus kaum etwas darüber, wie der Erste Weltkrieg von den zeitgenössischen deutschen Schriftstellern erklärt, legitimiert, in größere Zusammenhänge gestellt wurde.

Ein Sonderfall

Eine Ausnahme allerdings muß bei der Wahl der Quellen gemacht werden. Unter dem Eindruck ihrer persönlichen Erfahrungen der Vorgänge an der Front begannen einige zumeist jüngere Autoren schon nach wenigen Wochen, einen völlig neuartigen Typus von Kriegsgedichten zu entwickeln. Diese innovative anti-heroische Lyrik, die sogenannten „Verse vom Schlachtfeld", konterkarierte in scharfer Form die gewohnte Art des Dichtens über den Krieg. Für den heutigen Betrachter bilden die den Krieg radikal entglorifizierenden „Verse vom Schlachtfeld" ein aufschlußreiches Dokument des insgesamt nicht sehr materialreich belegten Vorgangs der Ernüchterung und Verstörung durch die Erfahrung der Realität des Krieges. Diese besondere Form der Lyrik über den Krieg wird deshalb in den Ausführungen über die oft schon schnelle Desillusionierung der deutschen Schriftsteller eine genauere Beachtung finden.[6]

,Hohe' Literatur

Die vorliegende Arbeit befaßt sich mit den Einstellungen der deutschen Schriftsteller seiner Zeit zum Ereignis und Erleben des Ersten Weltkriegs. Sie kann und will keine Literaturgeschichte der Jahre 1914 bis 1918 sein. Die massenhafte affirmative Lyrik findet hier ebensowenig Beachtung wie auch die gesamte ,hohe' Literatur aus den Jahren des Krieges. Eine kurze Anmerkung allerdings sei zu eben dieser ,hohen' Literatur notiert: Auch diejenigen Werke aus den Jahren 1914–18, in denen das Ereignis eines fürchterlichen Krieges thematisch keinerlei Eingang fand, müssen psychologisch doch ebenfalls in einer engen Verbindung mit dem Ersten Weltkrieg gesehen werden. Schien anfangs das Schreiben literarischer Werke angesichts des alles beherrschenden Krieges

---

[3] Gelegentlich werden darüber hinaus auch Aufzeichnungen von Angehörigen anderer Kunstsparten berücksichtigt, z.B. von Malern wie Franz Marc, Max Beckmann, Max Slevogt.
[4] Carl Busse, „Einleitung". In: *Deutsche Kriegslieder 1914/16*. Hrsg. und eingeleitet von Carl Busse. Bielefeld, Leipzig 1915. Zitiert wird nach der 3., vollständig umgearbeiteten Auflage, Bielefeld und Leipzig 1916; das Zitat dort S. VI.
[5] Julius Bab, „Die Kriegslyrik von heute. I". In: *Das literarische Echo* 17, 1914/15, H. 1 (Oktober 1914), Sp. 5–8; Zitat Sp. 5.
[6] In Kap. II, 5.2.

oftmals sinnlos und unmöglich, so veränderte sich diese Einstellung bei etlichen deutschen Schriftstellern im Verlauf der Kriegszeit. Je mehr sich die unerwartete Grauenhaftigkeit des Krieges offenbarte, um so öfter wurde nun versucht, sich wieder den ‚hohen' Themen und Formen jenseits aller Tagesaktualität zuzuwenden. Womit allerdings nicht schon gesichert war, daß diese „Flucht"[7] aus der Gegenwart auch realisiert werden konnte. Schreiben als Halt gegen den Wahnsinn der Zeit, Kunst als Gegenwelt zum Krieg – das konnte nur verwirklichen, wer radikal alle Nachrichten und Eindrücke aus der mehr als zuvor vom Krieg geprägten Gegenwart auszublenden vermochte.[8]

2. Probleme der Forschung

Die umfangreiche Publizistik der deutschen Schriftsteller seiner Zeit zum Ersten Weltkrieg wird von der Literaturwissenschaft bis heute weitgehend ignoriert. Zwar existiert inzwischen eine Fülle umfassender Forschungsarbeiten wie auch von Einzelstudien über die spätere, d. h. nach dem November 1918 entstandene literarische Verarbeitung des Ersten Weltkriegs.[9] Dieses spätere Schreiben aber aus der Distanz und Retrospektive, bei dem das Wissen um den völlig neuartigen ‚Charakter' wie auch um Dauer und Ausgang des Krieges eine zentrale Rolle spielt, darf auf keinen Fall mit den schriftstellerischen Stellungnahmen aus den Jahren des Ersten Weltkriegs selber gleichgesetzt werden. Wenn überhaupt, dann fanden eben diese unmittelbaren Stellungnahmen auf seiten der germanistischen Forschung lange Zeit bestenfalls in monographischen Arbeiten über einzelne Autoren eine kurze Erwähnung. Allgemeiner Konsens in der deutschen Literaturwissenschaft war für viele Jahre, daß die positiven Äußerungen der zeitgenössischen deutschen Schriftsteller zum Ereignis des Ersten Weltkriegs lediglich als kurzfristige „Verirrungen" zu gelten hätten. Die politisch zumeist völlig unerfahrenen und ahnungslosen Schriftsteller seien bedauerlicherweise im August 1914 für einen kurzen Moment dem patriotischen Rausch der Massen ebenso erlegen wie der geschickten und massiven Propaganda[10] von seiten der politisch-militärischen Führung.

Eine Verirrung?

---

[7] Der Begriff der „Flucht" aus der „Außenwelt" durch eigenes literarisches Arbeiten findet sich mehrfach in den Tagebuch-Eintragungen Stefan Zweigs, z. B. am 20. Juni 1915 und am 18. November 1915. Stefan Zweig, *Tagebücher*. (Nr. 260), S. 179 und 236.

[8] Zum oftmaligen Scheitern dieser Haltung, zur Schreibunfähigkeit deutscher Autoren angesichts des grauenhaften Krieges Kap. II, 5.5: „Sinn-Zweifel, Pflicht-Gedanke und Verstummen".

[9] Zu nennen sind hier z. B.: Herbert Bornebusch, *Gegen-Erinnerung. Eine formsemantische Analyse des demokratischen Kriegsromans der Weimarer Republik*. Frankfurt, Bern, New York 1985. – Michael Gollbach, *Die Wiederkehr des Weltkriegs in der Literatur. Zu den Frontromanen der späten Zwanziger Jahre*. Kronberg/Ts. 1978. – Karl Prümm, *Die Literatur des soldatischen Nationalismus der 20er Jahre (1918–1933)*. 2 Bde., Kronberg/Ts. 1974.

[10] Diese Argumentation z. B. noch bei Friedrich Albrecht, *Deutsche Schriftsteller in der Entscheidung. Wege zur Arbeiterklasse 1918–1933*. Berlin und Weimar 1970. – In seinem einleitenden Kapitel „Beziehungen zwischen Schriftsteller und Politik am Beginn des 20. Jahrhunderts" untersucht Albrecht kurz auch die Einstellungen der Schriftsteller zum Beginn des Ersten Weltkrieges; zur vermeintlichen Überwältigung durch die „Propaganda" siehe S. 37ff.

Klaus Schroeter[11] war zu Beginn der sechziger Jahre der erste, der diesen Konsens deutlich aufkündigte. Die zunächst klare Bejahung des Ersten Weltkriegs durch die meisten deutschen Schriftsteller wurde von ihm nicht mehr als eine Folge spontaner „Verwirrung" oder kurzzeitiger Überwältigung durch äußere Einflüsse, sondern als „Ergebnis zeitbedingter Erfahrungen", als Konsequenz von „seit Jahren erworbenen Anschauungen"[12] und Einstellungen verstanden. Schroeter lenkte den Blick erstmals auf das ohne Zweifel wichtigste Denkmuster in den schriftstellerischen Auslegungen und Rechtfertigungen des Ersten Weltkriegs: auf die Lehre von der geistig-kulturellen Überlegenheit und dem daraus resultierenden Missionsauftrag des deutschen Volkes. Bedauerlicherweise nahm Schroeter am Ende seiner kurzen, noch auf recht schmaler Materialbasis stehenden Darstellung seinen innovativen Ansatz selber wieder erheblich zurück. Seine Formulierung, die deutschen Schriftsteller „erlagen" bei Beginn des Ersten Weltkriegs „der überall ausgestreuten, wuchernden historischen Phrase", d.h. „einem Gewebe aus abstrakter Spekulation, nationalistischer Machtideologie, Monarchismus und Elitedünkel",[13] schwächte die von ihm aufgezeigte Bedeutung der Vorgeschichte des kriegsaffirmativen Denkens wieder deutlich ab und ließ die Schriftsteller erneut sehr viel eher als Opfer der staatlichen Propaganda sowie der besonderen historischen Situation erscheinen, denn als Schöpfer einer spezifischen und sehr egozentrischen Ausdeutung des neuen Krieges.

Der trotz dieser abschließenden Abschwächung sehr innovative und verdienstvolle Aufsatz Klaus Schroeters blieb in der deutschen Literaturwissenschaft zunächst ohne Folgen. Die umfangreiche schriftstellerische Kriegspublizistik aus den Jahren 1914 bis 1918 wurde weiterhin negiert oder als unbedeutender und kurzfristiger Irrtum abgehandelt. Es dauerte anderthalb Jahrzehnte, bis eine weitere, nun sehr ausführliche und belegreiche Arbeit über das Verhalten der deutschen Schriftsteller im Ersten Weltkrieg erschien: Eckart Koesters Untersuchung *Literatur und Weltkriegsideologie* (1977).[14] Auf breiter Materialbasis untersuchte Koester die „während und aus Anlaß des Ersten Weltkrieges in großem Umfange publizierten politischen Reflexionen und Meinungsäußerungen deutscher und österreichischer Schriftsteller".[15] Er analysierte die verschiedenen Topoi bei der schriftstellerischen Bejahung und Rechtfertigung dieses Krieges und beschäftigte sich u.a. ausführlich mit dem nicht nur von Thomas Mann vorgebrachten, angeblich existentiellen Gegensatz zwischen deutscher „Kultur" und westlicher

---

[11] Klaus Schroeter, „Der Chauvinismus und seine Tradition. Deutsche Schriftsteller und der Ausbruch des Ersten Weltkriegs". Als Vortrag erstmals gehalten am 6.7.1961 in Hamburg. Teilabdruck im *Staatsanzeiger für Baden-Württemberg* 13, 1964, Nr. 88, S. 2–3; sowie auf englisch in: *The Germanic Review* 43, 1968, S. 120–135. Im folgenden zitiert nach der Wiedergabe in: Klaus Schroeter, *Literatur und Zeitgeschichte. Fünf Aufsätze zur deutschen Literatur im 20. Jahrhundert*. Mainz 1970, S. 7–46.
[12] Ebda. S. 8.
[13] Ebda. S. 41/42.
[14] Eckart Koester, *Literatur und Weltkriegsideologie. Positionen und Begründungszusammenhänge des publizistischen Engagements deutscher Schriftsteller im Ersten Weltkrieg*. Kronberg/Ts. 1977.
[15] Ebda. S. 1.

„Zivilisation". Auch die wichtige Frage nach den Motiven für das so intensive kriegspublizistische Engagement der deutschen Schriftsteller wurde von Koester berücksichtigt. Anders als z. B. der Literaturwissenschaftler Friedrich Albrecht sah Koester den entscheidenden Grund für die kriegsaffirmative Haltung der Schriftsteller nicht in einem Leiden unter einer langjährigen „Isolation von den lebendigen Volkskräften" und der damit verbundenen „Sehnsucht nach Erlösung aus der Vereinsamung".[16] Koester konnte vielmehr überzeugend nachweisen, daß es den deutschen Schriftstellern weniger um eine „Eingliederung in das Volksganze" (F. Albrecht)[17] ging, als vielmehr zuallererst darum, nach langen Jahren gesellschaftlicher Randstellung endlich wieder eine Führungsposition als geistige Vordenker und Erzieher der Nation zu erlangen.

Neben beachtlichen innovativen Leistungen (im Vergleich zu den vorangegangenen Forschungen bzw. Tabuisierungen) wies die Arbeit von E. Koester auch erhebliche Schwächen auf. Dazu gehört insbesondere die von Koester immer wieder vollzogene Einschätzung der schriftstellerischen Kriegspublizistik als einer eindeutigen „Akklamation"[18] des wilhelminischen Obrigkeitsstaates. Diese fehlerhafte Gleichsetzung von Kriegspublizistik und „Akklamation" des „wilhelminischen Staats- und Gesellschaftssystems"[19] stellte Koester vor das Problem, eine erstaunliche, abrupte Wende in der politischen Haltung nahezu aller deutschen Schriftsteller erklären zu müssen. Nach seiner Darstellung verließen die meisten deutschen Schriftsteller bei Beginn des Ersten Weltkrieges schlagartig ihre zuvor über lange Jahre eingenommene Haltung einer scharfen Distanz zu Staat und Gesellschaft und wurden plötzlich zu vehementen Verfechtern „der Kriegspolitik des imperialistischen Deutschland".[20] Dieser abrupte „Umschlag" von einer Haltung der Apolitie oder einem zuvor betriebenen „kulturkonservativen Protest gegen die Verhältnisse in Deutschland" zur plötzlichen „Affirmation des wilhelminischen Staates"[21] kann von Koester nur mit großer Verwunderung registriert, nicht aber erklärt werden.

Unzulässige Gleichsetzung

Die „überwiegende Mehrheit" der deutschen Schriftsteller ergriff im Herbst 1914 keineswegs „prononciert für die deutsche Kriegspolitik Partei".[22] Überraschenderweise hat Koester bei seiner Analyse der schriftstellerischen Kriegspublizistik einen zentralen Topos eben dieses Schrifttums weitgehend übersehen. Es war nur in den wenigsten Fällen der wilhelminische Staat, dem die Gedanken, die Sympathien und die Hoffnungen der deutschen Schriftsteller galten. Vielmehr hatte sich nach der Auffassung so gut wie aller kriegspublizistisch aktiven deutschen Schriftsteller im August 1914 das „Wunder"[23] einer einzigartigen

Ein neues Deutschland

---

[16] Friedrich Albrecht, *Deutsche Schriftsteller in der Entscheidung.* (Nr. 261), S. 28 und 31.
[17] Ebda. S. 31.
[18] Eckart Koester, *Literatur und Weltkriegsideologie.* (Nr. 285), S. 13.
[19] Ebda.
[20] Ebda. S. 17.
[21] Alle Zitate ebda. S. 14.
[22] Beide Zitate ebda. S. 109.
[23] Im Hinblick auf „jene phantastische Neuheit der inneren Lage", „das brüderliche Zusammenarbeiten von Sozialdemokratie und Militärbehörde", sprach Thomas Mann 1914

Reinigung, Läuterung, Katharsis der gesamten Nation ereignet. Nach einer langen Zeit der Verdrängung durch Materialismus und Egoismus, durch Vergnügungssucht und Sittenlosigkeit schien nun urplötzlich das wahre deutsche „Wesen" wiedererweckt zu sein.[24] Durch das Ereignis des Krieges war nach dem Verständnis gerade der Schriftsteller mit einem Schlage ein ganz anderes, ein neues Deutschland entstanden – ein Deutschland, dessen prägende Merkmale keineswegs mehr mit dem wilhelminischen Macht- und Obrigkeitsstaat übereinstimmten. Richard Dehmel z.B. jubelte im Herbst 1914, daß unter dem Druck des Krieges nun endlich die „Machtprotzerei", das „Sklavenhändler-Herrentum", „all der Parteihader und Klickendünkel" der vergangenen Jahre und Jahrzehnte „wie weggezaubert" sei.[25]

Die große Katharsis

Die zustimmenden Reaktionen der deutschen Schriftsteller bei Beginn des Ersten Weltkriegs können nicht damit erklärt werden, daß dieser Krieg im Deutschen Reich „die Stabilisierung aller gegen den Fortschritt gerichteten Tendenzen im politischen, ideologischen und kulturellen Bereich zu gewährleisten schien" (E. Koester).[26] Vielmehr war es genau umgekehrt zumeist gerade die Zuversicht auf nun möglich werdende oder bereits eingetretene tiefgreifende Veränderungen, die im Herbst 1914 zur Begeisterung der Schriftsteller über das „Glück" eines neuen Krieges führte; eine Zuversicht, die sich keineswegs etwa nur auf die Entwicklung der Künste oder auf die gesellschaftliche Stellung der Schriftsteller bezog, sondern oftmals ausdrücklich auch auf das Feld der Politik. Der Schriftsteller Alfred Walter Heymel z.B., der im März 1911 „große, strenge, fürchterliche Zeiten" erhofft hatte, damit die deutsche Jugend endlich von aller Dekadenz und Weichlichkeit befreit werde,[27] schrieb am 19. September 1914 an seine Kollegin Annette Kolb: „Aber wenn dieser Sieg errungen ist, dann wird es die Aufgabe der Intelligenz und der wahrhaft Gebildeten sein, Deutschland im fortschrittlichen Sinne umzuorganisieren, das vergossene Blut will seinen Lohn haben. Ein verantwortliches Volksparlament soll eine verantwortliche Regierung kontrollieren."[28] Und Thomas Mann, der noch im Jahre 1918 auf Hunderten

---

wörtlich von einem „Wunder". Siehe Thomas Mann, „Gedanken im Kriege". Zuerst in: *Die Neue Rundschau* 25, 1914, Heft 11 (November). Im folgenden zitiert nach: Thomas Mann, *Politische Schriften und Reden 2*. Frankfurt 1968, S. 7–20; die Zitate S. 9. (*Das essayistische Werk*. Taschenbuchausgabe in acht Bänden. Hrsg. von Hans Bürgin).

[24] Ausführlich dazu siehe hier Kap. II, 4.3: „August 1914: Die Wiedergeburt des deutschen ‚Wesens'".

[25] Richard Dehmel, „Offener Brief an meine Kinder". Zuerst im *Berliner Tageblatt* vom 9. Oktober 1914. Ohne Titel auch enthalten in Richard Dehmel, *Zwischen Volk und Menschheit. Kriegstagebuch*. Berlin 1919, S. 9–13; die Zitate hier S. 12.

[26] Eckart Koester, *Literatur und Weltkriegsideologie*. (Nr. 285), S. 14.

[27] Aus einem Brief von Alfred Walter Heymel an Gustav Pauli, datiert vom 6. März 1911. Zitiert nach: *Rudolf Borchardt, Alfred Walter Heymel, Rudolf Alexander Schröder. Eine Ausstellung des Deutschen Literaturarchivs im Schiller-Nationalmuseum*. Marbach am Neckar, 1978 (*Sonderausstellungen des Schiller-Nationalmuseums*. Katalog Nr. 29, hrsg. von Bernhard Zeller), S. 263.

[28] Das Schreiben Alfred Walter Heymels hier zitiert nach: Herbert Lehnert, *Geschichte der deutschen Literatur vom Jugendstil zum Expressionismus*. Stuttgart 1978, S. 877. (*Geschichte der deutschen Literatur von den Anfängen bis zur Gegenwart*. Bd. V). Der Brief Heymels dort

von Seiten das deutsche „Wesen" gegen die ihm so verhaßte „Zivilisation" des Westens verteidigte,[29] bekannte im März 1915: „Der Geist des Preußentums, man kann daran nicht mehr zweifeln, hat seine deutsche Aufgabe erfüllt, er ist heute bestimmt, überwunden zu werden."[30] Nach der Meinung Thomas Manns vom Mai 1915 war der neue Weltkrieg für das Deutsche Reich sowohl ein „Befreiungskrieg" wie auch ein „Freiheitskrieg". In einer Zeitung schrieb er, der Krieg vom August 1914 habe nicht nur die „äußere Einschnürung" des Reiches, sondern auch dessen langjährige „innere Verdüsterung" überwunden.[31] Eine Auffassung, die wohl kaum als „Akklamation" des wilhelminischen Staates verstanden werden kann. Sowohl der Gedanke einer bei Kriegsbeginn eingetretenen, schon lange notwendigen geistig-sittlichen Katharsis des deutschen Volkes wie auch viele der schriftstellerischen Vorstellungen über die gesellschaftlichen Verhältnisse nach dem Kriege enthielten eine klare Distanz zum wilhelminischen Macht- und Obrigkeitsstaat der Vorkriegsära.

Die Vorstellungen der Zeitgenossen vom August 1914 über Dauer, Verlauf und die kathartische Wirkung des neuen Krieges wurden durch die Erfahrung der Wirklichkeit schon bald widerlegt. Die schweren „seelischen Enttäuschungen" (R. Dehmel),[32] die sich mit dem Erleben der so niemals erwarteten Realität verbanden, führten auch bei den deutschen Schriftstellern zu einem oft sehr schnellen Verlust aller anfänglichen Ideen über den Krieg. Dieser Vorgang einer wachsenden Desillusionierung bis hin zur tiefsten Resignation ist in der Literaturwissenschaft bisher noch weitgehend unerforscht.[33] Zu seiner Erkenntnis müssen in erster Linie private Äußerungen und Aufzeichnungen herangezogen werden. In der Publizistik der deutschen Schriftsteller fand der Verlust der anfänglichen Hoffnungen, Deutungen und Sinngebungen zwar quantitativ einen deut-

Desillusionierung

---

leider ohne genauere Quellen-Angabe. Im Unterschied zu weitgehend allen anderen Übersichts-Darstellungen dieser Art berücksichtigt H. Lehnert in seiner Literaturgeschichte die zeitgenössischen Reaktionen der deutschen Schriftsteller auf den Ersten Weltkrieg (in publizistischer und genuin literarischer Form) recht ausführlich.

[29] In seinem Werk *Betrachtungen eines Unpolitischen*, erschienen erstmals Berlin 1918.
[30] So Thomas Mann in einem Brief an Paul Amann, datiert vom 25.III.15. Zitiert nach: Thomas Mann, *Briefe an Paul Amann 1915–1952*. Hrsg. von Herbert Wegener. Lübeck 1959, S. 27. (*Veröffentlichungen der Stadtbibliothek Lübeck. Neue Reihe*. Bd. 3). – Thomas Mann vertrat den Gedanken einer nach dem Krieg kommenden Abkehr Deutschlands vom Preußentum keineswegs nur im privaten Kreis. Dieser Gedanke findet sich z. B. auch in seiner Antwort auf eine Rundfrage der schwedischen Zeitung *Svenska Dagbladet* vom Mai 1915. Auf deutsch erschien Thomas Manns Antwort erstmals unter dem Titel „Brief an die Zeitung ‚Svenska Dagbladet', Stockholm" in der *Neuen Rundschau* 26, 1915, Heft 6 (Juni), S. 830–836.
[31] Alle Zitate bei Thomas Mann, „An die Redaktion des ‚Svenska Dagbladet', Stockholm". Hier zitiert nach dem Abdruck in: Thomas Mann, *Von deutscher Republik. Politische Schriften und Reden in Deutschland*. Nachwort von Hanno Helbling. Frankfurt 1984, S. 89–97; die Zitate S. 95/96. (Thomas Mann, *Gesammelte Werke in Einzelbänden*. Frankfurter Ausgabe. Hrsg. von Peter de Mendelssohn).
[32] Richard Dehmel, *Zwischen Volk und Menschheit. Kriegstagebuch*. Berlin 1919, S. 441.
[33] Auch in der Arbeit von E. Koester, *Literatur und Weltkriegsideologie* (Nr. 285), findet dieser Prozeß der Desillusionierung zunächst so begeisterter schriftstellerischer Apologeten des Krieges keinerlei Berücksichtigung.

lichen Niederschlag, nur selten aber auch inhaltlich. Unter dem Eindruck der grauenvollen Realität verstummten die zunächst so optimistischen „Sänger des Krieges",[34] aber nur in wenigen Ausnahmefällen hatten sie auch den Mut zum Widerruf ihrer früheren kriegsapologetischen Positionen. Neben der Sorge vor der Zensur waren es ohne Zweifel insbesondere Gründe des Prestiges, welche die deutschen Schriftsteller daran hinderten, nun auch ihre Desillusionierung und Ratlosigkeit der Öffentlichkeit mitzuteilen.

3. Erster Weltkrieg und Expressionismus

Erneute Sinn-Frage

Die Dauer des Krieges, die unerhörte Zahl von Opfern, die er forderte, und nicht zuletzt auch die inneren Entwicklungen im Deutschen Reich widerlegten alle anfänglichen Vorstellungen und Erwartungen der Zeitgenossen. Die wachsenden inneren Widersprüche und Polarisierungen[35] widersprachen vollkommen der insbesondere von den Schriftstellern so vehement vertretenen Auffassung einer einzigartigen Katharsis und Erneuerung des ganzen deutschen Volkes im August 1914. Sehr viel stärker noch als zu Beginn quälte mit der steigenden Unglaubwürdigkeit aller bisherigen Vorstellungen viele Zeitgenossen die für das weitere psychische Ertragen so wichtige Frage nach den Hintergründen, dem Sinn und den möglichen Folgen des vom Abenteuer zur Katastrophe werdenden Krieges.

Krieg u. Expressionismus

In diesem Zusammenhang weithin wachsender Verstörung muß die Entstehung und die zunehmende Resonanz einer recht andersartigen zeitgenössischen Auslegung des Ersten Weltkriegs gesehen werden: der deutsche Expressionismus.[36] Der sehr spezifischen Auffassung über den Krieg bei den deutschen Expressionisten gilt das zweite Hauptkapitel der folgenden Untersuchung. Das Interesse richtet sich dabei nicht auf die literarische Gestaltung fiktiver oder tatsächlicher Kriegsbegebenheiten, sondern sehr viel weitergehend auf die im Kontext der Zeit geradezu revolutionäre expressionistische Deutung und Erklärung des Ersten Weltkriegs. Obwohl zur Erscheinung des Expressionismus inzwischen eine sehr umfangreiche Forschungsliteratur vorliegt, ist gerade dieses wichtige Thema der expressionistischen Auseinandersetzung mit dem realen Krieg bisher weitgehend unbeachtet geblieben.

Die Ideen der Expressionisten

Die Vertreter des Expressionismus[37] beschränkten sich keineswegs auf einen moralischen Protest gegen die immer offenkundiger werdenden Schrecken des Krieges. Sie reflektierten vielmehr auch intensiv über die Gründe zur Entstehung des neuen Weltkriegs. Die eigentlichen Wurzeln für die allgemeine Kriegsbereitschaft der Menschen vom August 1914 sahen die Expressionisten nicht in den

---

[34] Vgl. Julius Bab, „Heinrich Lersch, der Sänger des deutschen Krieges", in: Heinrich Lersch, *Herz! Aufglühe dein Blut. Gedichte im Kriege*, Jena 1916, S. 1–8.
[35] Vgl. Band 1, Kap. IV, 3: „Die Auflösung der nationalen Einheit".
[36] Die vorliegende Arbeit beschränkt sich auf den deutschsprachigen Raum. Wieweit der Expressionismus eine internationale Erscheinung war, kann hier nicht weiter verfolgt werden.
[37] Genauer zu den Begriffen ‚Expressionismus' und ‚expressionistisch' siehe Kap. III, 1.

Bereichen von Politik und Ökonomie, sondern in geistig-mentalen Entwicklungen der Vorkriegsära. Nach ihrem Verständnis bildete eine immer stärkere Abdankung von Moral und Ethik vor dem naturwissenschaftlichen Denken und der zum „Götzen" gewordenen Technik eine wesentliche Ursache für die Entstehung des Krieges.[38] Auf der Basis einer sehr speziellen, verschiedenen Traditionen verpflichteten Anthropologie entwarfen die Expressionisten in den Jahren 1914 bis 1918 eine umfassende, zukunftsorientierte Moral- und Verhaltenslehre. „Der Mensch ist um des Menschen willen da"[39] lautete der Kernsatz ihrer gegen die Haßorgien der Zeit gerichteten Ethik. Die genaue Analyse wird aufzeigen, wie sehr die Expressionisten gezielt konstitutive Denkmuster der affirmativen zeitgenössischen Kriegsideologie aufgriffen und desavouierten. Dem verhängnisvollen Chauvinismus der Apologeten des Krieges, die jeden Andersdenkenden zum Feind, wenn nicht zum Un-Menschen und tierischen Ungeheuer erklärten,[40] hielten die Expressionisten die großen geistigen Traditionen Europas und insbesondere die im Deutschen Reich immer wieder für vollkommen antiquiert erklärten[41] Leitgedanken der Französischen Revolution entgegen.

Das eigentliche Anliegen der expressionistischen Bewegung zwischen 1914 und 1918 war nicht eine schnellstmögliche Beendigung des realen Krieges um jeden Preis. Sondern vielmehr eine grundlegende, nur über einen sehr sehr langen Zeitraum hinweg zu verwirklichende geistig-ethische Neubesinnung und „Wandlung"[42] der Menschheit – eine „geistige Revolution",[43] zu der nach expressionistischem Verständnis jeder einzelne beitragen konnte und mußte.

Geistige Revolution

Die sorgfältige, in dieser Art bisher noch nicht geleistete Analyse des deutschen Expressionismus vor der Folie der zeitgenössischen Rechtfertigungen und Glorifizierungen des Ersten Weltkriegs wird zu einer deutlich veränderten Sehweise und Bewertung führen. In der Forschung erfährt der Expressionismus der Kriegsjahre bis heute oftmals eine Geringschätzung als naiv, dilettantisch, illusionär. Für E. Koester z. B. bildet er lediglich eine naiv-utopische Protesthaltung gegen die Greuel des Ersten Weltkriegs.[44] Koester wirft nahezu der gesamten „Antikriegsbewegung innerhalb der deutschen Literatur"[45] Illusionismus und Utopismus vor, da sie sich nicht an die bereits existierende „mächtige antiimperialistische und antimilitaristische Bewegung"[46] angeschlossen habe. Diese enge Fixierung auf bestimmte Kräfte in der deutschen Arbeiterbewegung als vermeintlich einzig zulässigem Träger einer „revolutionären Umwälzung der bestehenden Gesellschaftsordnung"[47] versperrt Koester, wie auch zahlreichen an-

Ignoranz der Forschung

---

[38] Siehe Kap. III, 4: „Die Entstehung des Krieges aus expressionistischer Sicht".
[39] Ludwig Rubiner, *Der Mensch in der Mitte*. Berlin-Wilmersdorf 1917, S. 191.
[40] Vgl. Kap. II, 4.5: „Der Feind als Tier und Ungeheuer".
[41] Siehe Band 1, Kap. III, 4.6: „Die Ideen von 1914. Von der kulturellen zur politischen Mission".
[42] Ernst Toller gab seinem dramatischen Erstwerk den bezeichnenden Titel *Die Wandlung. Das Ringen eines Menschen*. (Entstanden 1917/18; in Buchform erstmals Potsdam 1919).
[43] Siehe dazu den gleichlautenden Abschnitt 5.5 in Kapitel III.
[44] Eckart Koester, *Literatur und Weltkriegsideologie*. (Nr. 285), S. 358ff.
[45] Ebda. S. 343.
[46] Ebda. S. 356.
[47] Ebda.

deren Autoren, den Blick für die Komplexität und die Leistung der im Verlaufe der Kriegsjahre immer wirkungsmächtiger werdenden expressionistischen Bewegung.

Schwerpunkt Publizistik

Mit der Erfahrung der grauenvollen Wirklichkeit des Krieges stieg auch die Zahl seiner Gegner beständig an. Da ein offenes Auftreten gegen den Krieg weitgehend unmöglich war, wurde die Publizistik – obgleich unter den Einschränkungen der Zensur[48] – für die Gegner des Krieges ein wichtiges Mittel zur inhaltlichen Verständigung wie auch zur Sammlung von Gleichgesinnten. Dies gilt auch für den Expressionismus der Kriegszeit. Das publizistische Schrifttum der Expressionisten aus den Jahren 1914–1918 liefert das Material für die im übernächsten Kapitel vorgelegte Analyse der expressionistischen Auffassungen über die Entstehung des Krieges und der damit verbundenen Konzeption einer geistig-ethischen „Erneuerung"[49] des Menschen. Die hier interessierenden Grundpositionen des Expressionismus finden sich in der Publizistik zumeist sehr viel offener ausgedrückt als in den literarischen Werken aus der Zeit des Ersten Weltkriegs.

Aufrüttelung

Das recht umfangreiche publizistische Schreiben diente den Expressionisten zunächst vor allem zur Suche nach Mitstreitern und zur Abklärung gemeinsamer Grundpositionen. Unter den Bedingungen des Krieges und der Zensur war der Stil zumeist kurz und programmatisch; später allerdings wurde er dann nicht selten pathetisch und appellativ. Der zeitgenössische Leser sollte nun (1917/18) nicht mehr nur über das expressionistische Verständnis des Krieges informiert, sondern darüber hinaus auch zu persönlicher „Wandlung" und zu aktivem Handeln motiviert werden. Solange die Verbreitung und insbesondere die Bühnenaufführung der literarischen Werke des Expressionismus im Deutschen Reich von der Zensur massiv behindert wurde, mußte das publizistische Schrifttum die wichtige Funktion einer geistig-moralischen „Aufrüttelung"[50] der Zeitgenossen übernehmen. Wobei allerdings nicht übersehen werden darf, daß die adäquate Umsetzung der expressionistischen Programmatik in literarische Werke den Mitgliedern dieser Bewegung oftmals erhebliche Probleme bereitete.

---

[48] Dies gilt natürlich nicht für Schriften, die im neutralen Ausland hergestellt wurden, z. B. in der Schweiz. Andererseits waren diese Veröffentlichungen dem deutschen Publikum kaum zugänglich.

[49] Siehe Kap. III, 5: „Die Erneuerung des Menschen".

[50] Dieser Begriff z. B. als Titel eines Gedichtes, das Ernst Toller 1917/18 seinem Drama *Die Wandlung* voranstellte. Am Ende des Gedichtes stehen die für das Selbstverständnis der expressionistischen Autoren charakteristischen Zeilen: „Den Weg! / Den Weg! – / Du Dichter weise." Ernst Toller, *Die Wandlung. Das Ringen eines Menschen.* Potsdam 1919, S. 6.

II. Die Dichter und der Krieg: Euphorie und Desillusionierung

1. Geistige Führung der Nation

In einem Schreiben an seinen im Feld stehenden Kollegen Richard Dehmel nannte Thomas Mann im Dezember 1914 die „Ausdeutung, Verherrlichung, Vertiefung der Geschehnisse"[1] als zentrale Aufgabe der Schriftsteller und Intellektuellen seiner Zeit. Wie diese „Ausdeutung" und „Vertiefung" des Ersten Weltkriegs durch die deutschen Schriftsteller inhaltlich-argumentativ ausfiel, werden die folgenden Abschnitte sorgfältig aufzeigen. Die von Thomas Mann ebenfalls genannte poetische „Verherrlichung", die „dichterische Verklärung"[2] des Krieges findet hier dagegen, aus bereits genannten Gründen,[3] keine weitere Beachtung.

Ausdeutung u. Vertiefung

Die positiven, nicht selten geradezu euphorischen Stellungnahmen nahezu aller deutschen Schriftsteller aus der Anfangszeit des Ersten Weltkriegs irritieren – sofern sie überhaupt wahrgenommen werden – die literaturwissenschaftliche Forschung bis heute. Ein entscheidender Schlüssel zum Verständnis des für spätere Betrachter oft recht schockierenden kriegsaffirmativen Schrifttums findet sich in der sehr spezifischen Perspektive, aus der der Erste Weltkrieg von der großen Mehrzahl der deutschen Schriftsteller zunächst wahrgenommen und gedeutet wurde. Das neue „Elementarereignis" (G. Hauptmann)[4] galt ihnen nicht so sehr als ein politisch-militärisches, sondern vielmehr zuallererst als kulturgeschichtliches Phänomen. Die politisch-militärischen Ziele wie auch die konkrete Politik der Führung des Reiches[5] blieben in der schriftstellerischen Publizistik über den Krieg weitgehend unbeachtet. Hinter der sichtbaren äußeren „Ausbruchsform",[6] hinter den politischen und militärischen Ereignissen bestimmten die Schriftsteller eine viel tiefere und wichtigere geistig-kulturelle Dimension als die eigentliche Ursache und Entscheidungsfrage des neuen Krieges. Weithin waren sie der heute völlig fremd gewordenen Auffassung, „daß die eigentliche und letzte Entscheidung nicht im Bereich des Militärischen und Wirtschaftlichen

Vom ‚wahren' Sinn

---

[1] Brief Thomas Manns an Richard Dehmel vom 14.XII.1914. Enthalten in: Thomas Mann, *Briefe 1889–1936*, hrsg. von Erika Mann. Frankfurt a.M. 1961, S. 114/115.
[2] Ernst Borkowsky, *Unser heiliger Krieg*. Weimar 1914, S. 135.
[3] Siehe Kap. I, 1.
[4] Dieser Begriff stammt aus einer „Erwiderung" Gerhart Hauptmanns vom 11. Sept. 1914 auf einen „offenen Brief" Romain Rollands. Hier zitiert nach: *Der Krieg der Geister. Eine Auslese deutscher und ausländischer Stimmen zum Weltkriege 1914*, gesammelt und hrsg. von Dr. Hermann Kellermann. Dresden 1915, S. 443.
[5] Wichtige Ausnahmen bilden die Verletzung der belgischen Neutralität durch deutsche Truppen sofort zu Beginn des Krieges sowie die Beschädigungen und Zerstörungen bedeutender Kulturgüter in Reims und Löwen durch deutsche Soldaten. Speziell zu diesen Ereignissen liegen auch zahlreiche (entschuldigende) Stellungnahmen von deutschen Schriftstellern vor.
[6] Rudolf Borchardt, *Der Krieg und die deutsche Verantwortung*, Berlin 1916, S. 28.

oder des Machtpolitischen und des Sozialen, sondern in dem des Geistigen und Kulturellen [...] fallen müsse" (J. Prohl).[7] Diese vermeintlich so viel wichtigere Dimension, „das Ganze des Konfliktes" (R. Borchardt),[8] die „geistige Bedeutung" (H. v. Hofmannsthal)[9] des neuen „Völkerringens" wollten die deutschen Schriftsteller mit ihrer kriegsaffirmativen Publizistik einem möglichst breiten Publikum aufzeigen und verständlich machen.

Geistige Führung   Mit dieser Auslegung des realen Krieges als äußerer Form eines viel älteren und wichtigeren geistigen Entscheidungskampfes verbanden die deutschen Schriftsteller sehr deutlich den Anspruch auf eine grundlegende Veränderung ihrer Stellung innerhalb der wilhelminischen Gesellschaft. Wenn der Krieg eigentlich aus geistigen Gründen entstanden war und über die weitere geistig-kulturelle Zukunft Europas, ja letztlich sogar der ganzen Welt entschied, dann war niemand zu seiner „Ausdeutung, Verherrlichung, Vertiefung"[10] so befähigt und berechtigt wie eben gerade die Träger und Bewahrer der Kultur, d. h. zuallererst also die Schriftsteller selber. Ohne diesen Anspruch auf eine besondere Kompetenz zur Auslegung des eingetretenen Krieges sowie auf eine neu zu errichtende gesellschaftliche Führungsposition der Kunst und Literatur ist die affirmative Kriegspublizistik der deutschen Schriftsteller aus den Jahren 1914 bis 1918 in der Regel nicht zu verstehen. In seiner Arbeit über das Verhalten der deutschen Schriftsteller im Ersten Weltkrieg befand Eckart Koester 1977:

„Gemeinsam ist all diesen Versuchen, dem Krieg einen geistigen Sinngehalt zu unterstellen, daß sie die literarische Intelligenz als wichtigen Protagonisten und zugleich als unentbehrlichen Interpreten des aktuellen Geschehens erscheinen liessen und damit – im ideellen wie im praktischen Sinne – zur gesellschaftlichen Aufwertung der Schriftstellerexistenz aufforderten."[11]

Neues Selbstverständnis   Der Erste Weltkrieg bewirkte zunächst einmal eine enorme Steigerung im Selbstverständnis nahezu aller deutschen Schriftsteller. Plötzlich fühlte man sich nicht mehr als Außenseiter der Gesellschaft, nicht mehr als Opfer der technisch-industriellen Umwälzungen,[12] sondern wieder als Führer und Erzieher der Nation, als „Seher"[13] und „Vates".[14] Am deutlichsten hat wohl Rudolf Borchardt

---

[7] Jürgen Prohl, *Hugo von Hofmannsthal und Rudolf Borchardt. Studien über eine Dichterfreundschaft*, Bremen 1973, S. 208. Prohls Beschreibung der Positionen von Hofmannsthal und Borchardt besitzt auch für viele andere deutsche Schriftsteller der Zeit Gültigkeit.

[8] Rudolf Borchardt, *Der Krieg und die deutsche Verantwortung*, (Nr. 29), S. 28.

[9] Hugo von Hofmannsthal, „Über Krieg und Kultur", zuerst im *Svenska Dagbladet*, 1915. Gekürzt und rückübersetzt auch im *Berliner Tageblatt*, 1915. Hier zitiert nach Hugo von Hofmannsthal, *Prosa III*, Frankfurt a. M. 1952, S. 503–505; das Zitat S. 503 (*Gesammelte Werke in Einzelausgaben*).

[10] Brief Thomas Manns an Richard Dehmel vom 14.XII.14, zitiert nach Thomas Mann, *Briefe 1889–1936*. (Nr. 163), S. 114/115.

[11] Eckart Koester, *Literatur und Weltkriegsideologie. Positionen und Begründungszusammenhänge des publizistischen Engagements deutscher Schriftsteller im Ersten Weltkrieg*, Kronberg/Ts. 1977, S. 213/214.

[12] Siehe Band 1, Kap. II: „‚Übergangszeit'. Kultur und Gesellschaft im wilhelminischen Deutschland".

[13] Rudolf Borchardt, *Der Krieg und die deutsche Verantwortung*, (Nr. 29), S. 51.

[14] Rudolf Borchardt, *Der Krieg und die deutsche Selbsteinkehr. Rede, öffentlich gehalten am 5. Dezember 1914 zu Heidelberg*, Heidelberg 1915, S. 8.

dieses veränderte Selbstverständnis und den neuen Führungsanspruch der deutschen Schriftsteller formuliert, als er (noch!) 1916 verkündete:

„Die geistige Produktion, und als ihr höchster Ausdruck die Poesie, tritt in das alte von Goethe und Schiller ihr vererbte Recht, die Verantwortung für jede vor ihr stehende Jugend zu übernehmen, von nun an wieder ein und setzt sich vor, durch ihre Schöpfung und ihre Gestalten das geistige Leben der Nation zu führen. Zu lange war sie Magd, zu lange waren ihre Werkzeuge an die schwächste Hand geerbt, zu lange entschlug sie sich ihrer Verantwortungen."[15]

Die positive Aufnahme des Krieges vom August 1914 durch die allermeisten deutschen Schriftsteller der Zeit und deren schlagartig gestiegenes Selbstbewußtsein verweisen den späteren Betrachter zurück auf den heftigen Kulturpessimismus der Vorkriegszeit. In der Ära der technisch-industriellen Umwälzungen zur Regierungszeit Wilhelm II. waren Kunst und Literatur in eine tiefe Funktionskrise geraten. Diese für das heutige Verständnis der Kriegsbegeisterung von 1914 so wichtige Vorgeschichte ist im ersten Band der vorliegenden Untersuchung bereits ausführlich dargestellt worden. Ihre Relevanz wird auch im folgenden immer wieder deutlich zu erkennen sein. Die Vorgeschichte

Die verschiedenen Denkmuster bei der Auslegung und Sinngebung des Ersten Weltkriegs durch die deutschen Schriftsteller der damaligen Zeit werden in den folgenden Abschnitten eingehend analysiert. Die hochfliegenden Hoffnungen auf eine Katharsis der Kunst und Kultur im nationalen Sinne finden dabei ebenso Beachtung wie der für das deutsche Volk erhobene Anspruch auf geistige Führung der Welt wegen seiner besonderen „geschichtlichen Sendung"[16] und wie die These von einem epochalen Entscheidungskampf zwischen deutscher „Kultur" und westlicher „Zivilisation". So verschieden die Denkmuster im einzelnen waren, so hatten sie doch eine wesentliche gemeinsame Grundlage. Fast alle beruhen sie auf der Überzeugung, daß das deutsche Volk zu Beginn des Kriegs eine Verwandlung erfahren habe. Diese weltweit einzigartige Katharsis sollte nicht nur die Sphäre der Moral und Sittlichkeit betreffen, sondern noch viel weiter reichen, bis hin zum künstlerischen Geschmack der breiten Masse. Nicht die realen Ereignisse des Krieges standen im Mittelpunkt der schriftstellerischen Reflexionen, sondern zuallererst das deutsche „Wesen" und dessen „Wiedergeburt" im August 1914.[17] Die Erklärung und Verherrlichung der wiedererwachten einzigartigen und zur geistigen Führung der Welt berufenen deutschen „Wesensart" bildet das Kernstück der umfangreichen schriftstellerischen Kriegspublizistik von 1914/15. Unter Anleitung der Schriftsteller als den führenden Repräsentanten der so lange verkannten geistigen Welt sollte die geistig-seelische „Katharsis", sollte die „Wiedergeburt" des deutschen „Wesens" weiter vertieft und endgültig gesichert werden. Die große Katharsis

Nach den Ausführungen der deutschen Schriftsteller war nicht die militärische oder wirtschaftliche Vorherrschaft die eigentliche Entscheidungsfrage des im Au- Kulturphilosophie

---

[15] Rudolf Borchardt, *Der Krieg und die deutsche Verantwortung*, (Nr. 29), S. 50.
[16] Rudolf Borchardt, *Der Krieg und die deutsche Selbsteinkehr*, (Nr. 28), S. 50.
[17] Siehe Abschnitt 4.3.

gust 1914 begonnenen Krieges, sondern die künftige geistige Beherrschung und Gestaltung der Welt. Mit dieser Deutung wurde der Krieg aus allen militärischen, politischen und ökonomischen Zusammenhängen gelöst und zu einem kulturgeschichtlichen Ereignis von epochaler Tragweite umgedeutet. Die zeitgenössische Publizistik über den Ersten Weltkrieg darf deshalb auf keinen Fall als Zeichen einer „offenen" und „umfassenden Politisierung"[18] gewertet werden. Ganz im Gegenteil bildet sie in der deutschen Kulturgeschichte den letzten, nochmals groß angelegten Versuch, ein politisches Ereignis von weltbewegender Dimension ausschließlich aus der Perspektive eines „Unpolitischen",[19] also rein kulturphilosophisch und kulturgeschichtlich zu verstehen. Erst das Scheitern dieser Sehweise angesichts der Realität veranlaßte zahlreiche deutsche Schriftsteller zum Übergang auf eindeutig politische Denkhaltungen sowie ab November 1918 dann vielfach auch zu einem intensiven Engagement im tages- und parteipolitischen Geschehen.[20]

2. „Welche Heimsuchung!" Die anfängliche Kriegsbegeisterung deutscher Schriftsteller und ihre literarischen Folgen

2.1. „Wir sind Geweihte!" Die Reaktionen deutscher Dichter und Künstler auf den neuen Krieg im Herbst 1914

Überraschung Von der Verkündung des Krieges gegen Rußland und Frankreich wurden die meisten deutschen Schriftsteller im August 1914 trotz der vorangegangenen Krisensituation offensichtlich weitgehend überrascht. Thomas Mann z.B. schrieb am 7. August 1914 an seinen Bruder Heinrich: „Ich bin noch immer wie im Traum – und doch muß man sich jetzt wohl schämen, es nicht für möglich gehalten und nicht gesehen zu haben, daß die Katastrophe kommen mußte."[1] Diese Zeilen Thomas Manns sind nicht nur wegen der zum Ausdruck gebrachten Überraschung typisch für die Reaktionen vieler deutscher Dichter im August 1914, sondern vor allem auch wegen der vollkommen positiven Einstellung ihres Verfassers zum unerwarteten Ereignis eines neuen Krieges:

---

[18] Diese Sehweise auch bei E. Koester, *Literatur und Weltkriegsideologie.* (Nr. 285); die Zitate dort S. 13 und S. 109.
[19] Vgl. den Titel von Thomas Manns umfangreicher Arbeit *Betrachtungen eines Unpolitischen*, Berlin 1918; geschrieben im Verlaufe des Krieges.
[20] Zu diesem Engagement vieler deutscher Schriftsteller und Künstler in den revolutionären Vorgängen von 1918/19 fehlt noch immer eine umfassende, objektive Untersuchung.
[1] Thomas Mann / Heinrich Mann, *Briefwechsel 1900–1949*, hrsg. von Hans Wysling, Frankfurt a.M. 1968, S. 108. Aus diesem Brief Thomas Manns vom 7. August 1914 stammt auch das Zitat „Welche Heimsuchung!" in der Überschrift zu Abschnitt 2. Die Formulierung „Wir sind Geweihte!" in der Überschrift zu 2.1 wurde dem Gedicht „Was wir waren" von Hermann Sudermann entnommen. Darin heißt es u.a.: „[...] Was wir sind? Wir sind Geweihte! / Jedem ward sein Ritterschlag! / Wir sind Qual- und Todbereite, / Wenn das Vaterland uns mag." Das Gedicht Sudermanns wurde u.a. im *Berliner Tageblatt* vom 16.8.1914 abgedruckt. Hier zitiert nach der Wiedergabe in: *Die Aktion* 5, 1915, Nr. 18/19, Sp. 236 (in der Rubrik „Ich schneide die Zeit aus").

„Welche Heimsuchung! [...] Muß man nicht dankbar sein für das vollkommen Unerwartete, so große Dinge erleben zu dürfen? Mein Hauptgefühl ist eine ungeheure Neugier – und, ich gestehe es, die tiefste Sympathie für dieses verhaßte, schicksals- und rätselvolle Deutschland."[2]

Nicht nur Thomas Mann empfand im August 1914 Überraschung, Neugierde und eine neue, tiefe Verbundenheit mit der deutschen Nation. Viele Intellektuelle, Künstler und Schriftsteller reagierten ähnlich. Als Kriegsfreiwillige meldeten sich u. a. Oskar Kokoschka, Franz Marc, Hugo Ball, Walter Flex, Rudolf Leonhard, August Stramm, Otto Braun, Alfred Henschke (= Klabund), Hermann Hesse, Alfred Kerr, Richard Dehmel, Ludwig Ganghofer; die beiden letztgenannten bereits über 50 Jahre alt. Der Maler Max Slevogt ging auf eigenen Wunsch als Kriegsmaler mit den deutschen Truppen nach Frankreich, sein Kollege Max Beckmann leistete 1914/15 freiwillig Krankenpflege in deutschen Feldlazaretten.

Kriegs-Freiwillige

Eine besondere Beachtung verdient das Verhalten der „jüngsten" Dichtergeneration, der Expressionisten im Herbst 1914. In der Literaturgeschichte wurde bisher weitgehend einheitlich die Auffassung vertreten, die Expressionisten seien von Anfang an „wesentlich widerstandsfähiger" gegen den „nationalen Rausch"[3] gewesen und hätten schon ab August 1914 so gut wie geschlossen zur Opposition gegen den Krieg gehört. Diese Auffassung deckt sich mit einem berühmten Diktum des Expressionisten Iwan Goll aus dem Jahre 1921: „Kein einziger Expressionist war Reaktionär. Kein einziger war nicht Anti-Krieg. Kein einziger, der nicht an Brüderschaft und Gemeinschaft glaubte. Auch bei den Malern."[4]

Die Expressionisten

Erst 1981 hat Hermann Korte,[5] vor allem am Beispiel der Expressionisten Paul Zech, Rudolf Leonhard, Kasimir Edschmid, Alfred Döblin und Albert Ehrenstein die Unhaltbarkeit dieser noch heute gängigen Meinung nachgewiesen. Die Expressionisten boten im August 1914 keineswegs das Bild einer einheitlichen Opposition gegen den Krieg. Etliche zuvor dieser Richtung zugehörige Autoren zeigten sich vielmehr bei Beginn des Krieges durchaus „empfänglich" für die „Klischees kriegsapologetischer Ideologien"[6] und verfaßten den neuen Krieg bejahende Lyrik, Balladen und Essays.[7] Besonders auffällig bei diesen Schriften war

Krieg als Aufbruch

---

[2] Thomas Mann / Heinrich Mann, *Briefwechsel 1900–1949*, (Nr. 164), S. 108.
[3] Friedrich Albrecht, *Deutsche Schriftsteller in der Entscheidung. Wege zur Arbeiterklasse 1918–1933*, Berlin und Weimar 1970, S. 63.
[4] Iwan Goll, „Der Expressionismus stirbt", in: *Zenit* 1, 1921, Nr. 8 (Oktober), S. 8–9. Hier zitiert nach: *Expressionismus. Manifeste und Dokumente zur deutschen Literatur 1910–1920*, mit Einleitungen und Kommentaren herausgegeben von Thomas Anz und Michael Stark, Stuttgart 1982, S. 108–109, Zitat S. 108.
[5] Hermann Korte, *Der Krieg in der Lyrik des Expressionismus. Studien zur Evolution eines literarischen Themas*, Bonn 1981, Kap. III. Korte legte die bisher wohl gründlichste Studie über die Reaktionen deutscher Expressionisten bei Beginn des Krieges vor. Ausgespart blieb gerade dieses Thema überraschenderweise in der sonst so materialreichen Arbeit von Eckart Koester, *Literatur und Weltkriegsideologie* (Nr. 285).
[6] Hermann Korte, *Der Krieg in der Lyrik des Expressionismus*, (Nr. 288), S. 129.
[7] Zahlreiche Beispiele dazu bei Hermann Korte (Nr. 288), Kap. III („Panegyrische Apo-

die häufige Weiterverwendung typischer Motive und Topoi aus der frühen expressionistischen Lyrik der Vorkriegsjahre, die nun unverändert auf den realen Krieg übertragen wurden. Der militärische Kampf zwischen den Großmächten wurde nun oftmals mit dem zuvor poetisch fixierten „Aufbruch der Jugend"[8] gleichgesetzt. Der reale Krieg erschien vielen Expressionisten im Herbst 1914 für eine kurze Zeit als die Einlösung einer von ihnen zuvor im Medium der Literatur ausgedrückten tiefen Sehnsucht nach radikaler gesellschaftlicher Veränderung. Natürlich lag die Zielrichtung dieser Veränderung bei den Expressionisten wesentlich abweichend von den Vorstellungen der anderen literarischen Gruppierungen (wie z. B. der Heimatkunst), die ebenfalls den neuen Krieg als Auslöser von Aufbruch und Veränderung freudig willkommen hießen. Wohl die meisten Expressionisten unterlagen zunächst dem „Irrtum", „mit dem Beginn des Krieges sei der Moment gekommen, wo die erstarrten Konventionen und Strukturen der wilhelminischen Friedenszeit endlich überwunden"[9] und die bürgerlichen Lebensformen beseitigt werden könnten. Ein Irrtum, der bei fast allen Vertretern des Expressionismus, sofern sie überhaupt ihren Einsatz im Kriegsdienst überlebten,[10] nicht allzu lange anhielt.

Antizipation   Ein weiteres auffälliges Verhalten der expressionistischen Autoren in der Anfangsphase des Krieges bildet ihre Umdeutung früherer, meist lyrischer Werke zu einer Antizipation des neuen, realen Krieges. Ein besonders deutliches Beispiel einer derartigen Umdeutung frühexpressionistischer Literatur lieferte der Expressionist Paul Zech noch 1916, als er die Lyrik des bereits 1912 verstorbenen Georg Heym als Beleg dafür anführte, daß auch Heym schon „den Krieg [. . .], den heutigen genauso durchlebt" habe „wie er die furchtbarsten Tode vorausstarb."[11]

Beschönigung   Die eingangs genannte traditionelle Auffassung einer sofortigen und weitgehend geschlossenen Opposition der Expressionisten gegen den Ersten Weltkrieg kann bei genauer Betrachtung nicht aufrechterhalten werden. Die lange Tradierung dieser Auffassung ist auf die Selbststilisierung vieler Expressionisten nach 1918, die langjährige Konzentration der Expressionismus-Forschung auf einige berühmte antimilitaristische Autoren und Anthologien sowie nicht zuletzt auf die bisherige Tabuisierung der kriegsaffirmativen Literatur von 1914 in der deutschen Nachkriegs-Germanistik zurückzuführen.[12] Im Gegensatz zur Meinung

---

    logie und ihre Destruktion – Die Kriegsthematik in der expressionistischen Lyrik 1914–1916").

[8] So lautet auch der Titel eines Gedichtes, das Ernst Wilhelm Lotz kurz vor Kriegsbeginn verfaßte, abgedruckt u. a. in: Ernst Wilhelm Lotz, *Wolkenüberflaggt*, Leipzig 1917, S. 56.

[9] Hermann Korte, *Der Krieg in der Lyrik des Expressionismus*, (Nr. 288), S. 126.

[10] Zu den Opfern des Krieges unter den expressionistischen Künstlern gehören u. a. Ernst Stadler, Georg Trakl, Alfred Lichtenstein, Ernst Wilhelm Lotz, August Macke und Franz Marc.

[11] Paul Zech, „Wie Georg Heym diesen Krieg sah", zuerst in: *Die Hilfe* 22, 1916, S. 364–365. Hier zitiert nach dem Wiederabdruck in: *Georg Heym. Dokumente zu seinem Leben und Werk*, hrsg. von Karl Ludwig Schneider und Gerhart Burckhardt, München 1968 (Georg Heym, *Dichtungen und Schriften* Bd. 6), S. 132–136, Zitat 134. Im selben Sinne auch S. 133 und 136.

[12] Vgl. Hermann Korte, *Der Krieg in der Lyrik des Expressionismus*, (Nr. 288), S. 129ff.

der traditionellen Forschung muß die anfängliche Zustimmung auch vieler Expressionisten zum Ersten Weltkrieg als ein wichtiges Faktum vermerkt werden. Diese Zustimmung ist für den späteren Betrachter nicht nur wegen der genannten Weiterverwendung frühexpressionistischer Topoi und literarischer Mittel interessant, sondern vor allem, weil sie zur Grundlage wurde für die baldige Wandlung vieler Expressionisten zu entschiedenen Gegnern des Krieges.

Eine entscheidende Grundlage für die positive Aufnahme des neuen Krieges durch die überragende Mehrheit der deutschen Dichter und Künstler im Herbst 1914 bildete die feste Überzeugung von der vollkommenen Unschuld des Reiches an der Entstehung dieses Krieges. Auch die Schriftsteller und Künstler sahen – genauso wie die Angehörigen der Sozialdemokratie, die Vertreter der Kirchen und die akademische Intelligenz[13] – das Reich als unschuldiges Opfer eines heimtückischen Überfalls. Kein Land, so dachte nicht nur Cäsar Flaischlen, könne „mit so reinem Gewissen"[14] in den neuen Krieg ziehen wie das Deutsche Reich. Auf dieser Reinheit des Gewissens gründete für Flaischlen und viele andere Schriftsteller ganz wesentlich die Zuversicht, daß das Reich den neuen Waffengang gewinnen werde. „Wir können nur siegen, wenn unsere Sache rein ist, und wir werden siegen, *weil* unsere Sache rein ist",[15] schrieb Otto Ernst voller Zuversicht im Oktober 1914. Die Schuld für den Krieg wurde ausschließlich bei den Mächten der Entente gesehen. Für die große Mehrheit der deutschen Dichter und Künstler befand sich das Reich ab dem 1. August 1914 in einem von außen „aufgezwungenem schweren Daseinskampfe".[16] Seine Kriegsführung war ein legitimer Akt der Notwehr, ein Abwehr- und „Verteidigungskrieg"[17] gegen die seit langem virulenten Vernichtungsabsichten der Feinde.

Deutsche Unschuld

Dichter und Künstler unterschiedlichster geistiger Herkunft begrüßten und rechtfertigten im Herbst 1914 in einer Flut apologetischer Texte den neuen Krieg. Zu den schon damals bekannteren Schriftstellern, die nun durch apologetische Werke besonders hervortraten, gehörten u. a. Thomas Mann, Gerhart Hauptmann, Hermann Sudermann, Richard Dehmel, Hugo von Hofmannsthal, Ludwig Ganghofer, Hermann Löns, Gustav Frenssen, Rudolf Borchardt, Friedrich Gundolf, Arnold Zweig. Mit einem Male schienen die deutschen

Einheit der Dichter

---

[13] Vgl. Band 1, Kap. III, 3.1: „Die Unschuld des Reiches: ‚Mitten im Frieden überfällt uns der Feind'".
[14] Cäsar Flaischlen, „Deutscher Weltkrieg", in: *Deutsche Dichter-Kriegsgabe*, hrsg. von Leopold Klotz, Gotha 1914, S. 144–149, Zitat S. 145.
[15] Otto Ernst, „Die Revolution der deutschen Seele" (geschrieben im Oktober 1914), in: Otto Ernst, *Gewittersegen. Ein Kriegsbuch*, Leipzig 1915, S. 80–116.
[16] Formulierung aus dem schnell berühmt gewordenen Manifest „Aufruf der 93 (Intellektuellen)", abgedruckt u. a. in der *Frankfurter Zeitung* vom 4.10.1914, hier zitiert nach der Wiedergabe in: *Die Aktion* 5, 1915, 29. Mai, Sp. 284–285; Zitat Sp. 284.
[17] Bei Gerhart Hauptmann z. B. hieß es Mitte August 1914: „Der Krieg, den wir führen, und der uns aufgezwungen ist, ist ein Verteidigungskrieg." (Gerhart Hauptmann, „Die Unwahrhaftigkeit unserer Feinde", hier zitiert nach dem Abdruck in dem Sammelband *Der Krieg der Geister. Eine Auslese deutscher und ausländischer Stimmen zum Weltkriege 1914*, gesammelt und herausgegeben von Dr. Hermann Kellermann, Dresden 1915, S. 436–440, Zitat S. 437.

Schriftsteller, die noch kurz zuvor in heftig rivalisierende Anschauungen und Gruppen zersplittert waren,[18] in der positiven Reaktion auf den Krieg wieder eng zusammengeführt. Über die Deutung und Rechtfertigung des Krieges entstand plötzlich eine neue (kurzfristige) Einheit zwischen Vertretern der Heimatkunst, vormaligen Pionieren des Naturalismus, Autoren sozial engagierter Literatur, Arbeiterdichtern und jungen Expressionisten. Eine genauere Analyse allerdings wird schnell aufdecken, welch heterogene Motive und Erwartungen sich hinter der scheinbaren neuen Einheit der deutschen Dichter verbargen. Auch das überraschende Phänomen des plötzlichen politischen Engagements zahlreicher Schriftsteller, die zuvor jede Beschäftigung mit Staat, Gesellschaft und Politik als vollkommen unvereinbar mit dem „Wesen" des Künstlers abgelehnt hatten, wird bei genauerer Untersuchung weitere aufschlußreiche Erklärungen finden. Es war keineswegs nur der Wille zur Verteidigung des (vermeintlich) heimtückisch überfallenen Vaterlandes, der die deutschen Schriftsteller 1914/15 voller Eifer zur kriegsapologetischen Feder greifen ließ.

2.2. Formen literarischer Apologie des Krieges

Kriegslyrik   Mit dem August 1914 setzte im Deutschen Reich eine ungeheure Produktion literarischer Texte zum Thema Krieg ein. Nicht nur die professionellen Schriftsteller wurden literarisch aktiv, sondern auch unzählige Deutsche aus allen sozialen Schichten. Die bei weitem vorherrschende literarische Form in der nun hereinbrechenden „Sturm- und Springflut"[19] kriegsaffirmativer Texte bildete die Lyrik. Ihre zentralen, „in ewiger Wiederholung"[20] vorgebrachten Themen waren nach dem Überblick eines Zeitgenossen zuallererst der Zorn und die Empörung über den – so die einheitliche Perspektive in den Texten – heimtückischen, von Haß und Neid diktierten Überfall der Feinde auf das friedliebende Deutschland. Diese Empörung verband sich in der zeitgenössischen Kriegslyrik immer wieder mit dem feierlichen Gelöbnis zur heroischen Verteidigung des Vaterlandes. „Deutschland muß leben, und wenn wir sterben müssen" (H. Lersch)[21] lautete die wohl berühmteste poetische Ausformulierung dieses Gelöbnisses.

Vorzüge   Die zeitgenössische Bevorzugung der lyrischen Form ist leicht verständlich. Die Lyrik war nicht nur das besonders geeignete Ausdrucksmittel für pathetische Empfindungen und für nationale Appelle, sondern besaß zugleich auch den Vorteil, schnell geschrieben und in den Zeitungen abgedruckt werden zu können.

---

[18] Vgl. Band 1, Kap. II, Abschnitte 3 und 4.
[19] Carl Busse, „Einleitung", in: *Deutsche Kriegslieder 1914/16*, herausgegeben und eingeleitet von Carl Busse, Bielefeld und Leipzig 1915. Zitiert wird im folgenden nach der dritten, vollständig umgearbeiteten Auflage, Bielefeld und Leipzig 1916. Die „Einleitung" dort S. V-XXIII, das Zitat S. VI.
[20] Ebda. S. VIII.
[21] Refrain aus dem Gedicht „Soldatenabschied" von Heinrich Lersch, geschrieben am ersten Tag der deutschen Mobilmachung. Dieses Gedicht wurde in zahllosen zeitgenössischen Anthologien abgedruckt und findet sich u. a. auch in: Heinrich Lersch, *Herz! Aufglühe dein Blut. Gedichte im Kriege*, Jena 1916, S. 14/15.

Die formale Gestaltung der neu entstehenden Kriegslyrik verblieb meist sehr einfach und in konventionellem Rahmen. Die Herstellung anspruchsvoller und dauerhafter Kunstwerke lag sehr viel weniger im Interesse der „Kriegspoeten"[22] als die Beschwörung nationaler Einigkeit und der Appell an die Mitwelt.

Eine ganz besondere Stellung gewann innerhalb der Kriegslyrik der Jahre 1914–1918 die Sparte der Kriegslieder. Zahlreiche Gedichte bekannter wie unbekannter Autoren wurden im Verlaufe des Krieges entweder von geschulten Komponisten oder durch die Truppen selber zu Wander- und Marschierliedern vertont. Carl Busse gab 1916 seiner schnell breit rezipierten Anthologie neuer Kriegslyrik den bezeichnenden Titel *Deutsche Kriegslieder 1914/16*.[23] Von ihm stammt auch die einprägsame Formulierung, über den deutschen Soldaten zögen „Legionen eiserner Lerchen"[24] mit hinaus in die Schlacht. Detaillierte Kenntnisse über diese Sonderform der deutschen Kriegslyrik nach 1914 scheinen bisher kaum erarbeitet zu sein. Da die militärgerechte Vertonung eines lyrischen Textes dem Verfasser die Chance zu beachtlicher Popularität (wie auch zu materiellem Erfolg) bot, muß vermutet werden, daß die Absicht einer Vertonung das kriegslyrische Schaffen zumindest der bereits routinierteren Autoren durchaus mitbeeinflußte.

Kriegslieder

Über die Hintergründe der plötzlichen „poetischen Mobilmachung"[25] durch unzählige, zuvor literarisch keineswegs ambitionierte Deutsche ist bisher wenig geforscht worden. Sicherlich ist die gewaltige Flut von Gedichten, die im August 1914 einsetzte und an der alle Schichten der Bevölkerung beteiligt waren, nicht allein mit Auswirkungen und Einflüssen der offiziellen Kriegspropaganda zu erklären. Klaus Vondung[26] hat mit Recht darauf hingewiesen, daß die massenhafte Kriegsliteratur gerade aus der Anfangsphase des Ersten Weltkriegs nicht so sehr als naive Wiedergabe offizieller Propaganda, sondern vor allem als ein Versuch der Sinndeutung und Sinngebung für ein zunächst durchaus verunsicherndes und beunruhigendes Ereignis verstanden werden kann. In den Texten etablierter Schriftsteller läßt sich – wie die weiteren Ausführungen genauer zeigen werden – dieser Aspekt einer gezielt Sinn stiftenden Beschäftigung mit dem neuen Krieg oft ganz besonders deutlich nachweisen.

Sinn-Suche

Etliche Autoren, wie z. B. Heinrich Lersch, Paul Zech und Josef Winckler bevorzugten für ihre literarische Beschäftigung mit dem Krieg die Form der Ballade. Die umfangreiche Balladendichtung aus der Zeit des Ersten Weltkriegs ist bisher ebenfalls nur wenig erforscht worden, obwohl sie in der affirmativen

Forschungslücken

---

[22] Julius Bab, „Heinrich Lersch, der Sänger des deutschen Krieges", in: Heinrich Lersch, *Herz! Aufglühe dein Blut. Gedichte im Kriege*, Jena 1916, S. 1–8, Zitat S. 1.
[23] *Deutsche Kriegslieder 1914/16*, hrsg. und eingeleitet von Carl Busse, Bielefeld und Leipzig 1916.
[24] Ebda. S. VI. (Aus der „Einleitung" des Herausgebers).
[25] Julius Bab, „Die Kriegslyrik von heute. I", in: *Das literarische Echo* 17, 1914/15, H. 1 (1. Oktober 1914), Sp. 5–8, Zitat Sp. 5.
[26] Klaus Vondung, „Propaganda oder Sinndeutung?", in: Klaus Vondung (Hrsg.), *Kriegserlebnis. Der Erste Weltkrieg in der literarischen Gestaltung und symbolischen Deutung der Nationen*, Göttingen 1980, S. 11–40; zur Sinnfrage vor allem S. 17ff.

Literatur dieses Krieges eine wichtige Bedeutung einnimmt. Seit der Jahrhundertwende war die Ballade von einer kleinen Gruppe sehr konservativ-national eingestellter Autoren als Gegenmanifestation zur heftig abgelehnten literarischen Moderne propagiert und gepflegt worden.[27] Mit dem vermeintlichen Ende aller modernen Formen des Schreibens durch den neuen Krieg[28] schien nun auch der Durchbruch für die angestrebte Renaissance der Ballade erreicht.

Eine vergleichbare Forschungslücke liegt auch für die Theatergeschichte der Kriegsjahre vor.[29] Die Literaturwissenschaft kümmerte sich bisher noch kaum um die zahlreichen Lesungen, Vortragsabende und die neuen, national orientierten Stücke, mit denen das Theater zwischen 1914 und 1916 auf den Weltkrieg reagierte. Auch die umfangreiche Prosa dieser Jahre zum Thema Krieg ist bisher nur wenig gesichtet und analysiert worden.

Wendung zur Publizistik

Viele Schriftsteller entdeckten zu Beginn des Ersten Weltkrieges Publizistik und Essayistik als neues literarisches Arbeitsfeld. Dazu gehörten auch Autoren (z.B. aus dem George-Kreis), die vor 1914 jeden Kontakt mit Massenpresse und Massenpublikum entschieden abgelehnt hatten. Jetzt aber bot die Publizistik den deutschen Dichtern eine einzigartige Möglichkeit, einen Leserkreis von zuvor niemals erreichbarem Umfang anzusprechen und sich durch die Deutung und Auslegung des die ganze Nation beschäftigenden Krieges als geistiger „Seher"[30] und Führer zu profilieren. Auch ökonomische Motive spielten bei der Hinwendung etlicher deutscher Dichter zu publizistischer Tätigkeit sicherlich eine nicht zu unterschätzende Rolle.[31]

Quellen

Für den Literaturwissenschaftler bildet die literarische Publizistik der Kriegszeit eine besonders wichtige und aufschlußreiche Quelle. In ihr kommen die Einstellungen der Autoren zum Krieg, die verschiedenen Versuche einer Sinn-Deutung und Sinn-Gebung, das Selbstverständnis und die Kunstauffassungen der deutschen Schriftsteller meist sehr viel deutlicher zum Ausdruck als in der überwiegend auf einzelne Kriegsereignisse und Kriegserlebnisse bezogenen Lyrik und Balladendichtung. Die publizistischen Beiträge bilden deshalb auch die Ausgangsbasis für die folgende Untersuchung über die zentralen Denkmuster in der Deutung und Rechtfertigung des Ersten Weltkriegs durch deutsche Schriftsteller. Durch die Analyse der kriegsaffirmativen Publizistik kann auch bereits wichtiges Material gewonnen werden für den an späterer Stelle zu leistenden Vergleich

---

[27] Genauer zur Stellung der Ballade um 1900 siehe z.B. Walter Hinck, *Die deutsche Ballade von Bürger bis Brecht. Kritik und Versuch einer Neuorientierung.* Göttingen 1968, S. 103ff.

[28] Siehe Abschnitt 3.2: „Katharsis der Kunst".

[29] Einige Angaben zu den deutschen Bühnen in der ersten Zeit des Weltkrieges finden sich bei Eckart Koester, *Literatur und Weltkriegsideologie*, (Nr. 285), S. 158ff.

[30] Rudolf Borchardt, *Der Krieg und die deutsche Verantwortung*, Berlin 1916, S. 51.

[31] Thomas Mann kann als gutes Beispiel dafür dienen, wie schnell auch an die Auswirkungen des Krieges auf die eigene materielle Situation gedacht wurde. Bereits am 7. August 1914 schrieb er an seinen Bruder Heinrich: „Ich persönlich habe mich auf eine vollständige Veränderung der materiellen Grundlagen meines Lebens vorzubereiten. Ich werde, wenn der Krieg lange dauert, mit ziemlicher Bestimmtheit das sein, was man ‚ruiniert' nennt." Zitat aus: Thomas Mann / Heinrich Mann, *Briefwechsel 1900–1949*, (Nr. 164), S. 108.

eben dieser Denkmuster mit der expressionistischen Deutung und Verarbeitung des Krieges vom August 1914.[32]

2.3. Umfang und Verbreitung kriegsapologetischer Literatur

In der Literaturgeschichte wird bis heute oft die Meinung vertreten, das kriegsaffirmative Schrifttum der deutschen Dichter aus den Jahren 1914–1918 sei nur als eine kurzfristige ‚Entgleisung' ohne jede weitere Bedeutung einzuschätzen. Auflage, Verbreitung, Rezeption und nicht zuletzt die mit der literarischen Apologetik des Krieges verbundene Wirkungsabsicht der Autoren widerlegen diese Verharmlosung durch die bisherige Literaturwissenschaft. Verharmlosung

Der folgende Abschnitt soll einen kurzen Einblick in die Auflagenstärke und die Verbreitung der apologetischen Literatur des Ersten Weltkriegs vermitteln. Dabei läßt sich nicht immer streng zwischen den Werken der professionellen Schriftsteller und der „jäh begnadeten Dilletanten"[33] unterscheiden. Anhand der folgenden Daten[34] wird sofort ersichtlich, daß die Schriften etablierter Autoren nur einen kleinen Teil einer umfassenderen, nie zuvor dagewesenen „Massenmobilmachung der Reimpaare"[35] im Deutschen Reich bildeten.

Julius Bab, Literaturkritiker, Dichter und Herausgeber berühmter Kriegsanthologien, schätzte, daß nach Kriegsbeginn im August 1914 täglich ca. 50 000 Kriegsgedichte von der Bevölkerung an Zeitungen und Zeitschriften eingesandt wurden.[36] Innerhalb eines Jahres erschienen im Deutschen Reich ca. 450 Anthologien zum Thema Krieg.[37] Die Kapazität der Verlage reichte nicht mehr aus, so daß viele Lyrikbände nicht-professioneller Autoren im Selbstverlag erscheinen mußten. Im Jahre 1917 schrieb Julius Bab, er habe inzwischen „Tausende und Millionen deutscher Kriegsgedichte, die begabten und die unmöglichen, die dilettantischen und die artistischen, die widerlichen und die liebenswürdigen, die künstlerischen und die gewerblichen"[38] gelesen und gesammelt. Das Gedicht „Bekenntnis" des sich bewußt als Arbeiterdichter verstehenden Schriftstellers Lyrik-Flut

---

[32] Siehe Kap. III, 5.7.
[33] In seiner „Einleitung" zu der von ihm herausgegebenen Anthologie *Deutsche Kriegslieder 1914/16* sprach Carl Busse von „jäh begnadeten Dilettanten", deren „Riesenchor" von Werken das deutsche Volk mindestens ebenso begeistere wie das „herrlichste Gedicht des größten Dichters" (Carl Busse, „ Einleitung", (Nr. 36), S. VII).
[34] Eine detaillierte Studie über die genaue Zahl zeitgenössischer literarischer Werke zum Ersten Weltkrieg sowie über die Auflagenstärke der einzelnen Veröffentlichungen kann im Rahmen dieser Arbeit nicht erstellt werden. Eine derartige, primär empirisch ausgerichtete Studie würde sicherlich die Ausführungen des vorliegenden Abschnitts weiter untermauern.
[35] Ernst Borkowsky, *Unser heiliger Krieg*, Weimar 1914, S. 141.
[36] Julius Bab, *Die deutsche Kriegslyrik 1914–1918. Eine kritische Bibliographie*, Stettin 1920, S. 25.
[37] Diese Angabe bei Ernst Volkmann, „Einführung", in: *Deutsche Dichtung im Weltkrieg 1914–1918*, bearbeitet von Dr. Ernst Volkmann. (*Deutsche Literatur. Sammlung literarischer Kunst- und Kulturdenkmäler in Entwicklungsreihen*. Reihe Politische Dichtung Band 8), Leipzig 1934, S. 7–48; die Angabe S. 8.
[38] Julius Bab, „Heinrich Lersch, der Sänger des deutscher Krieges", (Nr. 4), S. 1.

Karl Bröger soll bereits 1916 „in nicht weniger als 40 Millionen Abdrucken verbreitet"[39] gewesen sein.

Rolle der Presse
Bei der massenhaften Verbreitung der neuen kriegsaffirmativen Literatur spielten vor allem die Zeitungen und Zeitschriften eine wichtige Rolle.[40] Sie errichteten schon bald eine neue Sparte mit „Kriegspoesie" und gelangten durch „Feld-Post-Abonnements" bis an die vorderste Front. Auch die schnell entstehenden „Schützengraben-Zeitungen" der einzelnen militärischen Abteilungen druckten mit Vorliebe Kriegslyrik und affirmative Texte ab.

Politische Verwertung
Es kann nicht weiter verwundern, daß Politiker und Militärs den propagandistischen Wert der neuen patriotisch orientierten Literatur schnell erkannten und diese nach Kräften förderten. Der bayrische Kronprinz z. B. ließ das „wohl populärste Kriegsgedicht der ersten Monate",[41] Ernst Lissauers „Haßgesang gegen England", an seine Truppen verteilen. Reichskanzler Bethmann Hollweg zitierte, als Beleg für die neue Einheit der Nation, im Deutschen Reichstag feierlich Karl Brögers Gedicht „Bekenntnis". Für seine patriotische Lyrik erhielt der Dichter Rudolf Alexander Schröder 1915 demonstrativ den preußischen roten Adlerorden. Hugo von Hofmannsthal schließlich wurde schon im August 1914 vom Frontdienst freigestellt, um ungestört als Kriegspublizist arbeiten zu können.

Rezensionen
Die neue patriotische und kriegsapologetische Literatur wurde auch von der zeitgenössischen Literaturkritik gründlich beachtet und immer wieder ausdrücklich zur Lektüre empfohlen. Allein Julius Bab rezensierte bis Ende 1916 in der angesehenen Zeitschrift *Das literarische Echo* ca. 220 Kriegsanthologien. Einige Autoren wurden durch ihre Kriegsgedichte schlagartig berühmt, so z. B. Ernst Lissauer, Karl Bröger, Heinrich Lersch, Walter Flex und Josef Winckler.

„Große Freude"
Die wichtige Frage nach der Resonanz der kriegsaffirmativen Literatur in der deutschen Bevölkerung läßt sich mit dem bisherigen Quellenstand nicht fundiert beantworten. Nur wenige Dokumente sind so deutlich wie der folgende Brief eines Frontsoldaten, datiert vom 4. Juli 1916: „Es ist uns eine große Freude, solche Gedichte zu lesen, die den Krieg nicht nur als Zerstörer, sondern auch als neuschaffende Arbeit ansehen, nicht nur als drückende Not, sondern als Läuterung. Unsere Soldaten hier im Felde sind dafür viel mehr empfänglich als die in der Garnison [...]"[42] Recht aufschlußreich ist auch die private Aussage des Dichters Rudolf Alexander Schröder zu seinen Kriegsgedichten: „Was an sol-

---

[39] Angabe nach Alfred Klein, *Im Auftrag ihrer Klasse. Weg und Leistung deutscher Arbeiterschriftsteller 1918–1933*, Berlin und Weimar 1971, S. 96. Leider benennt Klein keine Quelle für diese wichtige Angabe.

[40] Einige Angaben über die Medien-Situation vor und im Ersten Weltkrieg finden sich in dem Band *Kriegsöffentlichkeit und Kriegserlebnis. Eine Ausstellung zum Ersten Weltkrieg*, Regensburg o. D. (1978), S. 125–129. Die Herausgeber dieses Bandes schätzen für die Zeit vor dem Krieg eine Auflage von ca. 16–20 Millionen Exemplaren von Tageszeitungen für eine Gesamtbevölkerung von 68 Millionen.

[41] Thomas Anz / Joseph Vogl: „Nachwort", in: *Die Dichter und der Krieg. Deutsche Lyrik 1914–1918*, herausgegeben von Thomas Anz und Joseph Vogl, München 1982, S. 225–244, Zitat S. 234.

[42] *Kriegsbriefe gefallener Studenten*, herausgegeben in Verbindung mit den deutschen Kultusministerien von Prof. Dr. Philipp Witkop, Leipzig und Berlin 1918, S. 102. (Brief des stud. theol. et phil. Willi Naumann vom 4. Juli 1916).

chem Wirken frivol ist, weiß ich selbst; aber viele brave Leute haben doch große Freude davon [...]"[43]

Auflage, Verbreitung, Wirkungsabsicht und die Beteiligung angesehener Schriftsteller lassen den vorläufigen Schluß zu, daß die literarische Apologetik des Krieges für die Einstellung der deutschen Bevölkerung zum realen Krieg eine wichtige Bedeutung besaß. Die affirmative Literatur förderte sowohl durch ihre spezifischen kulturphilosophischen Argumente wie auch durch ihre vielfache Übereinstimmung mit den Denkmustern von Regierung, Militär, Kirche und Parteien die Sinngebung und Rechtfertigung des realen Krieges. Die literarische Apologetik lieferte wichtige sinnstiftende Deutungen des Krieges, beeinflußte die Wahrnehmung seiner realen Auswirkungen und appellierte an das Verhalten des einzelnen. Ohne die „ideologische Verstärkerfunktion" (H. Korte)[44] dieser Apologetik wäre wahrscheinlich – hier böte sich ein spannendes, wenn auch recht kompliziertes Feld wichtiger weiterer Rezeptionsforschung – die anfängliche Euphorie der deutschen Bevölkerung über den neuen Krieg sehr viel geringer ausgefallen und die allgemeine Desillusionierung deutlich früher eingetreten. — Wirkungen

2.4. Motive und Hintergründe

Die vorangegangenen Abschnitte befaßten sich mit dem Umfang und der anzunehmenden Bedeutung jener überraschenden Flut kriegsaffirmativer Literatur, mit der die deutschen Schriftsteller 1914/15 auf den neuen Weltkrieg reagierten. Mehrfach trat dabei auch die Frage auf nach den Hintergründen, nach der Motivation der deutschen Schriftsteller zur Anfertigung kriegsapologetischer Publizistik. Dieser Frage der möglichen Motive und Hintergründe gelten nun die weiteren Ausführungen. Der bei diesem Thema wohl wichtigste Aspekt, die große Hoffnung der deutschen Schriftsteller auf eine neue Führungsposition in der Gesellschaft, wurde an früherer Stelle (Abschnitt 1) bereits ausführlicher behandelt. Die folgenden Seiten können die schon gewonnenen Befunde weiter vertiefen und ergänzen. — Das Thema

Von der literaturwissenschaftlichen Forschung ist die positive Aufnahme des Ersten Weltkriegs durch die große Mehrzahl der deutschen Schriftsteller lange Zeit entweder tabuisiert oder zu einem durch die Besonderheit der historischen Situation entschuldbaren „Irrtum" erklärt worden. Noch heute findet sich vielfach die Auffassung, die deutschen Dichter seien im Herbst 1914 von der massiven Propaganda überwältigt und von der nationalen Euphorie der Massen mitgerissen worden.[45] Diese These einer emotionalen Überwältigung mag besten- — Traditionelle Erklärungen

---

[43] Aus einem Brief Rudolf Alexander Schröders an Rudolf Borchardt vom November 1914. Zitiert nach *Rudolf Borchardt, Alfred Walter Heymel, Rudolf Alexander Schröder. Eine Ausstellung des Deutschen Literaturarchivs im Schiller-Nationalmuseum*, Marbach am Neckar 1978, (Sonderausstellungen des Schiller-Nationalmuseums, Katalog Nr. 29), S. 268.

[44] Hermann Korte, *Der Krieg in der Lyrik des Expressionismus*, (Nr. 288), S. 109.

[45] In den Übersichtsdarstellungen zur Geschichte der deutschen Literatur bleibt der Komplex der anfänglichen Kriegsbegeisterung der deutschen Schriftsteller und der entsprechenden Werke bis heute weitgehend ohne Beachtung.

falls für einige schnell entstandene Texte aus der Zeit der Mobilmachung und der Proklamation des neuen Krieges Gültigkeit besitzen. Sie versagt aber nicht nur in bezug auf die Abfassung apologetischer Werke im weiteren Verlauf des Krieges, als die anfängliche Euphorie bereits verflogen und die offizielle Propaganda längst unglaubwürdig geworden war.[46] Sie übersieht vor allem auch die spezifische Argumentationsweise der meisten deutschen Schriftsteller. Deren Deutung des Krieges als eines zuallererst kulturgeschichtlich relevanten Ereignisses entsprach nicht ohne weiteres der offiziellen Propaganda von seiten der politischen und der militärischen Führung. Diese Deutung muß deshalb als ein eigenständiger Beitrag der deutschen Schriftsteller zur Apologie des Krieges gewertet werden und nicht einfach als eine Wiederholung offizieller Propaganda-Formeln im Medium der Literatur.

Vereinsamung? In der neueren Literaturwissenschaft wird vorzugsweise eine tiefe „Sehnsucht" der zeitgenössischen Dichter „nach Erlösung aus der Vereinsamung, nach Eingliederung in das Volksganze"[47] zur Erklärung für die kriegsbejahende Literatur der Jahre 1914–1916 herangezogen. Gerne beruft man sich bei diesem Erklärungsansatz auf eine Schrift Wilhelm Herzogs, der 1915 über seine so plötzlich zu glühenden Patrioten gewordenen früheren Kollegen vermerkte: „[. . .] und aus kultivierten ichsüchtigen Ästheten wurden Politiker, Volksanbeter. Jetzt schwuren sie ihren Individualismus ab und wollten nur noch Masse sein."[48] Friedrich Albrecht, ein führender Vertreter der Vereinsamungs- und Erlösungs-Theorie, sah 1970, obwohl er die kriegsbejahende Haltung der deutschen Schriftsteller klar verurteilte, in dieser „Sehnsucht" der Dichter nach „Erlösung" doch auch einen positiven Aspekt, da sie immerhin auf eine Überwindung der vorangegangenen „Trennung von Schriftsteller und Volk"[49] abzielte. Diese sicherlich in manchen Fällen zutreffende Erklärung der Kriegsapologie deutscher Dichter vermittels eines tiefen Verlangens der Schriftsteller nach „Dienst an einer sozialen Gemeinschaft"[50] findet allerdings bald ihre Grenze an den zahlreichen Texten, die gerade nicht eine neue Einheit von Künstler und Volk, sondern vielmehr einen elitären Führungsanspruch der Dichter über das Volk durch das Mittel der „Poesie"[51] propagierten. Der Krieg wurde von vielen Schriftstellern als eine einmalige Chance gewertet, die Kunst und Literatur nach langen Jahren kläglicher Außenseiterstellung endlich wieder zu einem gesellschaftlich anerkannten geistig-moralischen Führungsmittel aufzuwerten und zu etablieren. Eng verbunden war

---

[46] Wichtige Beispiele für apologetische Texte, die nicht aus der Anfangsphase des Ersten Weltkrieges stammen, sind u.a.: Rudolf Borchardt, *Der Krieg und die deutsche Verantwortung*, Berlin 1916; Stefan George, „Der Krieg" (Gedicht, erstmals Berlin 1917); Alfred Döblin, „Drei Demokratien" (Essay, erstmals in *Die Neue Rundschau* 29, 1918, S. 254–262); Thomas Mann, *Betrachtungen eines Unpolitischen*, Berlin 1918.
[47] Friedrich Albrecht, *Deutsche Schriftsteller in der Entscheidung*, (Nr. 261), S. 31.
[48] Wilhelm Herzog, „Klärungen. Kultur und Zivilisation", in: *Das Forum* 1, 1915, Heft 11 (Februar), S. 553–558; das Zitat S. 554.
[49] Friedrich Albrecht, *Deutsche Schriftsteller in der Entscheidung*, (Nr. 261), S. 33.
[50] Ebda.
[51] Dieser Anspruch u.a. bei Rudolf Borchardt, *Der Krieg und die deutsche Verantwortung*, (Nr. 29), S. 50.

mit dieser Auffassung fast immer auch die Forderung nach einer grundlegenden Erneuerung der Kunst und Literatur selber, die sich vom modischen ‚Gewerbebetrieb‘[52] nun wieder zur Offenbarungskunst, zur „Verklärung" und „Bändigung" einer „tieferen, dunkleren und heißeren Welt" (Th. Mann)[53] entwickeln müßte. Für eine derartige Kunst erhoffte man sich nach dem sicherlich baldigen Ende des Krieges ein sowohl gereiftes wie auch vergrößertes Publikum. Hans Carossa z. B. schrieb im Januar 1915 voller Zuversicht an den Maler Alfred Kubin:

„Noch Eins: ob das politische Deutschland sich nach dem Krieg mehr um Kunst kümmern wird, als vorher, wer weiß es? Aber die Gemeinde derer, die das Echte vom Unechten sondern wollen und können und die begreifen werden, daß alle äußere Macht ohne die stillen Taten der Dichter, Bildner und Seher etwas Unheimliches ist, die wird größer stärker und inniger werden."[54]

Die Begrüßung des Krieges als eines großartigen Mittels zur Reinigung der Kunst von vorangegangener ‚Dekadenz‘ und ‚Unkultur‘ nimmt in der Kriegsapologetik der deutschen Schriftsteller einen führenden Platz ein. Diese Hoffnung der „Kriegspoeten" auf eine Katharsis der Kunst selber verweist auf einen engen Zusammenhang zwischen kriegsaffirmativem Schrifttum, künstlerischem Selbstverständnis und der Kulturkrise der Vorkriegsjahre. Gesellschaftlicher Umbruch, rapide Stilwechsel in der Kunst, Funktionskrise der Literatur usw. bildeten in den Jahren vor 1914 wichtige Erfahrungen, die das Selbstverständnis und die Kunstauffassung der zeitgenössischen Schriftsteller entscheidend prägten und bis in die Einstellung dem neuen Krieg gegenüber hineinwirkten. Die spezifische Auslegung des Krieges vom August 1914 als eines primär kulturgeschichtlichen Ereignisses ist der deutliche Ausdruck einer zuallererst kunst- und selbstbezogenen Motivation der meisten deutschen Schriftsteller bei der Abfassung ihrer kriegsapologetische Werke. Es muß an späterer Stelle[55] noch einmal genauer ergründet werden, wie weit die literarische Beschäftigung mit dem Krieg (sei es in essayistischer oder in lyrischer Form) im Herbst 1914 von deutschen Dichtern als ein plötzlicher und willkommener Ausweg aus einer tiefen persönlichen Schaffenskrise empfunden wurde. Hatte doch z. B. Thomas Mann im Februar 1901 einmal heftig geklagt: „Ach, die Litteratur ist der Tod! Ich werde niemals begreifen, wie man von ihr beherrscht sein kann, ohne sie bitterlich zu hassen."[56]

Krieg als Befreiung

---

[52] Vgl. die Vorwürfe von Rudolf Borchardt gegen die Literatur der Vorkriegszeit in seiner Rede „Der Krieg und die deutsche Selbsteinkehr", gehalten am 5. Dezember 1914, veröffentlicht Heidelberg 1915; die Vorwürfe ebda. S. 8ff.

[53] Thomas Mann, „Gedanken im Kriege", zuerst in: *Die Neue Rundschau* 25, 1914, H. 11, S. 1471–1484. Im weiteren zitiert nach dem Abdruck in: Thomas Mann, *Politische Reden und Schriften 2. (Das essayistische Werk. Taschenbuchausgabe in acht Bänden*, hrsg. von H. Bürgin). Frankfurt 1968, S. 7–20; Zitat S. 7.

[54] Aus einem Brief von Hans Carossa an Alfred Kubin, datiert „München, 3.1.1915"; zitiert nach: Hans Carossa, *Briefe I*. Hrsg. von Eva Kampmann-Carossa. Frankfurt a. M. 1978, S. 91–93; das Zitat S. 93.

[55] Siehe den Abschnitt 3.1 dieses Kapitels.

[56] Thomas Mann / Heinrich Mann, *Briefwechsel 1900–1949*, (Nr. 164), S. 13. (Brief vom 13. Februar 1901).

Er müsse glücklich sein, so fuhr Thomas Mann weiter, daß in ihm „noch nicht alles von der verfluchten Litteratur verödet, verkünstelt und zerfressen"[57] sei.

Zusammenhänge — Eine enge Verbindung der literarischen Kriegsapologie mit der Kultur der Vorkriegsära ergibt sich auch noch aus anderer Perspektive. Zu den wichtigen Entwicklungen der deutschen Literatur vor 1914 gehört auch ihre Politisierung durch Richtungen wie Heimatkunst und Aktivismus. Politisierung bedeutet dabei allerdings nicht, wie bereits ausführlicher begründet, ein tagespolitisches Engagement der Literatur, sondern vielmehr das literarische Entwerfen globaler Gegenwelten zur wilhelminischen Gesellschaft sowie das neue Verständnis von Literatur als einem wichtigen Mittel zur Umgestaltung der Gesellschaft. Die Literatur wurde vor 1914 zu einem bedeutenden Transportmittel für gesellschaftsbezogene Veränderungswünsche und Erlösungssehnsüchte. Sie bereitete damit auch schon den Boden vor für die positive Aufnahme des Ersten Weltkrieges als vermeintlichem Auslöser der so lange beschworenen und ersehnten deutschen „Katharsis". Hermann Korte hat für den Expressionismus nachgewiesen, wie sehr die früheren poetischen Topoi und Motive von „Aufbruch" und „Erneuerung" nach dem August 1914 direkt auf den realen Krieg übertragen wurden.[58] Diese neuere literaturwissenschaftliche Erkenntnis tieferer Zusammenhänge zwischen der freudigen Begrüßung des realen Krieges und dem ästhetischen Protest der Vorkriegszeit verspricht, bessere Einblicke in die Hintergründe der apologetischen Literatur zu vermitteln, als die herkömmliche These einer „Überwältigung" der deutschen Schriftsteller im Herbst 1914 durch die offizielle chauvinistische Propaganda.

Interpretationszwang — Nicht unterschätzt werden darf sicherlich auch der „Interpretationszwang",[59] in den der Krieg die deutschen Schriftsteller brachte. Der bereits seit langem bestehende (z. B. beim George-Kreis) oder neu formulierte Anspruch der Dichter auf eine gesellschaftliche Führungsposition ließ ein Schweigen zu dem die ganze Nation beherrschenden Thema „Krieg" nicht zu. Wer als Schriftsteller zu diesem Krieg stumm blieb, lief große Gefahr, an öffentlicher Autorität und an Einfluß zu verlieren. „Eine Literatur, die an ihm vorbeiging und nicht zu ihm Stellung nahm, hätte sich selber das Lebensrecht abgesprochen."[60] Schon die Zeitgenossen wußten, daß es wohl nicht immer nur die reine „Vaterlandsliebe" war, die „den Schriftstellern und Künstlern die Feder in die Hand zwang, oft genug war es auch eine gewisse Furcht, sein Publikum zu verlieren oder auch nur eine gute Gelegenheit zur Reklame ungenutzt verstreichen zu lassen, die manchen zu leidenschaftlichen Ausbrüchen hinriß" (H. Kellermann).[61]

Ökonomische Motive — Auch ökonomische Motive spielten bei der Anfertigung apologetischer Texte sicherlich eine nicht zu geringe Rolle. Der Abdruck kriegsaffirmativer Lyrik und Publizistik in Zeitungen und Zeitschriften verhalf den Autoren nicht nur zu

---

[57] Ebda.
[58] Hermann Korte, *Der Krieg in der Lyrik des Expressionismus*, (Nr. 288), Kapitel III.
[59] *Die Dichter und der Krieg. Deutsche Lyrik 1914–1918*, (Nr. 42), S. 131.
[60] Friedrich Albrecht, *Deutsche Schriftsteller in der Entscheidung*, (Nr. 261), S. 27.
[61] Hermann Kellermann, „Vorwort", in: *Der Krieg der Geister. Eine Auslese deutscher und ausländischer Stimmen zum Weltkriege 1914*, (Nr. 130), o. S.

einem neuen Publikum, sondern auch zu neuen Einnahmequellen. Welche Bedeutung dem ökonomischen Aspekt zugemessen werden kann, verdeutlicht besonders gut ein Schreiben von Thomas Mann an seinen Bruder Heinrich vom 13. IX. 14, in dem es u. a. heißt: „[...]; für jetzt handelt es sich darum, wie ich mich bis zu einem Zeitpunkt, wo der nicht mehr angemessene Immobilienbesitz verkaufbar sein wird, leidlich halte. Ich muß dazu genau rechnen und an mich ziehen, was ich irgend haben kann."[62]

Nicht ganz außer acht bleiben kann bei der Frage nach der Motivation deutscher Schriftsteller zur Abfassung kriegsaffirmativer Literatur das entsprechende Schrifttum in den anderen, dem Reich feindlichen Staaten. Zwar darf die zeitgenössische literarische Apologetik des Ersten Weltkrieges durch die deutschen „Kriegspoeten" auf keinen Fall ausschließlich oder auch nur maßgeblich als eine Reaktion deutscher Dichter auf die analogen Schriften ausländischer, oft sehr berühmter Dichter und Gelehrter verstanden werden. Es ist aber durchaus anzunehmen, daß die oft sehr pauschalen ausländischen Verurteilungen der Deutschen als am Krieg alleinig Schuldige und als endlich zu zivilisierende „Militaristen" und „Barbaren" – Verurteilungen, die sich nach den großes Aufsehen erregenden Beschädigungen von berühmten Kunstwerken durch deutsche Soldaten (Reims, Löwen) noch erheblich verstärkten – die deutschen Schriftsteller zu Erwiderung und Widerlegung herausforderten. Jedenfalls läßt sich ein expliziter Bezug zu den Kriegsschriften ausländischer Autoren in zahlreichen apologetischen Texten von deutscher Seite nachweisen. Dieser reaktive Bezug kann allerdings auf keinen Fall allein den Umfang und die Argumentation der apologetischen Werke deutscher Schriftsteller erklären oder gar entschuldigen.

Im Verlaufe der bisherigen Ausführungen wurde deutlich, daß ein ganzes Bündel von Motiven herangezogen werden muß, um die literarische Apologetik des Ersten Weltkriegs durch die große Mehrzahl der deutschen Schriftsteller zu erklären. Jede monokausale Erklärung dieser Apologetik, z.B. als Folge einer Überwältigung der Künstler durch die patriotische Stimmung der Massen und die staatliche Propaganda, verkennt die Komplexität des kriegsaffirmativen Schreibens zwischen 1914 und 1918. Über die Gewichtung zwischen den aufgezeigten einzelnen Motiven, die dieses Schreiben veranlaßten, soll die folgende Analyse der einzelnen Denkmuster bei der Ausdeutung und Sinngebung des neuen Krieges durch die deutschen Schriftsteller weitere Erkenntnisse liefern.

Gegenrede

Bündel von Motiven

2.5. Schriftsteller in der Opposition gegen den Krieg

Keineswegs alle deutschen Schriftsteller und Künstler traten 1914 als Befürworter und Lobredner des neuen Krieges auf. Die Zahl der von Anfang an gegen den Krieg eingestellten Dichter und Künstler war größer als oftmals angenommen. Autoren wie Heinrich Mann, Wilhelm Herzog, Arthur Schnitzler, Annette Kolb, Ricarda Huch, Franz Werfel, Leonhard Frank und Johannes R. Becher verweigerten sich von Anfang an der allgemeinen Euphorie und der literarischen Glorifizierung des neuen Krieges.

Opponenten

---

[62] Thomas Mann / Heinrich Mann, *Briefwechsel 1900–1949*, (Nr. 164), S. 109.

Isolierung   Die Opposition gegen den Krieg und seine allgemeine Verherrlichung befand sich allerdings zunächst in einer extrem schwierigen Lage. Die Kriegsbegeisterung der Nation, die Teilnahme gerade auch der meisten Schriftsteller und Intellektuellen an dieser Begeisterung war für die Gegner des Krieges ein tiefer und verstörender Schock. Durch die Zustimmung der sozialdemokratischen Reichstagsfraktion zu den von der Regierung beantragten Kriegskrediten gab es im Deutschen Reich zunächst keine relevante politische Kraft mehr, von der die Opposition der Dichter und Künstler weitere Hilfe erwarten konnte. Die Bejahung des Krieges durch die deutsche Sozialdemokratie, die in scharfem Widerspruch zu vorangegangenen Beschlüssen und Bekenntnissen der SPD stand, belastete nachhaltig die Einstellung der intellektuellen Opposition gegen den Krieg zur Sozialdemokratischen Partei. Die Kriegszustimmung der SPD wurde ein wichtiger Grund für die Suche zahlreicher Künstler und Intellektueller nach anderen, neuen Formen gesellschaftlicher Veränderungsarbeit.

Zensur   Durch die zunehmend rigider werdende Zensur bestand für die Gegner des Krieges kaum eine Möglichkeit zur öffentlichen Verbreitung ihrer Ansichten. Wer als Kritiker des Krieges zu deutlich auftrat, wer sich zu der „treuen und entschlossenen vaterländischen Stimmung und Haltung des deutschen Volkes in Widerspruch"[63] setzte, der wurde zensiert, verhaftet, zum Militärdienst eingezogen oder in eine Nervenheilanstalt eingewiesen. So blieben den gegen den Krieg eingestellten Schriftstellern und Künstlern nur noch wenige Möglichkeiten zur Manifestation ihrer Ablehnung des Krieges und seiner allgemeinen Glorifizierung.

Schweigen als Protest   Eine der noch möglichen Formen von Widerspruch gegen die allgemeine Rechtfertigung und Verherrlichung des neuen Krieges war das demonstrative Verstummen und Schweigen. Es konnte durchaus auffallen, wenn ein zuvor vielleicht sogar publizistisch aktiver Autor nun plötzlich im Unterschied zur großen Mehrheit seiner Kollegen nicht zum Krieg und zu den „höchsten Angelegenheiten der Nation" (R. Borchardt)[64] öffentlich Stellung nahm. Karl Kraus, der seine Zeitschrift *Die Fackel* für einige Monate nicht mehr erscheinen ließ, und Kurt Tucholsky, der keine Artikel mehr für die *Schaubühne* schrieb, wählten neben anderen diesen Weg der Kritik am Kriege.

Formen der Opposition   Neben dem völligen Schweigen wurde auch die Enthaltung von allen politischen Themen und Ereignissen als ein Mittel eingesetzt, um das Einstimmen in die allgemeine Kriegsbegeisterung zu verweigern. Franz Pfemfert, der Herausgeber der *Aktion*, verkündete kurz nach Beginn des Krieges, seine Zeitschrift „werde in den nächsten Wochen nur Literatur und Kunst enthalten".[65] Pfemfert entwickelte trotz dieses scheinbaren Rückzuges von der Politik verschiedene

---

[63] Diese Formulierung stammt aus dem Schreiben, mit dem das Bayerische Kriegsministerium im Herbst 1915 dem Herausgeber des *Forum* das künftige Erscheinungsverbot für diese Zeitschrift begründete. Hier zitiert nach: *Expressionismus. Manifeste und Dokumente zur deutschen Literatur 1910–1920*, (Nr. 63), S. 319/320, Zitat S. 319.

[64] Rudolf Borchardt, *Der Krieg und die deutsche Verantwortung*, (Nr. 29), S. 51.

[65] Franz Pfemfert, „Freunde der *Aktion*, Leser, Mitarbeiter!", in: *Die Aktion* 4, 1914, 15. August, Sp. 693.

geschickte Strategien zur Kritik der herrschenden Kriegsbegeisterung. So publizierte er z. B. mehrere Sonderhefte der *Aktion* über französische und russische Literatur und vertrat eine von dem nationalen Kulturchauvinismus der Zeitgenossen deutlich abgesetzte ‚europäische Gesinnung'. Mit Nachrufen und mit Textabdrucken gefallener Dichter lenkte Pfemfert die Aufmerksamkeit seiner Leser ganz bewußt auf die Opfer, die der Krieg forderte. In einer eigens errichteten Sparte „Ich schneide die Zeit aus" druckte Pfemfert aus anderen Zeitungen und Zeitschriften besonders auffällige kriegsglorifizierende Texte ab, „die sich in ihrer chauvinistischen Haltung sprachlich und gedanklich selbst entlarven sollten".[66] Zum führenden Organ der Kriegsgegner unter den Dichtern und Künstlern wurde die *Aktion* aber vor allem durch eine neue Rubrik mit dem Titel „Verse vom Schlachtfeld". In dieser Rubrik publizierte Franz Pfemfert eine neuartige Lyrik, die den Krieg aus anti-heroischer Perspektive als Leiden, Angst, Chaos und sinnlosen Massentod schilderte.[67]

Eine weitere mögliche Form der Opposition gegen den Krieg war die kritische Rezension kriegsaffirmativer Schriften bekannter Autoren. So attackierte z. B. Wilhelm Herzog in seiner Zeitschrift *Das Forum* mehrfach scharf den Essay „Gedanken im Kriege", den Thomas Mann im Herbst 1914 veröffentlicht hatte. W. Herzog kam zu dem wenig schmeichelhaften und von Thomas Mann ihm nie verziehenen Ergebnis: „Zu welchen puerilen Ausschweifungen ein Künstler kommen kann, wenn er sich auf ein Gebiet locken läßt, dessen glatter Boden seinem sonst wachen Verstand ungeahnte Möglichkeiten zum Ausrutschen bietet, – das zeigt der Fall Thomas Manns."[68] *Das Forum* gehörte dann zu den Zeitschriften, die wegen ihrer deutlichen Opposition gegen den Krieg schließlich von der Zensur verboten wurden. Das Bayerische Kriegsministerium untersagte im September 1915 das weitere Erscheinen dieser Zeitschrift wegen der zu befürchtenden „schädlichen Folgen der Propagierung eines vaterlandslosen Ästheten- und Europäertums".[69] Um der ständigen Zensur und der Gefahr eines endgültigen Erscheinungsverbotes zu entgehen, wurden einige literarisch-kulturelle Zeitschriften (z. B. *Die weißen Blätter*, das *Zeit-Echo*) von ihren Herausgebern in die Schweiz verlagert. Dieses Land entwickelte sich schnell zum Mittelpunkt einer internationalen Friedensbewegung und zum Zufluchtsort zahlreicher deutscher Emigranten.   Emigration

Die Motive der frühen Oppositionshaltung zahlreicher deutscher Schriftsteller   Resonanz
gegen den Ersten Weltkrieg sind bisher wenig erforscht worden. Sie scheinen zuallererst im moralisch-ethischen Bereich zu liegen. Denn die genaueren politischen und ökonomischen Hintergründe dieses Krieges konnten selbst von den kritischen Zeitgenossen 1914 noch kaum erkannt werden. Diese Erkenntnis erfolgte immer mehr erst im Verlaufe der Jahre 1914–1918 und bewirkte bei den

---

[66] Thomas Anz / Joseph Vogl, „Nachwort", in: *Die Dichter und der Krieg. Deutsche Lyrik 1914–1918*, (Nr. 42), S. 239.
[67] Genauer dazu Abschnitt 5.2.
[68] Wilhelm Herzog, „Die Überschätzung der Kunst", in: *Das Forum* 1, 1914/15, H. 9 (Dezember), S. 445–458, Zitat S. 454/455.
[69] Wie Anm. 63.

Gegnern des Krieges eine deutliche Radikalisierung und Politisierung. Die frühe Opposition aber blieb, nicht zuletzt wegen der ständigen Repression durch Zensur und Militärbehörden, vereinzelt und ohne größere Wirkung. So konnte für die Zeitgenossen zunächst der trügerische Eindruck entstehen, das Deutsche Reich begeistere sich weitgehend geschlossen für den neuen, „großen" und „gerechten" Krieg. Erst als die Erfahrung der Realität die anfänglichen Hoffnungen und Erwartungen der Bevölkerung immer stärker widerlegte, konnte die maßgeblich von Dichtern und Künstlern getragene Opposition gegen den Krieg an Umfang und Resonanz gewinnen.

3. Krieg und Kunst

3.1. Der Krieg als ästhetischer Reiz und Anstoß zu künstlerischem Schaffen

Hoffnung auf Abenteuer

Der neue Krieg erweckte im August 1914 bei der Bevölkerung des Deutschen Reiches eine Vielzahl unterschiedlicher Hoffnungen und Erwartungen. Die jüngere Generation sah in ihm vor allem eine Chance zur Befreiung aus dem kontrollierten Lebenskreis der Familie oder der Arbeit und versprach sich Abenteuer, Heldenruhm und Daseins-Erweiterung. Auch von vielen Dichtern und Künstlern wurde der Krieg zuerst einmal „als Chance zur befreienden Lebensintensivierung"[1] verstanden. Der Maler Max Beckmann z. B. notierte am 14. September 1914 nach seinem Dienstantritt als freiwilliger Krankenpfleger: „Ich hoffe noch viel zu erleben und bin froh".[2] Nur zehn Tage später schrieb er bereits voller Zufriedenheit nach Hause: „Ich habe in dieser kurzen Zeit soviel erlebt wie seit Jahren nicht."[3]

Anregungen

Es war aber nicht allein die Hoffnung auf neue Abenteuer und auf spannende Erlebnisse, die den größten Teil der deutschen Künstler im Herbst 1914 zur freudigen Bejahung des Krieges veranlaßte. Sehr viel mehr noch als diese Abenteuer-Erwartung motivierte die Künstler eine ganz spezifische Erwartung an den Krieg als vermeintlicher Quelle großartiger neuer ästhetischer Reize und neuer Anregungen zu künstlerischem Schaffen. Allenthalben findet sich im Schrifttum der Zeit diese spezifische Begrüßung des Krieges als willkommenem Vermittler neuer ästhetischer Erfahrungen und Anregungen. Max Beckmann vertrat diese Sehweise sogar noch nach sieben Monaten realer Kriegserfahrung im Lazarett-Dienst: „Für mich ist der Krieg ein Wunder, wenn auch ein ziemlich unbequemes. Meine Kunst kriegt hier zu fressen."[4] Beckmann gehörte zu denjenigen Künstlern, die ganz besonders lange ihre ästhetische Wahrnehmung des

---

[1] Hermann Korte, *Der Krieg in der Lyrik des Expressionismus*. (Nr. 288), S. 127.
[2] Aus einem Brief Max Beckmanns vom 14. September 1914. Zitiert nach Max Beckmann, *Briefe im Kriege*. Gesammelt von Minna Tube. Mit 32 Zeichnungen des Künstlers. Nachwort von Peter Beckmann. München 1984, S. 5. (Eine erste Ausgabe der *Briefe im Kriege* von Max Beckmann erschien in Berlin 1916).
[3] Ebda. S. 10. (Brief vom 24. September 14).
[4] Ebda. S. 43. (Brief vom 18.4.15).

Krieges aufrechterhalten konnten. So notierte er noch im Frühjahr 1915 seine Eindrücke aus dem Lazarett zuallererst aus der Perspektive des Malers:

„Schön sind die Ansammlungen im Operationssaal, mit den dunklen verwilderten Gesichtern, den großen Bärten und weißen Verbänden [. . .] Fabelhafte Sachen sah ich. In dem halbdunklen Unterstand halbentkleidete, blutüberströmte Männer, denen die weißen Verbände angelegt wurden. Groß und schmerzlich im Ausdruck. Neue Vorstellungen von Geißelungen Christi."[5]

Natürlich blieb die Begrüßung des Krieges als Vermittler neuer ästhetischer Reize keineswegs nur auf die Maler beschränkt. Von vielen Schriftstellern wurden zunächst vor allem die Stimmung aus den Tagen der Mobilmachung, die Versammlungen der Bevölkerung und der Soldaten, die öffentlichen Manifestationen neuer nationaler Einheit als neue, dem Krieg zu verdankende Themen aufgegriffen und literarisch gestaltet.[6] Rainer Maria Rilke schrieb unter dem Eindruck der Mobilmachung Anfang August 1914 sein berühmt gewordenes Gedicht „Fünf Gesänge. August 1914", in dem es u. a. hieß: „Heil mir, daß ich Ergriffene sehe. Schon lange / War uns das Schauspiel nicht wahr. / Und das erfundene Bild sprach nicht entscheidend uns an."[7] Nicht mit einem „Schauspiel", sondern mit der „Musik" Wagners verglich der Schriftsteller Hermann Bahr die Aufmärsche der patriotisch gestimmten Massen und den Verlauf der deutschen Mobilmachung: „es ging in ihr genau wie in einer Partitur Richard Wagners zu: völlige Verzückung bei völliger Präzision."[8] Das Ereignis und Geschehen des Krieges wurde von den deutschen Dichtern zunächst wie ein ästhetisches Phänomen aufgefaßt und wiedergegeben. So freute sich der expressionistische Autor Ernst Wilhelm Lotz z. B. am 5. August 1914, er „fange schon an", den neuen Krieg „artistisch zu erleben".[9] Das wahrscheinlich deutlichste Beispiel einer vollkommenen Ästhetisierung der politischen und militärischen Vorgänge findet sich bei Arnold Zweig. Er wählte in einem Brief vom 27.8.1914 die Höhepunkte der deutschen Kulturgeschichte zum Maßstab des Vergleichs:

Ästhetische Wahrnehmung

„Das große Deutschland ist wieder da, die klare ungeheuer geniale Kälte der Kantischen Intuition und das Feuer Beethovenscher Allegretti und Scherzi spukt in der deutschen

---

[5] Ebda. S. 22 (datiert den 4. März 15) und S. 55 (datiert den 4.5.15).
[6] Vgl. die Texte in Kapitel II („Der Aufbruch") in der von Carl Busse herausgegebenen Anthologie *Deutsche Kriegslieder 1914/16*.
[7] Rainer Maria Rilke, „Fünf Gesänge. August 1914". Zuerst in: *Kriegs-Almanach* (des Insel-Verlages). Leipzig 1915, S. 14–19. Hier zitiert nach dem Abdruck in: *Die Dichter und der Krieg. Deutsche Lyrik 1914–1918*. (Nr. 42), S. 30–35; Zitat S. 31. – Wörtlich von einem „Schauspiel" sprach auch Emil Ludwig in Verbindung mit der deutschen Mobilmachung. Er notierte am 31. Juli 1914, nachdem der „Zustand der drohenden Kriegsgefahr" verkündet worden war, „Jetzt schreit niemand auf, es fängt das Schauspiel an, das nur in Deutschland spielt, es heißt: Disziplin der Seele". Aus: Emil Ludwig, „Die großen Tage". In: *Die Neue Rundschau* 25, 1914, S. 1321–1326; Zitat S. 1322.
[8] Hermann Bahr, *Kriegssegen*. München 1915, S. 22.
[9] Aus einem Brief, datiert vom 5.8.1914, von Ernst Wilhelm Lotz. Abgedruckt in: Ernst Wilhelm Lotz, *Prosaversuche und Feldpostbriefe*. Aus dem bisher unveröffentlichten Nachlaß. Hrsg. von Hellmut Draws-Tychsen. Diessen vor München o.J. (1955), S. 61.

Kriegsführung, die tragende Ordnung ‚romanisch'-deutscher Fassaden und der gefaßte, schweigsame Griffel Holbeinscher Zeichnungen gibt sich kund im Rhythmus des organisatorischen Lebens der Daheimgeblieben[en] – und über allem hängt die furchtlose Nähe des Todes (und des Teufels-Schreckens) aus Dürers großem Blatt. Der Ritter reitet. Daß Liliencron dieses Deutschland nicht mehr erlebte!"[10]

Schule des Talents

Die Begrüßung des Ersten Weltkriegs als vermeintlichem Vermittler ästhetischer Anregungen und als Auslöser neuen künstlerischen Schaffens findet sich nicht nur in Stellungnahmen und Aufzeichnungen vieler deutscher Dichter und Künstler. Auch von philosophischer und kunstwissenschaftlicher Seite wurde im Herbst 1914 der Krieg immer wieder mit genau derselben Argumentation begrüßt und sanktioniert. Es kam bereits an anderer Stelle zur Sprache, wie sehr z. B. der Philosoph Max Scheler 1914/15 wegen des neuen Krieges eine baldige Blütezeit deutscher Kunst und Kultur erhoffte.[11] Ähnlich wie Max Scheler dachte u. a. auch der Herausgeber der führenden Kunstzeitschrift *Kunst und Künstler*, Karl Scheffler. Er pries seinen Zeitgenossen den neuen Krieg als eine großartige „Schule des Talents": „Denn indem der Idealismus sich erneuert, muss sich wie von selbst die Kraft künstlerischer Darstellung erneuern [...] Die Jugend wird aus diesem Krieg eine neue Lebendigkeit heimbringen, neue Sinnlichkeit, neue Gegenstände für ihre jetzt rastlose Idealität und neue Anschauungskraft."[12] Scheffler empfand den neuen Krieg als „Gnade" und war zutiefst davon überzeugt, daß er sich „einst in schöne Kunst dann verwandelt"[13] haben werde. Er erhob den Krieg zu einem „Kunstwerk der Natur", an dem sich der menschliche Künstler hervorragend schulen könne.

Lyrik als Erlösung

Die vielfachen Hoffnungen auf eine neue Blütezeit der Kunst durch das Ereignis des Krieges hingen oft eng mit einer spezifischen zeitgenössischen Vorstellung über die Entstehung von Kunst und Literatur zusammen. Vor allem lyrische Werke galten in der Auffassung vieler Zeitgenossen zuallererst als Ausdruck und Ergebnis heftiger innerer Gefühle und Spannungen. Nicht nur für den Anthologie-Herausgeber Carl Busse bildete die Lyrik ein wunderbares Medium, in dem die „Erregung"[14] eines Herzens „Erlösung"[15] und befreiende Ableitung nach außen fand. Mehr als jedes andere Ereignis mußte natürlich ein Krieg die Menschen in Erregung und Gefühlsaufwallung versetzen: „Das Mysterium des Lebens und Sterbens ergreift uns alle; aber am unmittelbarsten doch den Krieger. Und diese heiligste Ergriffenheit sehnt sich nach der dichterischen Verklärung. Die Heldentat will das Heldenlied."[16] Von einem Krieg war demzufolge eine

---

[10] Aus einem Brief von Arnold Zweig an Helene Weyl vom 27.8.1914, zitiert nach *Arnold Zweig 1887–1968. Werk und Leben in Dokumenten und Bildern. Mit unveröffentlichten Manuskripten und Briefen aus dem Nachlaß*. Hrsg. von Georg Wenzel. Berlin und Weimar 1978, S. 62.
[11] Siehe Band 1, Kap. III, 4.3.
[12] Karl Scheffler, „Der Krieg". In: *Kunst und Künstler. Illustrierte Monatsschrift für Kunst und Kunstgewerbe* 13, 1914/15, Berlin 1915, S. 1–4; Zitate S. 4.
[13] Ebda.
[14] Carl Busse, „Einleitung". In: *Deutsche Kriegslieder 1914/16*. (Nr. 36), S. VIII.
[15] Ebda. S. VII.
[16] Ernst Borkowsky, *Unser heiliger Krieg*. (Nr. 31), S. 135.

neue Fülle literarischer, speziell lyrischer Werke zu erwarten. Die Entwicklung der deutschen Lyrik nach dem Krieg von 1870/71 und vor allem nach den Freiheitskämpfen von 1813 wurde als Beleg angeführt, daß ein Krieg zuvor brachliegende „Anlagen" und „Keime"[17] gerade bei den nicht schon geschulten Dichtern, also bei den „Dilettanten"[18] und unbekannten Namen, „jäh"[19] erwecken könne. Wie sehr diese Vorstellung vom literarischen Schaffen als Ableitung sonst nicht zu bewältigender innerer Empfindungen auch auf die neue Literatur der Jahre 1914 bis 1916 bezogen wurde, belegen die folgenden Zeilen aus einer Lyrik-Sammlung von 1916:

„Die ungeheure Erregung trug Millionen Alltagsmenschen zu einer ihnen sonst fremden Gefühlsstärke empor und machte sie für Augenblicke, für Stunden, für Tage dadurch dem Dichter verwandt. Sie fingen mit Zungen zu reden und zu bekennen an, sie stammelten in Versen hervor, was als schmerzliche Gewalt in ihnen nach Erlösung rang, sie befreiten sich damit von der folternden Spannung und leiteten den Sturm übermächtiger Empfindungen, der die Brust zu sprengen drohte, nach außen ab."[20]

Für den Autor dieser Ausführungen bildete die gewaltige Flut neuer Kriegslyrik, die nach dem 1. August 1914 entstanden war, einen erneuten und großartigen Beweis für die „Macht", die „Notwendigkeit" und die „erlösende Wirkung" der Lyrik.[21]

Als Höhepunkt der seit Kriegsbeginn neu entstandenen Lyrik und als überzeugendsten Beleg für die schöpferische Macht auch des neuen Krieges feierte Carl Busse, der Verfasser der zitierten Ausführungen, die „Arbeiterpoesie". Diese habe sich unter dem Einfluß des Krieges „zum ersten Male" aus der früheren „partei- und standeshaften Verengung" lösen können und sei nun endlich „zum wirkenden Element der allgemeinen Volks- und Nationaldichtung" geworden.[22] Der Beitrag der sog. Arbeiterdichter zur neuen Kriegslyrik wurde um 1916 auch von anderen Kritikern und Anthologisten als Novum und als besonderes Geschenk des Krieges herausgestellt. Julius Bab, einer der führenden Kritiker seiner Zeit, benannte 1916 den Kesselschmied und Arbeiterdichter Heinrich Lersch als den größten „Dichter", der „uns vom Kriege neu geschenkt worden ist".[23] Auch für Carl Busse hatte erst der Krieg bei Heinrich Lersch „mit einer jähen und übermächtigen Gewalt die vorhandenen Keime hervorgelockt und emporgetrieben."[24] Ohne das Erlebnis des Krieges, so Carl Busse 1916, wäre Heinrich Lersch „als Dichter verkümmert" und niemals zu seiner wahren Größe „herangewachsen".[25]

Arbeiterdichtung

---

[17] Carl Busse, „Einleitung". In: *Deutsche Kriegslieder 1914/16*. (Nr. 36), S. XVIII.
[18] Ebda. S. VIII.
[19] Ebda. S. VII.
[20] Ebda.
[21] Ebda.
[22] Ebda. S. XI.
[23] Julius Bab, „Heinrich Lersch, der Sänger des deutschen Krieges". (Nr. 4), S. 1.
[24] Carl Busse, „Einleitung". In: *Deutsche Kriegslieder 1914/16*. (Nr. 36), S. XVIII.
[25] Ebda.

Desillusionierung Trotz dieser Glorifizierung der (vorübergehend) patriotisch gewordenen Arbeiterdichtung blieb die anfängliche Hoffnung vieler Zeitgenossen, der Krieg würde auch eine neue Blüte der Kunst und Kultur herbeiführen, letztlich ohne Erfüllung. Spätestens ab 1916 fand sich kaum mehr ein Künstler, der angesichts der grauenvollen Realität des Krieges noch bereit war, ‚patriotische Gesänge' anzustimmen. Und die Kunst, die stattdessen in direkter Auseinandersetzung mit dem Ereignis des Krieges entstand, die Kunst des Expressionismus, hatte mit den ursprünglichen Vorstellungen und Erwartungen der Apologeten des Krieges nichts mehr zu tun. Diese Kunst der Menschheits-Verbrüderung und der „zerbrochenen Formen"[26] hatte man wahrlich nicht gemeint, als man im Herbst 1914 den neuen Krieg als „Erwecker"[27] neuer deutscher Dichter und Künstler willkommen hieß.

Schaffenskrisen Die anfängliche Begrüßung des Krieges als ästhetischem Lehrmeister und Auslöser neuer großer Kunst bildete eine spezifische kriegsaffirmative Denkform der zeitgenössischen deutschen Dichter und Künstler. Alle politischen, militärischen und moralischen Aspekte wurden bei dieser Sehweise ausgeklammert und der Krieg sehr egozentrisch als willkommenes Förderungsmittel der Kunst gesehen und rechtfertigt. Das in dieser Auffassung so deutlich zum Ausdruck kommende Bedürfnis nach neuen ästhetischen Anstößen muß in einem engen Zusammenhang mit der persönlichen Schaffenskrise zahlreicher Künstler in den Vorkriegsjahren gesehen werden. Als Beleg für diese Krise kann erneut exemplarisch auf Thomas Mann verwiesen werden, der knapp neun Monate vor Kriegsbeginn, am 6. Nov. 1913, seinem Bruder Heinrich klagte:

> „Ich bin oft recht gemütskrank und zerquält. Der Sorgen sind zu viele: die bürgerlich-menschlichen und die geistigen, um mich und meine Arbeit [...] Wenn nur die Arbeitskraft und -Lust entsprechend wäre. Aber das Innere: die immer drohende Erschöpfung, Skrupel, Müdigkeit, Zweifel, eine Wundheit und Schwäche, daß mich jeder Angriff bis auf den Grund erschüttert; dazu die Unfähigkeit, mich geistig und politisch eigentlich zu orientieren, wie Du es gekonnt hast; eine wachsende Sympathie mit dem Tode, mir tief eingeboren: mein ganzes Interesse galt immer dem Verfall, und das ist es wohl eigentlich, was mich hindert, mich für Fortschritt zu interessieren. Aber was ist das für ein Geschwätz. Es ist schlimm, wenn die ganze Misere der Zeit und des Vaterlandes auf einem liegt, ohne daß man die Kräfte hat, sie zu gestalten. Aber das gehört wohl eben zur Misere der Zeit und des Vaterlandes. Oder wird sie im *Unterthan* gestaltet sein? Ich freue mich mehr auf Deine Werke, als auf meine, Du bist seelisch besser dran, und das ist eben doch das Entscheidende. Ich bin ausgedient, glaube ich, und hätte wahrscheinlich nie Schriftsteller werden dürfen [...]"[28]

Befreiung Die derart zum Ausdruck gebrachte tiefe künstlerische Krise Thomas Manns darf nicht außer acht lassen, wer verstehen will, auch der Autor der *Buddenbrooks* den Ersten Weltkrieg als „Reinigung", „Befreiung" und „ungeheure Hoff-

---

[26] Vgl. Karl Ludwig Schneider, *Zerbrochene Formen. Wort und Bild im Expressionismus.* Hamburg 1967.
[27] Ernst Borkowsky, *Unser heiliger Krieg.* (Nr. 31), S. 141.
[28] Thomas Mann / Heinrich Mann, *Briefwechsel 1900–1949.* (Nr. 164), S. 103/104.

nung"²⁹ begrüßte. Der Krieg mit seinen neuen Eindrücken und den erwarteten großen „Umwälzungen"³⁰ erschien im Herbst 1914 Thomas Mann wie auch etlichen anderen deutschen Schriftstellern als ein willkommener Ausweg aus quälender persönlicher und künstlerischer Krise.

3.2. Katharsis der Kunst

Der Erste Weltkrieg wurde 1914/15 von vielen deutschen Dichtern und Künstlern nicht nur als Quelle neuer ästhetischer Erfahrungen und als Auslöser künstlerischen Schaffens begrüßt. Sehr viel mehr noch feierte man ihn als ein lang ersehntes „Gewitter", das endlich die Kunst und Literatur von der „Dekadenz" der Vorkriegsjahre grundlegend reinigen werde. „Der Krieg soll unsere Dichtung läutern!" lautete die Hoffnung und das „Gelöbnis"³¹ der ersten Wochen und Monate. Exemplarisch für diese Hoffnung sowie für die mit ihr verbundenen inhaltlichen Vorstellungen sind die folgenden Zeilen, die der ehemalige Naturalist Julius Hart Anfang 1915 verfaßte:

Läuterung der Kunst

„[...] Auch heute, während die Stürme der Schlachten uns noch umbrausen, sagt man es überall wieder: Dieser Krieg führt für unsere Dichtung eine völlige Umwälzung herauf, eine Reformation an Haupt und Gliedern. Aufatmend fühlen wir den blutigen Ernst dieser Tage auch als ein reinigendes Bad unseres Geistes und unserer Seele, und mit einem freudigen Aufleuchten der Augen hören wir es, daß dieser Kriegsgeist mit einem Schlage die ganze Poesie der Mode, der Perversitäten und Dekadenzen, der wildgewordenen Erotiken und des snobistischen Übermenschentums, der formalistischen und technischen Leere hinwegfegen wird. Endlich werden wir uns frei machen von der Nachäffung eines Auslandsgeistes [...] Unser Heil im deutschen Kunstideal allein erblicken. [...] Kunst und Volk gingen unberührt nebeneinander her. Der ganze Gegensatz zwischen dem, was in der Seele des Volkes lebte und sich bewegte, riß vor uns auf in der Stunde, da der Waffenruf durch das Land ging. Hier nun ein Volk der Kraft. Ganz voller Spannungen und Energien. [...] Und hier eine Literatur zersplitterten und zerfahrenen Geisteslebens, anarchistisch-nihilistisch und konzentrationslos. Der Hysterien und kranken Nerven. Die mit ihren Senilitäten und ihrem Niedergangscharakter sich brüstete [...]."³²

Die Ausführungen Julius Harts enthalten weitgehend alle wichtigen Denkmuster, mit denen 1914/15 viele deutsche Schriftsteller ihre Hoffnungen auf eine völlige „Umwälzung" der Dichtung vorbrachten. Der spätere Betrachter vermag sofort einen engen Zusammenhang dieser Hoffnungen mit den heftigen Kontroversen, die vor Beginn des Krieges zwischen den verschiedenen literarischen Richtungen abgelaufen waren, zu erkennen. Julius Hart formulierte Anfang 1915 geradezu wörtlich dieselben Vorwürfe, wie sie von den Verfechtern der Hei-

Alte Vorwürfe

---

²⁹ Thomas Mann, „Gedanken im Kriege". (Nr. 156.b), S. 10.
³⁰ Zitat aus einem Brief Thomas Manns vom 7. August 1914. In: Thomas Mann / Heinrich Mann, *Briefwechsel 1900–1949*. (Nr. 164), S. 108.
³¹ Ernst Borkowsky, *Unser heiliger Krieg*. (Nr. 31), S. 139.
³² Julius Hart, „Der Krieg als Umgestalter unserer Literatur". In: *Der Tag* Nr. 220, 1915. Hier zitiert nach dem Teilabdruck in: *Das literarische Echo* 17, 1914/15, Nr. 2 (15. Oktober 1914), Sp. 104/105.

matkunst[33] schon seit langer Zeit gegen die ‚moderne' Literatur erhoben worden waren: „Kunst des Spieles und Scheines, eines überfeinerten Luxus, eine Verspötterin und Verhöhnerin des Gefühls und Ideallebens. Wirklichkeitsflüchtig."[34]

Dekadenz

Faßt man die vielen Vorwürfe, die im kriegsapologetischen Schrifttum der Jahre 1914/15 gegen die vorangegangene Literatur und Kunst erhoben wurden, zusammen, so ergeben sich weitgehend die gleichen Schlagworte, die bereits ab ca. 1895 im Kulturkampf gegen die „Moderne" immer wieder aufgetreten waren: Formalismus, Perversion, Dekadenz, Nihilismus, Ästhetizismus, Blenderei etc. Als Oberbegriff zur Bezeichnung all der so heftig abgelehnten Stilrichtungen und Denkhaltungen fungierte auch im Ersten Weltkrieg weiterhin das schon vor 1914 vorzugsweise angewandte Schlagwort von der „Dekadenz". Rudolf Borchardt fand sicherlich die Zustimmung vieler seiner Leser, als er um die Jahreswende 1914/15 die Vorkriegszeit zur Epoche „der deutschen Dekadenz"[35] erklärte. Für Borchardt und viele ihm Gleichgesinnte hatte die Kunst und Literatur der Jahre vor 1914 eine widerliche Vorliebe gezeigt für „psychologistische Verirrungen",[36] für „erotische Schamlosigkeit",[37] „exotische Verwilderungen"[38] und war voll gewesen mit „krankhaften Absonderlichkeiten".[39] Derartige Vorwürfe richteten sich nicht zuletzt gegen die noch junge Kunst des Expressionismus, die vor 1914 insbesondere in der Lyrik ausgeprägt worden war.[40] Ganz explizit formulierte u. a. Karl Scheffler kurz nach Kriegsbeginn sein „Vertrauen", daß durch den neuen Krieg endlich „alle Narrheit der letzten Zeit, alle aus der Langeweile des Geistes geborene Ideologie des Expressionismus, des Kubismus und Futurismus verschwinden wird, wie der Staub von den Blättern, wenn der Sturm die Kronen schüttelt."[41] Für die meisten Autoren der Dekadenztheorie und der Hoffnung auf eine radikale „Umwälzung" der Kunst durch den Krieg stellte allerdings nicht die Lyrik, sondern vielmehr das Theater der „letzten Jahrzehnte" den Höhepunkt aller negativen Entwicklungen dar: „Nirgends ist der *Verfall* der neueren Literatur so sichtbar geworden und nirgendwo so schädlich, wie im *Theater* der letzten Jahrzehnte. Das Geistlose und Niedrige wurde hier zum Geistlosesten und Niedrigsten."[42]

Konkurrenz-Ängste

Bei genauer Betrachtung der kriegsapologetischen Schriften aus den Jahren 1914–1916 zeigt sich, daß die Kritik vieler deutscher Dichter und Künstler keineswegs nur gegen die inhaltlichen und formalen Veränderungen in der Kunst der Vorkriegszeit gerichtet war. Oft mehr noch als diese Entwicklungen in der

---

[33] Vgl. Band 1, Kap. II, 3.5.
[34] Julius Hart, „Der Krieg als Umgestalter unserer Literatur". (Nr. 83.b), Sp. 105.
[35] Rudolf Borchardt, *Der Krieg und die deutsche Verantwortung*. (Nr. 29), S. 39.
[36] Ebda. S. 38.
[37] Otto Ernst, „Die Revolution der deutschen Seele". (Nr. 58), S. 96.
[38] Ernst Borkowsky, *Unser heiliger Krieg*. (Nr. 31), S. 139.
[39] Ebda.
[40] Genauer zum Expressionismus der Vorkriegszeit siehe Band 1, Kap. II, 3.6.
[41] Karl Scheffler, „Der Krieg". (Nr. 209), S. 4.
[42] J. Eberle, „Schönere Zukunft". Hier zitiert nach: *Weltkrieg und Sittlichkeit. Beiträge zur Kulturgeschichte der Weltkriegsjahre*. Hrsg. von Bruno Grabinski. Hildesheim 1917, S. 109. Das Zitat Eberles dort leider ohne genauere Quellenangabe.

Kunst wurden die neuen Medien, die vor 1914 zunehmende Bedeutung erlangt hatten, auf das heftigste verdammt. Die zahlreichen zeitgenössischen Attacken von Schriftstellern und Künstlern gegen Kino, Presse und nicht selten auch gegen Oper und Operette sind für den späteren Betrachter höchst aufschlußreich. Denn sie verweisen darauf, wie sehr bei der Hoffnung auf eine grundlegende Läuterung der Kunst durch den neuen Weltkrieg auf seiten der Kunstschaffenden gerade ökonomische Interessen und Fragen des gesellschaftlichen Prestiges eine äußerst wichtige Rolle spielten.

Besonders deutlich artikulierte der Schriftsteller Otto Ernst im Oktober 1914 die radikale Ablehnung der neuen Medien. Er sprach von einer „Operettenseuche" und „Kinopest",[43] welche die Zeitgenossen seit einigen Jahren ergriffen und verdorben hätten. „Wir mußten es erleben", so führte er weiter aus, „daß im Kino die dramatische Dichtung bis in den tiefsten Staub herabgewürdigt, daß sie zu einem Fraß für die roheste Sinnengier verarbeitet wurde und daß Dichter von Ruf und Vermögen ihre Hand zu dieser Schmach boten, weil sie Geld damit verdienten."[44] Der zweite Teil dieser Ausführungen belegt, daß die Verurteilung der neuen Massenmedien keineswegs nur auf rein ästhetischen Gesichtspunkten beruhte. Im Kino war den zeitgenössischen Schriftstellern um 1914 eine Konkurrenz erwachsen, die zunehmend das Interesse (wie auch das Kapital) des Publikums auf sich zog. Welche Bedeutung der Film als Kommunikationsmittel schon erreicht hatte, zeigt sich nicht zuletzt in der Tatsache, daß im Verlaufe des Krieges auch die Oberste Heeresleitung den Wert des neuen Mediums heraushob und den Aufbau einer nationalen Filmindustrie forderte, „um nach einheitlichen großen Gesichtspunkten eine nachdrückliche Beeinflussung der großen Massen im staatlichen Interesse zu erzielen".[45] Für Otto Ernst aber und viele seiner Kollegen war die Mitarbeit eines Dichters an dem neuen Konkurrenzmedium gleichzusetzen mit Verrat, mit „Verkauf" der Kunst „an das Kinokapital"[46] – ein „Verkauf", der für Otto Ernst „vielleicht das bezeichnendste und erschütterndste Symptom einer Zeit" bildete, die nach seiner Meinung „überhaupt charakterisiert wurde durch die schrankenlose *Frechheit des Geldes*".[47]

Neben dem Kino wurde ganz besonders auch die rapide wachsende Bedeutung der Presse zu den Symptomen von Dekadenz und kulturellem Niedergang gerechnet. Für Otto Ernst bildete die „Gewalt" der Presse sogar „das Schrecklichste",[48] was die vergangenen Jahre gebracht hätten. Als Beleg verwies er ausführlich auf die nach seiner Meinung verlogene und infame Berichterstattung der

---

[43] Otto Ernst, „Die Revolution der deutschen Seele". (Nr. 58), S. 97.
[44] Ebda. S. 98.
[45] Aus einem Schreiben des Generals Erich Ludendorff an das Königliche Kriegsministerium Berlin, datiert vom 4. Juli 1917. Hier zitiert nach der Wiedergabe in: *Innenansicht eines Krieges. Deutsche Dokumente 1914–1918*. Hrsg. von Ernst Johann. München 1973, S. 243–246; Zitat S. 243.
[46] Otto Ernst, „Die Revolution der deutschen Seele". (Nr. 58), S. 101.
[47] Ebda. Im gleichen Sinne schrieb u. a. auch Rudolf Borchardt gegen die neue Macht der „Kinematographen". (Rudolf Borchardt, *Der Krieg und die deutsche Selbsteinkehr*. (Nr. 28), S. 41).
[48] Otto Ernst, „Die Revolution der deutschen Seele". (Nr. 58), S. 106.

ausländischen Presse über das Deutsche Reich. Daß über diese patriotischen Motive hinaus wiederum auch ökonomische Interessen eine Rolle spielten, verrät sein späterer Appell an den zeitgenössischen Leser seines Essays: „Für deine gute Unterhaltung hast du eine reiche Literatur, die du kaufen kannst, wenn du für deine geistige Gesundheit nicht filziger bist als für deine körperliche und für ein Buch so viel opfern magst wie für eine Krawatte."[49] Otto Ernst forderte mitten im Kriege seine Leser auf, von der Regierung „gebieterisch" Gesetze zu verlangen, „die Staat, Gesellschaft und Individuum in ihrem Bestand und ihrer Ehre endlich wirksam schützen gegen die skrupellose Frechheit einer verlogenen Presse".[50] Wenn diese Gesetze nicht bald kämen, so lautete sein resignatives Fazit, „dann geliebte Menschheit, erkläre deinen Bankrott" und kapituliere vor dem schrecklichsten „Unheil, das je die Welt betroffen hat".[51]

Profitmoral Die bisherigen Ausführungen belegen recht deutlich, daß sich die Verdammungen der den Ersten Weltkrieg als Erneuerer von Kunst und Literatur begrüßenden deutschen Dichter nicht allein gegen die vorangegangenen Entwicklungen innerhalb der Kunst, sondern ganz besonders gegen die eingetretenen Veränderungen in den Publikations- und Rezeptionsverhältnissen richteten. Vom Krieg erhoffte man sich letztlich eine Rückkehr zu den vorindustriellen Verhältnissen (z. B. der Klassik), als Kino und Massenpresse noch keine Konkurrenz für die Literatur darstellten und die Dichter vermeintlich noch Führer, Erzieher und Vorbilder der Gesellschaft waren. Überwunden werden sollte durch den Krieg schließlich auch noch, so die Hoffnung vieler deutscher Dichter und Künstler im Herbst 1914, die immer deutlicher gewordene Beherrschung auch des kulturellen Lebens durch die Gesetze des Geldes und der „Profitmoral".[52] Die keineswegs völlig neue Unterordnung der Kultur unter die Gesetze des Handels verärgerte viele deutsche Kunstschaffende um so mehr, als sie vermeintlich auch noch zum Vorteil der ausländischen Konkurrenz verlief. Otto Ernst schrieb dazu im Oktober 1914: „Wir haben in Deutschland eine große Zahl von Kunstkaufleuten, die ein allzu starkes Börseninteresse daran haben, die fremde Ware in den Vordergrund zu drängen und die deutsche Konkurrenz mit Ellbogen und Füßen beiseite zu stoßen."[53]

Ausländerei Diese Zeilen von Otto Ernst verweisen auf ein weiteres bedeutendes Denkmuster im kriegsaffirmativen Schrifttum von 1914: auf die ständig wiederkehrende Klage über das deutsche „Erblaster der Ausländerei und Fremdtümelei".[54] Mehr noch als in den Jahren vor dem Krieg wurden nun alle abgelehnten kulturellen Entwicklungen der vergangenen Jahre und Jahrzehnte auf ausländische Einflüsse zurückgeführt. Rudolf Borchardt z. B. empörte sich im Dezember 1914 über eine vermeintlich jahrzehntelange Unterwerfung der deutschen Kultur unter den Geschmack des Auslands: „Was war uns von Eigenem so lieb, daß wir es

---

[49] Ebda. S. 109.
[50] Ebda. S. 110.
[51] Ebda.
[52] Ebda. S. 105.
[53] Ebda. S. 95.
[54] Ebda. S. 92.

Dir, Europa, nicht geopfert hätten, wenn wir Deine Mißbilligung witterten, was nicht gescholten und bespöttelt, um Europäer zu sein, wenn Europa es als deutsch verspottete und schalt?"[55] Borchardt beschuldigte seine Landsleute, die Künstler und Dichter genauso wie das Publikum, sie hätten seit langer Zeit ohne jede Hemmung die Kulturwelt des Auslands bewundert und sich niemals gescheut oder gar geschämt, „deren Bücher zu kaufen, deren Meinungen zu borgen, deren geistige Moden einzubürgern, deren verfallende Verse nachzustümpern" und „deren desperate Malerei nachzubilden".[56] Der großen Mehrzahl seiner Kollegen warf er vor, „alles Geschick" darauf verwandt zu haben, „in der neuen Form von Roheit und frecher Ungenießbarkeit und in rhetorisch aufgestutzter Beschreibung des Äußeren hinter Europa nicht zurückzubleiben".[57]

Derartige Vorwürfe der Ausländerei und der Preisgabe deutscher Kunst und Kultur finden sich allenthalben in den zeitgenössischen Reflexionen deutscher Künstler über den Ersten Weltkrieg und seine vermeintlich läuternden Auswirkungen. Sie wurden auch von solchen Dichtern erhoben, die noch bis Kriegsbeginn gute Verbindungen zum Ausland gehabt und dort oft hohes Ansehen besessen hatten. Natürlich beklagte sich auch ein seit langem so national eingestellter Autor wie Otto Ernst im Herbst 1914 über die vermeintliche Unterwanderung deutscher Kunst und Kultur durch fremdländische Einflüsse:

„[. . .] es ist die Regel, daß wir die fremden Geister zu Gesetzgebern in unserm eigenen Lande machen und unser deutsches Wesen nach den Maßen und Gesetzen der Ausländer modeln, wie sich die deutsche Frau nach den Gesetzen des Pariser Schneiders kleidet und trägt. Der Deutsche begnügt sich nicht damit, einen Ibsen zu spielen und zu loben, nein, er macht ihn sofort zum König der deutschen Dramatik und ruft Feuer und Schwefel herab auf den eigenen Volksgenossen, der sich diesem Szepter nicht beugen will."[58]

Mit der Lehre von der nun endlich zu beendenden Überfremdung und Zersetzung durch ausländische Einflüsse hatten die Apologeten des Krieges zugleich eine Erklärung zur Hand für den von ihnen immer wieder beklagten Widerspruch zwischen dem technisch-industriellen Aufstieg des Deutschen Reiches nach 1871 und seinem gleichzeitigen kulturellen Stillstand oder gar Niedergang. Nach der zeitgenössischen Anschauung von den positiven Auswirkungen eines erfolgreichen Krieges auf die nachfolgende Kunst und Kultur hätte ja eigentlich auch im Deutschen Reich nach 1871 ein gewaltiger Aufschwung der Kultur einsetzen müssen. Das Ausbleiben einer großen nationalen Kunst- und Kulturblüte nach 1871 wurde nun stärker noch als vor 1914 durch ausländische Einflüsse erklärt.

Systematische Vergiftung

Neben dieser angeblichen „systematischen Vergiftung"[59] durch fremdländische Einwirkungen zog man nicht selten auch das schnelle Tempo des deutschen

Nicht genug Leiden?

---

[55] Rudolf Borchardt, *Der Krieg und die deutsche Selbsteinkehr.* (Nr. 28), S. 19.
[56] Ebda. S. 10.
[57] Ebda. S. 19.
[58] Otto Ernst, „Die Revolution der deutschen Seele". (Nr. 58), S. 91.
[59] Ebda. S. 97.

Sieges von 1871 zur Erklärung für das Ausbleiben einer anschließenden nationalen Kulturblüte heran. Der Sieg von 1871, so hieß es dann, kam zu schnell, er brachte nicht genug „große Not", um eine tiefere Läuterung zu bewirken: „Kein Zweifeln und Verzweifeln, kein Harren und Hoffen, keine Spannung mit ihren vertiefenden Wirkungen unterbrach die Stimmung des Triumphzuges".[60] Nicht nur Ernst Borkowsky, der Autor dieser Zeilen, hoffte deshalb im Herbst 1914, daß der neue Krieg genug an Opfer, Leid und Geduld kosten würde, um auch wirklich zu einer tiefgehenden Erneuerung der deutschen Kunst und Kultur zu führen. Als Grundlage dieser erstrebten Erneuerung allerdings mußte nach allgemeiner Auffassung zuallererst einmal die Beherrschung durch ausländische Einflüsse beendet werden: „Es gilt jetzt vor allem die Abhängigkeit von der fremden Kunst abzuschütteln, wieder deutsch zu empfinden und zu schaffen, auch in den Künsten."[61]

Das Reich als Opfer

Der kulturphilosophischen Anschauung von einer langjährigen Verfremdung und Zersetzung der deutschen Kultur durch ausländische Einflüsse entsprach im politischen Raum die Lehre von der sukzessiven Einkreisung und Abschnürung des Reiches durch die Entente. In beiden Fällen erschien das Deutsche Reich als unschuldiges Opfer langjähriger und heimtückischer Machenschaften von feindlicher Seite. Angesichts dieser Analogie in der Argumentation und vor dem Hintergrund der gewaltigen ideologischen Mobilmachung durch die Reichsführung konnten die deutschen Dichter und Künstler im Herbst 1914 bei ihrer Forderung nach einer Reinigung der deutschen Kultur von den Einflüssen des Auslands einer breiten Zustimmung der Öffentlichkeit sicher sein. Die ‚Stimme des Volkes' forderte denn auch 1914/15 energisch die Absetzung ausländischer Stücke von den Spielplänen der deutschen Bühnen. Es wurde heftig diskutiert, ob Shakespeare als deutscher oder englischer Autor zu gelten habe.[62]

Erste Beweise

Das kriegsaffirmative Schrifttum deutscher Dichter und Künstler vom Herbst 1914 enthielt allerdings keineswegs nur die *Hoffnung* auf eine kommende kulturelle „Umwälzung" durch den neuen Krieg. Schon nach wenigen Tagen und Wochen sah man im kulturellen Leben allenthalben erste Erfolge und deutliche Anzeichen einer gründlichen Änderung. Rudolf Borchardt konstatierte im Dezember 1914 hocherfreut sogar schon den völligen „Zusammenbruch" der ihm so verhaßten „neuen Poesie" und der „ästhetischen Kultur" der Vorkriegsära; einen „Zusammenbruch", der nach seiner Darstellung „auch dem blöden Auge nicht mehr verborgen"[63] bleiben könne. Vor allem die neue Flut patriotischer Gedichte wurde als Beweis genommen für das Ende der vorangegangenen „Artistenkunst und Literatenliteratur", einer Kunst des „Düftelns und Tüftelns", „des Geheimnisselns und Spintisierens", der „überfeinerten, überreizten oder gar zer-

---

[60] Ernst Borkowsky, *Unser heiliger Krieg*. (Nr. 31), S. 138.
[61] Auszug aus einem Artikel Wilhelm von Bodes im 50. Jahrgang der *Zeitschrift für bildende Kunst*. Hier zitiert nach dem Teilabdruck in: *Der Krieg der Geister. Eine Auslese deutscher und ausländischer Stimmen zum Weltkriege von 1914*. (Nr. 130), S. 472/473. Dort leider ohne genauere Quellenangabe.
[62] Genauer dazu siehe: *Kriegsöffentlichkeit und Kriegserlebnis*. (Nr. 133), S. 203.
[63] Rudolf Borchardt, *Der Krieg und die deutsche Selbsteinkehr*. (Nr. 28), S. 7.

störten Nerven".[64] In der neuen Kriegslyrik manifestierte sich nach der Auffassung vieler Zeitgenossen die lang ersehnte Abkehr der deutschen Dichter von den „dekadenten" Stoffen der Vorkriegszeit und die Hinwendung zu den eigentlich wichtigen, große Kunst auszeichnenden Themen „Volksnot, Vaterland, Kampf, Sieg".[65]

Ganz besonders aber galt die neue patriotische Lyrik als Beweis für den endlich eingetretenen „Anschluß der Dichter an ihr Volk".[66] Dieser „Anschluß" wurde immer wieder als der größte und schönste Bestandteil der bereits durch den Krieg vermeintlich ausgelösten kulturellen „Umwälzung" gefeiert. Nicht mehr nur ihre eigenen Befindlichkeiten, Empfindlichkeiten und Gefühle schienen nun die deutschen Dichter zu beschäftigen, sondern nur noch die Nöte und Sorgen ihres Volkes. Albert Ehrenstein, zuvor Verfasser expressionistischer Gedichte mit betont anti-vitalistischer Tendenz, eröffnete im Herbst 1914 seinen Lesern voller Freude, daß durch den Krieg auch die sich bislang „modernistisch" gebenden Dichter „über manches Individualistisch-Eklektische hinweggekommen" seien und „endlich ganz zum Volke heimgefunden"[67] hätten – eine Freude, die er bereits wenige Wochen später, dann allerdings nur in privatem Schrifttum, schon wieder zurücknahm.[68] Der Anthologie-Herausgeber Carl Busse dagegen feierte noch 1916 u. a. die Autorin Ina Seidel als Beweis für eine gewaltige positive Einwirkung des neuen Krieges auf die zeitgenössische Poesie. Nach seiner Meinung war Ina Seidel, die er als „das geborene lyrische Talent" bezeichnete, zuvor ernsthaft von „den Gefahren romantisch-einsamer Phantasiekunst" bedroht gewesen und sei erst durch den Krieg in den ihre Kunst erlösenden „Zusammenhang der Nation"[69] gestellt worden.

In der neueren Literaturwissenschaft wird die von vielen zeitgenössischen Schriftstellern nach Kriegsbeginn immer wieder geradezu euphorisch gefeierte und beschworene neue Einheit der Dichter mit dem Volk als wichtiges Indiz für die Tiefe der vorangegangenen Isolierung vieler Künstler von der Gesellschaft gesehen. Die Gründe dieser Isolierung und des Prestige-Niederganges der schönen Künste vor 1914 sind bereits an früherer Stelle genauer erhellt worden.[70] Die Hinwendung vieler Dichter und Künstler zum Volk, zum gesellschaftlichen und politischen Geschehen beruhte im Herbst 1914 natürlich nicht nur auf ökonomischen Motiven. Wohl sehr viel mehr noch als die Aussicht auf schnelle Ver-

Neue Achtung

---

[64] Otto Ernst, „Die Revolution der deutschen Seele". (Nr. 58), S. 99.
[65] Ernst Borkowsky, *Unser heiliger Krieg*. (Nr. 31), S. 135.
[66] Otto Ernst, „Die Revolution der deutschen Seele". (Nr. 58), S. 100.
[67] Albert Ehrenstein, „Neueste Kriegslyrik". In: *März* 8, 1914, 7. November 1914, S. 117–119; Zitat S. 118.
[68] Am 30.11.1914 warnte Ehrenstein in einem privaten Schreiben vor „einer zu befürchtenden Verrohung des lyrischen Geschmacks" angesichts „der üblen Qualität einer jetzt grassierenden Gattung von Versen" (Albert Ehrenstein an F. M. Huebner, den Herausgeber der Zeitschrift das Zeit-Echo. Karte vom 30.11.1914, unveröffentlicht, DLA Marbach). Hier zitiert nach Hermann Korte, *Der Krieg in der Lyrik des Expressionismus*. (Nr. 288), S. 205.
[69] Carl Busse, „Einleitung". In: *Deutsche Kriegslieder 1914/16*. (Nr. 36), S. XVI.
[70] Siehe Band 1, Kap. II, 2.2.

dienste veranlaßte die Hoffnung auf eine Wiedergewinnung gesellschaftlicher Achtung und auf erneute Anerkennung der Literatur als eines Mittels zur tieferen Ausdeutung des Lebens viele Schriftsteller zur freudigen Begrüßung des neuen Krieges. Der große und deprimierende Vorsprung der Naturwissenschaften an gesellschaftlicher Wertschätzung schien mit einem Male wieder einholbar. Der Anspruch der zeitgenössischen Schriftsteller um 1914/15, Seher und Deuter tieferer Welten, tieferer Zusammenhänge zu sein, soll an späterer Stelle in Verbindung mit den einzelnen spezifischen Auslegungen des Ersten Weltkrieges noch einmal aufgegriffen werden.[71]

Arbeiterpoesie

Der allgemeine zeitgenössische Glaube an eine reinigende Wirkung auch des neuen Krieges auf Kunst und Kultur beruhte nicht zuletzt auch auf der Entwicklung der „Arbeiterpoesie"[72] nach dem August 1914. Die jüngsten Werke der Arbeiterdichtung galten je nach Interpret als Beweis für die Anregung neuer Kunst durch den Krieg oder als Beleg für dessen kathartische Kraft. Durch den Krieg war der zuvor vielfach als „sozialdemokratisch" abqualifizierten Arbeiterdichtung der Durchbruch zu breiter Resonanz und ästhetischer Anerkennung gelungen. Grundlage dieser Anerkennung bildete der durch die Burgfriedenspolitik der Sozialdemokratie ausgelöste „Übergang" der Arbeiterdichter „von den Sängern der Klassensolidarität zu den Sängern der nationalen Gemeinschaft".[73] Die neue Einheit der Sozialdemokratie und der Arbeiterschaft mit den anderen politischen Kräften des Reiches hatte sich nach dem August 1914 schnell zu einem zentralen Thema der Arbeiterdichtung entwickelt. Die neuen patriotischen Texte von Autoren aus der Arbeiterschaft wurden in der Presse bevorzugt abgedruckt, immer wieder in Anthologien aufgenommen und teilweise auch als eigenständige Flugschriften verbreitet. Der deutsche Reichskanzler Bethmann Hollweg zitierte vor dem Reichstag feierlich das Gedicht „Bekenntnis" des Arbeiterdichters Karl Bröger als Beleg für die neue Einheit der Nation. In diesem Gedicht, das bald zum berühmtesten Kriegsgedicht eines Arbeiterdichters avancierte, feierte Bröger die Arbeiterschaft als den „getreuesten Sohn Deutschlands".[74] Die in seinem Text ausgedrückte Hoffnung, daß das Reich den Treuedienst der Arbeiterschaft (d.h. die Zustimmung zum Krieg) einst honorieren werde, war typisch für die anfängliche Einstellung weiter Teile der Sozialdemokratie.

Läuterung des Publikums

Die Rekonstruktion der zeitgenössischen Auffassung von der reinigenden Wirkung des Krieges auf Kunst und Kultur bliebe unvollständig, wenn sie nicht auch die angenommenen Auswirkungen des Krieges auf Publikum und Leserschaft mitbeachtete. Allenthalben findet man im Schrifttum vom Herbst 1914 die Freude zum Ausdruck gebracht über ein neu erwecktes Interesse der deutschen Bevölkerung an ‚guter' Literatur und Kunst. Viele Dichter und Künstler besaßen

---

[71] Vgl. weiter unten in diesem Kapitel die Abschnitte 4.1ff.
[72] Carl Busse, „Einleitung". In: *Deutsche Kriegslieder 1914/16*. (Nr. 36), S. XI.
[73] Formulierung bei Gerald Stieg / Bernd Witte, *Abriß einer Geschichte der deutschen Arbeiterliteratur*. Stuttgart 1973, S. 131.
[74] Karl Bröger, „Bekenntnis". Abgedruckt u.a. in: Karl Bröger, *Aus meiner Kriegszeit. Gedichte*. Nürnberg o.J. (1915), S. 33.

mehr als nur die „Hoffnung, daß in der deutschen Seele auch der reinere und tiefere Kunstsinn wieder erwacht sein könnte".[75] Ihnen schien es, als ob das deutsche Publikum endlich keinen „dekadenten" Nervenkitzel, keinen „hurtig zurechtgezimmerten Aktualitätsschund"[76] mehr verlange, sondern in der Kunst wieder „etwas seelisch Positives",[77] wieder das „Gesunde" und „Kräftige"[78] auffinden wolle. Ein deutscher Zeitgenosse vermeldete im Januar 1915 voller Stolz: „Nach der Mobilmachung war in Metz nicht eine Taschenbuchausgabe von Goethes *Faust* mehr zu haben. In den Schützengräben und auf unseren Kriegsschiffen werden Zehntausende der besten Bücher gelesen."[79] Anderthalb Jahre später freute sich der Herausgeber des *Jahrbuchs der Goethe-Gesellschaft*: „Das Verlangen nach einem Becher der Erquickung aus dem Jungbrunnen unserer vaterländischen Dichtung ist auch im verflossenen Jahre stetig gewachsen."[80] Und kein Geringerer als Thomas Mann schrieb noch 1918 – unter Berufung auf ihm zugesandte Dankesbriefe junger Soldaten, die durch Verwundung Zeit zum Lesen gefunden hatten –, der Krieg sei wesentlich „humaner und bildungsfreundlicher"[81] als die von Oberflächlichkeiten und billigen Zerstreuungen geprägte Welt des Friedens.

Das Ereignis des Ersten Weltkrieges mußte nach den Vorstellungen vieler deutscher Zeitgenossen auch die Stellung der Literatur in der Gesellschaft grundlegend verändern. Nach langen Jahren gesellschaftlicher Randposition schien die Literatur durch das Geschehnis des Krieges plötzlich zum gefragten Berater und Führer der Massen, zum bevorzugten Mittel des Trostes und der Erbauung werden zu können. Dieser vermeintliche Umbruch im gesellschaftlichen Stellenwert der Literatur führte allerdings keineswegs auch zu einer neuen Einheit der deutschen Schriftsteller untereinander. Vielmehr sahen gerade die zuvor nicht zur „Moderne" gehörenden Dichter mit Beginn des Krieges eine gute Gelegenheit zur Abrechnung mit den von ihnen seit langem befehdeten Vertretern der „neuen Poesie". Die alten ästhetischen Feindschaften der Vorkriegsjahre wurden nach dem August 1914 erbittert weitergeführt, auch wenn sich die literarischen Produktionen (zumindest zeitweilig) sehr ähnlich geworden waren. Die Autoren mit bereits vor 1914 klar offengelegter monarchisch-nationaler und ästhetisch-konservativer Gesinnung beanspruchten das neue gesellschaftliche Ansehen der Literatur ausschließlich zu ihren Gunsten. Nicht nur Otto Ernst warnte schon bald nach Kriegsbeginn seine Leser vor den zuvor der ‚Dekadenz' verfallenen Literaten, die nun plötzlich aus rein opportunistischen Gründen, quasi „im

Alte Feindschaften

---

[75] Otto Ernst, „Die Revolution der deutschen Seele". (Nr. 58), S. 99.
[76] Ebda. S. 98.
[77] Formulierung aus dem Brief eines deutschen Soldaten an den Vorstand der Goethe-Gesellschaft, datiert vom 4. Juli 1916. Abgedruckt in der Einleitung (ohne Titel) des Herausgebers. In: *Jahrbuch der Goethe-Gesellschaft*. Im Auftrage des Vorstandes hrsg. von Hans Gerhard Gräf. Leipzig 1916, S. V-XII; das Zitat aus dem genannten Brief S. X.
[78] Otto Ernst, „Die Revolution der deutschen Seele". (Nr. 58), S. 100.
[79] Ernst Schultze, *Was verbürgt den Sieg?* Leipzig 1915, S. 37 (*Zwischen Krieg und Frieden*, Bd. 18).
[80] Siehe Anm. 77. (Aus der Einleitung des Herausgebers, S. V).
[81] Thomas Mann, *Betrachtungen eines Unpolitischen*. Berlin 1918, S. 463.

Handumdrehen",[82] versuchten, ebenfalls „volkstümliche" Literatur[83] zu verfassen. Ganz besonders heftig empörte sich mehrfach Rudolf Borchardt über jene vor 1914 zur Moderne gehörenden Dichter, die nach dem August 1914 sofort „mit eilfertiger Konvertitengebärde am Markte"[84] gewesen wären. Diesen Konvertiten sei es zu verdanken, daß die der Nation verpflichtete Kunst nun (Dezember 1914) schon wieder zur „Phrase", zum „billigen und zweideutigen Kriegsartikel"[85] zu verkommen drohe. Borchardt betonte ausdrücklich, daß er niemals zur „neuen Poesie"[86] gehört und während der Herrschaftszeit dieser von ihm heftig verdammten Literatur in einer „freiwilligen Verbannung"[87] im Reiche der deutschen Klassik und der großen geistigen Traditionen gelebt habe. Aus dieser Haltung leitete er ein Recht ab, nun alleine (bzw. mit der kleinen Schar von Gleichgesinnten) als geistiger Seher und Führer auftreten und vom neuen gesellschaftlichen Ansehen der Literatur profitieren zu dürfen. Den anderen Dichtern aber, den vor 1914 „europäisch" oder gar modernistisch Eingestellten, empfahl er als Haltung der Buße zunächst einmal tiefe Scham, Reue und: Schweigen.[88] Die Freude über den Krieg als vermeintlichem Auslöser einer großen Läuterung der Kultur hatte also durchaus auch etwas mit der Hoffnung auf Ausschaltung zuvor recht erfolgreicher literarischer Konkurrenz zu tun. Eckart Koester lieferte den Nachweis, wie sehr der Anspruch auf eine durch die frühere geistige Haltung erworbene alleinige Kompetenz zur Auslegung des neuen Krieges und zur geistigen Führung der Massen nach 1914 von zahlreichen deutschen Dichtern (bzw. Dichter-Kreisen) erhoben wurde.[89]

Deutsche Kunst Die neue patriotische Lyrik und die Entwicklung der Arbeiterdichtung konnten nach dem Verständnis der den Krieg bejahenden deutschen Dichter nur der Auftakt sein für eine noch viel weitergehende künftige „Umwälzung" der Kunst und Kultur. Die Ausführungen über die genaueren Konturen, speziell über die inhaltlichen Aspekte dieses erhofften kulturellen Umbruchs verblieben allerdings – ganz im Gegensatz zu den so ausführlichen Verdammungen der Vorkriegskultur – sehr vage. „Das Wahre, Gute und Schöne in innigem Verein", das entschiedene Eintreten des Autors für „seine Ideale, für seinen Glauben" wurden u. a. als die neuen „Leitsterne" für das Schaffen eines Dichters ausgegeben, der nicht „der bloßen Ästhetenkunst"[90] zugehören wolle. Der Schriftsteller Robert Musil benannte in einem Essay vom Herbst 1914 „Treue, Mut, Unterordnung, Pflichterfüllung, Schlichtheit" als die „Tugenden",[91] die durch den Krieg für das

---

[82] Otto Ernst, „Die Revolution der deutschen Seele". (Nr. 58), S. 100.
[83] Ebda.
[84] Rudolf Borchardt, *Der Krieg und die deutsche Selbsteinkehr.* (Nr. 28), S. 11.
[85] Ebda. S. 8.
[86] Ebda. S. 7.
[87] Ebda. S. 8.
[88] Siehe ebda. S. 11.
[89] Eckart Koester, *Literatur und Weltkriegsideologie.* (Nr. 285), S. 202ff.
[90] Aus einer Rezension von Theodor Seidenfaden über den Schriftsteller Johannes Mayrhofer. In: *Die Bücherwelt* XII, 10. Hier zitiert nach der Teilwiedergabe in: *Das literarische Echo. Halbmonatsschrift für Literaturfreunde* 17, 1914/15, H. 23 (1. September 1915), Sp. 1451 (Rubrik „Echo der Zeitschriften").
[91] Robert Musil, „Europäertum, Krieg, Deutschtum". In: *Die Neue Rundschau* 25, 1914, H.

Leben wie auch für die Kunst wieder Gültigkeit erlangt hätten. Im Zentrum der neuen Kunst mußte auf jeden Fall, dies war der Tenor fast aller kriegsapologetischen Schriften, das deutsche „Wesen", der deutsche „Geist" stehen. Ernst Borkowsky fragte 1914 seine Leser: „Die neue Kunst – wer kann sagen, wie sie sein wird? Doch hoffen dürfen wir eins: sie wird sich bewußt scheiden von dem, was nicht zu unserem Wesen gehört, was eine Fälschung unserer Seele ist."[92] Das „deutsche Wesen", der „deutsche Mensch", die „deutsche Seele", das „deutsche Empfinden", so lauteten nach dem August 1914 die neu postulierten Leitwerte für die in Zukunft zu schaffende Kunst. Der spätere Abschnitt 4.2 über die vermeintliche „Wiedergeburt" des deutschen „Wesens" durch den Krieg vom August 1914 wird genauere Aufschlüsse darüber liefern, was unter all diesen Begriffen zu verstehen ist.

Die aufgezeigten, scharfen und zumeist sehr polemischen Verurteilungen der jüngeren ästhetischen und kulturellen Entwicklungen verraten deutlich, wie sehr die zeitgenössischen Hoffnungen vieler deutscher Dichter auf eine Erneuerung der Kunst durch den Krieg an rückwärts orientierte Leitbilder gebunden waren. Nicht eine völlig neue Kunst und Kultur sollte der Krieg schaffen, sondern vielmehr die Entwicklungen der Vorkriegsjahre aufheben und die Kunst wieder auf „die geistige Tradition deutscher Art",[93] speziell auf die Werte der deutschen Klassik verpflichten.

<small>Erneuerung als Rückkehr</small>

Allerdings gab es 1914/15 auch einige Künstler, vor allem unter den Expressionisten, die sich vom Krieg die Duchsetzung gerade einer neuen und grundlegend anderen Kunst gegen die herkömmliche Ästhetik und „Pseudokunst"[94] erhofften. Für den Expressionisten Friedrich Markus Huebner war der Krieg im Dezember 1914 nicht der „Verneiner der sogenannten Neuen Kunst, sondern sein ungeahnter, sieghafter Zu-Ende-Bildner".[95] Voller Zuversicht schrieb im gleichen Sinne Franz Marc im Herbst 1914 aus dem Felde:

<small>Expressionistische Hoffnungen</small>

„Wir haben in den letzten Jahren vieles in der Kunst und im Leben für morsch und abgetan erklärt und auf neue Dinge gewiesen. Niemand wollte sie. Wir wußten nicht, daß so rasend schnell der große Krieg kommen würde, der über alle Worte weg selber das Morsche zerbricht, das Faulende ausstößt und das Kommende zur Gegenwart macht."[96]

---

9 (September), S. 1303–1305. Hier zitiert nach Robert Musil, *Gesammelte Werke. Prosa und Stücke. Kleine Prosa. Aphorismen. Autobiographisches. Essays und Reden. Kritik.* Hrsg. von Adolf Frisé. Reinbek bei Hamburg 1978, S. 1020–1022; Zitat S. 1020.
[92] Ernst Borkowsky, *Unser heiliger Krieg.* (Nr. 31), S. 139.
[93] Rudolf Borchardt, *Der Krieg und die deutsche Selbsteinkehr.* (Nr. 29), S. 8.
[94] Franz Marc, „Im Fegefeuer des Krieges". In: *Der Sturm* 7, 1916/17, H. 1 (April 1916), S. 2. Die vollständige Passage lautet: „Durch diesen großen Krieg wird mit vielem anderen, das sich zu Unrecht in unser zwanzigstes Jahrhundert hinübergerettet hat, auch die Pseudokunst ihr Ende finden, mit der sich der Deutsche bislang gutmütig zufrieden gegeben hat."
[95] Friedrich Markus Huebner, „Krieg und Expressionismus". In: *Die Schaubühne* 10, 1914, Nr. 48 (3. Dezember), S. 441–443; Zitat S. 441.
[96] Franz Marc, „Im Fegefeuer des Krieges". (Nr. 166), S. 2.

Kapitel II, 3.3

Chauvinismus-Kritik

Die Einstellung von Franz Marc zum Krieg unterschied sich noch in weiterer Hinsicht deutlich von den kriegsapologetischen Schriften anderer deutscher Künstler. Marc lehnte jeden nationalen Chauvinismus entschieden ab und hoffte auf die Entstehung eines neuen europäischen Menschentyps: „Der kommende Typ des Europäers wird der deutsche Typ sein; aber zuvor muß der Deutsche ein guter Europäer werden. Das ist er heute nicht immer und überall."[97] Marc formulierte somit neben seiner (zunächst) ausdrücklichen Bejahung des neuen Krieges – „[...] oder gibt es einen einzigen Menschen, der diesen Krieg ungeschehen wünscht?"[98] – auch schon eine erste Kritik des herrschenden deutschen Kulturchauvinismus und vertrat die Hoffnung auf einen „Durchgang zur Zeit des Geistes",[99] auf die Genesis eines neuen Menschen durch den neuen Krieg. Er nahm damit bereits im September 1914 Gedanken vorweg, die wenig später – dann allerdings noch in radikaler Verschärfung – auch von anderen deutschen Künstlern im Verlaufe ihrer Verarbeitung des Kriegserlebnisses formuliert werden sollten.[100]

3.3. Der Dichter als „Soldat"

Neues Leitbild

Eine auffällige, von der literaturwissenschaftlichen Forschung bisher überraschenderweise noch kaum beachtete Erscheinung in der frühen literarischen Apologetik des Krieges bildet das plötzliche Auftreten eines neuen Leitbildes für die Arbeits- und Lebensweise des „Künstlers". In einigen um neue ästhetische Positionen bemühten Schriften aus der Anfangsphase des Krieges wurde ausgerechnet die Tätigkeit des Soldaten zu einem auch für die Zeitgenossen vollkommen ungewohnten Vorbild und Vergleichsmaßstab für künstlerisches Schaffen erhoben. Die 1914/15 neu entstehende ‚militaristische' Konzeption der Kunst und Literatur, zu der Thomas Mann durch seine Essays einen wesentlichen Teil beitrug, zeigt deutlicher noch als viele andere Beispiele die durch den Krieg (zunächst) ausgelöste allgemeine Abdankung des zivilen Denkens vor dem Geist der Militärwelt.

Eine Analogie

Thomas Mann war im November 1914 nicht der einzige deutsche Schriftsteller, der öffentlich eine enge Wesensverwandtschaft zwischen dem Künstler und dem Soldaten verkündete. Aber sehr viel ausführlicher als alle anderen Autoren legte er dar, wodurch er diese Verwandtschaft begründet sah. In ausdrücklicher Analogie zur „Kunst" definierte Thomas Mann auch den „Krieg" als eine beständige „Elementar- und Grundmacht des Lebens".[101] Mit dieser Definition entzog er das politisch-gesellschaftliche Ereignis ‚Krieg' vollkommen dem Be-

---

[97] Ebda.
[98] Aus einer Feldpostkarte von Franz Marc an Wassily Kandinsky vom 16.IX.14. Enthalten in: Wassily Kandinsky / Franz Marc, *Briefwechsel. Mit Briefen von und an Gabriele Münter und Maria Marc.* Hrsg., eingeleitet und kommentiert von Klaus Lankheit. München 1983, S. 267.
[99] Ebda.
[100] Siehe Kap. III über den Expressionismus der Kriegsjahre.
[101] Thomas Mann, „Gedanken im Kriege". (Nr. 156.b), S. 8.

reich menschlicher Verantwortung und Zuständigkeit. Zugleich diente ihm seine enthistorisierende Kriegsauffassung auch als Grundlage für die Konstruktion einer sehr weitreichenden Analogie von „Krieg" und „Kunst". Beide Bereiche wurden nach seinen Ausführungen durch dasselbe zentrale „Prinzip", das „Prinzip" der „Organisation" beherrscht: „Jenes siegende kriegerische Prinzip von heute: Organisation – es ist ja das erste Prinzip, das Wesen der Kunst."[102] Die Anfertigung eines Kunstwerkes erschien in dem Essay Thomas Manns wie der Ablauf einer militärischen Operation:

„Das Ineinanderwirken von Begeisterung und Ordnung; Systematik; das strategische Grundlagen Schaffen, weiter Bauen und vorwärts Dringen mit ‚rückwärtigen Verbindungen'; Solidität, Exaktheit, Umsicht, Tapferkeit, Standhaftigkeit im Ertragen von Strapazen und Niederlagen, im Kampf mit dem zähen Widerstand der Materie; Verachtung dessen, was im bürgerlichen Leben ‚Sicherheit' heißt, [...] Dies alles ist in der Tat zugleich militärisch und künstlerisch."[103]

Neben diesen aufgeführten handwerklichen Verfahrensschritten bestimmte Thomas Mann auch noch die Bedeutung und den Ernst des Schaffens für den Ausführenden selber (z. B. „Schonungslosigkeit gegen sich selbst"; „voller Einsatz aller Grundkräfte des Leibes und der Seele")[104] als weitere wichtige Gemeinsamkeiten von Künstler und Soldat.

In ähnlicher Weise erstellte – für den heutigen Leser wohl besonders überraschend – auch Hermann Hesse 1914 eine Bruder-Verbindung zwischen dem „Künstler" und dem „Krieger". In seinem aus der Anfangsphase des Ersten Weltkrieges stammenden Gedicht „Der Künstler an die Krieger"[105] erscheint der „Künstler" als ein Menschentyp, dessen außergewöhnliche Existenzweise gleichgesetzt wird mit dem als gefährlich, entsagungsvoll, aber auch von „finstrer Fron" des Alltags unbelasteten geschilderten Dasein des Soldaten. Die erzwungene Abkehr der neu eingezogenen Soldaten von ihrem bisherigen bürgerlichen und selbstzufriedenen „Wohlsein" findet die Zustimmung des Künstlers: „Alle sind dem Alltag jetzt entflogen, / Jeder ward ein Künstler, Held und Mann."[106] Auf der Basis dieser Einschätzung erfolgt das abschließende Angebot des in einer anderen, aber als verwandt ausgegebenen Form von Kampf und Entsagung erfahrenen Künstlers an die „Krieger": „Die ihr draußen in den Schlachten standet, / Seid mir Brüder nun und neu geliebt!"[107]

Sehr viel pointierter noch als Hermann Hesse in seinem Gedicht verband Thomas Mann fast zur gleichen Zeit in seinem Essay „Gedanken im Kriege" Kunst und Krieg miteinander. In der nach seiner Ansicht durch den realen Welt-

Wesensbrüder

Krieg und Kultur

---

[102] Ebda.
[103] Ebda. S. 8/9.
[104] Ebda. S. 9.
[105] Hermann Hesse, „Der Künstler an die Krieger". Zuerst abgedruckt im „Tag" vom 9. Januar 1915; erneut abgedruckt u. a. in der zeitgenössischen Anthologie „1914. Der Deutsche Krieg im Deutschen Gedicht", hrsg. von Julius Bab, Heft 6, Berlin 1915. Hier zitiert nach: *Die Dichter und der Krieg. Deutsche Lyrik 1914–1918.* (Nr. 42), S. 59/60.
[106] Ebda. S. 59.
[107] Ebda. S. 60.

krieg entstandenen und die Gesellschaften vieler Länder prägenden Antithetik von „Zivilist und Soldat"[108] stellte er den Künstler eindeutig auf die Seite des Soldaten. Die Bildung einer Analogie zwischen Krieg und Kunst besaß im argumentativen Aufbau des Essays von Thomas Mann einen gewichtigen Stellenwert. Durch diese Analogie erschien der Krieg als ein der Kunst verwandtes, also nicht genuin politisch-militärisches, sondern zuallererst kulturelles Phänomen. Damit aber konnte Thomas Mann auch sein eigenes Engagement als Künstler für den neuen Krieg rechtfertigen. Der im August 1914 begonnene reale Krieg galt ihm ausdrücklich nicht als Teil der niederen Sphäre politischer und ökonomischer Interessen, sondern vielmehr als Ausfluß und Manifestation einer überzeitlichen kulturschöpferischen „Elementar- und Grundmacht des Lebens".[109]

Anspruch auf Erkenntnis

Darüber hinaus aber erhob Thomas Mann mit seiner Analogiebildung implizit auch den Anspruch auf den Besitz einer besonderen Kompetenz zur Deutung des Weltkriegs. Wenn Dichter und Soldat wesensmäßig engstens verwandt waren, dann mußte der Dichter auch – so suggerierte der Essay dem Leser – sehr viel besser als andere Personen die Fähigkeit zur Erkenntnis und zur Deutung des Krieges besitzen.

Selbstaufwertung

Die in der ästhetischen Apologetik des Ersten Weltkrieges nicht selten anzutreffende Gleichsetzung von Soldat und Künstler bildete gerade wegen dieses Anspruches auf besondere Kompetenz mehr als nur eine billige Anpassung der Kunstschaffenden an die neue gesellschaftliche Leitfigur ‚Soldat'. Sie muß vor allem gesehen werden als eine der Situation adäquate Strategie der Künstler zur nachdrücklichen Aufwertung ihrer eigenen Stellung in der vollkommen vom Krieg beherrschten Gesellschaft. Die vom Krieg ausgelöste verstärkte Orientierung der Allgemeinheit an militärischen Leitbildern und Tugenden mußte den Künstlern ja durchaus auch als Gefahr für die öffentliche Anerkennung ihres eigenen Schaffens erscheinen. Die folgende Aussage von der Bedeutungslosigkeit des Kulturmenschen im Vergleich zum „Helden" im Felde stellte 1914/15 keineswegs einen Sonderfall dar:

„Für die Nachwelt ist es gewiß wichtig, daß mancher zu Hause bleibt, im Geist das Wesen dieser Ereignisse festhält und dies künstlerisch oder schriftstellerisch zum Ausdruck bringt, aber an augenblicklichem Persönlichkeitswert steht der größte selbst Schaffende dem namenlosen Helden nach, der sich zum kühnen Streifritt oder zum Dienst im Unterseeboot meldet."[110]

Neue Perspektivik

Die *Pro domo*-Funktion des nach Beginn des Ersten Weltkrieges nicht selten postulierten Brudertums von Künstlern und Kriegern wird besonders deutlich, wenn die neue Bestimmung vom kriegerischen Sein des Künstlers bei einem Schriftsteller auch noch explizit zur Umdeutung und Aufwertung des eigenen bisherigen Schaffens führt. Robert Musil z.B. sah im September 1914 einen gewissen Teil der Vorkriegsdichtung (in den er sein eigenes Werk natürlich

---

[108] Thomas Mann, „Gedanken im Kriege". (Nr. 156.b), S. 9.
[109] Ebda. S. 8.
[110] Oskar A. H. Schmitz, *Das wirkliche Deutschland. Die Wiedergeburt durch den Krieg.* München 1915, S. 22.

eingeschlossen sah) von „dem gleichen kriegerischen und erobernden Geist belebt, den wir heute in seiner Urart verwundert und beglückt in uns und um uns fühlen".[111] Mit dieser Bestimmung gelang es Musil auf sehr geschickte Weise, die offen zugegebene Tatsache, daß sich die Dichtung der Vorkriegsjahre vielfach gerade gegen „die herrschende gesellschaftliche Ordnung" und die damit verbundenen Anschauungen richtete, vollkommen ins Positive zu wenden. War es doch gerade auf den „kriegerischen und erobernden Geist" zurückzuführen, daß sich die Literatur der Vorkriegszeit vor allem in „der Tugend des kühnen Zweifels", im „Wenden, Durchblicken und [...] Durchlöchern überkommener, eingesessener und verläßlicher seelischer Haltungen"[112] besonders gefiel. Die Analogiebildung von Dichtung und Krieg ging bei Musil so weit, daß er ausdrücklich die Dichtung als „Kampf" um eine „höhere menschliche Artung"[113] bezeichnete.

Eine erstaunliche Umdeutung des eigenen Werkes zum Zwecke der „extensiven Selbstdarstellung" und „Selbstreklame" (E. Koester)[114] läßt sich auch bei Thomas Mann deutlich nachweisen. Offen stellte er Ende 1914 die Frage, ob nicht „vielleicht gewisse Wendungen und Willensmeinungen der Literatur" den neuen Weltkrieg „geistig" überhaupt erst „möglich"[115] gemacht hätten. Diese Frage war aber keineswegs etwa als Schuldvorwurf gemeint. Thomas Mann beanspruchte vielmehr, daß auch in seinem „bischen Werk" etwas vom Geist des nun vermeintlich die Welt erobernden deutschen „Militarismus" „lebendig" sei. Ja, er ging sogar so weit, daß er „Ehre und Wirklichkeit"[116] seines Werks ganz ausdrücklich vom Vorhandensein eben dieses „Militarismus" abhängig machte.

    Selbstreklame

Es darf allerdings nicht übersehen werden, daß die aufgezeigte Gleichsetzung von Künstler und Soldat 1914/15 nur eine ganz spezifische Variante des künstlerischen Selbstverständnisses darstellte. Ohne jeden Zweifel sehr viel häufiger als diese ungewöhnliche Auffassung vom „soldatischen" Schaffen und Sein des Künstlers war auch nach Kriegsbeginn dessen traditionelle Darstellung als eines von außergewöhnlichen inneren Kräften und Empfindungen zum Kunstschaffen getriebenen, geistig besonders bewegten Ausnahmemenschen. Den späteren Leser mag die meist bald schon wieder aufgegebene Gleichsetzung von Künstler und Soldat sowie die kriegsgerechte Umdeutung des eigenen vorangegangenen Werkes durch Thomas Mann und einige andere Autoren sehr überraschen. Für die wachsende Zahl der gegen den Krieg eingestellten Künstler wurde auch dieses anfängliche Denkmuster angesehener Schriftsteller (Thomas Mann, Robert Musil, Hermann Hesse) ein wichtiger Anstoß, nach radikal anderen weltanschaulichen und ästhetischen Orientierungen zu suchen.

    Sonderfall

---

[111] Robert Musil, „Europäertum, Krieg, Deutschtum". (Nr. 170.b), S. 1021.
[112] Ebda. S. 1021.
[113] Ebda.
[114] Eckart Koester, *Literatur und Weltkriegsideologie*. (Nr. 285), S. 117.
[115] Thomas Mann, „Gute Feldpost". In: *Zeit-Echo* 1, 1914/15, H. 2, S. 14–15; Zitat S. 14.
[116] Ebda. S. 15.

4. Der Krieg als Entscheidung über die geistige Führung der Welt

4.1. Die geistigen Grundlagen des Krieges

Die wahren Hintergründe

Die von zahlreichen deutschen Schriftstellern und Künstlern nach dem 1. August 1914 publizierte Vorhersage einer gewaltigen Läuterung und Umwälzung der Kunst durch den Krieg lieferte den zeitgenössischen Lesern noch keinerlei Erklärung über die tieferen Hintergründe und die Zielsetzung des Krieges. Zwar erhielt der neue Krieg durch alle diese Versprechen, daß er schon bald eine großartige kulturelle Katharsis auslösen werde, einen wertvollen positiven Sinn zugesprochen, seine eigentlichen Ursachen und Entscheidungsfragen allerdings konnten damit noch nicht erklärt werden. Die Aufdeckung der tieferen Hintergründe und Zusammenhänge aber lag ganz besonders im Interesse der zeitgenössischen Schriftsteller. Sie versprachen der neben aller Begeisterung doch auch vielfach verunsicherten deutschen Bevölkerung immer wieder, die eigentlichen und tieferen Zusammenhänge des neuen „Völkerringens" aufzudecken. Dabei trennten sie ausdrücklich zwischen dem „materiellen", dem nach ihrer Auffassung nur äußeren „Kriegsschauplatze" und der „geistigen und ideellen"[1] Sphäre, in der sie die eigentlichen Ursachen und Ziele des realen neuen Krieges vom August 1914 verankert sahen.

Kompetenz-Anspruch

Diese Unterscheidung bildet ohne Zweifel das bedeutendste Axiom in der Auslegung und Deutung des Ersten Weltkrieges durch die zeitgenössischen deutschen Schriftsteller. Der reale, mit militärischen Mitteln geführte Krieg war für sie die äußere und letzte Austragungsform einer sehr viel tiefergehenden und älteren geistigen Auseinandersetzung. Rudolf Borchardt z.B. benannte noch Anfang 1916 den Krieg der Armeen als „nur die heftigste und blutigste Ausbruchsform" eines sehr viel umfassenderen „Konfliktes"[2] – eines Konfliktes, der nach seinen Worten bereits lange vor dem militärisch geführten Krieg „bestand und der ihn überleben wird, den der Friedensvertrag nicht aufzulösen vermag, und den dennoch begriffen haben muß, wer an den Frieden und das was er neuern soll mit andern als den eitelsten und oberflächlichsten Gedanken denken will".[3]

Borchardts Zeilen belegen nicht nur die spezifische Deutung des Ersten Weltkrieges durch die zeitgenössischen Dichter, sondern auch schon deren Anspruch, im Besitz eines wahren und tieferen, nicht nur materiellen Verständnisses dieses Krieges zu sein. Wenn die Ursachen des Krieges zuallererst im geistigen Bereich zu suchen waren, wie von den Dichtern immer wieder behauptet, dann mußte auch die Kompetenz zu seiner Deutung und Interpretation nicht entscheidend bei den Politikern und Militärs, sondern zuallererst bei der „geistigen Person"[4] liegen. Bei eben jener „Person", von der Rudolf Borchardt einmal schrieb, daß sie „das ganze Volk in sich darzustellen und aufzuheben"[5] versuche. Mit der

---

[1] Rudolf Borchardt, *Der Krieg und die deutsche Selbsteinkehr.* (Nr. 28), S. 11.
[2] Rudolf Borchardt, *Der Krieg und die deutsche Verantwortung.* (Nr. 29), S. 28.
[3] Ebda.
[4] Ebda. S. 7.
[5] Ebda.

Bestimmung des neuen Weltkriegs als eines in erster Linie geistig-kulturgeschichtlich zu deutenden Ereignisses verbanden die deutschen Schriftsteller einen nicht zu übersehenden Anspruch auf besondere Kompetenz zu dessen tieferer Deutung sowie zur geistigen Führung der Nation. Das literarische Engagement vieler Schriftsteller für den Krieg kann ohne diesen immer wieder erhobenen Anspruch auf eine neue gesellschaftliche Führungsposition für die Kunst und Literatur nicht verstanden werden. Durch den Krieg hofften die deutschen Schriftsteller von verkannten Außenseitern endlich zu gesellschaftlich geachteten Wortführern des Volkes und zu Beratern in „den höchsten Angelegenheiten der Nation"[6] aufsteigen zu können.

Die Ausgangsbasis für die den späteren Betrachter zunächst sehr befremdende Auffassung einer zuallererst geistigen Ursache des Ersten Weltkriegs bildete die zeitgenössische Lehre von der jeweils spezifischen „Wesensart" der einzelnen Völker. Diese Lehre hatte sich, wie im 1. Band genauer aufgezeigt,[7] bereits lange vor 1914 herausgebildet und gehörte zum prägenden Gedankengut der Ära nach 1871. Sie war keineswegs eine Erfindung der Schriftsteller, obwohl diese bei ihrer Ausbreitung eine durchaus wichtige Rolle gespielt hatten.[8] Die einzelnen Nationen wurden in dieser Lehre „als relativ stabile Zentren in der Geschichte gesehen, die einen bestimmten Charakter aufweisen und sich gemäß der ihnen innewohnenden Gesetze entwickeln" (B. Faulenbach).[9] Jeder Nation sprach man dabei „die Qualität einer Individualität" zu, „die sich im Laufe der Geschichte verändert, ohne ihre Identität zu verlieren".[10] Die einzelnen Charakterzüge, die vermeintlich jede Nation entscheidend prägen, sollten sich auch über lange Zeit hinweg nicht grundsätzlich verändern. Für das deutsche Volk wurde gemäß dieser zeitgenössischen Lehre „nicht selten" eine weitgehende „Kontinuität des deutschen Charakters bis in die germanische Urzeit angenommen".[11] Die Auswirkungen des postulierten besonderen „Charakters" jeder Nation sollten sich auf alle Bereiche menschlicher Tätigkeit erstrecken. Der gesamte politische, geistig-kulturelle wie auch industrielle Zustand eines Volkes galt letztlich als Auswirkung und Manifestation der jeweiligen spezifischen nationalen Wesensart.

Volk und Wesensart

Die zeitgenössische Lehre vom unterschiedlichen Nationalcharakter der einzelnen Völker gewann eine zentrale Bedeutung für die Auslegung des Ersten Weltkrieges durch die deutschen Schriftsteller. Ausführlicher noch als viele seiner schreibenden Kollegen stellte Rudolf Borchardt das „heilige deutsche Wesen"[12] in den Mittelpunkt seiner Betrachtungen über die Ursache und die Entschei-

Das deutsche Wesen

---

[6] Ebda. S. 51.
[7] Siehe Band 1, Kap. III, 4.5.
[8] Vgl. Klaus Schroeter, „Der Chauvinismus und seine Tradition. Deutsche Schriftsteller und der Ausbruch des Ersten Weltkriegs". In: Klaus Schroeter, *Literatur und Zeitgeschichte. Fünf Aufsätze zur deutschen Literatur im 20. Jahrhundert*. Mainz 1970, S. 7–46; hier vor allem S. 11ff.
[9] Bernd Faulenbach, *Ideologie des deutschen Weges. Die deutsche Geschichte in der Historiographie zwischen Kaiserreich und Nationalsozialismus*. München 1980, S. 31.
[10] Ebda.
[11] Ebda.
[12] Rudolf Borchardt, *Der Krieg und die deutsche Selbsteinkehr*. (Nr. 28), S. 13.

dungsfrage des neuen Weltkrieges. Borchardt sprach im Dezember 1914 davon, daß die Deutschen „aus anderen Fügungen entsprungen, von anderen Mächten bedingt, in anderen Sendungen begriffen, von anderen Kräften als sie alle [*sc.* die Gegner des Reiches] gerührt und rührbar"[13] seien. Für Borchardt war es eine vollkommen unanfechtbare „Tatsache", daß die Deutschen im Vergleich zu allen übrigen Völkern „anders waren und sind und geworden sind und sein werden".[14] Bei den Feinden, so klagte Borchardt vor seinen Zuhörern, sei das Wissen um die Andersartigkeit der Deutschen vor 1914 oft mehr vorhanden gewesen als im Reiche selbst: „Nirgends war vor Ausbruch dieses Krieges Deutschland so unbekannt wie in Deutschland selber."[15] Zwar sprach Borchardt den Gegnern jede Fähigkeit, das eigentliche Wesen der Deutschen ernsthaft „zu fassen und zu begreifen",[16] vollkommen ab. Das Wissen aber der anderen um die Besonderheit des deutschen „Wesens" hatte nicht nur nach seinem Verständnis letztlich ursächlich zur Entstehung des neuen Weltkrieges geführt.

Vorwurf des Vergessens

Auch für Rudolf Borchardt bildete der jeweilige Nationalcharakter die eigentliche Grundlage allen menschlichen Handelns und Schaffens. Der Stand von Ökonomie, Technik, Sozialpolitik usw. wurde von ihm ebenso auf den Charakter der Nation zurückgeführt wie kulturelle und künstlerische Leistungen. Er beklagte allerdings heftig, daß dieser entscheidende Zusammenhang von vielen seiner Zeitgenossen nicht mehr richtig erkannt und gewürdigt werde. In seinem Vortrag vom Dezember 1914 kritisierte er scharf, daß seit längerer Zeit zur Erklärung der Entwicklungen und Erscheinungen „immer ins rein Äußere und Mechanische gegriffen"[17] werde, wo doch eigentlich auf den Volkscharakter zurückgegangen werden müsse. Borchardt betrachtete es folglich nicht zuletzt als eine seiner eigenen wichtigen Aufgaben, das Wissen um die besondere Wesensart der Deutschen sowie um die allseitigen Auswirkungen dieser Wesensart wieder an die Öffentlichkeit zu vermitteln.

Deutsche Superiorität

Aus der obenstehend aufgezeigten Anschauung der deutschen Schriftsteller von einer besonderen Wesensart jedes Volkes ergibt sich noch keine direkte Verbindung zu den schriftstellerischen Auslegungen und Rechtfertigungen des Ersten Weltkrieges. Der verhängnisvolle Schritt in der Lehre vom unterschiedlichen Nationalcharakter der Völker war die Erhebung der deutschen Wesensart zur weltweit überlegenen und deshalb führungsberechtigten. Dieser Schritt wurde ganz besonders auch von den deutschen Schriftstellern – teilweise schon lange vor 1914, wie z. B. in der Heimatkunst und im George-Kreis – vollzogen. Nicht nur laut Rudolf Borchardt war das deutsche Wesen einmalig auf der Welt und sehr viel höherwertiger als die Charaktere aller anderen Völker. Als Beleg für diese weithin im wilhelminischen Reich geglaubte deutsche Höherwertigkeit benannte Borchardt eine angeblich einzigartige Fähigkeit des deutschen Geistes,

---

[13] Ebda. S. 14.
[14] Ebda.
[15] Ebda. S. 13.
[16] Ebda.
[17] Ebda. S. 14.

„Kultur" zu erschaffen; eine Fähigkeit, die er der gesamten übrigen Welt entschieden absprach: „Wir flehen um den Sieg dessen, was wir Kultur nennen und was wir nicht alleine zu besitzen, wohl aber alleine in der Welt zu konzipieren und zu postulieren glauben [. . .]"[18] Der Begriff der „Kultur" wurde dabei von Borchardt ausdrücklich nicht etwa auf den Bereich künstlerischer Leistungen beschränkt, sondern sehr viel umfassender verstanden. Nach Borchardt war das deutsche Volk in seinen gesamten Lebensformen allen anderen Völkern weit überlegen. Diese könnten zwar die von den Deutschen erreichte Kulturstufe nachahmen, aber keinesfalls aus eigener Kraft erschaffen oder gar übertreffen.

Mit dieser chauvinistischen Auffassung nahm Rudolf Borchardt in den ersten Wochen und Monaten des Krieges keineswegs eine außergewöhnliche Position ein. „Mit monotoner Einförmigkeit" (K. Schroeter)[19] wurde nach Kriegsbeginn von zahlreichen deutschen Schriftstellern die Kulturstufe des Reiches als einzigartig ausgegeben und die postulierte deutsche Vorrangstellung auf besondere Kräfte und Vorzüge[20] des deutschen Volkscharakters zurückgeführt. Wie sehr diese vermeintlichen besonderen deutschen Tugenden nicht nur für künstlerische Leistungen, sondern gerade auch für den technisch-industriellen Fortschritt verantwortlich gemacht wurden, belegen u. a. recht eindrucksvoll die zeitgenössischen Ausführungen des Schriftstellers Cäsar Flaischlen über „unser geistiges und sittliches Übergewicht": Volkswesen und Technik

„Dieses sittliche Übergewicht aber ist es auch, das uns das Luftschiff erfinden ließ, das im letzten Gordon-Benett-Rennen drei deutsche Wagen an die Spitze brachte, das uns Belagerungsgeschütze und Unterseeboot so vervollkommnen ließ, wie unsere Feinde nunmehr erlebt."[21]

Zur deutlichen Kennzeichnung der behaupteten geistig-sittlichen Überlegenheit des deutschen Wesens vermieden viele Schriftsteller bei ihren Ausführungen über die Denk- und Lebensformen der Feinde ausdrücklich den Begriff der „Kultur" und ersetzten ihn durch den der „Zivilisation". Die Antithetik von deutscher „Kultur" und westlicher[22] „Zivilisation" gehört zu den grundlegenden Topoi der literarischen Apologetik des Ersten Weltkriegs. Eckart Koester hat die Rezeptionsgeschichte des im Deutschen Reich schon lange vor 1914 zuneh- Kultur vs. Zivilisation

---

[18] Ebda. S. 11.
[19] Klaus Schroeter, „Der Chauvinismus und seine Tradition". (Nr. 312), S. 32.
[20] Zur inhaltlichen Bestimmung dieser vermeintlichen Kräfte und Vorzüge siehe Abschnitt 4.3.
[21] Cäsar Flaischlen, „Deutscher Weltkrieg". (Nr. 66), S. 147/148. Eine derartige Zurückführung technischer Leistungen auf den deutschen „Geist" findet sich u. a. auch bei Richard Dehmel. Er schrieb 1914, daß sich „selbst" die „Hottentotten" den „technischen Hokuspokus" der Deutschen aneignen könnten, „nur eben den Geist nicht, der dahinter waltet". Aus: Richard Dehmel, „An meine Kinder". Offener Brief, zuerst in: Berliner Tageblatt vom 9. Oktober 1914. Im folgenden zitiert nach der Wiedergabe in: Richard Dehmel, Zwischen Volk und Menschheit. Kriegstagebuch. Berlin 1919, S. 9–13; Zitat S. 10.
[22] Rußland spielte bei dieser Antithetik keine Rolle, da es nach allgemeiner Auffassung noch ein „Barbarenstaat ohnegleichen, ein Monstrum aus primitiven Instinkten und importierten Raffinements" bildete. Die Zitate hier aus: Richard Dehmel, „An meine Kinder". (Nr. 38.b), S. 10.

mend negativ besetzten Begriffes „Zivilisation" näher untersucht. Er konstatierte (vor allem am Beispiel von Thomas Mann) als weithin gültige Bedeutung dieses Begriffes bei Beginn des Ersten Weltkriegs:

> „'Zivilisation' steht für alles, was den Geltungsanspruch einer durch kulturelle Leistung sich legitimierenden Elite zu konterkarieren vermag: für die Hochschätzung des Äußerlichen, Materiellen und Konventionellen, für ‚platten' Rationalismus, insbesondere aber für alle Formen der Politisierung, die vom egalitären Gedankengut der bürgerlich-demokratischen Revolution – oder gar dem der Arbeiterbewegung – affiziert waren."[23]

„Zivilisation" galt im Jahre 1914 im Deutschen Reich weithin entweder als „relativ wertlose Begleiterscheinung" von Kultur, oder als „Niedergangs- und Auflösestadium"[24] einer ehemals blühenden Kultur. Die von vielen deutschen Schriftstellern in ihrer literarischen Verklärung und Rechtfertigung des Krieges vom August 1914 aufgestellte Antithetik von Kultur und Zivilisation implizierte also für die Zeitgenossen immer auch eine Andersartigkeit und Höherwertigkeit der vermeintlich nur von den Deutschen hervorbringbaren „Kultur".

Wesen und Erfolg

Von der im Deutschen Reich um 1914 weithin ernsthaft angenommenen Überlegenheit des deutschen Wesens über die Charaktere der anderen Völker ergibt sich eine direkte Verbindung zur zeitgenössischen Erklärung und Ausdeutung des Ersten Weltkrieges durch die deutschen Schriftsteller und Künstler. Auch der schnelle Aufstieg des Deutschen Reiches nach 1871 zu einer neuen Weltmacht wurde von den deutschen Dichtern entscheidend auf die vermeintlich besonderen Kräfte des deutschen „Wesens" zurückgeführt. Die Erfolge in den Bereichen Wirtschaft, Handel, Technik, Industrie etc., die den deutschen Aufstieg zur Großmacht kennzeichneten, galten als Ergebnisse, als Realisate einer angeblich einzigartigen deutschen Wesensart. Auch bei den Feinden, so argumentierte im Herbst 1914 nicht allein Rudolf Borchardt, sei die Andersartigkeit der Deutschen immer mehr als die eigentliche Grundlage für den neuen und rapiden Aufstieg des Reiches erkannt worden. Der durch diesen Aufstieg ausgelöste Neid und Haß der Feind richtete sich nach den Ausführungen vieler deutscher Schriftsteller letztlich nicht gegen die materiellen Erfolge des Reiches, sondern gegen das diese Erfolge erst ermöglichende besondere Wesen der Deutschen.

Politik als Psychologie

Die immer wieder anzutreffenden Formulierungen von der Eifersucht, vom Haß und Neid der Feinde (Otto Ernst sprach ihnen einmal ein „neidzerfressenes Gehirn"[25] zu) verweisen auf eine weitere und wichtige Besonderheit der zeitgenössischen Lehre vom spezifischen Wesen der einzelnen Nationen: auf die Zuschreibung psychologischer Eigenschaften und Verhaltensweisen an die Völker. Die Lehre vom Charakter der Nationen verband sich mit einer verhängnisvollen Übernahme psychologischer Begriffe und Erklärungsmuster zur Deu-

---

[23] Eckart Koester, *Literatur und Weltkriegsideologie*. (Nr. 285), S. 279.
[24] Ebda. S. 278.
[25] Otto Ernst, „Warum wir so verhaßt sind". In: Otto Ernst, *Gewittersegen. Ein Kriegsbuch*. Leipzig 1915, S. 54–56; Zitat S. 56.

tung politischer Vorgänge. Politische Entwicklungen und ganz besonders die Beziehungen zwischen den Völkern sollten nach denselben Regeln und Antrieben ablaufen wie das Leben und Handeln der Menschen. „Ist immer so, im Leben der Völker genau wie im Leben der Einzelnen", hieß es demgemäß einmal über die vermeintlichen Zusammenhänge von Können und Glück in einem Artikel von Otto Ernst.[26] Eckart Koester hat über diese Psychologisierung bei der Erklärung politischer Phänomene, die um 1914 weitgehend das zeitgenössische Denken beherrschte, näher ausgeführt:

„Ganze Staaten und Völker werden personifiziert, indem ihnen – und nicht etwa nur ihren politischen Führern – die Fähigkeit zu psychischen Dispositionen und Reaktionen zugesprochen wird. [...] Mit Gedanken dieser Art ist die Ebene einer realistischen, auf die rationale Auslegung von Fakten orientierten Geschichtsbetrachtung allerdings unwiderruflich verlassen."[27]

Für die deutsche Bevölkerung war es folglich keinerlei Novum, als nach dem August 1914 auch von den Schriftstellern immer wieder gegen die Feinde der Vorwurf erhoben wurde, sie seien von Eifersucht, von Neid und Haß getrieben. Rudolf Borchardt benannte im Dezember 1914 das Verhalten Englands als das „des Neiders, des Mörders und des Buben".[28] Im Zentrum nicht nur seiner Ausführungen über die Motive der Gegner zur Entfesselung eines Krieges gegen das Deutsche Reich stand der Begriff des Neides. Der Aufstieg des Reiches hatte nach allgemeiner deutscher Vorstellung den wachsenden Neid der Feinde geweckt. Dieser richtete sich nur vordergründig gegen die materiellen Erfolge, sein eigentliches Objekt aber war gerade nach den Ausführungen der deutschen Dichter das besondere deutsche „Wesen": „es ist unser geistiges und sittliches Übergewicht, um dessen willen wir ans Kreuz genagelt werden sollen" (C. Flaischlen).[29] Ähnlich schrieb Hermann Bahr im Dezember 1914: „[...], das deutsche Volk haßt keinen Feind. Daß aber der Feind uns haßt, das können wir nicht ändern. Denn da müßten wir unser Wesen ändern, wir müßten auf unser Bestes verzichten: Denn dies erregt ihren Haß."[30]

Kriegsursache Haß

Der reale Krieg erschien bei dieser Betrachtungsweise als das letzte Mittel der „untergehenden Nationen",[31] um den politisch-ökonomischen Aufstieg des Reiches abzublocken, vor allem aber um das diesem Aufstieg zugrunde liegende besondere deutsche Wesen auszulöschen. In der Darstellung vieler deutscher Schriftsteller erschien der neue Krieg geradezu wie ein letzter Verzweiflungsschritt der Feinde, nachdem diese anhand des deutschen Aufstiegs zur Weltmacht immer mehr die Überlegenheit der deutschen Wesensart erkannt hätten. Rudolf

Vernichtung deutschen Wesens

---

[26] Ebda.
[27] Eckart Koester, *Literatur und Weltkriegsideologie*. (Nr. 285), S. 169.
[28] Rudolf Borchardt, *Der Krieg und die deutsche Selbsteinkehr*. (Nr. 28), S. 26.
[29] Cäsar Flaischlen, „Deutscher Weltkrieg". (Nr. 66), S. 147.
[30] Hermann Bahr, „An einen entfremdeten Freund". Zuerst in der *Täglichen Rundschau* vom 5. Dez. 1914. Hier zitiert nach dem Abdruck in: *Der Krieg der Geister. Eine Auslese deutscher und ausländischer Stimmen zum Weltkriege 1914*. (Nr. 130), S. 463–465; Zitat S. 464.
[31] Rudolf Borchardt, *Der Krieg und die deutsche Selbsteinkehr*. (Nr. 28), S. 11.

Borchardt schrieb Ende 1914 über das für ihn völlig verständliche Bündnis zwischen England und Frankreich: „Die gleiche Alternative, entweder einen unmodifizierbar konstanten Volkscharakter aufzugeben oder auf Einholung des deutschen Vorranges zu verzichten, hat beide in die gemeinsame Gewalttat getrieben."[32] Borchardt sprach vor seinen Zuhörern (Lesern) ausführlich über die „Vertilgungs- und Vernichtungsabsichten"[33] der Feinde, die sich zuallererst gegen die Wesensart der Deutschen richten würden. Nicht zuletzt unter dem Einfluß derartiger Reden und Publikationen von zahlreichen deutschen Schriftstellern glaubte man im Deutschen Reich nach Kriegsbeginn vielerorts ernsthaft, eine nach 1871 beständig gestiegene Angst des Auslands vor der rätselhaften deutschen Sonderart sei nun endgültig in Haß und fanatischen Vernichtungswillen umgeschlagen.

<small>Ausrottung deutscher Sonderart</small>

Wie in den Darstellungen der politischen und militärischen Führung, so erschien auch bei dieser spezifischen Sehweise das Deutsche Reich als völlig unschuldiges Opfer eines heimtückischen feindlichen Überfalls. Dieser richtete sich vermeintlich nicht entscheidend gegen die materiellen Güter des Reiches, sondern zuallererst gegen die deutsche Wesensart selber. Cäsar Flaischlen schrieb dazu Ende 1914:

„Es ist ja nicht unser deutsches Reich als solches und im Sinn seiner politischen Stellung, dem der Haß Europas und Asiens gilt, es ist nicht Deutsch*land* oder die verbündete österreich-ungarische Monarchie, wogegen sich Krämerneid, Raubgier und Rachsucht zu einem Vernichtungskampf verschworen, sondern das Deutsch*tum*, das wir zu Geltung gebracht, das Ethische und Ideale, für das wir nun fast zweitausend Jahre geblutet und gelitten."[34]

<small>Kriegsziel deutscher Geist</small>

Diese Auslegung des Ersten Weltkrieges als eines feindlichen Vernichtungsfeldzuges gegen das deutsche Wesen war keineswegs etwa auf die ersten Wochen und Monate nach dem August 1914 beschränkt. Sehr viel deutlicher noch als Cäsar Flaischlen 1914 erläuterte Richard Dehmel im Januar 1916 seinen Zuhörern, worum es seiner Meinung nach in dem nun schon etliche Monate andauernden Weltkrieg wirklich gehe:

„Und kämpfen wir großen Kulturnationen in Wahrheit um unsere Reichtümer, um unsere Bank- und Börsengebäude, unsere Fabriken und Handelshäuser, Bergwerke und Hüttenwerke, Schiffswerften und Bahnhofshallen, Museen, Kirchen, Schulen und sonstigen Staatsanstalten, und für die Menschenmassen, die sich darin um ihr tägliches Brot und Wohlleben plagen? Nein, millionenmal Nein ruft da jedes Volk; das alles setzen wir ja aufs Spiel, wenn wir für unser Vaterland kämpfen! –
Nicht um diese Güter hat sich die halbe Welt gegen uns Deutsche zusammengetan; so kleinlich ist der Neid der Nationen nicht, und auch die Machtsucht der Regierungen nicht, sonst hätten sie sich schon längst allesamt gegen das alte mächtige England verschworen, nicht gegen unser junges Reich, das erst aufstrebt zu neuer Macht. Um unser höchstes Seelengut geht der Krieg: *unsern Geist* will man niederkämpfen, unsre ei-

---

[32] Ebda. S. 31.
[33] Ebda. S. 28.
[34] Cäsar Flaischlen, „Deutscher Weltkrieg". (Nr. 66), S. 145/146.

gentümliche Kraft, die jene körperlichen Besitztümer in so kurzer Zeit emporwachsen ließ, daß den andern Völkern um ihre Zukunft bangt, um den Machtbereich ihres eigenen Geistes. Diese unsre Schaffenskraft will man knebeln!"[35]

Dehmels Ausführungen enthalten noch einmal paradigmatisch alle wichtigen Topoi der zeitgenössischen Auslegung des Ersten Weltkriegs durch die deutschen Schriftsteller und Künstler, die Unterordnung aller militärischen, politischen und ökonomischen Aspekte unter den vermeintlich gegen das deutsche Wesen geführten Vernichtungskampf ebenso wie die Heranziehung dieses Wesens zur Erklärung für den Machtaufstieg des Deutschen Reiches nach 1871. Für Richard Dehmel und viele seiner Kollegen bildete der Kampf der Waffen nur die äußere Austragungsform eines viel umfassenderen inneren, geistigen Kampfes: des Kampfes der verschiedenen nationalen Wesensarten um die zukünftige geistige Beherrschung und Führung der Welt. Rudolf Borchardt sprach Anfang 1916, also fast zeitgleich mit der gerade zitierten Rede Richard Dehmels, von einem „Krieg des Innern gegen das Innere um ein Inneres":

Krieg der Wesensarten

„Wer es noch immer nicht begriffen hat, daß dieser Krieg kein Krieg des Äußern gegen das Äußere ist, etwa der Wirtschaft gegen die Wirtschaft und des Ländergeizes gegen die Ländergier, sondern ein Krieg des Innern gegen das Innere, der alles Äußere nur als Vorwände hereinzieht, weil ihm die Begriffe der religiösen Leidenschaft unheimlich sind, der freilich muß, ob er nun als besiegtes oder als siegendes Volk vor dem letzten abendlichen Maueranschlage steht, vor dem letzten Denkmale triumphierender Vernichtungen – der freilich muß längst verzweifelt sein."[36]

Für viele deutsche Schriftsteller war der Erste Weltkrieg auch noch nach etlichen Monaten realen Kampfgeschehens zuallererst ein „Weltanschauungskrieg", ein „Kulturkrieg" (C. Flaischlen)[37] um die weitere geistige Führung der Welt. Oft mehr noch als in den Erklärungen der Politiker und Militärs erhielt der Krieg durch die Schriftsteller den Charakter einer Totalentscheidung von weltgeschichtlicher Bedeutung zugesprochen. Der Expressionist Albert Ehrenstein meinte im Herbst 1914: „Es ist nämlich nicht nur ein nationaler Krieg, sondern ein Kampf auf Leben und Tod, ein Kampf für die Existenz – wie es die Befreiungskriege waren."[38] Ähnlich hieß es bei Thomas Mann (der wohl kaum ein Freund Albert Ehrensteins war) zur gleichen Zeit: „Wir sind im Kriege und was es für uns Deutsche ‚in diesem Kriege gilt', das wußten wir gleich: es gilt rund und schlicht unser Recht, zu sein und zu wirken."[39] Bei dieser Auslegung des Krieges als einer Totalentscheidung über die weitere geistige Existenz des deutschen Volkes schien ein früher Waffenstillstand, ein Friede der Verständigung und der Rückkehr auf die Ausgangspositionen vom August 1914 vollkommen ausge-

Alles oder Nichts

---

[35] Richard Dehmel, *Zwischen Volk und Menschheit. Kriegstagebuch.* Berlin 1919, S. 372/373. Dehmel skizziert an dieser Stelle seines Kriegstagebuchs (S. 370–377) den Inhalt einer Rede, die er im Januar 1916 während eines Heimaturlaubs in Berlin hielt.
[36] Rudolf Borchardt, *Der Krieg und die deutsche Verantwortung.* (Nr. 29), S. 33.
[37] Beide Begriffe bei Cäsar Flaischlen, „Deutscher Weltkrieg". (Nr. 66), S. 147.
[38] Albert Ehrenstein, „Neueste Kriegslyrik". (Nr. 50), S. 118.
[39] Thomas Mann, „Gedanken im Kriege". (Nr. 156.b), S. 12.

schlossen. Der neue epochale Entscheidungskrieg zwischen den völlig konträren „Formen des Lebens und des Seins"[40] war nicht nur nach der Auffassung Rudolf Borchardts „durch nichts aufzuheben als durch Vernichtungen und Erschöpfungen, die den Charakter von Vernichtungen tragen".[41]

Volkskrieg

Die von vielen deutschen Schriftstellern vorgebrachte Deutung des neuen Krieges als eines erbarmungslosen Ausrottungsfeldzuges gegen das überlegene und im Ausland nicht zu verstehende deutsche Wesen stellte 1914/15 ein ungeheuerliches ideologisches Novum dar. Die Kriege früherer Zeiten (z.B. 1870/71) waren im Bewußtsein der betroffenen Bevölkerung aus machtpolitischen, wirtschaftlichen, territorialen etc. Gründen entstanden. Noch nie aber war in der jüngeren Geschichte die geistige Auslöschung einer nationalen Sonderart als Anlaß und Zielsetzung eines realen militärischen Kampfes verstanden worden. Diese gerade von den Schriftstellern behauptete neue Dimension des Weltkriegs fand einen wichtigen Niederschlag in seiner sprachlichen Benennung. Nicht nur Thomas Mann sprach lange Zeit von einem („großen, grundanständigen, ja feierlichen") „Volkskrieg",[42] den das Deutsche Reich führe. Der Terminus vom Volkskrieg, der sich nach 1914 bei vielen deutschen Schriftstellern finden läßt, ließ den neuen Krieg als eine existentielle Angelegenheit des ganzen Volkes erscheinen und nicht etwa nur als eine Sache der Militärs und der Politiker. Der Begriff suggerierte, daß es nun um die Existenz des ganzen Volkes gehe. Damit war von den Schriftstellern nicht so sehr die physische als vielmehr die geistige Existenz der Nation gemeint. Als Beleg, daß sich die Vernichtungsabsichten der Feinde in allererster Linie gegen die deutsche Wesensart richteten, führte man immer wieder die zahlreichen ausländischen Forderungen nach einer „Demokratisierung" und „Zivilisierung" der deutschen „Barbaren" an. Diese Forderungen schienen ja ganz besonders deutlich zu beweisen, daß der Krieg nicht primär aus ökonomischen und territorialen, sondern aus geistigen Gründen geführt wurde. Mehr noch als viele seiner Kollegen verwies Thomas Mann auf die angeblich von den Feinden beabsichtigte „Zwangszivilisierung Deutschlands":

„In der Tat: man will uns erziehen. [...] Man will uns den Segen der Entmilitarisierung und Demokratisierung bringen, man will uns, da wir widerstreben, gewaltsam zu Menschen machen — Wieweit dies Heuchelei, wieweit freche Dummheit ist, wer will es sagen."[43]

Führung der Welt

Die im Ausland erhobenen Forderungen nach einer „Zivilisierung" des Deutschen Reiches verrieten nach dem Verständnis der deutschen Schriftsteller sehr deutlich die eigentliche Entscheidungsfrage des Krieges. Wer diesen neuen Krieg gewann, der konnte nach ihrer Auffassung auf Jahrzehnte hinaus die geistige Führung der Welt übernehmen. In dieser Entscheidung über die „geistige Zukunft"[44] der Menschheit lag für die große Mehrzahl der deutschen Dichter der

---

[40] Rudolf Borchardt, *Der Krieg und die deutsche Verantwortung*. (Nr. 29), S. 32.
[41] Ebda.
[42] In einem Brief an seinen Bruder Heinrich vom 18.IX.14. Zitiert nach: Thomas Mann / Heinrich Mann, *Briefwechsel 1900–1949*. (Nr. 164), S. 110.
[43] Thomas Mann, „Gedanken im Kriege". (Nr. 156.b), S. 17/18.
[44] Richard Dehmel, „An meine Kinder". (Nr. 38.b), S. 13.

Die Dichter und der Krieg

eigentliche Konfliktpunkt, um dessentwillen der Krieg von den Feinden angezettelt worden war. Für Richard Dehmel z. B. wollten die Feinde, England allen voran, das „Recht" der Deutschen auf die „Weltherrschaft unseres Geistes"[45] austilgen und eben diese „Weltherrschaft" auf unabsehbare Zeit für ihre eigenen Denk- und Lebensformen sichern. Da nach dem Verständnis der Zeitgenossen England bereits seit Jahrzehnten fast die ganze Welt mit seiner merkantilen „seelischen Gesittung"[46] erobert und „angesteckt"[47] hatte, wurde der nun erwartete Sieg des deutschen Geists vielfach zu einem epochalen Wendepunkt in der Kulturgeschichte der Menschheit erhoben. Der Kampf Deutschlands für den „allgemeinen Fortschritt und Aufstieg der Menschheit"[48] wurde gerade von schriftstellerischer Seite immer wieder zu einem Geschehen von heilsgeschichtlicher Qualität verklärt. Auf die Katharsis der Nation vom August 1914 sollte nun die Katharsis der ganzen Welt durch den deutschen Geist und das deutsche Wesen folgen.

Nach dem Verständnis der zeitgenössischen deutschen Schriftsteller war der Erste Weltkrieg aus geistigen Gründen entstanden, wurde um geistige Ziele geführt und letztlich auch durch geistige Mittel entschieden. Wenn die geistig-sittliche Überlegenheit des deutschen Wesens diesen Krieg – als letzte Verzweiflungstat der Feinde vor ihrem Niedergang in die Bedeutungslosigkeit – ausgelöst hatte, dann mußte gerade sie auch über dessen Verlauf und Ausgang entscheiden. Unter ausdrücklicher Berufung auf die *a priori* festgesetzte oder biologistisch[49] begründete Superiorität des deutschen Wesens fiel bei den Schriftstellern die Siegesgewißheit oft noch größer aus als in den Verlautbarungen der politischen und militärischen Führung. Nach Rudolf Borchardt z. B. war Deutschland „des ungeheuersten Sieges, den die Weltgeschichte kennt, nicht nur gewiß", sondern verdiente ihn auch ausdrücklich durch seinen „Alleinbesitz aller erdenklichen Tugenden schlechthin".[50] Borchardt sprach von „unerschöpflichen Kräften", die das deutsche „Wesen" besitze und die seinen Sieg absolut „gewiß"[51] machten. Er warnte ausdrücklich davor, den nicht zu bezweifelnden deutschen Sieg von den Waffen, vom „deutschen Vorsprung in maschinellen Vernichtungsapparaten"[52] abzuleiten und nicht etwa von den so besonderen Kräften und Vorzügen des deutschen Wesens. Nach seiner Darstellung bildete genau diese Denkweise, dieses materialistische Vertrauen auf die militärische Überlegenheit einen sehr deutlichen Beleg für die geistige Inferiorität der Gegner Deutschlands. Ausführlich mokierte sich Borchardt über das „jeden Tag weiter rapid veraltende England", das „von Vergangenheit und Gegenwart nicht genug gelernt hat, um vor den blödesten Siegesberechnungen, den einfältigsten mechanischen Sum-

Sieges-Gewißheit

---

[45] Ebda. S. 12.
[46] Ebda. S. 10.
[47] Ebda. S. 11.
[48] Gerhart Hauptmann, „Die Unwahrhaftigkeit unserer Feinde". (Nr. 87), S. 440.
[49] Genauer dazu im nächsten Abschnitt: 4.2.
[50] Rudolf Borchardt, *Der Krieg und die deutsche Selbsteinkehr*. (Nr. 28), S. 9.
[51] Ebda. S. 39.
[52] Ebda.

mierungen, der einfältigsten Überschätzung brutaler Gewaltmittel gegen Geistiges und Ethisches geschützt zu sein".[53]

Schock   Ein derartiger Optimismus, der sich auf die Kräfte des einzigartigen deutschen „Wesens" berief, war nach dem 1. August 1914 von vielen deutschen Schriftstellern zu vernehmen. Bei dieser Denkhaltung führte dann natürlich einige Jahre später die Frage nach den genaueren Gründen für die so unerwartete deutsche Niederlage zu gewaltigen Erklärungsproblemen. Es gab nicht wenige Deutsche, die auch noch nach vier Jahren konkreter Kriegserfahrung die Dominanz des Materiellen über das Geistige nicht anerkennen wollten. Für sie hatten nicht etwa die feindlichen Waffen den als Katastrophe empfundenen Sieg der Entente herbeigeführt; vielmehr waren der Geist und der Wille des deutschen Volkes nicht groß und nicht stark genug gewesen. Zwanzig Jahre später hoffte man dann, mit „neuem Geist" den Anforderungen eines Krieges besser gewachsen zu sein und die Ergebnisse der Jahre 1914–1918 revidieren zu können.

Krieg der Geister   In der neueren Literaturwissenschaft wird nicht selten die ausführliche literarisch-publizistische Beschäftigung der deutschen Schriftsteller mit dem Ereignis des Ersten Weltkriegs als ein schlagartiges Ende der vor 1914 weithin herrschenden strengen „Trennung von Literatur und Politik"[54] betrachtet. Diese Einschätzung kann bei einer genaueren Analyse der einzelnen Topoi in der von den zeitgenössischen Schriftstellern vorgelegten Ausdeutung und Sinngebung des Krieges nicht geteilt werden. Zwar erfolgte nach langer Zeit erstmals wieder eine intensive Beschäftigung nahezu der Gesamtheit der deutschen Dichter und Künstler mit einem politischen Ereignis. Dieses wurde jedoch ausdrücklich von einem politischen zu einem zuallererst geistig-kulturgeschichtlichen Phänomen umgedeutet. Prägendes Kennzeichen der von deutschen Schriftstellern geleisteten zeitgenössischen Ausdeutung des Ersten Weltkrieges ist dessen radikale Entpolitisierung und Enthistorisierung. „Nicht um Politik handelt es sich hier, nicht um Besitz, nicht um Provinzen, sondern um das Deutschtum und sein Ansehen" (W. Bonsels).[55] So lautete der Grundgedanke fast aller literarischen Apologeten des Krieges. Die öffentlich über den Krieg räsonierenden deutschen Schriftsteller verlegten sowohl den Anlaß des neuen großen „Völkerringens" in den geistig-kulturellen Bereich wie auch dessen Zielsetzung und Entscheidungsfrage. Diese Sehweise des Weltkriegs als eines zuallererst kulturgeschichtlichen Ereignisses von epochaler Bedeutung verkannte stärker noch als viele andere kriegsaffirmative Denkmuster der Zeit die politischen, militärischen und ökonomischen Grundlagen des Krieges. Gerade wegen dieser Distanz zur weithin verachteten Sphäre des Politischen fand die kulturtheoretische Auslegung des neuen Krieges am Anfang große Resonanz im Deutschen Reich. Die Beschäftigung mit dem „Krieg der Geister"[56] ersetzte für viele Schriftsteller und deren nicht geringes

---

[53] Ebda. S. 31.
[54] Friedrich Albrecht, *Deutsche Schriftsteller in der Entscheidung*. (Nr. 261), S. 33.
[55] Waldemar Bonsels, *Das junge Deutschland und der große Krieg. Aus Anlaß des Briefwechsels Romain Rollands mit Gerhart Hauptmann über den Krieg und die Kultur*. München und Wien 1914, S. 7/8.
[56] Vgl. den Obertitel der bereits oft genannten *Auslese deutscher und ausländischer Stimmen zum Weltkriege 1914*, hrsg. von Dr. Hermann Kellermann. (Nr. 130).

Publikum lange Zeit die Auseinandersetzung mit dem tatsächlichen militärischen und politischen Geschehen.

Das umfangreiche zeitgenössische Schrifttum deutscher Dichter zum Ersten Weltkrieg kann bei genauer Betrachtung trotz seines politischen Gegenstands nicht als Beleg für eine politische Bewußtwerdung seiner Verfasser gewertet werden. Die literarische Apologetik des Krieges stellte vielmehr einen letzten großen Versuch dar, der Dominanz des Politischen und Gesellschaftlichen zu entgehen. Auch noch ein so eminent politisches Ereignis wie der Weltkrieg wurde zu einem kulturgeschichtlichen Phänomen umgedeutet. Erst als diese Umdeutung angesichts der alles beherrschenden Realität des Krieges versagte, als nach langer Leidenszeit und Millionen von Toten niemand mehr den Krieg als bloße Oberfläche eines vermeintlich wichtigeren geistigen Konfliktes empfinden wollte, setzte bei vielen deutschen Schriftstellern eine politische Bewußtwerdung ein.

Obwohl der Krieg von den deutschen Schriftstellern lange Zeit nicht politisch-gesellschaftlich, sondern geistig-kulturell gedeutet wurde, muß deren Schriften ein wichtiger Einfluß auf den Durchhaltewillen der deutschen Bevölkerung zugemessen werden. In den Auslegungen der Schriftsteller erhielten Anlaß und Zielsetzung des Krieges ja eine noch viel gewichtigere und existentiellere Bedeutung zugesprochen als bei seinem Verständnis als ein Kampf um ökonomische und territoriale Zugewinne. Handelte es sich doch nach den Darstellungen der Schriftsteller zuallererst um einen Vernichtungsfeldzug der Feinde gegen das zur geistigen Führung der Welt berufene deutsche Wesen. Bei dieser Sehweise konnte es keine Verständigung mit den Gegnern, sondern nur Sieg oder Untergang geben. Nicht nur Rudolf Borchardt warnte die Deutschen energisch vor jedem „feigen, feilen Scheinfrieden der Scheinbrüderlichkeit mit den untergehenden Nationen".⁵⁷ Das frühe Diktum Ludwig Ganghofers: „Entweder, oder! Jede Versöhnung, jeder Kompromiß ist ausgeschlossen",⁵⁸ galt für viele deutsche Dichter bis zum bitteren Ende im November 1918. Richard Dehmel fand es auch nach anderthalb Jahren persönlicher Fronterfahrung besser, „wie die Recken des Nibelungenliedes mit guter Laune und frohem Mut bis auf den letzten Mann zu sterben, als vom Gnadenbrot Englands und Frankreichs und Rußlands ein erbärmliches Leben zu fristen".⁵⁹ Und noch im Februar 1918 nahm der vor dem Weltkrieg als Expressionist bekannt gewordene Alfred Döblin die vermeintliche Antithetik von deutscher und englischer Wesensart zum Anlaß, um jede Bereitschaft zum Friedensschluß radikal zu verdammen: „Jede Stimme muß verstummen, die auch nur ein Wort äußert, das nicht Krieg ist. Verflucht soll der sein, der das Wort Frieden [. . .] in den Mund nimmt."⁶⁰

---

⁵⁷ Rudolf Borchardt, *Der Krieg und die deutsche Selbsteinkehr*. (Nr. 28), S. 11.
⁵⁸ Aus einem Brief Ludwig Ganghofers, abgedruckt in den *Leipziger Neueste Nachrichten* vom 12. November 1914. Hier zitiert nach der Wiedergabe in: *Der Krieg der Geister. Auslese deutscher und ausländischer Stimmen zum Weltkriege 1914*. (Nr. 130), S. 451.
⁵⁹ Richard Dehmel, *Zwischen Volk und Menschheit*. (Nr. 39), S. 375.
⁶⁰ Alfred Döblin, „Drei Demokratien". Zuerst in: *Die Neue Rundschau* 29, 1918, H. 2 (Februar), Bd. I, S. 254–262. Hier zitiert nach Alfred Döblin, *Schriften zur Politik und*

Resonanz   Angesichts derartiger Einstellungen kann es nicht weiter überraschen, daß die kriegsapologetischen Werke deutscher Schriftsteller bei der politischen und militärischen Führung auf großes Wohlwollen stießen. Die Herstellung und Verbreitung dieser Schriften fand von staatlicher Seite vielfältige Unterstützung. Die kulturtheoretische Deutung des Krieges wurde in zahlreichen Reden und Stellungnahmen von der deutschen Führung übernommen. Nicht zuletzt auch der deutsche Kaiser griff gerne auf die vermeintliche Antithetik von deutscher Kultur und westlicher Zivilisation zurück, um die Kriegsbereitschaft der deutschen Bevölkerung weiter aufrechtzuerhalten.[61]

4.2. Deutschlands Anspruch auf geistige Führung der Welt

Epochale Entscheidung

In der Auffassung der meisten deutschen Schriftsteller bildete der neue Krieg vom August 1914 zuallererst einen epochalen Entscheidungskampf über die weitere geistige Beherrschung und Prägung der Welt. Für Richard Dehmel, Thomas Mann, Rudolf Borchardt und unzählige andere Autoren stand völlig außer Zweifel, daß in diesem gerade ablaufenden Entscheidungskampf zwischen den verschiedenen nationalen Wesensarten der „deutsche Geist" eindeutig höherwertig sei und den Sieg davontragen werde. Diese postulierte Höherwertigkeit wurde in vielen Schriften nicht ausführlicher begründet, sondern unter Verweis auf die großen kulturellen Leistungen in der deutschen Vergangenheit (kulturelle Werke galten ja als die sichtbarste Manifestationsform der nationalen Seinsart) als vollkommen selbstverständlich vorausgesetzt.

Biologismus

Sehr viel interessanter als diese apodiktischen Setzungen einer klaren Überlegenheit des deutschen Wesens ist ein anderer zeitgenössischer Versuch zur Begründung eines deutschen Anspruchs auf künftige geistige Beherrschung der Welt. Bei dieser Argumentation, die von zahlreichen deutschen Schriftstellern (wie auch von Hochschullehrern, Politikern und Militärs) vorgebracht wurde, stand nicht so sehr die nationale Wesensart im Zentrum der Überlegungen, sondern eine besondere Lehre über das vermeintlich nach den Gesetzen der Natur ablaufende Werden und Vergehen nationaler Kulturen. Grundlage der Argumentation bildete ein biologistisches Denkschema, das bereits lange vor 1914 in weitgehend alle Bereiche der Wissenschaften und des Denkens Eingang gefunden hatte. Angeregt durch die Lehre Charles Darwins und die modernen Naturwissenschaften waren die vermeintlichen Entwicklungsgesetze der Natur (mit den Hauptphasen Wachstum, Blüte und Vergehen) schließlich auch auf die Kulturgeschichte der Menschheit übertragen worden. Die Geschichte der Völker und ihrer Kulturen erschien bei dieser zunehmend populär gewordenen Sehweise „als Analogfall der Naturgeschichte; die einzelnen Kulturen werden zu

---

Gesellschaft. Olten 1972, S. 33–44; Zitat S. 37. Döblins Position stellt insofern einen Sonderfall dar, als bei ihm das deutsche Wesen nicht mehr auf den Geist von „Potsdam", sondern vielmehr von „Weimar" zurückgeführt wird (ebda. S. 44).

[61] Siehe Klaus Schroeter, „,Eideshelfer' Thomas Manns 1914/18". In: K. Schroeter, *Literatur und Zeitgeschichte. Fünf Aufsätze zur deutschen Literatur im 20. Jahrhundert.* Mainz 1970, S. 47–65; S. 53.

Organismen, die ihren vorgezeichneten Weg über die Stadien von Geburt, Wachstum, Alter und Tod in fataler Gesetzmäßigkeit durchlaufen müssen" (E. Koester).⁶² „Bewegung und Wandel", so schrieb R. Borchardt einmal, seien das „einfache Korrelat des Lebens und der Lebenskraft"⁶³ und bestimmten auch das politische und kulturelle Verhältnis zwischen den Völkern.

Eine elementare Bedeutung erhielt die biologistische Kulturtheorie in der literarischen Apologetik des Ersten Weltkriegs durch ihre Anwendung auf die unmittelbare Gegenwart. Die deutsche „Kultur" wurde von den über die Hintergründe des Krieges reflektierenden deutschen Schriftstellern immer der Phase des Aufblühens und Reifens zugeordnet, während man dagegen die „Zivilisation" der feindlichen Nationen im Stadium des Verfalls und unaufhaltbaren Unterganges sah. Es ist bereits darauf verwiesen worden, wie sehr die begriffliche Antithetik von „Kultur" und „Zivilisation" für die Zeitgenossen zumeist auch genau diesen Gegensatz von alt und jung mitenthielt.⁶⁴ Die Beschreibung der westlichen Welt, ihrer Werte und Lebensformen erfolgte nach dem August 1914 fast immer in der Konnotation mit Überalterung, Gebrechlichkeit, Fäulnis und Untergang. So berichtete z. B. der angesehene Kunstwissenschaftler Julius Meier-Graefe im September 1914 als Erkenntnis einer kurz zuvor durch Frankreich unternommenen Reise:

Zivilisation als Verfall

„[...] Es war voll süßer Schwermut. Dieses heitere und stille, dem Schönen zugewandte Dasein war dem Wesen unserer Zeit fremd und konnte nicht dauern. [...] Dieses Frankreich kann nicht dauern, so wenig wie Hellas dauern konnte. Die Verfeinerung muß die Menschen lebensunfähig machen [...]"⁶⁵

Der vermeintliche Niedergang der geistig-kulturellen Welt des Westens diente den deutschen Schriftstellern zur Begründung des deutschen Anspruches auf die künftige geistige Führung der Welt. Eine besondere Meisterschaft bei der Artikulierung dieses deutschen Anspruchs durch Darstellung des Westens als in der Phase des Niedergangs begriffen entwickelte Rudolf Borchardt. Er sah im Dezember 1914 die Gegner des Deutschen Reiches schon seit langer Zeit in einem Zustand der „Agonie": „Gebrochen und verwahrlost liegt um uns her das jahrtausendalte Gefüge der europäischen Nationen, in denen wir schaudernd die Lust und die Kraft zu neuem Triebe und neuem Schicksale erlöschen sehen."⁶⁶ England, dessen Eintritt in den Krieg nicht nur R. Borchardt ganz besonders erbitterte, war nach seinen Ausführungen ein Land „des beginnenden Verfalles",⁶⁷ des „versagenden Weltüberblickes" und „sinkenden Interesses an der Welt";⁶⁸

Agonie

---

⁶² Eckart Koester, *Literatur und Weltkriegsideologie*. (Nr. 285), S. 218/219.
⁶³ Rudolf Borchardt, *Der Krieg und die deutsche Verantwortung*. (Nr. 29), S. 18.
⁶⁴ Siehe Abschnitt 4.1.
⁶⁵ Julius Meier-Graefe, „Drei Gewinne". In: Morgenausgabe des *Berliner Tageblatt* vom 11. September 1914. Hier zitiert nach dem Teilabdruck in: *Die Aktion* 5, 1915, Nr. 18/19, Sp. 237/238.
⁶⁶ Rudolf Borchardt, *Der Krieg und die deutsche Selbsteinkehr*. (Nr. 28), S. 47.
⁶⁷ Ebda. S. 30.
⁶⁸ Ebda. S. 31.

ein Land, „an dessen Entwicklung ein entscheidendes Jahrhundert spurlos vorübergegangen ist".[69] Nur der neue Krieg, so verkündete Borchardt seinen wohl doch etwas überraschten Lesern, habe die „Dekomposition" Englands aufgehalten und diesen Staat, der „überall vor Problemen stand, deren Lösung er nicht mehr gewachsen war",[70] noch einmal kurzfristig geeint und vor dem endgültigen Zerbrechen bewahrt. Auch für Waldemar Bonsels war England eine „sinkende Weltmacht",[71] die sich Frankreich und Rußland als „Vasallen" zu seinem Schutze bediente. Das von Bonsels als „müde", „verlebt" und „alt"[72] charakterisierte Frankreich lag für Franz Blei schon seit längerer Zeit in einem Zustand der geistigen „Agonie".[73] „An Eigenem", so behauptete dieser deutsche Schriftsteller ohne weiteres Zögern im Herbst 1914, „hatte der französische Geist nichts, was er Nietzsche und Wagner entgegensetzen konnte, nichts als vergebliches Erinnern an alten eigenen Besitz, [. . .]"[74] Blei lieferte seinen Lesern auch eine Begründung für die von ihm behauptete völlige „geistige Verarmung"[75] Frankreichs: Eine alles verzehrende Sucht nach „Rache" für die Niederlage von 1871. „Aber vierundvierzig Jahre in Rachsucht leben, das heißt agonisch werden",[76] lautete sein bedauerndes Fazit über den geistigen Zustand des zeitgenössischen Frankreich. Während in bezug auf Frankreich derartige Verfalls- und Untergangsbeschreibungen schon seit längerer Zeit im Deutschen Reich durchaus üblich waren, gehörten sie hinsichtlich der englischen Nation, vor deren Flotte und Handelsmacht man weithin doch großen Respekt empfand, auch nach 1914 nicht zum Gedankengut eines jeden kriegsapologetischen deutschen Schriftstellers.

Egoismus, Utilitarismus

Natürlich versuchten Autoren wie Richard Dehmel und Rudolf Borchardt auch inhaltliche Begründungen für die von ihnen behauptete Niedergangsphase der westlichen Welt zu liefern. Dabei wählten sie ihre Belege nicht etwa aus dem Bereich der Ökonomie und Politik (was in Kontrastierung zum Aufstieg des Deutschen Reiches nach 1871 ja möglich gewesen wäre), sondern zuallererst aus dem Feld geistiger Einstellungen und Haltungen. Für Rudolf Borchardt wurden die Gegner des Reiches entscheidend geprägt durch eine alles beherrschende Sucht „zum Gelde, zur Geltung, zur Macht, zur Frau, zum Regimente, zum Genuß, zum ewigen Leben".[77] Individualismus, Egoismus und Utilitarismus lau-

---

[69] Ebda.
[70] Ebda. S. 28.
[71] Waldemar Bonsels, *Das junge Deutschland und der große Krieg*. (Nr. 25), S. 12.
[72] Ebda. S. 32.
[73] Franz Blei, „Aus dieser Zeit". In: *Die Neue Rundschau* 25, 1914, Bd. 2, S. 1421–1428; Zitat S. 1426.
[74] Ebda.
[75] Ebda. S. 1427.
[76] Ebda.
[77] Rudolf Borchardt, *Der Krieg und die deutsche Selbsteinkehr*. (Nr. 28), S. 22. Borchardt fingiert an dieser Stelle (S. 20–25) die Rede eines Anhängers und Verteidigers der westlichen Zivilisation. Die Argumente dieser fiktiven Verteidigungsrede sollen den deutschen Lesern erst recht die Dekadenz und den Tiefstand des „niedergehenden Europa" (S. 25) suggerieren.

teten die zentralen Schlagworte, die immer wieder zur Kennzeichnung der in England und Frankreich vermeintlich herrschenden geistigen und moralischen Haltung herangezogen wurden. Als weitere Symptome des westlichen Niedergangs benannte Borchardt u. a.:

„ochlokratische und plutokratische Verkrebsungen der alten Volksregimente; Intellektualismus und Frauenregiment; politische Korruption und literarische Diathese, Problemroman und Thesenstück; rhetorische Kunst und Allmacht eines lernbaren Sophisten-Journalismus; Arrivismus und Narkosenjagd, Schauwut und Superstition."[78]

Es war keineswegs ein Zufall, daß Rudolf Borchardt ganz besonders auf den (vermeintlichen) Entwicklungsstand von Kunst und Literatur in den gegnerischen Staaten verwies, um seine Niedergangstheorie näher zu belegen. Hinter dieser Argumentation steckte durchaus mehr als nur eine etwaige Unkenntnis ökonomischer und politischer Phänomene. Es konnte für Borchardt ja wohl kaum eine größere Aufwertung auch des eigenen künstlerischen Schaffens geben, als die Erhebung gerade der Kunst und Literatur zum Indikator für den Stellenwert einer Nation in der geistigen Rangordnung der Völker.

Selbst-Aufwertung

Einen deutlichen Hinweis auf die extrem konservative Grundhaltung, die fast immer hinter den zeitgenössischen Verdammungen der westlichen „Zivilisation" stand, liefert die Tatsache, daß zur Kennzeichnung der westlichen „Dekadenz" neben dem Stand von Kunst und Literatur gerne auch die gesellschaftliche Stellung der Frau herangezogen wurde. Rudolf Borchardt z. B. verhöhnte es einmal als Zeichen des englischen Niedergangs, daß dieses Land nicht in der Lage sei, „seine ekelhafte und schändliche Weibermeute gesetzlich niederzulegen".[79] Deutlicher noch als viele andere Ausführungen belegen diese Zeilen die Angst ihres Verfassers vor den gewaltigen gesellschaftlichen Veränderungen der Moderne. Die von vielen deutschen Schriftstellern gegen die angeblich zum Untergang bestimmte „Zivilisation" der Feinde erhobenen Vorwürfe wurden maßgeblich getragen von einer entschiedenen Ablehnung aller gesellschaftlichen und moralischen Veränderungen, welche die technisch-industriellen Neuerungen ausgelöst hatten.

Weibermeute

Die zahlreichen Defizite und Untergangssymptome, die von den deutschen Dichtern den feindlichen Staaten zugesprochen wurden, können an dieser Stelle nicht weiter ausgeleuchtet werden. Die im nächsten Abschnitt folgenden Ausführungen über die vermeintliche „Wiedergeburt" des „deutschen Geistes" im August 1914 werden genauer erkennen lassen, welche geistig-seelischen Eigenschaften den Feinden – meist in direkter Antithese zur Charakterisierung des deutschen Volkes – radikal abgesprochen wurden. Im Unterschied zum proklamierten Greisenalter[80] und Verfallszustand der westlichen Welt befand sich die deutsche Nation nach Darstellung der kriegsapologetischen Autoren noch in der Phase der Jugend, gerade erst „an der Schwelle unseres männlichen Alters"[81]

Ein junges Volk

---

[78] Ebda. S. 48.
[79] Ebda. S. 28.
[80] Waldemar Bonsels bezeichnete England und Frankreich in seiner Schrift *Das junge Deutschland und der große Krieg* wörtlich als „Greise". (Nr. 25), S. 12.
[81] Berthold Vallentin, „Deutschlands Berufung". In: *Frankfurter Zeitung* Nr. 301 vom

stehend. Wenn in den kriegsapologetischen Schriften von Deutschland und seiner Kultur die Rede war, dann so gut wie immer in Verbindung mit den Eigenschaften jung, jugendlich, erstarkend, aufblühend usw. Wir sind ein „junges Volk",[82] und deshalb gehört uns die Zukunft! So etwa lautetete der in vielen Varianten ausgedrückte Grundgedanke der biologistischen Geschichts- und Kulturauffassung im Deutschen Reich der Kriegsjahre. Auf Grund seiner Jugendlichkeit, seiner noch lange nicht erschöpften Fähigkeit des Wachsens und Werdens sollte Deutschland von den „niedergehenden"[83] Nationen des Westens die geistige Führung der Welt übernehmen. Diese Übernahme erschien im biologistischen Denkschema wie ein vollkommen natürlicher Vorgang, wie ein Machtwechsel zwischen den Generationen, zwischen alt gewordenen Vätern und herangewachsenen Söhnen. Auch das Motiv von Neid und Haß paßte hervorragend in dieses Denkschema: Die Väter gönnten den Söhnen die Herrschaft nicht und bedienten sich der finstersten Mittel (wie z. B. der Söldnerheere), um den anstehenden, natürlichen Machtwechsel zu verhindern. Vielen Zeitgenossen, die an die biologistische Denkweise bereits seit langem gewöhnt waren, lag diese Erklärung der Entstehung des Krieges als eine besondere Variante des Generationenkonfliktes sehr viel näher als jeder andere Erklärungsversuch.

Generationen-Wechsel

Voraussetzung war natürlich, daß den Feinden des Reiches jede Form von Jugendlichkeit und jegliche Erneuerungsfähigkeit energisch abgesprochen wurde. In welchem Maße dies immer wieder geschah, belegen eindrucksvoll die folgenden Zeilen Friedrich Gundolfs vom 11. Oktober 1914:

„Die Welt, gegen die wir kämpfen, ist fertig: ein abgeschlossenes Europa und ein in sich unplastisches Asien. Frankreich und England haben ihren Gehalt herausgestellt, ihr Wort gesprochen, wodurch sie, mit Recht, für Europa Mit-bildner und Mit-lehrer, Zauber und Gewalt, *gewesen* sind: sie haben kein Geheimnis, das heißt: keine Zukunft mehr, sie sind ‚eingereiht und rückgewandt'."[84]

Deutsches Jungsein

Die postulierte Jugendlichkeit des Deutschen Reiches wurde von den Schriftstellern unterschiedlich begründet. Gelegentlich galt das Jungsein als eine unverlierbare Konstante des deutschen Wesens selber.[85] Dieses Jungsein sollte zwar zeitweise ruhen und ohne Wirkung bleiben, aber niemals grundsätzlich verlorengehen können. Auf diese Weise erklärten einige Autoren, warum Deutschland nach seiner Blütezeit im Mittelalter nun zum zweiten Male innerhalb einiger Jahrhunderte als jugendliche Kraft auftreten und die geistige Führung der Welt beanspruchen könne. Die Mehrzahl der deutschen Schriftsteller führte die

---

30.10.1914. Hier zitiert nach Eckart Koester, *Literatur und Weltkriegsideologie*. (Nr. 285), S. 243.

[82] Dieser Begriff wörtlich u. a. bei Waldemar Bonsels, *Das junge Deutschland und der große Krieg*. (Nr. 25), S. 31.

[83] Rudolf Borchardt, *Der Krieg und die deutsche Selbsteinkehr*. (Nr. 28), S. 25.

[84] Friedrich Gundolf, „Tat und Wort im Kriege". In: *Frankfurter Zeitung* Nr. 282 vom 11.10.1914. Hier zitiert nach dem unvollständigen Nachdruck in: *Der George-Kreis. Eine Auswahl aus seinen Schriften*. Hrsg. von Georg Peter Landmann. Köln und Berlin 1965, S. 240–243; Zitat S. 243.

[85] Vgl. Band 1, Kap. III, 4.5.

behauptete Jugendlichkeit Deutschlands allerdings nicht so sehr auf dessen Wesen, sondern auf den späten Zusammenschluß zu einer Nation sowie auf den späten Eintritt dieser Nation in die Weltpolitik zurück.[86] Gerhart Hauptmann schrieb Mitte August 1914 in sehr charakteristischer Weise über die Entwicklung Deutschlands nach 1871: „Eine Zeit des Keimens, des Wachsens, des Erstarkens, des Blühens, des Fruchttragens ohnegleichen."[87]

Der reale Aufstieg des Deutschen Reiches nach 1871 wurde immer wieder mit dem behaupteten Niedergang der anderen Staaten kontrastiert. Eine genaue Betrachtung zeigt, daß dabei der primär ökonomischen Beweisführung für den Aufstieg des Reiches seit 1871 fast ausschließlich geistig-kulturelle Erscheinungen als Belege für den Niedergang der westlichen Welt entgegengestellt wurden. Dieser Widerspruch störte die Zeitgenossen allerdings nicht weiter, so lange der Vergleich zum Vorteil der deutschen Nation ausfiel. Die unmittelbare Gegenwart galt nun 1914/15 als Schnittpunkt der beiden Entwicklungslinien von deutschem Aufstieg und westlichem Niedergang. Für Cäsar Flaischlen bestand 1914/15 eine Situation wie beim Untergang der Antike und dem Aufkommen des Christentums.[88] Mit diesem Vergleich sprach Flaischlen dem deutschen Volk die Rolle des Erlösers und Heilbringers zu; eines Heilbringers, der an die Stelle der westlichen Dekadenz und Nützlichkeitsphilosophie weltweit wieder die klassischen deutschen Tugenden der Treue, des Gehorsams und der Gottesfurcht setzen sollte.

[Aufstieg vs. Niedergang]

Die beständig wachsende Diskrepanz zwischen deutschem Aufstieg und westlichem Niedergang hatte nach dem Verständnis vieler deutscher Schriftsteller schließlich ursächlich zur Entstehung des neuen Weltkrieges vom August 1914 geführt. Die Unfähigkeit der alt und starr gewordenen westlichen Staaten, sich noch einmal zu wandeln und zu erneuern, war nicht nur nach der Meinung Rudolf Borchardts schließlich in tödlichen Haß und fanatischen Vernichtungswillen umgeschlagen. Der George-Schüler Ernst Bertram schrieb 1915 über diesen „Haß" der Feinde gegen das Deutsche Reich, er sei „in seinem metaphysischen Grunde der Haß alles Gestalteten gegen das noch nicht Gestaltete, des Fertigen gegen das zukunftsträchtig Werdende. [...] Wir allein sind, im Jahrtausendsinne, unfertig."[89]

[Unfähigkeit zu Erneuerung]

Der neue Krieg galt somit im Herbst 1914 den deutschen Schriftstellern als letzte Verzweiflungstat der abgelebten Feindstaaten gegen das unaufhaltsam aufstrebende, noch „junge" Deutschland. Für R. Borchardt war der Krieg noch 1916 der „Todeskampf"[90] des niedergehenden Westens gegen den deutschen Geist und seine Manifestation in Sprache, Wirtschaft, Denken und Handeln.[91] Er benannte den Krieg als:

[Verzweiflungstat]

---

[86] Typisch dafür siehe z.B. Franz Blei, „Aus dieser Zeit". (Nr. 21), S. 1425.
[87] Gerhart Hauptmann, „Die Unwahrhaftigkeit unserer Feinde". (Nr. 87), S. 436.
[88] Cäsar Flaischlen, „Deutscher Weltkrieg". (Nr. 66), S. 148.
[89] Ernst Bertram, „Wie deuten wir uns?" In: *Mitteilungen der Literarhistorischen Gesellschaft Bonn* 10, 1915, H. 1. Hier zitiert nach dem Teilabdruck in: Ernst Bertram, *Dichtung als Zeugnis. Frühe Bonner Studien zur Literatur*. Mit einem Nachwort hrsg. von Ralph-Rainer Wuthenow. Bonn 1967, S. 119–135; Zitat S. 126.
[90] Rudolf Borchardt, *Der Krieg und die deutsche Verantwortung*. (Nr. 29), S. 32.
[91] Vgl. ebda.

„ein blutiges, ein fürchterliches Ende einer alten Welt, die nicht schnell sterben kann, so wie das Mittelalter hundert Jahre lang in den Kriegen um den neuen und den alten Glauben starb, und dreißig Jahre lang währte auf den Gefilden, die wir diesmal davor bewahrt haben, Europas Schlachtfeld zu werden, seine letzte religiöse Agonie."[92]

Deutsche Mission

Die vermeintliche Verzweiflung der Feinde, nur noch durch den Einsatz von Waffen den Siegeszug des deutschen Geistes über die ganze Welt verhindern zu können, belegte für die deutschen Interpreten des Krieges erst recht den geistig-sittlichen Tiefstand Englands und Frankreichs. Um so mehr schien Deutschland nun geradezu moralisch verpflichtet zu sein, endgültig die geistige Führung der Welt zu übernehmen. Richard Dehmel sprach noch im Januar 1916, nach 17 Monaten Krieg, vom weltweiten Missionsauftrag des deutschen „Geistes", jenes Geistes, dem nach seiner Darstellung die eigentliche Vernichtungsabsicht der Feinde galt:

„Und diesen Geist, den wollen wir nicht durch fremden Geist unterdrücken lassen; im Gegenteil, wir wollen ihn ausbreiten, wir können nicht anders, wir müssen es, womöglich über die ganze Erde, weil wir ihn für den förderlichsten halten zur Erreichung aller menschlich guten und schönen und erhabenen Ziele, weil er uns erst hinführt zur Menschheit und Gottheit, weil wir ohne ihn zuchtlose Affen wären, weil unsre edelsten Gefühle von ihm erzeugt und erzogen sind, unsre Art des Ehrgefühls, unsre Treue wie unser Selbstvertrauen, unser Pflichtgefühl wie Freiheitsgefühl, unser Glaubens- und Opfermut."[93]

Erlösung der Welt

Für Richard Dehmel hatte der Krieg die entscheidende Aufgabe, nicht nur das eigene Volk, sondern vielmehr die ganze „Menschheit" endlich „reif" zu machen „für jenes dritte Reich des Heils, von dem die Friedensapostel träumen und das in Wirklichkeit heißen wird: der europäische Völkerbund unter der Obhut des deutschen Geistes".[94] Rudolf Borchardt verkündete 1916 öffentlich, daß sich die „Welt" „heimlich"[95] heftig danach sehne, endlich durch das deutsche Wesen vom Krämergeist Englands erlöst zu werden. Borchardt kehrte damit die auch ihm bekannt gewordene Argumentation etlicher westlicher Intellektueller, das deutsche Volk sehne sich nach einer Befreiung vom „Militarismus" seiner Führungsschicht, geradewegs um. Nicht allein nach seiner Darstellung gab es neben allen sonstigen Vorzügen des deutschen Wesens noch einen ganz besonders wichtigen Grund für diese vermeintliche Sehnsucht der Welt nach einer künftigen Vorherrschaft des deutschen Geistes.

Der wahre Erbe

Nach allgemeiner zeitgenössischer Auffassung im wilhelminischen Reich besaß der deutsche Geist ein auf der Welt einmaliges Vermögen zur Aufnahme und Weiterentwicklung der positiven geistigen Werte und Haltungen der anderen Völker. Immer wieder wurde im apologetischen Schrifttum nach 1914 Deutschland als der wahre Erbe der großen Kulturleistungen und der geistigen Werte der

---

[92] Ebda. S. 33.
[93] Richard Dehmel, *Zwischen Volk und Menschheit*. (Nr. 39), S. 374. (Aus der Paraphrasierung einer Rede von Anfang Januar 1916 in Berlin).
[94] Ebda. S. 376.
[95] Rudolf Borchardt, *Der Krieg und die deutsche Verantwortung*. (Nr. 29), S. 50.

anderen europäischen Völker ausgegeben; jener Leistungen und Werte, die in ihren Entstehungsländern vermeintlich schon längst der Dekadenz und der sittlichen Versumpfung zum Opfer gefallen waren. Gerhart Hauptmann schrieb im August 1914 in sehr charakteristischer Weise über diese, gerade von den Dichtern immer wieder behauptete einzigartige Fähigkeit der Deutschen zum Verständnis anderer Völker:

„Die Idee des Weltbürgertums hat nirgends tiefere Wurzeln geschlagen, als bei uns. Man betrachte unsere Übersetzungs-Literatur und nenne mir dann ein Volk, das sich ebenso wie wir bemüht, dem Geiste und der Eigenart anderer Völker gerecht zu werden, ihre Seele liebevoll eingehend zu verstehen."[96]

Noch sehr viel rigoroser als Gerhart Hauptmann äußerte sich wenige Monate später Rudolf Borchardt zum selben Thema:

„Seit hundert Jahren schreiben wir und wir allein die Geschichte europäischer Völker und Staaten, erforschen wir und wir allein ihre Sprachen, ihre Bildung, ihre Literaturen und ihre Kunst. [...] Nichts europäisch Großes war je da, wir hätten es denn erforscht und bewahrt."[97]

Mit Hilfe dieser Argumentation, die einer genaueren Überprüfung niemals standgehalten hätte, die aber vollkommen den kulturchauvinistischen Vorstellungen der Zeitgenossen entsprach, konnte Borchardt schließlich behaupten, daß gerade die führenden geistigen Persönlichkeiten der feindlichen Staaten insgeheim eine Machtübernahme der deutschen Wesensart heftig ersehnten. Denn nur dann schienen ja die großen geistigen Leistungen und Werte ihrer eigenen Länder nicht mehr länger von den stinkenden „Zersetzungsstoffen der Zivilisation" (Th. Mann)[98] bedroht. Mit der Erhebung Deutschlands zum wahren Erben „des niedergehenden Europa"[99] gelang es den deutschen Dichtern auf sehr geschickte Weise, die früheren Leistungen anderer Völker und Kulturen zu würdigen und dennoch zugleich den Anspruch auf eine künftige Weltherrschaft des deutschen Geistes energisch anmelden zu können. Kein Wunder, daß auch diese Argumentation das besondere Wohlwollen der Führung des Deutschen Reiches fand. Hatte doch niemand Geringeres als der deutsche Kaiser selber bereits etliche Jahre zuvor (1901) schon einen derartigen Erbe-Anspruch öffentlich erhoben: „Uns, dem deutschen Volk, sind die großen Ideale zu dauernden Gütern geworden, während sie anderen Völkern mehr oder weniger verloren gegangen sind."[100]

Eine Unterstellung

---

[96] Gerhart Hauptmann, „Die Unwahrhaftigkeit unseser Feinde". (Nr. 87), S. 436.
[97] Rudolf Borchardt, *Der Krieg und die deutsche Selbsteinkehr*. (Nr. 28), S. 45.
[98] Diese Formulierung wörtlich bei Thomas Mann, „Gedanken zum Kriege". (Nr. 156.b), S. 10.
[99] Rudolf Borchardt, *Der Krieg und die deutsche Selbsteinkehr*. (Nr. 28), S. 25.
[100] Aus der berühmten Rede Wilhelm II. zur Eröffnung der Siegesallee im Berliner Tiergarten am 18. Dezember 1901. Hier zitiert nach der Wiedergabe in: *Kaiserreden. Reden und Erlasse, Briefe und Telegramme Kaiser Wilhelm des Zweiten. Ein Charakterbild des Deutschen Kaisers*. Hrsg. von Oskar Klaußmann. Leipzig 1902, S. 310–315; das Zitat S. 314.

Legitimation des Krieges

Von der späteren Forschung ist der Bewegung des deutschen Expressionismus der Kriegsjahre[101] immer wieder ihr Anspruch auf eine geistige Verwandlung und Missionierung der Welt als Utopie und Wunschtraum vorgeworfen worden. Die genauere Analyse der literarischen Apologetik des Ersten Weltkrieges zeigt allerdings, daß gerade dieser geistige Missionsanspruch keineswegs eine Besonderheit des deutschen Expressionismus nach 1914 darstellt. Die Expressionisten übernahmen vielmehr ein konstitutives, der deutschen Bevölkerung vollkommen vertrautes Denkmuster der zeitgenössischen Kriegsideologie und besetzten es mit radikal anderen, im Kontext des Krieges eindeutig revolutionär wirkenden Inhalten. Mit ihrer Auslegung des neuen Krieges als epochaler Entscheidung über die künftige Führung der Welt durch den deutschen Geist legitimierten und sanktionierten die kriegsaffirmativen Autoren – anders als die Expressionisten[102] – auch den realen militärischen Kampf. Die Sicherung einer politischen Vormachtstellung Deutschlands durch militärisches Niederwerfen der Feinde betrachtete nicht nur Rudolf Borchardt[103] als zentrale Voraussetzung, damit das deutsche Volk seine geistig-kulturelle Führungsaufgabe überhaupt antreten könne.

Elementarereignis

In den Auslegungen der deutschen Schriftsteller erschien der Erste Weltkrieg als die blutige Austragungsform eines zwischen den Völkern immer wieder notwendigen und unabänderlichen geistigen Führungswechsels. Der Krieg wurde somit aus allen näheren politischen und historischen Bedingungen herausgelöst und zu einem unvermeidbaren Schicksal, Verhängnis, zu einem von den Menschen nicht weiter beeinflußbaren „Elementarereignis"[104] umgedeutet. Nicht wenige Autoren sahen den Krieg sogar als ein direktes Eingreifen Gottes: „Denn wenn die Waffen sprechen, hat Gott die Entscheidung übernommen: Wem er die Macht gibt, der muß sie gebrauchen."[105] Thomas Mann bezeichnete noch 1918, nach vier Jahren realen Kampfgeschehens, den Krieg als einen „wahrhaftig jenseits von Gut und Böse sich abspielenden Prozeß"[106] der Geschichte, durch den der lange Aufstieg Deutschlands zur politischen und geistigen Führungsmacht endgültig vollendet werde. Nach seiner Darstellung war es vollkommen unsinnig, ja geradezu „albern",[107] von menschlicher Seite in diesen „Prozeß" eingreifen zu wollen. Nicht nur Thomas Mann war lange Zeit von einem deutschen Sieg im neuen „Krieg der Geister" restlos überzeugt. Dieser Sieg stand nach dem Verständnis vieler deutscher Schriftsteller ja sowohl wegen der Einmaligkeit und Höherwertigkeit des deutschen Wesens wie auch wegen des na-

---

[101] Diese wird im folgenden Kapitel III ausführlich zur Sprache kommen.
[102] Siehe Kap. III, Abschnitte 3 und 4.
[103] Vgl. seine Rede *Der Krieg und die deutsche Verantwortung*. (Nr. 29), S. 30ff.
[104] Aus einer „Erwiderung" Gerhart Hauptmanns auf einen an ihn gerichteten „Offenen Brief" Romain Rollands. Hier zitiert nach: *Der Krieg der Geister. Eine Auslese deutscher und ausländischer Stimmen zum Weltkriege 1914*. (Nr. 130), S. 443–445; Zitat S. 443.
[105] Arnold Zweig (ohne Titel) in: *Kriegshefte der Süddeutschen Monatshefte* Dezember 1915, S. 282. Hier zitiert nach Eva Kaufmann, *Arnold Zweigs Weg zum Roman. Vorgeschichte und Analyse des Grischaromans*. Berlin/DDR 1967, S. 39.
[106] Thomas Mann, *Betrachtungen eines Unpolitischen*. (Nr. 161.b), S. 456.
[107] Ebda.

turgesetzlichen Verlaufes der europäischen Kulturgeschichte völlig außer Zweifel.

Nach dem Ende des Krieges sollte eine neue Epoche deutscher Geistesherrschaft auf der Welt anbrechen. Damit schien endlich auch die Erfüllung sehr viel älterer Vorhersagen und Erwartungen gekommen. Die deutschen Schriftsteller der Kriegsjahre 1914–1918 waren ja keineswegs die ersten, die einen geistig-kulturellen Führungsanspruch für den deutschen „Geist" anmeldeten. Vielmehr beriefen sie sich immer wieder ausdrücklich auf die Schriften früherer Dichter und Denker, ganz besonders auf Fichte, Hegel, Schiller und E. Geibel. Endlich schien wahr zu werden, was diese Gelehrten schon lange zuvor erwartet und ersehnt hatten: „Die Zeit des Deutschen in der Geschichte der Welt ist gekommen."[108]

Erfüllung der Geschichte

Dem späteren Leser der apologetischen Schriften aus den Jahren des Ersten Weltkrieges fällt sehr bald ein eklatanter Widerspruch zwischen dem so nachhaltig erhobenen deutschen Anspruch auf künftige geistige Führung der Welt und den unzähligen zeitgenössischen Klagen über eine gewaltige „Dekadenz" der Vorkriegsära auf. Wie konnte für ein Land ein weltweiter kultureller Sendungsanspruch erhoben werden, das nach den Aussagen gerade seiner Dichter und Denker seit langem schon von Sittenlosigkeit, „Dekadenz" und geistiger „Verflachung"[109] untergraben wurde? Die Auflösung dieser Paradoxie erfolgte durch die spezifische zeitgenössische Lehre einer urplötzlichen und einzigartigen Katharsis des ganzen deutschen Volkes im August 1914. Nicht für das Deutschland der Vorkriegsjahre wurde der weltweite Führungsanspruch erhoben, sondern für das vermeintlich unter der Not des Krieges wie ein Phönix aus der Asche plötzlich wiedererstandene, weltweit einmalige deutsche „Wesen".[110]

Ein Widerspruch

4.3. August 1914: Die Wiedergeburt des deutschen ‚Wesens'

Der neue Krieg hatte nach dem Verständnis unzähliger Deutscher sofort nach seiner Verkündung Anfang August 1914 ein einzigartiges und überwältigendes Ereignis ausgelöst: die „Wiedergeburt"[111] der deutschen Seele, des deutschen Wesens. Mit einem Schlag schienen alle unerwünschten Entwicklungen der vergangenen Jahre aufgehoben und die „Kräfte des alten deutschen Wesens"[112] wiedergeboren zu sein. Ohne eine Kenntnis dieser zeitgenössischen Auffassung von der wunderbaren „Wiedergeburt" des deutschen Geistes kann die allgemeine

Wiedergeburt

---

[108] Diese Formulierung u. a. wörtlich bei Waldemar Bonsels, *Das junge Deutschland und der große Krieg.* (Nr. 25), S. 31.

[109] Zitat aus einem Artikel Wilhelm von Bodes in der *Zeitschrift für bildende Kunst,* 50. Jg. Hier zitiert nach: *Der Krieg der Geister. Eine Auslese deutscher und ausländischer Stimmen zum Weltkriege 1914.* (Nr. 130), S. 473.

[110] Überraschenderweise findet dieser zentrale Topos einer einzigartigen „Wiedergeburt" des deutschen Wesens in der sonst so gründlichen Arbeit von Eckart Koester, *Literatur und Weltkriegsideologie* (Nr. 285) keine Beachtung.

[111] Dieser Begriff u. a. wörtlich bei Gerhart Hauptmann, „Die Unwahrhaftigkeit unserer Feinde". (Nr. 87), S. 438.

[112] Rudolf Borchardt, *Der Krieg und die deutsche Verantwortung.* (Nr. 29), S. 45.

Kriegsbegeisterung der Deutschen vom Herbst 1914 von einem späteren Betrachter nicht verstanden werden. Das Ereignis dieser Wiedergeburt erschien vielen Zeitgenossen (zunächst) wichtiger und bedeutender als die konkreten militärischen Vorgänge.

Rückkehr

Zu den wichtigsten Verfechtern der Wiedergeburtstheorie gehörten im Herbst 1914 ohne jeden Zweifel die deutschen Dichter und Intellektuellen. Rudolf Borchardt z. B. jubelte im Dezember 1914: „In tausend Dingen haben wir erfahren, daß wir die Alten sind, voll der Kräfte, die vor hundert Jahren Preußen herstellten und den Kern für das kommende Reich härteten."[113] Für Borchardt waren die Deutschen endlich wieder zu ihren „heiligen und, wie der Krieg gezeigt hat, unversehrten Ursprüngen"[114] zurückgekehrt. Noch im Januar 1916 war sich dieser deutsche Schriftsteller vollkommen sicher, daß es für die Wiedergeburt der „tiefen Kräfte aus dem unzerstörten deutschen Wesen" absolut „mehr als ein Anzeichen"[115] gebe.

Seelische Revolution

Nicht von Wiedergeburt, sondern von einer „Revolution der deutschen Seele"[116] sprach Otto Ernst im Oktober 1914. Inhaltlich verstand er darunter weitgehend das gleiche wie sein Kollege Rudolf Borchardt und nahezu alle anderen kriegsapologetischen deutschen Schriftsteller. Kennzeichen der neuen, von ihm kaum mehr zu hoffen gewagten „Revolution der deutschen Seele" waren nach Otto Ernst vor allem das Abwerfen aller „fremden und falschen Hüllen" sowie der „Mut", endlich wieder „deutsch zu sein".[117] Gegen Ende seiner Ausführungen schrieb O. Ernst voller Begeisterung: „Welch größeres Glück kann einen Menschen, ein Volk treffen, als noch einen Frühling erleben zu dürfen, noch einmal jung sein, noch einmal lernen, kämpfen, hoffen und alles bessern dürfen, was man schlimm gemacht? Was ist seliger als das Glück dieser großen Erneuerung?"[118] Nicht nur für Otto Ernst war diese „Erneuerung", diese vermeintlich eingetretene geistige Revolution der Deutschen ohne ein vergleichbares Beispiel in der gesamten Geschichte der Menschheit.

Nach den Ausführungen zahlreicher deutscher Schriftsteller hatte die einzigartige „Erhebung"[119] und „Wiedergeburt" der deutschen Seele ein schlagartiges Ende aller vorherigen Dekadenz- und Verfallsphänomene gebracht. Die Zeit der Überhöhung des einzelnen zum „Maß aller Dinge", die Ära des „schrankenlosen Individualismus"[120] schien nun ebenso endgültig vorbei zu sein wie die Herrschaft der „Profitmoral"[121] und der Siegeszug des englischer „Krämermaterialismus".[122]

---

[113] Rudolf Borchardt, *Der Krieg und die deutsche Selbsteinkehr*. (Nr. 28), S. 50.
[114] Ebda. S. 51.
[115] Rudolf Borchardt, *Der Krieg und die deutsche Verantwortung*. (Nr. 29), S. 46.
[116] So der Titel seines bereits mehrfach zitierten Aufsatzes vom Oktober 1914.
[117] Otto Ernst, „Die Revolution der deutschen Seele". (Nr. 58), S. 80/81.
[118] Ebda. S. 116.
[119] Rudolf Borchardt, *Der Krieg und die deutsche Selbsteinkehr*. (Nr. 28), S. 37.
[120] Otto Ernst, „Die Revolution der deutschen Seele". (Nr. 58), S. 82/83.
[121] Ebda. S. 105/106.
[122] Ebda. S. 106.

Diese Zitate belegen deutlich, daß der Begriff der „Wiedergeburt" im apologetischen Schrifttum nach 1914 zuallererst auf geistig-moralische Einstellungen und Wertsetzungen bezogen wurde. „Treue, Mut, Unterordnung" und „Pflichterfüllung"[123] lauteten nahezu einheitlich bei den deutschen Schriftstellern die entscheidenden Bestandteile des Tugendkataloges, mit dem das wiedererstandene deutsche Wesen ausgedrückt werden sollte. Für Hermann Bahr z. B. beruhte die „Persönlichkeit" des Deutschen – unter ausdrücklicher Berufung auf Goethes *Wilhelm Meister* – vor allem auf „Entsagung, Pflicht und Ehrfurcht".[124] „Eine außerordentliche Zucht, Disziplin, Drill, Pedanterie"[125] benannte Franz Blei im Herbst 1914 als die prägenden Kennzeichen des deutschen Menschen. „Pflichtgefühl" und „Disziplin"[126] bildeten auch für Emil Ludwig die Grundpfeiler des wiedergewonnenen deutschen Wesens. Voller Stolz notierte Emil Ludwig am 15. August 1914: „Der deutsche Michel, wie vor tausend Jahren, war wieder der einzige, der Treue hielt und Vertrauen. Dafür muß er nun zahlen. Aber dafür durchströmt ihn eine moralische Kraft, wie keiner unserer Gegner sie heute haben *kann*, und wäre noch so geschickt für seine Stimmung agitiert worden."[127]

<small>Deutsche Tugenden</small>

Neben den Tugenden der „Zucht" und des „Gehorsams"[128] wurde immer wieder auch die Opferbereitschaft als Grundzug des wiedererweckten deutschen Wesens ganz besonders hervorgehoben. Carl Busse sprach von einem „Rausch der Opferseligkeit",[129] der „mit Allgewalt" das ganze deutsche Volk ergriffen habe. Jeder einzelne sei vollkommen „kampf- und todbereit",[130] solange nur das deutsche Vaterland unversehrt bleibe. Die Wiedergeburt gerade dieser „Opferfreudigkeit",[131] das hieß vor allem der Bereitschaft, ohne Widerrede und Nachdenken Kriegsdienst für das Kaiserreich zu leisten, wurde von vielen Schriftstellern ganz besonders gefeiert. War doch „das Wort Opfer", wie zumindest Otto Ernst bitter konstatierte, vor 1914 weithin nur noch ein „mitleidig" belächeltes „Fremdwort"[132] gewesen. In der Wiederkehr der Opferbereitschaft sah man auf seiten der Schriftsteller vielfach den schönsten und klarsten Beleg für ein vom Krieg herbeigeführtes abruptes Ende aller privaten, selbstsüchtigen Interessen. Die weithin anzutreffende Glorifizierung gerade dieser vermeintlich wiedergeborenen Opfer-Tugend verrät dem späteren Betrachter besonders deutlich die anti-demokratische und anti-liberale Grundhaltung, von der die gesamte literarische Apologetik des Ersten Weltkriegs beherrscht wurde. Letztlich waren es die „Tugenden" eines unkritischen, unmündigen und willfährigen Untertanen, deren „Wiedergeburt" von den deutschen Interpreten des Krieges 1914/15 so be-

<small>Bereitschaft zum Opfer</small>

---

[123] Robert Musil, „Europäertum, Krieg, Deutschtum". (Nr. 170.b), S. 1303.
[124] Hermann Bahr, „An einen entfremdeten Freund". (Nr. 8.b), S. 465.
[125] Franz Blei, „Aus dieser Zeit". (Nr. 21), S. 1425.
[126] Emil Ludwig, „Die großen Tage". (Nr. 153), S. 1322.
[127] Ebda. S. 1326.
[128] Rudolf Borchardt, *Der Krieg und die deutsche Selbsteinkehr.* (Nr. 28), S. 51.
[129] Carl Busse, „Einleitung". In: *Deutsche Kriegslieder 1914/16.* (Nr. 36), S. X.
[130] Ebda.
[131] Richard Dehmel, *Zwischen Volk und Menschheit.* (Nr. 39), S. 371.
[132] Otto Ernst, „Die Revolution der deutschen Seele". (Nr. 58), S. 105.

geistert gefeiert wurden. „Fragt nicht! Schlagt eure Fragen tot!", forderte Walter Flex[133] Anfang 1915 explizit seine zeitgenössischen Leser auf. Kritisches Denken und Fragen gehörten ausdrücklich nicht zu den „Tugenden" des vermeintlich wiedererweckten deutschen Wesens. Emil Ludwig meinte es allen Ernstes als ein großartiges Kompliment, wenn er am 1. August 1914 schrieb, „Niemand in der Welt" sei „leichter regierbar" als das deutsche Volk: „Wäre ich aus dem Märchen der weise König, der sich ein Volk soll wählen, ich wählte dieses."[134]

Neue Gottesfurcht Angesichts einer derartig ablehnenden Einstellung gegen jede Form von Demokratie und von Mündigkeit des Bürgers kann es nicht weiter verwundern, daß immer wieder auch Gottesfurcht und Frömmigkeit zu den konstitutiven Grundzügen des wiedererweckten deutschen Wesens gerechnet wurden. „Nie ist unser Volk religiöser, niemals frömmer gewesen als jetzt, da es die Religionen und ihren Streit vergessen hat",[135] freute sich Otto Ernst im Oktober 1914. Gemeint war mit dieser wiedergewonnenen Gottesfurcht keineswegs nur eine erneute Hinwendung der deutschen Bevölkerung zu den christlichen Kirchen und ihren Lehren, sondern ganz besonders auch eine Absage der Deutschen an die utilitaristische Weltanschauung und die berechnende „Krämerphilosophie" der Engländer. Das deutsche Volk, so hieß es in etlichen apologetischen Schriften, habe endlich wieder erkannt, daß das Leben nicht nach den Gesetzen der Logik, des Sicherheitskalküls und der Profitmoral berechenbar und planbar sei, sondern vielmehr von höheren Mächten, vom Schicksal und vom Willen Gottes gelenkt werde. Mit den Worten Franz Blei's vom Herbst 1914: „Die Prognose der sozialistischen Berechner eines dumpfen Friedens in den Kasernen eines Ameisenstaates ist durch diesen Krieg wieder ganz zweifelhaft geworden. Die Mechanisierung hat durch sich selber ein großes Loch bekommen, durch das man in Nacht und Sterne schaut."[136] Diese Zeilen belegen, wie sehr die so gefeierte „Revolution der deutschen Seele" auch als ein Todesstoß gegen die gefürchtete Bewegung des Sozialismus verstanden wurde.

Deutsche Selbstbesinnung Kennzeichen der einzigartigen „Revolution" vom August 1914 war nach Auffassung der deutschen Kriegsinterpreten nicht nur die „Wiedergeburt" spezifischer deutscher Tugenden, die sich nun im gesellschaftlichen Handeln und Verhalten der Deutschen manifestierten, sondern ebenfalls auch eine Wieder-Bewußtwerdung des deutschen Volkes über sein eigentliches Wesen und seine höhere Bestimmung in der Welt. Die Unkenntnis des Volkes über seine eigene Seinsart hatte ja nicht nur für Rudolf Borchardt[137] zu den besonders deprimierenden Symptomen des geistigen Niedergangs vor 1914 gehört. Durch den Krieg aber, so jubelte gerade dieser Autor im Dezember 1914, sei „es" dem Volk

---

[133] Zeile aus dem Gedicht „Hindenburg" von Walter Flex. In: Walter Flex, *Im Felde zwischen Tag und Nacht. Gedichte.* München 1917. Hier zitiert nach Walter Flex, *Gesammelte Werke.* 1. Band. 1. Aufl. München o.J. (1925); 6. Aufl. München o.J., S. 155/156. Die genannte Zeile findet sich zweimal in dem Gedicht.
[134] Emil Ludwig, „Die großen Tage". (Nr. 153), S. 1323.
[135] Otto Ernst, „Die Revolution der deutschen Seele". (Nr. 58), S. 111.
[136] Franz Blei, „Aus dieser Zeit". (Nr. 21), S. 1424.
[137] Vgl. Rudolf Borchardt, *Der Krieg und die deutsche Selbsteinkehr.* (Nr. 28), S. 13/14.

endlich „wie Binden von den Augen gefallen". Und wenn auch die neue nationale Bewußtwerdung viele zuvor europäisch denkende Deutsche noch heftig schmerze, so sei doch eine Rückkehr „in die alte künstliche Blindheit"[138] der Vorkriegsära auf keinen Fall mehr möglich. Die Förderung und Vertiefung dieser neuen „deutschen Selbsterkenntnis und Selbstbesinnung"[139] empfanden viele deutsche Schriftsteller nach Beginn des Ersten Weltkriegs als ihre eigentliche und dringendste Aufgabe. Ganz besonders zu diesem Zwecke verfaßten sie ihre Essays, ihre Aufrufe und Manifeste. Als der Krieg trotz dieses gewaltigen publizistischen Engagements nach vier Jahren verlorenging, wurde vielfach nicht die Deutschtumsideologie als Irrtum über Bord geworfen, sondern immer mehr die Schuld in einem Verrat der geistigen „Erhebung" vom August 1914 durch feindliche und blutsfremde Kräfte gesucht.

Worauf aber gründeten im Herbst 1914 eigentlich die Vorstellungen der Schriftsteller von einer erfolgten „Revolution der deutschen Seele", einer „Wiedergeburt" des deutschen Geistes? Welche Anzeichen gab es überhaupt für einen Gesinnungswandel der zuvor angeblich von Dekadenz und geistig-moralischer Verflachung ergriffenen deutschen Bevölkerung? Es waren vor allem zwei Ereignisse, die von den Dichtern und Intellektuellen voller Euphorie als Offenbarung einer geistigen Revolution gedeutet wurden: das Geschehen der Mobilmachung und der innere Burgfriedensschluß zwischen den zuvor so verfeindeten politischen Gruppierungen sowie zwischen den verschiedenen Schichten des Volkes.

Belege

Rudolf Borchardt sprach im Dezember 1914 von einem „ungeheuren Aufflammen der Seelen während und nach der Mobilmachung".[140] Für Waldemar Bonsels bildete das Verhalten der Deutschen nach der Verkündung des Kriegszustandes einen einzigartigen „Triumph" über die vorangegangene „Vorherrschaft" des „Materialismus" und der „geistigen Verflachung".[141] Diese Zeilen verweisen auf eine ungeheure Angst vieler Zeitgenossen vor einem inneren Zusammenbruch des Reiches im Falle eines Krieges. Vielerorts sah man vor dem August 1914 das Reich durch eine geistige Periode der Ausländerei und der Dekadenz sowie durch „Kastengeist" und „Klassenhaß"[142] so weit zerrüttet und geschwächt, daß ernsthaft bezweifelt wurde, ob das deutsche Volk im Falle eines Krieges noch einmal zu nationaler Geschlossenheit zusammenfinden könne. Das Ausbleiben der so sehr befürchteten inneren Revolte, der Anschluß auch der Sozialdemokratie an das Vaterland, die allgemeine Bereitschaft, ohne jede Widerrede „in Reih und Glied"[143] zu treten, wurde weithin als ein einzigartiges „Wunder"[144] empfunden – ein „Wunder", das nur noch erklärbar schien durch

Neue Einheit

---

[138] Alle Zitate ebda. S. 34.
[139] Diese Formulierung noch 1918 wörtlich bei Johann Georg Sprengel, „Literatur". In: *Der Weltkrieg in seiner Einwirkung auf das deutsche Volk.* Hrsg. von Max Schwarte. Leipzig 1918, S. 457–477; Zitat S. 463.
[140] Rudolf Borchardt, *Der Krieg und die deutsche Selbsteinkehr.* (Nr. 28), S. 33.
[141] Waldemar Bonsels, *Das junge Deutschland und der große Krieg.* (Nr. 25), S. 6.
[142] Otto Ernst, „Die Revolution der deutschen Seele". (Nr. 58), S. 113.
[143] Carl Busse, „Einleitung". In: *Deutsche Kriegslieder 1914/16.* (Nr. 36), S. X.
[144] Thomas Mann, „Gedanken im Kriege". (Nr. 156.b), S. 9.

eine plötzliche „Wiedergeburt" der alten, lange Zeit verschütteten deutschen Tugenden „Demut, Treue, Gehorsam, Pflichterfüllung bis aufs äußerste" und „Gottesfurcht".[145] Die Zeitgenossen vermochten nicht zu erkennen, wie sehr der Verteidigungswille der Bevölkerung und der vermeintlich nicht mehr zu erwartende Zusammenschluß der Nation durch eine gezielte ideologisch-propagandistische Kampagne von der deutschen Führung maßgeblich vorbereitet worden war.[146]

<small>Volksgemeinschaft</small>　Auch der Burgfrieden zwischen den politischen Kräften und das neue Gemeinschaftsgefühl der Deutschen vom August 1914 konnte vielerorts nur noch als Wunder und Auferstehung verschütteter deutscher Tugenden erklärt werden. Die neue Einheit des Volkes wurde ganz besonders von den Dichtern begrüßt und gefeiert. Gerrit Engelke notierte am Weihnachtsabend 1914 in sein Tagebuch: „Und dann dieses: daß Einer für den Andern steht; dies Eine, Größte: *Einigkeit!*"[147] Ludwig Ganghofer hatte schon kurz nach Beginn des Krieges euphorisch verkündet: „Das ganze Volk ist ein einziger Wille, ein einziges Herz".[148] Und noch im Herbst 1917 bezeichnete Alfred Döblin, ungeachtet aller längst offenkundig gewordenen inneren Krisen des Reiches, die Schaffung einer „Volksgemeinschaft" als den „großen Gewinn" des neuen Weltkrieges: „Der Krieg hat eine Volksgemeinschaft geschaffen, wie die langen Friedensjahre nicht [...] Die Volksgemeinschaft hat sich erhoben über die Kasten und Stände. Ihre Kraft hat gesiegt, ihre Kraft wächst von Stunde zu Stunde."[149]

<small>Echte Demokratie</small>　Auch von den Schriftstellern und Künstlern wurde die neue Einheit des deutschen Volkes immer wieder zu einem Vorbild echter „Demokratie" erhoben.[150] Bei dieser Erhebung ging es, wie in den Auslegungen des Krieges von seiten der politischen Führung und der akademischen Welt, zuallererst um eine Gleichheit der Aufgaben und Pflichten, nicht etwa um die Rechte und Freiheitsspielräume des einzelnen in der Gesellschaft. Otto Ernst schrieb dazu im Oktober 1914:

„Was wir in den Tagen der Mobilmachung und was wir überhaupt in dem Zusammenwirken, in der unerhörten Einigkeit aller Teile unseres Volkes erleben: das ist echte Demokratie. In der Tat: jetzt haben wirs erkannt, wenn wir es nicht wußten, daß wir

---

[145] Max Lenz, „Der deutsche Gott". Aufruf, in: *Süddeutsche Monatshefte* Herbst 1914 (Sondernummer *Nationale Kundgebung*). Hier zitiert nach der Teilwiedergabe in: *Das literarische Echo. Halbmonatsschrift für Literaturfreunde* 17, 1914/15, Heft 1 (vom 1. Oktober 1914), Sp. 44 (in der Sparte „Echo der Zeitschriften").

[146] Siehe Klaus Wernecke, *Der Wille zur Weltgeltung. Außenpolitik und Öffentlichkeit im Kaiserreich am Vorabend des Ersten Weltkrieges.* Düsseldorf 1970.

[147] Gerrit Engelke, „Tagebuchblätter aus dem Kriege". In: Gerrit Engelke, *Das Gesamtwerk. Rhythmus des neuen Europa.* Hrsg. von H. Blome. München 1960, S. 313–321; Zitat S. 313 (Eintragung vom 24.12.14).

[148] Aus einem Brief Ludwig Ganghofers, veröffentlicht in *Leipziger Neueste Nachrichten* vom 12. November 1914. Hier zitiert nach: *Der Krieg der Geister. Eine Auslese deutscher und ausländischer Stimmen zum Weltkriege 1914.* (Nr. 130), S. 450.

[149] Alfred Döblin, „Es ist Zeit". In: *Die Neue Rundschau* 28, 1917, Band 2, S. 1009–1014. Hier zitiert nach Alfred Döblin, *Schriften zur Politik und Gesellschaft.* Olten 1972, S. 25–33; Zitat S. 29/30.

[150] Vgl. Band 1, Kap. III, 3.2.

alle aufeinander angewiesen sind, daß wir alle einander brauchen bis auf den letzten Mann, [...], nun merken wirs, daß auch der ärmste Teufel ein adeliges Gut besitzt: sein Blut, daß die Witwe und Waise des Tagelöhners dasselbe Opfer bringen wie die Witwe und Waise des Fürsten und daß das Blut des Königssohnes nicht mehr wiegt und nicht anders gefärbt ist als das des Steinklopfers."[151]

Auch die Treue der deutschen Bevölkerung zur Monarchie war in der Form, wie sie dann im August 1914 eintrat, von vielen Zeitgenossen nicht mehr für möglich gehalten worden. Sehr viel eher hatte man einen Umsturzversuch der Arbeiterklasse erwartet als die dann tatsächlich eingetretenen patriotischen Aufmärsche und Gesänge der Massen. Nicht zuletzt vor diesem unerwarteten Bekenntnis der Deutschen zu ihrer monarchischen Führung muß die folgende Abrechnung Rudolf Borchardts mit der Staatsform der Demokratie gesehen werden: Kaisertreue

„Sind wir nicht die einzigen, die sich den Begriff des Volkes erhalten, ihn nicht gegen den bösen und giftigen der tyrannischen und entweihten Massen eingetauscht haben? die einzigen, die das Recht zum eigenen Willen im eigenen Hause von der Millionenwillkür nicht zu erbetteln, zu erschmeicheln, zu ertrotzen brauchen, und ihr Volk anführen können, ohne es zuvor innerlich durch Lüge und Phrase zu brechen? die einzigen, die auf dem Wege von Ordnungen, von Verordnungen und Anordnungen daran gegangen sind, die bitterste Not, das elendste Unrecht, das gemeinste Elend abzutun? Haben es uns nicht Prinzipien dieser Ordnung ermöglicht, das Land nach innen so zu mobilisieren, wie nach außen, ist es nicht dies organisiert organisierende, kraft dessen allein wir den Krieg haben annehmen und durchführen können? Jeder Deutsche ist nicht nur ein Glied der Wehrmacht, sondern der ordnenden und vorbeugenden Herrschgewalt; [...]"[152]

Diese Glorifizierung eines besonderen deutschen Weges von „Ordnungen", „Verordnungen" und „Anordnungen" verrät einmal mehr, welch konservativ-reaktionäre Geisteshaltung viele deutsche Schriftsteller 1914/15 zu begeisterten Apologeten des neuen Krieges werden ließ. Die rapide voranschreitende Industrialisierung des Deutschen Reiches nach 1871 sowie der Aufstieg des Reiches zur Weltmacht hatten schließlich auch gewaltige gesellschaftliche und geistig-moralische Veränderungen ausgelöst.[153] Vor allem durch den schnellen Wandel der Lebensformen und durch die Verschiebungen der moralischen Wertmaßstäbe fühlten sich viele Zeitgenossen zunehmend verunsichert. Auch Kunst und Künstler wurden von den gewaltigen technischen und gesellschaftlichen Veränderungen deutlich betroffen. Kommerzialisierung, Konkurrenz, Richtungskämpfe und Funktionskrise bildeten – wie bereits aufgezeigt – wichtige Kennzeichen der Kulturentwicklung im Deutschen Kaiserreich. Viele Künstler reagierten auf die massiven Veränderungen mit einem deutlichen Rückzug auf vorindustrielle, agrarisch-romantische Leitbilder und Wertvorstellungen. Man war stolz auf den Aufstieg des Deutschen Reiches zu einer Weltmacht und beklagte Reaktionäre Mentalität

---

[151] Otto Ernst, „Die Revolution der deutschen Seele". (Nr. 58), S. 113.
[152] Rudolf Borchardt, *Der Krieg und die deutsche Selbsteinkehr*. (Nr. 28), S. 51/52.
[153] Vgl. Band 1, Kap. II, 2.1.

zugleich heftigst, daß das Reich bei diesem Aufstieg „Schaden an seiner Seele"[154] genommen habe.

Geistige Ausländerei Die Diskrepanz zwischen der Realität, zwischen der Entwicklung des Reiches zu einem Industriestaat modernsten Gepräges und den rückwärtsgewandten Leitvorstellungen seiner politischen und intellektuellen Führung wurde beständig größer, trat allerdings dennoch kaum ins Bewußtsein der Zeitgenossen. Der Grund dafür lag in der zunehmenden Erklärung aller abgelehnten Erscheinungen der Gegenwart als ausländische und nicht zum eigentlichen deutschen Wesen passende Einflüsse. Mit Hilfe dieser Denkweise konnte man auf deutscher Seite die Vorteile der technisch-industriellen Revolution (d. h. vor allem den Aufstieg zur Weltmacht) begrüßen und zugleich hoffen, deren negative Begleiterscheinungen (wie z. B. moralischen Wertewandel; Erstarken der Arbeiterbewegung) nicht auf Dauer hinnehmen zu müssen. Denn die immer mehr Probleme bereitenden gesellschaftlichen und geistig-moralischen Wandlungen in der Gegenwart erschienen ja nicht als Folge der technisch-industriellen Veränderungen, sondern vielmehr zuallererst als Ergebnis verhängnisvoller Einflüsse, wenn nicht sogar gezielt subversiver Machenschaften des feindlichen Auslands. Einen schönen Beleg für diese zeittypische Denkhaltung lieferte im August 1914 der Schriftsteller Richard Dehmel. Einerseits begrüßte er voller Stolz den Aufstieg des Deutschen Reiches zu einer Großmacht ersten Ranges. Als Grundlage der technischen Erfindungen und Leistungen, die wesentlich zu diesem Aufstieg beigetragen hatten, bestimmte Dehmel den besonderen deutschen „Geist",[155] der hinter all diesen Erfindungen walte. Zugleich aber beklagte Dehmel heftig, daß auch das Deutsche Reich vor 1914 von der „merkantilen Brutalität" Englands, von dessen „unersättlicher Beutegier" und „Gewinnsucht"[156] angesteckt worden sei. Nach Dehmels Darstellung war schließlich sogar „das englische Lohnsklavensystem" im Deutschen Reich „eingebürgert" worden, obwohl die Deutschen „von Haus aus" eigentlich „wenig Anlage zum Sklavenhändler-Herrentum"[157] aufweisen würden.

Abwehrhaltung Dehmels Ausführungen verraten hinter der im Ersten Weltkrieg noch mehr als zuvor üblichen Schuldzuweisung an den äußeren Feind eine tiefe Ablehnung der in der Vorkriegsära im Deutschen Reich eingetretenen wirtschaftlichen und gesellschaftlichen Entwicklungen. Seine Kritik galt letztlich den durch Industrialisierung und Technisierung entstandenen neuen Wettbewerbsformen, Arbeitsbedingungen und Produktionsweisen. Dehmel war wie viele seiner Zeitgenossen sehr stolz auf den Aufstieg des Deutschen Reiches zur Weltmacht; die Grundlegung aber dieses Aufstiegs in der ökonomischen und gesellschaftlichen Sphäre konnte oder wollte er nicht erkennen. Durch den neuen Krieg schienen im August 1914 nicht nur für Richard Dehmel mit einem Male alle negativen und

---

[154] Gerrit Engelke, „Tagebuchblätter aus dem Kriege". (Nr. 55), S. 313 (Eintragung vom 24.12.14).
[155] Richard Dehmel, „An meine Kinder". (Nr. 38.b), S. 10.
[156] Ebda. S. 11.
[157] Ebda. S. 12.

vermeintlich vom Ausland übernommenen Entwicklungen vollkommen überwunden zu sein. Die Welt erschien mit einem Male wieder klar geordnet, überschaubar, mit eindeutigen Herrschafts- und Befehlsverhältnissen. Es fällt auf, wie sehr das gesamte apologetische Schrifttum der Jahre 1914–1918 auf einfachen Antagonismen aufgebaut ist: jung – alt; Freund – Feind; Kultur – Zivilisation; „Deutsch und Widerdeutsch".[158] Hinter der gesamten zeitgenössischen Apologetik des Ersten Weltkrieges mit ihrer bipolaren Konzeption wird die tiefe Verunsicherung sichtbar, die im Deutschen Reich vor 1914 durch den radikalen und alle Lebensbereiche erfassenden technisch-gesellschaftlichen Wandel ausgelöst worden war. Die weit verbreitete Sehnsucht nach einheitlicher Lebensführung, nach überschaubaren gesellschaftlichen Verhältnissen und vor allem nach klar hierarchisch-autoritär geordneten Beziehungen zwischen den Menschen muß letztlich als eine massive Abwehrhaltung der Zeitgenossen gegen die mit der Industrialisierung verbundenen gewaltigen Veränderungen verstanden werden.

Die durch den Krieg vermeintlich geschaffene neue Übersichtlichkeit der gesellschaftlichen Verhältnisse, ja des gesamten individuellen wie staatlichen Lebens, bildete sicherlich einen wichtigen Grund für die Hochstimmung vieler Deutscher im Herbst 1914. Hatte doch die Klage über eine völlige Atomisierung des Lebens in unzählige, nicht mehr zu einem einheitlichen Ganzen zusammenfügbare Einzelteile vor dem Krieg zum Grundrepertoire der zeitgenössischen Kulturkritik gehört.[159] In einem autoritären Obrigkeitsstaat alter preußischer Prägung aber schienen nun alle diese Probleme plötzlich vollkommen überwunden zu sein. Denn es war ohne Zweifel das Preußen Friedrich des Großen, dessen „Wiedergeburt" von vielen deutschen Schriftstellern im Herbst 1914 so euphorisch gefeiert wurde. Wie sehr man bei der Lehre von der eingetretenen „Revolution der deutschen Seele" an Preußen und an Friedrich den Großen dachte, können die folgenden Zeilen näher verdeutlichen:

Leitbild Preußen

„Und Deutschland ist heute Friedrich der Große. Es ist sein Kampf, den wir zu Ende führen, den wir noch einmal zu führen haben. [...] Es ist auch seine Seele, die in uns aufgewacht ist, diese nicht zu besiegende Mischung von Aktivität und durchhaltender Geduld, dieser moralische Radikalismus, der ihn den anderen so widerwärtig zugleich und entsetzlich, wie ein fremdes und bösartiges Tier, erscheinen ließ."[160]

Es war Thomas Mann, der diese Zeilen im Herbst 1914 veröffentlichte. Die nicht nur von ihm behauptete Identität zwischen dem Preußen Friedrichs und dem Deutschen Reich vom August 1914 schien ihm so wichtig, daß er ihr später einen eigenen ausführlichen Essay widmete: „Friedrich und die große Koalition. Ein Abriß für den Tag und für die Stunde".[161] In diesem Essay, der „die Mög-

Identität

---

[158] „Die Welt klaffte in Deutsch und Widerdeutsch", hieß es 1914 wörtlich in Robert Musils Aufsatz „Europäertum, Krieg, Deutschtum". (Nr. 170.b), S. 1304.
[159] Siehe Band 1, Kap. II, 3.3.
[160] Thomas Mann, „Gedanken im Kriege". (Nr. 156.b), S. 11.
[161] Thomas Mann, „Friedrich und die große Koalition. Ein Abriß für den Tag und die Stunde". Zuerst in: *Der Neue Merkur* 1, 1914/15, Heft 10 und 11. Als eigenständige Veröffentlichung im S. Fischer Verlag, Berlin 1916 (*Sammlung von Schriften zur Zeitgeschich-*

lichkeiten der kriegspropagandistischen Geschichtsdarstellung auf eine geradezu virtuose Weise" (E. Koester)[162] realisierte, deutete Thomas Mann den neuen Weltkrieg wörtlich als „Wiederholung oder Fortsetzung"[163] des siebenjährigen Krieges Friedrich des Großen. Wie sehr Thomas Mann mit seiner Gleichsetzung von preußischem und soeben wiedergewonnenem deutschen „Geist" dem Denken der Zeit entsprach, beweisen die Ausführungen eines anderen Autors aus dem Jahre 1915:

> „Wir kannten Krämer, Genußmenschen, Groß- und Kleinschwätzer, und nun wissen wir plötzlich, daß nichts von dem größten, edelsten Deutschtum, nichts vom fritzischen Geist, der 1813 und 1870 ermöglicht hat, verloren gegangen ist: Dieselbe Einheit des Gefühls, derselbe Opfermut, dieselbe Besonnenheit im Handeln, verbunden mit derselben Todesverachtung. Nichts, nicht das Geringste fehlt [. . .]"[164]

Anfänge

Als die deutschen Schriftsteller im Herbst 1914 voller Begeisterung eine „Wiedergeburt" des alten deutschen Wesens feierten, wollten sie nicht erkennen, daß die von ihnen als Indikatoren dieser Wiedergeburt gedeuteten politischen und geistigen Veränderungen nur unter dem extremen Druck des neuen Weltkrieges zustande gekommen waren. Keiner der den Krieg als „Reinigung" und „Befreiung"[165] begrüßenden Schriftsteller hatte genaue Vorstellungen darüber, wie diese Veränderungen auf Dauer beibehalten werden könnten und wie die weitere gesellschaftliche und industrielle Entwicklung des Reiches verlaufen sollte. Weitgehende Übereinstimmung herrschte allerdings in der Ansicht, daß die geistige Läuterung des deutschen Volkes auf keinen Fall mit den Ereignissen vom Herbst 1914 bereits abgeschlossen sein dürfe. Auf die erste Läuterung durch die längere Bedrohung und durch den Eintritt in den Krieg sollte noch eine gewaltige Vertiefung dieser Läuterung durch das Erleben des realen Krieges selber sich anschließen. Rudolf Borchardt warnte im Dezember 1914 seine Zuhörer ausdrücklich: „Noch haben wir nicht – und wir erwarten sie erst aus dem großen Vorgange zu empfangen – die neue Nation, den neuen Deutschen, die neue Reinheit, aber wir haben bereits ihre Karikatur."[166] Die alten Laster, die Dekadenz und Ausländerei der Vorkriegsjahre waren nach Borchardts Warnung noch nicht vollkommen besiegt: „Wir wissen, es ist noch um uns her verbreitet, lauert und späht, will sich nicht opfern und aufgeben, erwartet seine Stunde oder sucht sie zu beschleunigen."[167] Die endgültige Verwirklichung des erst in Umrissen gewonnenen wahren „Deutschen" war nach Borchardts Ausführungen nur

---

te, Bd. 5). Im folgenden zitiert nach Thomas Mann, *Politische Reden und Schriften 2*. Frankfurt 1968, S. 20–65 (*Das essayistische Werk*. Taschenbuchausgabe in acht Bänden. Hrsg. von H. Bürgin).

[162] Eckart Koester, *Literatur und Weltkriegsideologie*. (Nr. 285), S. 159. Koester liefert eine ausführliche Analyse dieses Essays von Thomas Mann, der im Rahmen der hier vorliegenden Arbeit nicht genauer zur Untersuchung kommt.

[163] Thomas Mann, „Friedrich und die große Koalition". (Nr. 158.b), S. 20.

[164] Oskar A. H. Schmitz, *Das wirkliche Deutschland*. (Nr. 214), S. 18/19.

[165] Thomas Mann, „Gedanken im Kriege". (Nr. 156.b), S. 10.

[166] Rudolf Borchardt, *Der Krieg und die deutsche Selbsteinkehr*. (Nr. 28), S. 38.

[167] Ebda. S. 33.

durch eine weitere beständige „innere Umwälzung und Wandlung"[168] jedes einzelnen möglich. Dieser Gedanke Borchardts erinnert bereits sehr stark an die nur wenig später folgende Wandlungs- und Erneuerungskonzeption der Expressionisten, die allerdings – wie noch ausführlicher zu zeigen ist[169] – auf einem vollkommen anderen Menschenbild und Gesellschaftsideal beruhte.

Nicht wenige deutsche Schriftsteller baten im Herbst 1914 ausdrücklich darum, daß der soeben begonnene neue Krieg nicht allzuschnell zu Ende gehen möge. Ein zu rasch und zu leicht errungener Sieg mußte nach ihren Ausführungen die Katharsis des deutschen Volkes vom August 1914 unvollendet lassen. Bei Thomas Mann hieß es im Herbst 1914 zu diesem Thema: *Ängste*

„Und als dann die ersten Entscheidungen fielen, als die Flaggen stiegen, die Böller dröhnten und den Siegeszug unseres Volksheeres bis vor die Tore von Paris verkündeten – war nicht fast etwas wie Enttäuschung, wie Ernüchterung zu spüren, als gehe es zu gut, als bringe die Nervlosigkeit unserer Feinde uns um unsere schönsten Träume? Unbesorgt! Wir stehen am Anfang, wir werden um keine Prüfung betrogen sein."[170]

Der Inhalt wie auch dann der Ausgang dieser Prüfungen sollte allerdings etwas anders ausfallen, als es sich Thomas Mann und seine Kollegen im Herbst 1914 vorstellten.

Wenn auch die geistige „Revolution" des deutschen Volkes nach dem Verständnis der Schriftsteller auf keinen Fall bereits abgeschlossen sein durfte, so galt sie doch sofort schon als ein weltweit einmaliges Ereignis. Eine vergleichbare Katharsis wurde den feindlichen Nationen immer wieder ausdrücklich abgesprochen. Nicht geistige „Erhebung", sondern ganz im Gegenteil eine rapide Beschleunigung langjähriger Verfalls- und Niedergangsentwicklungen bestimmte man deutscherseits als Folge des Krieges bei den feindlichen Staaten. Thomas Mann schrieb kurze Zeit nach Beginn des Krieges, vermeintlich voller „Erschütterung" und Trauer, über das gegnerische Frankreich: „Das Hirn dieses Volkes erträgt den Krieg nicht mehr, was ist aus Frankreich geworden in sechzig Kriegstagen! Ein Volk, dessen Antlitz der Krieg von heute auf morgen dermaßen ins Abstoßende verzerrt – hat es noch ein Recht auf den Krieg?"[171] *Einmaligkeit*

Der neue Krieg erschien in den anfänglichen Auslegungen durch die deutschen Schriftsteller wie ein gewaltiger Katalysator im Entwicklungsprozeß der einzelnen Völker. Für die eigene Nation hatte er nach dem immensen politisch-ökonomischen Aufstieg der Jahre 1871–1914 nun auch eine einzigartige geistige Erneuerung eingeleitet. Bei den Feinden dagegen schien er wirtschaftlich wie auch geistig und moralisch ausschließlich negative Folgen auszulösen. Bei dieser Sehweise mußte sich zwangsläufig der deutsche Anspruch auf die geistige Führung der Welt noch einmal gewaltig verstärken. Neben dem besonderen deutschen „Wesen" und dem Aufstieg des Reiches nach 1871 diente nun auch noch die unmittelbare Gegenwart als Argument für eine deutsche Berechtigung zur künftigen Ausübung weltweiter geistiger Führung. *Katalysator Krieg*

---

[168] Ebda. S. 49.
[169] Siehe Kapitel III.
[170] Thomas Mann, „Gedanken im Kriege". (Nr. 156.b), S. 11.
[171] Ebda. S. 16.

Wille Gottes

Seinen Höhepunkt erreichte dieser Anspruch auf geistige Führung der Welt, wenn die so gefeierte „Auferstehung" des deutschen „Wesens" auch noch als ein Werk Gottes ausgegeben wurde. So z. B. in den folgenden Zeilen von Walter Flex: „Den deutschen Geist zu wecken, / warf Gott den Völkerschrecken / des Weltbrands in das deutsche Haus / [...]" Ziel des von Gott gewollten Krieges war laut Flex die „Wiedergeburt" des deutschen „Geist", damit dieser nun die Führung der Welt übernehmen könne. Der reale Kampf der Militärs erscheint hier vollkommen nebensächlich im Vergleich zu dem eigentlichen, d. h. nach Flex geistigen und von Gott bestimmten Ziel des „Weltbrands".[172] In dieser, von vielen deutschen Autoren vollzogenen Entrealisierung des Krieges und seiner Umsiedlung in die Sphäre von Geist und Kultur liegt ein wichtiger Grund für die kriegsaffirmative Haltung gerade der kulturtragenden bürgerlichen Schichten zu Beginn des Ersten Weltkriegs.

Katharsis

Die Ereignisse vom August 1914 (Verlauf der Mobilmachung, Abschluß des inneren Burgfriedens etc.) erhöhten für viele Deutsche zunächst außerordentlich die Attraktivität und die Glaubwürdigkeit der von den zeitgenössischen Schriftstellern vorgebrachten, keineswegs immer neuen Denkmuster zur Glorifizierung und Rechtfertigung des Krieges. Die eingetretenen Veränderungen schienen vortrefflich die seit Generationen tradierte Auffassung zu belegen, daß die „faule Zeit"[173] des Friedens immer mal wieder durch einen Krieg „anständig gemacht, von krämerischen Berechnungen befreit, unter Gottes Hand gestellt werden" (F. Blei)[174] müsse. In der festen Überzeugung, den großartigen Auftakt einer epochalen geistigen Katharsis der gesamten Nation erlebt zu haben, radikalisierte sich nach dem 1. August 1914 noch einmal die Kritik der deutschen Schriftsteller an der vorangegangenen Zeit: „Die fünfzehn Jahre ‚Frieden' vor diesem Kriege waren eine überall obstipierte, verärgerte, verschachernde Zeit schlechtester Nerven: dieser Krieg endet diese Zeit, damit sie frisch daraus hervorgehe."[175] So hieß es z. B. Ende 1914 ebenfalls bei Franz Blei. Nicht nur für diesen deutschen Schriftsteller waren die „Segnungen" einer Friedenszeit letztlich „doch wohl nur" die „Früchte"[176] des vorangegangenen Krieges. Eine der eindrucksvollsten und sprachgewaltigsten Verdammungen der Vorkriegszeit, die im Herbst 1914 veröffentlicht wurden, stammte aus der Feder Thomas Manns:

„Gräßliche Welt, die nun nicht mehr ist – oder doch nicht mehr sein wird, wenn das große Wetter vorüberzog! Wimmelte sie nicht von dem Ungeziefer des Geistes wie von Maden? Gor und stank sie nicht von den Zersetzungsstoffen der Zivilisation? Wäre sie nur anarchisch, nur ohne Kompaß und Glauben, nur wölfisch-merkantil gewesen, es

---

[172] Alle Zitate aus Walter Flex, „Deutsche Wiedergeburt". Gedicht, enthalten in: Walter Flex, *Sonne und Schild. Kriegsgesänge und Gedichte.* Braunschweig 1915. Hier zitiert nach: Walter Flex, *Gesammelte Werke.* 1. Band. 1. Aufl. München o. J. (1925); 6. Aufl. München o. J., S. 91–93.

[173] Zu diesem wichtigen Denkmuster siehe auch Band 1, Kap. III, 4.3: „Krieg als Kulturwert".

[174] Diese Formulierungen wörtlich bei Franz Blei, „Aus dieser Zeit". (Nr. 21), S. 1423.

[175] Ebda. Es bleibt unklar, warum Blei von einer fünfzehnjährigen Friedenszeit spricht.

[176] Ebda.

hätte hingehen mögen. [...] Wie hätte der Künstler, der Soldat im Künstler nicht Gott loben sollen für den Zusammenbruch einer Friedenswelt, die er so satt, so überaus satt hatte!"[177]

4.4. „Kultur" contra „Zivilisation" (Thomas Mann)

Die zitierten Ausführungen Thomas Manns über die „gräßliche Welt" der Vorkriegsära enthielten noch einmal die für die Zeit um 1914 so charakteristische Klage über einen eingetretenen Verlust einheitlicher Maßstäbe, einheitlicher Anschauungen und Werturteile. Mehr noch als die meisten anderen deutschen Schriftsteller führte Thomas Mann nach Beginn des Ersten Weltkriegs alle von ihm abgelehnten geistigen und moralischen Veränderungen der letzten Jahre und Jahrzehnte auf ausländische, in erster Linie auf französische Einflüsse zurück. Nach seiner Darstellung vom Herbst 1914 bildete der neue Krieg vor allem anderen einen epochalen Entscheidungskampf zwischen deutscher „Kultur" und französischer „Zivilisation". Seine Gewißheit eines deutschen Sieges in diesem Entscheidungskampf begründete Thomas Mann nicht so sehr mit biologistischer, sondern zuallererst mit kulturphilosophischer, deutlich von den Schriften Friedrich Nietzsches[178] beeinflußter Argumentation. Der Essay „Gedanken im Kriege" vom September 1914, in dem Thomas Mann seine Auffassung eines vollkommen unversöhnlichen Gegensatzes von „Kultur" und „Zivilisation" den Zeitgenossen genauer darlegte, gehört zu den auffälligsten Erscheinungen der gesamten kriegsapologetischen Literatur zwischen 1914 und 1918. Auch im Schaffen Thomas Manns selber bildete dieser Essay eine „erstaunliche Wendung", da der Autor mit ihm „zum erstenmal politisch urteilend vor die Öffentlichkeit" trat.[179] Zuvor war Thomas Mann, in scharfer Opposition zu den Ansichten seines Bruders Heinrich, entschieden für eine strenge Distanz des Künstlers zum gesellschaftlichen oder gar tagespolitischen Geschehen eingetreten.

Paradigma Thomas Mann

Der noch heute in der Thomas-Mann-Forschung deutlich große Irritation[180] verursachende Essay „Gedanken im Kriege" soll im folgenden genauer untersucht werden. Kein anderer deutscher Schriftsteller hat 1914 die vermeintliche Antithetik von deutscher „Kultur" und westlicher „Zivilisation", die ja in vielen kriegsapologetischen Publikationen eine recht wichtige Rolle spielte, so stringent und konsequent ausgearbeitet wie Thomas Mann. Die folgende Analyse seines Essays entschlüsselt diese Antithetik, resümiert noch einmal die zentralen Denkmuster der zeitgenössischen Kriegsideologie und erstellt zugleich auch schon eine wichtige Folie, von der sich dann die Auffassungen der gegen den Krieg opponierenden Bewegung des Expressionismus besonders deutlich abheben lassen.[181]

---

[177] Thomas Mann, „Gedanken im Kriege". (Nr. 156.b), S. 10.
[178] Ausführlicher zum „Einfluß Nietzsches" auf Thomas Manns Essay „Gedanken im Kriege" siehe Eckart Koester, *Literatur und Weltkriegsideologie*. (Nr. 285), S. 257ff.
[179] Klaus Schroeter, „‚Eideshelfer' Thomas Manns 1914/18". (Nr. 313), S. 47.
[180] Als Beleg für diese Irritation siehe z. B. Lothar Pikulik, „Die Politisierung des Ästheten im Ersten Weltkrieg". In: *Thomas Mann 1875–1975. Vorträge in München – Zürich – Lübeck*. Hrsg. von Beatrix Bludau, Eckhard Heftrich und Helmut Koopmann. Frankfurt 1977, S. 61–74.
[181] Siehe weiter unten Kapitel III.

84 Kapitel II, 4.4

Ewiger Gegensatz

Sofort zu Beginn seines Essays postuliert Thomas Mann eine unvereinbare Antithetik von „Kultur" und „Zivilisation". Er betrachtet diese beiden Begriffe und ihre Konnotate nicht nur als direkte „Gegensätze", sondern noch sehr viel weitergehend auch als spezifische „Erscheinungsformen des ewigen Weltgegensatzes und Widerspieles von Geist und Natur".[182] „Kultur" definiert er dabei als „Geschlossenheit, Stil, Form, Haltung, Geschmack", als „irgendeine gewisse geistige Organisation der Welt, und sei das alles auch noch so abenteuerlich, skurril, wild, blutig und furchtbar".[183] Diesem Kulturbegriff stellt Thomas Mann seine Auffassung von „Zivilisation" als „Vernunft, Aufklärung, Sänftigung, Sittigung, Skeptisierung, Auflösung, – Geist" entgegen.[184]

Kunst-Begriff

Die negative Bestimmung von Zivilisation führt Thomas Mann zu der wichtigen Folgerung, daß allein „Kultur" die Fähigkeit besitze, „Kunst" hervorzubringen. Kunst, von ihm verstanden als „Sublimierung des Dämonischen", als „Verklärung und stilistische Bändigung" einer „tieferen, dunkleren und heißeren Welt",[185] verträgt sich laut Thomas Mann nicht mit „Vernunft", mit „Sänftigung"[186] und den anderen genannten Eigenschaften der „Zivilisation". Ziele der Kunst sind bei ihm gerade nicht „Fortschritt", „Aufklärung" und „Zivilisierung der Menschheit",[187] sondern vielmehr „Sinnlichkeit" und „Mystik".[188] Diese Zielbestimmung der Kunst ist dem Verständnis seines Bruders Heinrich diametral entgegengesetzt.[189]

Kultur und Innerlichkeit

In einem weiteren Schritt ordnet Thomas Mann „Kunst" und „Kultur" ausdrücklich den Sphären von Innerlichkeit und Moral zu, nicht etwa dem gesellschaftlichen oder gar dem politischen Leben. Die Abgrenzung vom äußeren Geschehen, ganz speziell von der Politik, und die Hinwendung auf die tiefere und innere Welt erhebt Thomas Mann explizit zu einem konstitutiven Kennzeichen für Kunst und Kultur. Die Zivilisation dagegen erscheint bei ihm als oberflächlich, äußerlich und vor allem als politisch.

Diese Gleichsetzungen von Kultur mit Innerlichkeit und von Zivilisation mit Politik bilden ein Kernstück in der Argumentationskette des Essays. Thomas Mann konnte dabei vor allem auf Nietzsche[190] zurückgreifen, der nicht nur ebenfalls streng zwischen „Kultur" und „Zivilisation" unterschieden, sondern auch noch „Kultur" ausdrücklich als antipolitisch bestimmt hatte.

Dichter vs. Literaten

Als Träger der Zivilisation benennt Thomas Mann in seiner Schrift vom September 1914 den als „antiheroisch" und „antigenial" bezeichneten „Geist".[191]

---

[182] Thomas Mann, „Gedanken im Kriege". (Nr. 156.b), S. 7.
[183] Ebda.
[184] Ebda.
[185] Ebda.
[186] Ebda.
[187] Ebda. S. 8.
[188] Ebda.
[189] Genauer zur Kunstauffassung Heinrich Manns bis zur Weimarer Republik siehe: Renate Werner, *Skeptizismus, Ästhetizismus, Aktivismus. Der frühe Heinrich Mann*. Düsseldorf 1972.
[190] Vgl. Eckart Koester, *Literatur und Weltkriegsideologie*. (Nr. 285), S. 258.
[191] Thomas Mann, „Gedanken im Kriege". (Nr. 156.b), S. 7.

Diesem stellt er „Genie" und „Talent"[192] als diejenigen Kräfte entgegen, die alleine Kunst hervorbringen könnten. Allerdings müßten diese Kräfte vom Künstler durch „Zucht" und „Ordnung"[193] gebändigt und produktiv umgesetzt werden. Das Ringen um „Organisation", um „das Ineinanderwirken von Begeisterung und Ordnung"[194] bildet für Thomas Mann somit die eigentliche Aufgabe und die wahre Leistung eines Dichters. Er vergleicht die Arbeit des Dichters, wie bereits an anderer Stelle aufgezeigt,[195] ausdrücklich mit der Tätigkeit des Soldaten. Von dem um „Verklärung und stilistische Bändigung"[196] der inneren Sphäre ringenden Künstler und dessen „Dienst"[197] an der Kunst grenzt Thomas Mann scharf den „Literaten" ab, der zuallererst äußeren, gesellschaftlichen Interessen verpflichtet sei. Dem „Literaten" spricht Thomas Mann bestenfalls „Geist", niemals aber „Genie" und „Talent" zu.

Die Diskriminierung von „Geist" als „antidämonisch", „unheroisch" und „antigenial"[198] macht erneut die Auseinandersetzung ersichtlich, die Thomas Mann in seiner Kriegsessayistik nicht zuletzt gegen seinen Bruder Heinrich führte. Dieser hatte ja wenige Jahre zuvor ausdrücklich von dem endlich zur „Tat" werdenden „Geist" eine radikale Umgestaltung der gesellschaftlichen Verhältnisse im Deutschen Reich erhofft.[199] *Feindliche Brüder*

Nach seiner Festlegung eines unvereinbaren Gegensatzes von Kultur und Zivilisation ordnet Thomas Mann in einem weiteren Schritt diese beiden Phänomene dem deutschen und dem französischen Volk zu. Als Begründung für seine Zuweisung von „Kultur" zu Deutschland und von „Zivilisation" zu Frankreich dient ihm die „Psychologie der Völker".[200] Bei dieser Argumentation wird noch einmal die fundamentale Bedeutung der schon mehrfach besprochenen zeitgenössischen Auffassung, daß jedes Volk seinen eigenen nationalen „Charakter" besitze, für die literarische Apologetik des Krieges erkennbar. „Die deutsche Seele", so behauptet Thomas Mann apodiktisch, sei „zu tief, als daß Zivilisation ihr ein Hochbegriff oder der höchste gar sein könnte".[201] *Volkscharakter*

In Analogie zur strengen Antithetik von Kultur und Zivilisation entwickelt Thomas Mann einen scharfen Gegensatz zwischen französischer und deutscher „Seele". Ausdrücklich benennt er dabei eine tiefe Distanz zur Politik als besonders konstitutiven Wesenszug der Deutschen. Thomas Mann bezeichnet seine Landsleute im September 1914 als das „innerlichste Volk", das „Volk der Metaphysik, der Pädagogik, der Musik", ein Volk, das nicht „politisch", sondern *Wesenszug Militarismus*

---

[192] Ebda.
[193] Ebda. S. 8.
[194] Ebda.
[195] Siehe weiter oben Abschnitt 3.3.
[196] Thomas Mann, „Gedanken im Kriege". (Nr. 156.b), S. 7.
[197] Ebda. S. 9.
[198] Ebda. S. 7.
[199] Genauer dazu siehe z.B. Alfred Kantorowicz, „Zola-Essay – Betrachtungen eines Unpolitischen. Die paradigmatische Auseinandersetzung zwischen Heinrich und Thomas Mann". In: *Geschichte in Wissenschaft und Unterricht* 11, 1960, H. 5, S. 257–272.
[200] Thomas Mann, „Gedanken im Kriege". (Nr. 156.b), S. 12.
[201] Ebda. S. 14.

"moralisch"[202] orientiert sei. Auf diese moralische Orientierung führt Thomas Mann auch das „Soldatentum", den „Militarismus"[203] der deutschen „Seele" zurück. Er hebt gezielt diesen deutschen Militarismus „aus Moralität" von einer vermeintlichen Kriegsbegeisterung der Gegner ab, die er allein auf „Eitelkeit", „Gloiresucht" und „Imperialismus"[204] gegründet sieht. „Händlertum"[205] (England) und Revanchegelüste (Frankreich) bestimmt er als die entscheidenden Grundlagen des gegnerischen Interesses an der Herbeiführung des neuen Krieges gegen das Deutsche Reich. Von dieser vermeintlichen Einstellung der feindlichen Staaten, in welcher der Krieg nur als ein egoistisches Mittel zur ökonomischen und territorialen Machterweiterung erscheint, setzt Thomas Mann ausdrücklich den „Militarismus" des deutschen Wesens ab. Diesen „Militarismus" definiert er in erster Linie als eine grundsätzlich positive Einstellung des Deutschen gegenüber dem Krieg; eine Einstellung, die den Krieg an sich, ohne irgendein konkretes politisch-ökonomisches Verwertungsinteresse, für einen hohen, ja geradezu heiligen Wert halte. Im deutschen Militarismus, so wie Thomas Mann ihn in durchaus zeittypischer Weise entwirft, gilt Krieg als eine immer wieder neu notwendig werdende großartige Reinigung, Befreiung und Erhebung des einzelnen wie auch der ganzen Nation.

Selbstreklame

Ausdrücklich verweist Thomas Mann darauf, daß vor allem deutsche Dichter und Denker seit langem schon „zur moralischen Apologie" des Krieges „das meiste und wichtigste"[206] beigetragen hätten. Mit diesem Diktum wertet er nicht nur auf geschickte Weise die Literatur zu einem gesellschaftlich wichtigen Medium der Verkündung überzeitlicher Erkenntnisse und Wahrheiten auf, sondern verrät zugleich auch, in welche bedeutende Tradition er sein eigenes neues essayistisches Schaffen eingereiht sehen will.

Krieg als Schicksal

Um der naheliegenden Gefahr zu entgehen, Deutschland müsse wegen des zu seinem Wesen gehörenden „Militarismus" nun auch vollkommen zwangsläufig der Verursacher des neuen Krieges vom August 1914 sein, unterscheidet Thomas Mann sorgfältig zwischen dem angeblichen Draufgängertum des Auslands und dem deutschen „Soldatentum" aus „Moralität".[207] Der Deutsche, so unterbreitet Thomas Mann im September 1914 seinen sicherlich bereitwillig zustimmenden Lesern, sei nicht etwa ein den Krieg suchender „Kampfhahn mit rasch schwellendem Kamm",[208] er entfalte sein „Soldatentum" vielmehr erst dann, wenn ein Krieg zum nicht mehr abwendbaren „Schicksal"[209] geworden sei. Die Hinnahme eines Krieges als „Schicksal" und immer wieder notwendiges Mittel zur allgemeinen Katharsis war kurz zuvor allerdings von Thomas Mann ausdrücklich zum konstitutiven Kennzeichen der deutschen „Seele" erhoben worden. Angst vor

---

[202] Ebda. Im Original ist „moralisch" gesperrt gedruckt.
[203] Ebda.
[204] Ebda.
[205] Ebda. S. 15.
[206] Ebda. S. 14.
[207] Ebda.
[208] Ebda. S. 15.
[209] Ebda.

einem Krieg oder gar das Fragen nach politischen und wirtschaftlichen Hintergründen gelten somit bei ihm als unmoralisch und dem deutschen Wesen nicht gemäß. Nachdenken oder gar Kritik am Krieg, so suggeriert Thomas Mann seinen Lesern, sind mit dem wahren deutschen Wesen nicht vereinbar. Beim Blick auf diese 1914 vielfach vertretene Ideologie vom Heroismus der deutschen ‚Seele' wird ersichtlich, welch gewaltige ideologische Barrieren die Oppositionsbewegung gegen den Krieg zunächst zu überwinden hatte und warum sie längere Zeit ohne größere Bedeutung blieb.

Die konstitutiven Eigenschaften des besonderen deutschen „Wesens" treten bei Thomas Mann, wie bei unzähligen anderen deutschen Apologeten des Ersten Weltkrieges, als „quasi metaphysische Gegebenheiten", als „etwas zeit- und geschichtslos Innerliches" (W. Hellmann)[210] auf. Sie erscheinen weder als historisch entstanden noch als in Zukunft veränderbar. Diese Denkhaltung, in der vermeintliche Phänomene aus allen historischen Bedingungen herausgelöst werden, beherrscht die gesamte Konzeption des Essays Thomas Manns vom September 1914. Auch der behauptete Gegensatz von „Kultur" und „Zivilisation" wird von Thomas Mann ausdrücklich als Erscheinungsform eines „ewigen Weltgegensatzes und Widerspieles von Geist und Natur"[211] ausgegeben. Gemäß dieser Sehweise gilt für Thomas Mann auch der reale neue Weltkrieg als vollkommen unvermeidbar, als eine „Aktualisierung"[212] eben dieses „ewigen Weltgegensatzes" und nicht etwa als die Folge einer durch politische Interessen und durch menschliches Handeln herbeigeführten spezifischen außen-, innen- und militärpolitischen Konstellation des Deutschen Reiches im Sommer 1914.

Thomas Mann war 1914/15 nur einer von vielen deutschen Schriftstellern, die den neuen Krieg unter Herauslösung aus allen realen Bezügen zu einer heiligen „Schicksalsprüfung der Völker" (R. Dehmel),[213] zur Erfüllung der „soldatischen" deutschen Wesensart verklärten. Die schockierende Erfahrung der Realität ließ aber schon bald für viele Zeitgenossen nicht nur die Frage nach anderen Erklärungsmöglichkeiten für den neuen Krieg bedeutsam werden, sondern zerstörte auch die hier am Beispiel von Thomas Mann exemplarisch aufgezeigte Ideologie vom militaristischen, unpolitischen und nach Innen gekehrten „Wesen" der Deutschen. Vor dem Hintergrund dieser Destruktion zunächst vollkommen gängiger Auffassungen müssen die weiteren zeitgenössischen Versuche einer neuen Wesensbestimmung des Menschen gesehen werden, zu denen ganz besonders auch der Expressionismus der Kriegsjahre zu zählen ist.

Aus seiner inhaltlichen Bestimmung der deutschen Sonderart zog Thomas Mann im September 1914 eine wichtige und eminent politische Konsequenz. Durch die von ihm vorgenommene Gleichsetzung von Zivilisation mit Demokratie erschien in seinem Essay die demokratische Regierungsform als mit

---

[210] Winfried Hellmann, *Das Geschichtsdenken des frühen Thomas Mann (1906–1918)*. Tübingen 1972, S. 67.
[211] Thomas Mann, „Gedanken im Kriege". (Nr. 156.b), S. 7.
[212] Winfried Hellmann, *Das Geschichtsdenken des frühen Thomas Mann*. (Nr. 277), S. 69.
[213] Richard Dehmel, *Zwischen Volk und Menschheit*. (Nr. 39), S. 341.

dem deutschen Wesen vollkommen unvereinbar. Ausdrücklich benennt Thomas Mann Deutschlands „soziales Kaisertum"[214] als die Staatsform der Zukunft, und er preist das Glück der Deutschen, die „bürgerliche Revolution" der Franzosen, die als „Sackgasse" zwangsläufig in „Anarchie und Zersetzung" enden müsse, „vermieden zu haben".[215] Damit entwickelt sich der zunächst scheinbar rein kulturphilosophische Essay Thomas Manns zu einer eindeutigen Apologetik der im wilhelminischen Reich bestehenden gesellschaftlichen Strukturen und Herrschaftsverhältnisse.

Wesen und Staatsform

Thomas Mann war allerdings bei weitem nicht der einzige deutsche Schriftsteller, der während des Ersten Weltkriegs die Antithetik von deutscher Kultur und westlicher Zivilisation mit staatstheoretischen Gedanken verknüpfte. Der Unterschied von deutscher Monarchie und ausländischer Demokratie wurde 1914/15 vielmehr oftmals gerade als besonders sichtbare Manifestationsform der behaupteten Antithetik von Kultur und Zivilisation ausgegeben. Die Verfassungsform der Staaten galt, wie bereits aufgezeigt, den Zeitgenossen nicht als Teil der politischen, sondern vielmehr der kulturell-geistigen Sphäre.[216] Die gängige Auffassung von der Überlegenheit der deutschen Kultur implizierte deshalb üblicherweise auch eine Überlegenheit der deutschen Staatsform über die als Herrschaft der „tyrannischen und entweihten Massen"[217] charakterisierte Demokratie. Wenn Rudolf Borchardt bei seiner flehentlichen Bitte um einen Sieg der deutschen „Kultur" über die „‚European civilization'"[218] explizit auch einen Sieg der „Ordnungen" über die „Mehrheiten"[219] erhoffte, dann meinte er damit – in Entsprechung zu Thomas Mann und vielen anderen – einen Sieg der auf Autorität und Gehorsam aufgebauten Staatsform der Deutschen über die angebliche Willkürherrschaft der Massen in den westlichen Demokratien.

Apologetik

Die kulturtheoretischen Ausführungen gerade derjenigen Autoren, die Innerlichkeit und politische Abstinenz zu Charaktereigenschaften des deutschen Wesens erheben, erweisen sich bei genauer Betrachtung vielfach als eine eindeutige Rechtfertigung der 1914 im Deutschen Kaiserreich bestehenden Machtverhältnisse. Es kann deshalb nicht weiter verwundern, daß diese Essayistik bei der politisch-militärischen Führung des Reiches große Zustimmung und Förderung fand.

Zwangs-Zivilisierung

Thomas Mann benutzt die von ihm entworfene Antithetik von Kultur und Zivilisation nicht nur zur Rechtfertigung des deutschen Kaisertums. Er leitet aus dieser Antithetik und der sie begründenden „Psychologie der Völker"[220] auch

---

[214] Thomas Mann, „Gedanken im Kriege". (Nr. 156.b), S. 13.
[215] Ebda.
[216] Vgl. Band 1, Kap. III, 4.5.
[217] Rudolf Borchardt, *Der Krieg und die deutsche Selbsteinkehr.* (Nr. 28), S. 51.
[218] Ebda. S. 10/11. Wenig später heißt es ebda.: „Wir flehen um den Sieg dessen, was wir Kultur nennen und was wir nicht alleine zu besitzen, wohl aber alleine in der Welt zu konzipieren und zu postulieren glauben, über eine uns wesensfremde Gesittung, an die wir nur mit unseren schlechtesten Instinkten, mit unseren Überläufern, Kompromißlern, freien Geistern und anderen Hochvornehmtuern gefesselt waren; wo sind sie heute?"
[219] Ebda. S. 11.
[220] Thomas Mann, „Gedanken im Kriege". (Nr. 156.b), S. 12.

Entstehung, Zielsetzung und den zu erwartenden Ausgang des Krieges ab. Als unmittelbaren politischen Auslöser des Krieges benennt Thomas Mann im Herbst 1914 französische Machenschaften zum Zwecke einer Revision der Niederlage von 1871. Sehr viel ausführlicher aber als mit dieser französischen „*idée fixe* der Revanche"[221] beschäftigt er sich mit dem vermeintlichen Haß der Völker gegen das andersartige und vollkommen unverstandene deutsche Wesen. Als eigentliches Ziel der Feinde bestimmt Thomas Mann die Vernichtung des besonderen deutschen Wesens durch eine „Art von Zwangszivilisierung":[222] „Man will uns den Segen der Entmilitarisierung bringen, man will uns, da wir widerstreben, gewaltsam zu Menschen machen."[223] Dieser Gedanke einer beabsichtigten Ausrottung der deutschen Sonderart beherrschte, wie bereits gesehen,[224] auch die kriegsapologetischen Schriften zahlreicher anderer deutscher Dichter und Künstler.

An den Schluß seines Essays „Gedanken im Kriege" setzte Thomas Mann im Herbst 1914 die Vorhersage eines sicheren deutschen Sieges. Er begründete seine Zuversicht erneut mit der vermeintlichen Besonderheit der deutschen Wesensart. Dieser spricht er nun sogar einen Sendungsauftrag von weltgeschichtlicher Bedeutung zu. Zugleich unterbreitet er seinen Lesern, daß die Feinde des Reiches allein aus „Unwissenheit"[225] über die „sendungsvolle und unentbehrliche Eigenart"[226] des deutschen Volkes es wagen konnten, einen Krieg auszulösen. Diese europäische „Unwissenheit" aber über „das heute wichtigste Volk Europas" verdammt Thomas Mann voller Zorn als nicht „statthaft": „sie ist strafbar und muß sich rächen. Warum vor allem ist Deutschlands Sieg unbezweifelbar? Weil die Geschichte nicht dazu da ist, Unwissenheit und Irrtum mit dem Siege zu krönen."[227] Damit wird der Sieg Deutschlands zu einer zwangsläufigen Konsequenz der Weltgeschichte erhoben. Diese hat nach Thomas Mann das deutsche Wesen zum Überwinder der niedergehenden westlichen Zivilisation bestimmt. Derartige Gedanken einer kulturellen Missionsaufgabe der deutschen Sonderart präsentierte nicht allein Thomas Mann im Herbst 1914 dem glaubensbereiten deutschen Publikum.

Missions-Auftrag

Der frühe Kriegsessay Thomas Manns kann an dieser Stelle nicht in allen inhaltlichen und stilistischen Einzelheiten analysiert werden. Die kunstvolle Komposition des Textes, der bewußt erzeugte Eindruck flüchtiger Improvisation, die verschiedenen Strategien des Autors, um die Zustimmung der Leser zu erhalten und mögliche Einwände abzuwehren, müssen hier leider außerhalb der Analyse verbleiben. Auf jeden Fall wurde aber bereits ersichtlich, daß dieser Essay Thomas Manns eine herausragende Kombination der verschiedenen zeitgenössischen Denkmuster zur Deutung und Rechtfertigung des neuen Krieges

Ein Kunstwerk

---

[221] Ebda. S. 16.
[222] Ebda. S. 17.
[223] Ebda. S. 18.
[224] Siehe Abschnitt 4.1.
[225] Thomas Mann, „Gedanken im Kriege". (Nr. 156.b), S. 19.
[226] Ebda. S. 20.
[227] Alle Zitate ebda. S. 19.

darstellt. Dieser Aufsatz aus der Feder Thomas Manns bildet die wohl komplexeste und am genauesten durchdachte Variante der frühen literarischen Apologetik des Ersten Weltkrieges.

Wirkungsabsicht

Zum Abschluß muß allerdings noch eigens betont werden, daß die im Essay vom September 1914 vorgebrachten Deutungen des neuen Krieges nicht automatisch auch mit den persönlichen Ansichten Thomas Manns gleichgesetzt werden dürfen. Diese Einschränkung ist nötig, gerade weil Thomas Mann seinen Lesern den Eindruck einer rein privaten Skizze suggerierte. Auffälligerweise vertrat Thomas Mann in seiner privaten Korrespondenz meist eine sehr viel zurückhaltendere Einstellung zum neuen Krieg als in seinem Essay vom September 1914. Dieser muß deshalb verstanden werden als ein von Anfang an für die Öffentlichkeit konzipiertes Werk, mit dem Thomas Mann nicht nur die positive Einstellung der Deutschen zum neuen Krieg weiter bestärken, sondern zugleich auch für sich persönlich einen Ruf als bedeutender Seher und Deuter der Zeit erwerben wollte. Nicht zuletzt deshalb griff Thomas Mann die gängigen Denkmuster der zeitgenössischen Kriegsapologetik auf, verknüpfte sie in kunstvoller Weise miteinander und spitzte sie auf die verhängnisvolle Alternative vom Sieg oder Untergang der deutschen Wesensart zu.

Verharmlosung

Die kunstvolle Konzeption des gesamten Essays widerlegt die noch heute oft vorgebrachte Auffassung, Thomas Mann habe sich im Herbst 1914 von der patriotischen Stimmung der Massen überwältigen und „mitreißen"[228] lassen. Der Essay „Gedanken im Kriege" entstand keineswegs als flüchtiges „Produkt emotionaler Hingabe"[229] an die Stimmung der Zeit. Er ist vielmehr ein bis ins kleinste Detail der Argumentationsführung und der sprachlichen Gestaltung durchreflektiertes Werk, das den Auftakt bildete für eine weitere jahrelange Beschäftigung Thomas Manns mit aktuellen politischen, gesellschaftlichen und kulturellen Problemen. Am Ende dieser Beschäftigung stand im Jahre 1918 eine noch viel massivere – und doch von der Zeit schon längst überholte – Apologie deutscher Sonderart und deutscher Kultur: die *Betrachtungen eines Unpolitischen*.[230]

Zusammenhänge

Die Auffassung eines scharfen Gegensatzes zwischen deutscher „Kultur" und westlicher „Zivilisation" findet sich nach dem 1. August 1914 bei zahlreichen deutschen Dichtern und Künstlern. Aber wohl kein anderer Schriftsteller vertrat die Unterscheidung zwischen deutschem und französischem „Wesen" mit der gleichen Vehemenz und Konsequenz wie Thomas Mann. Die Wurzeln dieser in der kriegsapologetischen Literatur so wichtigen Unterscheidung waren allerdings schon lange Zeit vor dem Ersten Weltkrieg gelegt worden. Die Antithetik von Kultur und Zivilisation hatte im Deutschen Reich schon seit langem, wie u. a. Eckart Koester[231] klar nachwies, eine wichtige Rolle in der kulturphilosophi-

---

[228] Lothar Pikulik, „Die Politisierung des Ästheten im Ersten Weltkrieg". (Nr. 302), S. 65.
[229] Ebda. S. 64.
[230] Thomas Mann, *Betrachtungen eines Unpolitischen*. Berlin 1918.
[231] Siehe Eckart Koester, *Literatur und Weltkriegsideologie*. (Nr. 285), S. 268ff. – Zur Unterscheidung zwischen „kultiviert" und „zivilisiert" bei Immanuel Kant („Idee zu einer allgemeinen Geschichte in weltbürgerlicher Absicht", 1784) siehe Hermann Lübbe, *Politische Philosophie in Deutschland. Studien zu ihrer Geschichte*. Basel, Stuttgart 1963, S. 193.

schen Diskussion gespielt. In den letzten Jahren vor dem Ersten Weltkrieg war der Gegensatz von „Kultur" und „Zivilisation" von den Mitgliedern des George-Kreises ebenso verfochten worden wie von den Anhängern der Heimatkunst. Am Beispiel dieser Antithetik zeigt sich somit noch einmal deutlich die schon oft in dieser Arbeit nachgewiesene enge Verbindung zwischen der von Schriftstellern 1914–1918 vorgebrachten Apologetik des Ersten Weltkriegs und den kulturellen Kontroversen der Vorkriegszeit. Zu einem nicht geringen Teil bildete nach 1914 die neue Apologetik des Krieges eine Weiterführung und Verschärfung früherer kulturphilosophischer und ästhetischer Auseinandersetzungen.[232]

4.5. Der Feind als Tier und Ungeheuer

Ein besonders auffälliges wie auch besonders schockierendes Kapitel der zeitgenössischen literarischen Apologetik des Ersten Weltkriegs blieb bisher noch weitgehend ausgespart: die immer wieder erfolgende Herabsetzung der Gegner des Deutschen Reiches zu Un-Menschen, zu Tieren und Ungeheuern. Diese Diffamierung der Feinde als tierische Horden hing mit der angenommenen geistigen Entscheidungsfrage des Krieges, mit dem angeblichen Entscheidungskampf der verschiedenen nationalen „Wesensarten" um die künftige geistige Führung der Welt zusammen. „Sein oder Nichtsein",[233] „Vernichtung hier oder Vernichtung dort"[234] lautete auch nach dem Verständnis der meisten deutschen Schriftsteller die Kernfrage des Krieges. Ein Gegner aber, der das vermeintlich so eindeutig höherwertige, von Gott und von der Weltgeschichte zur Führung der Erde berufene deutsche Wesen mit Waffengewalt physisch und geistig ausrotten wollte, der konnte nach deutschem Verständnis nur restlos verkommen und geistig-moralisch inferior sein. Die Herabwertung der Gegner – der geistigen ebenso wie der militärischen – zu minderwertigen Un-Menschen und Ungeheuern ist oft für ein besonderes Kennzeichen der nationalsozialistischen Bewegung gehalten worden. Ein Blick auf die Literatur des Ersten Weltkrieges läßt jedoch erkennen, daß bereits dort vielfach eine vergleichbare Diffamierungs- und Vernichtungsideologie vertreten wurde.

Inferiorität

Die Abwertung der Gegner des Reiches zu Tieren und Un-Menschen bildet ein auffälliges Kennzeichen der kriegsaffirmativen Literatur nach dem August 1914, speziell der Lyrik. Einige wenige Beispiele sollen genügen, um zu belegen, wie sehr den Gegnern Deutschlands alle menschlichen Eigenschaften abgesprochen wurden. Carl Hauptmann benannte in einem frühen Kriegsgedicht „Russen, Franzosen und englische Leute" als „des Hasses und Neides vertierte Beute".[235] In einer Ballade des Expressionisten Paul Zech erschien der russische

Bestien

---

[232] Vgl. Band 1, Kap. II: „,Übergangszeit'. Kultur und Gesellschaft im wilhelminischen Deutschland".
[233] Diese Formulierung u. a. wörtlich im Kriegstagebuch von Gerrit Engelke. (Nr. 55), S. 316 (Eintragung vom 19.1.16).
[234] Rudolf Borchardt, Der Krieg und die deutsche Selbsteinkehr. (Nr. 28), S. 16.
[235] Aus einem Gedicht von Carl Hauptmann. Enthalten in: R. Buchwald (Hrsg), Der Heilige Krieg. Gedichte aus dem Beginn des Kampfes. Jena 1914, S. 18. Hier zitiert nach Klaus Vondung, „Propaganda oder Sinndeutung?" (Nr. 319), S. 16.

Gegner als „Hund" und „Ekel".²³⁶ Der Schriftsteller Otto Ernst bezeichnete Italien als „heimtückische Bestie",²³⁷ in England sah der derselbe Autor zuallererst einen feigen „Schakal".²³⁸

Menschen- geschmeiß

Als Beleg für die geistig-sittliche Verkommenheit und Minderwertigkeit der Gegner wurde häufig auf den Einsatz farbiger Hilfstruppen auf seiten der Entente verwiesen. Thomas Mann empörte sich über diese Farbigen genauso wie Rudolf Borchardt, der sie öffentlich als „totes Menschengeschmeiß der Wildnisse"²³⁹ charakterisierte. Für Otto Ernst kämpften im Dienste Englands auch „Asiens Hunde"²⁴⁰ mit. Mehr noch als bei den deutschen Politikern und Militärs erregte der Einsatz farbiger Söldnerheere bei den Dichtern und Künstlern Empörung und Entrüstung.

Kampf gegen Teufel

Vielfach lassen sich in der apologetischen Literatur auch religiöse Deutungen des Krieges finden. Die deutschen Soldaten erscheinen dann als die erwählten Vollstrecker eines göttlichen Weltgerichts über das Böse in der Welt. Der Balladendichter Josef Winckler lobte begeistert die Taten Hindenburgs, der die russischen „Teufel" und „Bösewichte" wie „Vieh" „zum Weltgerichte" in den „Sumpf"²⁴¹ getrieben habe. Auch für Otto Ernst war der Krieg des Deutschen Reiches ein Kampf gegen „Teufel",²⁴² gegen vertierte Barbaren ohne jede Spur von menschlicher Moral und Gewissen.²⁴³ Seine keineswegs untypische Formulierung, daß die feindlichen „Pöbelhorden" Deutschland „am Kreuze morden"²⁴⁴ wollten, beanspruchte nicht nur eine besondere Heiligkeit dieses Landes, sondern sogar noch, in gewollter Analogie zum Leben Christi, auch Deutschlands Unsterblichkeit: „Kann dies Deutschland blutend je vergeh'n, / Dritten Tages wird es aufersteh'n".²⁴⁵

Haß

Mit der Darstellung der Gegner als Tiere und Ungeheuer verband sich bei vielen deutschen Schriftstellern die explizite Aufforderung an den Leser, den Feind gnadenlos zu hassen. Ernst Lissauers „Haßgesang gegen England" mit den mehrfach variierten Zeilen „Wir haben alle nur einen Haß, / Wir lieben vereint,

---

²³⁶ Aus einem Gedicht Paul Zechs mit dem Titel „Ich hielt den Schwur ... ich schlug den Hund". In: *Jugend* 46, 1914, S. 1291. Hier zitiert nach Hermann Korte, *Der Krieg in der Lyrik des Expressionismus.* (Nr. 288), S. 136.

²³⁷ Otto Ernst, „Italia infame". In: Otto Ernst, *Gewittersegen. Ein Kriegsbuch.* Leipzig 1915, S. 69–77; Zitat S. 72.

²³⁸ Otto Ernst, „Deutschland an England". Gedicht, in: Otto Ernst, *Gewittersegen.* (Nr. 59), S. 17/18.

²³⁹ Rudolf Borchardt, *Der Krieg und die deutsche Selbsteinkehr.* (Nr. 28), S. 33.

²⁴⁰ Otto Ernst, „Deutschland an England". (Wie Anm. 238).

²⁴¹ Josef Winckler, „Hindenburg". In: Julius Bab (Hrsg.), *Der deutsche Krieg im deutschen Gedicht.* Heft VII-IX, 1916. Wieder in: *1914. Der Deutsche Krieg im Deutschen Gedicht.* 2. Band. Ausgewählt von Julius Bab. Berlin o.J. (ca. 1919), S. 153–155; die Zitate S. 154 und 155.

²⁴² Otto Ernst, „Die singenden Helden". Gedicht, in: Otto Ernst, *Gewittersegen.* (Nr. 59), S. 34/35.

²⁴³ Vgl. Otto Ernst, „Gegen Mörder und Mördergenossen. (Am 3. August 1914)". In: Otto Ernst, *Gewittersegen.* (Nr. 59), S. 3–5.

²⁴⁴ Otto Ernst, „Ostern 1915". Gedicht, in: Otto Ernst, *Gewittersegen.* (Nr. 59), S. 53.

²⁴⁵ Ebda.

wir hassen vereint, /"²⁴⁶ wurde schnell zu einem der populärsten Gedichte des Krieges. Der offen ausgesprochene Haß richtete sich in vielen Texten scheinbar nicht gegen gleichwertige Menschen, sondern nur gegen Tiere und Ungeheuer. So erklärt sich auch, daß dieser Haß den meisten Zeitgenossen keineswegs als unmoralisch oder mit dem christlichen Glauben unvereinbar erschien. Mit den Zeilen „[...] Mein Haß weicht deiner Liebe nicht! / Weil dieser Haß, Herr Jesu Christ, / Die Frucht der höchsten Liebe ist. / [...]"²⁴⁷ propagierte ein Autor 1914 sogar die Ersetzung der christlichen Nächstenliebe durch einen national begründeten erbarmungslosen Haß.

Allerdings vollzogen nicht alle deutschen Schriftsteller 1914/15 die neue Orgie des Hasses auf die Gegner. Hermann Bahr z. B., der den neuen Krieg mit großen Worten als eine Wiedergeburt des deutschen Wesens verherrlichte, unterschied ausdrücklich zwischen dem moralisch völlig integren deutschen Volk und einigen „wildgewordenen" Schriftstellern:

„Ein paar Ästheten mögen auch bei uns verrückt geworden sein, doch das deutsche Volk haßt keinen Feind. [...] Wer den Frieden bricht, den schlagen wir ab, dies muß sein, aber dazu brauchen wir keinen Haß, das Schwert genügt. Es ist nicht wahr, daß wir hassen; der deutsche Furor muß nicht erst mit Haß gepfeffert werden."²⁴⁸

Diese Zeilen Hermann Bahrs verweisen darauf, daß die Ideologie des Hasses vor allem in der literarischen Apologetik des Krieges verkündet wurde. Die Äußerungen der politisch-militärischen Führung des Reiches waren in diesem speziellen Aspekt meist deutlich zurückhaltender. Zwischen dem berühmten und vielfach zitierten Spruch des deutschen Kaisers: „Nun wollen wir sie dreschen"²⁴⁹ und der Aufforderung in einem Kriegsgedicht: „Haß allen Feinden bis in den Tod!"²⁵⁰ bestand durchaus ein gewichtiger Unterschied. Statt Aufforderungen zu Haß und zu schonungsloser Vernichtung wurde in den offiziellen Verlautbarungen in erster Linie der Appell zur Verteidigung des Vaterlandes gegen den Überfall der Feinde verkündet.

Politische Führung

In etlichen apologetischen Texten führte die Darstellung der Gegner als tierische Ungeheuer und Objekte tiefsten Hasses zu einer eindeutigen, unmißverständlichen Forderung nach rücksichtsloser Auslöschung. Zur gnadenlosen Ausrottung der Gegner forderten z. B. die folgenden Gedichtzeilen auf, die schon vielen Zeitgenossen denn doch zu weit gingen:²⁵¹

Vernichtungs-Aufrufe

---

²⁴⁶ Hier zitiert nach der Wiedergabe in: *Der Krieg der Geister. Eine Auslese deutscher und ausländischer Stimmen zum Weltkriege 1914.* (Nr. 130), S. 461. Im beigefügten Kommentar des Herausgebers heißt es ebda., daß dieses Gedicht Lissauers „dem Empfinden des Volkes einen vollendeten Ausdruck" gegeben habe.
²⁴⁷ Will Vesper, „Liebe oder Haß?" Gedicht, in: Will Vesper, *Vom großen Krieg.* München 1914. Hier zitiert nach: *Die Dichter und der Krieg. Deutsche Lyrik 1914–1918.* (Nr. 42), S. 187.
²⁴⁸ Hermann Bahr, „An einen entfremdeten Freund". (Nr. 8.b), S. 464.
²⁴⁹ Genauer zu diesem berühmten Kaiserwort siehe auch: *Kriegsöffentlichkeit und Kriegserlebnis.* (Nr. 133), S. 70/71.
²⁵⁰ Will Vesper, „Liebe oder Haß?" (Wie Anm. 247).
²⁵¹ Ernst Volkmann, „Einführung". (Nr. 237), S. 42/43.

> „O du Deutschland, jetzt hasse; mit eisigem Blut,
> Hinschlachte Millionen der teuflischen Brut.
> Und türmten sich berghoch in Wolken hinein
> Das rauchende Fleisch und das Menschengebein!
>
> O du Deutschland, jetzt hasse; geharnischt in Erz:
> Jedem Feind einen Bajonettstoß ins Herz!
> Nimm keinen gefangen! mach jeden gleich stumm!
> Schaff zur Wüste den Gürtel der Länder rundum!"[252]

In Umkehrung der Argumentation Thomas Manns und vieler anderer Kriegsapologeten, die den Gegnern des Reiches die Absicht einer Auslöschung der „besonderen deutschen Wesensart" zusprachen, forderten manche deutschen Dichter eindeutig zur physischen Ausrottung der angeblich minderwertigen Gegner Deutschlands auf.

Totalität Der Weltkrieg 1914–1918 gilt heute als der erste „totale Krieg"[253] der Neuzeit. Diese Einschätzung gründet sich nicht nur auf seine technischen und strategischen Neuerungen, sondern vor allem auch auf die Totalität der ihn begleitenden, ihn rechtfertigenden und verklärenden Ideologie. Darin erschien als Gegner oftmals nicht mehr wie früher allein die Armee, sondern vielmehr die gesamte Bevölkerung der feindlichen Länder. Als primäres Ziel des Krieges galt folglich vielfach nicht mehr der militärische Sieg über die Truppen der Feinde, sondern die Ausrottung der fremden „Wesensart". An dieser unheilvollen, spätere Exzesse (Faschismus) bereits vorbereitenden Totalisierung der Kriegsideologie hatten die literarischen Apologeten ohne jeden Zweifel einen gewichtigen Anteil.

Kluft In der Einstellung gegenüber dem Gegner entstand sehr bald eine Kluft zwi-
Heimat/Front schen Heimat und Front. Die Ideologie von der Vertierung des Gegners und der Notwendigkeit seiner Ausrottung war vor allem ein Produkt von fern der Front schreibenden Kriegsenthusiasten. Bei den Frontsoldaten fand diese Ideologie des Hasses und der Vernichtung oft deutliche Ablehnung. Ein deutscher Offizier schrieb bereits im November 1914:

> „Mich widert es an, wenn ich in Zeitungen Schmähungen auf unsere Feinde lese oder auch überschäumenden Hurrapatriotismus. [. . .] Die Leute, die zu Hause den Mund so voll nehmen, sollte man für ein paar Tage ins Granatfeuer schicken. Da würden sie bald herabsteigen von hohen Idealen. Es bleibt nur die Realität des Krieges. Bei allen Leuten, die vorne gewesen sind, werden Sie eins finden und das ist Achtung vor dem Gegner."[254]

---

[252] Heinrich Vierordt, „Deutschland, hasse!" Gedicht, zitiert nach der zeitgenössischen Wiedergabe in: *Das Forum* 1, 1914/15, II. Band, S. 319/320.
[253] Vgl. Wolfgang Rothe, „Der Große Krieg". In: Wolfgang Rothe, *Schriftsteller und totalitäre Welt*. Bern/München 1966, (Nr. 307), S. 40ff.
[254] Zitiert nach: *Das Forum* 1, 1914/15, II. Band, S. 455/456. Zur Hochachtung vor dem Gegner an der Front siehe auch ebda. S. 321.

Die literarisch vorgebrachten Appelle zur Vernichtung der als inferiore Un-Menschen gekennzeichneten Gegner stand in scharfem Widerspruch zu der traditionellen Verklärung des Soldaten als edlem und ritterlichem Helden, eine Verklärung, die in der kriegsapologetischen Literatur des Ersten Weltkriegs ebenfalls noch vielfach gepflegt wurde. Dieses traditionelle Leitbild fand bei den deutschen Frontsoldaten, vielleicht manchmal sogar gerade wegen ihrer Erfahrung der grausamen Realität des neuen Krieges, sehr viel mehr Anklang als das neue Bild einer gefühllosen Kampfmaschine mit primitiver Abschlachtungsfunktion.

Nur wer das Novum der Ausrottungsideologie berücksichtigt, die mehr noch von den deutschen Schriftstellern als von den Politikern und Militärs verkündet wurde, kann die zeitgenössische Opposition der Expressionisten gegen den Ersten Weltkrieg adäquat erfassen. Die expressionistische Ethik vom Brudertum aller Menschen mußte – sofern man sie zunächst überhaupt zur Kenntnis nehmen konnte – den Deutschen, die an fürchterliche Appelle zu Haß und Vernichtung gewohnt waren, als eine ungeheuerliche, geradezu revolutionäre Auffassung erscheinen.

Widerspruch

5. Desillusionierungen

5.1. Kampfgeschehen: Erwartung und Realität

Die affirmativen, oftmals geradezu euphorischen Reaktionen deutscher Schriftsteller und Künstler vom August 1914 können einem heutigen Betrachter, nach der Erfahrung zweier verheerender Weltkriege, nicht mehr verständlich sein. In Abschnitt 2.4 sind bereits verschiedene wichtige Voraussetzungen und Gründe für die im Rückblick zunächst so überraschende Kriegsbegeisterung der meisten deutschen Schriftsteller aufgezeigt worden. Dabei blieb allerdings ein äußerst wichtiger Aspekt zum späteren Verständnis dieser ja keineswegs nur auf Dichter und Künstler beschränkten Kriegsbegeisterung vom Herbst 1914 noch mit Absicht ausgeklammert: die vollkommene Antiquiertheit der Vorstellungen, die im Jahre 1914 weitgehend im gesamten Deutschen Reich über „Wesen" und „Charakter" eines künftigen Krieges herrschten. Diese Antiquiertheit darf, gerade auch in bezug auf die deutschen Schriftsteller und Künstler, nicht ausschließlich als eine Folge der vor 1914 weithin herrschenden Distanz zur politischen Sphäre gesehen werden. Auch die Planung der deutschen militärischen Führung war ja, wie sich im Herbst 1914 schon bald offenbarte, weder auf eine lange Dauer der Kampfhandlungen noch auf die zahlreichen technischen Neuerungen (wie Maschinengewehr, Stellungskrieg, Panzerwaffe und Gasgranaten) entsprechend vorbereitet. Als Stefan Zweig im Jahre 1940 unter dem Eindruck des neuen, zweiten Weltkrieges im Exil seine Lebenserinnerungen niederschrieb, stellte er sich rückblickend noch einmal die Frage nach den Hintergründen der von ihm persönlich miterlebten Kriegsbegeisterung vom August 1914. Neben einem noch völlig ungebrochenen Vertrauen des Volkes in die monarchische Führung nennt Zweig vor allem die allgemeine Ahnungslosigkeit über das wirkliche Gesicht des neuen

Antiquierte Vorstellungen

Krieges. Seine aufschlußreichen Ausführungen über Österreich lassen sich auch auf die deutsche Bevölkerung bei Beginn des Ersten Weltkriegs übertragen:

„Und dann, was wußten 1914, nach fast einem halben Jahrhundert des Friedens, die großen Massen vom Kriege? Sie kannten ihn nicht, sie hatten kaum je an ihn gedacht. Er war eine Legende und gerade die Ferne hatte ihn heroisch und romantisch gemacht. Sie sahen ihn immer noch aus der Perspektive der Schullesebücher und der Bilder in den Galerien: blendende Reiterattacken in den blitzblanken Uniformen, der tödliche Schuß jeweils großmütig mitten durch's Herz, der ganze Feldzug ein schmetternder Siegesmarsch – ‚Weihnachten sind wir wieder zu Hause', riefen im August 1914 die Rekruten lachend den Müttern zu. Wer in Dorf und Stadt erinnerte sich noch an den ‚wirklichen' Krieg? Bestenfalls ein paar Greise, die 1866 gegen Preußen, den Bundesgenossen von diesmal gekämpft, und was für ein geschwinder, unblutiger, ferner Krieg war das gewesen, ein Feldzug von drei Wochen und ohne viel Opfer zu Ende, ehe man erst richtig Atem geholt! Ein rascher Ausflug ins Romantische, ein wildes und männliches Abenteuer, – so malte sich der Krieg 1914 in die Vorstellung des einfachen Mannes, und die jungen Menschen hatten sogar ehrliche Angst, sie könnten das Wundervoll-Erregende in ihrem Leben versäumen; [...]"[1]

<small>Unerwartete Kriegsdauer</small>

Zu den größten Illusionen der zunächst so freudig gestimmten Zeitgenossen vom August 1914 gehörte ohne Zweifel die allgemeine Vorstellung, der neue Krieg werde in wenigen Wochen, allenfalls Monaten, bereits wieder zu Ende sein. Weithin erwartete man, bei den Zivilisten ebenso wie bei vielen Militärs, daß *eine* große Schlacht schon bald die endgültige Entscheidung herbeiführen werde. Wie stark diese an viel früheren Kriegen orientierte Erwartung tatsächlich war, belegt eindrucksvoll eine Tagebucheintragung Stefan Zweigs vom 15. August 1914. Nach nur zwei Wochen Kriegsdauer registrierte Zweig beim Wiener „Publicum" (sic!) bereits „eine gewisse Mißstimmung", weil es in Serbien nicht schnell genug vorangehe: „Man hatte auf ein entscheidendes rasches Ende gehofft."[2]

<small>Abstumpfung</small>

Stefan Zweigs Tagebuchaufzeichnungen aus der Anfangszeit des Ersten Weltkriegs zeigen immer wieder sein persönliches Hoffen wie auch das Warten seiner Umwelt auf die eine, große, alles entscheidende Schlacht. Das Ausbleiben eben dieser Entscheidung, die Aufteilung des Kriegs in viele kleinere, grauenvolle, aber für den Ausgang offensichtlich folgenlose Kämpfe wurde für die Zeitgenossen zu einer wachsenden seelischen Strapaze. „Unsägliche Qual das Tempo dieses Krieges!" notierte Zweig deprimiert am 2. November 1914.[3] Dieses quälend langsame „Tempo" des Krieges, sein beständiges „Auf und Ab"[4] ohne wirk-

---

[1] Stefan Zweig, *Die Welt von gestern. Erinnerungen eines Europäers.* Stockholm 1942, S. 261.
[2] Stefan Zweig, *Tagebücher.* (Nr. 260), S. 89.
[3] Ebda. S. 113. – Um Mißverständnisse zu vermeiden, sei vermerkt, daß Stefan Zweig vor allem aus humanitären Gründen auf ein schnelles Ende des Krieges hoffte, nicht etwa aus chauvinistischem Glauben an eine grenzenlose Überlegenheit der deutschen und österreichischen Truppen. „Das Morden ist grauenhaft" schrieb er z.B. am 17. Oktober 1914. (Ebda. S. 110).
[4] Ebda. S. 121. Der ganze Satz in der Eintragung vom 4. Dezember 1914 lautet: „Das ewige Auf und Ab ist das Entsetzlichste an diesem Krieg, weil es droht ihn ins Unendliche zu verlängern."

liche Entscheidung überforderte die anfangs nervlich auf das höchste gereizten Zeitgenossen. Zweig gestand sich selbst schon Anfang Oktober 1914: „Die Nerven werden allmählich stumpf."[5] Einen ähnlichen Vorgang wachsender Abstumpfung und „Starre" beobachtete Zweig auch bei seinen Mitmenschen. Sein Tagebuch zeigt sehr genau, wie das Interesse der Wiener Bevölkerung an den unzähligen „Einzelnachrichten", an den verschiedenen „Kriegsphasen" immer mehr verloren geht und schließlich nur noch die eine Frage nach dem Ausgang des Krieges aus der allgemeinen „Lethargie" aufrütteln kann.[6]

Die privaten Aufzeichnungen Stefan Zweigs liefern dem späteren Leser wichtige Aufschlüsse über die Desillusionierung und die folgende psychische Erstarrung der Zivilbevölkerung.[7] Bei den Soldaten an der Front führte dagegen nicht so sehr das Ausbleiben der schnellen Entscheidung, sondern vielmehr die Erfahrung der völlig unerwarteten, anonymen, vom Stand der Technik beherrschten Art des Kämpfens zu oft schneller Ernüchterung und anschließender Lethargie. Die gewaltigen technischen Veränderungen der vergangenen Jahre und Jahrzehnte waren zu Beginn dieses Jahrhunderts nur sehr unvollständig ins Bewußtsein der deutschen Bevölkerung gelangt. Weithin bestand eine tiefe Diskrepanz zwischen den antiquierten Vorstellungen und den enormen technischen Neuerungen. Diese Diskrepanz offenbarte sich für viele schlagartig im Erlebnis des neuen Krieges. „Die neue Realität der Materialschlachten und das Massensterben an der Front stimmten nicht mehr mit den überlieferten Kriegs- und Heldenklischees überein."[8] Der Arbeiterdichter Heinrich Lersch schrieb nach drei Wochen persönlicher Fronterfahrung im Schützengraben deprimiert an seinen Freund, den Schriftsteller Alphons Petzold: „Lieber Petzold, ich hätt's mir ja nicht *so* vorstellen können – keiner kann's, denn so etwas ist so neu, daß es nie zum Kriegsein gehört hat."[9]

Idee und Realität

Die an der Front kämpfenden Soldaten erfuhren als erste den zutiefst verstörenden Widerspruch zwischen Vorstellung und Realität. Ihre neue Erfahrung, weitgehend nur noch hilfloses Objekt der Kriegsmaschinerie zu sein, widersprach vollkommen ihren anfänglichen Erwartungen und dem gesamten „bisherigen Bilde" vom „Wesen"[10] eines Krieges. In einem aufschlußreichen Essay konstatierte ein fronterfahrener Autor 1915, daß der neue Krieg „zwei Gesichter", „zwei fast gegensätzliche Bilder"[11] aufweise. Der „Idee des Krieges", wie sie

Zwei Gesichter

---

[5] Ebda. S. 108 (Eintrag vom 1.10.1914).
[6] Alle Begriffe ebda. S. 174. Die Einträge datieren vom 25., 26., 27. Mai 1915.
[7] Zweigs Ausführungen beziehen sich auf die Wiener Bevölkerung, sind aber sicherlich auch auf das Deutsche Reich übertragbar. Auch dort reagierten die Menschen auf die vollkommen unerwartete Dauer des Krieges zunehmend mit emotionaler Lethargie.
[8] Thomas Anz / Joseph Vogl, „Nachwort". In: *Die Dichter und der Krieg. Deutsche Lyrik 1914–1918.* (Nr. 42), S. 237.
[9] Aus einem Brief Heinrich Lerschs an Alphons Petzold, geschrieben am Ostersonntag 1915. Enthalten in: Heinrich Lersch, *Briefe und Gedichte aus dem Nachlaß.* Hrsg. von Christian Jenssen. Hamburg 1939, S. 32.
[10] Paul Fechter, „Der wirkliche Krieg". In: *Zeit-Echo* 2, 1915/16, H. 2, S. 22–24; Zitate S. 23.
[11] Ebda. S. 22.

vor allem in der Heimat vertreten werde, stehe die „Materialisierung dieser Idee"[12] an der Front gegenüber. Beides zusammen, „die harte Wirklichkeit auf der einen, die gesteigerte Betrachtung und Einordnung auf der anderen Seite", ergaben nach Ansicht des Verfassers erst „das Bild des ganzen, des wirklichen Krieges".[13] Für viele Soldaten ließen sich allerdings diese beiden gegensätzlichen „Bilder" nicht mehr zu einer Einheit zusammensetzen. Der Widerspruch von Erwartung und Realität wurde dann als ein enormer Schock erlebt, der weithin Verstörung, Depression und radikale geistige Abstumpfung (zum Zweck der Ausblendung aller störenden Eindrücke) zu Folge hatte.

Reduzierung zum Objekt

Die Destruktion der einzelnen Topoi der zeitgenössischen Kriegsideologie durch die Erfahrung der Realität des neuen Weltkrieges ist im ersten Band dieser Untersuchung bereits ausführlicher behandelt worden.[14] Die neuen Waffen und die neue Kampfart des Stellungskrieges ließen kaum mehr Platz für das in Überlieferung und Literatur so verherrlichte Heldentum des Angriffs und der kühnen Tat. Anstelle von Abenteuer und Daseins-Erweiterung erfuhren die Frontsoldaten sehr schnell eine radikale Reduzierung zum sowohl belanglosen wie ohnmächtigen Objekt des Kriegsgeschehens. Heinrich Lersch mußte schon bald erkennen: „Mut, Tapferkeit und Geschick – alles ist überflüssig. Wer die stupidesten Nerven hat, der fühlt am wenigsten davon, und alles andere ist gleich. Wir warten nur, bis die ‚richtige' Granate kommt, die zerfetzt alles, Geschickte und Dumme, Leutnant und Gemeinen. Nur stehn und warten."[15]

Schnelle Desillusionierung

Angesichts solcher Erfahrungen dauerte die anfängliche Kriegsbegeisterung oftmals nur wenige Tage oder Wochen. Eine schnelle Desillusionierung durch die persönliche Erfahrung des Geschehens an der Front läßt sich für etliche deutsche Schriftsteller und Künstler aufzeigen. So schrieb z. B. der Arzt und Dichter Wilhelm Klemm am 28. August 1914, wenige Wochen nach Kriegsbeginn und kurz vor seinem ersten Fronteinsatz, noch voller Begeisterung an seine Frau: „Der Krieg ist etwas ungeheuer Großartiges [...] So muß es 1813 gewesen sein, und so werden wir auch diesmal alles besiegen. Nirgends ein Mißton. Wir leben in einer großen Zeit."[16] Nur wenige Wochen später aber hieß es bereits in einem Brief desselben Autors: „Der Krieg kann so scheußlich sein, daß man sich nach einer Kugel förmlich sehnt, die einen all dieser Aufregungen und Qualen enthebt, das ist z. T. auch das Geheimnis, das den Leuten zu so unsäglichen Leiden die Ausdauer gibt."[17]

Grauen der Realität

Wenige Tage nach Beginn des Krieges vom August 1914 notierte der expressionistische Dichter Ernst Wilhelm Lotz voller Freude, er „fange schon an", den

---

[12] Ebda. S. 24.
[13] Ebda.
[14] Siehe Band 1, Kap. IV.
[15] Brief Heinrich Lerschs an Alphons Petzold vom Ostersonntag 1915. (Wie Anm. 9).
[16] Zitiert nach Wilhelm Klemm, *Ich lag in fremder Stube. Gesammelte Gedichte*. Hrsg. und mit einem Nachwort versehen von Hanns-Josef Ortheil. München 1981, S. 110.
[17] Aus einem Brief Wilhelm Klemms vom 27.9.1914. Abgedruckt in: Wilhelm Klemm, *Ich lag in fremder Stube*. (Nr. 127), S. 115.

Krieg „artistisch zu erleben".[18] Keine zwei Wochen später, nach den ersten unmittelbaren Fronterfahrungen, war diese anfängliche Freude und Erwartungshaltung bereits schlagartig beendet. Verstört und desillusioniert schrieb Lotz nun von der Front: „Ich habe alle Sensationen des Krieges satt, die nur einen unmenschlichen Rohling entzücken können. Bei dem Wort Krieg sehe ich nur Unerquickliches, zerplatzte Bäuche, wimmernde Verwundete, weinende Kinder vor brennenden Häusern und brutale Kanonenschläge, die ganze Kolonnen zerfleischen."[19] Auch der Maler Franz Marc erlebte sehr schnell den Widerspruch zwischen seinen anfänglichen Vorstellungen und der grauenvollen Realität. Er schrieb am 11. November 1914 ernüchtert an seine Mutter: „Ich denke oft, wie ich als Bub und Jüngling trauerte, keine große weltgeschichtliche Epoche zu erleben, – nun ist sie da und fürchterlicher, als es sich irgendeiner träumen konnte."[20]

Natürlich verlief der Prozeß der Desillusionierung durch das persönliche Erleben der Front nicht immer so schnell wie bei den bisher aufgeführten Dichtern und Künstlern. Viele Schriftsteller versuchten trotz direkter Fronterfahrungen so lange wie nur irgend möglich ihre anfänglichen Vorstellungen und Erwartungen aufrechtzuerhalten. Oftmals entstand für eine gewisse Zeit eine spannungsvolle Ambivalenz von Faszination und Entsetzen. „Es bäumt sich alles in mir dagegen und doch fühle ich mich hingezogen",[21] schrieb in für diese Ambivalenz charakteristischer Weise August Stramm im Dezember 1914 von der Front. Mit der Dauer der intensiven Kriegserfahrung allerdings wich auch diese zeitweilige Faszination, die zunächst gelegentlich einen Gegenpol zu den verstörenden Eindrücken zu bilden vermochte, immer mehr dem Entsetzen, der Verzweiflung und der Apathie. Nachdem er sechs Gefechtstage hintereinander erlebt hatte, notierte August Stramm im Februar 1915 voller Verzweiflung: „Entsetzlich. Ich habe kein Wort. Ich kenne kein Wort. Ich muß immer nur stieren, stieren um mich stumpf zu machen. um all das Gepeitschte niederzuhalten. Denn ich fühle es, ich fühle es ganz deutlich daß das peitscht und krallt nach meinem Verstand."[22]

Faszination und Entsetzen

Allerspätestens nach der Schlacht um Verdun, bei der das neue, grauenvolle Konzept des Ausblutens[23] besonders deutlich an die Stelle strategischer Handlungen und Offensiven getreten war, hatten die früheren, zumeist lange tradierten Vorstellungen vom Krieg endgültig jede Glaubwürdigkeit verloren. Zu diesem

---

[18] Aus einem Brief, datiert vom 5.8.1914, von Ernst Wilhelm Lotz. Abgedruckt in: Ernst Wilhelm Lotz, *Prosaversuche und Feldpostbriefe. Aus dem bisher unveröffentlichten Nachlaß.* Hrsg. von Hellmuth Draws-Tychsen. Diessen vor München o.J. (1955), S. 61.
[19] Ebda. S. 68. (Brief vom 16. August 1914).
[20] Franz Marc, *Briefe aus dem Feld 1914–1916.* Berlin, ⁵1959, S. 25. Dieser Brief an die Mutter fehlt in der (sonst hier benutzten) Neuausgabe der *Briefe aus dem Feld,* München 1982.
[21] Aus einem Brief August Stramms an Herwarth und Nell Walden, datiert vom 14.12.1914. Hier zitiert nach dem Teil-Abdruck in: Paul Pörtner, *Literatur-Revolution 1910–1925. Dokumente, Manifeste, Programme.* Bd. 1: *Zur Ästhetik und Poetik.* Darmstadt 1960, S. 48.
[22] August Stramm, *Briefe an Nell und Herwarth Walden.* Hrsg. von Michael Trabitzsch. Berlin 1988, S. 48. Der Brief stammt vom 14.2.1915.
[23] Genauer dazu siehe z.B. Wolfgang Rothe, „Der Große Krieg". (Nr. 307), S. 46.

Zeitpunkt zählten allerdings viele derjenigen Dichter und Intellektuellen, die im Herbst 1914 den neuen Krieg so freudig begrüßt hatten, bereits selber zu dessen Opfern.[24] Wer nun noch in den Krieg zog oder ihn öffentlich rechtfertigte, tat es kaum mehr aus Begeisterung und Ahnungslosigkeit, sondern aus Pflichtgefühl und mit dem Willen, das Vaterland gegen den „Überfall" der Feinde zu verteidigen.

Wahnsinn

Die Erfahrung des Frontgeschehens zerstörte nicht nur zumeist sehr rasch die anfangs so großen Hoffnungen vieler Zeitgenossen auf Abenteuer, auf Heldentaten und Daseins-Erweiterung. Das Massensterben in den Schützengräben und die immer offenkundiger werdende Degradierung der „Kämpfer"[25] zu wehrlosen Opfern der neuen technischen Vernichtungsmittel widerlegten zunehmend auch ein anderes wichtiges Axiom der zeitgenössischen Kriegsideologie: die seit langem überlieferte Auffassung vom Krieg als einem immer wieder notwendig werdenden, den Gesetzen der Natur entsprechenden Mittel zur Auslese der Elite, der Tüchtigsten und Tapfersten eines Volkes (wie auch zur Auslese zwischen den Völkern). Je mehr im Verlaufe des Krieges die Erkenntnis wuchs, daß das Überleben an der Front nicht entscheidend von persönlichen Leistungen und Fähigkeiten abhing, sondern mehr als je zuvor von Glück und blindem Zufall, um so weniger glaubwürdig wurde die Auswahltheorie der zeitgenössischen Kriegsphilosophie. Vielen Soldaten erschien das Frontgeschehen immer mehr als eine vollkommen zufällige Abfolge letztlich irrwitziger und absurder[26] Ereignisse, bei denen es keinerlei Regeln mehr dafür gab, wer überlebte und wer zum Opfer wurde. Als nach der Schlacht um Verdun (Februar bis Dezember 1916) schließlich ca. 600 000 Deutsche und 350 000 Franzosen gefallen waren, vermochte angesichts dieser Zahlen kaum mehr ein Zeitgenosse noch ernsthaft zu behaupten, daß das Überleben dieser „Hölle",[27] dieses unvorstellbaren Massengrabes etwas mit naturgesetzlicher Auswahl der Besten und Wertvollsten zu tun habe – zumal die Überlebenden gerade dieses Massen-Gemetzels oftmals unter schweren, auch nach außen hin deutlich sichtbaren psychischen Schäden litten.

Nicht mehr als natürliches Mittel zur Auswahl der nationalen Elite und zur Katharsis des ganzen Volkes, sondern vielmehr als Massengrab, als Chaos ohne jeden Sinn, als Wahnwitz und „Welt-Widerruf" (R. M. Rilke)[28] empfanden viele

---

[24] Zu den Opfern des Ersten Weltkriegs unter den Schriftstellern gehörten u. a. Hermann Löns, Alfred Walter Heymel, Georg Trakl, August Stramm, Reinhard Johannes Sorge, Gustav Sack, Walter Flex, Max Dauthendey, Gerrit Engelke.

[25] Dieser mit Tat, Mut und Heldentum verbundene Begriff wurde im zeitgenössischen Schrifttum vielfach dem des „Soldaten" vorgezogen.

[26] Zur Erfahrung der Absurdität vgl. Ulrich Linse, „Das wahre Zeugnis. Eine psychohistorische Deutung des Ersten Weltkriegs". In: *Kriegserlebnis. Der Erste Weltkrieg in der literarischen Gestaltung und symbolischen Deutung der Nationen*. Hrsg. von Klaus Vondung. Göttingen 1980, S. 90–114; speziell Abschnitt IV: „Der absurde Augenblick".

[27] In einem Brief an Stefan Zweig schrieb Paul Zech am 12.7.16 wörtlich von der „Hölle von Verdun". (Stefan Zweig / Paul Zech, *Briefe 1910–1942*. Hrsg. von Donald G. Daviau. Frankfurt a. M. 1986, S. 62).

[28] Aus einem Brief Rainer Maria Rilkes an den Verleger Kurt Wolff vom 28. März 1917.

Zeitgenossen spätestens ab Verdun den im August 1914 so begeistert aufgenommenen Krieg. Es brauchte ein großes Maß an Verdrängung, an Vergessen und ideologischer Beeinflussung, bis dieser Krieg etliche Jahre später von einem erheblichen Teil der deutschen Bevölkerung wieder als Reifezeit einer auserwählten, in „Stahlgewittern" gehärteten und zur Führung zumindest Europas (wenn nicht gar der Welt) berechtigten Nation (Rasse) gesehen wurde.

5.2. Literarische Ent-Heroisierung des Geschehens an der Front: Die „Verse vom Schlachtfeld"

Die geistige Auseinandersetzung mit dem Geschehen an der Front und mit dem unmittelbaren Erleben des Krieges führte die deutschen Künstler und Schriftsteller zu sehr unterschiedlichen Ergebnissen. Die noch ausführlich zu analysierende Forderung der Vertreter des Expressionismus nach radikaler ethisch-moralischer Wandlung und Erneuerung des Menschen war ohne Zweifel die weitestgehende Reaktion auf die neue und verstörende Kriegserfahrung. Als erster literarischer Niederschlag der beginnenden Auseinandersetzung mit der grundlegend veränderten Art des Krieges erschien schon wenige Wochen nach Kriegsbeginn eine neuartige, dezidiert anti-heroische Kriegslyrik. Dieser besonderen Lyrik, die der allgemeinen Desillusionierung im Deutschen Reich sowie der expressionistischen Deutung und Verarbeitung des Krieges deutlich vorausging, gelten die folgenden Ausführungen. {Neue Kriegslyrik}

Ende Oktober 1914 eröffnete die Zeitschrift *Die Aktion* eine neue literarische Rubrik, die den Titel „Dichtungen vom Schlachtfeld" erhielt. In einer kurzen Einführung erklärte der Herausgeber der Zeitschrift, Franz Pfemfert: „Diese Gedichte veröffentliche ich mit besonderer Genugtuung: es sind die ersten wertvollen Verse, die der Weltkrieg 1914 hervorgebracht hat, es sind die ersten Kriegsgedichte. Der Dichter, mein Mitarbeiter Wilhelm Klemm, sendet sie mir aus Frankreich, wo er als Militärarzt wirkt."[29] Die Texte dieser bald in „Verse vom Schlachtfeld" umbenannten Rubrik aus der *Aktion* gelten heute als Paradigmen der zwischen 1914 und 1918 im Deutschen Reich entstandenen anti-heroischen Kriegsdichtung. In der deutschen Literaturwissenschaft fand diese spezifische Lyrik des Ersten Weltkriegs lange Zeit nur wenig Beachtung. Erst sehr spät wurde die Bedeutung dieser „Verse vom Schlachtfeld" als einer gezielten Opposition gegen die zeitgleiche massenhafte literarische Apologetik des Krieges erkannt und näher untersucht.[30] {Verse vom Schlachtfeld}

Die anti-heroische Kriegslyrik wird in den folgenden Ausführungen bewußt nicht der expressionistischen Auslegung und Verarbeitung des Ersten Weltkrieges zugeordnet. Der Grund für diese Abgrenzung liegt in der besonderen Ausrich- {Anliegen}

Zitiert nach Kurt Wolff, *Briefwechsel eines Verlegers 1911–1963*. Hrsg. von Bernhard Zeller und Ellen Otten. Frankfurt a. M. 1966, S. 146.

[29] Aus der Vorbemerkung Franz Pfemferts zu der neuen Rubrik „Dichtungen vom Schlacht-Feld". In: *Die Aktion* 4, 1914, 24. Oktober 1914, Sp. 843.

[30] Ausführlicher dazu siehe vor allem Hermann Korte, *Der Krieg in der Lyrik des Expressionismus*. (Nr. 288), speziell Kap. III, Abschnitt 4.

tung der „Verse vom Schlachtfeld" auf das unmittelbare Erleben des Kriegsgeschehens an der Front. Mit dieser Ausrichtung unterscheiden sich die anti-heroischen Kriegsgedichte – trotz zahlreicher formaler Ähnlichkeiten – recht deutlich von der expressionistischen Auslegung des Krieges als eines epochalen Wendepunktes in der geistig-ethischen Entwicklung der Menschheit. Entscheidendes Anliegen der Verfasser der „Verse vom Schlachtfeld" war nicht – wie im Expressionismus – eine Reflexion über den Sinn des neuen Krieges, über seine tieferen Hintergründe sowie über die Möglichkeiten einer zukünftigen Verhinderung derartigen grauenhaften Geschehens. Die Zielsetzung der anti-heroischen Autoren lag vielmehr in der literarischen Wiedergabe der persönlich unmittelbar erfahrenen, zutiefst schockierenden Realität des Kampfgeschehens an der Front. Durch das Medium der Literatur sollte die neue Wirklichkeit des Krieges, vor der alle bis dahin üblichen Vorstellungen restlos versagten, an die noch weitgehend ahnungslose deutsche Öffentlichkeit vermittelt werden. Die literarische Auseinandersetzung mit dem neuen „Charakter" des Krieges muß ohne Zweifel auch als ein Versuch der Autoren gesehen werden, ihre verstörenden Fronterlebnisse selber besser verarbeiten zu können.

Gezielte Opposition

Bei der literarischen Gestaltung der veränderten Wirklichkeit des Krieges konnten die Autoren der anti-heroischen Verse nicht mehr auf die tradierten Bilder, Motive und Topoi der herkömmlichen Kriegslyrik zurückgreifen. Diese Lyrik wurde vielmehr ausdrücklich als vollkommen unzureichend abgelehnt: „Die deutschen Kriegsgedichte sind geradezu entsetzlich. Es ist toll, was in den Tagblättern gedruckt wird. Und immer dasselbe! Guter Wille!" (W. Klemm).[31] Von dieser nach den überlieferten Mustern gestalteten Kriegslyrik, die im Herbst 1914 das Deutsche Reich überschwemmte, setzten sich die Verfasser der entheroisierenden Literatur bewußt ab. Die deutliche Opposition zur massenhaft verbreiteten affirmativen Lyrik des Krieges muß, wie die folgenden Ausführungen noch genauer belegen werden, als ein wichtiges konstitutives Merkmal der anti-heroischen Literatur verstanden werden.

Resonanz

Trotz dieser eindeutigen Opposition darf aber der politische Anspruch von Autoren wie Wilhelm Klemm und Alfred Vagts nicht überschätzt werden. Das maßgebliche Ziel dieser Autoren war nicht eine politische Kritik (z. B. an der deutschen Reichsführung), sondern die Vermittlung der im eigenen Frontdienst erfahrenen neuen Wirklichkeit des Krieges an die deutsche Öffentlichkeit. Die innovative Leistung der anti-heroischen Lyrik lag deshalb auch in erster Linie in der Anfangsphase des Ersten Weltkriegs, als die Erkenntnis eines völlig andersartigen Charakters dieses Krieges noch nicht zum Allgemeingut der Bevölkerung geworden war. Mit der öffentlichen Desillusionierung und dem starken Rückgang der affirmativen Literatur traditioneller Art ab 1915/16 verlor auch die anti-heroische Kriegslyrik an Bedeutung. Die Frage nach Ursache, Sinn und

---

[31] Aus einem Brief Wilhelm Klemms an seine Frau vom Herbst 1914. In: *Briefe aus dem Feldzug 1914* von Wilhelm Klemm, unveröffentlichte maschinenschriftliche Abschrift, S. 78. Hier zitiert nach Hanns-Josef Ortheil, *Wilhelm Klemm. Ein Lyriker der ‚Menschheitsdämmerung'*. Stuttgart 1979, S. 41.

Ausgang des Krieges wurde nun auch in der Literatur wichtiger als die Gestaltung der neuartigen Fronterfahrungen.

In den „Versen vom Schlachtfeld" wird der Krieg, anders als in der glorifi-   Perspektivik
zierenden Literatur, aus der Perspektive des einfachen Frontsoldaten wiedergegeben. Schon die Titel der Gedichte, wie z. B. „Vormarsch", „Stellung", „Nacht im Schützengraben", „Schlacht am Nachmittag"[32] verweisen zumeist auf alltägliche Situationen aus dem Leben der Frontkämpfer. Eine wichtige und konstitutive Besonderheit der anti-heroischen Lyrik bildet die gewollte Beschränkung der Darstellung des Krieges auf die Ebene unmittelbarer Wahrnehmung. Das in den Texten präsentierte Frontgeschehen erfährt keinerlei sinnstiftende Deutung oder ideologische Erhöhung. Dieser auffällige Verzicht auf jede Form nationaler, religiöser, kulturphilosophischer oder sonstiger Sinngebung stand in scharfer Opposition zur zeitgleichen affirmativen Kriegsliteratur.

Die „Verse vom Schlachtfeld" verzichten aber nicht nur auf jegliche geistige   Bilder-
Deutung und Rechtfertigung des Krieges. Die literarische Darbietung unmittel-   Reihung
barer Eindrücke von der Front wird meistens nicht einmal mehr zu einem einheitlichen Gesamtbild abgeschlossen. Die Texte bestehen vielmehr oftmals aus einer Aneinanderreihung unverbundener, gleichzeitiger, oft auch widersprüchlicher Wahrnehmungen. Dieses Verfahren erinnert den späteren Betrachter deutlich an den Zeilenstil der expressionistischen Lyrik der Vorkriegsjahre, in dem mit Hilfe einer Reihung heterogener Eindrücke die Überwältigung oder gar Zerstörung des wahrnehmenden Subjekts durch die wahrgenommene Umwelt zum Ausdruck gebracht werden sollte. Ebenso erscheint auch in der anti-heroischen Kriegslyrik der einzelne Soldat als ein vollkommen ausgeliefertes und hilfloses Objekt der Kriegsmaschinerie. Er tritt nicht mehr, wie in der zeitgleichen affirmativen Kriegsliteratur, als eine aktive, das Geschehen bestimmende „Persönlichkeit" auf, sondern vielmehr als passives und wehrloses Objekt. „Streng gegen das Pathos gerichtet, übernahmen die Gedichte die sachgemäße Dokumentation der Hilflosigkeit" (H.-J. Ortheil)[33] – jener Hilflosigkeit und Degradierung zum Objekt, die zu den besonders schockierenden Erfahrungen der Kriegsfreiwilligen vom Herbst 1914 gehörte.

Die Herabsetzung des Soldaten zum wehrlosen Objekt wird in den anti-   Ausblendung
heroischen Texten nicht nur durch die bereits genannte Beschränkung auf die Perspektive passiver Wahrnehmung und durch den provokativen Verzicht auf jede sinnstiftende Deutung des Geschehens erzeugt. Als weiteres wichtiges Stilmittel der Verdinglichung benutzen die Autoren der anti-heroischen Lyrik den Verzicht auf jegliche Wiedergabe psychisch-emotionaler Reaktionen. Die „Verse vom Schlachtfeld" verzichten nicht nur auf patriotische Kriegsbegeisterung, sondern auf menschliche Gefühle und Reaktionen überhaupt: „Es sind lakonische

---

[32] Alle aufgeführten Titel stammen von Wilhelm Klemm und gehören zu der Gruppe antiheroischer Gedichte, die 1914/15 in der *Aktion* in der Rubrik „Verse vom Schlachtfeld" abgedruckt wurden.

[33] Hanns-Josef Ortheil, „Nachwort". In: Wilhelm Klemm, *Ich lag in fremder Stube*. (Nr. 300), S. 119–137; Zitat S. 126.

Meldungen, die jede Gefühlssprache verbergen."³⁴ In der neuen, anti-heroischen Lyrik wurde der Krieg „nicht besungen, nicht gedeutet – er erschien als eine Epidemie des Schreckens, die Menschen und Dinge erstarren ließ".³⁵

Leistung Mit den aufgezeigten innovativen Verfahren versuchten die Autoren der „Verse vom Schlachtfeld" die neuartige Wahrnehmung des von allen Erwartungen und Erfahrungen so radikal abweichenden neuen Krieges sprachlich wiederzugeben. Der bereits an anderer Stelle erwähnte Essay eines Zeitgenossen mit dem aufschlußreichen Titel „Der wirkliche Krieg"³⁶ läßt erkennen, wie sehr die neuen Verfahren in der anti-heroischen Lyrik mit der veränderten Wahrnehmung des Krieges durch die Frontsoldaten übereinstimmten. Der völlige Verlust des Überblicks über das Geschehen und die Unmöglichkeit einer geistig-ideologischen Erhöhung des unmittelbar Erlebten werden auch in dem Artikel Paul Fechters als die prägenden Momente bei der neuartigen Wahrnehmung des Krieges durch die Frontsoldaten genannt.

Entglorifizierung Die skizzierten Verfahren der anti-heroischen Lyrik (Verzicht auf Deutung und Rechtfertigung des Krieges; Zerfall der Wahrnehmung in einzelne, unverbundene Bilder; Verdinglichung des Menschen zum passiven Objekt) erzeugten einen scharfen Kontrast zur traditionellen Heroisierung und Verklärung des Krieges in der apologetischen Literatur. Eine weitere deutliche Opposition erreichten die Autoren der anti-heroischen Texte durch die gezielte Durchbrechung der in der zeitgleichen apologetischen Literatur herrschenden Tabus und Beschönigungen. Diese Opposition betrifft vor allem die Themen Lazarett, Verwundung und Tod.³⁷ An die Stelle der üblichen, verklärenden Formel vom „Heldentod für das Vaterland" tritt die detaillierte Beschreibung von Verwundung, von Leiden und Sterben. In einem Gedicht von Wilhelm Klemm finden sich die Zeilen: „[...] Die Skala der Gerüche: / Die großen Eimer voll Eiter, Watte, Blut, ampu- / tierten Gliedern, / Die Verbände voll Maden. Die Wunden voll / Knochen und Stroh. /"³⁸ Mit derartigen, bis dahin noch nicht gewagten, geradezu naturalistischen Szenen aus dem Leiden und Sterben im Lazarett opponierte die anti-heroische Lyrik gegen die übliche literarische Glorifizierung des Krieges. Der schon genannte Verzicht in dieser Lyrik auf jede sinngebende Deutung des dargestellten Geschehens verlieh dieser ausführlichen Thematisierung des Leidens der Verwundeten und Sterbenden noch eine zusätzliche Schärfe. Wie scharf der Kontrast der anti-heroischen Verse zur traditionellen Kriegsliteratur tatsächlich war, soll ein Verweis auf ein weitgehend zeitgleiches, schnell berühmt ge-

---

[34] Hanns-Josef Ortheil, *Wilhelm Klemm. Ein Lyriker der ‚Menschheitsdämmerung'*. (Nr. 299), S. 45. Nicht übersehen werden darf natürlich, daß eine indirekte emotionale Bewertung des dargestellten Geschehens über die Wahl der Adjektive, Verben etc. erfolgt.
[35] Hanns-Josef Ortheil, „Nachwort". (Wie Anm. 33; Zitat S. 125).
[36] Siehe Anm. 10.
[37] Schon unter den ersten Veröffentlichungen Wilhelm Klemms (1914/15) in der Rubrik „Verse vom Schlachtfeld" (anfangs noch als „Dichtungen vom Schlacht-Feld") finden sich Titel wie „Lazarett", „Sterben" und „Tot".
[38] Aus Wilhelm Klemms Gedicht „Lazarett". Abgedruckt in: *1914–1916. Eine Anthologie*. Berlin 1916, S. 71 (*Die Aktions-Lyrik*. Hrsg. von Franz Pfemfert. Band 1).

wordenes kriegsaffirmatives Werk aufzeigen: *Der Wanderer zwischen beiden Welten* von Walter Flex. Die Greuel des Leidens und Sterbens bleiben in diesem Kriegsbuch mit Absicht vollkommen ausgeblendet. Programmatisch für sein eigenes Schreiben über den Krieg läßt Flex seine Hauptfigur Ernst Wurche erklären: „Aber wenn ein Mann den tödlichen Schuß, der ihm das Eingeweide zerreißt, empfangen hat, dann soll keiner mehr nach ihm hinsehen. Denn was dann kommt, ist häßlich und gehört nicht mehr zu ihm."[39] Gegen diese Programmatik des Wegblickens setzten die Autoren der enttabuisierenden Kriegslyrik ihre genauen Schilderungen des Leidens und Sterbens.

Ein weiteres wichtiges Verfahren der literarischen Entglorifizierung des Krieges bildet die häufig eingesetzte Umdeutung und Konterkarierung der für die affirmative Kriegsdichtung charakteristischen Motive, Topoi und Ideologeme. So wurde z. B. der vor allem im Herbst 1914 bevorzugten Verklärung des Krieges als eines einzigartigen Abenteuers und Erlebnisses durch die Schilderung des soldatischen Lebens als monotone Wiederkehr eintöniger Situationen (z. B. des Marschierens)[40] deutlich widersprochen. An die Stelle der apologetischen Motive von Aufbruch und Erneuerung treten die Bilder einer wachsenden Erstarrung von Mensch und Natur, ja sogar des Krieges selber. Die Natur fungiert nicht mehr wie in der affirmativen Kriegslyrik als trostspendende Idylle. Auch sie erscheint vielmehr immer wieder als ein vergewaltigtes Opfer des Krieges der Menschen; ein Opfer, das seinem Schänder, dem Menschen, sowohl als Anklage wie auch als Bedrohung[41] entgegentritt.

<small>Konterkarierung</small>

In klarer Opposition zur affirmativen Kriegsliteratur stand auch der auffällige Verzicht der anti-heroischen Verse auf die für die Zeit so charakteristische strenge Dichotomie von Freund und Feind. Der militärische Gegner wird in den „Versen vom Schlachtfeld", sofern er bei dem Verfahren der Aneinanderreihung unmittelbarer Kampfeindrücke überhaupt Erwähnung findet, vor allem dargestellt als einer, der ebenfalls leidet. Die anti-heroische Lyrik ging allerdings – im Unterschied zur expressionistischen Literatur der Kriegsjahre – noch nicht über diese Verbundenheit der Soldaten durch ihr Leiden unter dem Krieg hinaus. Sie vertrat noch nicht die den Expressionismus kennzeichnende Position eines in der Zukunft zu verwirklichenden Brudertums aller Menschen.[42]

<small>Einheit im Leiden</small>

Die bisherigen Befunde können verdeutlichen, wie sehr die Opposition zur gleichzeitigen, an langer literarischer Tradition orientierten affirmativen Kriegslyrik als ein gewichtiges konstitutives Merkmal der „Verse vom Schlachtfeld"

<small>Konstitutive Opposition</small>

---

[39] Walter Flex, *Der Wanderer zwischen beiden Welten. Ein Kriegserlebnis.* Erstmals München 1916. Hier zitiert nach der Wiedergabe in: Walter Flex, *Gesammelte Werke.* 1. Band. 1. Aufl. München o. J. (1925); 6. Aufl. München o. J., S. 185–265; das Zitat S. 215.

[40] Vgl. den Titel „Märsche" eines anti-heroischen Gedichtes von Oskar Kanehl, in dem es eingangs heißt: „Immer und immer wieder diese langen Chaus- / seen / die wir marschieren. Dieses Spießrutenlaufen zwischen militärischen / Bäumen / und weißen Kilometersteinen." Zitiert nach Oskar Kanehl, *Die Schande. Gedichte eines dienstpflichtigen Soldaten aus der Mordsaison 1914–18.* Berlin 1922, S. 15 (*Die Aktions-Lyrik.* Band 7).

[41] Vgl. das berühmt gewordene Gedicht „Patrouille" von August Stramm. Abgedruckt u. a. in: *Der Sturm* 6, 1915, Nr. 7/8. S. 40.

[42] Siehe Kap. III, vor allem Abschnitt 5.3.

gesehen werden muß. Die Verfasser dieser Lyrik durchbrachen gezielt die ideologischen und ästhetischen Normen der zeitgenössischen literarischen Apologetik des Krieges. An die Stelle von Verklärung, Heroisierung oder Tabuisierung setzten sie das ungewohnte und provozierende Bild eines monotonen, sinnlosen und menschenvernichtenden Geschehens. Dieses Bild wurde von den die Front aus persönlicher Erfahrung kennenden Autoren mit dem Anspruch erstellt, der noch unwissenden deutschen Öffentlichkeit den „wirklichen" Krieg aus der Perspektive der existentiell von ihm Betroffenen zu vermitteln.

Sachlichkeit   Die Besonderheit der anti-heroischen Kriegslyrik, ihr scharfer Kontrast zur gewohnten apologetischen Literatur wurde bereits von vielen Zeitgenossen deutlich erkannt. Übereinstimmend hoben die Kritiker und Rezensenten hervor, daß diese neue Lyrik nicht am Schreibtisch, sondern aus dem unmittelbaren Erlebnis des Krieges heraus entstanden sei.[43] Die Sachlichkeit der Darstellung und der Verzicht auf jegliche ideologische Deutung wurden je nach Standpunkt des Kritikers als besondere Leistung oder aber als eklatante Schwäche gewertet. Auch die zeitgenössischen Rezensenten – dies muß ausdrücklich vermerkt werden – werteten die neue anti-heroische Lyrik nicht als Kritik an der deutschen Führung oder als Aufruf zur Menschheits-Verbrüderung. In erster Linie sah man diese Literatur als einen Versuch, das „Neuerleben der unmittelbaren Kriegstatsachen"[44] ohne Verfälschung und Poetisierung zu gestalten.

Allerdings verband sich die positive Bewertung der anti-heroischen Kriegslyrik gelegentlich mit einer explizit kriegsbejahenden Haltung, die wohl kaum im Interesse der Verfasser oder gar des Herausgebers der *Aktion* lag. Der auffällige Verzicht in den Texten auf Pathos und Gefühle galt bei dieser kriegsaffirmativen Auslegung als literarischer Niederschlag einer neuen soldatischen Tugend: der Sachlichkeit. Mit Sachlichkeit, Härte und Pflichtbewußtsein schien vielen Zeitgenossen auch noch nach der Erkenntnis der Neuartigkeit des Krieges die Existenz im Schützengraben ertragbar zu sein.[45] Diese spezifische Lesart der anti-heroischen Lyrik formulierte interessanterweise im ästhetischen Diskurs erstmals eine Ideologie der Sachlichkeit, die einige Jahre später in den Kriegsromanen der Weimarer Republik wieder eine wichtige Rolle spielen sollte.

Ablösung   Der Höhepunkt der „Verse vom Schlachtfeld" lag sowohl hinsichtlich Umfang wie auch Resonanz in den Jahren 1914 bis 1916. In diesem Zeitraum erfolgte auch die eigentliche innovative Leistung der anti-heroischen Kriegslyrik: ihre Opposition gegen die traditionelle literarische Verklärung des Krieges und die Destruktion der ästhetischen und ideologischen Normen der zeitgenössischen affirmativen Kriegslyrik. Spätestens nach Verdun war dann aber die Erkenntnis einer totalen Andersartigkeit des neuen Weltkrieges nicht nur für die Soldaten, sondern auch für die deutsche Bevölkerung weitgehend Allgemeingut gewor-

---

[43] Genauer zur zeitgenössischen Resonanz auf die Kriegslyrik Wilhelm Klemms siehe Hanns-Josef Ortheil, *Wilhelm Klemm. Ein Lyriker der ‚Menschheitsdämmerung'*. (Nr. 299), Kap. 8.
[44] Theodor Heuss, „Die Kriegsgedichte von Wilhelm Klemm". In: *März* 9, 1915, Dritter Band (Juli-September), S. 62–63; Zitat S. 62.
[45] Vgl. Abschnitt 5.5 dieses Kapitels sowie Kap. III, 5.4.

den. Mit der Durchsetzung dieser Erkenntnis und dem starken Rückgang der affirmativen Kriegsdichtung ab 1916 büßte auch die anti-heroische Literatur ihre besondere Funktion als Medium der Aufklärung und der Opposition zunehmend ein. Die „Verse vom Schlachtfeld" verloren nun „ihren Status als maßgeblicher Träger der Kriegskritik; denn es genügt nicht mehr, den Heroismus der ersten Kriegswochen mit dem Verweis auf die tatsächliche Kriegsrealität zu destruieren".[46] In den beiden noch folgenden Jahren bis zum Ende des Krieges bildeten die „Verse vom Schlachtfeld" keine außergewöhnliche ästhetische Innovation oder ideologische Provokation mehr. An die Stelle der ent-heroisierenden Lyrik trat immer mehr – analog zur Desillusionierung der deutschen Bevölkerung und ihrer Suche nach anderen Möglichkeiten einer Sinngebung des Krieges – die literarische Gestaltung einer neuen Auslegung des Krieges: der expressionistischen Sehweise des grauenhaften Geschehens als eines epochalen Wendepunktes zu einer künftigen brüderlichen Gemeinschaft aller Menschen.

5.3. „Kein Krieg bringt Kunst hervor"

Der neue Krieg wurde im Herbst 1914 im Deutschen Reich weithin als Auftakt großartiger geistig-kultureller Wandlungen und Neuerungen gefeiert. Von seiten der Künstler und Kunsttheoretiker begrüßte man ihn freudig als einzigartige „Schule des Talents",[47] als einmalige Quelle neuer ästhetischer Reize und Anregungen. Das Erlebnis aber der Realität des Krieges, speziell des Geschehens an der Front, widerlegte sehr schnell diese anfängliche Gleichsetzung von Krieg und ästhetischem Anschauungsunterricht. So notierte z.B. der Maler Max Slevogt, der in der Hoffnung auf großartige künstlerische Anregungen im Herbst 1914 freiwillig die deutschen Truppen nach Frankreich begleitete, schon nach kurzer Zeit in sein Tagebuch: „Schützengraben, gräßlich – wie alberne kindische Dreckfiguren, und so entsetzlich zugerichtet! – Auf dem Platz Halt, aquarelliere mit Widerwillen und ganz entnervt Toten."[48] Bereits im November 1914 beendete Slevogt unter dem Eindruck der von seinen anfänglichen Erwartungen vollkommen abweichenden neuen Erfahrungen an der Front seine Tätigkeit als Kriegsmaler und kehrte, in wenigen Wochen zum Gegner des Krieges gewandelt, nach Hause zurück.

Der Widerspruch zwischen den anfänglichen Erwartungen und dem Erleben der Realität des Krieges wirkte sich bei zahlreichen deutschen Künstlern und Schriftstellern unmittelbar auf das eigene künstlerische Schaffen aus. Vor der neuen Realität versagten nicht nur für Max Slevogt die bisherigen Ausdrucks- und Darstellungsmittel der Kunst. Die neuen Eindrücke ließen sich für viele

Widerlegung

Unfähigkeit

---

[46] Hermann Korte, *Der Krieg in der Lyrik des Expressionismus.* (Nr. 288), S. 213.
[47] Karl Scheffler, „Der Krieg". In: *Kunst und Künstler. Illustrierte Monatsschrift für Kunst und Kunstgewerbe* 13, 1914/1915 (Berlin 1915), S. 1–4; Zitat S. 4. Zum Zitat in der Überschrift siehe weiter unten Anm. 64.
[48] *Ein Kriegstagebuch. Gezeichnet von Max Slevogt. Mit einem Geleitwort von Max Slevogt.* Berlin 1917. (Eintragung vom 21. Oktober 1914). Hier zitiert nach Hans Jürgen Imiela, *Max Slevogt. Eine Monographie.* Karlsruhe 1968, Zitat S. 196.

deutsche Künstler, vor allem wenn sie das Geschehen an der Front persönlich erlebt hatten, nicht mehr ästhetisch umsetzen. Der Maler Franz Marc schrieb schon im September 1914 von einer „grauenvollen Stummheit"[49] seiner vielen neuen Eindrücke; Eindrücke, die er weder geistig erfassen noch sprachlich oder bildlich darstellen könne. Vollkommen klar war sich Franz Marc nach eigener Aussage allerdings bereits darüber, daß alle bisherigen Darstellungsweisen der Kunst diesen neuen Eindrücken nicht mehr angemessen waren. „Es ist unglaublich", so notierte er am 12. September 1914, „daß es Zeiten gab, in denen man den Krieg darstellte durch Malen von Lagerfeuern, brennenden Dörfern, jagenden Reitern, stürzenden Pferden od. Patrouillenreitern u. dergl.".[50]

Stillstand der Kunst

Im Oktober 1918, wenige Wochen vor dem Ende des Krieges, veröffentlichte der deutsche Bildhauer Erich Stephani einen für den späteren Betrachter höchst aufschlußreichen Artikel über die Entwicklung der Kunst in den vergangenen vier Jahren. Stephani konstatierte überrascht und enttäuscht, daß der neue Krieg auf die Kunst „so wenig evokatorisch"[51] zu wirken vermocht habe. Nach seiner Auffassung gab es aus den vier Kriegsjahren nicht ein einziges „Bildwerk, in dem eine speziell kriegerische Emotion zu neuen Sichtbarkeiten und fruchtbaren bildnerischen Ansätzen geführt hätte". Stephani fragte sich auch nach den Gründen, warum der neue Weltkrieg „bis jetzt" nur „äußerst gering"[52] auf die Entwicklung der Kunst eingewirkt habe. Für dieses aus seiner Sicht bedauerliche Ergebnis waren nach seiner Meinung vor allem zwei Faktoren verantwortlich: das neue Medium der Photographie sowie die „mangelnde Bildhaftigkeit des modernen Schlachtfeldes", welche durch die ungeheure „Mechanisierung der Kriegstechnik"[53] entstanden sei.

Versagen der Sprache

Das Versagen der bisherigen Ausdrucksformen und Darstellungsmittel angesichts der neuen Eindrücke betraf in den Jahren des Ersten Weltkriegs natürlich keineswegs nur die Maler. Auch die Schriftsteller konnten ihre neuen Kriegserfahrungen nicht mehr mit den zuvor üblichen und nicht selten bereits seit langer Zeit tradierten literarischen Mitteln und Verfahren zum Ausdruck bringen. „Weder im Schützengraben noch in der Munitionsfabrik konnte das begeisternde Bild des Krieges so gefühlt und im Gedicht gestaltet werden wie einst."[54]

---

[49] Franz Marc, *Briefe aus dem Feld*. Neu hrsg. von Klaus Lankheit und Uwe Steffen. München 1982, S. 11. (Brief vom 12.IX.14). – Mit seiner Klage verband F. Marc allerdings noch keine Verurteilung des Krieges, sondern die Suche nach neuen Verstehens- und Darstellungsmöglichkeiten.

[50] Ebda.

[51] Aus einem Aufsatz Erich Stephanis in der Zeitschrift *Deutsche Kunst und Dekoration*, XXII. Jg., Darmstadt 1918, H. 1. Im folgenden zitiert nach der Wiedergabe in: *Innenansicht eines Krieges. Deutsche Dokumente 1914–1918*. Hrsg. von Ernst Johann. München 1973, S. 309/310; Zitat S. 309.

[52] Alle Zitate ebda.

[53] Ebda. S. 310.

[54] Ernst Volkmann, „Einführung". In: *Deutsche Dichtung im Weltkrieg 1914–1918*. Bearbeitet von Dr. Ernst Volkmann. Leipzig 1943, S. 7–48; Zitat S. 26. (*Deutsche Literatur. Sammlung literarischer Kunst- und Kulturdenkmäler in Entwicklungsreihen. Reihe Politische Dichtung*. Bd. 8).

Vor dem vollkommen veränderten Charakter des Kampfgeschehens mußten die Motive und Topoi der Kriegsliteratur traditioneller Machart sehr bald antiquiert und unglaubwürdig erscheinen. Die Soldaten an der Front erkannten diese Diskrepanz von Dichtkunst und Realität sehr viel schneller als die Zivilisten der Heimat, für die der Krieg auch noch Anfang 1915 oftmals „dieses ungeheure Schauspiel" (H. Carossa)[55] war. August Stramm z. B. urteilte nach wenigen Wochen Fronterfahrung schroff über seinen Kollegen Richard Dehmel: „Sein Kriegsgedicht Quatsch. Schleim Jauche. Wo sind Worte für das Erleben. Stümper elendige."[56]

Die bislang gültigen Auffassungen vom Krieg und die tradierten Verfahren seiner literarischen Gestaltung versagten nach dem August 1914 immer mehr. Kennzeichen der neuen und derart niemals erwarteten Kriegsrealität war nicht zuletzt das Massensterben in den Schützengräben. Durch die ungeheure Zahl der Opfer und ganz besonders durch das persönliche Miterleben dieses Massensterbens wurde für viele Zeitgenossen nicht nur die Vorstellung vom Krieg als Abenteuer und Daseins-Erhöhung restlos zerstört, sondern oftmals auch die allgemein üblichen Sprechweisen über den Krieg gründlich erschüttert. Nach dem Tode seines Freundes August Macke notierte z. B. Franz Marc im Oktober 1914 verstört:

„Ich verwinde August's Tod nicht. Wie viel ist uns allen verloren; es ist wie ein Mord; ich komme gar nicht zu dem mir sonst ganz geläufigen Soldatenbegriff des Todes vor dem Feind. für die Gesamtheit. Ich leide schrecklich darunter."[57]

Ähnlich wie Franz Marc erging es auch dem Schriftsteller Gerrit Engelke. Nach einiger Zeit konkreter Kriegserfahrung an der Front bezeichnete er den Tod im Schützengraben als „den barbarischsten Märtyrertod"; einen Tod, „vor dem alle Worte vom ‚Heldentum' wie eine theatralische Phrase verblassen".[58]

Phrase

Je länger der Krieg dauerte, um so mehr geriet die sprachliche Verständigung über ihn zum Problem. Die tradierte Sprache konnte die neuen Eindrücke und Erfahrungen der Frontsoldaten selbst „unter guten Kameraden" nicht mehr vermitteln. Franz Marc schrieb diesbezüglich schon im November 1915 an seine Frau:

Sprach-
Verwirrung

„Liebste, ich fühle etwas, auch unter guten Kameraden: man kann sich nicht mehr verständigen; fast jeder spricht eine andere Sprache. Es gibt nichts trostloseres, geistverwirrenderes als über den Krieg zu sprechen; und über etwas anderes kann man schon gar nicht sprechen; das wirkt wie ein Irrenhausgespräch, rein fiktiv; [...]"[59]

---

[55] Aus einem Brief von Hans Carossa an Alfred Kubin, datiert „München, 3.1.1915"; zitiert nach Hans Carossa, *Briefe I*. (Nr. 37), S. 91–93, Zitat S. 92.
[56] August Stramm, *Briefe an Nell und Herwarth Walden*. (Nr. 225), S. 25. Der Brief datiert vom 6.10.1914.
[57] Franz Marc, *Briefe aus dem Feld*. (Nr. 167.b), S. 25. (Brief vom 25.X.14).
[58] Gerrit Engelke, „Tagebuchblätter aus dem Kriege". In: Gerrit Engelke, *Das Gesamtwerk. Rhythmus des neuen Europa*. Hrsg. von Hermann Blome. München 1960, S. 313–321; Zitat S. 320 (ohne genauere Datierung).
[59] Franz Marc, *Briefe aus dem Feld*. (Nr. 167.b), S. 89. (Brief vom 18.IX.15).

Verstummen — Diese Beobachtung hatte nicht nur für das Gespräch der Soldaten untereinander Gültigkeit, sondern erst recht für die Verständigung zwischen Heimat und Front. Der überholten Sprache der Daheimgebliebenen stand zunehmend ein Verstummen der Frontsoldaten oder deren Suche nach neuen Ausdrucksmöglichkeiten für ihre Erlebnisse entgegen. Mit der wachsenden Dauer des Krieges verstummte dann allerdings auch in der Heimat immer mehr das Gespräch über ihn. Die Siegesparolen und Durchhalteappelle der Reichsführung wirkten angesichts der ungeheuren Opfer und Entbehrungen nicht mehr glaubwürdig. Die im stillen meist schon lange gewonnene Erkenntnis aber, daß dieser Krieg keine der anfänglichen Erwartungen erfüllt hatte und daß er militärisch wohl nicht mehr zu gewinnen war, wollte kaum einer öffentlich bekennen. Als der Schriftsteller Josef Hofmiller nach langen Jahren im August 1918 erstmals wieder begann, ein Tagebuch zu führen, notierte er als Begründung für diesen Schritt:

„Ich muß zum Schreiben meine Zuflucht nehmen, weil ich mit meinen alten Freunden immer noch weniger zusammenkomme. Und wenn wir zusammenkommen, sitzen wir uns stumm gegenüber. Unser Aussprachebedürfnis ist größer als je, aber wir können uns nicht mehr aussprechen."[60]

Sinneswandel — Die anfänglichen Hoffnungen vieler deutscher Künstler, daß der neue Weltkrieg einzigartige ästhetische Reize und Anregungen liefern werde, erfüllten sich nicht. An die Stelle dieser Hoffnungen trat immer mehr die verstörende Erkenntnis eines völligen Versagens aller bisherigen Kriegsauffassungen und künstlerischen Darstellungsweisen. Der zunächst weit verbreitete Glaube an eine positive Einwirkung des neuen Krieges auf die Entwicklung der Kunst wurde immer weniger haltbar. Der Krieg, im Herbst 1914 euphorisch als Quelle neuer künstlerischer Anregungen begrüßt, galt mit wachsender Erkenntnis seines neuen, so völlig andersartigen „Charakters" in nun genau umgekehrter Sehweise immer mehr als Schranke und als Hinderungsgrund für ernsthaftes künstlerisches Schaffen. Einen besonders deutlichen Beleg für diesen vielfach vollzogenen Einstellungswandel liefert der Schriftsteller Gerrit Engelke, der im November 1915 in seinem Kriegstagebuch vermerkte:

„Nach diesen vielen Monaten des Feldlebens empfindet der Dichter im Heere den Krieg nicht mehr als Ausnahmezustand, sondern als den gewöhnlichen. Durch die fortwährende Häufung und Folge von militärtechnischen, strategischen, politischen kulturellen, ethisch-moralischen Reizen stärkster und gröbster Art ist das Gefühlsthermometer beharrend, unempfindsamer (unsentimentaler!) geworden. Die Gefühlsüberstürzungen, die den gesteigerten Ausdruck der Poesie hervorrufen, bleiben aus."[61]

Das Scheitern der anfänglichen Erwartungen führte Engelke zu der veränderten Auffassung, daß der neue Krieg der Kunst „nicht mehr und nicht weniger Stoff" biete „wie jedes Ereignis der Natur, [...], sei es nun Weltuntergang, Frühlings-

---

[60] Josef Hofmiller, *Revolutionstagebuch 1918/1919. Aus den Tagen der Münchner Revolution.* Hrsg. von Hulda Hofmiller, Leipzig 1939, S. 11. (Josef Hofmiller, *Schriften*. Band 2).
[61] Gerrit Engelke, „Tagebuchblätter aus dem Kriege". (Nr. 55), S. 314. (Eintragung vom 4.11.15).

blühen, Mondaufgang"⁶² etc. Seine Tagebuch-Eintragung, daß eine vom Dichter „besungene Liebe zweier Menschen" für spätere Generationen vielleicht „wertvoller und herzerfassender" sein werde „als eine noch so große Historie vom Bruderkriege, vom Weltkriege europäischer Völker",⁶³ wäre bei Beginn des Krieges im Herbst 1914 noch vollkommen undenkbar gewesen.

Das deutliche Ausbleiben der zunächst vielfach vorhergesagten und sehnsuchtsvoll erwarteten Blütezeit nationaler Kunst und Kultur bestärkte und bestätigte die Gegner des Krieges. Im Frühjahr 1915 stellte der Kunstkritiker Wilhelm Hausenstein in der pazifistischen Zeitschrift *Die weißen Blätter* die provokative Frage, wie es denn komme, „daß ungefähr alle europäischen Dichter und gerade die Dichter Schwaches oder baren Unsinn geschrieben haben, als sie vom Krieg zu reden anfingen – wobei Inhalt und Form gleich unwert waren?"⁶⁴ Hausenstein konstatierte schließlich in aller Deutlichkeit: „Kein Krieg bringt Kunst hervor."⁶⁵ Zu einem ähnlichen Ergebnis kam nach etlichen Monaten persönlicher Kriegserfahrung auch Gerrit Engelke. Er vermerkte schließlich in seinem Tagebuch: „Auch die größten, politische Gebilde umstürzenden und erneuernden Kriege, mögen sie auch für die teilhabenden Menschen noch so grausig, ergreifend und heroisch bewegend sein, können keine Veränderung oder Beeinflussung der Kunst bewirken."⁶⁶

Kein Krieg bringt Kunst

Während die Schriftsteller mit konkreter Fronterfahrung zumeist sehr schnell literarisch verstummten oder nach neuen Ausdrucksmöglichkeiten zur Wiedergabe ihrer verstörenden neuen Kriegseindrücke suchten, hielten die in der „Heimat" verbliebenen Autoren sehr viel länger an den überlieferten Kriegsauffassungen und den traditionellen literarischen Gestaltungsverfahren fest. Diese fern der Front verfaßte Kriegsliteratur, die „Schreibtischlyrik" (Th. Heuss)⁶⁷ der Daheimgebliebenen, stimmte immer weniger mit den Erfahrungen und Denkweisen der im Felde stehenden Soldaten überein. Ein Frontsoldat schrieb im Juli 1915 über seine Lektüre: „Manch ,schönes Gedicht', in der warmen Stube in Begeisterung vielleicht geschrieben, vom Heldentod und vom schönen Sterben berichtend, liest man jetzt mit bitterem Lächeln."⁶⁸

Schreibtisch-Lyrik

Bei der Masse der Leser in der Heimat, die noch über keine persönlichen Fronterlebnisse verfügte und die den neuen Charakter des Krieges noch nicht erkannt hatte, fand die Kriegsliteratur traditioneller Art sehr viel länger eine ungebrochen positive Resonanz als bei den von der Kriegsrealität betroffenen

Wirkung

---

⁶² Ebda. S. 320. (Ohne Datierung).
⁶³ Ebda. Der Begriff vom „Bruderkriege" verweist deutlich auf eine Annäherung Engelkes an die Denkweise des Expressionismus der Kriegsjahre.
⁶⁴ Wilhelm Hausenstein, „Für die Kunst". In: *Die weißen Blätter* 2, 1915, Erstes Quartal (Januar/März), S. 37–47; Zitat S. 40.
⁶⁵ Ebda.
⁶⁶ Gerrit Engelke, „Tagebuchblätter aus dem Kriege". (Nr. 55), S. 320. (Ohne Datierung).
⁶⁷ Theodor Heuss, „Die Kriegsgedichte von Wilhelm Klemm". (Nr. 91), S. 62.
⁶⁸ Aus einem Brief des stud. theol. Gotthold v. Rohden vom 23. Juli 1915, abgedruckt in: *Kriegsbriefe gefallener Studenten*. In Verbindung mit den Deutschen Unterrichts-Ministerien hrsg. von Philipp Witkop. München 1928 (186. bis 190. Tausend mit einem „Vorwort zur Volksausgabe" vom „Herbst 1933"), S. 118.

und vielfach verstörten Soldaten. Es war nicht zuletzt sicherlich auch der Einfluß dieser massenhaften affirmativen Literatur, der dazu führte, daß bei einem großen Teil der deutschen Bevölkerung die antiquierten, auf 1870/71 oder sogar auf noch früheren Kämpfen (z. B. Friedrich des Großen)[69] beruhenden Kriegsauffassungen noch weiterhin gültig blieben.

Rückgang   Spätestens ab dem Herbst 1916, nach zwei Jahren Kriegsdauer, der Schlacht um Verdun und Hunderttausenden von Gefallenen, waren die alten Kriegsauffassungen dann auch in der Heimat nicht mehr aufrechtzuhalten. Die Desillusionierung, die Ende 1916 den wohl größten Teil der deutschen Bevölkerung ergriffen hatte, beruhte allerdings nicht nur auf dem nun auch in der Heimat nicht mehr zu negierenden Widerspruch zwischen dem unerwarteten ‚Charakter' des neuen Krieges und den tradierten, romantisch-ritterlichen Vorstellungen. Wohl noch wichtiger als dieser Widerspruch waren für die Desillusionierung der nicht im direkten Kampfe stehenden deutschen Bevölkerung die inneren Vorgänge im Reich, wie z. B. politische Polarisierung, Ausbleiben der erwarteten geistig-moralischen Katharsis, Unfähigkeit der Behörden gegenüber Kriegsgewinnlern und Wucherern. Einen deutlichen Beleg für die Desillusionierung der Heimat liefert der starke Rückgang der kriegsaffirmativen Literatur ab 1916, der schon den Zeitgenossen nicht verborgen blieb. Der Kunstkritiker Julius Bab konstatierte 1917 im *literarischen Echo*:

„[...], daß die Hochflut deutscher Kriegsverse langsam verebbt, ist nicht mehr zu bezweifeln. Zwar gibt es noch immer eine Menge deutscher Zeitungen und besonders Zeitschriften, die keine Nummer ohne Kriegsgedichte herauslassen; aber bei genauem Zusehen erkennt man, daß dieser Schein von Massenhaftigkeit trügt. Es ist nur noch ein kleines Dutzend unentwegter, pflichtbewußter Journalisten oder endlos rieselnder Dilettanten, die alle diese Blättchen füllen."[70]

Verebben   Ähnlich hatte bereits ein Jahr zuvor Carl Busse geschrieben: „Je länger sich das furchtbare Ringen hinzog, um so mehr ebbte die lyrische Flut ab."[71] Sehr viel früher noch als die „Schreibtischlyrik" über den Krieg war bereits die apologetische Essayistik deutlich zurückgegangen. Schon im Sommer 1915 gab es – mit wenigen Ausnahmen[72] – kaum mehr einen angesehenen deutschen Schriftsteller, der noch Essays zur Glorifizierung und Rechtfertigung des neuen Weltkriegs verfaßte. Nur wenige verkündeten zu diesem Zeitpunkt noch die kulturchauvinistischen Positionen, die einige Monate zuvor die Druckspalten der Zeitungen, Zeitschriften und Sonderausgaben so reichlich gefüllt hatten. Stefan Zweig, der aufmerksame Beobachter seiner Zeit, notierte diesbezüglich im September 1915 in sein Tagebuch: „Es ist übrigens jetzt nicht mehr feuilletonisch modern, kriegsbegeistert zu sein, man trägt jetzt Menschlichkeit."[73]

---

[69] Vgl. den schon mehrfach genannten Essay Thomas Manns, „Friedrich und die große Koalition. Ein Abriß für den Tag und die Stunde". (Nr. 158).

[70] Julius Bab, „Deutsche Kriegslyrik von heute. IX". In: *Das literarische Echo* 20, 1917/18, Heft 8 (15. Januar 1918), Sp. 449–461; Zitat Sp. 452.

[71] Carl Busse, „Einleitung". In: *Deutsche Kriegslieder 1914/16*. (Nr. 36), S. XVI.

[72] Zu diesen Ausnahmen gehören u. a.: Rudolf Borchardt, *Der Krieg und die deutsche Verantwortung*. (Nr. 29). – Thomas Mann, *Betrachtungen eines Unpolitischen*. (Nr. 161).

Die Hoffnungen vieler Zeitgenossen auf die rasche Entstehung einer großen Kunst und Kultur als Folge des im August 1914 begonnenen neuen Krieges erfüllten sich nicht. Die anfänglichen Hoffnungen wurden allerdings im Verlaufe des Krieges nicht immer vollkommen aufgegeben, sondern oftmals auf die Zeit nach dem Ende des Krieges verschoben (wobei allerdings natürlich nicht an ein Ende, wie es dann 1918 realiter eintrat, gedacht wurde). Nicht mehr durch das unmittelbare Erleben des Krieges, sondern erst aus der späteren Distanz und Reflexion heraus sollte nun eine neue, nationale Kunst entstehen. Nach der nicht untypischen Auffassung Gerrit Engelkes z.B. war eine literarische Verarbeitung und Gestaltung des Krieges erst dann möglich, „wenn nach der Heimkehr in die Gleichgewichtsruhe des Friedens rückwirkend der Krieg durch tiefst gefühlte Reflexion wieder als das furchtbar Außergewöhnliche hinterherfällt".[74] Nicht nur Gerrit Engelke hoffte zeitweise, daß die junge Generation, deren Erwachsen-Werden mit dem Erleben des Krieges zusammenfiel, später einmal große deutsche Literatur und Kunst hervorbringen werde.[75]

Hoffnung auf später

Das unmittelbare Erlebnis des Krieges sowie das immer offenkundiger werdende Versagen der tradierten literarischen Topoi und Gestaltungsverfahren vor der Realität des neuen Krieges führten allerdings keineswegs zu einem völligen Stillstand der literarischen Produktion. Diese fiel aber sowohl hinsichtlich ihrer Sehweise des Krieges wie auch von ihrer formalen Konzeption her zunehmend anders aus, als von den literarischen Kriegsapologeten im Herbst 1914 erwartet und prophezeit wurde. Zu den neuen künstlerischen Entwicklungen, die nach 1914 von der großen Mehrzahl der deutschen Zeitgenossen auf keinen Fall als eine Einlösung ihrer anfänglichen Erwartungen auf eine neue Blütezeit nationaler Kunst und Kultur verstanden wurden, gehörten in erster Linie die bereits aufgezeigte neue anti-heroische Kriegslyrik sowie die Richtung des Expressionismus. Diese Art von Kunst war nicht gemeint, als man im Herbst 1914 weithin den neuen Krieg auch als kulturschöpferische Kraft freudig begrüßte. Die wachsende Enttäuschung vieler Zeitgenossen über das Ausbleiben der erhofften kulturellen Katharsis und die gleichzeitige Herausbildung bedeutender ästhetischer Innovationen und neuer weltanschaulicher Haltungen (Expressionismus) standen somit keineswegs im Widerspruch.

Enttäuschung

---

[73] Stefan Zweig, *Tagebücher*. (Nr. 260), S. 220. Die Eintragung stammt vom 7. Sept. 1915.
[74] Gerrit Engelke, „Tagebuchblätter aus dem Kriege". (Nr. 55), S. 314/15. (Eintragung vom 4.11.15). Diese Hoffnung wurde von Engelke im weiteren Verlauf des Krieges dann allerdings weitgehend aufgegeben.
[75] Am 10.11.15 notierte G. Engelke (ebda.): „Die Gestalter, von denen wir die wirkliche Zukunft deutscher Kunst erhoffen, die Gestalter, über die wir uns, in ungeduldiger Verkennung der Gegebenheiten, wundern, daß sie nicht gerade jetzt (in diesen größten menschlichen und staatlichen Augenblicken) mit mächtig redenden Dingen auf den öffentlichen Platz treten – die werden erst mit *dem Stoff* (dem durch die Kriegsumwälzungen werdenden Neustoff des Lebens) geboren. Ihre Jugend heißt: dieser Krieg." – Eine ähnliche Hoffnung auf eine spätere Erneuerung der Kunst durch die gerade im Felde stehende deutsche Jugend formulierte auch Richard Dehmel (1916) in seinem Kriegstagebuch *Zwischen Volk und Menschheit*. (Nr. 39), S. 341/342.

5.4. Der Verlust der Hoffnungen auf Katharsis und Neuerung

Die große Katharsis

Im Herbst 1914 herrschte im Deutschen Reich weithin die feste Überzeugung, daß der neue Krieg eine gewaltige geistig-moralische Erhebung und Läuterung sowohl des einzelnen Individuums wie auch der ganzen Nation ausgelöst habe. Die allgemeine Begeisterung der Massen über das neue „Ringen der Völker",[76] die massenhaften freiwilligen Meldungen zum Kriegsdienst und ganz besonders der so unerwartete Abschluß des inneren Burgfriedens galten als wichtige Beweise einer dem neuen Krieg zu verdankenden großartigen geistigen Läuterung des deutschen Volkes. Es ist bereits an anderer Stelle[77] genauer dargelegt worden, wie sehr diese anfänglichen Hoffnungen und Vorstellungen durch die weiteren inneren Entwicklungen im Deutschen Reich sowie durch die Dauer und den Verlauf der militärischen Ereignisse widerlegt wurden. Der Rückgang der zunächst so gewaltigen Hochstimmung und das anschließende Umschlagen in Enttäuschung und Resignation läßt sich auch in den Schriften vieler deutscher Dichter und Künstler nach dem August 1914 deutlich nachweisen.

Enttäuschungen

So klagte der Schriftsteller Hermann Bahr, der den neuen Krieg im August 1914 begeistert begrüßt hatte („Gelobt sei dieser Krieg, der uns am ersten Tag von allen deutschen Erbübeln erlöst hat!")[78] bereits im Frühjahr 1915 voller Enttäuschung: „Alle sind noch immer bereit, nur noch Deutsche zu sein, doch meint damit jetzt schon wieder jeder seine Art, deutsch zu sein."[79] Es waren oftmals nicht die militärischen Mißerfolge und Ereignisse, sondern zuallererst die inneren Vorgänge im Deutschen Reich, die zur Ernüchterung und Desillusionierung der im Herbst 1914 zunächst so euphorischen Dichter und Künstler führten. Otto Ernst z. B. verfaßte schon 1915 ein höchst aufschlußreiches Gedicht gegen die Ausnutzung der wirtschaftlichen Krisenlage durch Spekulanten und Wucherer. Die Schlußzeilen seines kurzen Poems mit dem auffälligen Titel „Was denkt der Schuft?" lauteten: „Was denkt der Schuft? / Er denkt nicht mehr; er hängt, wills Gott, am Strick."[80] Ein derartiger, gegen Angehörige der eigenen Nation gerichteter Vernichtungsaufruf wäre noch wenige Monate zuvor, in der anfänglichen Euphorie über die vermeintlich neu entstandene Einheit und Bruderschaft aller Deutschen, vollkommen undenkbar gewesen.

Neuer Antisemitismus

Bei Arnold Zweig, der ab April 1915 als Armierungssoldat im Militärdienst stand, bildete nicht das Wucher-Unwesen in der Heimat oder seine persönliche Kriegserfahrung an der Front, sondern das schnelle Wiederaufleben des Antisemitismus im Inland wie auch im Heer den entscheidenden Anlaß zur Abkehr von der anfänglichen Begeisterung über den Krieg. Vollends erbittert wurde A.

---

[76] Diese Formulierung u. a. in der Einleitung (ohne Titel) des Herausgebers im *Jahrbuch der Goethe-Gesellschaft* 1916. (Nr. 109), S. V.
[77] Vgl. Band 1, Kap. IV.
[78] So Hermann Bahr im *Berliner Tageblatt* vom 14.8.1914. Hier zitiert nach der Wiedergabe in: *Die Aktion* 5, 1915, Nr. 18/19, Sp. 236.
[79] Hermann Bahr, „Kitsch". In: *Berliner Tageblatt*, Abendausgabe vom 9.4.1915. Hier zitiert nach: *Die Aktion* 5, 1915, Nr. 18/19, Sp. 238.
[80] Otto Ernst, „Was denkt der Schuft?" In: Otto Ernst, *Gewittersegen*. (Nr. 59), S. 67/68.

Zweig Ende 1916 durch die sog. „Judenzählung",[81] bei der auf Anordnung der Heeresleitung der Anteil der Juden unter den Frontsoldaten und unter den Gefallenen festgestellt werden sollte. In einem Artikel für *Die Schaubühne*, der sich von seinen nur kurze Zeit zuvor entstandenen kriegsaffirmativen Publikationen deutlich unterschied, nahm Arnold Zweig Anfang 1917 öffentlich gegen diese Judenzählung Stellung.[82] Zweig verstand seinen neuen Artikel als „Reflexbewegung unerhörter Trauer über Deutschlands Schande" und bezeichnete sich privat nun als „Zivilgefangenen und staatenlosen Ausländer".[83] Im August 1914 war derselbe Autor noch voller Stolz gewesen, „Deutscher" und „Jude" zugleich zu sein und hatte mit Staunen und Begeisterung „plötzlich, über Nacht, aus einem Volke ichsüchtiger Krämer und patriotisch-politischer Phrasendrescher" wieder „das große tüchtige deutsche Volk erwachen"[84] gesehen.

Einen deutlichen Beleg für die Desillusionierung der Schriftsteller aus innenpolitischen Gründen liefert auch die Entwicklung der sog. Arbeiterdichtung in den Jahren des Krieges. Im Mittelpunkt dieser von vielen Zeitgenossen besonders intensiv rezipierten Literatur war im Herbst 1914, wie bereits aufgezeigt, die neue Einheit der Arbeiterbewegung mit den herrschenden politischen Kräften des Reiches gestanden. Je länger aber die Hoffnungen der deutschen Arbeiterschaft auf eine Belohnung ihrer nationalen und kriegsaffirmativen Haltung durch politische Reformen (z. B. Aufhebung des Dreiklassen-Wahlrechts in Preußen) enttäuscht wurden, um so mehr verstummten auch die Arbeiterdichter als „Sänger der nationalen Gemeinschaft".[85] Die anfängliche Glorifizierung des Krieges als Schöpfer neuer nationaler Einigkeit wurde in der Arbeiterdichtung nach dem Herbst 1914 zunehmend aufgegeben und vielfach durch eine neue Auslegung des Krieges als grauenhaften Brudermord abgelöst. Damit näherte sich die Arbeiterdichtung im Verlaufe des Krieges nicht selten den ethischen Positionen des deutschen Expressionismus, ohne allerdings auch dessen am einzelnen Individuum ansetzende Wandlungs- und Erneuerungskonzeption, in der die strategischen Vorstellungen der SPD deutlich abgelehnt wurden,[86] mitzuvollziehen.

Arbeiterpoesie

Die Auflösung des großen Einheitsgefühls vom August 1914 läßt sich am Beispiel der Arbeiterdichtung recht gut beobachten. Im Verlaufe der Kriegsjahre zerbrach aber nicht nur der zunächst so gefeierte „Burgfrieden" zwischen den verschiedenen politischen Kräften. Die Erfahrung der Realität wirkte bald ent-

Gewollte Einsamkeit

---

[81] Vgl. Band 1, Kap. IV, 3, S. 237f.
[82] Arnold Zweig, „Judenzählung vor Verdun". In: *Die Schaubühne* 13. Jg., Nr. 5, 1. Februar 1917, S. 115–117.
[83] Beide Textstellen aus einem Schreiben Arnold Zweigs an Martin Buber, datiert Maasfront, 15. Februar 1917. Hier zitiert nach: *Arnold Zweig 1887–1968. Werk und Leben in Dokumenten und Bildern. Mit unveröffentlichten Manuskripten und Briefen aus dem Nachlaß.* Hrsg. von Georg Wenzel. Berlin und Weimar 1978, S. 74.
[84] Brief Arnold Zweigs an Helene Weyl, datiert vom 27.8.14. Hier zitiert nach: *Arnold Zweig 1887–1968.* (Nr. 258), S. 61–63; die Zitate S. 62 und 63.
[85] Gerald Stieg / Bernd Witte, *Abriß einer Geschichte der deutschen Arbeiterliteratur.* Stuttgart 1973, S. 131.
[86] Genauer zu den Vorstellungen des Expressionismus siehe Kap. III, besonders die Abschnitte 5.1ff.

fremdend bis in die privaten Verbindungen der Menschen hinein. An die Stelle der anfänglichen Gemeinschaftseuphorie traten immer stärker gegenseitiges Mißtrauen, Verdächtigungen, ja sogar offene Feindseligkeit. Stefan Zweig z. B. registrierte betroffen, wie junge Männer, die nicht dienen mußten, immer mehr dem Argwohn und den Anfeindungen ihrer Umwelt ausgesetzt waren. Im Januar 1916 notierte er über die allgemeine Stimmung in Wien: „Die Menschen sind hier schon sehr erbittert gegen alle und gegeneinander."[87] Zweig beobachtete an sich selber eine wachsende Unlust zum Gespräch, die er bei vielen anderen Zeitgenossen ebenfalls vorhanden spürte.[88] Schon im Juni 1915 vertraute er seinem Tagebuch eine ausdrücklich gewollte und als positiv empfundene „Einsamkeit" an: „Ich bin ganz abseitig geworden und es reut mich nicht."[89]

Edlere Menschen? Neben den inneren Entwicklungen führte auch das persönliche Erleben des Militärdienstes viele Dichter und Künstler zu oft schneller Ernüchterung und Desillusionierung. Das ungewohnte Zusammenleben mit den vielen anderen ‚Kameraden' auf engstem Raume und der Umgang mit den Vorgesetzten gefährdeten meist sehr schnell die Vorstellung einer im August 1914 eingetretenen geistig-moralischen Erhebung und Wandlung der Zeitgenossen. Einen besonders deutlichen Beleg für einen schnellen Verlust dieser anfänglich weit verbreiteten Zuversicht auf eine vom neuen Krieg ausgelöste sittlich-ethische Läuterung der Mitmenschen liefert das Kriegstagebuch Richard Dehmels. In einem offenen Brief zur Rechtfertigung seiner freiwilligen Meldung zum Kriegsdienst (im Alter von 51 Jahren!) hatte Dehmel im August 1914 noch von der „edleren Menschlichkeit"[90] der Deutschen gesprochen, deretwegen Deutschland den neuen Krieg gewinnen müsse. Die persönliche Erfahrung des realen Verhaltens der Soldaten aber ließ ihn bereits am 29. Oktober 1914 enttäuscht in sein Tagebuch eintragen:

„Die Romantik des Krieges entpuppt sich bald als allgemeine Verlotterung, die nur äußerlich durch den militärischen Drill einigermaßen in Schranken gehalten wird. [...] Es ist schwer, bei alldem des guten Glaubens zu bleiben, daß die Sache Deutschlands zugleich die der edleren Menschheit bedeute. Man lernt ja hier den Durchschnitt des deutschen Volkes aus allen Berufsständen und Gesellschaftsklassen in der Blüte der Manneskraft kennen; und ich muß sagen, was sich da als sogenannte Volksseele auftut, das ist zum Erschrecken gemütsarm und geistlos."[91]

Erst die Besinnung auf das „geistige Deutschland", „das im Hintergrund des Gegenwartslärms seine stille Zukunftsarbeit tut",[92] half Dehmel über seine wachsenden Zweifel an der sittlichen Höherwertigkeit des deutschen Volkes und an der erzieherischen Wirkung des neuen Krieges hinweg. Wie sehr ihn das Zusammenleben, die „tagtägliche Zusammenhockerei"[93] mit den anderen Soldaten

---

[87] Stefan Zweig, *Tagebücher*. (Nr. 260), S. 248; Eintrag vom 28.1.1916.
[88] Vgl. ebda. S. 137; Notiz vom 4.2.1915.
[89] Ebda. S. 178; Eintrag vom 13.6.1915.
[90] Richard Dehmel, „An meine Kinder". Offener Brief, abgedruckt u. a. in: Richard Dehmel, *Zwischen Volk und Menschheit. Kriegstagebuch*. Berlin 1919, S. 9–13; Zitat S. 12.
[91] Richard Dehmel, *Zwischen Volk und Menschheit*. (Nr. 39), S. 57 und 58/59.
[92] Ebda. S. 59.
[93] Ebda. S. 391.

belastete, verraten recht eindrucksvoll seine folgenden Aufzeichnungen vom April 1916:

„Es ist wohl die schwerste Strapaze, die der Krieg feinfühligen Menschen auferlegt, solchen Umgang dauernd ertragen zu müssen. Wenn ich mir diese teils knurrig verdrossenen, teils bissig lustigen Tischgenossen betrachte, die alle dieselbe Sprache sprechen und doch an einander vorbei reden, dann steigt mir immer wieder die gräßliche Frage auf: wir kämpfen doch hier für die deutsche Volksgemeinschaft, warum merkt man so garnichts davon?!"[94]

Es war nicht so sehr das Verhalten der Soldaten aus den unteren Schichten des Volkes – Schichten, mit denen Dehmel zuvor noch kaum in Berührung gekommen war – das seine Ernüchterung und wachsende Verärgerung hervorrief. Seine Empörung und Enttäuschung entzündete sich viel mehr noch am herrischen und arroganten Auftreten der Offiziere, an der tiefen Ungleichheit zwischen Offizieren und Mannschaften. „Bis zu den Tieren hinab" erstreckte sich nach Dehmels Beobachtung das „Mißverhältnis" zwischen Position und tatsächlicher Leistung: „unsre Offizierspferde, die wenig zu tun haben, sind glatt und rund und übermütig, die schwer arbeitenden Kolonnenpferde sind meist zu Schindmähren abgemagert."[95] Anläßlich mehrerer Ordensverleihungen in seiner Einheit notierte sich Dehmel im Februar 1916 verärgert in sein Tagebuch:

Stellung der Offiziere

„Im Durchschnitt muß man leider sagen: vom Regimentsführer aufwärts bedeutet der Orden (und oft genug schon vom Hauptmann an) kein persönliches Verdienst, sondern den mehr oder minder unverdienten Zufall, daß seine Unterführer und Mannschaften die Kastanien brav aus dem Feuer holten."[96]

Seine eigenen Erfahrungen mit der Militärbürokratie, seine Einblicke in das Verhältnis zwischen Vorgesetzten und Untergebenen und „hinter die Kulissen des militärischen Großbetriebs", wo er überall „Schwindel" und „Schlendrian"[97] am Werke sah, führten Richard Dehmel immer wieder zu der resignativen Folgerung: „Woher das neue Deutschland da kommen soll, wird mir von Tag zu Tag schleierhafter."[98] Dehmels ganze Hoffnung galt schließlich der jungen Generation: „Wenn ich nicht an den jungen Nachwuchs glaubte, müßte ich mich für einen Taugenichts halten, daß ich mit in den Krieg gegangen bin."[99]

Zweifel

Sehr viel schärfer noch als bei Richard Dehmel (der im Herbst 1918 trotz seiner vorangegangenen Erfahrungen und Zweifel noch einmal zum heroischen Endkampf aufrief, um den Einmarsch fremder Truppen auf deutschen Boden zu verhindern)[100] fiel nach über zwei Jahren persönlicher Militärdiensterfahrung die Absage Arnold Zweigs an alle anfängliche Kriegseuphorie und Wandlungsgläu-

Hoffnung auf Rache

---

[94] Ebda. S. 396.
[95] Ebda. S. 398.
[96] Ebda. S. 386.
[97] Ebda. S. 440.
[98] Ebda. S. 352.
[99] Ebda. S. 353.
[100] Vgl. seinen Aufruf „Einzige Rettung!". Abgedruckt u.a. in: Richard Dehmel, *Zwischen Volk und Menschheit*. (Nr. 39), S. 469/470.

bigkeit aus. Bei diesem Schriftsteller war im August 1917 an die Stelle früherer Begeisterung das persönliche Versprechen kommender „Rache" getreten:

„Ich bin ausgelaugt, fast verzweifelt und nach 28 Monaten, in denen ich ganze 14 Tage Urlaub hatte, am Ende meiner Kraft. So ist es. Ich habe keinen Grund, es zu leugnen. Ich will Ihnen nur sagen, daß das ganze Heer, von der hintersten Etappe bis zum vordersten Graben von den giftigsten und niedrigsten moralischen Fäulnisstoffen durchseucht ist, und daß ich eines Tages mit einem vielleicht ruchlosen und unerhörten Buch die Wahrheit gestalten werde. Als Rache, das leugne ich nicht – als Rache dafür, daß man mein bis dahin reines und zurückgezogenes Leben in diese Kloake gezerrt hat."[101]

<small>Einschränkung</small> Die Erfahrungen an der Front und im Militärdienst wie auch die Erkenntnis der inneren Entwicklungen im Deutschen Reich vertrugen sich immer weniger mit der anfänglichen Überzeugung einer vom Krieg ausgelösten geistig-moralischen Wandlung und Läuterung der deutschen Bevölkerung. Es läßt sich gut beobachten, wie diese anfängliche Auffassung einer großen Katharsis im Verlaufe des Krieges immer mehr zurückgenommen und meistens schließlich gänzlich aufgegeben wird. Der Schriftsteller Gerrit Engelke z. B. schränkte die Lehre von der kathartischen Wirkung des Krieges bereits deutlich ein, als er Ende 1915 hoffte, daß das „Volk" zumindest „eine Weile riesig" über sich hinauswachse. Er notierte am 13.11.1915 in sein Tagebuch:

„Im großen und ganzen: das Volk bleibt, was es ist. Auch in diesem Kriege. Doch das Große ist: daß es in den entscheidenden Momenten, zu Hause in der Beschränkung, vor dem Feinde im Angriff und im selbstverständlichen Ertragen der Strapazen eine Weile riesig über sich selbst hinauswächst!"[102]

<small>Letzte Hoffnung</small> Aber auch diese Position ließ sich im weiteren Verlaufe des Krieges nicht mehr aufrechterhalten. Die noch im November 1915 von ihm erhoffte längere „Weile" der geistig-moralischen Läuterung wurde von Engelke später auf einen einzigen „Augenblick" verkürzt. Mehr Hoffnung als Gewißheit verrät seine folgende Tagebuch-Eintragung, in der von dem anfänglichen Glauben an eine kathartische Kraft des Krieges nicht mehr viel übrig geblieben ist:

„Wirklich gut, stark und gerecht wird dieser unser Krieg nur vom *besten Teil* des Volkes geführt; von dem Teil, der zu Friedenszeiten die kulturelle Höhe unseres Volkes bedeutet. Das übrige Volk bleibt, wie es ist; nur werden einige, die an den Grenzen schwankten, durch die Begeisterung mit hinübergerissen in die gemeinsame Einordnung unter ein höchstes Ziel. Aber das hoffen und glauben wir doch, daß *jeder* wenigstens einen Augenblick über sich selbst hinauswuchs!"[103]

<small>Keine Spur von Katharsis</small> Anders als Gerrit Engelke, der somit seine anfängliche Zuversicht auf eine kathartische Kraft des Krieges allen Zweifeln zum Trotz nicht vollends aufgeben wollte, konnte der Schriftsteller Friedrich Wolf nach längerer persönlicher Erfahrung im Militärdienst einen derartigen Glauben nicht mehr aufbringen. Re-

---

[101] Schreiben Arnold Zweigs an Agnes Hesse vom 23. August 1917. Zitiert nach der Wiedergabe in: *Arnold Zweig 1887–1968*. (Nr. 258), S. 78.
[102] Gerrit Engelke, „Tagebuchblätter aus dem Kriege". (Nr. 55), S. 315.
[103] Ebda. S. 319. (Ohne weitere Datierung).

signiert schrieb er am 12.10.1916 an einen nahen Freund: „Und dieser größte aller Kriege, was hat er *aus uns* gemacht! Freiere, ehrlichere, mutigere Männer? Hat er uns gebessert, nein nur verändert? – Nein, alles ist beim Alten geblieben."[104] Auch Rainer Maria Rilke, der wie viele andere im Herbst 1914 den neuen Krieg freudig begrüßt und literarisch verherrlicht hatte, glaubte schon bald nicht mehr an eine ernsthafte Erhebung und Wandlung seiner Zeitgenossen. Immer mehr entsetzte ihn das nach seiner Auffassung dumpfe Dahinleben der Massen, bei denen der Krieg keinerlei Nachdenken und Veränderung ausgelöst habe. Im März 1918 schrieb Rilke zu diesem Thema an einen Freund: „So fürchterlich der Krieg an sich ist, dies scheint mir noch entsetzlicher, daß sein Druck nirgends dazu beigetragen hat, den Menschen kenntlicher zu machen, ihn Gott gegenüber zu drängen, den Einzelnen oder die Masse, wie das in früheren Zeiten die Kraft großer Nöte war."[105] Schon drei Jahre zuvor hatte Rilke in ähnlicher Weise über das Ausbleiben einer allgemeinen Besinnung und geistigen Läuterung geklagt:

„Wieviel Vertuschung in den Städten, wieviel schlechteste Zerstreuungen, welche Heuchelei im unentstellten Hinleben, unterstützt durch gewinnsüchtige Literatur und erbärmliche Theater und geschmeichelt von der widerwärtigen Presse, die sicher an diesem Kriege viel Schuld hat und noch mehr Schuld daran, daß Zweideutigkeit und Lüge und Fälschung das ungeheure Geschehen zu einer Krankheit machen, wo es doch hätte eine reine Raserei sein dürfen."[106]

Diese Zeilen Rilkes vom August 1915 verweisen darauf, daß gerade die kulturellen Entwicklungen, die im Verlaufe des Krieges abliefen, ganz wesentlich zur Preisgabe der zunächst so gewaltigen Hoffnungen auf eine kathartische Wirkung des Krieges beitrugen. Es waren nicht nur die anfänglichen Erwartungen auf die Vermittlung einmaliger ästhetischer Anreize und auf die Entstehung neuer Kunst durch das Erlebnis des Krieges, die schon sehr bald wieder aufgegeben werden mußten. Auch die im Herbst 1914 immer wieder vorgebrachten Hoffnungen auf eine Hebung und Läuterung des Geschmacks der Massen, auf ein Ende aller als unsittlich, fremdländisch und minderwertig empfundenen kulturellen Erscheinungen verflogen schnell. Der neue Krieg war ja zunächst in vielen Schriften und Stellungnahmen als Todesstoß für die gesamte „dekadente" Kunst und Kultur der Vorkriegsära gefeiert worden. Endlich, so jubelte man vielerorts in den ersten Wochen des Krieges, werde das Publikum wieder nach „reiner Kunst" verlangen, nach einer Kunst, die ein „erhöhtes veredeltes herzstärkendes Leben"[107] gestalte und nicht mehr von Absonderlichkeiten und Perversitäten be-

Fortdauer der Dekadenz

---

[104] Brief Friedrich Wolfs an Gustav Gerstenberger, datiert vom 12.10.1916. Hier zitiert nach Friedrich Wolf, *Briefe. Eine Auswahl*. Hrsg. von Else Wolf und Walther Pollatschek. Berlin und Weimar 1969, S. 27–29; Zitat S. 28.
[105] Brief Rainer Maria Rilkes an Bernhard von Marwitz vom 9. März 1918. Zitiert nach der Wiedergabe in: Rainer Maria Rilke, *Briefe. Zweiter Band. 1914 bis 1926*. Wiesbaden 1950, S. 92–94; Zitat S. 93.
[106] Brief Rilkes an Fräulein A. Baumgarten, datiert vom 22. August 1915. Zitiert nach: *Briefe. Zweiter Band*. (Nr. 185), S. 33–35; Zitat S. 34.
[107] Aus einem Artikel Peter Roseggers in der Zeitschrift *Heimgarten*, Heft 6, März 1916. Hier

herrscht werde. Diese erhoffte Wandlung im Geschmack der Massen und in der kulturellen Produktion aber fand nicht statt. Schon bald erhoben sich im Deutschen Reich wieder heftige Klagen über eine Rückkehr der „alten oft beklagten Schäden".[108] Ein Zeitgenosse konstatierte 1916 resigniert:

> „Kaum waren die ersten Kriegswochen vorüber, als zugleich mit der auch sonst im öffentlichen Leben sich breit machenden Unsittlichkeit Presse, Literatur und Theater sittliche Grundsätze immer mehr vermissen ließen. Zuletzt kam es so, daß die Militärbehörden in zahlreichen Fällen gegen den Schmutz in Wort und Bild in der Literatur und auf der Bühne einschreiten mußten."[109]

An die Stelle der gerade auch für die Kunst und Literatur erhofften „sittlichen und religiösen Erneuerung"[110] trat im Verlaufe des Krieges immer mehr die öffentliche Forderung nach „Bekämpfung von Schundliteratur und Schundfilmen" als einer „der ernstesten und dringendsten Aufgaben"[111] der Zeit.

Tiefstand der Bühne

Die Enttäuschung über das Ausbleiben der so heftig ersehnten kulturellen Erneuerung gründete bei vielen Zeitgenossen ganz besonders auf der Entwicklung des Theaters in den Jahren des Krieges. Gerade weil man weithin – unter Berufung auf die Schriften der deutschen Klassiker – der Bühne bei der erstrebten moralischen Erneuerung des deutschen Volkes eine herausragende Bedeutung zuteilte, fiel die Empörung über eine ungebrochene „Vorherrschaft des Seichten und Trivialen, des Sinnlosen und Perversen"[112] besonders heftig aus. Exemplarisch für viele gleichlautende zeitgenössische Klagen über einen „Tiefstand des Theaters"[113] sei aus einer öffentlichen „Erklärung" zitiert, zu der sich die evangelischen Pfarrer Stuttgarts bereits 1915 veranlaßt fühlten:

> „In einer Zeit der höchsten Spannung und blutigsten Kämpfe wird in Schauspiel und Oper statt sittlich Erhebendem vielfach *Herabziehendes und Zersetzendes* geboten. Während wir ganz auf Treue und Zucht angewiesen sind und unser ganzes Dasein durch heiligen Opfermut unserer Krieger bedingt und geschützt ist, wird *leidenschaftliche Sinnlichkeit* und zügelloser Lebensgenuß vorgeführt. Draußen spielt sich das größte Drama der Weltgeschichte ab und in der Heimat soll man sich an Darstellungen des Verbrechens ergötzen! Wir sind daran, uns auf unser innerstes und bestes deutsches Eigengut zu besinnen und hier wird welschem Geist gehuldigt. Es geht um die höchsten Güter nicht bloß unseres deutschen Volkes, sondern der Menschheit und hier klatscht man fader Oberflächlichkeit und Zweideutigkeit Beifall."[114]

---

zitiert nach: *Weltkrieg und Sittlichkeit. Beiträge zur Kulturgeschichte der Weltkriegsjahre*. Hrsg. von Bruno Grabinski. Hildesheim 1917, S. 124.

[108] Aus dem Artikel „Deutsche Theaterkultur" in: *Deutsche Tageszeitung* Nr. 501 vom 4. Oktober 1916. Zitiert nach: *Weltkrieg und Sittlichkeit*. (Nr. 241), S. 123.

[109] So Bruno Grabinski in dem von ihm hrsg. Band *Weltkrieg und Sittlichkeit*. (Nr. 241), S. 97.

[110] Ebda.

[111] Dr. W. Hellwig im *Hochland*, Juni 1916, Hier zitiert nach: *Weltkrieg und Sittlichkeit*. (Nr. 241), S. 134.

[112] Wie Anm. 108.

[113] Bruno Grabinski in: *Weltkrieg und Sittlichkeit*. (Nr. 241), S. 113.

[114] „Erklärung der evangelischen Pfarrer Stuttgarts". In: *Allgemeine Rundschau* Nr. 39, 1915. Zitiert nach: *Weltkrieg und Sittlichkeit*. (Nr. 241), S. 108.

Das Ausbleiben der im Herbst 1914 so euphorisch vorhergesagten kulturell-geistigen „Wiedergeburt" Deutschlands löste schon bald die Suche nach den dafür verantwortlichen Ursachen und Hintergründen aus. Vor allem Autoren, nach deren Ansicht der Krieg unbestreitbar eine großartige „Selbsterkenntnis und Selbstbesinnung"[115] der Deutschen ausgelöst hatte, stellten die Frage, wer denn die Umsetzung dieser „Selbstbesinnung" in eine allgemeine geistig-sittliche Erneuerung verhindert habe. Wegen des Abbrechens der kulturellen Beziehungen zum Ausland und der weitgehenden Verbannung aller nicht-deutschen Autoren aus der deutschen Öffentlichkeit war die zuvor übliche Schuldzuweisung an einen äußeren Gegner nicht mehr möglich. So verfestigte sich im Laufe des Krieges eine andere, verhängnisvolle Denkweise, die noch viele Jahre lang äußerst wirkungsvoll sein sollte: der Rassismus. Wer als Autor, Schauspieler oder Bühnenbesitzer die „mächtige geistige und sittliche Bewegung, die heute das deutsche Volk durchseelt",[116] nicht mitvollzog, der konnte letztlich nicht von deutscher Art und deutschem Blute sein. Ein angesehener Theaterfachmann führte 1916 u. a. Schnitzler, Wedekind und Sternheim als „Chaosdichter" auf, „die keinen Tropfen deutschen Blutes in ihren Adern"[117] hätten. Bezeichnenderweise handelte es sich bei diesen als blutsfremd inkriminierten Autoren in erster Linie um Bühnendichter. Da man vor allem den Bühnen sittliche Entartung und Abstieg zum „niedrigen Geldgeschäft"[118] vorwarf, lassen sich in den Jahren des Ersten Weltkrieges rassistische und antisemitische Stellungnahmen vorzugsweise in Abhandlungen und Rezensionen über das zeitgenössische Theater finden. Der schon länger erhobene Vorwurf der „Verausländerung"[119] der deutschen Theater wandelte sich im Verlaufe des Krieges oftmals zu einer direkten Anschuldigung gegen die Juden, die nun als angebliche Beherrscher der deutschen Bühnen für alle vermeintlichen „Entartungen" verantwortlich gemacht wurden. Die schlimmsten Folgen dieser schon in den Jahren des Ersten Weltkrieges nicht selten auftretenden rassistischen Erklärung für das Ausbleiben der im Herbst 1914 erhofften kulturellen Katharsis kamen erst etliche Jahre später zur Auswirkung. Mit der Dolchstoßlegende (d.h. der Schuldzuweisung für den militärischen Ausgang des Krieges an die deutsche Linke) und der rassistischen Kulturideologie hatte die Rechte der Weimarer Republik ein äußerst wirkungsvolles Mittel gefunden, um den vergangenen Weltkrieg zu verherrlichen und zugleich immer wieder Rache für seinen doppelten „Verrat" zu fordern.

---

[115] Johann Georg Sprengel, „Literatur". (Nr. 221), S. 463. Sprengel hielt noch 1918 die „deutsche Selbsterkenntnis und Selbstbesinnung" für die „unzweifelhaft bedeutsamste und folgenreichste Wirkung" des Weltkrieges. (Ebda.).
[116] Artur Dinter, *Weltkrieg und Schaubühne*. München 1916, S. 6.
[117] Ebda. S. 16.
[118] N. Scheid, S.J., in: *Stimmen der Zeit*, Juniheft 1916. Hier zitiert nach: *Weltkrieg und Sittlichkeit*. (Nr. 241), S. 130.
[119] Johann Georg Sprengel, „Literatur". (Nr. 221), S. 470.

5.5. Sinn-Zweifel, Pflicht-Gedanke und Verstummen

Desillusionierungen
Die Dauer wie auch die Totalität des neuen Krieges widerlegten für die meisten Zeitgenossen immer deutlicher alle anfänglichen Sinngebungen und alle zunächst an diesen Krieg gerichteten Erwartungen und Hoffnungen. Als Marianne Weber kurze Zeit nach dem Ende des Krieges ihren 1916 entstandenen Aufsatz „Der Krieg als ethisches Problem" veröffentlichte, fühlte sie sich zu der aufschlußreichen nachträglichen Anmerkung veranlaßt: „Der zum *Alltag* gewordene Krieg hat – das haben wir mit Schmerz und Grauen erfahren müssen, nur noch ein Antlitz – und dies läßt uns schaudern!"[120] Die Ernüchterung und der Schauder der Zeitgenossen wurden nach der kurzen Euphorie vom Herbst 1914 nicht nur durch die grauenvollen Ereignisse an der Front und die ungeheure Zahl der Opfer ausgelöst, sondern auch durch die inneren Entwicklungen im Deutschen Reich, durch das Scheitern der zunächst so hoch gespannten Erwartungen auf eine einzigartige geistig-moralische Läuterung und Erhebung der gesamten Nation. Richard Dehmel, der sich im August 1914 voller Zuversicht auf eine großartige kathartische Kraft des neuen Krieges trotz seines Alters als Kriegsfreiwilliger gemeldet hatte, bezeichnete im Juli 1916 deprimiert „das gegenwärtige Deutschland" als einen „Staat von Profit- und Karrieremachern, von genußsüchtigen Philistern und machtsüchtigen Barbaren".[121] „Überall" im Deutschen Reich sah Dehmel zuallererst „Eigendünkel und Zwietracht aus persönlicher Streberei, Wichtigmacherei, Scheelsucht, Herrschsucht, Gewinnsucht"[122] am Werke, aber keine Spur mehr von einer geistigen Katharsis unter dem Eindruck des Krieges. Dehmels resignatives Fazit, das er im Juli 1916 seinem Tagebuch anvertraute, lautete: „Für *dieses* Deutschland bin ich *nicht* in den Krieg gezogen, das würde ich lieber gedemütigt sehen; [. . .]"[123] Angesichts dieser Resignation,[124] deren Auslöser bei Dehmel nicht etwa die neue von der Technik beherrschte Art des Kämpfens war, sondern zuallererst die inneren Entwicklungen im Reich und die persönlichen Erfahrungen mit den Autoritätsverhältnissen im Deutschen Heer, wurde das Weiterkämpfen für Richard Dehmel – und ganz sicherlich nicht nur für ihn – „die bitterste Selbstüberwindung".[125]

Folgen
Die Auswirkungen der hier am Beispiel R. Dehmels aufgezeigten Ernüchterung und Resignation im Verlaufe des Krieges dürfen auf keinen Fall unterschätzt werden. Die Auffassung einer bereits eingetretenen und noch weiter zu vertiefenden geistig-moralischen Katharsis des deutschen Volkes bildete ja einen Eckpfeiler in der anfänglichen Auslegung und Rechtfertigung des Weltkrieges vom

---

[120] Marianne Weber, „Der Krieg als ethisches Problem (1916)". (Nr. 240), S. 166 Anm. 1.
[121] Richard Dehmel, *Zwischen Volk und Menschheit*. (Nr. 39), S. 446.
[122] Ebda. S. 445.
[123] Ebda.
[124] Allerdings bildete diese Resignation bei R. Dehmel immer nur eine vorübergehende Phase. Sein Kriegstagebuch ist weitgehend geprägt von einem beständigen Wechsel zwischen Desillusionierung bzw. Resignation und der Zuversicht, daß der Krieg letztlich doch aus geistigen Gründen geführt werde und sich auf die geistige Zukunft des Deutschen Reiches positiv auswirken werde.
[125] Richard Dehmel, *Zwischen Volk und Menschheit*. (Nr. 39), S. 445.

August 1914. Aus dieser vermeintlichen Katharsis wurde eine gewaltige geistige Überlegenheit der Deutschen über die feindlichen Völker ebenso abgeleitet wie der deutsche Anspruch auf zukünftige geistige Führung der Welt und die völlige Gewißheit eines deutschen Sieges im neu begonnenen „Ringen der Völker". Ein Verlust des anfänglichen Glaubens an eine gewaltige kathartische Wirkung des Krieges auf die deutsche Bevölkerung mußte somit zwei zentrale Denkmuster der zeitgenössischen Kriegsideologie gewaltig erschüttern: den deutschen Anspruch auf geistige Führung der Welt und die Gewißheit eines deutschen Sieges.

Je länger der Krieg dauerte und je mehr Opfer er forderte, um so weniger glaubwürdig konnte den unter ihm leidenden Zeitgenossen seine zunächst von so vielen deutschen Dichtern vorgebrachte Erklärung als „nur"[126] äußerer Austragungsform eines eigentlich viel bedeutenderen und älteren geistigen Konfliktes erscheinen. Mit der Dauer des Krieges wurde somit gerade jene Frage immer drängender, die 1914/15 von den Dichtern und Intellektuellen scheinbar so eindeutig beantwortet worden war: die Frage nach dem eigentlichen Sinn und Zweck dieses Geschehens. „Um was kämpfen wir eigentlich?"[127] Auf diese entscheidende Frage, die nicht allein für Richard Dehmel 1916 wieder aktuell geworden war, gaben nach zwei Jahren blutigen Kampfgeschehens und den erlittenen „seelischen Enttäuschungen"[128] die anfänglichen Auslegungen und Sinngebungen des Krieges keine glaubwürdigen Antworten mehr. „Bodenlos niedergedrückt"[129] stellte sich Richard Dehmel im April 1916 – sicherlich charakteristisch für die geistige Desillusionierung und Verunsicherung vieler seiner Zeitgenossen – in seinem Tagebuch „die noch bodenlosere Frage": „[...] Geht's wirklich um den deutschen Geist, wie ich anfangs glaubte und gern noch glauben möchte, oder bloß um den großen Futternapf, den man hochtrabend ‚Weltmarkt' nennt?"[130]

Erneute Sinnfrage

Während R. Dehmel, allen persönlichen Zweifeln zum Trotz, seine Auffassung, daß der Krieg entscheidend aus geistigen Gründen entstanden sei und schließlich doch zu einem Siegeszug des deutschen Geistes über die Welt führen werde, nicht völlig preisgeben wollte, konnte er seine anfängliche Überzeugung, daß der neue Waffengang zuallererst durch geistige Mittel (wie Ordnung, Organisation, Disziplin etc.) entschieden werde, nicht allzulange aufrechterhalten. Immer mehr mußte er unter dem Eindruck des persönlich erlebten Kampfgeschehens erkennen, daß der neue Krieg vor allem anderen eine „industrielle

Verlust der Zuversicht

---

[126] Rudolf Borchardt behauptete noch 1916 wörtlich, der neue Krieg sei „nur die heftigste und blutigste Ausbruchsform" eines viel umfassenderen, älteren und in seinem eigentlichen Kerne geistigen Konfliktes. Zitat aus: Rudolf Borchardt, *Der Krieg und die deutsche Verantwortung*. (Nr. 29), S. 28.
[127] Richard Dehmel, *Zwischen Volk und Menschheit*. (Nr. 39), S. 396.
[128] Dehmel notierte Anfang Juli 1916 in seinem Tagebuch: „Ich glaube, ich hätte auch schwereren Dienst gut und gerne leisten können, wenn es blos auf körperliches Durchhalten ankäme; die seelischen Enttäuschungen freilich haben meine Geduldskraft fast erschöpft, [...]" (Ebda. S. 441).
[129] Ebda. S. 396.
[130] Ebda.

Kraftprobe"[131] bildete, bei der es auf geistige Tugenden nicht mehr ankam. Mit dieser Erkenntnis aber, die sich spätestens ab 1916 unter dem Eindruck der gewaltigen Materialschlachten im Westen (Verdun) bei vielen Zeitgenossen durchsetzte, wurde die Zuversicht auf einen deutschen Sieg nicht nur für Richard Dehmel zutiefst erschüttert. Denn diese Zuversicht war ja im Herbst 1914 weithin ausdrücklich mit einer ungeheuren geistigen Überlegenheit des deutschen „Wesens" über die „Seinsart" der feindlichen Völker begründet worden, deren materielle Überlegenheit man oftmals gar nicht verschwieg.

Versuche des Verdrängens

Viele deutsche Schriftsteller, die im Herbst 1914 den neuen Krieg zunächst voller Begeisterung begrüßt hatten, wurden sehr viel früher schon als Richard Dehmel (dessen zitierte Tagebuch-Eintragungen vom Frühjahr 1916 stammen) von tiefer Ernüchterung und großen Zweifeln am Sinn des Krieges erfaßt. Rainer Maria Rilke z. B. fühlte sich schon im Juli 1915 restlos „aufgebraucht" durch all das „Ertragen und Leisten und Ausstehen".[132] Er sah den Krieg schon zu diesem Zeitpunkt nur noch als sinnlose „Zerstörung"[133] und fragte sich voller Sorge: „werden wir nicht auch später, für immer, wie wirs jetzt lernen, alles Verstehen aufschieben, das Menschliche für unentwirrbar halten, die Geschichte für einen Urwald, dessen Boden wir nicht erreichen, [. . .]?"[134] Der von Rilke derart formulierte drohende Verlust jeglicher positiver Sinngebung für den neuen Weltkrieg oder gar für die gesamte Entwicklung der Menschheit überhaupt führte viele deutsche Schriftsteller zeitweise in eine geistig-seelische „Defensive" (A. Zweig),[135] in eine Haltung des Verdrängens und Nicht-Wissen-Wollens. Nicht nur Rainer Maria Rilke wünschte sich nach dem Verlust der anfänglichen Euphorie immer wieder, „blind und ohne alles Mitwissen zu sein".[136] Heinrich Lersch, 1914/15 Verfasser begeisterter Kriegsgedichte, versuchte 1916 zuerst durch ständiges Herumreisen in Deutschland,[137] dann durch intensives körperliches Arbeiten, den Krieg zu vergessen. Im November 1916 aber gestand er sich schließlich das Scheitern aller dieser Verdrängungsversuche ein: „Es nutzt alles nichts."[138]

Widerlegung alles Bisherigen

Bei ihren Versuchen, den Krieg zu verdrängen und zu vergessen, erging es vielen deutschen Dichtern und Künstlern ähnlich wie Heinrich Lersch. Auch in der Heimat waren schon bald die Auswirkungen des Krieges zu offenkundig und

---

[131] Ebda. S. 437.
[132] Aus einem Brief Rilkes an die Fürstin Marie von Thurn und Taxis-Hohenlohe, datiert den 9. Juli 1915. Hier zitiert nach Rainer Maria Rilke, *Briefe. Zweiter Band. 1914 bis 1926.* Wiesbaden 1950, S. 25/26.
[133] Ebda. S. 25.
[134] Ebda. S. 26.
[135] Arnold Zweig schrieb am 14.V.16 an seine Braut, er sei „seelisch-geistig" in die „Defensive" gegangen und konzentriere nun alle Kräfte auf die „Wahrung meiner selbst". Der Brief Zweigs hier zitiert nach: *Arnold Zweig 1887–1968.* (Nr. 258), S. 72/73.
[136] Brief R. M. Rilkes an Anton Kippenberg vom 5. Juli 1917. Zitiert nach Rainer Maria Rilke, *Briefe. Zweiter Band.* (Nr. 185), S. 78–80; Zitat S. 79.
[137] Vgl. seinen Brief an Max Barthel vom 29.10.1916. Abgedruckt in: Heinrich Lersch, *Briefe und Gedichte aus dem Nachlaß.* (Nr. 145), S. 42–44.
[138] Ebda. S. 44. (Brief Lerschs an Alphons Petzold vom 2.11.1916).

das wachsende Erschrecken der Bevölkerung zu deutlich, um noch eine Haltung des Nicht-Wissens einnehmen zu können. Das verstörende „Antlitz" des zum „Alltag"[139] werdenden Krieges widerlegte nicht nur immer klarer alle anfänglichen Sinngebungen und Auslegungen dieses ungeheuerlichen Geschehens, sondern gefährdete weit darüber hinaus immer mehr alle vor dem August 1914 gültigen Anschauungen, Wertsetzungen und Einstellungen überhaupt. Im Verlaufe der Jahre 1914 bis 1918 gelangten viele Zeitgenossen zu der Auffassung, daß eine Rückkehr in die geistigen Haltungen der Vorkriegsära nach dem Ende dieses neuen Weltkrieges nicht mehr möglich sein werde. „Was auch kommt, das Ärgste ist, daß eine gewisse Unschuld des Lebens, in der wir doch aufgewachsen sind, für keinen von uns je wieder da sein wird."[140] Rainer Maria Rilke, der diese Einsicht schon im Juli 1915 gewonnen hatte, brachte vor allem in seinen Briefen immer wieder zum Ausdruck, wie sehr für ihn „das ganze vielfältige frühere Leben mit seinen Reisen und Ruhepunkten und Ereignissen" von der „ätzenden Trübe dieser Zeit", d. h. durch das Ereignis des Krieges „immer spurloser aufgelöst"[141] werde. Die anfängliche Freude vieler Zeitgenossen, daß durch den Krieg „das gelinde und süße Leben" der Jahre vor 1914 „für ewig dahin"[142] sei, wich immer mehr dem Erschrecken, daß durch die neuen grauenhaften Erfahrungen auch die früheren Erkenntnisse, Anschauungen und Erinnerungen keine Zuflucht und Sicherheit mehr bieten konnten. So schrieb z. B. R. M. Rilke im Juli 1917 deprimiert an seinen Freund Anton Kippenberg: „Wenn ich meine fruchtbarsten Erinnerungen aufschlage – ich weiß kaum eine, die nicht wie durchgestrichen und widerrufen wäre. Wozu alles Sinnvolle, wenn uns, gegen allen Sinn, ein allgemeines Irrsal bereitet war?"[143] Nach drei Jahren Dauer war nicht nur für Rilke der Krieg vom anfänglich freudig begrüßten „Schauspiel"[144] zum „Irrsal" und „Welt-Widerruf"[145] geworden.

Für die an der Front kämpfenden Soldaten konnte der Verlust der anfänglichen Sinngebungen und Rechtfertigungen des Krieges zu einem existentiellen psychischen Problem werden. Wem es nicht gelang, allen grauenhaften Eindrücken und Erfahrungen zum Trotz, an diesen Auffassungen festzuhalten oder aber die Frage nach dem Sinn dieses Krieges radikal auszublenden, der kam ernsthaft in Gefahr, durch das Nachdenken über den Krieg schließlich den Verstand zu verlieren. Allerdings war ein radikales Ausblenden der Sinnfrage an der Front, wo die ungeheuren körperlichen Strapazen die „seelischen Enttäuschungen"[146] oftmals in den Hintergrund schoben, offensichtlich eher möglich als in

Abstumpfung

---

[139] Wie Anm. 120.
[140] Aus einem Brief Rilkes an die Fürstin Marie von Thurn und Taxis-Hohenlohe vom 2. August 1915. Zitiert nach Rainer Maria Rilke, *Briefe. Zweiter Band.* (Nr. 185), S. 31/32.
[141] Aus einem Brief Rilkes an den Verleger Kurt Wolff vom 28. März 1917. Zitiert nach Kurt Wolff, *Briefwechsel eines Verlegers 1911–1963.* (Nr. 253), S. 145/146.
[142] Rudolf Borchardt, *Der Krieg und die deutsche Selbsteinkehr.* (Nr. 28), S. 34.
[143] Rainer Maria Rilke, *Briefe. Zweiter Band.* (Nr. 185), S. 79.
[144] Vgl. weiter oben Abschnitt 3.1 (speziell Anm. 7).
[145] Wie Anm. 141.
[146] Richard Dehmel, *Zwischen Volk und Menschheit.* (Nr. 39), S. 44.

der Heimat. Ein Zeitgenosse berichtete schon 1915 von der Front, es gebe bei den Soldaten „*seelische Erschlaffungs- und Depressionszustände*, in denen man überhaupt nicht mehr denkt; so sehr ist das Denken durch Entbehrungen, Strapazen und die schrecklichen Erlebnisse des Schützengrabenkrieges vollständig gelähmt. Man wird abgestumpft und gleichgültig jeglichen, auch religiösen Dingen gegenüber."[147] Vielen Soldaten war durchaus bewußt, daß die Haltung der Abstumpfung und der geistigen Apathie ein wichtiges Mittel bildete, um am Erlebnis des Krieges psychisch nicht zu zerbrechen. Ein junger Frontsoldat schrieb darüber im Oktober 1915: „[...] wir werden alle mehr oder weniger hart und gefühllos hier draußen in diesem schrecklichen Krieg; wer das nicht wird, wird verrückt im wahrsten schrecklichsten Sinne des Wortes."[148]

Seelische Erstarrung

Abstumpfung und geistige „Defensive"[149] bildeten auch für viele an der Front stehende Dichter und Künstler einen wichtigen Weg, um von den grauenhaften Eindrücken nicht überwältigt zu werden. August Stramm berichtete schon im Dezember 1914 von einer seelischen Erstarrung durch das Erleben des Frontgeschehens: „[...] So wird man Egoist. Es läßt alles so kalt! Aber man erschreckt nicht mehr, Roheit oder Selbstschutz? Beides aus einem in einem. Werttod!"[150] Der bei Kriegsbeginn so euphorisch gestimmte Franz Marc schrieb im Juli 1915 von der Front: „Das Leben hier berührt mich überhaupt nicht mehr; es ist als wäre es schon nicht mehr wirklich und gegenwärtig; ein rein formalistisches Dasein, dem man gehorcht."[151] Vergleichbar notierte auch Hans Carossa 1917 an der Westfront, er lebe „in einer ständigen Betäubung und warte und warte – auf was weiß ich nicht". Hatte Carossa den Krieg in den rumänischen Bergen noch als Erlebnis und persönliche Reifung empfinden können, so gestand er nach vier Wochen Erfahrung als Frontarzt in Flandern, „daß ich keinen anderen Wunsch mehr fühle als der Krieg möge zu Ende sein [...]"[152]

Schreib-Unfähigkeit

Der Verlust der anfänglichen Sinngebungen des Krieges, Ernüchterung und geistige „Defensive" bewirkten bei vielen deutschen Dichtern im Verlaufe des Krieges eine zumindest zeitweilige Pause im literarischen Schaffen. Ein national-völkisch orientierter Literaturwissenschaftler beklagte 1934 im Rückblick: „Von den kriegsbejahenden Dichtern haben die wenigsten durchgehalten bis ans Ende, ja manche der lautesten Rufer zum Streit von 1914 wollten schon längst Kriegsgegner gewesen sein."[153] Es war keineswegs nur die kriegsaffirmative Li-

---

[147] Georg Pfeilschifter, „Seelsorge und religiöses Leben im deutschen Heere". In: *Deutsche Kultur, Katholizismus und Weltkrieg. Eine Abwehr des Buches »La guerre allemande et le catholicisme«*. Hrsg. von Georg Pfeilschifter. Freiburg i. B. 1915, S. 235–268; Zitat S. 250.
[148] Aus einem Brief des stud. iur. Hugo Müller vom 17. Oktober 1915. Enthalten in: *Kriegsbriefe gefallener Studenten*. Ausgabe von 1928, S. 245/246.
[149] Wie Anm. 135.
[150] Aus einem Brief August Stramms an Herwarth und Nell Walden vom 16.12.1914. Hier zitiert nach Paul Pörtner, *Literatur-Revolution 1910–1925. Dokumente, Manifeste, Programme*. Bd. 1. Darmstadt 1960, S. 48/49.
[151] Franz Marc, *Briefe aus dem Feld*. (Nr. 167.b), S. 83. (Brief vom 21.VII.15).
[152] Aus einem Brief von Hans Carossa an Maria Demharter vom 15.11.1917; zitiert nach Hans Carossa, *Briefe I*. (Nr. 37), S. 163/164.
[153] Ernst Volkmann, „Einführung". (Nr. 237), S. 40.

teratur, deren Anfertigung von der großen Schar der zunächst so begeisterten „Rufer" zunehmend eingestellt wurde. Für viele deutsche Schriftsteller, die im Herbst 1914 den neuen Krieg freudig begrüßt und rechtfertigt hatten, wurde unter dem Eindruck von dessen verstörender Realität jegliche Form literarischen Schaffens zumindest vorübergehend unmöglich. Rainer Maria Rilkes Briefwechsel der Jahre 1915 bis 1918 wird beherrscht von der immer wiederkehrenden Klage, literarisch nicht mehr arbeiten zu können. Schon jeder „Vorsturm von Arbeit"[154] fiel bei Rilke immer wieder verstörenden Eindrücken und Ereignissen zum Opfer. Heinrich Lersch, wegen seiner frühen Kriegsgedichte von Julius Bab zum „Sänger des deutschen Krieges"[155] ernannt, bekannte im November 1916 seinem Freund, dem Schriftsteller Alphons Petzold: „Ich hab's lang verlernt, Verse zu schreiben. Und noch länger, Verse zu lesen. [...] Seit ich den Krieg verließ, verachte ich alles Geschriebene und Gedachte, – meines so gut wie alles."[156] Lersch artikulierte schließlich in seinem Brief die für viele Dichter in der Phase der Desillusionierung charakteristische Frage: „O Gott, Mensch, was sollen wir nur tun, wir Menschen und wir Dichter?"[157]

Der völlig unerwartete ‚Charakter' des Ersten Weltkrieges zerstörte nicht nur gründlich die auf langer Tradition beruhenden Ansichten der zeitgenössischen Kriegsphilosophie. Er stürzte auch, ganz im Gegensatz zu den hochfliegenden Erwartungen vom Herbst 1914 auf eine sich schon bald manifestierende „produktive Dialektik von Krieg und Kultur",[158] die Kunst und Literatur in eine neue und tiefe Funktionskrise. Für R. M. Rilke wurde die Frage nach dem Sinn und nach der Wirkungsmöglichkeit von Kunst sogar schon in der Anfangsphase des Krieges zum Problem, nicht erst im Moment der Ernüchterung und Desillusionierung. Im Juni 1915 stellte Rilke voller Resignation der von ihm zu diesem Zeitpunkt noch immer geglaubten kathartischen Wirkung des neuen Krieges auf die Zeitgenossen die Ohnmacht der Künstler gegenüber:

Funktionskrise

„Während wir, die Künste, das Theater, in ebendenselben Menschen nichts hervorriefen, nichts zum Aufstieg brachten, keinen zu verwandeln vermochten. Was ist anderes unser Metier als Anlässe zur Veränderung rein und groß und frei hinzustellen, – haben wir das so schlecht, so halb, so wenig überzeugt und überzeugend getan? Das ist Frage, das ist Schmerz seit bald einem Jahr, und Aufgabe, daß mans gewaltiger täte, unerbittlicher. Wie?!"[159]

---

[154] Rainer Maria Rilke, *Briefe. Zweiter Band. 1914–1926.* Wiesbaden 1950, S. 61–63; Zitat S. 62. (Aus einem Brief Rilkes an Anton Kippenberg vom 15. Februar 1916).
[155] Vgl. Julius Bab, „Heinrich Lersch, der Sänger des deutschen Krieges". (Nr. 4).
[156] Brief an Alphons Petzold vom 2.11.1916. In: Heinrich Lersch, *Briefe und Gedichte aus dem Nachlaß*. (Nr. 145), S. 44/45. – Mit der Formulierung „Seit ich den Krieg verließ" meinte Lersch seine aus gesundheitlichen Gründen erfolgte Entlassung aus dem Militärdienst.
[157] Ebda. S. 45.
[158] Wolfgang Rothe, „Der große Krieg". (Nr. 307), S. 20.
[159] Brief Rilkes an Thankmar Freiherrn von Münchhausen, datiert vom 28. Juni 1915. Enthalten in: R.M. Rilke, *Briefe. Zweiter Band*. (Nr. 185), S. 23/24.

Intensives Lesen

Die wachsende Unfähigkeit vieler deutscher Schriftsteller, angesichts der grauenhaften Realität des Krieges noch literarisch arbeiten zu können, führte im allgemeinen nicht zu einer völligen Abkehr von Kunst und Literatur schlechthin. Es läßt sich vielmehr beobachten, wie gerade bei den Schriftstellern im Verlaufe des Ersten Weltkriegs das Lesen eine enorme Bedeutung gewinnt.[160] Die Beschäftigung mit den ‚großen' Werken der europäischen Tradition wurde nun zu einem wichtigen Mittel im Ringen um das psychische Ertragen der Gegenwart. „Nur die Kunst hilft einem über diese jämmerliche Zeit"[161] notierte der zu eigenem Schaffen unfähige Stefan Zweig im Dezember 1915 anläßlich intensiver Lektüre sowie seiner Gespräche über Kunst in kleinstem Freundeskreise. Wie unzählige andere unter dem Krieg leidende Zeitgenossen, so suchten auch viele Schriftsteller in der Lektüre Ablenkung und Trost, suchten sie die ‚tieferen' Werte jenseits des aktuellen Massenmordens.

Wer die privaten Aufzeichnungen deutscher Schriftsteller aus den Jahren des Ersten Weltkriegs studiert, wird immer wieder ein gewaltiges Pensum an Lektüre entdecken. Dies gilt auch für solche Autoren, die im Militärdienst standen. Carl Zuckmayer z. B. erhielt von seiner Mannschaft den Spitznamen ‚der lesende Leutnant',[162] da er jede nur mögliche Gelegenheit zum Lesen nutzte. Im Rückblick von 1966 wertete Zuckmayer seine damalige „Gier" nach Lektüre nicht nur als Versuch, „Trost in der furchtbaren Verfinsterung um mich her" zu finden, sondern auch als Akt der Auflehnung gegen die „Verblödung" durch den Krieg: „Es war wie ein wilder Ausbruch von Trotz gegen die Verdummung, die eigentlich unsere Aufgabe, unser natürliches Los im Alltagsleben des Krieges war."[163]

Imperativ der Pflicht

Die Frage nach dem Sinn und Zweck eigenen literarischen Schaffens inmitten einer Zeit der Zerstörung und Verwüstung wurde für viele deutsche Schriftsteller im Verlaufe des Krieges immer drängender, zugleich aber auch immer schwerer zu beantworten. Nachdem eine weitere Verklärung des Krieges für die meisten Schriftsteller selber schon bald nicht mehr glaubwürdig war, blieben ihnen vor allem drei Möglichkeiten, auf die verstörenden neuen Eindrücke und Erkenntnisse zu reagieren: das völlige Verstummen; der Übergang auf eine Position der Gegnerschaft zum Krieg oder der Rückzug auf den bitteren „Imperativ der Pflicht".[164] Im Verlaufe des Krieges löste, wie an anderer Stelle bereits ausführlich aufgezeigt,[165] das Gebot der Pflichterfüllung immer mehr die früheren Auslegungen und Sinngebungen ab. Der Gedanke des Durchhaltens und der bitteren Pflichterfüllung, dessen entscheidende Grundlage die Überzeugung bildete, daß die Mächte der Entente das Deutsche Reich systematisch eingekreist und schließlich heimtückisch überfallen hätten, trat auch bei etlichen deutschen

---

[160] Die oben genannte Haltung von Karl Lersch („verachte ich alles Geschriebene und Gedachte") bildet somit eine Ausnahme.
[161] Stefan Zweig, *Tagebücher*. (Nr. 260), S. 241; datiert vom 20.12.1915.
[162] Carl Zuckmayer, *Als wär's ein Stück von mir. Horen der Freundschaft*. Frankfurt a.M. 1966, S. 243.
[163] Die Zitate ebda. S. 241, 243, 242, 242.
[164] Marianne Weber, „Der Krieg als ethisches Problem (1916)". (Nr. 240), S. 160.
[165] Siehe Band 1, Kap. IV, 5.

Dichtern und Künstlern immer mehr an die Stelle der anfänglichen Kriegsbegeisterung. Exemplarisch für die Haltung vieler seiner im Felde stehenden Kollegen und Freunde schrieb August Stramm im Februar 1915 von der Front: „Es hilft alles nichts. Wir müssen durch und durchhalten, mögen wir den Krieg noch so sehr verurteilen."[166] Ähnlich hieß es auch bei Franz Marc, ebenfalls im Februar 1915: „[. . .], Ausdauer ist jetzt alles, wir kennen jetzt bald keine Tugenden mehr als diese. Laß sie uns üben, sonst können wir nicht Sieger bleiben, weder draußen noch im Geiste."[167]

Die Moral der Pflichterfüllung löste auch in der apologetischen Literatur immer mehr die anfänglichen Deutungen und Rechtfertigungen des Krieges ab. Der begeistert in die Schlacht aufbrechende kühne Held der traditionellen Kriegslyrik mußte zunehmend der Figur des pflichterfüllten und eisern ausharrenden Stellungskämpfers weichen. Das Thema der Kriegslyrik verlagerte sich deutlich von „der Begeisterung des Auszugs" zum „geduldigen Ausharren im Schützengraben",[168] zur getreuen Erfüllung der bitteren „Pflicht".[169] Statt Wagemut und Kühnheit wurde nun die „Treuestellung des Ausharrenden, der sich ruhig und gefaßt gibt",[170] zum neuen Leitbild der affirmativen Kriegslyrik. Geduld, Gottvertrauen und Ergebenheit in das Schicksal lauteten die wichtigsten Tugenden dieses neuen Leitbildes. Der Krieg erschien nun in der veränderten literarischen Gestaltung nicht mehr wie früher als Abenteuer und als großartiges Erlebnis, sondern als „lange Prüfung"[171] und als „Zeit des großen Duldens".[172] Gelegentlich wurde die Ernüchterung der Zeitgenossen, das allgemeine Umschlagen von der anfänglichen Euphorie zur neuen Moral der geduldigen Pflichterfüllung in der Kriegslyrik selber explizit thematisiert. Ein Zeitgenosse dichtete 1916: „Der große Rausch der Zeit hat ausgeglüht, / und eine Welt der Schmerzen schaut mich an, / die Zeit des großen Duldens graut heran, / der wilde Schlachtenlenz hat abgeblüht."[173]

Neues Leitbild

---

[166] Aus einem Brief August Stramms an Herwarth Walden vom 23.2.1915. Zitiert nach August Stramm, *Das Werk*. Hrsg. von René Radrizzani. Wiesbaden 1963, S. 442.
[167] Franz Marc, *Briefe aus dem Feld*. (Nr. 167.b), S. 47. (Brief vom 11.II.15).
[168] Carl Busse, „Einleitung". (Nr. 36), S. XX.
[169] In einem Gedicht R. Dehmels vom Anfang 1918 ist die Rede von einem Soldaten, der wegen Urlaubs nun auf kurze Zeit befreit ist „von der finstern Pflicht" des Kämpfens und des Tötens. Richard Dehmel, „Lichter Augenblick", zitiert nach: *Deutsche Dichtung im Weltkrieg (1914–1918)*. Bearbeitet von Dr. Ernst Volkmann. (Nr. 40), S. 270.
[170] Hanns-Josef Ortheil, *Wilhelm Klemm. Ein Lyriker der ‚Menschheitsdämmerung'*. (Nr. 299), S. 61.
[171] Zitat aus einem Gedicht von Siegfried Schlösser, entstanden am 27. März 1916 an der Westfront. In: Siegfried Schlösser, *Sonette aus dem Schützengraben*. Leipzig 1916, S. 40. Hier zitiert nach: *Deutsche Dichtung im Weltkrieg (1914–1918)*. Bearbeitet von Dr. Ernst Volkmann. (Nr. 40), S. 222.
[172] Textstelle aus dem Gedicht „Der deutsche Musketier 1916" (entstanden 1916) von Joachim Freiherr von der Goltz. In: Joachim Freiherr von der Goltz, *Deutsche Sonette*. Berlin 1916, S. 48. Hier zitiert nach: *Deutsche Dichtung im Weltkrieg (1914–1918)*. Bearbeitet von Dr. Ernst Volkmann. (Nr. 40), S. 233.
[173] Ebda.

Appell	Je länger der im August 1914 begonnene Krieg dauerte, um so stärker prägte sich in der ihn begleitenden Lyrik ein deutlich appellativer Charakter aus. Der Appell zur Erfüllung der vaterländischen Pflicht, d. h. zur Verteidigung des Deutschen Reiches gegen den „heimtückischen Überfall" der Feinde, wurde zu einem führenden Topos der zeitgenössischen Kriegsliteratur, vor allem der Lyrik. Dieser Appell richtete sich schon bald nicht mehr nur an die Soldaten von der Front, sondern immer mehr auch an die zivile Bevölkerung. Das Aufkommen und beständige Anwachsen der literarischen Appelle an die „Heimatkämpfer"[174] belegt dem späteren Betrachter recht deutlich den zumeist schnellen Verlust des anfänglichen Glaubens fast aller deutschen Schriftsteller an eine durch den neuen Krieg geschaffene brüderliche und heroische Gemeinschaft der Nation.
Bittere Erkenntnis	Die Berufung auf den „Imperativ der Pflicht"[175] wurde für zahlreiche deutsche Schriftsteller, ganz besonders für jene, die selber an der Front standen, ein wichtiges Mittel, um am Erlebnis des Krieges geistig-psychisch nicht zu zerbrechen. Die Ethik der Pflichterfüllung verhinderte aber zumeist auf die Dauer nicht die bittere Erkenntnis, daß der neue Weltkrieg wohl kaum mehr als ein quasi naturgesetzliches Geschehen (wie z. B. der Wechsel der Jahreszeiten)[176] oder als natürliche Auslese des Besten unter den Völkern gedeutet werden konnte. Immer mehr verstärkte sich auch unter den anfänglichen Apologeten die Einsicht, daß dieser Krieg nicht Naturgesetz, sondern vielmehr Menschenwerk, daß er „Menschenmache"[177] war. Diese Erkenntnis führte nicht selten, bei aller Beharrung auf dem Gedanken der Pflichterfüllung, zu einer wachsenden Entfremdung von der Person und von der Politik des deutschen Kaisers — eine Entfremdung, die auch für die deutsche Bevölkerung im Verlaufe der Kriegsjahre eindeutig nachweisbar ist.
Unverdrossene	Natürlich gab es auch unter den deutschen Schriftstellern und Künstlern, die im August 1914 den neuen Krieg lautstark begrüßt und verherrlicht hatten, einige wenige, die noch bis zuletzt unverdrossen Durchhalte- und Siegesparolen verbreiteten. Der bei den Zeitgenossen recht populäre Walter Bloem z. B. versprach noch im September 1917: „Das Gesamtergebnis wird sein: Englands gänzlicher Zusammenbruch. Er läßt sich nicht auf Monat und Tage bestimmt voraussagen, kommen wird er, und er ist näher, als die Heimat denkt."[178] Alfred Döblin versprach noch 1918 für den Fall einer wirklich ernsthaften Bedrohung des Deutschen Reiches durch die Allianz der Feinde:

„Wir versprechen, wir werden selbst in unseren Reihen, in den Häusern, auf den Straßen diejenigen massakrieren, die nur einen Hauch von Friedensgesinnung dann

---

[174] Vgl. z. B. das Gedicht „Aufruf an die Heimatkämpfer" von Hermann Stehr. In: *Eine Kriegsgabe deutscher Künstler.* Hrsg. von H. Wocke. Leipzig 1916, S. 9. Auch in: *Deutsche Dichtung im Weltkrieg (1914–1918).* Bearbeitet von Dr. Ernst Volkmann. (Nr. 40), S. 226.
[175] Marianne Weber, „Der Krieg als ethisches Problem (1916)". (Nr. 240), S. 160.
[176] Vgl. Band 1, Kap. III, 4.2.
[177] Aus einem Brief Rilkes an Kurt Wolff vom 28. März 1917. In: Kurt Wolff, *Briefwechsel eines Verlegers 1911–1963.* (Nr. 253), S. 146.
[178] Walter Bloem am 29. September 1917 in der *Woche.* Hier zitiert nach: *Innenansicht eines Krieges. Deutsche Dokumente 1914–1918.* (Nr. 108.b), S. 270.

äußern. Uns wird kein Hunger schlapp machen; das triumphierende Gesicht der Welschen, das Gejauchz der Senegalneger, die man gegen uns aufbietet, die heiseren Rufe des Briten halten uns bei Besinnung."[179]

Insgesamt aber ging der Umfang der kriegsaffirmativen Literatur schon nach wenigen Monaten immer deutlicher zurück. Die meisten der deutschen Schriftsteller und Künstler, die den neuen Krieg im Herbst 1914 als „Reinigung" und „Befreiung"[180] freudig bejaht hatten, verstummten im Verlaufe der weiteren Kriegsjahre. Die Preisgabe der anfänglichen Kriegsauslegungen führte allerdings nur bei wenigen Schriftstellern über das Verstummen hinaus auch zur Einnahme oder gar öffentlichen Bekundung einer explizit gegen den Krieg gerichteten Haltung. Zu den wenigen Autoren, die ihre anfänglichen Positionen vollkommen aufgaben und die sich unter dem Eindruck der neuen Erlebnisse und Erkenntnisse zu entschiedenen Gegnern des Krieges wandelten – auch wenn sie diese Wandlung nicht immer schon öffentlich bekanntgaben – gehörten u. a. Fritz von Unruh, Arnold Zweig, Franz Blei und Gerrit Engelke.

Während die anfänglichen Apologeten des Krieges zunehmend literarisch verstummten, gewann langsam eine radikal andere Denkhaltung immer mehr an Anhängerschaft und Resonanz. Eine neue Generation von zumeist jüngeren Dichtern und Künstlern deutete den Krieg nun als Wahnsinn und Katastrophe; eine Katastrophe, die nach der neuen Auffassung allerdings doch noch einen positiven Sinn erhalten konnte, wenn sie zum Auslöser einer radikalen ethisch-moralischen Umkehr und Neu-Orientierung der gesamten Menschheit wurde. Mit dieser spezifischen zeitgenössischen Reaktion auf das verstörende Erlebnis des Ersten Weltkrieges, mit der expressionistischen Bewegung des „Gut-Menschen- und Europäertums" (G. Engelke),[181] beschäftigt sich das folgende Kapitel.

Verstummen

Expressionismus

---

[179] Alfred Döblin, „Drei Demokratien". (Nr. 45.b), S. 38.
[180] Thomas Mann, „Gedanken im Kriege". (Nr. 156.b), S. 10.
[181] Gerrit Engelke schrieb am 20. Februar 1918 an seinen Verleger Eugen Diederichs, seine neuen Verse seien „Träger" des bei den vom Krieg ermüdeten Zeitgenossen immer mehr Resonanz findenden „Gut-Menschen und Europäertums". Engelkes Brief hier zitiert nach: *Innenansicht eines Krieges. Deutsche Dokumente 1914–1918*. (Nr. 108.b), S. 291/292.

III. Erneuerung von Mensch und Welt: Die Antwort des Expressionismus auf den Krieg

1. Vorbemerkung

<small>Desillusionierung</small> Durch die konkrete Erfahrung des alle Vorstellungskraft der Zeitgenossen radikal übersteigenden neuen Krieges wurden die verschiedenen apologetischen Denkweisen vom Herbst 1914 schon bald gründlich in Frage gestellt. Als erster literarischer Niederschlag der einsetzenden Desillusionierung entstand, wie im vorigen Kapitel ausführlich gezeigt, bereits nach wenigen Wochen eine neue, dezidiert anti-heroische Lyrik über das Geschehen an der Front. Diese neue Lyrik enthielt aber noch keine Auseinandersetzung mit den erneut quälenden Fragen nach der Ursache, dem Sinn und den Folgen des Krieges vom August 1914.

<small>Krieg u. Expressionismus</small> Die innovative Leistung einer radikal anderen und für die Zeitgenossen äußerst provokativen Neudeutung des Krieges blieb den Expressionisten der Jahre zwischen 1914 und 1918 vorbehalten. Die neue expressionistische Sehweise des Krieges mit ihren weitreichenden Konsequenzen sowohl für das vom einzelnen Individuum geforderte Verhalten wie auch für den erstrebten Zusammenschluß der gesamten Menschheit bildet das Thema des folgenden Kapitels. Im Zentrum der Ausführungen steht die geistig-ideologische Verarbeitung und Deutung des realen Ereignisses ‚Erster Weltkrieg‘ durch die Vertreter des Expressionismus. Die literarische Gestaltung persönlicher Kriegserfahrungen oder des poetischen Motivs ‚Krieg‘ durch expressionistische Autoren interessiert dagegen nur sehr am Rande. Diese Interessen-Ausrichtung und Vorgehensweise legitimiert sich durch die noch genau zu belegende expressionistische Betrachtung des Krieges als ein in allererster Linie geistig-mentales Phänomen und Problem. Insbesondere wegen dieser Auffassung und deren gewichtigen Konsequenzen darf der Expressionismus der Jahre 1914–1918 nicht als eine literarische Stilrichtung, sondern muß vielmehr als eine aus der Besonderheit der geschichtlichen Situation heraus entstandene weltanschauliche Bewegung verstanden werden.

<small>Forschungslücke</small> Obwohl zum Komplex des Expressionismus mit seinen zahlreichen Verästelungen seit langem eine Fülle von Forschungsliteratur vorliegt,[1] sind die Zusammenhänge von apologetischer Ideologie und konkreter Erfahrung des Krieges mit den Positionen des Expressionismus nach 1914 bisher kaum erkannt und untersucht worden. Diese Zusammenhänge bleiben vielmehr in den Studien zum Expressionismus zumeist völlig außerhalb jeder Betrachtung; selbst dann noch, wenn ein Autor ausdrücklich den Anspruch erhebt, die „soziologischen Voraussetzungen" des Expressionismus und seine kontextuelle „Zeitsituation" zu

---

[1] Dazu siehe z. B. Richard Brinkmann, *Expressionismus. Internationale Forschung zu einem internationalen Phänomen.* Stuttgart 1980.

erfassen.² Im allgemeinen läßt sich in der Forschungsliteratur zum Expressionismus lediglich die stereotype Formel einer ‚großen Bedeutung' des Krieges für Leben und Werk der expressionistischen Künstler finden. Nur selten aber wird diese globale Aussage genauer belegt und für die weitere Erkenntnis nutzbar gemacht.³ Diese Vernachlässigung der engen Bezüge zwischen dem Expressionismus und dem Ereignis sowie der Ideologie des Ersten Weltkriegs muß um so mehr überraschen, als die überragende Bedeutung außerästhetischer Phänomene für den Expressionismus weithin anerkannt ist und in bezug auf die Technisierung und Industrialisierung in den Jahren vor 1914 auch bereits gründlich erforscht wurde.

In vielen Arbeiten über den deutschen Expressionismus fehlt noch immer eine genaue Differenzierung zwischen den einzelnen, zeitlich und inhaltlich deutlich voneinander absetzbaren Erscheinungsformen dieser Bewegung. Der von der Lyrik dominierte frühe Expressionismus vor 1914⁴ muß sorgfältig vom ethisch orientierten „Hochexpressionismus" der Kriegsjahre sowie von den anschließenden Phasen der Politisierung (in Zusammenhang mit der deutschen Revolution 1918/19) und der Auflösung (ca. 1919 bis 1923) unterschieden werden. Unterbleibt diese Differenzierung, so sind vielfach Fehldeutungen und unzulässige Verallgemeinerungen die Folge. Die sich aufdrängende Frage, wie weit die Anwendung des Begriffes „Expressionismus" angesichts der Heterogenität der verschiedenen Phasen überhaupt noch sinnvoll und zulässig ist, wäre dringend einer eigenen gründlichen Untersuchung wert. Da eine derartige sorgfältige Abklärung bisher nicht vorliegt und im Rahmen dieser Arbeit nicht geleistet werden kann, kommt auch hier – trotz einiger Bedenken – weiterhin der Sammelbegriff „Expressionismus" zur Anwendung. Um aber verfälschende Generalisierungen mit den anderen Phasen und Erscheinungsformen zu vermeiden, wird in den fol-

Begriff ‚Expressionismus'

---

² Werner Kohlschmidt, „Zu den soziologischen Voraussetzungen des literarischen Expressionismus in Deutschland". In: Karl Rüdiger (Hrsg.), *Literatur – Sprache – Gesellschaft*. München 1970, S. 31–49. Im folgenden zitiert nach dem Abdruck in: Hans Gerd Rötzer (Hrsg.), *Begriffsbestimmung des literarischen Expressionismus*. Darmstadt 1976 (*Wege der Forschung*. Bd. 380), S. 427–446; Zitate S. 427. Die Bedeutung des Ersten Weltkriegs für die Entwicklung des Expressionismus bleibt in dieser Studie vollkommen unerkannt.

³ So vermerkt z.B. Helmut Gruber in seinem Aufsatz „Die politisch-ethische Mission des deutschen Expressionismus" ausdrücklich: „Es steht außer Frage, daß die Expressionisten auf den Krieg fixiert waren. Ihre Arbeit und ihr Leben bezeugen die magnetische Anziehungskraft dieses Ereignisses" (S. 413). Die genaueren Zusammenhänge aber werden auch von Gruber nicht aufgedeckt. So muß für ihn die Frage offenbleiben, „weshalb die Expressionisten die Erneuerung der Welt um einen neuen Menschen herum planten [...]" (S. 419). Grubers Formulierung, daß für die Expressionisten die „traditionelle Politik" in „Mißkredit geraten war", weil sie diese Politik „für die nationalen Spannungen und Mißstimmigkeiten" (so Gruber wörtlich S. 419!) verantwortlich machten, verkennt eindeutig die Bedeutung des Ersten Weltkriegs. – Alle Zitate aus: Helmut Gruber, „Die politisch-ethische Mission des deutschen Expressionismus". In: *The German Quarterly* 40, 1967, S. 186–203. Hier zitiert nach dem Nachdruck in: Hans Gerd Rötzer (Hrsg.), *Begriffsbestimmung des literarischen Expressionismus*. Darmstadt 1976 (*Wege der Forschung* Bd. 380), S. 404–426.

⁴ Ausführlich zum frühen Expressionismus vor 1914 siehe Band 1, S. 90–104 (Kap. II, 3.6: „Umbruch der Literatur: Der Expressionismus der Vorkriegsjahre").

genden Ausführungen – soweit nicht anders vermerkt – unter „Expressionismus" immer die spezifische Ausprägung aus den Jahren des Ersten Weltkriegs verstanden. Voraussetzung dafür ist allerdings eine sorgfältige Auswahl der als Belege aufgeführten Texte. Mit wenigen Ausnahmen werden in den weiteren Ausführungen nur solche Schriften, Briefe und literarische Werke herangezogen, die unmittelbar aus den Jahren des Ersten Weltkrieges stammen und die noch nicht von den politischen Vorgängen der Jahre 1918/19 beeinflußt sind.

Ziel der Analyse

Auch der Expressionismus der Kriegsjahre, der sog. „Hochexpressionismus", bildet keine einheitliche und in sich geschlossene Erscheinung. Ziel der folgenden Analyse ist die Aufdeckung seiner wichtigsten und weitgehend gemeinsamen Grundpositionen. Auf die zahlreichen Varianten sowie die unterschiedlichen Schwerpunktsetzungen der einzelnen Autoren kann dabei nicht weiter oder nur sehr am Rande eingegangen werden.

Weltanschauung

Zur Vermeidung zahlreicher herkömmlicher Mißverständnisse erscheint es sinnvoll, vor dem Einstieg in die Analyse der einzelnen expressionistischen Denkmuster noch einmal genauer zu belegen, was in den folgenden Ausführungen unter dem Expressionismus der Kriegsjahre verstanden wird: nicht etwa eine besondere literarische Stilrichtung, sondern vielmehr eine spezifische, extrem zeitgebundene Denkhaltung und weltanschauliche Bewegung; eine Bewegung, die von einem späteren Betrachter ohne ihren Bezug zum Ereignis des Ersten Weltkrieges nicht mehr verstanden werden kann.

2. „Kreuzzug des Geists zur Rettung des Menschen": Das Selbstverständnis des Expressionismus der Kriegsjahre

2.1. *Expressionismus als Lebensgefühl und Weltanschauung*

Expressionismus als Weltanschauung

Die Bedeutung und der Geltungsbereich des Begriffes „Expressionismus" werden in der Literaturwissenschaft bis heute kontrovers diskutiert.[1] In der einleitenden Darstellung wichtiger kultureller und literarischer Entwicklungen vor dem Ersten Weltkrieg wurde der frühe Expressionismus ausdrücklich nicht als eine künstlerische Stilrichtung, sondern vielmehr als eine zeitspezifische Form von Lebensgefühl und Weltanschauung verstanden.[2] Eine analoge Auffassung liegt auch den folgenden Ausführungen zugrunde. Stärker noch als für die Jahre vor 1914 kann sich dieses besondere Verständnis des Expressionismus als einer zeitspezifischen Weltanschauung und geistigen Bewegung auf explizite programmatische Aussagen zahlreicher expressionistischer Künstler und Autoren berufen. Kurt Pinthus z. B. formulierte 1918 in seiner heute vielfach als Paradigma des Expressionismus der Kriegsjahre geltenden „Rede an junge Dichter": „Niemals

---

[1] Vgl. Richard Brinkmann, *Expressionismus. Internationale Forschung zu einem internationalen Phänomen.* (Nr. 265), S. 1ff. – Die Kapitelüberschrift „Kreuzzug des Geists zur Rettung des Menschen" stammt aus Kurt Pinthus, „Rede an junge Dichter". In: *Die neue Dichtung. Ein Almanach.* Leipzig 1918, S. 137–157; Zitat S. 153.

[2] Band 1, Kap. II, 3.6 (S. 90–104).

war eine Kunst ferner dem Prinzip des l'art pour l'art [...], es ist nicht der Wille zur Kunst, sondern zur Politik der Menschlichkeit und Geistesverwirklichung, der ihre Dichtungen hervorstieß."³ Eine tiefe Gleichheit des Denkens, Wissens, des Leidens und Wollens verband laut Pinthus zahlreiche junge Dichter zu neuer und brüderlicher „Gemeinschaft".⁴

Literatur und Kunst galten den Vertretern des Expressionismus nicht als schöner Selbstzweck im Sinne eines l'art pour l'art, sondern vielmehr als wichtige Ausdrucksmittel einer weit über den poetisch-ästhetischen Bereich hinausgehenden „Lebensgesinnung"⁵ und „Weltanschauuung".⁶ Für Friedrich Markus Huebner z. B. waren neben der Literatur auch Malerei, Musik, Philosophie, Politik und Pädagogik wichtige Träger und Verkündungsmittel der expressionistischen „Weltanschauung".⁷ Huebner wandte sich scharf gegen die bei den Zeitgenossen weit verbreitete Verkürzung des Expressionismus auf einen „Stilbegriff der Kunst"⁸ und definierte ihn stattdessen als „eine Norm des Erlebens, des Handelns, umfassend also der Weltanschauung".⁹ Ein Vergleich des Expressionismus schien F.M. Huebner bezeichnenderweise nur mit dem Naturalismus zulässig, weil in diesem „das Lebensgefühl des Menschen des 19. Jahrhunderts" adäquat zum Ausdruck gelangt sei. Impressionismus, Realismus, Klassizismus etc. lehnte er dagegen als Objekte des Vergleichens mit dem Expressionismus ausdrücklich ab, da es sich hier nur um kurzzeitige „Kunstrichtungen" gehandelt habe.¹⁰

Belege

Das Selbstverständnis der Autoren, Träger einer umfassenden weltanschaulichen Bewegung zu sein, prägt nachhaltig die zahlreichen programmatischen Schriften des Expressionismus der Kriegsjahre. Auffälligerweise wird in den kurz nach 1914 entstandenen programmatischen und theoretischen Schriften nur selten von „Expressionismus" oder „Expressionisten" gesprochen. Stattdessen finden sich vorzugsweise Benennungen wie „junge Dichtung",¹¹ „dichterische deutsche Jugend",¹² die „neuen Dichter"¹³ etc. Die Vermeidung des Terminus „Expressionismus" hing sicherlich mit dessen zeitgenössischen Besetzung durch die Erscheinung des frühen Expressionismus aus den Jahren vor 1914 zusammen. Offensichtlich lag es im Interesse der „neuen Dichter", sich von dieser Erscheinung deutlich abzuheben. Das öffentliche kriegsapologetische Engagement etli-

Terminologie

---

³ Ebda. (Kurt Pinthus) S. 141 und S. 146.
⁴ Ebda. S. 138.
⁵ Friedrich Markus Huebner, „Deutschland". In: Friedrich Markus Huebner, *Europas neue Kunst und Dichtung*. Berlin 1920 (Nachdruck Nendeln 1973), S. 80–95; Zitat S. 84.
⁶ Ebda. S. 80.
⁷ Ebda. S. 85 und S. 88.
⁸ Ebda. S. 84.
⁹ Ebda. S. 80.
¹⁰ Alle Zitate ebda. S. 80.
¹¹ Zitat aus dem vorangestellten „Geleitwort" in der Anthologie *Vom jüngsten Tag. Ein Almanach neuer Dichtung*. Leipzig 1916, S. 1.
¹² Kasimir Edschmid, „Über die dichterische deutsche Jugend". In: Kasimir Edschmid, *Über den Expressionismus in der Literatur und die neue Dichtung*. Berlin 1919, S. 11–38. (*Tribüne der Kunst und Zeit. Eine Schriftensammlung*. Hrsg. von Kasimir Edschmid. Band 1).
¹³ Aus dem „Geleitwort" der Anthologie *Vom jüngsten Tag*. (Wie Anm. 11).

cher als „Expressionisten" bekannt gewordener Künstler (z. B. Alfred Döblin, Rudolf Leonhard, Paul Zech) mag eine wichtige Motivation für diese Suche nach anderen Selbstbezeichnungen geliefert haben. Bis zum Ende des Jahres 1918 allerdings war der Begriff „Expressionismus" zur Benennung der neuen „Bewegung"[14] auch bei den daran Beteiligten selber wieder weitgehend üblich geworden.

2.2. Die außerästhetische Zielsetzung der Expressionisten

Das neue Wollen

Der Expressionismus der Kriegsjahre gilt in dieser Untersuchung als eine zeitgebundene, sehr spezifische Lebensgesinnung und Weltanschauung. Es wäre aber vollkommen verkehrt, unter dieser Weltanschauung lediglich eine rein kontemplative oder geistig-reflektierende Haltung zu verstehen. Vielmehr spielen in den programmatischen Schriften des Expressionismus die Kategorien des Wollens und des Handelns immer wieder eine überragende Rolle. „Man schimpfe uns fortan nicht mehr ‚Intellektuelle'; *Willentliche* wollen wir heißen", schrieb Kurt Hiller schon 1914/15.[15] „Eine tiefere Gemeinsamkeit des Leidens und Wollens"[16] sah auch Kurt Pinthus 1918 als Bindemittel der neuen „Generation"[17] junger Dichter. Als „das neue Wollen"[18] definierte F. M. Huebner sogar noch 1920 die zu diesem Zeitpunkt bereits deutlich abklingende Bewegung des Expressionismus. Das Ziel des von den Expressionisten so heftig beschworenen „neuen Wollens" lag eindeutig außerhalb des Bereiches von Kunst und Ästhetik. Es war nichts Geringeres als der „Bau der Zukunft",[19] ein „edleres" und „besseres Sein"[20] der Menschheit durch die Verwirklichung der „menschlichen Ur-Ideen": „Menschlichkeit", „Brüderlichkeit", „Gerechtigkeit", „Liebe".[21]

Änderung des Menschen

Als entscheidende Voraussetzung für den erstrebten „Bau der Zukunft" galt den Expressionisten aller Schattierungen eine grundlegende Änderung des Menschen selber. Der Wille, „die andern zu ändern",[22] bildete die große Gemeinsamkeit zwischen den Expressionisten der verschiedenen Ausrichtungen. Die genaue inhaltliche Bestimmung der angestrebten Änderung des Menschen fiel allerdings keineswegs immer einheitlich aus. Auch die jeweils zur Realisierung der für notwendig gehaltenen Änderung des Menschen vorgeschlagenen Strategien waren keineswegs, wie später noch genauer zu sehen sein wird, immer vollkommen identisch. Gemeinsam aber war allen Expressionisten die feste

---

[14] Vom Expressionismus als „Bewegung" sprach u. a. Kasimir Edschmid in seinem Aufsatz „Über den dichterischen Expressionismus". Abgedruckt in: Kasimir Edschmid, *Über den Expressionismus in der Literatur und die neue Dichtung*. (Nr. 48), S. 39–78; Zitat S. 39.
[15] Kurt Hiller, „Wir". In: *Zeit-Echo* 1, 1914/1915, H. 9 (Februar), S. 132–134; Zitat S. 133.
[16] Kurt Pinthus, „Rede an junge Dichter". (Nr. 176), S. 140.
[17] Ebda. S. 138.
[18] Friedrich Markus Huebner, „Deutschland". (Nr. 107), S. 84.
[19] Kurt Hiller, „Wir". (Nr. 96), S. 8.
[20] Kurt Pinthus, „Zur jüngsten Dichtung". In: *Vom jüngsten Tag. Ein Almanach neuer Dichtung*. Leipzig 1916, S. 230–247; Zitat S. 245.
[21] Kurt Pinthus, „Rede an junge Dichter". (Nr. 176), S. 155.
[22] Ebda. S. 140.

Überzeugung, daß eine wirkliche Änderung der Welt nur durch eine grundlegende Änderung des Menschen selber erfolgen konnte – und nicht etwa durch den „Sturz" oder den „Sieg" einzelner „politischer Parteien" oder „Personen".[23] Nicht eine „Handänderung der Macht"[24] oder „Umschichtung der Gewalt"[25] war das große Ziel der Expressionisten, sondern vielmehr die „Umwälzung" jedes einzelnen Menschen.

Als die wirksamsten Mittel in ihrem „Kampf um den besseren Menschen"[26] bestimmten die Expressionisten die Kunst und Literatur. Mit Hilfe der Kunst, ganz besonders mit Hilfe aller Formen des Theaters sollten die Zeitgenossen angesprochen und schließlich dazu veranlaßt werden, „sich emporzuraffen, sich zu erkennen, sich zu bessern" und die „großen vergessenen Ideen" der Menschlichkeit und Brüderlichkeit „wieder zur Leitung des Lebens einzusetzen."[27] Ludwig Rubiner definierte 1917 mit den folgenden Zeilen die Aufgaben der neuen, im Dienste der Menschheit stehenden (d. h. expressionistischen) Kunst:

Bedeutung der Kunst

„Wir sind gegen die Musik – für die Erweckung zur Gemeinschaft.
Wir sind gegen das Gedicht – für die Anrufung zur Liebe.
Wir sind gegen den Roman – für die Anleitung zum Leben.
Wir sind gegen das Bild – für die Anleitung zum Handeln.
Wir sind gegen das Bild – für das Vorbild."[28]

Diese Zeilen Rubiners sind nicht nur durch die Verwendung stark religiös konnotierter Sprache („Erweckung", „Anrufung") symptomatisch für den Expressionismus der Kriegsjahre. Sie enthalten auch zwei der fundamentalen Leitbegriffe des Expressionismus nach 1914: „Gemeinschaft" und „Liebe". Diese beiden Begriffe verweisen auf die vielleicht auffälligste und bis heute vielfach unverstanden gebliebene Eigenheit des Expressionismus: die Vorrangstellung des Ethischen. Die erstrebte Änderung des Menschen wurde von den Expressionisten in allererster Linie als ein Prozeß ethisch-moralischer Erneuerung verstanden und nicht etwa als Bewußtwerdung über politisch-ökonomische Verhältnisse oder gar über die ‚Lage der arbeitenden Klasse'. „Die entschiedene Konzentration auf das Ethische" hatte Ludwig Rubiner schon 1916 als die zentrale Grundlage „unseres neuen, geistigen Weltbildes"[29] bestimmt.

Ethik

Die bisherigen Beispiele können genügen, um die außerästhetische Zielsetzung des Expressionismus der Kriegsjahre eindeutig zu belegen. Für die Vertreter des als „ethische Revolte"[30] auftretenden Expressionismus bildete die Vermitt-

Programmatische Schriften

---

[23] Kurt Pinthus, „Zur jüngsten Dichtung". (Nr. 175), S. 245.
[24] Ludwig Rubiner, „Die neue Schar". In: *Zeit-Echo* 3, 1917, August- und September-Heft, S. 1–12; Zitat S. 3.
[25] Ebda. S. 2.
[26] Kurt Pinthus, „Rede an junge Dichter". (Nr. 176), S. 146.
[27] Ebda. S. 149.
[28] Ludwig Rubiner, „Der Kampf mit dem Engel". In: *Die Aktion* 7, 1917, Heft 16/17 (Sonderheft „Ludwig Rubiner"), Sp. 211–232; Zitat Sp. 216.
[29] Ludwig Rubiner, „Zur Krise des geistigen Lebens". In: *Zeitschrift für Individualpsychologie*. Hrsg. von Alfred Adler. 1. Jg., 1914/1916, o. O. (Zürich 1916, Neudruck Würzburg o. J.), S. 231–240; Zitat S. 235/236.
[30] Kurt Pinthus, „Rede an junge Dichter". (Nr. 176), S. 149.

lung dieser außerästhetischen Vorstellungen und Ziele an die deutsche Öffentlichkeit ein Problem von zentraler Bedeutung. Aus noch genauer zu erörternden Gründen[31] wählten die Expressionisten vor allem die Literatur zum Medium ihrer „Analysen", ihrer „Aufschreie" und „Verkündigungen".[32] Die Umsetzung des außerästhetischen Anliegens in literarische Texte, noch dazu mitten im Kriege, war allerdings keine einfach zu lösende Aufgabe. Das Problem der literarischen Umsetzung erklärt nicht zuletzt die auffällige Flut expressionistischer Programmschriften, Manifeste und Appelle nach 1914. Diese programmatischen Schriften, in denen die expressionistischen Positionen und Zielsetzungen oft deutlicher zum Ausdruck gebracht werden konnten als in „streng" literarischen Werken, bilden zum Verständnis des Expressionismus der Kriegsjahre eine unverzichtbare Quelle. Auch die folgenden Ausführungen über grundlegende Positionen des ausdrücklich als Weltanschauung verstandenen Expressionismus der Jahre zwischen 1914 und 1918 stützen sich vorzugsweise auf die zahlreichen Programmschriften aus dieser Zeit.

Zensur

Auf keinen Fall unterschätzt werden darf der Einfluß, der von der behördlichen Zensur sowohl auf das programmatische wie vor allem auch auf das literarische Schaffen der expressionistischen Autoren ausging. Eine kritische Reflexion des neuen Weltkrieges oder gar eine offene Stellungnahme gegen ihn war im Deutschen Reich zwischen 1914 und 1918 so gut wie unmöglich. Bezeichnenderweise erschienen die schärfsten Verurteilungen dieses Krieges durch deutsche Schriftsteller im neutralen Ausland (Schweiz).[33] Einige Zeilen, die K. Pinthus 1916 seinen „Betrachtungen" mit dem Titel „Zur jüngsten Dichtung" voranstellte, belegen deutlich, daß die Sorge vor der Zensur auch die Inhalte der expressionistischen Programmschriften beeinflußte: „Mangel an Ruhe, Raum und Redefreiheit zwangen zu formelhafterer, abstrakterer Behandlung als eine künftige weiter umrissene Darstellung zeigen wird."[34] Die oft kritisierte Tendenz des Expressionismus zu Verkürzung und Abstraktion muß also durchaus auch im Zusammenhang mit den äußerst repressiven Publikationsbedingungen in den Jahren des Krieges gesehen werden.

Neue Einstellung zur Welt

Ziel der bisherigen Darstellung war eine erste Einführung in die Erscheinung und die Problematik des Expressionismus nach 1914. Gezeigt werden sollte, daß unter diesem Expressionismus auf keinen Fall eine literarische Stilrichtung, sondern vielmehr eine besondere, eng zeitgebundene weltanschauliche Bewegung zu verstehen ist – eine Bewegung, in der vor allem Kunst und Literatur zur Verkündung und Verwirklichung außerästhetischer Ziele eingesetzt wurden. Abschließend sei als wichtiger Beleg für diese Sehweise des Expressionismus noch der Literaturwissenschaftler Otto Mann zitiert, der schon 1956 feststellte:

---

[31] Siehe Abschnitt 6: „Kunst und Erneuerung".
[32] Kurt Pinthus, „Rede an junge Dichter". (Nr. 176), S. 144.
[33] So vor allem in den Zeitschriften *Zeit-Echo* (vormals München, ab 1917 Bern) und *Die weißen Blätter* (ab 1916 Zürich). Genannt werden muß in diesem Zusammenhang auch die wichtige Novellensammlung *Der Mensch ist gut* von Leonhard Frank, die als Buch erstmals 1917 in Zürich erschien.
[34] Kurt Pinthus, „Zur jüngsten Dichtung". (Nr. 175), S. 230.

„Der ausgebildete dichterische Expressionismus aber will zuerst einen neuen *Menschen*. Er erfährt sich also in erster Linie als die Bewegung eines neuen Lebensgefühls, eines neuen Wirklichkeitsverhältnisses, neuen Wirklichkeitsanspruchs. Die neue Kunst scheint hier erst in zweiter Linie zu kommen, sie scheint die Folge, der Ausdruck des neuen Weltverhältnisses zu sein."[35]

Die Vorstellungen des Expressionismus aus den Jahren des Ersten Weltkriegs zum „Bau der Zukunft" sind dem Politik- und Kunstverständnis eines heutigen Betrachters weitgehend fremd und unverständlich. Sie können nur unter Berücksichtigung der extremen Situation des Krieges sowie der zivilisatorischen und kulturellen Entwicklungen vor 1914 erfaßt und gewertet werden. Die weiteren Ausführungen dieser Arbeit sollen zeigen, wie sehr das Ereignis des Ersten Weltkriegs und die mit ihm verbundene radikale Zerstörung zuvor weitgehend uneingeschränkt gültiger Denkweisen und Weltanschauungen die spezifische Ausprägung des Expressionismus zwischen 1914 und 1918 geformt haben.

3. Der Krieg als Wendepunkt der Weltgeschichte

3.1. Umsturz und Neubau der Welt

Eine entscheidende Grundlage für die expressionistische Proklamation einer radikalen geistig-ethischen Erneuerung des Menschen bildete die Deutung des Weltkrieges vom August 1914 als einer absoluten Zäsur in der Geschichte der Menschheit. Das Thema von Aufbruch und Erneuerung des Menschen hatte, wie bereits gezeigt, schon in der frühen Dramatik des Expressionismus eine bedeutende Rolle gespielt. Der neue Weltkrieg galt den Expressionisten nun als weiterer, fürchterlichster Beweis für die Notwendigkeit der von ihnen bereits vor 1914 geforderten und mehrfach im Schauspiel gestalteten „Änderung des Menschen". *(Zäsur)*

Die expressionistische Deutung des Krieges als eines radikalen Wendepunktes in der Geschichte der Menschheit verrät dem späteren Betrachter die Tiefe der Erschütterung, die der Erste Weltkrieg bei vielen Zeitgenossen schon bald auslöste. Franz Marc z. B. notierte bereits am 11. November 1914: *(Franz Marc)*

„Ich empfinde diesen Krieg schon lange nicht mehr als deutsche Angelegenheit, sondern als Weltereignis. Gewiß hast Du recht, daß viele zum Bewußtsein von Gedanken und religiösen Gefühlen kommen werden, die sie lange für verloren und überwunden glaubten. Mir geht es ebenso. Die ungeheure seelische Erschütterung läßt uns unser ganzes Wissen und unsere Überzeugungen bis zum Grunde prüfen. [...] Darüber grüble ich viel, wohin, auf welches Ziel und in welche Formen sich der moderne Mensch verändern und entwickeln wird. So wie Europa gewesen ist, *kann* es nicht lange bleiben, auf keinen Fall nach diesem ungeheuren Kriege."[1]

---

[35] Otto Mann, „Einleitung". In: *Expressionismus. Gestalten einer literarischen Bewegung.* Hrsg. von Hermann Friedmann und Otto Mann. Heidelberg 1956, S. 9–26, Zitat S. 10.
[1] Franz Marc, *Briefe aus dem Feld 1914–1916*. Berlin 1959, S. 25/26.

Nur noch die Konzeption einer grundlegenden weltgeschichtlichen Wende schien den Expressionisten zur Deutung des alle bis dahin gültigen Vorstellungen übersteigenden Weltkrieges angemessen. Die weiteren Ausführungen[2] werden zeigen, daß diese expressionistische Auffassung einer bevorstehenden Welten-Wende nicht zuletzt als Versuch einer neuen Sinngebung für den sonst kaum mehr deut- und ertragbaren Krieg gewertet werden muß.

<small>Umsturz und Neubau</small>

Das expressionistische Denkmuster einer grundlegenden Welten-Wende durch den Krieg umfaßt die Abfolge zweier inhaltlich extrem entgegengesetzter geschichtlicher Phasen: den restlosen Zusammenbruch der alten, zum Untergang geweihten Zeit und den darauf folgenden Aufbau einer neuen Ära der Menschheit. Dieses dualistische Geschichtsverständnis findet sich ausführlich und durchgehend in den expressionistischen Schriften der Kriegsjahre. „Brüllt nicht die Welt nach Umsturz und neuen Errichtungen?" hieß es schon 1915 in einer Schrift K. Hillers über den „Bau der Zukunft" durch die Intellektuellen und „Geistigen".[3] K. Pinthus bezeichnete 1918 ein Werk des expressionistischen Autors Ludwig Rubiner als „lodernden Felsblock", gestellt in „unsere zusammenstürzende Zeit", als „Leuchtturm in verströmte Epochen zugleich und in Zukunftsland".[4] Von dem derart gelobten L. Rubiner stammt einer der wohl eindrucksvollsten Versuche (1917), das vermeintliche Ende der ‚alten Zeit' auszudrücken:

„Aber die Erde – sie wird so bleich, wird dürr, staubig, rippenhaft wie ein Schleier von Draht – sie schrumpft weissgrau ein; schnell in geblähter Eile schwillt sie geschwürhaft auf und fällt zusammen, ein klebriger wirbelnder Schleimhaufen, sie ist durchfressen, abgenagt sind die Erdknochen von den letzten Gierigen, durchgesogen von den Kriegssyphilissen."[5]

<small>Neuanfang</small>

Der neue Weltkrieg galt in der expressionistischen Konzeption einer weltgeschichtlichen Wende als zwangsläufiger Kulminationspunkt und endgültiger Abschluß der alten, vom naturwissenschaftlichen Denken beherrschten Zeit. Zugleich wurde er als Wegbereitung in das kommende „neue Zeitalter"[6] gesehen. Dieses erwartete neue Zeitalter nahm die Gedanken und Hoffnungen der Expressionisten sehr viel stärker in Anspruch als der Blick zurück auf Krieg und Vorkriegszeit. Wie sehr die Zeit nach dem Kriege als radikaler Neuanfang der Menschheit verstanden und ersehnt wurde, belegen deutlich die folgenden Zeilen L. Rubiners aus dem Jahre 1917:

„Alles, was gewesen ist, ist falsch. Jeder Grad bis zu diesem jetzigen, ersten allerersten Moment des Seins ist Anhäufung, Sandsack, Verhau; Hindernis ausserhalb jedes Wertes, Aufenthalt. Trägheitswiderstand gegen die Besinnung auf unsere Existenz aus unserer

---

[2] Vor allem in Abschnitt 3.2.
[3] Kurt Hiller, „Wir". (Nr. 96), S. 133.
[4] Kurt Pinthus, „Rede an junge Dichter". (Nr. 176), S. 145.
[5] Ludwig Rubiner, *Der Mensch in der Mitte*. Berlin-Wilmersdorf ²1920, S. 68.
[6] Dieser in den programmatischen Schriften des Expressionismus häufige Terminus findet sich z. B. bei Ludwig Rubiner, „Europäische Gesellschaft". In: *Zeit-Echo* 3, 1917, 1. und 2. Maiheft, S. 6–10; Zitat S. 8.

geistigen, geistigen Herkunft. Wir kommen aus dem Geist und sind in einemmal da. Jeder Tag, den ihr bis heute gelebt habt, war zum tausendsten Male Tod, nutzloser Tod. Nutzlos wie jeder Tod.
Wär das Gewesene nicht Irrtum, Wertlosigkeit, Kasemattentum, so wär es nicht vergangen.
Zerstört das Gewesene!"[7]

Demgemäß erwartete L. Rubiner vom „kommenden Zeitalter"[8] die „Neuordnung des Ungeordnetsten", die höchste „Verwirklichung von Paradiesträumen"[9] der Menschheit. „Denn niemand zweifelte, daß eine neue Welt sich aufzubauen begann",[10] erinnerte sich Kasimir Edschmid noch 1957 im Rückblick auf den Expressionismus.

Die Deutung ihrer Gegenwart als eines Wendepunktes in der Geschichte der Menschheit kann als ein konstitutives Merkmal für den Expressionismus der Kriegsjahre angesehen werden. Durchaus unterschiedlich fielen allerdings jeweils die terminologische Benennung und die inhaltliche Bestimmung von vergehender und heraufziehender Menschheitsepoche aus. Für K. Hiller z. B. war 1915 durch den Weltkrieg das vorherige „psychologische Zeitalter" beendet, während das „politische" begonnen habe.[11] Zugleich sprach Hiller aber auch von einem Übergang der „ästhetisch-kontemplativen Aera" in die „neuethische".[12] F. M. Huebner wiederum sah das vom 19. Jahrhundert eingeleitete „technische Zeitalter" durch das neu begonnene „geistige Zeitalter" unwiderruflich abgelöst.[13] *Termini*

Eine genauere Betrachtung der expressionistischen Konzeption einer Welten-Wende ergibt allerdings schnell, daß auch die ungleichen Benennungen und inhaltlichen Bestimmungen der sich vermeintlich ablösenden menschheitsgeschichtlichen Phasen auf einer weitgehend einheitlichen Grundauffassung basierten. Die Zeit bis zur Verkündung des Krieges von 1914 wird in der expressionistischen Konzeption übereinstimmend als eine Ära gewertet, in der das Denken und Handeln der Menschen vollständig von Naturwissenschaft und Technik beherrscht wurde. Diese Herrschaft des naturwissenschaftlichen Denkens mit seinem „mechanistischen Determinismus"[14] hatte nach expressionistischem Verständnis schließlich zwangsläufig zur sklavischen Unterordnung der Menschen unter die von ihnen selbst geschaffenen Denkweisen, Mächte und *Grundauffassung*

---

[7] Ludwig Rubiner, *Der Mensch in der Mitte*. (Nr. 208), S. 85.
[8] Ludwig Rubiner, „Organ". In: *Zeit-Echo* 3, 1917, 1. und 2. Maiheft, S. 1 und 2; Zitat S. 2.
[9] Ders., „Mitmensch". In: *Zeit-Echo* 3, 1917, 1. und 2. Maiheft, S. 10–13; Zitat S. 12/13.
[10] Kasimir Edschmid, „Vorbemerkung". In: Kasimir Edschmid, *Frühe Manifeste. Epochen des Expressionismus*. Darmstadt 1960, S. 7–12; Zitat S. 9.
[11] Kurt Hiller, „Wir". (Nr. 96), S. 133.
[12] Ebda.
[13] Friedrich Markus Huebner, „Deutschland". (Nr. 107), S. 92.
[14] Ludwig Rubiner, „Zur Krise des geistigen Lebens". (Nr. 189), S. 232. Dieser Aufsatz Ludwig Rubiners, von der Expressionismus-Forschung bisher nur selten beachtet, bietet eine hervorragende Darstellung der zentralen Positionen des Expressionismus um 1916. Ludwig Rubiner spricht hier im Unterschied zu anderen Autoren nicht von „jüngster Dichtung", „neuen Dichtern" etc., sondern ganz ausdrücklich vom „Expressionismus" und seinen Vertretern.

Verhältnisse geführt: Der Mensch „erschien sich" schließlich selbst „als ein unrettbar hilfloses Wesen", „das in unendlicher Winzigkeit von den ungeheuren und düsteren Mauern der Natur erdrückt wurde" (L. Rubiner).[15] Der Krieg mit seiner totalen Verdinglichung der Soldaten zu wehrlosen Opfern der technischen Tötungsmaschinerie galt den Expressionisten als Höhepunkt und zugleich Abschluß der naturwissenschaftlichen Ära:

„Der Krieg ist der Krampf, in dem das naturwissenschaftliche Geistesleben des blutreichen 19. Jahrhunderts ausrast und sich verblutet, nachdem der naturwissenschaftliche „Geist" von Anno 1900 in den maschinenmäßigen Aufmärschen des Heeres und in den mathematischen Kampfmethoden wie in der ganzen technischen Präzision der modernen Strategie kulminiert und seine größten Triumphe gefeiert hat."[16]

Der Mensch als Mitte

Das erwartete neue Zeitalter mußte nach übereinstimmender Auffassung der Expressionisten die endgültige Absage der Menschheit an die frühere Vorherrschaft des naturwissenschaftlichen und des materiellen Denkens bringen. Der Mensch selber mit seinen geistigen und schöpferischen Kräften sollte in der Zukunft wieder zum Herrn und Mittelpunkt der Welt werden. Der Mensch, so schrieb Ludwig Rubiner schon 1916, erkennt sich wieder „als Schöpfer. Er weiß sich als die Mitte der Welt, um die, stets wieder von neuem, er selbst den Umkreis der Welt schafft."[17]

Zwei Wege

Über den genauen Weg zur Verwirklichung der geforderten ‚Wiedergeburt' des Menschen als „Mitte der Welt" bestanden zwischen den Expressionisten allerdings deutliche Unterschiede. Während von einigen Autoren die endgültige Wende der Welt als ein automatischer, vom einzelnen Menschen nicht weiter beeinflußbarer Prozeß der Geschichte und des „Geists" ausgegeben wurde, bestimmten die meisten Expressionisten eine ethische Wandlung des einzelnen als notwendige Voraussetzung für den Eintritt in die verheißene neue Zeit. Die Wende der Welt erschien dann nicht als ein automatischer, vom Krieg ausgelöster Vorgang der Geschichte, sondern vielmehr als ein von der Menschheit nach dem Abschluß des Krieges selber aktiv zu leistendes Werk. Der Wandlung der Welt mußte dabei die Wandlung des einzelnen vorausgehen. Bei dieser Betrachtungsweise wurde die Möglichkeit eines Scheiterns und damit endgültigen Untergangs der Menschheit oftmals durchaus mitreflektiert:

„Vielleicht, ach, ist auch uns das Schicksal unserer brüderlichen Jugend, die vor uns stritt, wahnsinnig ward und verreckte, vielleicht ist auch uns das Schicksal aller bester deutscher Jugend bestimmt, statt der Erfüllung [...] auch nur Leidensstation zu sein deutschen Geistes und der Welt [...] Kein Hirn wagte den Gedanken der Menschheit einmal nur noch zu fassen [...] Fiele die Erde nicht, meteorisch und zwecklos, feuergeflügelt ins Nichts?" (K. Edschmid)[18]

---

[15] Ebda. S. 237. Ausführlich zur expressionistischen Theorie vom „naturwissenschaftlichen Sündenfall" vor 1914 siehe Abschnitt 4.2.
[16] Svend Borberg, „Venus oder Nike. Der dritte Aufsatz". In: *Die weißen Blätter* 5, 1918, H. 3, S. 113–124; Zitat S. 121.
[17] Ludwig Rubiner, „Zur Krise des geistigen Lebens". (Nr. 189), S. 237.
[18] Kasimir Edschmid, „Über die dichterische deutsche Jugend". (Nr. 47), S. 36.

3.2. Sinngebung des Sinnlosen

Jedes ernsthafte Nachdenken der Zeitgenossen über den noch tobenden Weltkrieg mußte schnell an die entscheidende Frage nach dem eigentlichen Sinn dieses fürchterlichen Geschehens geraten. Schon in der Sturzflut apologetischer Schriften vom Herbst 1914 erhielt der Nachweis von Sinn und Notwendigkeit des neuen Krieges eine überragende Rolle.[19] Klaus Vondung, der die frühen apologetischen Deutungen des Ersten Weltkrieges näher untersuchte, kam zu der Auffassung: „Bei den meisten Interpretationen des Kriegs handelte es sich um gezielte und angestrengte Versuche, angesichts der plötzlich eingetretenen verwirrenden Ereignisse und der dadurch in Unordnung geratenen Umwelt Sinn zu stiften. Die Sinndeutungen des Unruhe und Ungewißheit verursachenden Geschehens sollten sowohl psychischen Halt wie gesellschaftliche Ordnungsmaßstäbe für Denken und Handeln vermitteln."[20]

_{Sinn-Suche}

Die Erfahrung der alle Vorstellungskraft übersteigenden Wirklichkeit des Krieges zerstörte bei vielen Zeitgenossen schnell und gründlich die anfänglichen, „gesellschaftlich repräsentativen"[21] Deutungen und Sinnbestimmungen; „ihre konkreten Erfahrungen und die durch sie motivierten existentiellen Sinnfragen wurden von diesen Deutungen nicht mehr aufgefangen."[22] Es entstand ein ideologisches Vakuum, das vor allem für die direkt im Kampf stehenden Soldaten zu einem existentiellen Problem werden konnte. Tiefe Religiosität, geistige Regression, Selbstopferung und Wahnsinn waren, wie gezeigt, unter den Soldaten häufige Reaktionen auf die Erfahrung des Versagens bisheriger Sinn-Welten vor der grauenhaften Realität des Krieges.

Sinn-Verlust

Das Erlebnis des Krieges zerstörte aber nicht nur die anfänglichen Deutungen, Erwartungen und Sinn zuweisenden Rechtfertigungen. Es zerbrach auch den gerade vor 1914 weithin vorherrschenden Glauben an ein ständiges lineares Fortschreiten in der Entwicklung der Menschheit. So ist es wohl kein Zufall, daß Sigmund Freud gerade in der Kriegszeit seine Ansichten über die Möglichkeit einer Regression des Menschen auf frühere Entwicklungs- und Kulturstufen ausbildete.[23] Eine weitere Absage an die gängige Auffassung vom ständigen Fortschreiten der Menschheit formulierte in der Kriegszeit der Philosoph Theodor Lessing.[24] Er sprach 1916 in seinem sofort heftigst angegriffenen Werk *Geschichte als Sinngebung des Sinnlosen* der „Geschichte" jede eigenständige Sinnhaftigkeit entschieden ab. Erst die Deutung durch den Menschen verlieh nach seiner Auf-

Theodor Lessing

---

[19] Vgl. Kap. II.
[20] Klaus Vondung, „Geschichte als Weltgericht. Genesis und Degradation einer Symbolik". In: Klaus Vondung (Hrsg.), *Kriegserlebnis. Der Erste Weltkrieg in der literarischen Gestaltung und symbolischen Deutung der Nationen.* Göttingen 1980, S. 62–84; Zitat S. 62.
[21] Klaus Vondung, „Propaganda oder Sinndeutung?" In: Klaus Vondung (Hrsg.), *Kriegserlebnis. Der Erste Weltkrieg in der literarischen Gestaltung und symbolischen Deutung der Nationen.* Göttingen 1980, S. 11–37; Zitat S. 30.
[22] Ebda.
[23] Siehe z.B. Sigmund Freud, „Zeitgemäßes über Krieg und Tod". In: *Imago* 4, 1915. Wieder in: Sigmund Freud, *Studienausgabe*, Bd. IX. Frankfurt a.M. 1984, S. 33–60.
[24] Theodor Lessing, *Geschichte als Sinngebung des Sinnlosen.* München 1916.

fassung dem *per se* sinnlosen Phänomen Geschichte die Kategorie von Sinn und Kausalität.[25]

Die expressionistische Alternative

Vor diesem Hintergrund der wachsenden Zerstörung anfänglicher Sinnbestimmungen des Krieges und tief verwurzelter Geschichtsauffassungen muß die expressionistische Deutung des Krieges als Welten-Wende und Auslöser einer radikalen Erneuerung des Menschen gesehen werden. Der Expressionismus gehört zu der Vielzahl der nach 1914 entstandenen „alternativen Auslegungen und Sinndeutungen des Kriegs".[26] „Konstitutiv für viele dieser Auslegungen war" – so Klaus Vondung – „die Erfahrung der Sinnlosigkeit des Kriegs, konkret: die Erfahrung des Leidens und Sterbens, in dem kein Sinn gefunden wurde. Auf diese Erfahrungen erfolgten unterschiedliche Reaktionen."[27]

Krieg als Chance

Mit ihrer spezifischen Deutung des Weltkriegs konnten auch die Expressionisten den Zeitgenossen noch einen positiven Sinn für das fürchterliche Geschehen in Aussicht stellen. Diese Möglichkeit einer auch positiven Dimension des Krieges wurde von den Expressionisten im allgemeinen aber von einer erst noch zu leistenden geistig-ethischen Erneuerung der Menschen abhängig gemacht. Wenn allerdings diese Erneuerung bereits als sichere Gewißheit ausgegeben wurde, fiel auch die Zuweisung positiven Sinns an den Krieg als vermeintlich notwendige und unumgängliche Phase in der Geschichte der Menschheit sehr viel deutlicher aus. Das „Ungeheuerliche" des Krieges wurde in einer „maschinenmäßigen, durch und durch materiellen Zeit [...] notwendig, damit wir unsere Herzen wiederfinden konnten", schrieb ein Autor 1918 in den *Weissen Blättern*.[28] „Untergang mußte der Menschheit drohen, damit sie sich zum Aufgang erschwänge", heißt es in entsprechender Manier in einem Drama des wenig bekannten Expressionisten Julius Maria Becker.[29] Und auch die Klage Ludwig Rubiners, „Nichts ist schlimmer, als daß es erst einer überirdisch-unterirdischen Riesenfleischermaschine bedurfte, um die Herzen der Menschen für die europäische Idee zu erschüttern",[30] enthält die expressionistische These von der furchtbaren Notwendigkeit des Krieges als Auslöser einer geistig-ethischen Neubesinnung des Menschen.

Epochen-Wechsel

Mit ihrer Deutung des fürchterlichen Krieges als Durchgangsstadium, als notwendige Form des Übergangs in eine bessere Zukunft der Menschheit konnten die Expressionisten sowohl dem Krieg als weltgeschichtlichem Ereignis wie auch der konkreten Betroffenheit des einzelnen Menschen einen neuen, positiven Sinn verleihen. Der Krieg erschien nicht mehr als plötzliches Chaos ohne jeden Sinn, sondern als logische Stufe in einem umfassenden historischen Prozeß. Das

---

[25] Genauer dazu siehe vor allem den Abschnitt „Geschichte als Ideal" in der genannten Schrift Theodor Lessings.
[26] Klaus Vondung, „Propaganda oder Sinndeutung?" (Nr. 319), S. 30.
[27] Ebda. S. 31.
[28] Svend Borberg, „Venus oder Nike". (Nr. 27), S. 124.
[29] Julius Maria Becker, *Das letzte Gericht. Eine Passion in vierzehn Stationen*. Berlin 1919, S. 119. Hier zitiert nach Christoph Eykman, *Denk- und Stilformen des Expressionismus*. München 1974; S. 58.
[30] Ludwig Rubiner, „Europäische Gesellschaft". (Nr. 195), S. 9.

Leiden des einzelnen erhielt jetzt eine positive Bedeutung zugesprochen als Sühne für die kollektiven und individuellen „Sünden" der Vergangenheit[31] und als Wegbereitung für die zukünftige Gemeinschaft aller Menschen. Diese soziale Einbindung des am Kriege leidenden einzelnen erinnert deutlich an die nationale Gemeinschaftsideologie vom Herbst 1914. Der Glaube an die Überwindung des heftig beklagten Zerfalls der Nation in konkurrierende egoistische Individuen und an die endlich wiedergewonnene Einbettung des einzelnen in eine erneuerte Volksgemeinschaft war ja 1914/15 – wie gezeigt – eines der wichtigsten Denkmuster zur Begrüßung des neuen Krieges gewesen. An Stelle dieser chauvinistisch überhöhten Gemeinschaftsideologie aber findet sich im Expressionismus die völlig konträre Idee einer internationalen Gemeinschaft gleichberechtigter, ethisch geläuterter, brüderlich verbundener Menschen.

Die wirkliche Erneuerung der Welt über die Erneuerung des Menschen konnte nach der Auffassung vieler Expressionisten erst nach dem Ende des Weltkriegs erfolgen. Auf diese zukünftige Erneuerung richtete sich ihr ganzes Interesse, nicht etwa auf konkrete Aktionen zur sofortigen Beendigung des noch tobenden Krieges. Dieser galt vielmehr lange Zeit als ein vom einzelnen nicht weiter beeinflußbares Geschehen einer blutigen Übergangsphase zwischen zwei weltgeschichtlichen Epochen. Die Beschreibung des Krieges im Bild eines automatisch abschnurrenden Uhrwerks[32] formulierte diese expressionistische Auffassung besonders plastisch. Der Vergleich mit dem Uhrwerk suggerierte den Zeitgenossen, daß die Kompetenz des Menschen zum Aufbau einer neuen, besseren Welt erst nach dem ‚Abschnurren' der angesammelten „ungeheuren Mengen von mechanischen Kräften"[33] einsetzen könne. Im Gegensatz zu der deutlichen Betonung der Schuld jedes einzelnen an der Entstehung des ‚großen Mordens' galten Ablauf und Ende des Krieges den meisten Expressionisten als außerhalb der Einflußsphäre des einzelnen liegend.[34] Diese Auffassung änderte sich gründlich erst ab 1917, als die in Deutschland fasziniert verfolgte russische Revolution die Erfolgsmöglichkeit konkreten politischen Handelns deutlich vor Augen führte.

Die expressionistische Sehweise des Krieges mußte für viele in ihrer bisherigen Deutung verunsicherte und erschütterte Zeitgenossen eine durchaus hohe Attraktivität besitzen. Sie bot eine interessante Alternative zu der unglaubwürdig

[31] Ausführlich zu dieser Schuld- und Sühne-Konzeption des Expressionismus siehe Abschnitt 4.4.
[32] Bei Svend Borberg, „Europas Herzfehler". In: *Die weißen Blätter* 5, 1918, H. 1, S. 1–10; Zitat S. 8/9. Die vollständige Textpassage lautet: „Nach und nach kam man zu der Erkenntnis, daß die geradezu ungeheuren Mengen von mechanischen Kräften, die wir hatten ansammeln können, ohne doch völlig ihrer Herr zu sein, jetzt losgelassen waren: nun mußte das Uhrwerk abschnurren, so weit es eben aufgezogen war."
[33] Ebda.
[34] In diesem Sinne schrieb z. B. auch Franz Marc in einem Brief vom 1. Oktober 1915 aus dem Feld: „Ich halte die Dinge streng auseinander; dem rollenden Völkerschicksal kann nur ein Dilettant in die Räder greifen wollen; der Reine sieht schweigend und trauernd zu und geht zur *Quelle* des Übels zurück, einsam und einzeln ganz weit zurück." Aus: Franz Marc, *Briefe aus dem Feld 1914–1916*. (Nr. 167.b), S. 96.

Automatismus

Attraktivität

gewordenen offiziellen Kriegsideologie, gerade weil sie nicht in eine radikale Sinn-Absage an den Krieg, in Verdrängung oder Resignation auswich. Die Expressionisten forderten auch nicht zu sofortiger Desertion und zu gewalttätigen Aktionen gegen die politische und militärische Führung auf. Die Schriften vieler Expressionisten enthielten keinen unlösbaren Widerspruch zwischen der weiteren Erfüllung der „Pflicht" (z. B. als Soldat) und der glühenden Hoffnung auf die kommende Realisierung der „ewigen Ideen" von weltumfassender Gleichheit und Brüderlichkeit aller Menschen. Anfang 1918 hieß es zu diesem Thema z. B. in den *Weissen Blättern*:

> „Schon jetzt finden sich Tausende, ja Millionen in den kriegführenden Ländern und Heeren selbst, die gar nicht ‚am Krieg teilnehmen'. Während sie ihre blutige Tätigkeit ausüben, was sie als ihre traurige Pflicht ansehen, bewahren sie mit wahrhaftem Heroismus die Glut ihrer Herzen ungeteilt für ihre eigenen größeren Ziele, den Zielen der Menschlichkeit, fest darauf hoffend, daß einst die Zeit kommen muß, wo sie aller Welt ihr Herz zeigen dürfen."[35]

Doppelexistenz Carl Zuckmayer, 1917/18 selber für kurze Zeit zum Expressionismus gehörig, erinnerte sich noch später an eine „merkwürdige Doppelexistenz" im Krieg:

> „Ich führte meine Leute in die Stellung, ich tat meinen Kriegsdienst, wie er mir auferlegt war, bedingungslos. Aber meine Gedanken und mein Empfinden, mein Glaube und meine Hoffnung waren bei der ‚Internationale aller befreiten Völker', wie sie in der *Aktion* gepredigt wurde, und meine ersten Prosastücke erschienen dort."[36]

Konkretes Handeln Es wäre aber völlig verfehlt, den Expressionismus wegen seiner Konzentration auf die Erneuerung der Welt nach dem Kriege nur als eine billige Vertröstungs- und Ablenkungsideologie im Dienst der ‚Herrschenden' zu betrachten.[37] Die in der expressionistischen Konzeption unabdingbar geforderte Umsetzung der leitenden Menschheitsideen in konkretes Handeln erwartete von jedem einzelnen nach Beendigung des Krieges eine radikale Umstellung bisheriger Lebens- und Denkgewohnheiten; eine Umstellung, die auch die vorhandenen gesellschaftlichen Strukturen grundlegend verändert hätte. Viele Vertreter des Expressionismus versuchten, mit hoher persönlicher Einsatzbereitschaft, diese geforderte Umsetzung in den revolutionären Ereignissen vom November 1918 persönlich zu leisten.

Ein deutsches Phänomen Die Bemühungen der Expressionisten um eine neue Sinngebung des Krieges sind bisher nur wenig erkannt und beachtet worden. In diesen Bemühungen mag auch eine Erklärung zu finden sein, warum der Expressionismus vor allem im deutschen Kulturraum seine Entstehung und Verbreitung fand. In keiner der anderen kriegführenden Nationen (die sich ja immer als Opfer eines von

---

[35] Svend Borberg, „Europas Herzfehler". (Nr. 26), S. 9.
[36] Carl Zuckmayer, *Als wär's ein Stück von mir. Horen der Freundschaft*. Frankfurt 1966, S. 246.
[37] Dieser Vorwurf wurde vor allem von marxistischer Seite gegen den Expressionismus erhoben, so z. B. von Georg Lukacs („Größe und Verfall des Expressionismus"; erstmals in: *Internationale Literatur* 4, 1934, S. 153–173) und Reinhard Weisbach (*Wir und der Expressionismus. Studien zur Auseinandersetzung der marxistisch-leninistischen Literaturwissenschaft mit dem Expressionismus*, Berlin/DDR 1972).

Deutschland ausgegangenen Angriffs verstehen konnten) war im Herbst 1914 das Bedürfnis nach Deutung und Rechtfertigung des Krieges so groß wie im Deutschen Reich. Und keine andere Nation erlebte durch den realen Verlauf des Krieges eine derartige Zerstörung und Widerlegung aller anfänglichen Auslegungen und Sinngebungen.

3.3. Säkularisierte Heilsgeschichte

Die Vorstellung von der Möglichkeit des plötzlichen Eintretens einer weltgeschichtlichen Wende[38] entstammt ursprünglich der religiösen Sphäre. Wohl am deutlichsten ausgeprägt findet sie sich in der biblischen Lehre von dem durch Gottes Eingreifen ausgelösten Untergang der ‚alten' Welt am sog. „Jüngsten Tag". Zu den konstitutiven Elementen dieser apokalyptischen Lehre gehören (z. B. in der Offenbarung des Johannes): der Niedergang der bisherigen Welt; das Auftreten warnender Propheten; das Strafgericht Gottes am Jüngsten Tag; die Betroffenheit jedes einzelnen durch dieses Strafgericht; die Erlösung der an die Lehre Gottes Glaubenden in einem paradiesischen Zustand.

Biblische Apokalyptik

Es fällt sofort auf, daß die meisten dieser konstitutiven Elemente auch in der expressionistischen Deutung des Ersten Weltkriegs als einer weltgeschichtlichen Wende enthalten sind. Erinnert sei nur an das Selbstverständnis der expressionistischen Autoren, Deuter und Seher zu sein, sowie an ihre Auslegung des Krieges als Sühne für die Vergangenheit und als Übergang in ein neues Zeitalter. Analog zur Bibel wurden auch im Expressionismus die zur Katastrophe des Krieges führenden ‚Sünden' der Vergangenheit im geistig-moralischen Bereich gesehen und nicht etwa in politischen oder ökonomischen Entwicklungen. Den paradiesischen Charakter der von den Expressionisten nach dem Krieg erwarteten neuen Zeit belegen eindrucksvoll die folgenden Zeilen Ludwig Rubiners aus dem Jahre 1917: „Wir alle, zu unsern Lebzeiten, werden noch das Ungeheuerste sehen. Die höchste Not der Menschheit wird ihre Gegenwaage haben in der höchsten Verwirklichung von Paradiesträumen. Niemand von uns braucht mehr entmutigt zu sein."[39]

Expressionistische Apokalyptik

In einem entscheidenden Punkt aber wich die expressionistische Auslegung des Ersten Weltkriegs vom biblischen Modell des Jüngsten Tags grundlegend ab. Der reale Krieg galt den meisten Expressionisten[40] ausdrücklich nicht als Eingreifen einer göttlichen Figur in den Verlauf der Weltgeschichte. Die Verantwortung für den Krieg lag nach expressionistischer Ansicht vielmehr ausdrücklich bei den Menschen selber. Folglich konnte auch die notwendige geistigethische Erneuerung nur über die Menschen selber erfolgen. Der Mensch, nicht

Die Differenz

---

[38] Ausführlicher zu diesem Thema siehe Klaus Vondung, „Geschichte als Weltgericht. Genesis und Degradation einer Symbolik". (Nr. 320).
[39] Ludwig Rubiner, „Mitmensch". In: *Zeit-Echo* 3, 1917, 1. und 2. Maiheft, S. 10–13; Zitat S. 13.
[40] Als Ausnahme muß hier vor allem Franz Werfel genannt werden. Genauer zu seiner diesbezüglich spezifischen Stellung im Expressionismus siehe z.B. Christoph Eykman, *Denk- und Stilformen des Expressionismus.* (Nr. 271), S. 80/81.

Gott wurde von den Expressionisten zum Neuschöpfer der Welt nach dem Ende des Völkermordens bestimmt.[41]

Die Deutung des Krieges als eines Wendepunktes in der Geschichte der Menschheit findet sich in vielen Texten aus den Jahren 1914 bis 1918. Diese Schriften können aber nicht dem Expressionismus zugerechnet werden, wenn in ihnen Krieg und künftiger Neubau der Welt als alleiniges Werk Gottes ausgegeben werden. Charakteristisch für den Expressionismus ist vielmehr die Säkularisierung der biblischen Lehre von einer Wende der Welt durch das Strafgericht Gottes am Jüngsten Tag.[42]

Verheißung

Mit der Adaption und Säkularisierung gerade dieses, in der biblischen Lehre besonders zentralen Denkmusters verliehen die Expressionisten ihrer Deutung des Weltkriegs eine eindeutig religiöse Aura. Der Krieg erhielt von ihnen die Qualität eines heilsgeschichtlichen Geschehens zugesprochen. Die Einlösung aber der mit ihm verbundenen Verheißung oblag nicht mehr dem Willen eines unbeeinflußbaren Gottes, sondern dem zukünftigen Verhalten jedes einzelnen und dem kommenden Umgang der Menschheit miteinander.

Säkularisierte Heilsgeschichte

Die Säkularisierung biblischer Lehre im Expressionismus der Kriegsjahre erstreckte sich nicht nur auf die Vorstellung einer Welten-Wende am Jüngsten Tag. E. A. Wicke hat *Das Phänomen der Menschenliebe im expressionistischen Drama als säkularisierte Form der christlichen Agape* näher untersucht.[43] Er kam zu der Auffassung, den Expressionismus als „postreligiös" zu bewerten: „Nicht zur Religion hinführend, wenn auch in einzelnen Fällen zu ihr zurückführend wie bei Reinhard Johannes Sorge, sondern ihre alten Inhalte und Symbole, die nicht mehr geglaubt werden können oder wollen, mit neuem Sinn füllend. Die Religion wird säkularisiert."[44] Wirkungsstrategisches Ziel der Expressionisten beim Verfahren der Säkularisierung war es nach Wicke, „christliche Reminiszenzen zu wecken"[45] und somit der eigenen Lehre eine religiöse Aura und „stärkeren Ausdruckswert" zu verschaffen.[46] Über diese wirkungsstrategische Absicht hinaus dürfte aber bei der expressionistischen Deutung des Weltkrieges als Welten-Wende eine ganz entscheidende Rolle gespielt haben, daß wohl keine andere Auslegung dem fürchterlichen Geschehen noch so viel Sinn und Positivität abge-

---

[41] Genauer dazu in Abschnitt 5.4.
[42] Es ist an dieser Stelle bewußt von biblischer und nicht von christlicher Lehre die Rede. Der Gedanke einer Welten-Wende durch ein Strafgericht Gottes am jüngsten Tag spielt ja auch in der jüdischen Religion eine sehr wichtige Rolle. Dieser Gedanke wurde 1914/15 von jüdischer Seite explizit auch zur Deutung des Weltkriegs herangezogen. (So z. B. von J. Wohlgemuth, *Der Weltkrieg im Lichte des Judentums*. Berlin 1915, vor allem S. 139–141.). Es wäre eine lohnende Aufgabe, die Wurzeln des expressionistischen Welt-Wende-Topos einmal genauer zu erhellen. Da viele Autoren des Expressionismus jüdischer Herkunft waren, müßten mögliche Einflüsse gerade dieser Religion besonders in Betracht gezogen werden.
[43] Ernst August Wicke, *Das Phänomen der Menschenliebe im expressionistischen Drama als säkularisierte Form der christlichen Agape*. Diss. Marburg 1952.
[44] Ebda. S. 23.
[45] Ebda. S. 34.
[46] Ebda. S. 2.

winnen konnte wie die Säkularisierung der biblischen Denkweise eines Jüngsten Tages mit anschließender Neugeburt der Welt.

Die säkularisierende Anwendung gerade dieser biblischen Lehre von Tod und Wiederauferstehung der Welt am Jüngsten Tag ist allerdings keine spezifische Besonderheit des Expressionismus. Klaus Vondung hat „Genesis und Degradation" der religiösen Symbolik eines göttlichen Strafgerichts über die Welt näher untersucht.⁴⁷ Er weist nach, wie diese Symbolik, vor allem im 19. Jahrhundert durch die Philosophie Hegels, gewichtige Bedeutungsverlagerungen erfuhr. „Weltgericht" drückte im säkularisierten Verständnis nicht mehr das Ende der Welt durch ein göttliches Eingreifen aus, sondern vielmehr einen qualitativen Sprung, einen „metastatischen Akt, der sich *innerhalb* des Geschichtsprozesses ereignet".⁴⁸ Der Begriff wurde aus dem theologischen Bereich gelöst und auf konkrete historische Ereignisse angewendet. Diese Anwendung erfolgte verständlicherweise vor allem in extremen geschichtlichen Situationen, so z B. jeweils zur Deutung der Kriege von 1813, 1870 und 1914.⁴⁹ Wie bereits gesehen, gehörte im Herbst 1914 die Rechtfertigung des neuen Weltkrieges als Wegbereiter zur „Erlösung" der Welt durch das zur Führung berufene deutsche „Wesen" zu den auffälligsten Denkmustern der apologetischen Schriften.⁵⁰ Die Glorifizierung des vermeintlich völlig sicheren Sieges der deutschen „Kultur" über die ausländische „Dekadenz" zu „einer menschheitlichen Erlösungstat"⁵¹ prägt einen großen Teil der damals entstandenen affirmativen Kriegsliteratur.

In der Deutung des Ersten Weltkrieges als einer weltgeschichtlichen Wende auf primär geistig-sittlicher Basis, als Weltgericht, zeigt sich somit eine überraschende Parallele zwischen der Konzeption des Expressionismus und einem zentralen Denkmuster der apologetischen Kriegsideologie. Beide Interpretationen des Krieges greifen auf die biblische Heilsgeschichte zurück, welche säkularisiert und auf das konkrete historische Ereignis angelegt wird. Die völlig konträre inhaltliche Auffüllung aber der von beiden Auslegungen des Krieges aufgenommenen biblischen Heilslehre darf auf keinen Fall übersehen werden. Der Krieg konnte nach Ansicht der Expressionisten nicht die Missionierung der Welt durch die „sendungsvolle und unentbehrliche Eigenart" des deutschen Volkes bringen (Thomas Mann),⁵² sondern vielmehr den „Triumph"⁵³ der „menschlichen Ur-Ideen": „Menschlichkeit, Brüderlichkeit, freier Geist, Güte, Gerechtigkeit, Glück, Verantwortungsgefühl, Liebe [...]" (K. Pinthus).⁵⁴ Nicht den Haß und

---

⁴⁷ Klaus Vondung, „Geschichte als Weltgericht. Genesis und Degradation einer Symbolik". (Nr. 320).
⁴⁸ Ebda. S. 73.
⁴⁹ Belege ebda. S. 72/73.
⁵⁰ Siehe Band 1, Kap. III, Abschnitte 4.5 und 4.6 (S. 188–220).
⁵¹ Ebda. S. 67.
⁵² Thomas Mann, „Gedanken im Kriege". Zuerst in: *Die Neue Rundschau* 25, 1914, H. 11 (November), S. 1471–1484. Im folgenden zitiert nach: Thomas Mann, *Politische Reden und Schriften 2*. Frankfurt a. M. 1968. (*Das essayistische Werk*. Taschenbuchausgabe in acht Bänden. Hrsg. von H. Bürgin). S. 7–20; Zitat S. 20.
⁵³ Kurt Pinthus, „Rede an junge Dichter". (Nr. 176), S. 148.
⁵⁴ Ebda. S. 155.

Neid ‚vertierter Feinde' bestimmten die Expressionisten als Ursache des Krieges, sondern die gesamte geistige Entwicklung der Jahre vor 1914, an der jeder einzelne Mitschuld trage. Die Adaption und Transformation der ursprünglich biblischen Lehre einer Welten-Wende am Jüngsten Tag zur Deutung des Ersten Weltkrieges führte bei den zeitgenössischen Auslegungen des Ersten Weltkriegs zu sehr unterschiedlichen Inhalten. Demgemäß wichen auch die Verhaltensappelle an die Mitmenschen, die aus den verschiedenen Kriegs-Deutungen abgeleitet wurden, sehr deutlich voneinander ab.

4. Die Entstehung des Krieges aus expressionistischer Sicht

4.1. Der Krieg als Abschluß einer Epoche

Unterwerfung Im Verständnis der Expressionisten bildete der Krieg vom Sommer 1914 kein plötzliches und isoliertes geschichtliches Ereignis. Er galt vielmehr als der logische Höhepunkt und gleichzeitige Abschluß einer langen geistigen Entwicklung der Menschheit. „In Wirklichkeit", so ein Autor der *Weissen Blätter* 1918, „liegen die tiefsten Ursachen des Weltkrieges vielmehr in den Unterlassungssünden auf geistigem Gebiet – indem man ruhig zuließ, daß der Stoff dem Geist die Herrschaft entriß."[1] Diese schließlich im Krieg kulminierende ‚Herrschaft des Stoffes über den Geist' war nach Auffassung der Expressionisten die notwendige, letzte Konsequenz einer bereits ab dem 19. Jahrhundert erfolgten „Anpassung"[2] des menschlichen Denkens an die Natur und die Wissenschaften ihrer Erforschung – einer „Anpassung", die nach expressionistischer Ansicht schließlich zur „Unterwerfung"[3] und zur vollständigen Beherrschung des menschlichen Denkens und Handelns durch naturwissenschaftliche Ideen und Denkweisen geführt hatte. Dazu gehörte für die Expressionisten das Denken in den Kategorien von Kausalität, Rationalität und Nützlichkeit ebenso wie die populär gewordenen Lehren vom Leben als Kampf, vom Recht des Stärkeren, vom natürlichen Trieb des Menschen zum Egoismus.

Determinismus Der Mensch war im Verlaufe des 19. Jahrhunderts, wie F. M. Huebner noch 1920 repräsentativ für den Expressionismus formulierte, „zum bloßen Anhängsel der Natur geworden".[4] Er hatte von der Natur die „mechanistische Deutung des Daseins"[5] übernommen und war „in Denken und Fühlen völlig von ihr abhängig"[6] geworden. Mit dieser Unterordnung unter den „mechanistischen Determinismus"[7] der Natur und ihrer Wissenschaften aber hatte der Mensch nach expressionistischer Auffassung zugleich auch seinen Geist und Willen, seine Sozialität und seine Schöpfungskraft preisgegeben.

---
[1] Svend Borberg, „Venus oder Nike". (Nr. 27), S. 122.
[2] Friedrich Markus Huebner, „Deutschland". (Nr. 107), S. 81.
[3] Ebda.
[4] Ebda. S. 82.
[5] Ebda. S. 81.
[6] Ludwig Rubiner, „Zur Krise des geistigen Lebens". (Nr. 189), S. 235.
[7] Ebda. S. 232.

Der Krieg galt den Expressionisten als Abschluß einer Epoche, die von der Unterwerfung des Menschen unter die Fesseln der Natur geprägt worden war; von ihm erwarteten sie die Wende zu einer neuen Ära wiedergewonnener Herrschaft des Menschen als „Mitte der Welt"(Ludwig Rubiner).[8] Die folgenden Ausführungen sollen die expressionistische Auffassung eines ‚naturwissenschaftlichen Sündenfalls' der Menschheit weiter ausleuchten. Nur auf diesem Wege können die expressionistischen Vorstellungen einer notwendigen Erneuerung der Welt durch vorangehende Erneuerung des Menschen näher erfaßt und verstanden werden.

Ende einer Epoche

4.2. Der naturwissenschaftliche Sündenfall der Menschheit

Das Geschehen des Ersten Weltkrieges wurde stärker als je zuvor ein Krieg von dem technischen Stand der Waffen beherrscht. Die Erkenntnis der neuen, nahezu vollständigen Dominanz der Technik über den Menschen wurde ein wichtiger Anlaß für die tiefe Desillusionierung und Verstörung vieler Frontsoldaten und Zeitgenossen. Auch die Expressionisten erkannten die radikale Veränderung des Krieges: „[...] es ist lange her, daß Mut und Gewandtheit zum Gebrauche der Waffen gehörte, daß ritterliche Tugend der Waffendienst bewies. Was ist denn das für Mut, gegen einen unsichtbaren Gegner eine Maschine in Gang zu setzen."[9] „Frage die Kriegsminister: auf die Artillerie, auf die Munition kommt es an. Der Krieg wird in den Kontoren, in den Werkstätten und Fabriken entschieden, nicht in den Herzen. Das da draußen auf den Schlachtfeldern wird von einem Tor mindestens ebenso gut gemacht, wie von einem Denker."[10]

Maschinisierung

Die erkannte neuartige Beherrschung des Krieges durch die technischen Mittel diente den Expressionisten als letzter und wichtigster Beleg für ihre Auffassung einer verhängnisvollen geistigen Fehlentwicklung der Menschheit in den vorangegangenen Jahrzehnten. Als Grundzug dieser Fehlentwicklung bestimmten sie die schon angesprochene „Unterordnung" des menschlichen Geistes unter die Gesetze der Natur. Der Mensch, so Kurt Pinthus 1918, „schnallte sich freiwillig in die Gesetze, die er aus den Geschehnissen der Natur abzulesen glaubte und demütigte den Geist, sich diesen Gesetzen seiner Erzfeindin zu unterjochen".[11] Zu diesen „Gesetzen" zählte Pinthus vor allem das Denken in „historischen Notwendigkeiten" und den „lächerlichen Aberglauben des Kausalitätsgesetzes".[12] Ergebnis der Unterwerfung des Menschen unter die „Natur" war für Pinthus die folgenschwere Ersetzung von Geist, Vernunft und Wille durch ein nur noch mechanisches und sozial ungebundenes Denken; ein Denken, das nach expressionistischer Auffassung schließlich neue, ungeistige „Werte" zu Götzen erhob: „alles, was in unmittelbarer, praktischer und materieller Bedeutung gewogen und gemessen werden kann."[13]

Abdankung des Geist

---

[8] Ebda. S. 237.
[9] Rudolf Leonhard, *Kampf gegen die Waffe*. Berlin 1919, S. 11 (*Umsturz und Aufbau. Dritte Flugschrift*). Hier zitiert nach dem Nachdruck Nendeln 1974.
[10] Svend Borberg, „Europas Herzfehler". (Nr. 26), S. 9.
[11] Kurt Pinthus, „Rede an junge Dichter". (Nr. 176), S. 142.
[12] Ebda. S. 143.
[13] Svend Borberg, „Venus oder Nike". (Nr. 27), S. 122.

Darwinismus Als Beleg für den entschieden verurteilten Siegeszug des naturwissenschaftlichen Denkens in der Ära vor 1914 wird in den expressionistischen Texten der Kriegszeit vor allem die breite Resonanz und Popularität von Vererbungslehre und darwinistischen Gedanken genannt. S. Borberg z. B. bestimmte 1918 die darwinistische Lehre vom „Kampf ums Dasein" als eine „Wahnvorstellung",[14] die entscheidend zur Entstehung des Krieges beigetragen habe. Für Borberg hatte die breite Adaption dieser Lehre zu einem allgemeinen Zustand „panischen Verfolgungswahns"[15] geführt, der geradezu zwangsläufig in einem Krieg kulminieren mußte: „War das Leben ein Kampf, *nur ein Kampf*, und war das Recht des Stärkeren die höchste Lebensberechtigung, so galt es wahrlich in jedem einzigen Augenblick, der Stärkere zu sein."[16] Auffälligerweise bezog Borberg diese Ausführungen in erster Linie nicht auf das Verhalten der Staaten untereinander, sondern auf den Umgang zwischen den Individuen. Diese Hervorhebung der Rolle des einzelnen bei der Entstehung der allgemeinen geistigen Bereitschaft zum Krieg findet sich bei den meisten Autoren des Expressionismus. Sie bildet eine charakteristische Besonderheit in der expressionistischen Deutung des Ersten Weltkrieges, die es an anderer Stelle noch genauer zu untersuchen gilt.

„Seelen-Mechanik" Als exemplarisches Beispiel des beklagten mechanisch-deterministischen Denkens in den zeitgenössischen Wissenschaften erschien vielen Expressionisten die Psychoanalyse. Diese war ja in ihren Anfängen bei Freud[17] „zunächst streng kausal-mechanistisch gefaßt"[18] und sah den Menschen weitgehend als von übermächtigen Trieben gesteuert. Ludwig Rubiner z. B. nannte als Beleg für die von ihm konstatierte „Krise des geistigen Lebens"[19] vor allem das breite Aufkommen der Psychoanalyse, der er „biologischen Determinismus" und blinde „Seelen-Mechanik"[20] vorwarf. Für Rubiner bildete 1916 die Überwindung des mechanisch-deterministischen Denkens der „letzten Generation"[21] mit seiner Reduzierung des Menschen auf ein „Stück Natur"[22] die entscheidende geistige Herausforderung der Zeit. Als Träger dieser notwendigen Überwindung bestimmte Rubiner die geistigen Führer der neuen, der expressionistischen „Generation", die dem alten Denken „an Fundamental-Methodik weit überlegen und an Sachinhalt weit voraus" seien.[23]

---

[14] Svend Borberg, „Europas Herzfehler". (Nr. 26), S. 2.
[15] Ebda.
[16] Ebda. S. 4.
[17] Genauer zu den Anfängen S. Freuds siehe z. B.: *Sigmund Freud. Hirnforscher – Neurologe – Psychotherapeut. Ausgewählte Texte.* Hrsg. von Ingrid Kästner, Christine Schröder. Leipzig 1989.
[18] Silvio Vietta / Hans-Georg Kemper, *Expressionismus*. München 1975, S. 322.
[19] Siehe Ludwig Rubiner, „Zur Krise des geistigen Lebens". (Nr. 189).
[20] Ebda. S. 232.
[21] Ebda.
[22] Ebda. S. 236.
[23] Ebda. S. 231. – Trotz dieser scharfen Kritik an Methodik und Menschenbild der frühen Psychoanalyse darf andrerseits nicht übersehen werden, daß gerade die psychoanalytisch orientierte Traumdeutung starke Einflüsse auf die expressionistische Generation ausübte. Hierbei war es allerdings vor allem das Verfahren der Assoziation, das die expressionistischen Künstler stark interessierte.

Die allgemeine Durchsetzung des naturwissenschaftlichen, materiellen und egoistischen Denkens wurde von den Expressionisten explizit auch mit der erst naturalistisch, dann zunehmend ästhetisch-esoterischen Ausrichtung von Kunst und Literatur des Kaiserreichs in Verbindung gebracht. Für S. Borberg z. B. war in der naturwissenschaftlichen Ära eine vormalige „Anbetung des Geistes" durch eine allgemeine „Vergötterung der Technik"[24] abgelöst worden. Die tiefere Ursache für diese Ablösung sah Borberg in einem Rückzug der Dichter von ihrer eigentlichen Aufgabe, „Propheten, Priester und Wegweiser zu sein", auf eine elitäre und lebensferne Position.[25] Ähnlich konstatierte auch Kurt Hiller für die Zeit vor 1914 ein „Schattendasein" der Kunst „neben der Wirklichkeit".[26] Für Hiller hatte die Fixierung der Dichter auf das eigene Innenleben, auf subjektive Impressionen und Gefühle („Ihr stelltet fest – statt zu fordern") eine „delikategozentrische Kultur"[27] begründet, die schließlich der geistigen Entwicklung zum Krieg keinen Widerstand mehr entgegensetzen konnte.

Fehlentwicklung der Kunst

Verständlicherweise wurden diejenigen Autoren und Künstler, die im Herbst 1914 den Krieg freudig begrüßt und öffentlich gerechtfertigt hatten, von den Expressionisten scharf angegriffen.[28] Das umfangreiche apologetische Engagement dieser Gruppe spielte aber in der expressionistischen Auffassung über die Entstehung des Krieges nur eine geringe Rolle. Die tieferen Ursachen des Krieges wurden vielmehr entscheidend in den langfristigen geistigen Tendenzen der Vorkriegszeit gesehen.

Der von den Expressionisten gegen die Kunst und Literatur der Vorkriegsära immer wieder erhobene Vorwurf einer gewichtigen Mitschuld an der Entstehung des Krieges vom August 1914 muß auch als ein bedeutender Faktor für die Ausarbeitung des eigenen expressionistischen Kunstverständnisses gesehen werden. Wenn man dem Naturalismus und seinen diversen Nachfolgern bzw. Auflöseerscheinungen die geistige Wegbereitung des Krieges vorwarf, so mußte eine neue Kunst, deren erklärtes Ziel die endgültige Abschaffung aller Kriege überhaupt war, grundlegend anders konzipiert werden. Die entschiedene Opposition des Expressionismus zu den vorangegangenen Kunstrichtungen und Denkhaltungen findet hierin eine wichtige, bisher kaum beachtete Erklärung.

Mitschuld

Die aufgezeigte Deutung des Krieges als Folge einer langfristigen Unterwerfung des Menschen unter die Gesetze der Natur ist untrennbar mit der Einstellung der Expressionisten zu dem im Deutschen Reich nach 1871 besonders rapiden Prozeß der Industrialisierung und Technisierung verbunden. Man hat dem Expressionismus später nicht selten Maschinenstürmerei und blinde Ver-

Technik-Kritik

---

[24] Svend Borberg, „Venus oder Nike". (Nr. 27), S. 123.
[25] Ebda. S. 122.
[26] Kurt Hiller, „Wir". (Nr. 96), S. 132.
[27] Alle Zitate ebda.
[28] Siehe z.B. den Artikel „Die neue Schar" von Ludwig Rubiner (Nr. 201), in dem die intellektuellen Apologeten des Krieges u. a. als „Betrüger" (S. 3), „Schieber" (S. 4), „Schwindler" (S. 5) und als Truppe von „geistigen Kriegslieferanten" (S. 6) bezeichnet werden.

ketzerung aller Technik vorgeworfen.[29] Eine genauere Betrachtung ergibt allerdings, daß dieser Vorwurf in seiner Globalität nicht haltbar ist. Nicht der Technik insgesamt, sondern vielmehr ihrer Verselbständigung und dem Verlust moralisch-ethischer Kriterien bei ihrer Anwendung durch den Menschen galt zumeist die gerade in den Jahren des Krieges oft sehr scharfe Kritik expressionistischer Autoren. Besonders charakteristisch für diese Denkweise eines falschen Umgangs des Menschen mit der Technik sind die folgenden Zeilen aus einer von René Schickele 1918 verfaßten fiktiven „Rede vor Mitternacht":

„Statt die Maschinen wie die Haustiere zu halten, die früher Pflug und Wagen gezogen hatten und an irgendeiner Deichsel gegangen waren, wodurch Ihr nicht nur Menschen geblieben, sondern erleichtert, befreit, menschlich gewachsen wäret, statt die Herren Eurer Geschöpfe zu sein, erhobt Ihr sie über Euch und machtet sie zu Eurem schöneren Ebenbild, Ihr dämonisiertet sie, Ihr machtet sie zu Eurem Götzen. Alle Götzen sind Kriegsgötter. Sie leben von Blutopfern und sind den Menschen feind. Im Götzen frißt der Mensch sich selber auf."[30]

Vergötzung   Wie bei Schickele richtete sich die Kritik vieler expressionistischer Autoren primär nicht gegen die Erfindung der Technik überhaupt, sondern gegen ihre Erhebung zum „Götzen" und zur seligmachenden „Weltanschauung".[31] Möglich geworden war diese Vergötzung der Technik nach expressionistischer Ansicht vor allem durch einen Verzicht auf die Frage nach dem jeweiligen Sinn und Zweck technischer Erfindungen. „[...] Wir bewundern die konzentrierte Kraft, unbesehen ihrer Anwendung, mit dem Zweck, der ‚in blanco' gelassen ist. Diese Fähigkeit aber, sich über ein Mittel als bloßes Mittel, über die Technik ‚an sich' zu freuen, ist eine besondere Eigentümlichkeit der weißen Rasse und der neuen Zeit. Unsere Erziehung macht uns vergessen, daß Technik ohne Herz ein zweischneidiges Schwert ist, ein furchtbares Schwert, das auf der Landstraße liegt."[32]

Der Vorwurf der Ausklammerung sozialer und ethischer Kriterien beim Umgang mit der Technik bildete ein Kernstück der expressionistischen Zeitkritik. Vor allem wegen dieser Ausklammerung war nach expressionistischer Auffassung die „Technik" vom „Diener" zum „Herrn" der Menschheit geworden: „Und wie durfte die Technik in Europa den Herrn spielen!"[33]

---

[29] Genauer dazu siehe Karlheinz Daniels, „Expressionismus und Technik". In: *Expressionismus als Literatur. Gesammelte Studien.* Hrsg. von Wolfgang Rothe. Bern und München 1969, S. 171–193.

[30] René Schickele, „Rede vor Mitternacht". In: *Die weißen Blätter* 5, 1918, Quartal Oktober-Dezember, S. 143–146; Zitat S. 146.

[31] Ludwig Rubiner, „Zur Krise des geistigen Lebens". (Nr. 189), S. 232.

[32] Svend Borberg, „Europas Herzfehler". (Nr. 26), S. 5. Ähnlich heißt es auch in Schickeles „Rede vor Mitternacht" (Nr. 212) zum Verlust der Kontrolle des Menschen über Sinn und Zweck technischer Erfindungen (S. 144): „Die Maschine schien uns zu dienen, indem wir sie bedienten. Und dieses Geben und Nehmen überkreuz und der herrische Luftzug um uns verführte uns, er führte uns immer weiter, viel weiter als wir gedacht hatten. Immer neue Träume entstiegen der metallnen Quelle, und kaum geboren, funkelten sie schon in den Gelenken und entbanden das gemeinsame Werk. Wild und beherrscht entführten sie uns in einem Taumel süßen, ganz hellen Größenwahns."

[33] Alle Zitate aus Svend Borberg, „Europas Herzfehler". (Nr. 26), S. 6.

Das Verhältnis von Mensch und Technik hatte bereits vor 1914 das Interesse der Expressionisten besonders auf sich gezogen. Anders als in der vorangegangenen Technik-Verehrung des Naturalismus war die Haltung vieler Expressionisten vor dem Krieg oft geprägt durch eine deutliche Ambivalenz zwischen Faszination und gleichzeitiger Sorge vor den negativen Auswirkungen der neuen technischen Erfindungen.³⁴ Mit der konkreten Erfahrung des Krieges verlor sich schnell die frühere Faszination, und die Besorgnis über die Folgen der Technik steigerte sich zur scharfen Kritik. Der Krieg erschien den Expressionisten nun als endgültiger Beleg, daß der Mensch die „lenkende Beherrschung"³⁵ der von ihm selbst geschaffenen Kräfte und Verhältnisse verloren hatte. Statt die „technischen Vervollkommnungen" zur „Entlastung des äußeren Lebens" und zur Pflege seiner „höheren Bestimmung" einzusetzen, hatte der Mensch sie – so Kurt Pinthus 1916 – „zur einzigen Dominante seines Lebens anschnellen" lassen.³⁶ So war er endgültig „zum Sklaven seiner Werkzeuge", die er eigentlich „zu seinem Dienst" geschaffen hatte, herabgesunken.³⁷ Der Mensch als Sklave

Diese Abdankung des Menschen, d. h. vor allem seiner Moralität und Sozialität, vor „Natur" und „Technik" galt den Expressionisten als ein gewichtiger Grund für die Entstehung des Krieges: „Man kann wohl behaupten: wäre die geistige Schnelligkeit, ja bloß die Fähigkeit, mit anderen Menschen zu denken, geschweige denn mit ihnen zu fühlen, im selben Verhältnis gesteigert worden, wie im letzten halben Jahrhundert die rein technische Schnelligkeit, so würde aus dem Krieg wohl kaum etwas geworden sein."³⁸ Abdankung der Moral

Hinter den bisher aufgeführten Aussagen expressionistischer Autoren zum Verhältnis von Mensch und Technik wird immer noch die Überzeugung von der Möglichkeit eines anderen, besseren Umganges des Menschen mit moderner Naturwissenschaft und Technik erkennbar. Das unmittelbare Erlebnis des Krieges, speziell der Front, führte einige Autoren allerdings auch zu sehr viel grundsätzlicheren Zweifeln an Wert und Nutzen technischer Erfindungen. So verstärkte sich z. B. bei Franz Marc durch fast anderthalb Jahre direkter Kriegserfahrung die Auffassung, „daß die technischen Errungenschaften (wie z. B. Fliegen, Maschinen, Telefon etc.) die Menschen geistig und wesentlich um keinen Zoll weiterbringen, sondern im Gegenteil stets auf *Kosten* einer intuitiven, primären Fähigkeit sich entwickeln."³⁹ Verkümmerung

Dieser Gedanke einer Verkümmerung des eigentlichen Menschen als Folge der modernen Lebensverhältnisse findet sich keinesfalls nur bei Franz Marc. Er bildet vielmehr einen Grundpfeiler im Menschenbild des Expressionismus, auf den an anderer Stelle noch genauer eingegangen werden muß.⁴⁰ Georg Kaiser

---

³⁴ Vgl. die entsprechenden Ausführungen in Band 1, Kap. II, 3.6.
³⁵ Kurt Pinthus, „Zur jüngsten Dichtung". (Nr. 175), S. 237.
³⁶ Ebda. S. 236.
³⁷ Franz Marc, *Briefe aus dem Feld 1914–1916*. (Nr. 167.b), S. 134.
³⁸ Svend Borberg, „Europas Herzfehler". (Nr. 26), S. 6.
³⁹ Franz Marc, *Briefe aus dem Feld 1914–1916*. (Nr. 167.b), S. 129.
⁴⁰ Siehe unten Abschnitt 4.3.

Wohl am gründlichsten reflektierte unter dem Einfluß des Krieges der Dramatiker Georg Kaiser das veränderte Verhältnis von Mensch und Technik. In seiner zwischen 1916 und 1919 entstandenen Trilogie mit den Werken „Die Koralle", „Gas" und „Gas. Zweiter Teil"[41] entwarf er das Bild einer sich der Technik völlig ausliefernden Menschheit: „Der Mensch ist zum Hörigen einer omnipotenten Produktion geworden, die ihrerseits eine Eigengesetzlichkeit entwickelt und in Dimensionen gerät, die der menschlichen Ratio und damit dem menschlichen Verfügen entwachsen." (K. Daniels).[42] Die Trilogie Kaisers endet, nicht zuletzt unter dem Eindruck des Scheiterns der auf die Revolution von 1918/19 gerichteten expressionistischen Hoffnungen, mit einer endgültigen Selbstvernichtung der Menschheit durch den Einsatz von Giftgas.

Anonymisierung des Tötens

Es ist kein Zufall, daß Kaiser in seiner Trilogie gerade die Produktion von Giftgas als Paradigma moderner zeitgenössischer Technik gewählt hat. Die Tragweite und die Konsequenzen der im Ersten Weltkrieg neu eingesetzten Waffen (z. B. Maschinengewehr und Giftgas) wurde von zahlreichen Expressionisten erkannt und thematisiert. Die völlige Anonymisierung des Tötens, den Verlust jeder direkten Verbindung zwischen Täter und Opfer, hob z. B. Alfred Wolfenstein als Kennzeichen der neuen Waffen ins Zentrum seiner Kritik:

„Die Schußwaffe enthebt den Menschen gespenstisch der Verantwortung; der Schuß erscheint wie ihre eigene anonyme Tat. Darum konnten die Zeitgenossen beim Ausbruch des Krieges noch einmal zum Morden gebracht werden, so leicht und so allgemein wie niemals zuvor. Sie konnten ihre bürgerliche Bedenklichkeit betäuben, − denn der Schießende braucht nicht zu wissen, was er tut [...] Man ließ das Pulver hinausknallen, mit der Wirkung hatte man nichts mehr zu tun. Sie war fern − sie kam auf die unpersönliche ununterscheidbare Rechnung einer Riesenfront von Tötenden, Tod Fabrizierenden und Befehlenden."[43]

Erkenntnis-Leistung

Es gehört zu den besonderen Leistungen der Expressionisten, die geistigen Auswirkungen der neuen Waffen und die Gefahr der Verselbständigung einmal in Gang gesetzter technisch-industrieller Prozesse erkannt und artikuliert zu haben. Im Gegensatz zu vielen anderen (auch späteren) Expressionismus-Forschern hob K. Daniels schon 1969 diese Erkenntnisleistung der Expressionisten hervor, die als erste „die ganze Tragweite" der technisch-industriellen Revolution erkannt und „eine existentielle Auseinandersetzung mit der inzwischen zu einer übermächtigen Realität herangewachsenen Technik" gewagt hätten.[44]

Defizit

Nur selten hingegen geriet die Abhängigkeit der „Technik" von konkreten politischen und ökonomischen Interessen in das Blickfeld der Expressionisten. Diese weitgehende Ausklammerung politisch-ökonomischer Interessenlagen und

---

[41] Georg Kaiser: a) *Die Koralle. Schauspiel in fünf Akten.* Berlin 1917 (entstanden 1916/17). b) *Gas. Schauspiel in fünf Akten.* Berlin 1918 (entstanden 1917/18). c) *Gas. Zweiter Teil. Schauspiel in drei Akten.* Potsdam 1920 (entstanden 1918/19). Angaben nach: Annalisa Viviani, *Das Drama des Expressionismus. Kommentar zu einer Epoche.* München 1970, S. 68ff.

[42] Karlheinz Daniels, „Expressionismus und Technik". (Nr. 266), S. 187.

[43] Alfred Wolfenstein, „Aufruf gegen ein Gift". In: *Die weißen Blätter* 7, 1919, H. 6 (Juni), S. 270–276; Zitat S. 273.

[44] Karlheinz Daniels, „Expressionismus und Technik". (Nr. 266), S. 171.

Herrschaftsverhältnisse bildet eine erhebliche Schwachstelle der expressionistischen Zeit-Analyse. In diesem Defizit muß nicht zuletzt einer der Gründe für das Scheitern der expressionistischen Hoffnungen auf eine grundlegende Erneuerung von Mensch und Welt gesehen werden.

4.3. Die Verschüttung des Menschen

Die sukzessive Beherrschung des Menschen durch die von ihm selbst geschaffenen Denkweisen und Verhältnisse hatte nach expressionistischer Vorstellung zugleich eine stetige Verkümmerung seiner eigentlichen Anlagen und Fähigkeiten mit sich gebracht. Diese Auffassung einer historisch gewachsenen Selbst-Entfremdung des Menschen von seinem wirklichen „Wesen" bildete eine entscheidende Grundlage für die einheitliche Forderung der Expressionisten nach einer „Neugeburt"[45] des Menschen. Durch den Krieg, der als furchtbarer Höhepunkt der Unterwerfung des Menschen unter die von ihm selbst erstellten „Determinanten"[46] galt, rückte die auch schon vor 1914[47] thematisierte Frage nach dem eigentlichen Wesen des Menschen und den Möglichkeiten der Verwirklichung dieses Wesens ins Zentrum des Expressionismus.

Verschüttung u. Neugeburt

„Der Mensch hatte sich so die Welt verstellt, daß er nicht mehr unverstellt sein kann. Er lag in Glanz und Armut verschüttet; Sie graben ihn aus, um ihn zu erwecken."[48]
„Er wälzte nicht das Leid von sich ab, sondern nur die Verantwortung dafür – als er seinen Zustand mit den Gesetzen der Vergangenheit, der außergeistigen Natur und der Konvention entschuldigte und rechtfertigte!
Die Gesetze, die trotz aller Erkenntnisse und Entdeckungen mehr als vor der Epoche wissenschaftlichen Triumphes Sein und Zukunft des Menschen determinierten, will ich deshalb Determinanten nennen. Für die Zukunft sprechen heißt also: Kampf diesen Determinanten ansagen, zu ihrer Überwindung aufrufen, Antideterminismus predigen! Wir sind das Geschlecht, das zu der Zeit auf Erden ist, als die Abhängigkeit von den Determinanten nicht zermalmender mehr werden konnte: in unserer Epoche vernichteten sie nicht nur die Glücksmöglichkeiten der Lebenden, sondern die Lebensmöglichkeiten selbst."[49]

---

[45] Dieser Begriff z. B. bei Lothar Schreyer, „Die neue Kunst". In: *Der Sturm* 10, 1919/1920, H. 5, S. 66–70; Zitat S. 66.
[46] Von einem „apokalyptischen Totentanz der Determinanten" sprach z. B. Kurt Pinthus in seinem programmatischen Aufsatz „Rede für die Zukunft". Pinthus verstand unter diesen „Determinanten" in erster Linie die von den Menschen selber aufgestellten angeblichen „Gesetze" der „Vergangenheit, der außergeistigen Natur und der Konvention". Zitate aus: Kurt Pinthus, „Rede für die Zukunft". In: *Die Erhebung. Jahrbuch für neue Dichtung und Wertung*. Hrsg. von Alfred Wolfenstein. Berlin o. J. (1919), S. 398–422; Zitate S. 403.
[47] Vgl. die Ausführungen über die Gefährdung des Menschen in der modernen Lebenswelt als Thema der frühen expressionistischen Lyrik sowie über die Suche nach neuen Möglichkeiten menschlicher Selbstentfaltung als Anliegen der expressionistischen Dramatik vor 1914 in Band 1, Kap. II, 3.6.
[48] Kurt Pinthus, „Rede an junge Dichter". (Nr. 176), S. 144.
[49] Kurt Pinthus, „Rede für die Zukunft". (Nr. 177), S. 403.

Diese Zeilen aus zwei bedeutenden programmatischen Schriften von Kurt Pinthus enthalten repräsentativ die Grundgedanken des expressionistischen Menschenbildes der Kriegszeit: die Verschüttung des Menschen durch „Determinanten", durch „jene Konstellationen und Einrichtungen, die er sich selbst schuf",[50] und die Befreiung, Wiedererweckung seines wahren Wesens durch die der „Zukunft" verpflichteten Dichter und Künstler.

Verluste Als Beleg für die diagnostizierte Verschüttung der eigentlichen menschlichen Seinsart galt den expressionistischen Autoren an erster Stelle der Verlust von „Geist" und „Willen" durch den Menschen der Moderne. Für F.M. Huebner z.B. hatte sich der Mensch der Gegenwart „seiner Freiheit begeben und als Wollender abgedankt".[51] Als Folge dieser Abdankung des Menschen durch „Unterwerfung"[52] unter die Natur als „Übermacht" und „regulierendes Gesetz"[53] bestimmte Huebner eine schreckliche „Nivellierung" und Vermassung des modernen Menschen.[54]

Regression Auch Kurt Pinthus sah 1918 den Menschen „statt durch freien Geist und freien Willen determiniert durch die Gewalten, die er sich selbst eingesetzt hatte".[55] Zu diesen determinierenden Gewalten zählte Pinthus die Formen des Denkens (in naturwissenschaftlichen und historischen Kategorien) ebenso wie die politischen und sozialen Verhältnisse. Wie Pinthus machte auch Ludwig Rubiner die gesellschaftlichen Verhältnisse maßgeblich für die geistig-soziale Regression des zeitgenössischen Menschen verantwortlich: „Wie viele sah er in dem auf materiellem Besitz gegründeten Kapitalismus ein Gesellschaftssystem, das der Vergeistigung, der Befreiung des Menschen, im Wege" stehe (Klaus Petersen).[56]

Die deutlichen Angriffe von Rubiner, Pinthus, Hiller und anderen Autoren gegen die zum „Gott" erhobenen „Einrichtungen: Staat, Wirtschaft, Gesellschaft, Ordnung"[57] sind nicht nur im Zusammenhang mit der expressionistischen Verschüttungstheorie interessant, sondern widerlegen auch die gelegentliche Einschätzung des Expressionismus als „ästhetische Reue" im Auftrag „der herrschenden Klasse".[58]

Ich-Sucht Opportunismus, Ich-Sucht, Materialismus waren nach expressionistischer Auffassung neben dem Verlust von „Geist" und „Willen" weitere charakteristische Eigenschaften des modernen, seinem eigentlichen Wesen entfremdeten

---

[50] Ebda. S. 411.
[51] Friedrich Markus Huebner, „Deutschland". (Nr. 107), S. 81.
[52] Ebda.
[53] Ebda. S. 80.
[54] Ebda. S. 82.
[55] Kurt Pinthus, „Rede an junge Dichter". (Nr. 176), S. 144.
[56] Klaus Petersen, *Ludwig Rubiner. Eine Einführung mit Textauswahl und Bibliographie.* Bonn 1980, S. 36. Zur Gesellschaftskritik Rubiners siehe vor allem seinen Aufsatz „Die Änderung der Welt". (Erstmals in: *Das Ziel. Aufrufe zu tätigem Geist.* Hrsg. von Kurt Hiller. München und Berlin 1916, S. 99–120).
[57] Kurt Pinthus, „Rede für die Zukunft". (Nr. 177), S. 411. An anderer Stelle benannte Pinthus eine „niederträchtige Gesellschafts- und Wirtschaftsordnung" als Grund für die konstatierte Regression des modernen Menschen (ebda. S. 402).
[58] Vgl.Reinhard Weisbach, *Wir und der Expressionismus.* (Nr. 321), S. 151.

Menschen. So konstatierte S. Borberg 1918 beim Blick auf die vergangenen Jahrzehnte: „Der Selbsterhaltungstrieb in jeder beliebigen Form war plötzlich etwas, wovor man knien mußte [...] Die hohen Ziele mußten den kleinen Zwecken, die Ideale dem Zweckmäßigen weichen. Der Ich-Kult artete in eine völlige Ich-Manie aus, die Individuen waren besessen von einem engherzigen Opportunismus."[59] Eine „grenzenlose Sucht zum Ich"[60] galt so gut wie allen expressionistischen Autoren als gewichtiges Kennzeichen des zeitgenössischen Menschen und als Grundlage des zerstörerischen Konkurrenzverhaltens im politischen, geistigen, ökonomischen und sozialen Bereich. Die tieferen Ursachen dieser Ich-Sucht wurden nicht zuletzt in der Vorherrschaft des naturwissenschaftlichen Geisteslebens mit seiner Verherrlichung von Selbsterhaltungstrieb, Kampfprinzip und der Lehre vom Recht des Stärkeren gesehen.

Die wachsende Vorherrschaft materiellen und egoistischen Denkens hatte nach expressionistischem Verständnis auch eine gewaltige Veränderung in der sozialen Einstellung zum Mitmenschen bewirkt. Die Überzeugung vom Zerfall vormals existenter brüderlicher „Gemeinschaft" der Menschen zu der von Konkurrenz und Kampf bestimmten zeitgenössischen „Gesellschaft"[61] gehört zu den Grundlagen des expressionistischen Denkens in den Jahren des Krieges. Für S. Borberg hatte sich durch das naturwissenschaftliche Denken auch die frühere „Auffassung" vom Zusammenleben der Menschen grundlegend verändert:

Zerfall der Gemeinschaft

„Die Gesellschaft war nicht mehr das, was sie ursprünglich und in erster Reihe gewesen war: ein Sich-Gesellen in dem Bewußtsein, daß die Menschen zusammengehören und einander helfen können. Die Gesellschaft war ausschließlich als ein Ring von Feindschaften aufzufassen, die einander in Schach halten, und von Egoismen, die sich einstweilen mit der Parole des Affenkäfigs entgegenkommen: Laus mich, lieber Freund, dann kriegst du was in den Magen."[62]

Der von Borberg derart thematisierte Verlust sozial-ethischen Denkens dient in vielen expressionistischen Schriften zur besonderen Kennzeichnung des modernen Menschen. Sprachlich wird dieser diagnostizierte Verlust sozialer Tugenden vorzugsweise in der fast überall anzutreffenden Metaphorik von der „Erstarrung des Herzens" zum Ausdruck gebracht.

Erstarrung des Herzens

Als äußersten geistigen Reflex dieser Erstarrung, dieser sozialen Verkümmerung des Menschen bestimmte Franz Blei einmal die Philosophie Bergsons, in der „das sittliche Verhalten von einem zum anderen als eine nur äußerer Zweckhaftigkeit dienende Belanglosigkeit des Menschen angesehen" werde.[63] Gegen

---

[59] Svend Borberg, „Europas Herzfehler". (Nr. 26), S. 2.
[60] Zitat aus dem Vorspiel des Dramas „Noli me tangere" von Georg Kaiser (Potsdam 1922; Zitat S. 9).
[61] Es ist in der Expressionismus-Forschung noch strittig, ob diese wichtige Antithetik von „Gemeinschaft" und „Gesellschaft" eindeutig auf die Studie *Gemeinschaft und Gesellschaft* des deutschen Soziologen Ferdinand Tönnies zurückgeführt werden kann, oder ob sie vielfältigere geistige Wurzeln hat. (Vgl. auch unten Abschnitt 5.2).
[62] Svend Borberg, „Europas Herzfehler". (Nr. 26), S. 3.
[63] Franz Blei, „Philosophie und Gemeinschaft". In: *Zeit-Echo* 2, 1915/16, H. 6, S. 83–85; Zitat S. 84.

diese „Philosophie der Gesellschaft" durch H. Bergson setzte Blei als „Vordenken" der Zukunft die Philosophie einer kommenden, neuen „Gemeinschaft"[64] aller Menschen.

Zeitgenössische Philosophie

Gerade die Ansichten der neueren Philosophie konnten den Expressionisten als Beleg für ihre These einer Entfremdung des Menschen von seinem eigentlichen Wesen dienen. In dieser Philosophie erschien der Mensch nicht mehr als eine autonome, selbstverantwortliche Größe, sondern als ein Produkt innerer Triebe und äußerer Einflüsse. Noch vor der Psychoanalyse hatte bereits Friedrich Nietzsche die jahrhundertelang postulierte harmonische Einheit des menschlichen Subjekts „in eine Vielheit, in ein Bündel undurchschauter Triebe, in einen klaffenden Abgrund zwischen Unbewußtem und Bewußtem" aufgelöst (Silvio Vietta, Hans-Georg Kemper).[65] Die neueren philosophischen Anschauungen, nach denen auch Verstand und Geist des Menschen entscheidend von einem ständig auf Fortpflanzung bedachten „Willen zum Leben" (A. Schopenhauer)[66] oder einem permanenten „Willen zur Macht" (F. Nietzsche)[67] beherrscht wurden, widersprachen fundamental dem klassischen Bild vom Menschen als eigenverantwortlichem, von der Vernunft geleitetem Wesen. Die expressionistische Theorie einer Verschüttung des Menschen und die daraus abgeleitete Forderung nach seiner Erneuerung und Wiedereinsetzung als „Schöpfer" und „Mitte"[68] der Welt konnte sich also auch auf die Ansichten der neueren Philosophie berufen.[69] Diese Ansichten deckten sich mit der Auffassung, nach 1914 auch mit der unmittelbaren Erfahrung der expressionistischen Autoren: „Daß das Subjekt nicht Herr seiner selbst und schon gar nicht der vernünftige Regisseur seiner Geschichte, daß vielmehr die Geschichte Tummelplatz blind wütender Unvernunft ist, war die Erfahrung vieler Expressionisten – bestätigt vor allem durch den Ausbruch des 1. Weltkriegs."[70]

Kriegsursache

Die Auffassung einer durch die modernen Lebensverhältnisse bedingten sozialen und ethischen Regression des Menschen führte die Expressionisten zu einer gewichtigen Schlußfolgerung: Diese Regression wurde maßgeblich auch für die Entstehung des Krieges verantwortlich gemacht. „Wenn der Krieg eine Ursache hat, ist es diese: den Menschen ist die Ehrfurcht vor dem Menschen

---

[64] Alle Zitate ebda.
[65] Silvio Vietta / Hans-Georg Kemper, *Expressionismus*. (Nr. 317), S. 143. Bei Vietta und Kemper finden sich genauere Angaben über die Bedeutung der zeitgenössischen Wissenschaften, speziell der Philosophie (Nietzsche, Schopenhauer) für die Auffassungen der Expressionisten (siehe vor allem die Abschnitte 2.4.3; 2.4.4 und 2.6).
[66] Genauer dazu siehe: Arthur Schopenhauer, *Die Welt als Wille und Vorstellung* (erstmals veröffentlicht 1819), viertes Buch S. 60ff.
[67] Genauer dazu siehe Friedrich Nietzsche, *Der Wille zur Macht. Versuch einer Umwertung aller Werte*. (Entstanden in der sog. Umwertungszeit Nietzsches 1882/83–1888, erst nach seinem Tod in verschiedenen Fassungen veröffentlicht).
[68] Ludwig Rubiner, „Zur Krise des geistigen Lebens". (Nr. 189), S. 237.
[69] Diese Erkenntnisse waren für die Expressionisten um so interessanter, als gegen sie nicht – wie z. B. gegen die Psychoanalyse (vgl. Abschnitt 4.2) – der Vorwurf des naturwissenschaftlich-mechanistischen Denkens erhoben werden konnte.
[70] Silvio Vietta / Hans-Georg Kemper, *Expressionismus*. (Nr. 317), S. 145.

Der Expressionismus 1914–1918   161

abhanden gekommen."⁷¹ Diese Zeilen A. Holitschers sind symptomatisch für die
Meinung vieler Expressionisten in den Jahren des Krieges. Auch Franz Marc z. B.
benannte 1916 einen „Mangel, sich dem Nächsten menschlich *verständlich* machen zu können", als entscheidende Grundlage des Krieges.⁷² Nach Kurt Pinthus
mußte die „Menschheit" zusammenbrechen, weil die „menschlichen Ur-Ideen"
von Menschlichkeit, Brüderlichkeit, Güte, Geist, Gerechtigkeit, Liebe etc. für sie
„leer und nichtig geworden waren".⁷³

Dem heutigen Betrachter mag es naiv und trivial erscheinen, ausgerechnet das   Neue
Fehlen ethischen Bewußtseins entscheidend für die Entstehung des Ersten Welt- Aktualität
krieges verantwortlich zu machen. Man kann es aber auch gerade als eine besondere Leistung der Expressionisten bewerten, inmitten einer im Krieg stehenden und in extremen Feindbildern denkenden, völlig militarisierten Gesellschaft
an die ethische Dimension des Menschen zu erinnern. Die expressionistischen
Gedanken zur Entstehungsgeschichte des Ersten Weltkriegs enthalten auf jeden
Fall sehr viel mehr Verantwortungsgefühl und auch Erkenntnisleistung als die
anderen zeitgenössischen Denkweisen, die den Krieg als notwendigen Entscheidungskampf zwischen deutscher „Kultur" und westlicher „Zivilisation", zwischen deutschem Wesen und slavischem Barbarentum, französischer Dekadenz,
englischem Krämergeist (oder wie alle diese Feindbilder auch immer hießen)
legitimierten. Es fällt auch auf, daß gerade in jüngster Zeit wieder Stimmen zu
vernehmen sind, die – in oftmals geradezu expressionistischer Diktion – eine
weitere Existenz von Welt und Menschheit abhängig machen von einer allgemeinen Rückbesinnung auf ethische und moralische Werte. „Aber die Welt wird
nur verändert durch eine Umkehr der Herzen [...] Den atomaren Holocaust
verhindern wir durch Aussöhnung und Feindesliebe oder gar nicht" (F. Alt).⁷⁴
Schärfer als je zuvor stellt sich heute für viele die Frage nach dem Verhältnis von
technischem Entwicklungsstand und ethischem Bewußtsein des Menschen. Vielleicht wird gerade die wachsende Erkenntnis eines eklatanten Mißverhältnisses
von Technik und Moral auch zu einer Neuentdeckung und Neubewertung des
lange unverstandenen Ethizismus der Expressionisten führen.

Die Expressionisten verblieben nicht auf der Stufe der reinen Diagnose einer   „Mensch,
am Krieg wesentlich mitschuldigen Regression des modernen Menschen im gei-   werde
stigen und ethischen Bereich. Diese Diagnose wurde vielmehr zur Grundlage   wesentlich!"
ihrer Forderung nach radikaler Wandlung und Erneuerung von Mensch und
Welt. „Mensch, werde wesentlich!"⁷⁵ bezeichnete Kurt Pinthus bereits 1916 als
Leitspruch der expressionistischen Bewegung. Dieser Leitruf von der
„Menschwerdung des Menschen"⁷⁶ verrät ein entscheidendes Implikat der ex-

---

⁷¹ Arthur Holitscher, „Opfer". In: *Die Erhebung. Jahrbuch für neue Dichtung und Wertung*.
   Hrsg. von Alfred Wolfenstein. Berlin o. J. (1919), S. 377–381; Zitat S. 377.
⁷² Franz Marc, *Briefe aus dem Feld 1914–1916*. (Nr. 167.b), S. 128.
⁷³ Kurt Pinthus, „Rede an junge Dichter". (Nr. 176), S. 155/56.
⁷⁴ Franz Alt, *Frieden ist möglich. Die Politik der Bergpredigt*. München 1983, S. 29 und 32.
⁷⁵ Kurt Pinthus, „Zur jüngsten Dichtung". (Nr. 175), S. 240.
⁷⁶ Dieser Topos findet sich u. a. in dem Gedicht „Frage" von Albert Ehrenstein. (Erstmals
   abgedruckt in: *Die Aktion* 5, 1915, Nr. 37/38, Sp. 470).

pressionistischen Lehre von der sukzessiven Selbst-Entfremdung und Verschüttung des Menschen. Das eigentliche Wesen des Menschen, seine eigentliche Bestimmung in der Weltgeschichte galt den Expressionisten durch die modernen Lebensbedingungen als verschüttet, nicht aber als irreversibel zerstört oder endgültig verloren. Eine existentielle Erschütterung, so die allgemeine Überzeugung der expressionistischen Vertreter, konnte den Menschen wieder zur Erkenntnis bringen und ihn auf sich selbst zurückführen. Der furchtbare Weltkrieg mit seiner (scheinbaren) Zerstörung aller bis dahin gültigen Werte, Vorstellungen, Weltauffassungen wurde von den Expressionisten als Auslöser einer derartigen kathartischen Erschütterung der Menschheit gedeutet.

Parallelen Es ist bisher kaum erkannt oder näher erforscht worden, daß die Theorie einer Verschüttung und notwendigen Neugeburt des Menschen keine originäre Leistung der – später deshalb oft belächelten – Expressionisten darstellt. Der Gedanke einer Verschüttung des „wahren" und „höheren" Menschen im „abschleifenden Gewimmel"[77] der neuen Industriegesellschaft findet sich vielmehr bereits in den Schriften der Heimatkunst-Theoretiker um 1900. Wie schon gezeigt, prägte eine analoge Vorstellung von Verkümmerung und notwendiger Neuerweckung des wahren „deutschen" Wesens auch das gesamte apologetische Schrifttum vom Beginn des Ersten Weltkriegs. Interessanterweise spielte der Gedanke von Verschüttung und Erneuerung des Menschen auch in der sozialistischen Bewegung vor 1914 eine wichtige Rolle:

„Wenn jeder wäre, was er in Wahrheit ist, und wenn jeder wahrhaft dächte, was wirklich in ihm lebt, dann brauchten wir nicht mehr gegen den Krieg zu kämpfen, und vieles wäre umgewälzt. Dann wäre das leibhaft da, in uns und darum um uns, was wir als Sozialismus ersehnen. Nein, die Menschen wagen nicht, ihre Gedanken zu denken. So viel verborgene Erkenntnisse und so viel geheimes Wissen haben die Menschen in sich und lassen es alles nicht hochkommen [...] Aber bekamen sie bisher dieses Wissen, das in ihnen so verborgen ist, als wäre es in einen tiefen Brunnen gefallen, hinauf ins klare Bewußtsein? Nein."[78]

Ein Spezifikum Während aber in den anderen Konzeptionen die für notwendig gehaltene Erneuerung des Menschen immer nur als Aufgabe einer bestimmten Gruppe gesehen wurde (Landbevölkerung bei den Vertretern der Heimatkunst; deutsches Volk bei den Apologeten des Krieges; Arbeiterschaft bei Gustav Landauer), entwickelte der Expressionismus unter dem Eindruck des Kriegsgeschehens eine alle Stände, Klassen und Nationen überschreitende Konzeption weltweiter brüderlicher Erneuerung.

---

[77] Friedrich Lienhard, „Litteratur-Jugend von heute. Eine Fastenpredigt. (1900)". In: Friedrich Lienhard, *Neue Ideale. Gesammelte Aufsätze.* Leipzig und Berlin 1901, S. 234–258; das Zitat S. 239.

[78] Gustav Landauer, *Die Abschaffung des Krieges durch die Selbstbestimmung des Volkes.* Berlin 1911. Hier zitiert nach dem Abdruck in: Gustav Landauer, *Erkenntnis und Befreiung. Ausgewählte Reden und Aufsätze.* Hrsg. und mit einem Nachwort versehen von Ruth Link-Salinger. Frankfurt 1976, S. 53–71; Zitate S. 64/65. Die sicherlich sehr bedeutenden Einflüsse Landauers und weiterer zeitgenössischer Theoretiker des Sozialismus auf die Autoren des Expressionismus sind bis heute bedauerlicherweise kaum erforscht worden.

4.4. Schuld und Sühne

Die „tiefsten Ursachen" für die Entstehung des Krieges wurden von den meisten Expressionisten – wie gerade nachgewiesen – nicht im politischen oder ökonomischen Bereich gesucht, sondern „auf geistigem Gebiet",[79] d. h. in den Denkweisen, Wertmaßstäben, Lebenszielen etc. der Vorkriegszeit. Dieser besondere Ansatz führte die Expressionisten bei der schon bald immer aktueller werdenden Frage, wer denn eigentlich an dem neuen Krieg schuldig sei, zu einer für die Zeitgenossen sehr ungewöhnlichen und provokativen Konsequenz. Die Verantwortung für das geistige Klima der Vorkriegsjahre, das nach expressionistischer Auffassung entscheidend die Entstehung des Krieges verursacht hatte,[80] konnte nicht einfach – wie in den anderen zeitgenössischen Denkmustern – dem äußeren Feind, einem unabwendbaren Schicksal oder dem unbegreiflichen Willen Gottes zugewiesen werden. Der herausfordernde Schuldvorwurf der Expressionisten richtete sich vielmehr gegen jeden einzelnen: „Ein jeder: ich. Millionen Ich [...] sind schuld, sind schuld."[81] In gleichem Sinne hatte 1915 auch Franz Marc geschrieben:

„Es ist ziemlich sinnlos, den paar Regierungsmännern die Verantwortung für dies Inferno zuschieben zu wollen. *Jeder Einzelne ist genauso schuldig.* Was versteht der Einzelne unter ‚Frieden'??: Das begierige Wiederaufnehmen desselben friedenswidrigen sündlichen Lebens u. Strebens, das diesen Weltbrand erzeugt. Die Axt muß an die *Wurzel* gelegt werden."[82]

Diese Auffassung von Franz Marc kann als charakteristisch für den Expressionismus der Kriegsjahre gesehen werden. Jeder einzelne galt den Expressionisten für den kriegerzeugenden geistigen ‚Sündenfall' der Vergangenheit mitverantwortlich. Als Schuld des einzelnen wurde dabei nicht nur etwa ein besonders aktiver Mitvollzug des die Vorkriegsjahre prägenden materiellen und egoistischen Denkens gewertet. Schuldig war nach expressionistischem Verständnis jeder, der sich nicht entschieden gegen das zwangsläufig zum Krieg führende geistige Klima des naturwissenschaftlichen Zeitalters gewehrt hatte. Iwan Goll z. B. warf 1917 seinen „Zeitgenossen" vor, geistig noch „im stumpfen Trott des Mittelalters"[83] zu leben und fuhr fort:

---

[79] Formulierung nach Svend Borberg, „Venus oder Nike". (Nr. 27), S. 122. – Zu den Ausnahmen von dieser Anschauung gehörte vor allem Franz Pfemfert, der von Anfang an die Hintergründe des Krieges entscheidend im politischen Bereich ansetzte.
[80] Dazu noch einmal besonders deutlich Svend Borberg: „Der Krieg wuchs organisch aus der materialistischen Lebensauffassung hervor. Der Krieg ist die blutrote, die hektische Blüte, die die moderne Gesellschaft ansetzen mußte [...]" („Venus oder Nike" (Nr. 27), S. 124).
[81] Klabund (d. i. Alfred Henschke), „Bußpredigt". In: *Die weißen Blätter* 5, 1918, H. 2, S. 106–108; Zitat S. 106.
[82] Franz Marc, *Briefe aus dem Feld 1914–1916*. (Nr. 167.b), S. 98.
[83] Iwan Goll, „Menschenleben". In: *Zeit-Echo* 3, 1917, August- und September-Heft, S. 20–21; Zitat S. 21.

„Noch lebt ihr hin im verwesenden Stagnieren der Tradition und der Gewohnheit. Noch begnügt ihr euch mit den bequemen, geprägten Lebensformeln.
Zeitgenossen, ihr seid alte Menschen; ihr lebt von Bibliothekenweisheit und Kriegsgeschichte und staubzerfressener Religion [...]
Ihr alle seid schuld an diesem Massenmord! Nicht nur ein Minister, nicht nur ein Geschichtsprofessor oder ein Kanonenlieferant: auch du, Krämer im schmaligen Hinterladen, auch du, armseliger Bureaukrat! Ihr Zeitgenossen, die ihr keine Menschen waret, sondern Ziffern einer Statistik und Nummern einer Organisation! Ihr Brüder, die ihr getreue Enkel waret und pietätvoll die verbrecherischen Worte blinder Ahnen übernahmet; die ihr Enkel waret, und nicht daran dachtet, selbst Väter zu sein."[84]

Passivität

Ähnlich hatte auch für Ludwig Rubiner eine von ihm auf Geist und Handeln bezogene „Sünde" der „Passivität"[85] das naturwissenschaftliche Zeitalter und die moderne Gesellschaft ermöglicht; eine „Gesellschaft", die er dementsprechend als „einen ungeheuren und sinnlos aufgestapelten Haufen von Abfällen des von uns Ungetanen" bezeichnete.[86]

Selbst-Anklage

Von dem so begründeten Vorwurf einer klaren Mit-Schuld jedes einzelnen an der Entstehung des realen Krieges nahmen sich gerade auch die zum Expressionismus gehörenden Künstler selber nicht aus. Bei Klabund z.B. hieß es im Juni 1917: „Die Desorganisation der Geistigen ist mit an diesem Kriege schuld. Wir alle sind am Kriege schuld, weil wir ihn kommen sahen und nichts dagegen taten, und als er ausbrach, uns über seine wahren Wege täuschen ließen."[87] Ausdrücklich forderte Klabund von den „Geistigen" ein offenes Bekenntnis der eigenen Schuld: „Es gilt, unsere Schuld in die Welt zu pauken, zu posaunen, zu läuten, zu zischeln, zu heulen: daß man uns, Geistige oder zum Geiste doch Gewillte, nicht für die Söldner eines Machtgedankens, des Räuberrevolvers, mehr halte."[88] Klabund gehörte zu den vielen deutschen Schriftstellern, die im Herbst 1914 den Krieg zunächst sehr positiv aufnahmen und ihn öffentlich rechtfertigten.[89] Seine „Bußpredigt" enthält deshalb neben dem für viele Expressionisten typischen Selbst-Vorwurf, den zur Katastrophe treibenden „Zeitgeist" der naturwissenschaftlichen Epoche nicht genügend erkannt und bekämpft zu haben, auch noch eine verschärfte Selbst-Anklage wegen eben dieser direkten Unterstützung des Krieges in den Jahren 1914/15.

Sühne

Die These einer Mit-Schuld jedes einzelnen an der Entstehung des Krieges besaß in der expressionistischen Konzeption der Welten-Wende eine zentrale Funktion. Im Vergleich zu ihr kamen direkte Anschuldigungen gegen die konkrete politische und militärische Führung des Deutschen Reiches nur selten vor

---

[84] Ebda.
[85] Ludwig Rubiner, „Die neue Schar". (Nr. 201), S. 2.
[86] Ebda.
[87] Klabund, „Bußpredigt". (Nr. 126), S. 107.
[88] Ebda. S. 106.
[89] Das anfängliche offene Eintreten Klabunds für den Krieg hatte zur Folge, daß seine „Bußpredigt" nicht von allen Kriegsgegnern akzeptiert wurde. Ludwig Rubiner z.B. sah 1917 in Klabund einen „Konjunkturbuben" und bezweifelte eine ernsthafte Wendung Klabunds zum Kriegsgegner. Genauer dazu siehe Ludwig Rubiner, „Konjunkturbuben". In: Zeit-Echo 3, 1917, H. 1/2 (Juni), S. 32.

und blieben ohne größere Bedeutung. Es wäre aber falsch, für diesen Sachverhalt primär eine Sorge der Expressionisten vor Zensur und Repressionen verantwortlich zu machen. Die entscheidende Bedeutung der expressionistischen Schuldzuweisung an jeden einzelnen (statt wie üblich an die institutionalisierte Führung) liegt vielmehr in der aus ihr abgeleiteten Folgerung, daß auch jeder einzelne persönlich Sühne und Buße für den realen Krieg zu leisten habe: „Tut Buße! Tut Buße! [...] Schlagt euch an die Brust: bekennt: ich, ich bin schuldig. Will es büßen. Durch Wort und Tat. Durch gutes Wort und bessere Tat. Dünke sich niemand zu niedrig, seine Schuld zu bekennen. Niemand zu hoch."[90]

Diese Konzeption von Schuld, öffentlichem Bekenntnis und aktiver Sühne jedes einzelnen muß als ein Kernstück der expressionistischen Verarbeitung des Weltkrieges gesehen werden. Die Verantwortung für das schreckliche Geschehen wurde nicht wie in den anderen Denkhaltungen der Zeit auf anonyme und vom einzelnen nicht zu beeinflussende Kräfte (wie z. B. Schicksal, Naturgesetz, Wille Gottes, Intrige der Feinde etc.) ausgelagert. Noch im Jahre 1917 hieß es z. B. aus der Feder eines deutschen Geistlichen (!): {Töten als Gottesdienst}

„Dieser Krieg ist eine von Gott über die Sünde der Völker verhängte Strafe, und wir Deutschen sind zusammen mit unsern Verbündeten die Vollstrecker des göttlichen Strafgerichts [...] Hierbei hat der einzelne Soldat sich gar keine Gewissensbisse zu machen. Er trägt ja nicht die Verantwortung für sein Töten, sondern seine Obrigkeit. *Solange die Schlacht tobt, ist das Liebesgebot Jesu völlig aufgehoben.* Es gilt nicht für die Stunden des Gefechts. Das Gebot der Feindesliebe hat für uns auf dem Schlachtfelde *gar keine Bedeutung* mehr. Je rücksichtsloser wir unsere Waffen anwenden, um so barmherziger ist das, denn um so schneller wird der Krieg beendet. *Das Töten ist* in diesem Falle gar keine Sünde, sondern ein Dienst am Vaterlande, eine christliche Pflicht, ja ein *Gottesdienst* [...] Fort mit allen Gewissensbedenken!"[91]

Die Diskussion über die Schuld am Krieg beschränkte sich im Expressionismus auch nicht etwa nur auf die politisch-diplomatischen Vorgänge vom Sommer/Herbst 1914 und die anfängliche allgemeine Kriegsbegeisterung. Die tieferen Ursachen für den Krieg wurden vielmehr im „Gesamtverhalten" der Menschen wie auch „im Verhalten jedes Einzelnen"[92] in den Jahren vor 1914 gesehen. Aus dieser Mit-Schuld des einzelnen folgerte nicht nur Franz Marc: „Man {Ich bin schuld}

---

[90] Klabund, „Bußpredigt". (Nr. 126), S. 106.
[91] Aus: *Kriegerzweifel. Ein Soldatenbüchlein.* Von Robert Falke. Barmen 1917. Hier zitiert nach dem Teilabdruck in: *Zeit-Echo* 3, 1917, August- und September-Heft, S. 50/51. Wie in der *Aktion*, so wurden auch im *Zeit-Echo* – mit der Intention der Entlarvung und Kritik – besonders auffällige Texte der Verherrlichung und Rechtfertigung des Krieges nachgedruckt.
[92] Franz Marc, *Briefe aus dem Feld 1914–1916.* (Nr. 167.b), S. 87. – Der vollständige Wortlaut dieser wichtigen Passage lautet: „Du wendest Dich in Deinen Gedanken und Vorwürfen viel zu sehr an die institutionalisierte Führer, Regierungen etc., statt die Schuld in der *Gesamtheit*, im Gesamtverhalten, resp. im Verhalten jedes *Einzelnen* zu suchen. Regierungen haben sich nicht über Völker gesetzt, sondern die Völker haben die Regierungen geschaffen, die das Verhalten des Einzelnen autoritativ decken. Du hörst ja unser Volk! Darüber ist so viel zu sagen. Am Menschengedanken muß man mit der Arbeit einsetzen, nicht an der Politik."

muß seine Gedanken nicht gegen den Krieg richten, sondern gegen sich, und *sofort* damit anfangen. Nichts ist selbstverständlicher, strafgerechter als dieser Krieg. Kein Mensch sieht das, – wenigstens keiner will's *an sich* selbst sehen."[93]

Resonanz

Diese Zeilen von Franz Marc verweisen bereits auf die Widerstände, die der expressionistischen Aufforderung an den einzelnen, persönlich Schuld zu bekennen und Sühne zu leisten, entgegengebracht wurden. Durch das ständige Anwachsen leidvoller direkter Betroffenheit und durch das Versagen der anfänglichen Rechtfertigungen des Krieges konnte die expressionistische Konzeption von Schuld, Sühne und notwendiger Läuterung jedes einzelnen für einige Zeit im Deutschen Reich größere Resonanz finden. Mit dem Nachlassen des direkten Leidens am Krieg aber und dem Auftreten neuer Deutungen der Zeit ging auch die Bereitschaft zur Anerkennung eigener Mit-Schuld am Krieg und deshalb notwendiger Sühne schnell zurück. Die von eigener Verantwortung und Konsequenz bequem entlastende Zuteilung der Schuld an einen äußeren Gegner (z.B. an die Juden; Kapitalisten; Alliierten etc.) oder an ein unabwendbares Schicksal verdrängte erfolgreich wieder die beunruhigende Aufforderung der Expressionisten, bei der Suche nach den „tiefsten Ursachen"[94] des Krieges vor allem auf sich selbst zurückzugreifen und eine dementsprechende Sühne zu leisten.

4.5. Die Leistung der Expressionisten

Der Weg in den Krieg

In den Ansichten der Expressionisten über Entstehung und Hintergründe des Ersten Weltkrieges spielte das Verhalten der beteiligten Regierungen und Militärs nur eine äußerst geringe Rolle. Die eigentlichen Grundlagen des Krieges wurden vielmehr zuallererst in den vorangegangenen Entwicklungen „auf geistigem Gebiet"[95] gesehen. Zu diesen Entwicklungen zählten die Expressionisten hauptsächlich eine steigende Anpassung und schließlich endgültige Unterwerfung des menschlichen Denkens unter die kausal-mechanistische Logik der Naturwissenschaften. Diese Unterwerfung hatte nach expressionistischem Verständnis nicht nur zu einer blinden Vergötzung von Naturwissenschaft und Technik geführt, sondern – viel bedeutsamer – auch zur weitgehenden Verachtung aller geistig-ethischen Werte und zu einem Siegeszug egoistisch-berechnenden Denkens. Im naturwissenschaftlichen Zeitalter waren nicht allein neue, fürchterliche Waffen erfunden, sondern vor allem auch eine allgemeine geistige Bereitschaft zum Einsatz von Waffen gegen den Mit-Menschen erzeugt worden. Für die breite Masse der Zeitgenossen war – so die Auffassung der Expressionisten – nicht zuletzt durch die Adaption darwinistischer Lehre der Mit-Mensch vom Bruder zum Gegner, zum Konkurrenten und ständig drohenden Feind im „Kampf ums Dasein"[96] geworden. Auf der Basis dieser Auffassung galt der reale Krieg den Ex-

---

[93] Ebda. S. 138.
[94] Ebda. S. 139.
[95] Diese Formulierung explizit bei Svend Borberg, „Venus oder Nike". (Nr. 27), S. 122.
[96] Besonders deutlich zum Darwinismus als verhängnisvolle „Determinante" der Zeit siehe Kurt Pinthus, „Rede für die Zukunft". (Nr. 177), S. 406.

pressionisten als eine logische, zwangsläufige Folge der von ihnen konstatierten Unterwerfung des Menschen unter das zugleich Waffen und Anwendungsideologie bereitstellende naturwissenschaftliche „Denken".

Dieses Denken und die von ihm hervorgebrachten modernen Lebensverhältnisse hatten nach expressionistischem Verständnis eine elementare Verkümmerung der eigentlichen menschlichen Seinsart ausgelöst. An die Stelle geistiger und sozialer Qualitäten waren Egoismus, Besitzstreben, Konkurrenzdenken und Misanthropie getreten. Die „Jahrmarktmenschen"[97] der Moderne bildeten keine selbstverantwortlichen, von Geist und Verstand geleiteten „Persönlichkeiten" mehr, sondern zufällige und manipulierbare Produkte äußerer Einflüsse und innerer Triebe. Diese negative Anthropologie des Expressionismus konnte u. a. auf die Schriften Schopenhauers und Nietzsches zurückgreifen und die allgemeine Kriegseuphorie der Massen vom Herbst 1914 als Beleg aus der unmittelbaren Gegenwart aufführen. Gerade diese „Kriegslust"[98] der Massen erschien den Expressionisten als schrecklicher Beweis für den beklagten Verlust von Urteilskraft, Geist und Humanität durch den Menschen der Moderne.

Jahrmarkt-Menschen

Die geistige Gefährdung des Menschen durch die sich radikal verändernden Lebensverhältnisse war bereits ein führendes Thema der expressionistischen Literatur vor 1914 gewesen.[99] Der Krieg galt den Expressionisten deshalb nicht nur als letzte Konsequenz vorangegangener Fehlentwicklungen, sondern auch als endgültige Bestätigung ihrer eigenen bisherigen Ansichten. Sie empfanden den Krieg als „bestätigendes Fanal", ein Fanal, „welches die den traditionellen Ordnungen des äußeren und inneren Lebens innewohnende Schein- und Lügenhaftigkeit, Sinn- und Wertwidrigkeit, von einer Minderheit schon längst geahnt, nun vor aller Augen endgültig und unwiderleglich offenbar machte." (K. Ziegler).[100]

Fanal

Für den Siegeszug des naturwissenschaftlichen Denkens und die damit korrelierende geistige Regression des modernen Menschen machten die Expressionisten explizit auch die Kunst und Literatur der vorangegangenen Jahre/Jahrzehnte verantwortlich. Die zeitweilige Adaption naturwissenschaftlicher Verfahren (Naturalismus) und der anschließende Rückzug auf elitäre und ästhetizistische Positionen galten ihnen als folgenschwere Fehlentwicklungen. Der erhobene Vorwurf verhängnisvoller „Unterlassungssünden auf geistigem Gebiet"[101] verweist auf die feste Überzeugung der expressionistischen Autoren, daß ein anderes geistiges Klima die Entstehung des Krieges vom August 1914 verhindert hätte.

Mitschuld der Kunst

Eine gewichtige Schuld für die Durchsetzung des schließlich im Krieg endenden geistigen Klimas wurde aber nicht nur bei den „Unterlassungssünden" der Intellektuellen und Künstler gesehen, sondern bei jedem einzelnen: „Jedem

Mit-Schuld des einzelnen

---

[97] Aus: Iwan Goll, *Requiem. Für die Gefallenen von Europa.* Zürich/Leipzig 1917, S. 31.
[98] Svend Borberg, „Venus oder Nike". (Nr. 27), S. 124.
[99] Siehe Band 1, Kap. II, 3.6 (S. 90–104).
[100] Klaus Ziegler, „Dichtung und Gesellschaft im deutschen Expressionismus". In: *Imprimatur. Neue Folge 3*, 1961/62, S. 98–114; Zitat S. 99.
[101] Svend Borberg, „Venus oder Nike". (Nr. 27), S. 122.

Benervten, der mir die Frage zujammert, wie solcher Greuel im zwanzigsten Jahrhundert noch möglich sei, antworte ich ‚durch *Ihre* Schuld'; vor allem den Weibern", konnten die Zeitgenossen z. B. 1916 bei Kurt Hiller lesen.[102] Diese Auffassung einer Mit-Schuld jedes Zeitgenossen am Krieg führte die Expressionisten zu der provokativen Forderung, daß auch jeder einzelne eine aktive, bewußte Sühne für den fürchterlichen Krieg zu leisten habe. Die Erkenntnis seiner eigenen Betroffenheit von Schuld und Sühne sollte den einzelnen Menschen — so lautete die Hoffnung der Expressionisten — zur inneren Wandlung und Erneuerung führen.

<small>Ein Vergleich</small>

In dieser Konzeption einer persönlichen Schuld und Sühne des einzelnen liegt eine entscheidende Differenz der expressionistischen Auffassung über die Entstehung des Krieges zu den Denkmustern der apologetischen Schriften vom Herbst 1914. Vergleicht man die Ansichten der Expressionisten mit den Ausführungen der Apologeten des Krieges, so ergeben sich ja zunächst einige überraschende Parallelen. In beiden Denkrichtungen wird der Krieg nicht auf politische oder ökonomische Ursachen zurückgeführt, sondern primär auf Entwicklungen in der geistig-kulturellen Sphäre. Die Leitbegriffe der auf die Zeit vor 1914 bezogenen Zivilisationskritik des Expressionismus (wie z. B. Selbstsucht, Materialismus, Nützlichkeitsdenken, Vergötzung der Technik etc.) finden sich vielfach explizit auch in den zeitgenössischen apologetischen Schriften zur Begrüßung und Rechtfertigung des Ersten Weltkrieges. Die Verantwortung aber für die weithin übereinstimmend als verhängnisvoll gedeuteten Entwicklungen der Vorkriegsjahre und für den daraus abgeleiteten Krieg wurde von den Apologeten grundsätzlich auf überpersönliche, unbeeinflußbare Instanzen (wie z. B. Schicksal, Naturgesetz, feindliche Machenschaften, Wille Gottes) ausgelagert, während sie bei den Expressionisten ausdrücklich in die Kompetenz des Menschen selber gelegt wurde.

<small>Idee der Katharsis</small>

Eine weitere ebenfalls nur vordergründige Gemeinsamkeit der beiden Deutungsarten des Krieges bildet die Hoffnung auf eine durch ihn ausgelöste grundlegende Katharsis von Mensch und Welt. Die Inhalte dieser erhofften Katharsis aber divergieren völlig. Der von den Apologeten als automatische Folge des Krieges erwarteten und verherrlichten „Wiedergeburt" der deutschen Nation (mit anschließender Weltherrschaft deutscher Art und Kultur) steht die an jeden einzelnen gerichtete Aufforderung der Expressionisten zu persönlicher Sühne und geistig-ethischer Wandlung entgegen. Während mit der Auffassung einer glorreichen Katharsis des ganzen deutschen Volkes der Krieg im Herbst 1914 als sinnvoll, gerecht und notwendig legitimiert wurde, deuteten die Expressionisten ihn als fürchterliche Buße für die geistigen „Unterlassungssünden" der Vergangenheit, als Ende der bisherigen Welt und letzte Chance der Menschheit zu Bewußtwerdung und radikaler Wandlung.

<small>Leistung</small>

Die expressionistische Auffassung von den eigentlichen Grundlagen des Krieges mag dem heutigen Betrachter zunächst fremd und naiv erscheinen. Erst im Vergleich mit den anderen Denkhaltungen der Zeit (z. B. der Theorie eines nur

---

[102] Kurt Hiller, „Wir". (Nr. 96), S. 132.

durch Krieg aufhebbaren Gegensatzes von deutscher „Kultur" und westlicher „Zivilisation") läßt sich ihre Besonderheit und Leistung erkennen. Die expressionistische Konzeption von Schuld und notwendiger Sühne jedes einzelnen war der letzte Versuch, den Menschen der Moderne als moralische und geistige Größe, als für sich selbst verantwortliches Wesen zu retten. Dieser Versuch enthielt sowohl eine sinnstiftende Auslegung des Krieges wie auch ein Angebot zu verantwortungsbewußter, der Zukunft der Mitmenschen verpflichteter Lebensführung.[103] Gemessen an den zeitgenössischen Deutungen des Krieges als unverantwortetem und unabwendbarem Schicksal und als Begründer zukünftiger deutscher Herrschaft über die Welt muß die expressionistische Reflexion des Krieges als eine innovative und von tiefer Verantwortung getragene Haltung erkannt und gewürdigt werden.

5. Die Erneuerung des Menschen

5.1. Verschüttung und Wiedergeburt

Thema der vorangegangenen Abschnitte war die expressionistische Auslegung des Ersten Weltkriegs als zwangsläufigem Höhepunkt einer langfristigen Fehlentwicklung des „modernen" Menschen und seiner Kultur. Die Expressionisten sahen, wie deutlich aufgezeigt werden konnte, die tieferen Grundlagen für die Entstehung des Krieges in einem defizienten Zustand des modernen Menschen, d.h. in einer durch die neuzeitlichen Lebensverhältnisse bedingten Entfremdung von der eigentlichen menschlichen Wesensart. Der Krieg galt ihnen nicht als ein zufälliges Einzelereignis, sondern vielmehr „als Symptom und Symbol weit umfassenderer und tieferer Zusammenhänge: nämlich als Symptom und Symbol einer ganz allgemeinen und grundsätzlichen Krise aller äußeren sowie eigentlich mehr noch inneren Ordnungen des bisherigen Lebens, und zwar ebenso im Bereich des wilhelminischen Deutschland wie der Gesellschaft und Kultur Europas wie der modernen abendländischen Hochzivilisation insgesamt" (K. Ziegler).[1]

Symptom

Die in zahllosen Texten gestaltete Auslegung der Gegenwart als Sturz aller bisherigen Ordnungen, als Chaos, Verfall und Apokalypse bildet die eine der beiden Grundrichtungen des deutschen Expressionismus zwischen 1910 und 1920. Ihr entgegen steht die ebenfalls von vielen Autoren getragene Vision einer

Chaos und Neugeburt

---

[103] Siehe dazu den Brief des Malers Franz Marc vom 3.II.16, in dem es u.a. heißt: „L., was magst Du bei Helmuts Brief gedacht haben? d.h. ich weiß natürlich, daß Du dasselbe dachtest wie ich: Mitleid nicht nur mit dem gequälten leiblichen Menschen, sondern doppeltes mit seiner Seele und seinem Geist. Er leidet nicht, um die Sünde und Wirrnis des Europäers zu büßen, sondern im Gegenteil sie zu glorifizieren. Mich hat der Krieg das *erstere* gelehrt. Wer diese Zeit so erlebt, kann wohl einen Gewinn und Sinn aus dem Kriege ziehen; der kehrt mit einem neuen Welt-Verstand ins Leben zurück [...]" (Aus: Franz Marc, *Briefe aus dem Feld 1914–1916*. (Nr. 167.b), S. 138).

[1] Klaus Ziegler, „Dichtung und Gesellschaft im deutschen Expressionismus". (Nr. 324), S. 99.

nahenden grundlegenden Erneuerung von Mensch und Welt. Das Ereignis des Weltkrieges fungiert als Bindeglied zwischen diesen beiden scheinbar so konträren Grundhaltungen. Der Krieg wurde sowohl als furchtbarer Zerstörer alles Bisherigen wie auch „als Verheißung und Beginn einer äußerlich und mehr noch innerlich von Grund auf erneuerten, gereinigten, geläuterten Welt empfunden und gepriesen".[2]

<small>Erneuerung des Menschen</small>

In den Mittelpunkt ihrer Konzeption einer durch den Krieg endgültig nötig, aber zugleich auch möglich gewordenen Erneuerung der Welt stellten die Expressionisten den Menschen selber. Er wurde „ganz und gar" zum „Ausgangspunkt, Mittelpunkt, Zielpunkt"[3] der expressionistischen Bewegung. Die Rettung, Erneuerung, Auferstehung[4] des Menschen bildete nach 1914 das „innerste Anliegen"[5] des Expressionismus. Es ging dieser Bewegung, wie z. B. Ludwig Rubiner 1917 ausdrücklich schrieb, nicht um „Handänderung der Macht", „Umschichtung der Gewalt" oder „Umlagerung der Gesellschaft",[6] sondern zuallererst um eine geistig-ethische Erneuerung des Menschen selber. „Die Bewegung der Seele" war den Expressionisten zur Neugestaltung der Welt wichtiger als jede nur „äußere Umwälzung"[7] von Macht und Herrschaft.

<small>Mittelpunkt</small>

Diese Konzentration der expressionistischen Autoren auf eine geistig-ethische Erneuerung des Menschen wird bei einem Blick auf ihre Deutung des Weltkrieges verständlicher. Auch der Krieg galt den Expressionisten letztlich als Auswirkung einer von ihnen diagnostizierten Regression und „Defizienz"[8] des modernen Menschen. Folglich mußte nach ihrer Auffassung auch die notwendige Erneuerung der Welt zuallererst beim Menschen selber ansetzten:

„Immer deutlicher wußte man: der Mensch kann nur gerettet werden durch den Menschen, nicht durch die Umwelt. Nicht Einrichtungen, Erfindungen, abgeleitete Gesetze sind das Wesentliche und Bestimmende, sondern der Mensch! Und da die Rettung nicht von außen kommen kann – von dort ahnte man längst vor dem Weltkrieg Krieg und Vernichtung –, sondern nur aus den inneren Kräften des Menschen, so geschah die große Hinwendung zum Ethischen." (K. Pinthus)[9]

---

[2] Ebda. S. 104.
[3] Kurt Pinthus, „Zuvor". In: Kurt Pinthus (Hrsg.), *Menschheitsdämmerung. Symphonie jüngster Dichtung.* Berlin 1920. Hier zitiert nach der revidierten Ausgabe Hamburg 1959 (*Rowohlts Klassiker der Literatur und der Wissenschaft, Deutsche Literatur* Bd. 4), S. 22–35; Zitat S. 29.
[4] Statt von „Erneuerung" ist in den expressionistischen Texten der Kriegszeit häufig auch von „Wiedergeburt" oder „Auferstehung" die Rede. Gemeint ist damit ebenfalls die Wiedergewinnung verschütteter und vergessener Qualitäten des Menschen.
[5] Christoph Eykman, *Denk- und Stilformen des Expressionismus.* (Nr. 271), S. 94.
[6] Ludwig Rubiner, „Die neue Schar". (Nr. 201), S. 3.
[7] Alfred Wolfenstein, „Aufruf gegen ein Gift". In: *Die weißen Blätter* 6, 1919, H. 6 (Juni), S. 270–276; Zitat S. 272.
[8] Mit dem Begriff der „Defizienz" arbeitet vor allem Wolfgang Rothe, um die mannigfaltige Kritik der Expressionisten am Zustand des zeitgenössischen Menschen in einem Oberbegriff zusammenzufassen. (Wolfgang Rothe, *Der Expressionismus. Theologische, soziologische und anthropologische Aspekte einer Literatur.* Frankfurt a. M. 1977. Zum Thema der Defizienz siehe vor allem Teil III „Zum Menschenbild des Expressionismus", S. 295–448).
[9] Kurt Pinthus, „Zuvor". (Nr. 178.b), S. 27.

Die expressionistische Konzeption einer notwendigen inneren Erneuerung des Menschen darf auf keinen Fall allein auf das verstörende Ereignis des Ersten Weltkriegs zurückgeführt werden. Sie steht vielmehr in direkter Verbindung mit dem frühen Expressionismus der Jahre vor 1914, in dem bereits die Entmachtung des Menschen zum wehrlosen Opfer einer „alles nivellierenden Technik" und des „stinkenden Massenbetriebs"[10] der Zeit (so ein expressionistischer Autor im Jahre 1913) ein konstitutives Thema gewesen war. Der Weltkrieg galt den Expressionisten als endgültige Bestätigung der von ihnen bereits zuvor thematisierten existentiellen Krise des modernen Menschen. Zugleich aber sahen sie gerade durch ihn auch die einmalige Chance zu einem radikalen Neuanfang der ganzen Menschheit gegeben. Die beiden konträren Pole des Expressionismus, seine „apokalyptische" und seine „utopische" „Haltung",[11] schroffe Zeitkritik und glühende Erneuerungsvision werden durch die Auslegung des Ersten Weltkriegs als Welten-Wende zu einer logischen Einheit[12] verbunden. „Während vornehmlich im Frühexpressionismus die Erfahrung der Entfremdung und Ichdissoziation zu Wort kommt, wird gerade in den Kriegsjahren gegen die Erfahrung der Ichdissoziation die ideologische Bastion des autonomen Ich im Begriff des ‚Neuen Menschen' noch einmal aufgerichtet und verteidigt."[13]

Apokalyptik und Utopie

5.2. Vom wahren Menschsein

Die Expressionisten beschränkten sich nicht auf die öffentlich vorgebrachte Forderung nach grundlegender Wandlung und Erneuerung des Menschen. Vielmehr entwarfen sie in einer Unzahl von Schriften aus allen literarischen Gattungen das „Leitbild"[14] des gewandelten, des „neuen Menschen". Dieses Leitbild wurde der Diagnose einer verhängnisvollen Selbstentfremdung und Verdinglichung des modernen Menschen diametral entgegengesetzt.

Leitbild Neuer Mensch

Es ging den Expressionisten nicht etwa um den Entwurf realistischer, lebensechter Figuren. Getreu ihrer erkenntnistheoretischen Maxime, äußerliche Erscheinung und eigentliches Wesen streng voneinander zu trennen,[15] konzentrierten sie sich auf diejenigen Eigenschaften, die nach ihrem Verständnis „wahres" Menschsein konstituierten: „Man versuchte, das Menschliche im Menschen zu erkennen, zu retten und zu erwecken." (K. Pinthus).[16] Diese Suche nach dem eigentlichen Kern des Menschen bildete den Grund für die „entschiedene Kon-

Wesens-Suche

---

[10] Walter Serner, „Kunst und Gegenwart". In: *Die Aktion* 3, 1913, Nr. 25, Sp. 613–614; Zitat Sp. 614.
[11] Klaus Ziegler, „Dichtung und Gesellschaft im deutschen Expressionismus". (Nr. 324), S. 104.
[12] Diese Einheit wurde von der Forschung bisher oft bezweifelt, da die Bedeutung des Ersten Weltkriegs für den Expressionismus weitgehend übersehen wurde.
[13] Silvio Vietta / Hans-Georg Kemper, *Expressionismus*. (Nr. 317), S. 41/42.
[14] Wolfgang Rothe, *Tänzer und Täter. Gestalten des Expressionismus*. Frankfurt a. M. 1979, S. 167.
[15] Genauer zu dieser Unterscheidung von äußerer Erscheinung und eigentlichem Wesen im Expressionismus siehe z. B. Wolfgang Rothe, *Der Expressionismus*. (Nr. 308), S. 14ff.
[16] Kurt Pinthus, „Zuvor". (Nr. 178.b), S. 27.

zentration auf das Ethische",[17] die bald zum prägenden Kennzeichen des Expressionismus der Kriegsjahre wurde.

<small>Rolle der Literatur</small>

Die literarische Figur des „neuen Menschen" diente den Expressionisten zur Darstellung und Verkündung ihrer Auffassung vom eigentlichen Wesen des Menschen. Dieser positiven, aus vielen Wurzeln[18] gespeisten Anthropologie des Expressionismus, die der Diagnose einer tiefen Defizienz des zeitgenössischen Menschen entgegengestellt wurde, gelten die folgenden Ausführungen. Die literarische Umsetzung der expressionistischen Lehre vom wahren menschlichen Sein in die Figur des „neuen Menschen" kann dabei wertvolle Aufschlüsse liefern. Es muß allerdings vermerkt werden, daß im Expressionismus der Kriegsjahre weder eine völlig einheitliche Auffassung über das wirkliche Wesen des Menschen herrschte noch ein einheitlicher Typus des „neuen Menschen" geschaffen wurde; dies um so weniger, als die Erneuerung des Menschen von den Expressionisten entscheidend als ein langfristiger Prozeß verstanden wurde, der ihnen nicht in einem statischen Endpunkt fixierbar erschien. So lassen sich in der Literatur des Expressionismus auch nur selten[19] Darstellungen eines ‚vollendeten' neuen Menschen finden, sondern in erster Linie Beispiele des ‚Ringens'[20] um Erneuerung (so im Drama) oder pathetische Beschwörungen einzelner Leitwerte der proklamierten seelischen ‚Neugeburt' des Menschen (so in der Lyrik und Programmatik).

<small>Lebensziel Liebe</small>

Im Mittelpunkt der expressionistischen Lehre vom wahren Sein des Menschen stand der Begriff der „Liebe". Die Liebe zum Mit-Menschen und zum gesamten Kosmos galt den Expressionisten (aus später noch genauer zu erfassenden Gründen) als die eigentliche, tiefere Bestimmung des Menschen. Das charakteristische Postulat „Mensch werde wesentlich!"[21] zielte in allererster Linie auf die Wiedergewinnung einer Fähigkeit des Menschen zu aufrichtiger, selbstloser Liebe. Liebe wurde dabei nicht im üblichen, eingeschränkten Sinne einer wesentlich auf Sexualität beruhenden Beziehung zwischen den Geschlechtern verstanden, sondern vielmehr als „Ehrfurcht" und „Respekt" vor „der Leistung, vor dem Sein, vor der physischen Existenz des Mitmenschen",[22] als „Haltung der christ-

---

[17] Ludwig Rubiner, „Zur Krise des geistigen Lebens". (Nr. 189), S. 236.

[18] Ein genaueres Aufspüren dieser verschiedenen Wurzeln der expressionistischen Anthropologie scheint von der Forschung bisher noch nicht geleistet.

[19] Eine Ausnahme bildet die nicht selten im Drama gestaltete Vollendung einer Figur zum „Neuen Menschen" durch ihren freiwilligen Opfertod im Dienste der Gemeinschaft. So heißt es z. B. am Ende des viele Expressionisten beeinflussenden „Bühnenspiels" *Die Bürger von Calais* von Georg Kaiser (entstanden 1912/13): „[...] Ich habe den neuen Menschen gesehen – in dieser Nacht ist er geboren!" (Hier zitiert nach Georg Kaiser, *Werke*. Hrsg. von Walther Huder. Erster Band: *Stücke 1895–1917*. Frankfurt a. M., Wien 1971, S. 577).

[20] Ernst Tollers erstes Drama *Die Wandlung* (entstanden 1917/18, erste Veröffentlichung in Buchform Potsdam 1919) trägt den bezeichnenden Untertitel „Das Ringen eines Menschen".

[21] Kurt Pinthus bezeichnete bereits 1916 diesen Spruch als einen Leitgedanken der expressionistischen „Generation". Zitat aus: Kurt Pinthus, „Zur jüngsten Dichtung". (Nr. 175), S. 240.

[22] Arthur Holitscher, „Opfer". (Nr. 105), S. 377.

lich gefärbten Nächstenliebe zu allem was lebt und webt".²³ Diese Haltung einer grenzenlosen Liebe zu Mensch und Welt bildet ein prägendes Kennzeichen aller expressionistischen Figuren, die als Prototypen des erneuerten, des wahren Menschen gestaltet sind.

Die Verwirklichung der eigentlichen Bestimmung des Menschen zu brüderlicher Gemeinschaft setzte nach expressionistischem Verständnis eine Fähigkeit zur Liebe voraus, die unter den Lebensbedingungen der modernen Zivilisationsgesellschaft verloren gegangen war. Die euphorische Bereitschaft der Massen zum Krieg im Herbst 1914 galt den Expressionisten als fürchterlichster Beweis des allgemeinen Verlustes der Fähigkeit zur Nächstenliebe. Der Krieg war in ihren Augen die „äußerste Konsequenz des Mangels an Mitgefühl" (W. Sokel).²⁴ In Vorwegnahme vieler Erkenntnisse späterer Aggressionsforschung deuteten die Expressionisten die Aggressivität und Haß-Erfülltheit ihrer Zeitgenossen als eine nach außen gerichtete Form von Selbstverachtung und Selbsthaß. „Ich hasse mich und deshalb hasse ich die Welt", ließ Paul Kornfeld eine Hauptfigur seiner Tragödie *Himmel und Hölle* verkünden.²⁵ Als Ursache der Selbstverachtung bestimmten die Expressionisten eine systematische Deformierung des Menschen in den Erziehungsinstitutionen der wilhelminischen Gesellschaft (Familie, Schule, Militär).²⁶ Der Mangel an selber erfahrener Liebe war nach expressionistischem Verständnis die tiefere Ursache für den sich als Haß gegen alles Andersartige nach außen wendenden Selbstekel der Zeitgenossen. Liebe, von Kasimir Edschmid einmal als „Neigung zur Menschheit" definiert,²⁷ setzte deshalb für die Expressionisten eine Harmonie der eigenen Persönlichkeit voraus: „Unsere Liebe zum Nächsten kann nur Geltung haben, wenn wir uns selbst auf die rechte Art zu lieben wissen."²⁸ Für Walter Sokel, der sich genauer mit der Liebesauffassung als dem „Angelpunkt der expressionistischen Revolution"²⁹ beschäftigt hat, erreichten die Expressionisten bei ihrem auch in den obigen Beispielen zum Ausdruck kommenden „Verständnis für die Zusammenhänge zwischen Liebe, zerstörender Gewalt und Macht" ihre „tiefsten Einsichten".³⁰

Krieg und Selbstverachtung

---

²³ Friedrich Markus Huebner, „Deutschland". (Nr. 107), S. 86. Huebner rechnet an anderer Stelle dieses Essays Heinrich Mann ausdrücklich nicht zu den „echten Expressionisten", da er in seinen letzten Werken „nicht jene Lösungen der Liebe und des Erbarmens" vertrete, die – laut Huebner – den Expressionismus konstituierten. (Ebda. S. 87).

²⁴ Walter H. Sokel, *Der literarische Expressionismus. Der Expressionismus in der deutschen Literatur des zwanzigsten Jahrhunderts*. München 1970, S. 210.

²⁵ Paul Kornfeld, „Himmel und Hölle. Eine Tragödie in fünf Akten und einem Epilog". In: *Die Erhebung. Jahrbuch für neue Dichtung und Wertung*. Hrsg. von Alfred Wolfenstein. Berlin o.J. (1919), S. 93–184; Zitat S. 117.

²⁶ Exemplarisch dazu siehe den Roman *Die Ursache* von Leonhard Frank (München 1915). Die Hauptfigur erkennt die „Ursache" ihres Ekels vor sich selbst in den früheren Demütigungen durch einen sadistischen Lehrer. Sie tötet den Lehrer und benutzt das Verfahren vor Gericht zu einer scharfen Anklage gegen alle den Menschen verkrüppelnden gesellschaftlichen Institutionen.

²⁷ Kasimir Edschmid, „Über die dichterische deutsche Jugend". (Nr. 47), S. 28.
²⁸ Arthur Holitscher, „Opfer". (Nr. 105), S. 380/81.
²⁹ Walter H. Sokel, *Der literarische Expressionismus*. (Nr. 315), S. 226.
³⁰ Ebda.

Antithetik — Der Begriff der Liebe muß im Expressionismus der Kriegsjahre immer als bewußte „Antithese zu dem die zeitgenössische Realität regierenden Haß"[31] und zu den diesen Haß begründenden Denkhaltungen verstanden werden. Kurt Pinthus z. B. stellte seine entschiedene Aufforderung zur Wiedererweckung brüderlicher „Liebe" ausdrücklich der nicht nur nach seiner Ansicht die Menschheit ruinierenden darwinistischen Lehre vom Kampf ums Dasein und ihrer These entgegen, „daß", so Pinthus, „der Mensch Feind des Menschen ist, daß also, solange Menschen da sind, Kriege sein müssen".[32] Für Pinthus und die ihm Gleichgesinnten schien eine positive „Zukunft" der Menschheit nur noch möglich, wenn sich anstelle von Haß und Feindschaft wieder die Liebe zur tragenden Grundhaltung der Menschen entwickeln würde.

Soziale Tat — Die geforderte Haltung brüderlicher Liebe wurde von den Expressionisten ausdrücklich nicht als eine innerliche, rein private Einstellung des Menschen betrachtet. „Echte" Liebe war nach expressionistischem Verständnis vielmehr konstitutiv an praktisches Handeln, an die soziale Tat gebunden. Ludwig Rubiner forderte in diesem Sinne 1918 seine Zeitgenossen auf, „geredete Liebe endlich zu geschaffener Liebe zu machen".[33]

Erneuerung durch Liebe — Die Umsetzung der „Neigung zur Menschheit" in aktives, selbstloses Handeln galt den Expressionisten nicht nur als herausragendes Merkmal des erneuerten Menschen der Zukunft. Die Praktizierung brüderlicher Liebe wurde zugleich auch als entscheidendes Mittel zur Umgestaltung der realen Wirklichkeit selber verstanden. Für Ludwig Rubiner z. B. war – unter Berufung auf Leo N. Tolstoi, eines der großen Vorbilder des deutschen Expressionismus – die „Liebe" derjenige „Wert", „der jedem sachlichen oder gedachten Besitz am allergefährlichsten ist, weil er in beständiger, tätiger Erneuerung der Welt wirkt".[34] Von der „Liebe" erhoffte sich Rubiner eine radikale Umwälzung des menschlichen Bewußtseins und die „Entwertung des ganzen äußeren und inneren Besitzes der vergangenen Jahrhunderte".[35] Nach expressionistischem Verständnis konnte nur durch eine „Revolution der Liebe"[36] als die „tiefste" und „radikalste"[37] aller Revolutionen Haß und Feindschaft endgültig von der Welt getilgt und eine neue brüderliche Gemeinschaft aller Menschen errichtet werden.

Liebe und Verachtung — Die geforderte Haltung brüderlicher Liebe zum Menschen mußte nach expressionistischer Auffassung auch zur Bereitschaft des einzelnen führen, sich sel-

---

[31] Wolfgang Rothe, *Tänzer und Täter.* (Nr. 309), S. 149.
[32] Kurt Pinthus, „Rede für die Zukunft". (Nr. 177), S. 406.
[33] Ludwig Rubiner, „Heinrich Mann und Stefan George". In: *Die Aktion* 8, 1918, H. 3/4, Sp. 29–39; Zitat Sp. 38.
[34] Ludwig Rubiner, „Einleitung". In: *Leo Tolstoi. Tagebuch 1895–1899.* Hrsg. von Ludwig Rubiner. Zürich 1918, S. XXIV.
[35] Ebda.
[36] Diese Formulierung von der „Revolution der Liebe" findet sich u. a. am Ende der die Zeitgenossen sehr beeindruckenden Novelle „Die Kriegswitwe" von Leonhard Frank. Erstmals in: *Die weißen Blätter* 4. Jg., Zürich 1917, Quartal April-Juni, S. 191–226. Hier zitiert nach dem Abdruck in L. Frank, *Der Mensch ist gut.* Zürich und Leipzig 1917 (unveränderter Nachdruck Würzburg 1983), S. 55.
[37] Ebda.

ber entscheidend für den Zustand der Mitmenschen verantwortlich zu fühlen. Diese Bereitschaft zur Übernahme von Verantwortung „zugleich für sich und alle seine Menschenbrüder, die mit ihm und nach ihm sind",[38] galt nicht nur dem Expressionisten Kurt Pinthus als konstitutives Kennzeichen des zukünftigen, gewandelten Menschen. Für den Expressionismus-Forscher Wolfgang Rothe bildet die ethische Auffassung, „daß das Ich Mitverantwortung für das Neben-Ich, das Du, den Mitmenschen trägt", eine zentrale „Grundüberzeugung der expressionistischen Generation".[39]

Diese expressionistische Hochschätzung der Bereitschaft, sich für das Dasein des anderen mitverantwortlich zu fühlen, muß nicht zuletzt im Zusammenhang mit der neuen Technik und Ideologie des Ersten Weltkrieges gesehen werden. Die Anonymisierung des Tötens, der Verlust jeder persönlichen Betroffenheit durch das eigene Tun war als ein neues Merkmal des Krieges von den Expressionisten deutlich erkannt und thematisiert worden.[40] Die expressionistische Forderung nach Übernahme einer Verantwortung für den Mitmenschen ging aber über eine unmittelbare Opposition zum Weltkrieg noch hinaus. Sie richtete sich sehr viel weitergehend gegen den gesamten „philosophischen Determinismus"[41] der Zeit, d. h. gegen die zeitgenössische Auslagerung jeglicher Verantwortlichkeit des Menschen auf Naturgesetze, auf Historie, gesellschaftliche Konventionen oder göttlichen Willen. Die Verkündung der Lehre „von der ungeheuren Verantwortung des Menschen"[42] für sich und seine Mitwelt wurde von den Expressionisten ausdrücklich als ein Mittel zur Überwindung des diagnostizierten deterministischen Denkens der Zeit angesehen. Eine wirkliche Erneuerung der Welt schien ihnen nur dann möglich, wenn der Mensch sich in Zukunft wieder selber für sein Tun und Handeln verantwortlich fühlen würde.

_{Anti-Determinismus}

Die Forderung nach Erneuerung des Verantwortungsbewußtseins stand in engster Verbindung mit einem weiteren Grundpfeiler der expressionistischen Ethik, dem Begriff der „Schuld". Wenn der Mensch Mit-Verantwortung trug für das Dasein des anderen, dann war er auch mit-schuldig an dessen Zustand, an seinen Leiden und Nöten. Diese Mit-Schuld konnte nach expressionistischem Verständnis vielfältig verursacht sein, so z. B. durch Eitelkeit, Hochmut, Egoismus, Gefühllosigkeit, unterlassene Hilfe etc.

Mit-Schuld

Die unentrinnbare Verstrickung in Schuld wurde von den Expressionisten als ein Wesensmerkmal des Menschen betrachtet. Erkenntnis und aktive Sühne dieser Schuldhaftigkeit bilden folglich ein weiteres wichtiges Kennzeichen der expressionistischen Figur des erneuerten Menschen. Die Erkenntnis der Schuld-

Grundprinzip Schuld

---

[38] Kurt Pinthus, „Rede für die Zukunft". (Nr. 177), S. 400.
[39] Wolfgang Rothe, *Tänzer und Täter*. (Nr. 309), S. 150.
[40] Vgl. Abschnitt 4.2.
[41] Ludwig Rubiner, „Zur Krise des geistigen Lebens". (Nr. 189), S. 237.
[42] Ebda. Das vollständige Zitat lautet: „Und während in den Zeiten des philosophischen Determinismus die These von der natürlichen Unverantwortlichkeit des Menschen für seine Handlungen fast selbstverständlich war, so ist die machtvoll auffallende ethische Orientierungslinie des neuen Denkens die Idee von der ungeheuren Verantwortung des Menschen; einer Verantwortung, die bereits bei ihm selbst sich selbst gegenüber beginnt."

haftigkeit galt als gewichtige Voraussetzung für die Fähigkeit des Menschen zur Liebe und Gemeinschaft: „Das Gebot der Liebe ist: wer sich nicht schuldig fühlt, die Schuld nicht auf sich nimmt, liebt nicht, ist unser Feind und muß weichen. Das ist Gesetz. Neues Gesetz."[43]

Schuld und Sühne — Die Anerkennung einer persönlichen Mit-Schuld jedes einzelnen wurde von den Expressionisten — wie bereits gesehen — auch in bezug auf die Entstehung des Weltkriegs gefordert. Erkenntnis und Sühne gerade dieser Schuld galt ihnen als der entscheidende Prüfstein für jede tiefergehende innere, geistige Erneuerung der Zeitgenossen. Diese Einstellung belegt eine Nähe der Expressionisten zu den entscheidenden geistigen Problemen der Zeit; eine Nähe, die ihnen von späteren Kritikern zu Unrecht oft abgesprochen wird. Die Auseinandersetzung über die — dann aber nur noch politisch und nicht mehr ethisch-moralisch verstandene — Schuld am Weltkrieg wurde ein beherrschendes, die Nation spaltendes Thema der Weimarer Republik und verhalf maßgeblich zum Aufstieg der nationalsozialistischen Ideologie.[44] Auch gegen eine derartige als Gefahr schon vorhergesehene Entwicklung[45] setzten die Expressionisten ihr Postulat von notwendiger Schuld-Erkenntnis und Sühne-Leistung jedes einzelnen.

Idee des Opfers — Mit der aufgezeigten Konzeption von Schuld und Sühne verband sich im Expressionismus der Kriegsjahre auch eine besondere Hochschätzung des „Opfers". Diese Hochschätzung galt nicht nur der äußersten Form, der freiwilligen Opferung des eigenen Lebens im Dienste der Menschheits-Idee.[46] Die expressionistische Aufforderung zum „Opfer" bezog sich vielmehr gerade auch auf das alltägliche Leben und verlangte den Verzicht auf persönliche Vorteile, Einzelinteressen, Reichtümer zugunsten eines vollständigen Einsatzes für den Mitmenschen. Diese Form des im Alltag von jedem einzelnen zu verwirklichenden Opfers wurde als wichtiger Schritt zur Überwindung des „alten", von Eigennutz, Besitzdenken und Verantwortungslosigkeit geprägten Menschen gewertet. Auch die geforderte Haltung brüderlicher Liebe galt als „Opfer": „Lieben dort, wo's mit allen Fasern sie zur Auflehnung drängt. Das ist das Opfer, das die Welt den jungen Menschen dieser Zeit auferlegt. Die Generation, die sich nicht der Liebe, das heißt, fürs Gute opfert, wird gar bald dem Bösen, dem Haß, der sich erschreckend fortpflanzt, geopfert sein." (A. Holitscher).[47]

---

[43] Diese Formulierung findet sich am Schluß der programmatischen Rede der Figur des Kellners aus der Novelle „Der Kellner" von Leonhard Frank. Zuerst abgedruckt in: *Die weißen Blätter* 3, 1916, Quartal Oktober-Dezember, Heft XI, S. 149–159; Zitat S. 158.

[44] Vgl. an jüngster Forschung zu diesem Thema: Ulrich Heinemann, *Die verdrängte Niederlage. Politische Öffentlichkeit und Kriegsschuldfrage in der Weimarer Republik*. Göttingen 1983.

[45] In der bereits genannten „Bußpredigt" von Klabund finden sich beim Eingeständnis der eigenen Mitschuld am noch immer tobenden Krieg die Worte: „Wir wollen nicht schweigen, nicht eines zweiten Weltkrieges schuldig werden." Aus: Klabund, „Bußpredigt". (Nr. 126), S. 107.

[46] Eine frühe, für viele Expressionisten zum Vorbild werdende literarische Gestaltung dieses Themas leistete Georg Kaiser mit seinem Bühnenwerk *Die Bürger von Calais* (Berlin 1914; entstanden 1912/13).

[47] Arthur Holitscher, „Opfer". (Nr. 105), S. 378.

Der hohe Stellenwert des Opfergedankens im Expressionismus erklärt sich auch aus der Ablehnung jeder Form von Gewalt als Mittel zur Erneuerung von Mensch und Welt. Nicht durch Gewalt, sondern allein durch die vorbildhafte, Erschütterung und Bewußtwerdung auslösende Tat des Opfers sollte die Welt von Grund auf erneuert werden: *Vorbild*

„Es gibt keinen Weg zu einer höheren Zukunft, als das Opfer. Durch das Opfer bezeugt der Einzelne auf gültige Weise seine Ehrfurcht vor der Allgemeinheit. Unaufgefordert, keinem Zwange, keiner Disziplin und keinem Schlagwort gehorsam, ohne Gegenleistung, mit keiner Wimper zuckend vor dem Hohn, der Skepsis, der Folter, bringt das Individuum seinen Tribut der Menschheit dar, der es angehört."[48]

Die Idee des Selbstopfers als vorbildhafte, die Welt verändernde Tat beschäftigte in den Jahren des Krieges nicht nur die Expressionisten. Welche Bedeutung dem Selbstopfer als politischem Wirkungsmittel zugemessen wurde, belegen eindrucksvoll die folgenden Briefzeilen Rainer Maria Rilkes vom Herbst 1915: *Rainer Maria Rilke*

„Warum gibt es nicht ein paar, drei, fünf, zehn, die zusammenstehn und auf den Plätzen schreien: Genug! und erschossen werden und wenigstens ihr Leben dafür gegeben haben, daß es genug sei, während die draußen jetzt nur noch untergehen, damit das Entsetzliche währe und währe und des Unterganges kein Absehen sei. Warum gibt es nicht *Einen*, ders nicht mehr erträgt, nicht mehr ertragen mag, schriee er nur eine Nacht lang mitten in der unwahren, mit Fahnen verhängten Stadt, schriee und ließe sich nicht stillen, wer dürfte ihn deshalb Lügner nennen? Wie viele halten diesen Schrei mit Mühe zurück, – oder nicht? irr ich mich und gibt es nicht viele, die so schreien könnten, so begreif ich die Menschen nicht und bin keiner und hab nichts, nichts mit ihnen gemein."[49]

Auch die dem heutigen Denken sehr fremd gewordene Idee des Opfers kann nur im Zusammenhang mit dem Ereignis des Ersten Weltkrieges verstanden werden. In einer Zeit des zum Alltag gewordenen und allseitig sanktionierten Massenmordens erschien das bewußte Selbstopfer für die Idee der Humanität vielen Zeitgenossen als die letzte Möglichkeit des Menschen zur Demonstration einer vom Krieg unbefleckten Würde und Autonomie; einer Demonstration, die zugleich den Mitmenschen erschüttern und verwandeln sollte. *Eine Demonstration*

Die Aufforderung zum Opfer verweist auf die überragende Bedeutung aktiven Handelns in der Erneuerungskonzeption des Expressionismus. Der Begriff der „Tat" bildet ein weiteres Schlüsselwort dieser Konzeption. Der „neue Mensch" *Begriff der Tat*

---

[48] Ebda. – Ausführlicher zur Strategie der Gewaltlosigkeit siehe Abschnitt 5.5: „Geistige Revolution".
[49] Brief Rilkes vom 10. Oktober 1915. Zitiert nach: Rainer Maria Rilke, *Gesammelte Briefe in sechs Bänden*. Bd. 4: *Briefe 1914–1921*. Leipzig 1938, S. 77. – Die in dem Brief Rilkes enthaltene Idee vom Schrei gegen den Krieg wurde literarisch von Leonhard Frank gestaltet. In seiner Novelle „Die Mutter" wird der Schrei der Hauptfigur zum Schrei der Menschheit gegen den Krieg ausgeweitet: „Niemand wagte den Versuch, sie aufzuhalten. Denn hier schrie nicht ein Mensch; hier schrie die Menschheit. Alle fühlten das." Aus: Leonhard Frank, „Die Mutter". Hier zitiert nach der Wiedergabe in: Leonhard Frank, *Der Mensch ist gut*. Würzburg 1983, S. 82. (Unveränderter Nachdruck der 1919 bei Kiepenheuer, Potsdam erschienenen Ausgabe).

erscheint in den expressionistischen Texten fast immer auch als eine aktive, handelnde Figur. Unter „Tat" verstanden die Expressionisten allerdings (im Gegensatz zum Vitalismus) keinen blinden Aktionismus um seiner selbst willen,[50] sondern immer eine durchdachte, ethisch und geistig begründete Handlung, „eine humane und menschliebende Tat, ein Aufwachsen des Menschen zu den in ihm angelegten positiven Möglichkeiten, ein augenblicksweises Über-sich-hinaus dieses Menschen" (W. Rothe).[51]

Erkenntnis und Tat

Das Postulat der Tat wurde von den Expressionisten gegen die beklagte Unterwerfung des Menschen unter rein äußere „Determinanten" gestellt. Grundlage der expressionistischen Hochschätzung der Tat war nach W. Rothe die Auffassung, „daß weltveränderndes Handeln, die befreiende, erlösende Tat ihren Ursprung im Menschen hat und nicht von angeblichen Geschichtsgesetzen diktiert wird oder aus Zwängen der materiellen Basis quasi automatisch folgt".[52] Für den Expressionisten Kurt Pinthus z. B. war die „geistentsprungene Idee", „welche die Tat zeugt und für welche die Tat zeugt", die „einzige Determinante", die den Menschen „beherrschen und führen"[53] dürfe. Die aus dem „Geist"[54] kommende, d. h. sozial-ethisch motivierte Tat galt den Expressionisten als äußere Demonstration innerer Erkenntnis und Wandlung. Wandel und Tat bedingten sich gegenseitig: „Mit der Tat wird der Wandel offenkundig; und umgekehrt ist der Wandel nicht ohne Tat."[55] Die Tat sollte die Existenz des Guten in der Welt manifestieren und die sehend gewordenen Menschen zur Nachahmung anregen.

Schöpferisches Handeln

Bei genauer Betrachtung lassen sich am expressionistischen Begriff der „Tat" zwei verschiedene „Tendenzen"[56] unterscheiden: eine „destruktive", die die Tat vor allem mit der Zerstörung alter, abgelehnter Ordnungen in Verbindung brachte, und eine dominierende „konstruktive" Tendenz, welche die Tat als schöpferisches Werk, als Auftakt zu besserer, menschlicher „Zukunft"[57] verstand. Vor allem diese Qualität des Schöpferischen wurde von vielen Expressionisten mit dem Begriff der Tat in engste Verbindung gebracht. Durch aktives Handeln sollte sich der Mensch wieder zum allein verantwortlichen „Schöpfer"[58] seines Daseins erheben. „Schöpferisches Handeln"[59] gehörte für die Expressio-

---

[50] Walter H. Sokel, *Der literarische Expressionismus.* (Nr. 315), S. 213, verweist in diesem Zusammenhang besonders auf das Stück *Die Bürger von Calais* von Georg Kaiser. Die Bereitschaft der zum Opfertod entschlossenen Bürger erscheint hier nicht als impulsive Reaktion, sondern als Ergebnis langer und intensiver Reflexion.

[51] Wolfgang Rothe, *Tänzer und Täter.* (Nr. 309), S. 130.

[52] Ebda. S. 129/130.

[53] Kurt Pinthus, „Rede für die Zukunft". (Nr. 177), S. 404.

[54] Zum expressionistischen Begriff des „Geist" siehe gegen Ende dieses Abschnitts.

[55] Eva Kolinsky, *Engagierter Expressionismus. Politik und Literatur zwischen Weltkrieg und Weimarer Republik. Eine Analyse expressionistischer Zeitschriften.* Stuttgart 1970, S. 55.

[56] Diese Unterscheidung nach Klaus Petersen, *Ludwig Rubiner.* (Nr. 301), S. 41.

[57] Vgl. die „Rede für die Zukunft" von Kurt Pinthus, wo es heißt, daß der Mensch der Vorkriegszeit durch das historisch-kausale Denken vergessen habe, „daß er selbst und jeder Augenblick und jede Tat seines Lebens ein Anfang für alle Zukunft ist; daß der Mensch ein ewiger Anfang ist!" (Nr. 177, S. 402).

[58] Vgl. Ludwig Rubiner, „Zur Krise des geistigen Lebens". (Nr. 189), S. 237.

[59] Friedrich Markus Huebner, „Deutschland". (Nr. 107), S. 84.

nisten zu den konstitutiven Kennzeichen des erneuerten, des wahren Menschen. Gerade diese Fähigkeit des schöpferischen Handelns schien ihnen der zeitgenössische Mensch wegen seines nur noch „materiell-mechanischen"⁶⁰ Weltbildes völlig verloren zu haben.

Die Konzeption der Tat ermöglicht eine wichtige Differenzierung in der Gesamterscheinung des Expressionismus der Kriegsjahre. Über die Notwendigkeit einer sich nach außen in brüderlichem Handeln manifestierenden inneren Wandlung des Menschen herrschte unter den Expressionisten weitgehend Übereinstimmung. Keineswegs einheitlich beurteilt wurde aber die Frage nach möglichen Zusammenhängen von innerer Erneuerung des Menschen und konkreter Umgestaltung der bestehenden gesellschaftlichen Verhältnisse. Während eine kleine Gruppe von Expressionisten (z. B. Werfel, Ehrenstein) jeden derartigen Zusammenhang entschieden ablehnte, wuchs im Verlaufe des Krieges die Zahl derjenigen Autoren, die mit der Erneuerung des Menschen explizit auch eine grundlegende Veränderung der wilhelminischen Gesellschaft in Verbindung brachten.⁶¹

Unterschiede

Eine überragende Bedeutung erhielt in der expressionistischen Anthropologie neben dem „Tun" auch das „Wollen" des Menschen. Der „unbedingte Wille"⁶² war für die Expressionisten die entscheidende Voraussetzung, der eigentliche „Beginn"⁶³ jeder Tat, jedes Werks. Der „Wille" erscheint in der Anthropologie der Expressionisten als eine einmalige, spezifische Qualität des Menschen. Vor allem durch ihn, durch die nur dem Menschen eigene „Würde des Wollens"⁶⁴ unterschied sich für die Vertreter des Expressionismus der Mensch vom „dumpfen Sein der Pflanzen und Tiere".⁶⁵ Der Wille galt ihnen als die entscheidende Kraft des Menschen zur Überwindung der eingetretenen Abhängigkeit von äußeren „Determinanten", d. h. – so Kurt Pinthus – von „Wissenschaft, von Technik, Statistik, Handel und Industrie, von einer erstarrten Gemeinschaftsordnung, bourgeoisen und konventionellen Bräuchen".⁶⁶ Nach expressionistischer Auffassung kam der Wille aus dem innersten Zentrum des Menschen, dem „Geist", und war deshalb jeder äußeren Determination überlegen. Die Preisgabe des Willens im naturwissenschaftlichen Zeitalter, die Abdankung des Menschen als „Wollender"⁶⁷ wurde ausdrücklich für die schließlich im Krieg endende Abhängigkeit des Menschen von äußeren Faktoren verantwortlich gemacht.

Tat und Wille

Die Kritik der Expressionisten richtete sich dabei vor allem gegen die Anschauungen des Naturalismus und Impressionismus, die den Menschen zu einem

---

⁶⁰ Ludwig Rubiner, „Zur Krise des geistigen Lebens". (Nr. 189), S. 235.
⁶¹ Siehe Abschnitt 5.6.
⁶² Formulierung aus Ludwig Rubiner, „Die neue Schar". (Nr. 201), S. 3.
⁶³ Kurt Pinthus schrieb in seiner „Rede an junge Dichter" davon, „daß es nicht genug ist, in großer Sache Großes gewollt zu haben, sondern daß der Wille erst der Beginn des Werks ist" (Nr. 176; Zitat S. 157).
⁶⁴ Kurt Hiller, „Philosophie des Ziels". In: *Das Ziel. Aufrufe zu tätigem Geist*. Hrsg. von Kurt Hiller. München und Berlin 1916, S. 187–217; Zitat S. 195.
⁶⁵ Kurt Pinthus, „Rede für die Zukunft". (Nr. 177), S. 401.
⁶⁶ Kurt Pinthus, „Zuvor". (Nr. 178.b), S. 26.
⁶⁷ Friedrich Markus Huebner, „Deutschland". (Nr. 107), S. 81.

Produkt aus Vererbung und Milieu, zu einem „Stück Natur"⁶⁸ degradiert hätten. Gegen diese Reduzierung des Menschen zum blinden „Objekt" von „Historie" und „Natur"⁶⁹ setzte nicht nur Kurt Pinthus „Gefühl, Vernunft, Willen, Bewußtsein, Tat"⁷⁰ als Konstituenten eigentlichen, wahren Mensch-Seins.

Wille zum Menschen

Die Betrachtung des Willens als eines zentralen Wesensmerkmals des Menschen bildete im zeitgenössischen Kontext keineswegs eine auffällige oder gar singuläre Position des Expressionismus. Diesem vorausgegangen war vielmehr die Erscheinung einer „voluntaristischen Wendung"⁷¹ der Wissenschaften, die vor allem in Philosophie und Psychologie ihren Niederschlag gefunden hatte. Die neue Richtung des „Voluntarismus" (vertreten z.B. von Wundt, Paulsen und Tönnies) hatte den Willen als eine ‚Grundform seelischen Geschehens' bestimmt⁷² und ihm sehr große Bedeutung für das Verhalten und Handeln des Menschen zugesprochen. Die Besonderheit der expressionistischen Autoren lag also nicht in der Geltung, die sie dem Willen des Menschen zuwiesen, sondern vielmehr in seiner Neudeutung als „Sozialwillen".⁷³ „Wille" bedeutete in der Lehre der Expressionisten nicht wie z.B. bei anderen Denkern ‚Wille zur Macht' (Nietzsche) oder ‚Wille zum Leben' (Schopenhauer), sondern: „Wille zum Menschen".⁷⁴ Gemeint war damit die Befreiung des Menschen aus allen seine eigentliche Bestimmung zu brüderlicher Gemeinschaft verhindernden Verhältnissen und seine Wiedereinsetzung als Mitte und Schöpfer der Welt.

Schlüsselbegriff ‚Geist'

Der sozial gerichtete Wille bildete in der expressionistischen Anthropologie noch nicht das innerste, eigentliche Zentrum des Menschen. Als dieses Zentrum erscheint vielmehr in den programmatischen und literarischen Texten übereinstimmend der sog. „Geist". Auch die Figur des „neuen Menschen" wird immer als Träger des „Geist" gekennzeichnet. Dieser Schlüsselbegriff des „Geist" ist hinsichtlich Herkunft, Stellenwert, Inhalt bis heute noch immer nicht genau erforscht. Schuld daran sind nicht zuletzt die zahlreichen Schattierungen dieses Zentralwortes und sein inflationärer Gebrauch.⁷⁵

---

⁶⁸ Ludwig Rubiner, „Zur Krise des geistigen Lebens". (Nr. 189), S. 236.
⁶⁹ So Kurt Pinthus in seiner „Rede für die Zukunft". (Nr. 177), S. 401.
⁷⁰ Ebda. S. 403.
⁷¹ Theobald Ziegler, *Die geistigen und sozialen Strömungen Deutschlands im 19. und 20. Jahrhundert bis zum Beginn des Weltkrieges*. Berlin 1921, S. 556.
⁷² Siehe das erst kürzlich aus dem Nachlaß herausgegebene Werk von Ferdinand Tönnies, *Die Tatsache des Wollens*. Berlin 1982.
⁷³ Nach Wolfgang Rothe geht dieser Begriff vom „expressionistischen Sozialwillen" auf Eckart von Sydow (*Die deutsche expressionistische Kultur und Malerei*, Berlin 1920; S. 35) zurück. Rothe spricht von einer geglückten Begriffsbildung Sydows, da sein Begriff „zwei wesentliche Komponenten" der expressionistischen Ethik, nämlich den „betont sozialen Charakter" und den „voluntaristischen Zug" geschickt vereine. Genauer siehe Wolfgang Rothe, *Tänzer und Täter*. (Nr. 309), S. 119.
⁷⁴ Für Kurt Pinthus bildete, bei „aller Mannigfaltigkeit und Verschiedenheit" der einzelnen Werke, „der Wille zum Menschen" die große Gemeinsamkeit der Expressionisten. Siehe Kurt Pinthus, „Rede an junge Dichter". (Nr. 176), S. 152.
⁷⁵ Bezeichnend für die Haltung vieler Expressionisten lehnte z.B. Kurt Hiller 1914/15 jede genauere Definition von „Geist" entschieden ab: „Was aber der Geist sei – dieses ungeheurste aller Probleme darf man ruhig zurückstellen. Die ihn besitzen, haben einen

Trotz des noch notwendigen Verzichtes auf eine präzise, streng abgesicherte Varianten
Definition lassen sich einige Grundzüge des expressionistischen Geist-Verständnisses deutlich erkennen. So muß zunächst unterschieden werden zwischen „Geist" als einer spezifischen Qualität des Menschen (des einzelnen wie auch der Gattung) und als einer überzeitlichen, den Verlauf der Menschheitsgeschichte gestaltenden „Kraft". Diese letztere Auffassung wird an späterer Stelle noch genauer aufgezeigt.[76] Auf den Menschen bezogen sollte der Geistbegriff dessen eigentliches, innerstes Zentrum zum Ausdruck bringen. „Unter allen Wesen der Erde" war nach expressionistischer Auffassung der Geist „allein"[77] dem Menschen zuteil, dessen eigentlichen Kern er bildete.

Besonders hervorgehoben wurde die völlige Autonomie des Geist gegenüber Autonomie
äußeren Faktoren und Ereignissen.[78] Die durchgängige Betonung dieser Unabhängigkeit des Geist von „Zeit und Raum", von der äußeren „Wirklichkeit",[79] muß vor allem als Opposition des Expressionismus gegen das vorherrschende naturwissenschaftliche Verständnis des Menschen gewertet werden. Gegen die scharf kritisierte naturwissenschaftliche Betrachtung des Menschen als ein Produkt aus äußeren Einflüssen und inneren Trieben setzten die Expressionisten ihre Lehre vom „Geist" als dem innersten, durch äußere Kräfte nicht zu beherrschenden Kern des Menschen. Im Geist sahen die Expressionisten die entscheidende Gegenkraft des Menschen gegen die abgelehnte Steuerung durch äußere „Determinanten",[80] wie z.B. gesellschaftliche Verhältnisse, Naturgesetze und Historie.

Bisher war vom „Geist" nur wie von einer abstrakten, inhaltlich nicht weiter Der geistige
festgelegten Größe die Rede. Die noch notwendige inhaltliche Präzisierung des Mensch
expressionistischen Geistbegriffes erfolgt am günstigsten über den in zahlreichen Texten näher bestimmten Typus des „Geistigen Menschen". Für Ludwig Rubiner z.B. war der „wahrhaft Geistige" ein „Mensch, welcher *ohne Veranlassung durch natürliche Familieninteressen, Geburtsbande, Geschäftsangelegenheiten: nur durch seine Überzeugung, durch seinen Entschluß und Entscheidung* die Menschen der andern Länder für seine Brüder hält".[81] Der wahre, d.h. geistige Mensch galt den Expressionisten als Träger und Sprachrohr der aus dem „Geist" kommenden „Ideen". Im Gegensatz zum „Geist" selber wurden die von ihm hervorgebrachten „Ideen" im Expressionismus der Kriegsjahre inhaltlich klar festgelegt: als die „menschlichen Ur-Ideen"[82] der „Freiheit, der Bruderschaft und des Mitmenschentums".[83] In der Verwirklichung gerade dieser dem „Geist" zugeschriebenen

---

unfehlbaren Instinkt für ihn; und, ohne Theorie, riechen sie ihn, wo immer sich welcher befindet." Kurt Hiller, „Wir". (Nr. 96), S. 134.
[76] Siehe weiter unten Abschnitt 5.5.
[77] Ludwig Rubiner, „Europäische Gesellschaft". (Nr. 195), S. 6.
[78] Siehe z.B. Kurt Hiller, „Wir". (Nr. 96), S. 134.
[79] Kurt Pinthus, „Rede für die Zukunft". (Nr. 177), S. 411.
[80] Vgl ebda. S. 400–403.
[81] Ludwig Rubiner, „Europäische Gesellschaft". (Nr. 195), S. 8.
[82] Kurt Pinthus, „Rede an junge Dichter". (Nr. 176), S. 155.
[83] Ludwig Rubiner, „Mitmensch". (Nr. 196), S. 12.

"Ur-Ideen" von Freiheit, Brüderlichkeit, Gemeinschaft sahen die Expressionisten den einzigen Ausweg aus dem apokalyptischen Chaos ihrer Zeit.

Fähigkeit zum Brudertum

Über die aufgezeigte expressionistische Bestimmung des geistigen Menschen und der aus dem Geist stammenden Ideen kann auch der Begriff des „Geist" selbst näher erschlossen werden. „Geist" bedeutete in der Anthropologie der Expressionisten weitgehend ein im Wesen des Menschen prinzipiell angelegtes „Vermögen"[84] zu Freiheit und Brüderlichkeit. „Der Mensch ist gut", lautete die Kernthese der expressionistischen Lehre.[85] Die Idee des „Mitmenschentums",[86] der aktive „Wille zum bewegteren, menschlicheren Menschen",[87] die zeitweilige Errichtung freiheitlicher Gesellschaftsformationen (genannt wurde in diesem Zusammenhang vorzugsweise die Französische Revolution) galten den Expressionisten als Manifestationsweisen des Geist. Vor allem die Beobachtung, daß die Idee des „Mitmenschentums" im Verlaufe der Geschichte der Menschheit in den verschiedensten Formen immer wieder aufgetreten war und unendlich viele Bemühungen zu ihrer Realisierung ausgelöst hatte, wurde als Beleg für die Existenz und Unzerstörbarkeit eines sozialen Grund-Vermögens des Menschen gewertet.

Geist – Tat – Gemeinschaft

Geist, verstanden als eine grundsätzlich vorhandene Veranlagung des Menschen zu brüderlicher Gemeinschaft, bedeutete für die Expressionisten auch das eigentliche „schöpferische Vermögen"[88] des Menschen. Dieses Schöpfungs-Vermögen wurde nicht primär auf die Schaffung ‚großer' Kunstwerke bezogen, sondern auf die Formen des sozialen Umgangs der Menschen untereinander. Höchstes und eigentliches Ziel der dem Menschen eingeborenen Schöpferkraft war nach expressionistischem Verständnis die Errichtung menschenwürdiger Zustände für alle, d. h. die Errichtung einer weltumfassenden brüderlichen Gemeinschaft. Der Geist bedingte somit für die Expressionisten immer auch aktives soziales Handeln. Kurt Pinthus z. B. bestimmte demgemäß als Aufgabe der expressionistischen Autoren: „durch das Mittel des Worts den Geist auf den Menschen wirksam werden zu lassen, um den Menschen zur Tat zu bewegen".[89] Kunst galt den Expressionisten nur dann als Ausdruck der aus dem Geist kommenden eigentlichen Schöpfungskraft des Menschen, wenn sie sich in den Dienst der genannten „menschlichen Ur-Ideen"[90] stellte.

Geist und Individuum

Jeder einzelne Mensch war nach expressionistischem Verständnis ein Träger des Geist: „Geist aber gehört von vornherein allen Menschen, auch dem klein-

---

[84] Vgl. den Definitionsversuch von Annalisa Viviani: „Am nächsten kommt man dem Begriff [*sc.* des Geistes] wahrscheinlich, wenn man ihn als menschliches Vermögen zur absoluten Freiheit definiert." Annalisa Viviani, *Das Drama des Expressionismus.* (Nr. 318), S. 15.

[85] So schrieb z. B. Rudolf Leonhard in seinem Artikel „Kampf gegen die Waffe" (Nr. 142; S. 15): „unsre Voraussetzung heißt: ‚der Mensch ist gut [...]'" Leonhard Frank wählte diese Kernthese des Expressionismus 1917 zum Titel seiner berühmt gewordenen Novellensammlung.

[86] Ludwig Rubiner, „Mitmensch". (Nr. 196), S. 12.

[87] Kurt Pinthus, „Rede an junge Dichter". (Nr. 176), S. 153.

[88] Wolfgang Rothe, *Tänzer und Täter.* (Nr. 309), S. 130.

[89] Kurt Pinthus, „Rede an junge Dichter". (Nr. 176), S. 141.

[90] Ebda. S. 155.

sten Kind, und allen Klassen, auch dem einsamsten Bauern." (I. Goll).[91] Der Geist konnte im einzelnen Menschen zwar verkümmert und vergessen sein, aber er galt als grundsätzlich nicht völlig auslöschbar. Er bildete somit eine sämtliche soziale, rassische, nationale etc. Differenzierungen überwindende wesenhafte „Gemeinsamkeit für alle Menschen".[92] „Der Geist ist das Palladium der Gemeinschaft", formulierte Ludwig Rubiner 1917.[93] Vielfach wurde er von den Expressionisten zu einer religiösen, göttlichen Größe erhoben. Für Ludwig Rubiner z. B. bildete der Geist „die Äusserungsform Gottes gegenüber dem Menschen".[94] Rubiner bestimmte dementsprechend „Geistige" als „Menschen, welche durch diese Gemeinsamkeit vor dem Absoluten sich in einer besonders großen Verantwortlichkeit gegenüber den anderen Menschen verpflichtet fühlen".[95] Die Begriffe „Gott" und „göttlich" dürfen hier aber nicht im herkömmlichen, religiös-biblischen Sinn verstanden werden. Sie dienen vielmehr der Erhebung des „Geist" zu einer letzten, absoluten, metaphysischen Größe, die durch nichts mehr übertroffen werden kann.

Diese expressionistische Absolutsetzung des Geist als „das göttliche Element im Menschen"[96] implizierte zahlreiche gedankliche Folgerungen, deren geradezu revolutionärer Charakter erst im Kontext der Vernichtungsideologie des Ersten Weltkrieges genauer erfaßt werden kann.

Der Geist begründete nach expressionistischem Verständnis nicht nur eine jedem Menschen in gleichem Maße zukommende „göttliche Würde".[97] Er verlangte zugleich auch nach der konkreten Errichtung gesellschaftlicher Zustände, die dieser „Würde des Geistwesens Mensch"[98] angemessen waren. Damit aber war nach Überzeugung der Expressionisten nichts anderes gefordert als eine grundlegende reale „Änderung der Welt"[99] zugunsten einer weltweiten brüderlichen Gemeinschaft freier, gleicher Menschen. Die Errichtung dieser Gemeinschaft galt den Expressionisten, unter Berufung auf den Geist, als der eigentliche Sinn und Zweck menschlichen Daseins: „Der Mensch ist um des Menschen willen da."[100] Für die Expressionisten waren somit „Selbstverwirklichung des Menschen und Herstellung von Gemeinschaft"[101] ein identischer Vorgang.

Lebensziel Gemeinschaft

Die „göttliche Würde" des Menschen und seine wahre Bestimmung zum Erbauer der „Mitmenschenfreiheit"[102] bedingten für die Expressionisten die

Recht auf Leben

---

[91] Iwan Goll, „Vom Geistigen". In: *Die Aktion* 7, 1917, 29. Dez., Sp. 677–679; Zitat Sp. 678/679.
[92] Ludwig Rubiner, *Der Mensch in der Mitte*. (Nr. 208), S. 152.
[93] Ebda. S. 162.
[94] Ebda. S. 152.
[95] Ebda.
[96] Walter H. Sokel, *Der literarische Expressionismus*. (Nr. 315), S. 211.
[97] Ludwig Rubiner, „Europäische Gesellschaft". (Nr. 195), S. 6.
[98] Ludwig Rubiner, *Der Mensch in der Mitte*. (Nr. 208), S. 150. Rubiner schreibt von der „Würde des Geistwesens Mensch" als „letztes und erstes Ziel des Lebens".
[99] Vgl. den Abschnitt „Änderung der Welt" in der Mitte von Ludwig Rubiners Werk *Der Mensch in der Mitte*.
[100] Ludwig Rubiner, *Der Mensch in der Mitte*. (Nr. 208), S. 173.
[101] Klaus Petersen, *Ludwig Rubiner*. (Nr. 301), S. 39.
[102] Ludwig Rubiner, „Mitmensch". (Nr. 196), S. 13.

"Unersetzlichkeit jedes einzelnen Menschenlebens".[103] Inmitten einer Zeit, die das Töten und Sterben auf dem Schlachtfeld zur allerhöchsten Pflicht und Tugend, zum „Gottesdienst"[104] erhoben hatte, proklamierten die Expressionisten ein unabdingbares „Recht" jedes einzelnen Menschen auf „Existenz, Platz, Leben"[105] und erklärten die „Unersetzlichkeit" jedes einzelnen:

> „Nur der sinnlos teuflischste Bureauindustrialismus konnte zu der Entwertungsformel vergangener Jahre kommen: ‚Kein Mensch ist unersetzlich'. In Wahrheit ist keiner ersetzlich. Denn mit dem Tode jedes Menschen wird jedesmal von neuem eine ungeheure und unausgeschöpfte Möglichkeit zu fleischgewordener Liebe vernichtet." (L. Rubiner)[106]

„Heilig ist der Mensch" Der ungeheuerlichen Vernichtungsideologie des Krieges, deren Vertreter sich nicht scheuen, den Tod als „das Beste" für die Gefallenen zu verherrlichen, da Gott sie damit gnädiglich vor weiteren „Sünden und Vergehungen"[107] bewahrt habe, hielten die Expressionisten ihre für die Zeitgenossen revolutionäre Auffassung entgegen: „Heilig ist der Mensch".[108] Nicht Glanz und Ehre des Vaterlandes, dem der einzelne bis in den Tod getreu zu dienen habe, sondern das „Recht" jedes Menschen auf Leben wurde zum höchsten Wert bestimmt: „und kein Recht gibt es über dem Lebensrechte des Menschen."[109]

Geistige Revolution Die Errichtung der vom Geist geforderten menschlichen Gemeinschaft hing nach Auffassung der Expressionisten entscheidend vom Bewußtsein der Menschen ab. Das Wissen des Menschen um seine eigentliche Bestimmung konnte nach ihrer Überzeugung zwar zeitweilig verschüttet, „verfressen und vergessen",[110] aber doch nie völlig ausgelöscht sein. Zu den verhängnisvollen Zeiten einer Verschüttung des Geist rechneten die Expressionisten auch die Jahrzehnte vor dem Weltkrieg von 1914. Der Verzicht der Menschen auf „Geist und Willen"[111] zugunsten einer fatalen Unterordnung unter das mechanisch-kausale Denken der Naturwissenschaften hatte nach ihrer Auffassung diesen Weltkrieg

---

[103] Ludwig Rubiner, *Der Mensch in der Mitte*. (Nr. 208), S. 159.
[104] *Kriegerzweifel. Ein Soldatenbüchlein*. Von Robert Falke. (Nr. 131.b), S. 51.
[105] Ludwig Rubiner, „Mitmensch". (Nr. 196), S. 12.
[106] Ludwig Rubiner, *Der Mensch in der Mitte*. (Nr. 208), S. 159.
[107] *Kriegerzweifel. Ein Soldatenbüchlein*. Von Robert Falke. (Nr. 131.b), S. 51. Der vollständige Text, der noch heute erschrecken läßt, lautet: „Und wenn im Krieg Hunderttausende fallen, dann wissen wir ganz gewiss, dass Gott auch für sie gesorgt hat. Für die Gefallenen muss der Tod das Beste gewesen sein, Gott wollte ihre Seele schon *jetzt* haben. Ein längeres Leben hätte ihnen vielleicht schwere Sünden und Vergehungen gebracht. Der frühe Schlachtentod hat sie vor schweren Züchtigungen und bittern Erfahrungen bewahrt. Sie ruhen nun in Gottes Hand und dort haben sie seligen Frieden. Ja, er sorgt für jedes Menschen unsterbliche Seele. Warum wurden so viele tausend Männer zu Krüppeln geschossen? *Warum wurden so viele hundert Soldaten blind? Weil Gott dadurch ihre Seele retten wollte!*"
[108] Zitat aus dem Gedicht „Freundschaft" von Kurt Heynicke. Abgedruckt u. a. in der Anthologie *Menschheitsdämmerung*. (Nr. 169.b), S. 301.
[109] Rudolf Leonhard, *Kampf gegen die Waffe*. (Nr. 142), S. 19.
[110] Ludwig Rubiner, „Mitmensch". (Nr. 196), S. 11.
[111] Vgl. Kurt Pinthus, „Zur jüngsten Dichtung". (Nr. 175), S. 236.

überhaupt erst möglich gemacht. Notwendig erschien ihnen deshalb zuallererst die „Gigantenarbeit" einer Änderung des „Bewußtseinszustandes"[112] der Menschen. Diese Änderung des Bewußtseins, d. h. die „geistige Revolution"[113] bestimmten die Expressionisten als die alles entscheidende Aufgabe ihrer Zeit; eine Aufgabe, die weit über jede Revolution im herkömmlichen Sinne hinausgehe. Die Menschen, erschüttert durch das Ereignis des Krieges, sollten wieder erkennen, daß der eigentliche Sinn ihres Daseins allein im aktiven Eintreten für die „Verwirklichung der Mitmenschenfreiheit"[114] zu suchen sei.

Mit ihren eigenen Werken und Handlungen wollten die Expressionisten maßgeblich zum Gelingen des notwendigen „seelischen Neubaus"[115] der Menschheit beitragen. Sie verstanden sich selber als Organe des Geist und als Wegbereiter[116] in eine bessere Zukunft der Welt. Das im Medium der Literatur öffentlich gemachte Leitbild des erneuerten, des wahren Menschen,[117] der immer auch als Träger des Geist, d. h. des Wissens um die zur ethischen Tat verpflichtende „göttliche Würde" jedes einzelnen Menschen gestaltet wurde, erschien den Expressionisten im Ringen um die „geistige Revolution" als ein besonders wichtiges und wirkungsvolles Mittel.

Organe des Geist

5.3. „Ein jeder dir nah und Bruder"

Die Auffassung der Expressionisten von der Möglichkeit einer radikal anderen Seinsweise des Menschen verband sich mit der Proklamation zweier Leitwerte, die es nicht zuletzt wegen ihrer fundamentalen Opposition gegen die zeitgenössische Apologetik des Krieges noch näher zu erfassen gilt: Brüderlichkeit und Gemeinschaft. „Keiner dir fremd / Ein jeder dir nah und Bruder."[118] So formulierte z. B. Johannes R. Becher die im zeitgenössischen Kontext revolutionäre „Idee" der Expressionisten, „daß der Mensch des Menschen Bruder werden soll"

Brudertum

---

[112] Ludwig Rubiner, *Der Mensch in der Mitte*. (Nr. 208), S. 151.
[113] Dieser Begriff findet sich in zahlreichen Texten der Expressionisten aus den Jahren des Krieges, u. a. auch in: Iwan Goll, „Menschenleben". (Nr. 75), S. 21.
[114] Ludwig Rubiner, „Mitmensch". (Nr. 196), S. 13.
[115] Ludwig Rubiner, „Nachwort". In: *Kameraden der Menschheit. Dichtungen zur Weltrevolution. Eine Sammlung.* Hrsg. von Ludwig Rubiner, Potsdam 1919. Hier zitiert nach dem Nachdruck Stuttgart 1979, S. 175 (*Stuttgarter Nachdrucke zur Literatur des 19. und 20. Jahrhunderts*, Band 1).
[116] Ausführlich zum Selbstverständnis der Expressionisten als „Geistige", als Vorläufer und Wegbereiter der Menschheits-Erneuerung siehe Abschnitt 6.6.
[117] Im vorliegenden Abschnitt können aus verständlichen Gründen nur die bedeutendsten der zahlreichen Merkmale aufgezeigt werden, die im Expressionismus zur Charakterisierung der Figur des „Neuen Menschen" dienten. Eine ausführlichere Darstellung müßte z. B. noch die Fähigkeit des Mitleidens, Gefühlsbetontheit, Demut, Entscheidungsbereitschaft und Naturverehrung als weitere wichtige Kennzeichen berücksichtigen. Informationen zu in dieser Untersuchung nicht weiter behandelten Merkmalen des „Neuen Menschen" finden sich u. a. in der schon mehrfach genannten Studie Wolfgang Rothes *Tänzer und Täter. Gestalten des Expressionismus*, Frankfurt a. M. 1979. (Siehe vor allem Kap. III: „Der Täter. Zum Ethizismus der Expressionisten").
[118] Der Titel stammt aus dem Gedicht „Mensch stehe auf" von Johannes R. Becher. Zitiert nach dem Abdruck in: *Menschheitsdämmerung*. (Nr. 169.b), S. 257.

(K. Pinthus).[119] Die Verkündung allumfassender Brüderlichkeit unter den Menschen bildet ein konstitutives Kennzeichen des Expressionismus der Kriegsjahre und markiert besonders deutlich den gewichtigen „Wandel" vom charakteristischen „Ichgefühl" des frühen Expressionismus zum „hochexpressionistischen Wirgefühl" (K. Daniels).[120]

<small>Ich und Wir</small>   Die Bezeichnung des anderen als „Bruder" bedeutete im Expressionismus der Kriegszeit sehr viel mehr als „nur" eine philanthrophische Teilnahme an dem ebenfalls unter dem Krieg leidenden Mitmenschen. Der Bruderbegriff muß vielmehr als Ausdruck einer spezifischen expressionistischen Anthropologie erkannt werden, die – in schärfstem Gegensatz zum zeitgenössischen Freund-Feind-Denken – das Dasein des anderen als Voraussetzung, Erweiterung und Erfüllung der eigenen Existenz als Mensch bestimmte. „Wenn die Expressionisten vom ‚Nächsten', ‚Bruder', ‚Bruder Mensch', vom ‚Mitmenschen', ‚Nebenmenschen' usf. sprechen, meinen sie jenen prinzipiell gleichrangigen Anderen, dessen Dasein Voraussetzung des eigenen ist."[121] Wolfgang Rothe, von dem diese Zeilen stammen, spricht von der Grundüberzeugung der Expressionisten, „daß sich das Ich in einem Du begründen muß, in einer brüderlichen ‚Gemeinschaft', einer Sozialität solidarischen Charakters eingebettet sein muß, wenn es überhaupt lebensfähig sein soll, geschweige wenn es zu seiner Erfüllung kommen will, [. . .]"[122] Rothe bestimmt „das *dialegein* von Ich und Wir" als ein prägendes Kennzeichen der von ihm genauer untersuchten Ethik des Expressionismus: „keines von beiden, weder das Ich noch das Wir, wird als sekundär behandelt oder gar zum Verschwinden gebracht, eines setzt vielmehr das andere voraus, ist in ihm enthalten und aufgehoben."[123]

<small>Realisierung des Geist</small>   Die expressionistische Verkündigung eines Brudertums aller Menschen hing unmittelbar mit dem Geist-Verständnis dieser Bewegung zusammen. Der „Geist", aufgefaßt als ein Ur-Vermögen des Menschen zur Gemeinschaft, bedingte zu seiner Verwirklichung die liebende Verbindung des einzelnen, des Ich mit dem Anderen, dem Du und dem Wir. Nur in der Liebe des Ich zum Du und Wir konnte sich nach expressionistischer Auffassung der Geist als die jedem Menschen innewohnende eigentliche Veranlagung und Bestimmung verwirklichen. In diesem Sinne appellierte z. B. Iwan Goll 1917 an seine Zeitgenossen: „Ihr Menschen, ersteht und werdet das, wozu ihr geboren seid [. . .] Es gilt die Befreiung eures Geistes! Und wie macht ihr das? Tut, was des Geistes ist: denkt, glaubet, liebet! Denkt nach über euch selbst! Glaubet an den anderen! Liebet, liebet!"[124]

Jeder einzelne Mensch war nach expressionistischem Verständnis ein Träger des Geist. Seine Selbstverwirklichung als Mensch, als geistiges Wesen, konnte nur in der Verbindung zu den anderen erfolgen. Auf diese, alle anderen politi-

---

[119] Kurt Pinthus, „Rede für die Zukunft". (Nr. 177), S. 406.
[120] Karlheinz Daniels, „Expressionismus und Technik". (Nr. 266), S. 173.
[121] Wolfgang Rothe, *Tänzer und Täter*. (Nr. 309), S. 146.
[122] Wolfgang Rothe, *Der Expressionismus*. (Nr. 308), S. 27.
[123] Wolfgang Rothe, *Tänzer und Täter*. (Nr. 309), S. 145.
[124] Iwan Goll, „Menschenleben". (Nr. 75), S. 21.

schen, sozialen, rassischen etc. Unterscheidungen übersteigende Gemeinsamkeit aller Menschen gründete für die Expressionisten die von ihnen verkündete Lehre vom Brudertum aller Menschen.

Die Forschung hat in jüngerer Zeit verschiedentlich auf eine Verwandtschaft des Expressionismus mit dem Menschenbild des Personalismus hingewiesen. Diese im Ersten Weltkrieg entstandene philosophische Richtung bestimmte den Menschen als „ein Ich, das erst im Du und Wir sich begründet, aus diesen lebt, ohne sie überhaupt nicht lebensfähig wäre, vielmehr verkümmern und zugrundegehen müßte" (W. Rothe).[125] Für Martin Buber,[126] einen Hauptvertreter dieser Denkrichtung, konnte das Ich erst in der unmittelbaren Beziehung zum Du seine wesenhafte Erfüllung finden. „Erst am Du, so lehrt Buber, gestaltet sich der Mensch zum Ich. Zu einem Ich wohlgemerkt, das sich nicht egozentrisch abkapselt, sondern stets offen bleibt für den existentiellen, wirkenden Wechselbezug mit dem anderen." (Ch. Eykman).[127] Die Bruder-Lehre des Expressionismus muß also im Zusammenhang mit einer umfassenderen philosophischen Strömung der Zeit gesehen werden, wobei die genaueren Verbindungen allerdings bisher noch nicht Thema der Expressionismus-Forschung geworden sind.[128]

Personalismus

Kaum erkannt wurde bisher auch das so wichtige Oppositionsverhältnis der expressionistischen Bruder-Lehre zu den Denkmustern der zeitgenössischen Kriegsideologie. Ein herausragendes Kennzeichen dieser Ideologie war die radikale Degradierung des Gegners zu einem auszurottenden Unmenschen und Tier. Der Krieg wurde nicht mehr als Fortsetzung nationalstaatlicher Außenpolitik mit anderen Mitteln ausgegeben, sondern immer mehr als ein von Gott gewollter Kreuzzug der auserwählten eigenen Art zur Befreiung der Welt von dem ‚diabolischen', ‚zersetzenden' Wesen des Gegners. Vor allem durch die literarischen Deuter und Interpreten wurde der Weltkrieg zum Kulturwert, zur Befreiungstat für die ganze Menschheit erhoben.

Gezielte Opposition

Kennzeichen der Kriegsideologie war auch die Vorherrschaft eines ausschließlichen Denkens in der Dichotomie von Freund oder Feind. Dieses polare Denken bestimmte zunehmend auch das innenpolitische Klima des Deutschen Reiches. Je mehr die anfangs auf den Krieg gerichteten Hoffnungen enttäuscht wurden, um so mehr gewann auch bei der schnell einsetzenden Suche nach den Schuldigen am Ausbleiben des so sicher erwarteten Sieges das radikale Freund-Feind-Schema an innenpolitischer Bedeutung.

Die Bruder-Lehre des Expressionismus kontrastierte aber nicht nur auf das Schärfste mit dem Freund-Feind-Denken der zeitgenössischen Kriegsideologie. Sie opponierte auch gegen die Verwertung der Begriffe Liebe, Brudertum und

Waffen-Brüder

---

[125] Wolfgang Rothe, *Tänzer und Täter*. (Nr. 309), S. 145.
[126] Dies vor allem durch sein Werk *Ich und Du*, das erstmals 1923 erschien. Mit ersten Überlegungen zu diesem Werk begann Buber um 1916, also noch mitten im Krieg.
[127] Christoph Eykman, *Denk- und Stilformen des Expressionismus*. (Nr. 271), S. 118/119.
[128] Dies gilt auch für die genannten Werke von Wolfgang Rothe und Christoph Eykman, in denen die Verbindungen von Expressionismus und Personalismus ebenfalls noch nicht genauer dargestellt werden.

Gemeinschaft im Dienste der Kriegsideologie. Allein ein Krieg, so lautete ja die gängige Argumentation der Apologeten, könne „menschliche Liebeskraft" und wahre „Gemeinschaft"[129] erwecken, während dagegen jeder Frieden schließlich nur „sittliche Versumpfung"[130] mit sich bringe. Genau in diesem Sinne wurde der Weltkrieg bei seinem Beginn als Stifter einer neuen brüderlichen Liebesgemeinschaft aller Deutschen gefeiert: „Klirrende, stählerne Einigkeit, / Lächeln, das jeden Bruder nennt – / [...]" (R. Nordhaussen).[131]

<small>Menschen-Brüder</small> „Jetzt werden wir uns kennen und lieben lernen",[132] versprachen sich die Deutschen euphorisch und beglückt im Herbst 1914. Erst vor diesem Hintergrund der zeitgenössischen Pervertierung der Begriffe Brudertum und Gemeinschaft zu Funktionen des Krieges, d. h. des bewußten und willentlichen Tötens anderer Menschen, kann die Leistung und Provokation des Expressionismus genauer erfaßt werden. Brudertum bedeutete für die expressionistischen Autoren im Widerspruch zur Zeit nicht eine durch die Extremsituation Krieg geschaffene ‚Gleichheit vor dem Tode'. Gegen die den Krieg stützende Ideologie einer neu entstandenen Waffenbrüderschaft aller Deutschen setzten die Expressionisten die für die Zeit revolutionäre Lehre einer auf Wesensgleichheit beruhenden Bruderschaft aller Menschen. Diese Bruderschaft war nicht durch Krieg, sondern vielmehr allein bei einer dauerhaften Abschaffung des Krieges zu verwirklichen. Sie verlangte nicht blinde Pflichterfüllung und strenge Unterordnung des Untertan unter die Autoritäten des Vaterlandes, sondern vielmehr Eigenverantwortung, Bewußtwerdung und aktives ethisch-soziales Engagement jedes einzelnen.

<small>Daseinsziel Gemeinschaft</small> Das geforderte brüderliche Engagement sollte im Dienste der einzigen „Aufgabe" stehen, die nach expressionistischer Auffassung Sinn und Zweck des menschlichen Daseins begründete: dem Bau der „Gemeinschaft". Ludwig Rubiner stellte 1917 der zeitgenössischen Verklärung des Sterbens für das Vaterland ausdrücklich die Hochschätzung eines von sozialer Tat erfüllten Lebens entgegen:

„Leben wollen ist etwas Außerordentliches. Leben wollen ist das Höchste an Edelmut, an Hingabelust, an Opferfähigkeit. Leben wollen heißt wirken wollen. Sich verwirklichen wollen. Der letzte Feigling noch, der mit allen Kräften leben will, kämpft diesen erbitterten Heldenkampf gegen eine Endübermacht, weil er von sich etwas Anständiges erwartet. Es gibt keinen Menschen, der bei seiner Geburt nicht mit einer Aufgabe in die Welt gesetzt wurde. Einer Aufgabe, die nur er allein erfüllen kann. Diese Aufgabe kann mit einem einzigen, plumpen, bekannten Wort genannt werden. Sie heißt Gemeinschaft."[133]

---

[129] Oskar A. H. Schmitz, *Das wirkliche Deutschland. Die Wiedergeburt durch den Krieg.* München 1915, S. 123.
[130] Ebda. S. 166.
[131] Aus dem Gedicht „Endlich!" von Richard Nordhausen. Zitiert nach dem Teilabdruck bei Johann Georg Sprengel, „Literatur". In: *Der deutsche Weltkrieg in seiner Einwirkung auf das deutsche Volk.* Hrsg. von Max Schwarte, Leipzig 1918, S. 457–477; Zitat S. 466.
[132] Zitat aus der Rede „Krieges Anfang. Berlin, 27. August 1914" von Ulrich von Wilamowitz-Moellendorff. Zitiert nach dem Abdruck bei Kurt Pinthus (Hrsg.), *Deutsche Kriegsreden.* München, Berlin 1916, S. 416–425; Zitat S. 422.
[133] Ludwig Rubiner, „Die neue Schar". (Nr. 201), S. 2.

Der Begriff der „Gemeinschaft" gehörte neben Brudertum, Liebe und Geist zu den Schlüsselwörtern des Expressionismus der Kriegsjahre. Wolfgang Rothe hat nachgewiesen, daß unter „Gemeinschaft" im Expressionismus nicht etwa eine bestimmte gesellschaftliche Organisationsform verstanden werden darf: „Das Wesen expressionistischer Gemeinschaft ist ‚Gemeinsamkeit', ist solidarische Sozialität [...] Expressionistische Gemeinschaft ist gerade nicht eine tradierte, halbarchaische, blutsmäßige, bodenständige, in ihren Sozialformen überholte, vielmehr eine erst im Umgang der Menschen miteinander zu begründende. Solche Gemeinschaft gilt es täglich neu zu verwirklichen, und sei es nur zwischen zwei Menschen."[134] Genau in diesem von Wolfgang Rothe angegebenen Sinne von „Du-Gemeinschaft" und „Wir-Verbundenheit"[135] hatte z.B. der Expressionist Rudolf Leonhard mitten im Krieg „Gemeinschaft" bestimmt als „die volle, die vorbehaltlose, die religiöse gegenseitige Offenheit aller Individuen, jene Offenheit, von der die Durchdrungenheit nur ein Bild ist. In der Hingabe den andern, in ihr und der Erwiderung sich selbst zu finden: diese völlige, immer flutende, diese ausnahmslose Menschlichkeit heißt *Gemeinschaft*."[136]

Für die Expressionisten bezeichnete der Begriff der Gemeinschaft nicht eine spezifisch geartete soziale Rollenverteilung, sondern das Resultat einer ethischen Verhaltensweise, die die Erfüllung des eigenen vereinzelten Ich in der Verbundenheit mit den anderen, dem Wir suchte. Grundlage dieser Suche mußte die Anerkennung des anderen als prinzipiell Gleichwertigem, als Bruder sein.

Gemeinschaft als „konkretes Realisat"[137] brüderlichen Verhaltens konnte nach expressionistischem Verständnis bereits zwischen zwei Menschen errichtet werden. Die Etablierung einer weltumfassenden menschlichen Gemeinschaft war für die Expressionisten das eigentliche „Ziel" der Menschheitsgeschichte: „Sie ist das Ziel, das was kommen soll."[138] Diese Zielsetzung, bei der über konkrete Organisationsformen noch nichts weiter festgelegt wurde, weist den Begriff der Gemeinschaft als einen Teil der Geist-Konzeption des Expressionismus aus. Die Errichtung weltweiter brüderlicher Gemeinschaft galt dieser Bewegung – wie gesehen – als eigentliche Aufgabe und Erfüllung des in jedem Menschen als soziale Kompetenz angelegten „Geist". Diese Verbindung von Geist und Gemeinschaft erklärt auch die religiöse, oft sogar „numinose"[139] Aura, mit der die Expressionisten den Begriff der Gemeinschaft vorzugsweise versahen.

Als Gegenpol zur „Gemeinschaft" erscheint in vielen expressionistischen Texten der Begriff der „Gesellschaft". Auch dieser Terminus wurde von den Autoren primär sozial-ethisch und nicht politisch-soziologisch verstanden. Er bezeichnete ein „unverbundenes, ja oft feindliches Nebeneinander"[140] der Men-

Begriff der Gemeinschaft

Geist und Gemeinschaft

Gesellschaft

---

[134] Wolfgang Rothe, *Tänzer und Täter*. (Nr. 309), S. 136.
[135] Ebda. S. 137.
[136] Rudolf Leonhard, „Verkehr und Gemeinschaft". In: *Tätiger Geist! Zweites der Ziel-Jahrbücher*. Hrsg. von Kurt Hiller. München und Berlin 1918, S. 290–293; Zitat S. 292/293.
[137] Wolfgang Rothe, *Tänzer und Täter*. (Nr. 309), S. 136.
[138] Ludwig Rubiner, „Die neue Schar". (Nr. 201), S. 2.
[139] Wolfgang Rothe, *Tänzer und Täter*. (Nr. 309), S. 139.
[140] Christoph Eykman, *Denk- und Stilformen des Expressionismus*. (Nr. 271), S. 30.

schen, eine verhängnisvolle Vorherrschaft egoistischen Einzelinteresses anstelle gemeinsamen Sozialwillens. Vielfach wurde Gesellschaft als eine Verfallserscheinung zuvor existenter Gemeinschaft ausgegeben. Die tieferen Gründe für die Zerstörung wie auch für die Verhinderung von Gemeinschaft in ihrer eigenen, durch das „Gesellschaftliche"[141] beherrschten Gegenwart sahen etliche Autoren des Expressionismus in den zeitgenössischen ‚kapitalistischen'[142] Produktionsformen:

„Die kapitalistisch-gewissenlose Abenteurer-Produktionsform zerstört das Naive. Indem sie die genossenschaftlich gebundene Wirtschaftsform der Menschen auflöst, werden die Menschen fürchterlich voneinander isoliert. Sie stellen ein kaufmännisches Verhältnis untereinander her. Aus der Not ihrer Isoliertheit machen sie eine Tugend – unter lügnerischer Verdrängung des Leides, das aus der Trennung entsteht. Es wächst eine qualvolle nervöse Sucht nach individuellen Erlebnissen. Man sagt, daß das Individuelle das Wertvolle sei, und setzt als Willensziel die eigenartige Persönlichkeit. Die rationalistische Traditionslosigkeit – die Isoliertheit wird Ideal." (H. Schüller)[143]

Es ist in der Forschung bisher strittig, wie weit die expressionistische Antithetik von Gemeinschaft und Gesellschaft maßgeblich auf die Lehre des Soziologen Ferdinand Tönnies[144] zurückgeführt werden kann. Der vorherrschenden Auffassung[145] einer intensiven Beeinflussung der Expressionisten durch Tönnies widersprach in jüngerer Zeit vor allem W. Rothe[146] durch seinen Verweis auf die sehr unterschiedliche inhaltliche Ausfüllung der gemeinsam verwendeten Begriffe „Gemeinschaft" und „Gesellschaft".

Kriegs-Gemeinschaft

Eindeutig in scharfem Widerspruch stand die Gemeinschaftslehre der Expressionisten zu der vorherrschenden zeitgenössischen Kriegsideologie. Auch hier spielte – wie gesehen – der Begriff der Gemeinschaft eine fundamentale Rolle. Der Krieg galt als der glorreiche Erwecker einer neuen Volksgemeinschaft aller Deutschen. Gemeinschaft bedeutete hier, völlig anders als im Expressionismus, in allererster Linie eine Gleichheit der Pflichten, der Verpflichtung des einzelnen zum Dienst für das von außen bedrohte ‚Volksganze', für das Vaterland. Diese

---

[141] Formulierung von Franz Blei, der seinen Aufsatz „Philosophie und Gemeinschaft" (Nr. 22) mit den Zeilen beginnen läßt: „Unsere aus der Gemeinschaft ins Gesellschaftliche verfallene Menschheit lebt nicht nur wirtschaftlich, sondern auch geistig in einem anarchischen Gegeneinander [...]"

[142] Die häufige Verwendung dieses Terminus im Expressionismus bedeutet noch keinesfalls – dies muß ausdrücklich betont werden – eine Übereinstimmung mit der Lehre von Karl Marx. (Genaueres dazu in Abschnitt 5.4).

[143] Hermann Schüller, „Naivität und Gemeinschaft". In: *Die Erhebung. Jahrbuch für neue Dichtung und Wertung.* Hrsg. von Alfred Wolfenstein. Zweites Buch. Berlin 1920, S. 289–295. Hier zitiert nach dem Abdruck in: *Der Aktivismus 1915–1920.* Hrsg. von Wolfgang Rothe. München 1969, S. 139–144; Zitat S. 142.

[144] Ferdinand Tönnies, *Gemeinschaft und Gesellschaft.* Leipzig 1887, Neuauflage 1912.

[145] So z.B. bei Christoph Eykman, *Denk- und Stilformen des Expressionismus* (Nr. 271, S. 36/37) und in: *Expressionismus. Manifeste und Dokumente zur deutschen Literatur 1910–1920.* Mit Einleitungen und Kommentaren herausgegeben von Thomas Anz und Michael Stark. Stuttgart 1982, S. 248.

[146] Wolfgang Rothe, *Tänzer und Täter.* (Nr. 309), S. 136.

Form von Gemeinschaft erforderte zuallererst die „Disziplin" der willentlichen „Einordnung" des einzelnen in das „Organisationsgetriebe"¹⁴⁷ der Nation. Vielen Deutschen erschien bei Kriegsbeginn diese geforderte, nicht zuletzt auch „geistige"¹⁴⁸ Einordnung in das ‚Volksganze' als ein großartiges Positivum: „Jeder fühlte sich über sich selbst hinauswachsen im Einswerden mit einem größeren Ganzen. Die Erschütterung der Seele durchbrach die Schranken unsres Einzelseins, und das einsame begrenzte bedürftige Ich flutete hinüber in den großen Strom der Gemeinsamkeit. Unser Blut wurde heiß von nie gekannter grenzenlos hingebender Liebe zu all den uns durch gemeinsame Not und Pflicht verbundenen Schicksalsgenossen." (M. Weber).¹⁴⁹

Gegen diese, den Krieg verklärende Reduzierung der „menschlichen Ur-Ideen"¹⁵⁰ von Brüderlichkeit und Gemeinschaft auf die Komponenten „Not und Pflicht"¹⁵¹ widersetzten sich die Expressionisten mit einem völlig anderen Verständnis von brüderlicher Gemeinschaft. Wirkliche Gemeinschaft war für sie nur denkbar als Ergebnis einer allgemeinen Bewußtwerdung über die prinzipielle Gleichheit und Gleichberechtigung aller Menschen. Gemeinschaft mußte sehr viel mehr sein als nur eine vordergründige Gleichheit der Pflichten infolge äußerer Bedrohung. Nur die brüderliche Liebe zum Menschen schlechthin als einem mit „göttlicher Würde" versehenem Wesen, nicht aber Angst und Haß auf einen zum Tier erklärten äußeren Gegner konnte nach expressionistischem Verständnis Grundlage wahrer Gemeinschaft sein. Diese war auch nicht auf die Angehörigen einer einzigen, angeblich von Gott besonders auserwählten Nation zu beschränken, sondern mußte alle Menschen des Erdballs umfassen. „Erdballgesinnung"¹⁵² statt chauvinistischem Missionsanspruch lautete die „Forderung" der Expressionisten. „Das menschliche Gemeinschaftsgefühl geht über das staatliche", hieß es demgemäß im Herbst 1917 z.B. in der Zeitschrift *Die Aktion*.¹⁵³

Erdball-Gemeinschaft

---

¹⁴⁷ Alle Zitate aus Ernst Volkmann, „Einführung". In: *Deutsche Dichtung im Weltkrieg 1914–1918*. Bearbeitet von Dr. Ernst Volkmann. Leipzig 1934, S. 7–48; Zitate S. 21 und 22 (*Deutsche Literatur. Sammlung literarischer Kunst- und Kulturdenkmäler in Entwicklungsreihen. Reihe Politische Dichtung*. Bd. 8). – Volkmann schreibt (1934) die Geschichte der Weltkriegsliteratur aus völkisch-nationaler Perspektive und verherrlicht erneut die vermeintliche Volksgemeinschaft aller Deutschen vom Herbst 1914. Seine Arbeit kann trotzdem heute noch aufschlußreich sein, weil er – natürlich mit sehr einseitiger Wertung – zu den wenigen Autoren gehört, die eine gewisse Relation zwischen den literarischen Apologeten des Krieges und den Expressionisten erkannt haben. So vergleicht er z.B. ausdrücklich die völkische Gemeinschafts-Konzeption der nationalen Literatur mit der von den Expressionisten geforderten Menschheits-Gemeinschaft (S. 22).
¹⁴⁸ Ebda. S. 21.
¹⁴⁹ Marianne Weber, „Der Krieg als ethisches Problem (1916)". In: Marianne Weber, *Frauenfragen und Frauengedanken. Gesammelte Aufsätze*. Tübingen 1919, S. 157–178; Zitat S. 158.
¹⁵⁰ Kurt Pinthus, „Rede an junge Dichter". (Nr. 176), S. 155.
¹⁵¹ Marianne Weber, „Der Krieg als ethisches Problem (1916)". (Nr. 240), S. 158.
¹⁵² Ludwig Rubiner, „Europäische Gesellschaft". (Nr. 195), S. 7.
¹⁵³ Formulierung aus dem Leitartikel der *Aktion* vom 6. Okt. 1917 (7. Jg., Sp. 521–524; Zitat Sp. 523) mit dem Titel „Zur Regelung der zwischenmenschlichen Angelegenheiten". Autor des ohne Verfasserangabe erschienenen Artikels war vermutlich Franz Pfemfert, der Herausgeber der Zeitschrift.

Eine Behauptung, die den Trägern der Macht mitten im Krieg geradezu als wehrkraftzersetzend erscheinen mußte.

Attraktivität   Der anfangs oft euphorische Glaube an eine neue nationale Gemeinschaft aller Deutschen wurde durch den realen Verlauf des Krieges bald widerlegt. Die wachsende Resonanz des Expressionismus gegen Ende des Krieges unter den Intellektuellen und auch in der deutschen Bevölkerung hat sicherlich auch mit eben diesem Glaubensverlust in enger Beziehung gestanden. Als die zeitgenössische „große Begierde nach Gemeinschaft"[154] von der zunehmend in verfeindete Gruppierungen zerfallenden Nation nicht mehr erfüllt werden konnte, erschien die Gemeinschaftsidee der Expressionisten vielen als ein letzter Halt, der für das schreckliche Geschehen des Krieges noch eine positive Deutung in Aussicht stellte.

Unverständnis   Es kann kaum verwundern, daß die expressionistische Lehre einer brüderlichen Gemeinschaft aller Menschen von den Verfechtern eines durch den Krieg vermeintlich ausgelösten neuen „Deutschwerdens unseres Volkes"[155] noch 1918 als vom Ausland gesteuerte Zersetzungsstrategie bekämpft wurde.[156] Zutiefst überraschen aber muß es, wenn der expressionistischen Forderung nach Brüderlichkeit und Gemeinschaft in der modernen Forschung gelegentlich immer noch jeder politische Charakter abgesprochen und diese Forderung der Expressionisten rein biographisch auf eine vermeintlich leidvolle gesellschaftliche Isolierung der Autoren zurückgeführt wird.[157] Diese Sehweise verkennt unter Mißachtung des spezifischen zeitgenössischen Kontextes entscheidende Qualitäten des Expressionismus der Kriegsjahre. Wie explizit politisch, noch dazu mitten im Krieg, die expressionistische Proklamation einer weltweiten brüderlichen Gemeinschaft aller Menschen war, zeigt sich nicht zuletzt an der von den Expressionisten immer besonders hervorgehobenen Gleichsetzung von „Gemeinschaft" und endgültiger Abschaffung des Krieges: „O Einkehr, nie erträumte: Tausend Völker / Verschlingen sich zu fabelhaftem Bund. / Die Kriege löschen aus. Wir büßten deutlich. / Nun aber nennen wir uns einig Volk von Brüdern [...]"[158]

---

[154] Diese „Begierde" sah Martin Buber Anfang 1919 als ein Kennzeichen der Zeit. Das Zitat stammt aus M. Buber, „Gemeinschaft". In: Neue Erde 1, 1919, H. 1 (Januar), S. 6–8; Zitat S. 6.

[155] Johann Georg Sprengel, „Literatur". (Nr. 221), S. 462.

[156] Siehe ebda. S. 461.

[157] Siehe z. B. in bezug auf die „Bruder-Menschlichkeit" bei Franz Werfel die Angaben von Werner Kohlschmidt in seinem Aufsatz „Zu den soziologischen Voraussetzungen des literarischen Expressionismus in Deutschland". (Nr. 286.b), S. 435. Im gleichen Sinne auch: Silvio Vietta / Hans-Georg Kemper, Expressionismus. (Nr. 317), S. 181.

[158] Zeilen aus Johannes R. Becher, „Ikarus. Dramatisches Gedicht in drei Teilen". In: Die Erhebung. Jahrbuch für neue Dichtung und Wertung. Hrsg. von Alfred Wolfenstein. Berlin o. J. (1919), S. 62–71; Zitat S. 66.

5.4. Der Mensch als Träger der Erneuerung

Die geforderte Erneuerung von Mensch und Welt als Vorbedingung und Grundlage der erstrebten zukünftigen „Erdball-Einheit der Völker"[159] konnte nach Auffassung der Expressionisten nur von den Menschen selber geleistet werden. So bestimmte z. B. F. M. Huebner noch 1920 den Expressionismus als eine „Weltanschauung der Utopie", eine „Lebensgesinnung", die „den Menschen wieder in die Mitte der Schöpfung" setze, „damit er nach seinem Wunsch und Willen die Leere mit Linie, Farbe, Geräusch, mit Pflanze, Tier, Gott, mit dem Raume, mit der Zeit und mit dem eigenen Ich bevölkere. Der Mensch beginnt wieder, wo er vor Jahrmillionen begann."[160]

Der Mensch in der Mitte

Die Erhebung des Menschen zum verantwortlichen Träger einer grundlegenden Umgestaltung der Welt korrelierte im Expressionismus mit der entschiedenen Absage an alle Denkhaltungen, in denen die maßgebliche Verantwortung für eine derartige Umgestaltung anderen Kräften als dem Menschen selber zugesprochen wurde. Zu diesen Denkhaltungen, die das Weltbild der meisten Zeitgenossen der Expressionisten bestimmten, gehörte sowohl die Auffassung eines quasi naturgesetzmäßigen Verlaufes der Geschichte wie auch die christliche Lehre von der eigentlichen Lenkung der Welt durch göttlichen Willen.

Die Auffassung einer künftigen Eigenverantwortlichkeit des Menschen für die weitere Entwicklung der Welt wurde von den Expressionisten vor allem in Opposition gesetzt gegen die christliche Lehre vom unerforschlichen Willen Gottes als der lenkenden Instanz hinter allem Geschehen. Selbstverständlich kann an dieser Stelle nicht die äußerst komplexe Thematik der Einstellungen expressionistischer Autoren zu Gott, Kirche und Religion aufgearbeitet werden. Die folgenden Ausführungen vermögen nur einige Grundlinien im Gottesverständnis der expressionistischen Bewegung aufzuzeigen, soweit diese für die expressionistische Lehre von der Eigenverantwortlichkeit des Menschen von Bedeutung sind.[161]

Eigen-Verantwortlichkeit

„Und ich dachte: Gott! Gott, wo bist du? Wer bist du? Der Allmächtige? Nein, der Ohnmächtige, denn du kannst der Hölle nicht gebieten."[162] Dieses Bild eines göttlichen Herrschers, dem die Kontrolle über die eigene Schöpfung abhanden gekommen ist, findet sich bei zahlreichen expressionistischen Autoren der Kriegsjahre. Durch den immer wieder benutzten Topos einer völligen Ohnmacht Gottes gegenüber dem auf der Erde tobenden Weltkrieg[163] wurde von

Gottes Ohnmacht

---

[159] Ludwig Rubiner, *Der Mensch in der Mitte*. (Nr. 208), S. 6.
[160] Friedrich Markus Huebner, „Deutschland". (Nr. 107), S. 83/84.
[161] Nicht weiter behandelt werden können im Rahmen dieser Arbeit z. B. das im Expressionismus der Kriegsjahre häufig vorliegende Motiv einer offenen Rebellion des Menschen gegen Gott, die Darstellung Gottes als Quäler und Peiniger der Welt, die Schilderung des Weltkriegs als Irrtum oder Gleichgültigkeit Gottes sowie die zahlreichen Parodien religiöser Motive in der expressionistischen Literatur. Genauere Angaben dazu finden sich u. a. bei Christoph Eykman, *Denk- und Stilformen des Expressionismus*. (Nr. 271), Kap. IV: „Zur Theologie des Expressionismus".
[162] Hedwig Dohm, „Der Mißbrauch des Todes". In: *Das Aktionsbuch*. Hrsg. von Franz Pfemfert. Berlin-Wilmersdorf 1917, S. 95–112; Zitat S. 97.
[163] Weitere Beispiele dazu bei Christoph Eykman, *Denk- und Stilformen des Expressionismus*. (Nr. 271), S. 80ff.

vielen Autoren nicht die Existenz Gottes insgesamt, wohl aber seine allmächtige Herrschergewalt über das irdische Geschehen in Frage gestellt. Diese expressionistische Absage an die christliche Lehre von der Verfügungsgewalt Gottes über die Erde implizierte eine gewichtige Folgerung. Wenn die Kompetenz für das irdische Geschehen nicht mehr bei einem göttlichen Herrscher lag, so konnte sie entweder irgendwelchen anderen Kräften oder aber dem Menschen selber zukommen. Für die expressionistischen Autoren der Kriegsjahre kam nur die zweite Möglichkeit in Frage: die völlige Eigenverantwortung des Menschen für seine individuelle und kollektive Geschichte.

Gott ist tot

Diese Eigenverantwortung des Menschen ergab sich noch eindeutiger, wenn die Existenz eines göttlichen Herrschers insgesamt in Abrede gestellt wurde. Das Erlebnis des Ersten Weltkriegs und die verzweifelte Suche nach dessen Sinn führte etliche Expressionisten zu genau dieser Position. „Gott ist tot" lautete der Leitgedanke einer wichtigen Strömung des deutschen Expressionismus nach 1914. Wie sehr diese Absage an eine Existenz Gottes mit dem Ereignis des Weltkriegs und der Frage nach seinem Sinn zusammenhing, belegen u. a. die folgenden Zeilen aus der *Aktion* vom Herbst 1917: „Gott stirbt und Gott ist tot / Sein Werk zerschellt, / Gerichtet durch / Warum."[164] In diesem Zusammenhang muß noch einmal daran erinnert werden, daß der Weltkrieg 1914 von den Kirchen aller konfessionellen Ausrichtungen ausdrücklich als Wille Gottes, als gewolltes Strafgericht über die ‚sündhafte' Welt begrüßt und rechtfertigt worden war. Sicherlich bildete gerade auch dieses eindeutige Engagement der Kirchen im Dienste des Krieges[165] für etliche Expressionisten einen gewichtigen Grund, die christliche Gotteslehre entschieden aufzukündigen.

Sinn-Vakuum

Der Erste Weltkrieg wurde von vielen expressionistischen Autoren als letzter und unwiderlegbarer Beweis für die Nicht-Existenz eines allmächtigen göttlichen Herrschers gedeutet. Damit aber war für die expressionistische Bewegung auch die Frage nach dem Sinn und Zweck allen Geschehens überhaupt nicht mehr im christlichen Sinne beantwortbar. „Gott ist tot. Eine Welt brach zusammen [...] Der Sinn der Welt schwand. Die Zweckmäßigkeit der Welt in Hinsicht auf ein sie zusammenhaltendes höchstes Wesen schwand. Chaos brach hervor. Tumult brach hervor [...] Die Welt wurde monströs, unheimlich, das Vernunfts- und Konventionsverhältnis, der Maßstab schwand."[166] So konstatierte z. B. Hugo Ball im Jahre 1917. Mit ihrer eschatologischen Lehre von der wesenhaften Verpflichtung des Menschen zur Errichtung brüderlicher Gemeinschaft versuchten die Expressionisten eine neue Antwort auf die nach der Absage an das Christentum wieder offene Frage nach dem eigentlichen Sinn der Welt zu finden. Eine Antwort, die sowohl dem Leben des einzelnen, wie auch der Entwicklungsgeschichte der Menschheit wieder Ziel und Sinn verleihen sollte.

---

[164] Ernst Riser, „Jüngster Tag". In: *Die Aktion* 7, 1917, 17. Nov., Sp. 610.
[165] Vgl. Band 1, Kap. III, 4.4.
[166] Hugo Ball, „Kandinsky. Vortrag gehalten in der Galerie Dada. Zürich, 7. April 1917". Hier zitiert nach dem Abdruck in: *Expressionismus. Manifeste und Dokumente zur deutschen Literatur 1910–1920*. (Nr. 63), S. 124–126, Zitat S. 124.

Die expressionistische Aufkündigung der christlichen Gotteslehre darf allerdings nicht allein auf das Ereignis des Ersten Weltkriegs zurückgeführt werden. Die „Entgötterung der Welt" (H. Ball)[167] durch den Menschen hatte bereits lange vor 1914 eingesetzt. Genannt werden muß in diesem Zusammenhang vor allem die Philosophie Friedrich Nietzsches. Der Einfluß der radikalen Widerrede Nietzsches gegen eine Existenz Gottes auf den gesamten Expressionismus kann „wahrscheinlich gar nicht überschätzt werden" (S. Vietta).[168] In Anlehnung an die Schriften Nietzsches wurde „Gott" von vielen Expressionisten der Kriegsjahre als eine Erfindung des menschlichen Geistes verstanden. Diese Erfindung galt es nach expressionistischer Auffassung als solche zu entlarven und durch eine Besinnung des Menschen auf seine eigene Schöpferkraft und Verantwortungsfähigkeit zu überwinden.

Einflüsse Nietzsches

Die expressionistische Bestimmung Gottes als eine gedankliche Erfindung des Menschen selber mußte nicht zwangsläufig auch zu einer entschiedenen Verdammung dieser Erfindung führen. Ernst Bloch z. B. bestimmte in seiner frühen Schrift *Vom Geist der Utopie*,[169] die nach Christoph Eykman „getrost als Philosophie der expressionistischen Bewegung gedeutet werden darf",[170] die Figur und die Lehre Gottes als ein sich vom Menschen zur Entwicklung seines eigentlichen Wesens selbst gesetztes Idealbild. Vor allem die Figur Christi wurde von Bloch und zahlreichen anderen expressionistischen Autoren als ein Vorbild vollkommenen Seins verstanden, das der Mensch sich selbst entworfen habe. Zu den Konstituenten dieses durch die Christus-Figur vertretenen wahren menschlichen Seins gehörte für die Expressionisten zuallererst „die Lebenshaltung der Armut, der Liebe und des Leidens" (Ch. Eykman).[171] Genau diese Lebenshaltung wurde von den Expressionisten der Kriegsjahre – wie aufgezeigt – auch als Kennzeichen des zum Überleben der Menschheit benötigten „neuen Menschen" ausgegeben. Zur literarischen Gestaltung dieses geforderten „neuen Menschen" griffen die expressionistischen Autoren vorzugsweise auf die Figur Christi zurück. Christus wurde in ihren Schriften, wie Ch. Eykman ausführlich nachwies, „entweder zum Modell utopischer Wünsche, zur vorweggenommenen Sichtbarkeit *menschlicher* Vollkommenheit" oder „zur exemplarischen Figur menschlichen Leidens und menschlicher Erniedrigung".[172] Seine nach christlicher Lehre göttliche Herkunft aber spielte für die Expressionisten keine bedeutsame Rolle mehr.

Idealbild Christus

Die Abkehr der Expressionisten von der Vorstellung eines personalen Gottes, der für den Zustand der Welt Verantwortung trägt, bedeutete allerdings keineswegs einen Verzicht auf religiöses Denken überhaupt. Der Begriff des „Göttlichen" wurde von den meisten Autoren vielmehr explizit auf den Menschen

Vermenschlichung Gottes

---

[167] Ebda.
[168] Zitat aus der Einleitung des Herausgebers zu Kap. II.6: „Gott ist tot – Gespräche mit Gott", in: *Lyrik des Expressionismus*. Hrsg. und eingeleitet von Silvio Vietta. Tübingen 1976, S. 155.
[169] Ernst Bloch, *Geist der Utopie*. München, Leipzig 1918, zweite Fassung Berlin 1923.
[170] Christoph Eykman, *Denk- und Stilformen des Expressionismus*. (Nr. 271), S. 90.
[171] Ebda. S. 67.
[172] Ebda. S. 66.

selber übertragen. „Das allgemeinste Menschliche" galt ihnen, so Kurt Pinthus wörtlich 1916, als das eigentlich „Göttliche".[173] In Opposition zur abgelehnten Gotteslehre des Christentums verstanden die Expressionisten „Gott" zumeist als eine „innermenschliche Größe", „die man in der Liebe von Mensch zu Mensch erst erschafft und verwirklicht. Aus einem theologischen Tatbestand ist ein rein anthropologischer geworden."[174] Gott erhielt im Expressionismus ausdrücklich „Menschenangesicht"[175] zugesprochen: „Herr, ich bin wie Du!".[176] Er konnte nach expressionistischer Auffassung gerade wegen der Pervertierung der christlichen Religion durch die Kriegsbejahung der etablierten Kirchen nur noch im Mitmenschen, im wesensgleichen „Bruder" wiedergefunden werden. „Verwirklicht Gott in euch durch die Liebe zueinander!"[177] lautete die im Kontext der zeitgenössischen Kriegsideologie revolutionäre Forderung der expressionistischen Bewegung.

Vergöttlichung des Menschen

Die expressionistische Vermenschlichung Gottes implizierte zugleich auch eine Vergöttlichung des Menschen, der nun zur Mitte der Welt und zum eigentlichen Schöpfer seiner Geschichte erhoben wurde. „Alle Religionen", so verkündete z.B. der Expressionist Kurt Heynicke seinen Zeitgenossen kurz nach Kriegsende, „sind tote Götzen geworden. Dank der Dogmatisierung durch leere Priester ist das Christentum heute nur noch Atrappe, [...] Ihr seid selber stark genug, Gott zu sein. Es kann keinen größeren Gott geben, keine wirklichere Allmacht als die Güte der ganzen Menschheit, in einer Einheit von Millionen Wesen gedacht, gefühlt, gewollt [...] es scheinet das Licht, *der Mensch* ist geboren, um *Gott* zu sein!"[178] Untergang der Welt in absehbarer Zukunft oder „Vergegenwärtigung Gottes im Menschen"[179] durch Errichtung brüderlicher Erdballgemeinschaft: So lauteten unter dem Eindruck des Ersten Weltkrieges für die Expressionisten die Alternativen, zwischen denen sich die Menschheit ohne Aufschub zu entscheiden hatte. Eine „Vergegenwärtigung Gottes" war nach Auffassung der Expressionisten allerdings nur dann möglich, wenn zunächst eine radikale innere Wandlung der Menschen selber, d.h. ihre umfassende geistig-ethische Bewußtwerdung und Erneuerung erfolgte.

Ablehnung des Marxismus

Die expressionistische Konzeption einer Wandlung der Welt durch Wandlung des Menschen stand nicht nur im Widerspruch zur christlichen Lehre. Sie war auch unvereinbar mit der marxistischen Theorie einer schließlich zum Kommunismus führenden gesetzmäßigen Entwicklung der Menschheitsgeschichte.

---

[173] Kurt Pinthus, „Zur jüngsten Dichtung". (Nr. 175), S. 244.
[174] Ernst August Wicke, *Das Phänomen der Menschenliebe im expressionistischen Drama als säkularisierte Form der christlichen Agape*. (Nr. 323), S. 30.
[175] Zitat aus Kurt Pinthus, „Zuvor". (Nr. 178.b), S. 28. Dort heißt es: „Die ganze Welt und Gott bekommen Menschenangesicht: die Welt fängt im Menschen an, und Gott ist gefunden als Bruder-, [...]"
[176] Zeile aus Kurt Heynicke, „Lieder an Gott". Zitiert nach: *Menschheitsdämmerung*. (Nr. 169.b), S. 205.
[177] Ernst August Wicke, *Das Phänomen der Menschenliebe im expressionistischen Drama als säkularisierte Form der christlichen Agape*. (Nr. 323), S. 29.
[178] Kurt Heynicke, „Aufbruch". In: *Der Weg*, München 1919, H. 3 (März), S. 4.
[179] Walter H. Sokel, *Der literarische Expressionismus*. (Nr. 315), S. 233.

Diese Unvereinbarkeit wurde von zahlreichen Expressionisten ausdrücklich herausgestellt. Die Kritik dieser Autoren richtete sich vor allem gegen den naturwissenschaftlichen Ansatz der marxistischen Lehre, durch den — so z. B. die Meinung Ludwig Rubiners — die Entwicklung einer brüderlichen Menschheitsgemeinschaft zur „Angelegenheit der Nationalökonomie"[180] reduziert werde. Rubiner warf der marxistischen Lehre wegen ihrer „geistigen Grundlage" im „materialistischen Denken"[181] Mechanismus und Fatalismus vor. Sie verkürze die Geschichte der Menschen auf eine festgelegte Abfolge ökonomisch determinierter Entwicklungsstufen, wobei die eigentliche Qualität des Menschen als Träger von Geist, Wille und Macht keine Rolle spiele. Gegen die nach seiner Meinung vom Marxismus vorrangig erstrebte „materielle Umschichtung einer spezifischen Klasse"[182] setzte der Expressionist Rubiner die Forderung nach einer allgemeinen „Geistesrevolution",[183] nach geistig-ethischer Wandlung der Menschen. Diese geistige Revolution, laut Rubiner die höchste und dringlichste Form von „Umwälzung der Gesellschaft",[184] mußte nach expressionistischer Auffassung von jedem einzelnen Menschen vollbracht werden. Der Aufbau einer neuen Gemeinschaft aller Menschen konnte für die Expressionisten auf keinen Fall von nur einer „spezifischen Klasse"[185] der Gesellschaft geleistet werden: „Wie billig, bequem und roh, wie unverantwortlich und menschenunwürdig: alle unsere Erwartungen, Hoffnungen, unsere drängendsten Aufgaben abzuschieben auf das organisierte Proletariat! [...] Das alles geht heute nicht mehr, das alles hilft heute nicht mehr, das alles gilt heute nicht mehr."[186]

In seiner ausführlichen Studie über die Ethik der expressionistischen Bewegung spricht Wolfgang Rothe von einer tiefen, unüberbrückbaren „Kluft zwischen expressionistischem und marxistischem Denken".[187] Rothes Begründung dieser „Kluft" verdeutlicht noch einmal die zentralen Grundgedanken des Expressionismus nach 1914: Grundpositionen

„Die, wie keine andere, den Expressionismus charakterisierende Sentenz ‚Die Welt fängt im Menschen an' läßt auf den ersten Blick nur einen wohlbekannten Hominismus oder Individualismus vermuten. Doch bei genauerem Hinsehen zeigt sich rasch die existentielle Verbindlichkeit, ja Rigorosität des damit gegebenen ethischen Ansatzes. Vom Einzelnen, vom Ich ausgehen schließt nämlich ein, daß die Aufgabe einer Vermenschlichung inhumaner Weltzustände nicht auf Gruppen oder Klassen eingeschränkt, Organisationen und Institutionen übertragen, auf Regierungs- und Wirtschaftsformen verlagert oder gar auf die Abstracta ‚Gesellschaft' und ‚Staat' abgeschoben werden kann. Gleicherweise ist die bequeme Flucht in eine kryptotheologische Geschichtsphilosophie ausgeschlossen. Der säkularisierte Glaube des Marxismus an eine Geschichtsgesetzlich-

---

[180] Ludwig Rubiner, „Einleitung". In: *Leo Tolstoi. Tagebuch 1895–1899.* (Nr. 204), S. VII.
[181] Ebda.
[182] Ludwig Rubiner, „Nach Friedensschluß". In: *Zeit-Echo* 3, 1917, 1. und 2. Juniheft, S. 1–5; Zitat S. 2.
[183] Ebda.
[184] Ebda.
[185] Ebda.
[186] Ebda. S. 3.
[187] Wolfgang Rothe, *Tänzer und Täter.* (Nr. 309), S. 147.

keit, welche am Ende deterministisch den Sieg des ‚Menschen' und folglich das Paradies auf Erden herbeiführen werde, verbot sich für die Expressionisten ebenso wie die Annahme des historischen Materialismus, veränderte Besitzverhältnisse an den Produktionsmitteln würden zusammen mit einer Auswechslung der politischen und kulturellen Eliten, quasi selbsttätig das kommunistische Liebesreich anbrechen lassen. Jegliche Mechanik und Automatik, auch eine derartige geschichtsphilosophische, lehnten die Expressionisten, wofür sich genügend Beispiele beibringen ließen, ab. Ihre Resistenz, ja gänzliche Immunität gegenüber der marxistischen Lehre, ihre schneidende Kritik an dieser hat hier ihre tiefste Wurzel."[188]

Distanz zur SPD

Die Bedeutung der Kritik des Expressionismus an der marxistischen Lehre, die wesentlich durch die Schriften Gustav Landauers (1870–1919)[189] beeinflußt wurde, darf nicht unterschätzt werden. Diese Kritik schuf nicht zuletzt auch einen tiefen Graben zur Sozialdemokratischen Partei, die bis in den Krieg hinein – wenn auch in deutlichem Widerspruch zu ihrer loyalen und aktiven Mitarbeit in den politischen Gremien des Kaiserreiches – programmatisch vielfach ein marxistisch gefärbtes Geschichts- und Revolutionsverständnis vertrat. Nicht nur das von den Expressionisten scharf verurteilte[190] kriegsaffirmative Verhalten der organisierten Arbeiterschaft im Herbst 1914, sondern auch das deterministische[191] Denken der Sozialdemokratie, das den einzelnen von Verantwortung und persönlichem Einsatz zur Änderung der Verhältnisse weitgehend entlastete, bewirkte die scharfe Distanz der Expressionisten zu den herkömmlichen Trägern und Formen politischer Arbeit sowie ihre Suche nach anderen Möglichkeiten zur grundlegenden Veränderung von Mensch und Welt.

Wegbereiter Nietzsche

Die Lehre der Expressionisten, daß die Menschen selber für alles gesellschaftliche Geschehen verantwortlich seien, richtete sich gegen jede Zuschreibung dieser Verantwortung an andere, außermenschliche Kräfte. Diese Erhebung des Menschen zur allein verantwortlichen Schöpfungsmacht war allerdings keine singuläre Leistung des Expressionismus der Kriegsjahre. Maßgeblich war ihr der Weg bereitet worden durch eine spezifische zeitgenössische Strömung der Philosophie, die den Menschen, in deutlichem Unterschied zum Determinismus der Naturwissenschaften, wieder als Träger von Willen, Entschlußkraft und Handlungsfähigkeit[192] betrachtete. Vertreten wurde diese antidetermistische Sehweise

---

[188] Ebda. S. 146/147.
[189] Der bedeutende Einfluß Gustav Landauers auf den Expressionismus ist bedauerlicherweise bis heute noch nicht näher untersucht worden. Viele Autoren des Expressionismus wurden von Landauers Ideen nachhaltig beeinflußt. Eine intensive Auseinandersetzung Landauers mit der marxistischen Lehre findet sich im Kapitel „Der Marxismus" seiner 1911 zum ersten Mal erschienenen Schrift *Aufruf zum Sozialismus*.
[190] So z. B. von Ludwig Rubiner: „Die bewußt organisierten Proletarier aller Nationen sprachen dieselben Raubtierparolen, wie die früher von ihnen bekämpften Leiter ihrer Todesschicksale." Aus: Ludwig Rubiner, „Nach Friedensschluß". (Nr. 199), S. 2/3.
[191] Zu diesem deterministischen Denken der deutschen Sozialdemokratie, d. h. zu ihrer Erwartung einer naturnotwendigen Entwicklung zum Sozialismus, siehe z. B. Helga Grebing, *Geschichte der deutschen Arbeiterbewegung. Ein Überblick*. München 1966 (auch als Taschenbuch, München 1970), Kap. IV.3 und V.2.
[192] Vgl. die Ausführungen zur Lehre des Voluntarismus in Abschnitt 5.2.

des Menschen vor allem in den Schriften Friedrich Nietzsches. Seine „rigorose Erhebung des einzelnen zur geschichtsprägenden Kraft, seine Utopie des Übermenschen, der sich aus dem Druck der gegebenen Verhältnisse befreit und in Zarathustra-Einsamkeit die ihm genehmen Bedingungen schafft, [...]" (M. Durzak)[193] bildete die wohl wichtigste geistesgeschichtliche Wegbereitung für die expressionistische Erhebung des Menschen zur alleinigen Schöpfungsgewalt. Allerdings darf in diesem Zusammenhang keinesfalls übersehen werden, daß sich die Lehre der Expressionisten vom eigentlichen Wesen des Menschen vielfach auch fundamental von der Philosophie Nietzsches absetzte. So stand vor allem die expressionistische Festlegung von Brüderlichkeit und Nächstenliebe als konstitutiven Wesensmerkmalen des „wahren" Menschen in scharfem Widerspruch zur Verdammung jeder Mitleidsideologie durch Nietzsche.

Die geforderte Umgestaltung der Welt zu einem brüderlichen Bund aller Menschen konnte nach expressionistischem Verständnis nur gelingen, wenn schließlich jeder einzelne sich aktiv dafür einsetzte. Dieser Einsatz aller im Dienste der Bruder-Idee war in den Jahren des Krieges für die Anhänger des Expressionismus verständlicherweise nur als ein Geschehen späterer Zeit vorstellbar. In ihrer unmittelbaren, vom Krieg beherrschten Gegenwart galten den Expressionisten vor allem drei gesellschaftliche Gruppierungen als Wegbereiter der erstrebten kollektiven „Geistes-Revolution"[194] nach dem Krieg: die Generation der Jugend, die „unorganisierte Schicht"[195] der gesellschaftlich Ausgestoßenen (gerne als „Unterproletariat"[196] oder „Mob"[197] bezeichnet) und die Mitglieder der expressionistischen Bewegung selber. Drei Hoffnungsträger

Das Selbstverständnis der Expressionisten als Wegbereiter der Zukunft, ihr Anspruch auf geistige Führung der Zeitgenossen sowie die Begründung dieses Anspruches werden an späterer Stelle noch ausführlicher untersucht.[198] Als den wichtigsten Adressaten ihrer Schriften und Wandlungsaufrufe bestimmten die Expressionisten der Kriegszeit übereinstimmend die zeitgenössische Jugend, die „Jungen, Ungerühmten, grad noch nicht Totgeschossenen".[199] Diese Hoffnung auf die Jugend hatte verschiedene Gründe. Nach Meinung der Expressionisten war die Jugend noch nicht so sehr vom naturwissenschaftlichen und materiellen Denken verdorben wie die Generation ihrer Väter. Vor allem aber trug sie auch nicht die entscheidende Verantwortung für die Vorbereitung und Durchführung des grauenhaften Weltkrieges. Für die Expressionisten war die Jugend vielmehr das eigentliche Opfer dieses durch die „Sünden" der „älteren Generation"[200] Die junge Generation

---

[193] Manfred Durzak, *Das expressionistische Drama. Ernst Barlach, Ernst Toller, Fritz von Unruh.* München 1979, S. 83.
[194] Vgl. Anm. 183.
[195] Ludwig Rubiner, „Nach Friedensschluß". (Nr. 199), S. 2.
[196] Ebda.
[197] Ludwig Rubiner, „Die Änderung der Welt". (Nr. 191), S. 98.
[198] Siehe Abschnitt 6.6: „Der Künstler als Führer".
[199] Ludwig Rubiner, „Die neue Schar". (Nr. 201), S. 12.
[200] Arthur Holitscher, „Opfer". (Nr. 105), S. 378. Holitscher unterscheidet dabei noch zwischen „bewußten" Sünden und „Unterlassungssünden" der „älteren Generation".

verschuldeten Krieges. Ohne größere eigene Schuld hatte gerade die Jugend diesen ihr aufgezwungenen Krieg zu führen und ihn körperlich wie geistig zu ertragen. Aus dieser „Opferung"[201] einer ganzen Generation für die „Sünden" der Väter resultierte nach expressionistischem Verständnis das ganz besondere Recht der zeitgenössischen Jugend, die weitere Zukunft allein nach ihren eigenen Zielen und Vorstellungen zu gestalten. Diese Ziele konnten nach expressionistischer Auffassung nur im Sinne einer allgemeinen Menschheitsverbrüderung ausfallen, da niemand den Wahnsinn des Krieges und den Zusammenbruch aller bisher gültigen Ziel- und Wertvorstellungen so intensiv erfahren habe wie gerade die Jugend. Die eigene Erfahrung des Krieges, so lautete die Überzeugung der Expressionisten, mußte die junge Generation zutiefst von der Notwendigkeit einer geistigen Veränderung der Menschheit überzeugt haben.

Die Verzweifelten

Die Hoffnungen der Expressionisten auf eine Bereitschaft zu geistiger Erkenntnis und Wandlung richteten sich allerdings nicht nur auf die vom Krieg besonders betroffene junge Generation. Eine bedeutende, heute recht überraschende Rolle spielten in den Überlegungen der Expressionisten auch die Randgruppen der wilhelminischen Gesellschaft, „die Katastrophenarmee der Verzweifelten" (L. Rubiner).[202] Mit den Worten Ludwig Rubiners: „Droschenkutscher her, Strassenreiniger her, Steinsetzer her, Dienstmädchen her, Waschweiber her; Mob, Unterproletariat, Verzweifelte, Unorganisierte her, die nichts zu verlieren haben; Besitzlose, ganz Besitzlose her! Menschen her! Her zu uns, wir sind für Euch da!"[203]

Die Außenseiter

In den meisten literarischen Texten des Expressionismus der Kriegsjahre sind die Träger eines dargestellten positiven Wandlungsgeschehens nicht nur auffällig junge Menschen, sondern zugleich auch gesellschaftliche Außenseiter. Diese literarische und programmatische Ausrichtung der Expressionisten auf gesellschaftliche Randgruppen war weit mehr als nur eine billige Provokation des wilhelminischen Bildungsbürgertums. In der Literatur des frühen Expressionismus diente die bevorzugte Wahl gesellschaftlich mißachteter, in irgendeiner Form defizienter Figuren zur gezielten Opposition gegen die Fortschrittseuphorie und den sozialen Darwinismus der Zeit. Diese defizienten Figuren repräsentierten nach expressionistischer Ansicht den eigentlichen Zustand der Welt sehr viel eher als die vorgeblich Normalen, Gesunden und Erfolgreichen. Im Verlaufe des Krieges konzentrierte sich dann das Interesse der Expressionisten anläßlich ihrer Suche nach einer geistigen Erneuerungsmöglichkeit der Welt noch verstärkt auf die angenommene „geheime Heilsqualität"[204] der gesellschaftlichen Außenseiter. Gerade wegen ihrer Existenz als Opfer einer Gesellschaft, die begeistert den Wahnsinn des Krieges bejahte, gerade wegen ihrer „absoluten Daseinsnegativität"[205] bildeten die Ausgestoßenen und Deformierten für die Expressionisten „das

---

[201] Kasimir Edschmid, „Über die dichterische deutsche Jugend". (Nr. 47), S. 24.
[202] Ludwig Rubiner, „Nach Friedensschluß". (Nr. 199), S. 2.
[203] Ludwig Rubiner, *Der Mensch in der Mitte*. (Nr. 208), S. 155.
[204] Wolfgang Rothe, *Der Expressionismus*. (Nr. 308), S. 300.
[205] Ebda. S. 295.

latente Potential der Erweckten, Erfüllten, Gewandelten, der nach Erlösung Sehnsüchtigen, das verborgene Reservoir einer heilsamen Umwälzung".[206] Ebenso wie die Jugend, so waren nach expressionistischer Auffassung auch die Außenseiter der wilhelminischen Gesellschaft noch nicht vollständig vom materiellen Denken des Bürgertums oder dem deterministischen Weltbild der organisierten Arbeiterbewegung verdorben. Wer diese Denkweisen noch nicht verinnerlicht und noch dazu materiell nichts mehr zu verlieren hatte, der war nicht nur nach der Meinung Ludwig Rubiners sehr viel eher zu radikaler Änderung, zu unbedingtem Einsatz bereit als z. B. der zeitgenössische organisierte Arbeiter, „den schon lange allzu befriedigter Stolz auf Erreichtes in Angst vor dem Schritt zum Unbedingten hielt".[207]

Die Hoffnung der Expressionisten auf die Außenseiter der Gesellschaft als Bündnispartner zur geistigen Erneuerung der Welt ist nicht allein auf den Einfluß sozialistisch-anarchistischer Theoretiker[208] zurückzuführen. Sie hing vielmehr auch engstens mit dem Ereignis des Ersten Weltkriegs zusammen. Die Unterstützung dieses Krieges durch die vermeintlich fortschrittlichen Kräfte der Zeit (Sozialdemokratie, Gewerkschaften, Bürgertum, Intellektuelle) hatte diese Kräfte in den Augen der Expressionisten restlos diskreditiert und eine verstärkte Suche nach anderen Bündnispartnern im Dienste der Bruder-Idee bewirkt.

5.5. Geistige Revolution

Das Ereignis des Ersten Weltkriegs bot nach dem Verständnis der Expressionisten gerade wegen seiner grenzenlosen Grauenhaftigkeit der Menschheit die Chance zu einem völligen Neuanfang. Entscheidende Voraussetzung aber der möglichen Erschaffung eines neuen „Weltalters"[209] globaler brüderlicher Gemeinschaft war für die Expressionisten eine radikale Bewußtwerdung und Veränderung der Menschen selber. Es gelte, wie Kurt Pinthus 1918 repräsentativ für den Expressionismus der Kriegszeit formulierte, nicht die „Zustände", sondern vielmehr zuallererst den „Menschen"[210] selber zu verändern. Eine wirkliche Umgestaltung der äußeren „Zustände" war nach einheitlicher Meinung der Expressionisten erst dann möglich, wenn ihr eine „geistige Revolution",[211] d. h. eine innere Wandlung der Menschen selber vorausging. So forderte z. B. auch Ludwig Rubiner 1917 anstelle einer Umwälzung der politischen Machtverhältnisse zugunsten einer Partei oder gesellschaftlichen Gruppierung eine „Änderung des Bewußtseinsstandes der Welt".[212] Nach seiner Auffassung mußten sich die Menschen vor jedem zukünftigen Engagement zu einer ernsthaften Umgestaltung der äußeren

Bewußtseins-Änderung

---

[206] Ebda.
[207] Ludwig Rubiner, „Nach Friedensschluß". (Nr. 199), S. 2.
[208] Das sog. „Lumpenproletariat" spielte auch in den Schriften von Gustav Landauer und Erich Mühsam eine bedeutende Rolle. Diese erklärt sich nicht zuletzt aus der Ablehnung des Marxismus durch die beiden Autoren.
[209] Begriff bei Ludwig Rubiner, *Der Mensch in der Mitte*. (Nr. 208), S. 173.
[210] Kurt Pinthus, „Rede an junge Dichter". (Nr. 176), S. 141.
[211] Iwan Goll, „Menschenleben". (Nr. 75), S. 21.
[212] Ludwig Rubiner, „Nach Friedensschluß". (Nr. 199), S. 2.

Verhältnisse erst wieder ihrer eigentlichen „Existenz als geistiger Wesen bewußt"[213] werden. Kennzeichen dieser Existenz waren für ihn vor allem ein Wissen um die wesenhafte Gemeinschaft aller Menschen und der aktive Einsatz zur Verwirklichung dieser Gemeinschaft.

Tolstoi

Die aufgezeigte Forderung der deutschen Expressionisten nach einer „Geistesrevolution"[214] der Menschheit war maßgeblich durch die Schriften Leo N. Tolstois beeinflußt. Die folgende Darlegung der Lehre Tolstois durch Ludwig Rubiner aus dem Jahre 1918 markiert zugleich auch zentrale Positionen der deutschen Expressionisten selber:

„Für Tolstoi gilt es, das *Bewußtsein* der Menschen umzuwälzen, ihm gilt es, dieses Bewußtsein, das bisher auf die Welt in materialistischem Gesichtswinkel eingestellt ist, vorwärtszurücken in die geistige Einstellung. Das ist mehr als eine Revolution."[215]

Ein konstitutives Merkmal

Das Ansetzen der expressionistischen Erneuerungskonzeption bei der Bewußtseinslage der Menschen − und nicht wie sonst üblich bei den gesellschaftlichen Machtverhältnissen − bildet ein konstitutives Kennzeichen des Expressionismus der Kriegsjahre. Die entschiedene Forderung nach „Veränderung des menschlichen Bewußtseins im Sinne des Gemeinschaftsideals"[216] anstelle einseitiger Herrschafts-Umwälzung unterschied den Expressionismus deutlich von anderen geistigen und politischen Strömungen seiner Zeit. Zwar war auch in diesen Strömungen vielfach von der Heraufkunft eines „Neuen Menschen"[217] die Rede. Eine geistige Wandlung des Menschen aber wurde immer nur als spätere Folge und nicht wie im Expressionismus als entscheidende Voraussetzung gesellschaftlicher Veränderung gewertet.

Grundvermögen

Ein wichtiger Grund für die Konzentration der Expressionisten auf Veränderung der geistigen Konstitution des Menschen lag in der bereits aufgezeigten Überzeugung dieser Bewegung, daß prinzipiell in jedem Menschen eine Fähigkeit zu gemeinschaftlichem Verhalten angelegt sei. In der Erweckung dieser Fähigkeit sahen die Expressionisten den entscheidenden Ansatzpunkt jedes künftigen Versuches zur Änderung der Gesellschaft. „Es findet sich", so hieß es mitten im Krieg einmal in der *Aktion*, „in jedem Menschen immer das Menschentum, das Gemeinschafts- und Verpflichtungsgefühl aller Menschen."[218] Dieses „Menschentum" aber, so führte der anonyme Autor weiter aus, sei bei den meisten Zeitgenossen noch in einem Zustand der „Dumpfheit" oder „Geheim-

---

[213] Ludwig Rubiner, „Zur Krise des geistigen Lebens". (Nr. 189), S. 234.
[214] Ludwig Rubiner, „Nach Friedensschluß". (Nr. 199), S. 2.
[215] Ludwig Rubiner, „Einleitung". In: *Leo Tolstoi. Tagebuch 1895–1899*. (Nr. 204), S. XXIV.
[216] Auf diese Formulierung brachte Eckart Koester das Anliegen des Expressionismus. In: Eckart Koester, *Literatur und Weltkriegsideologie. Positionen und Begründungszusammenhänge des publizistischen Engagements deutscher Schriftsteller im Ersten Weltkrieg*. Kronberg/Ts. 1977, S. 359/360.
[217] So findet sich der Begriff vom „Neuen Menschen" z.B. in der Lehre von Karl Marx, bei August Bebel, in der Programmatik der Heimatkunst (vgl. Band 1, Kap. II, 3.5) und vor allem auch in den zeitgenössischen apologetischen Schriften über die erhofften Folgen des Weltkriegs von 1914.
[218] „Zur Regelung der zwischenmenschlichen Angelegenheiten". (Nr. 2), Sp. 522.

haltung",²¹⁹ es werde „von vielen irrenderweise noch immer dem Staatsbürgertum hintangesetzt".²²⁰

Die hier vertretene Auffassung der allgemeinen Verkümmerung eines ethisch-sozialen Grundvermögens des Menschen bildete – wie bereits gesehen²²¹ – eine zentrale Position des Expressionismus der Kriegszeit. Die Ursachen dieser langfristigen Regression des Menschen lagen nach expressionistischer Auffassung entscheidend im geistigen Bereich, d. h. in der Durchsetzung des naturwissenschaftlich-materialistischen Denkens mit seinem „Wahn des ‚Kampfes ums Dasein'".²²² Der Siegeszug dieses Denkens wurde auch für die Entstehung des Weltkrieges verantwortlich gemacht. Das falsche Bewußtsein der Menschen und das Fehlen sozialen Mitfühlens galten den Expressionisten als wesentliche Auslöser des Weltkriegs.

Als Folge dieser Auffassung mußte nach expressionistischem Verständnis jede ernstgemeinte gesellschaftliche Veränderung zuallererst bei der geistigen Verfassung der Menschen ansetzen. „Gefühlserregung" und Einwirken auf die „Vernunft" bestimmte Kurt Pinthus 1918 als die entscheidenden Mittel, um den Menschen zu verwandeln und ihn schließlich „zur Tat zu bewegen".²²³ Wie aus diesen Zeilen ersichtlich wird, bedeutete die erstrebte Wandlung des Menschen durch „geistige Revolution" für die Expressionisten keinesfalls nur eine bloß intellektuelle Änderung des Menschen durch „Entfaltung des Menschheitsbewußtseins".²²⁴ Mindestens genauso wichtig erschien den Expressionisten die Wiedergewinnung seines sozialen Gefühls-Vermögens durch den Menschen. Zur sprachlichen Benennung dieses Verlustes zwischenmenschlicher Gefühlsfähigkeit wählten die Expressionisten vorzugsweise die Metapher des „erstarrten Herzens". Es gehe, wie Kurt Pinthus schon 1916 formulierte, der expressionistischen Bewegung darum, „stumpfe und verhärtete Herzen zu entzünden".²²⁵ Zwei Jahre später war derselbe Autor überzeugt, daß die Expressionisten mit ihren Werken die „müden Herzen ihrer Mitmenschen" zu „zermalmen und erneuern"²²⁶ vermochten. Gerade weil die Durchsetzung des naturwissenschaftlichen Denkens nach ihrer Auffassung zu einer verhängnisvollen Verabsolutierung des Verstandes, zu „einer im tiefsten Sinne unherzlichen und herzlosen Welt"²²⁷ geführt hatte, forderten die Autoren des Expressionismus die Wiedererweckung des „Herzens". Darunter verstanden sie jene sozialen und kreativen Fähigkeiten des Menschen, die nach ihrer Überzeugung durch das naturwissenschaftliche Denken weitgehend in Vergessenheit geraten waren, so vor allem Einfühlungskraft, Mitleidsfähigkeit, Verantwortungsgefühl, Schöpfungswillen und Phantasie. Die Kritik der

Wahn-Denken

Erweckung der Herzen

---

²¹⁹ Ebda. Sp. 524.
²²⁰ Ebda. Sp. 522.
²²¹ Vgl. die Abschnitte 4.3 und 5.1.
²²² „Zur Regelung der zwischenmenschlichen Angelegenheiten". (Nr. 2), Sp. 523.
²²³ Kurt Pinthus, „Rede an junge Dichter". (Nr. 176), S. 141.
²²⁴ Ludwig Rubiner, „Nach Friedensschluß". (Nr. 199), S. 4.
²²⁵ Kurt Pinthus, „Zur jüngsten Dichtung". (Nr. 175), S. 245.
²²⁶ Kurt Pinthus, „Rede an junge Dichter". (Nr. 176), S. 156.
²²⁷ Svend Borberg, „Venus oder Nike". (Nr. 27), S. 124.

Expressionisten an der Beherrschung der Zeit durch die „Klammern eines einseitig primitiven Intellektualismus"[228] verneinte allerdings, wie Wolfgang Rothe 1977 nachwies, „keineswegs doktrinär jegliche Ratio, sondern nur deren Perversion zu einem Rationalismus, sie zielt auf dessen fatalen Herrschaftsanspruch, auf sein arrogantes Negieren aller übrigen psychischen Potenzen und kreativen Fähigkeiten des Menschen."[229]

Leiden an der Stirn   Die Opposition der expressionistischen Autoren gegen die zeitgenössische Verabsolutierung des Verstandes bei gleichzeitiger Abwertung oder Negation aller anderen Veranlagungen des Menschen ist nicht allein auf das Ereignis des Ersten Weltkriegs zurückzuführen. „Das Leiden an der Stirn",[230] d. h. an einer einseitigen Vorherrschaft des Verstandes, war schon vor 1914 ein wichtiges Thema der expressionistischen Literatur geworden. Unter dem Eindruck des Weltkrieges verschärfte sich diese Kritik an der zeitgenössischen „Verstandesreligion" (W. Rothe).[231] Der Weltkrieg galt den Expressionisten als die klarste Offenbarung der verhängnisvollen Folgen einer Beherrschung des Menschen durch ein rein naturwissenschaftlich-technisches Denken.

Balance von Herz und Hirn   Als Ausweg erstrebten die Expressionisten allerdings nun keinesfalls ihrerseits die Errichtung einer einseitigen Vorherrschaft von Gefühl und Anti-Ratio. Ihr Ziel war vielmehr eine ausgeglichene Balance zwischen „Herz" und „Hirn", zwischen Gefühl und Verstand. „Geistige Revolution" implizierte für sie Wiedergewinnung des Herzens und Umwälzung des Verstandes. So schrieb René Schickele z. B. einmal von der Hoffnung der Expressionisten, „daß die Herzen vom Tode auferstehen und die Gehirne Erkenntnisse zu Taten machen".[232]

Soziales Handeln   Diese Formulierung Schickeles belegt nicht nur die Verbindung von Herz und Verstand in der Erneuerungslehre der Expressionisten, sondern auch die zentrale Bedeutung des Handelns, der ethischen Tat. „Geistige Revolution" bedeutete für die Expressionisten neben der Veränderung des Bewußtseins und der „Wiedergeburt des Herzens" auch die Umsetzung der neuen Erkenntnisse und Gefühle in ethisch gebundenes Handeln. Die Bewußtwerdung ihrer „geistigen Gemeinschaft" sollte die Menschen auch zum Engagement für die Errichtung einer adäquaten „politischen Gemeinschaft"[233] veranlassen. Die massenhafte Auslösung dieses Engagements als Folge innerer Wandlung war das große Ziel der expressionistischen Bewegung.

Zuversicht   Bei der Umsetzung von Gemeinschaftsbewußtsein und Brudergefühl in soziales Handeln spielte nach dem Verständnis der Expressionisten der „Glaube" eine entscheidende Rolle. „Denket, glaubet, liebet"[234] forderte Iwan Goll 1917

---

[228] Paul Fechter, *Der Expressionismus*. München 1914, S. 29.
[229] Wolfgang Rothe, *Der Expressionismus*. (Nr. 308), S. 275.
[230] Ebda. S. 289. Rothe liefert zahlreiche Beispiele für die Kritik der frühen Expressionisten an der zeitgenössischen Verherrlichung des Verstandes.
[231] Ebda. S. 276.
[232] René Schickele, „Der Konvent der Intellektuellen". In: *Die weißen Blätter* 5, 1918, III. Quartal (August), S. 96–105; Zitat S. 100.
[233] „Zur Regelung der zwischenmenschlichen Angelegenheiten". (Nr. 2), Sp. 521.
[234] Iwan Goll, „Menschenleben". (Nr. 75), S. 21.

seine Zeitgenossen auf. „Glaube" bedeutete für die Expressionisten nicht nur Vertrauen auf die soziale Veranlagung des Menschen und auf die Fähigkeit jedes einzelnen zur ethischen Tat. Es bedeutete vor allem die Zuversicht in die künftige Verwirklichung der jahrhundertealten Idee vom Brudertum aller Menschen. Ohne diesen „neuen und starken Glauben"[235] an das ethische Vermögen des Menschen könne, so warnte 1916 Ludwig Rubiner seine Zeitgenossen, die Welt nicht gerettet werden.

Ein wichtiges, bisher noch nicht thematisiertes Kennzeichen der expressionistischen Lehre von der Errettung der Welt bildete die entschiedene Ablehnung jeder Form von Gewalt. Der „Abschwur"[236] an die Gewalt wurde gerade unter dem Eindruck des Krieges zu einem Leitprinzip des Expressionismus zwischen 1914 und 1918. Die Betrachtung der Menschen als wesensgleiche Brüder verbot für die Expressionisten jede Art von Gewalt im Umgang zwischen den Menschen. „Die Hilfe der Geistigen macht Halt vor der Gewalt"[237] warnte René Schickele ausdrücklich noch im August 1918, als das Nahen politischer Umwälzungen schon deutlich zu spüren war. {Ablehnung von Gewalt}

Die geforderte geistige Revolution der Menschheit mußte nach expressionistischem Gebot auf alle Fälle ohne Gewalt auskommen. Anstelle von Gewalt proklamierten die Vertreter des Expressionismus vielmehr vor allem die Kraft „des frohen Beispiels"[238] als Mittel zur erfolgreichen Einwirkung auf Gefühl und Verstand des Mitmenschen. Die Expressionisten waren zutiefst davon überzeugt, daß sich der Mensch gerade ihrer so sehr von Gewalt geprägten Zeit auf die Dauer dem Einfluß eines positiven Beispiels und Vorbilds nicht entziehen könne. Die wohl entscheidende Grundlage für dieses, heutigem Denken sehr fremd gewordene Vertrauen in die Wirkungskraft vorbildlichen Handelns bildete die expressionistische Auffassung von der prinzipiellen Veranlagung jedes Menschen zu gemeinschaftlichem Verhalten. Ohne diese Grundannahme wäre auch das Vertrauen der Expressionisten in die Möglichkeit jedes einzelnen, durch vorbildhaftes Handeln gesellschaftlich wirken zu können, nicht möglich gewesen. {Kraft des Beispiels}

Als die höchste Form vorbildhaften Handelns verstanden die Expressionisten die persönliche Wandlung des einzelnen zu einem geistig geläuterten „Neuen Menschen". In ihren lyrischen und dramatischen Werken nach 1914 gestalteten sie diese Wandlung vorzugsweise am Beispiel eines gewaltlosen Selbstopfers des jeweiligen Protagonisten im Dienste der brüderlichen Gemeinschaftsidee. Das Selbstopfer verdeutlichte für die Expressionisten durch den ihm inhärenten „Verzicht auf Ich-Interesse, Eigennutz und auf Gewalt" (G. Rühle)[239] am vollkommensten die Wandlung des einzelnen vom „alten" zum „neuen" Menschen. {Wandlung zum neuen Menschen}

---

[235] Ludwig Rubiner, „Zur Krise des geistigen Lebens". (Nr. 189), S. 236.
[236] So der Titel eines Gedichtes von René Schickele gegen jede Art von Gewalt und Zwang. Abgedruckt in: *Menschheitsdämmerung*. (Nr. 169.b), S. 311.
[237] René Schickele, „Der Konvent der Intellektuellen". (Nr. 211), S. 103.
[238] Ebda. S. 104.
[239] Günther Rühle, „Einleitung". In: Günther Rühle (Hrsg.), *Zeit und Theater 1913–1925*. Band I: *Vom Kaiserreich zur Republik*. Frankfurt a. M. 1973. Hier zitiert nach der Taschenbuchausgabe 1980, S. 7–60; Zitat S. 36.

Etliche Autoren des Expressionismus erhoben vor allem in dramatischen Werken das Selbstopfer eines zuvor geistig bewußt gewordenen Protagonisten zum Auslöser für die seelische Erschütterung und anschließende Wandlung der bis dahin in altem Denken verhafteten anderen Figuren.[240]

Letzte Chance Auch diese spezifische Darstellung des Selbstopfers als Auslöser geistiger Bewußtwerdung der Mitmenschen hing engstens mit dem Ereignis des Weltkriegs zusammen. Sie sollte den Zeitgenossen den Ausweg aus der sich im Krieg manifestierenden „Krise des geistigen Lebens"[241] aufzeigen. Der millionenfache Tod durch den Krieg konnte nach expressionistischer Deutung nur dann noch einen letzten positiven Sinn bekommen, wenn er zum Auslöser einer umfassenden geistigen Wende der Menschheit wurde: die Toten des Krieges als Wegbereiter in eine bessere Zukunft aller Menschen. Unterblieb diese Wandlung, so konnte der Weg der Menschheit nach expressionistischer Auffassung nur in die ewige „Weltnacht"[242] führen.

Relikt Gewalt Die Anwendung von Gewalt galt den Expressionisten als ein besonders charakteristisches Kennzeichen des „alten" Menschen, dessen Herrschaft zu Ende gebracht werden mußte. So vertrat z. B. René Schickele die Auffassung, daß der Gebrauch von Gewalt auf den mühevollen „Aufstieg" der Menschheit „aus der Tierwelt" zurückzuführen sei: „Damals haben wir diese Lebensform angenommen. Wir sind, trotz besserer Einsicht, dabei geblieben."[243] Der Einsatz von Gewalt war für die Expressionisten ein leider noch immer wirksames Relikt aus der früheren Geschichte der Menschheit, das es nun durch eine neue Entwicklungsstufe zu überwinden galt.

Abschaffung aller Gewalt Es ging den Expressionisten somit nicht nur um die Gewaltlosigkeit der von ihnen erstrebten „geistigen Revolution", sondern um den „Abbau der Gewalt"[244] schlechthin. Nach René Schickele mußte es ein vorrangiges Ziel der Expressionisten sein, „daß die Gewalt *gründlich* aufhöre".[245] Gefordert war damit der Widerstand gegen jede Anwendung und Rechtfertigung von Gewalt. Als eine in ihrer unmittelbaren Gegenwart besonders wichtige Form dieses Widerstandes gegen den „Glanz der Gewalt"[246] verstanden die Expressionisten nach 1914 die Opposition gegen die Flut von publizistischen Versuchen zur Verherrlichung und Rechtfertigung des neuen Krieges. Die öffentliche Verkündung ihrer eigenen Lehre vom wesenhaften Brudertum aller Menschen war für die Expressionisten ein wichtiges Mittel dieser Opposition.

Konsequenz Einige Vertreter des Expressionismus verurteilten explizit auch die „künstlichen Ungleichheiten" zwischen den Menschen, d. h. „die staatlichen und die der

---

[240] Siehe z. B. den Schluß der Stücke „Die Bürger von Calais" (von Georg Kaiser, erstmals Berlin 1914) und „Antigone" (von Walter Hasenclever, erstmals Berlin 1917).
[241] Vgl. Ludwig Rubiner, „Zur Krise des geistigen Lebens". (Nr. 189).
[242] Ausführlicher zur Verwendung dieses Begriffes siehe Wolfgang Rothe, *Der Expressionismus*. (Nr. 308), speziell Erster Teil, Kapitel VI: „Weltnacht".
[243] Alle Zitate aus René Schickele, „Der Konvent der Intellektuellen". (Nr. 211), S. 104.
[244] Ebda. S. 102.
[245] Ebda. S. 98.
[246] Ebda. S. 104.

Klassen",²⁴⁷ als eine spezifische Form von „Gewalt". Die expressionistische Forderung nach „Abbau der Gewalt in den Beziehungen zwischen den Menschen"²⁴⁸ erhielt somit oftmals einen dezidiert politischen Charakter: Sie bedeutete zugleich auch die Forderung nach einer Aufhebung der bisherigen, ungerechten gesellschaftlichen Verhältnisse. In diesem Sinne verstanden sich die Expressionisten als „Gleichmacher",²⁴⁹ wie R. Schickele einmal schrieb. Anstelle der herkömmlichen gesellschaftlichen Unterscheidungen wollten viele Expressionisten nur noch eine „schicksalhafte Ungleichheit"²⁵⁰ zwischen den Menschen gelten lassen.

Die Anwendung von Gewalt wurde von den Expressionisten auch dann abgelehnt, wenn das Ziel, zu dessen Verwirklichung sie eingesetzt werden sollte, eigentlich positiv zu bewerten war. „Gewalt regiert, / Was gut begann, / Zum Bösen",²⁵¹ lautete die Begründung für diese Ablehnung. Kurt Hiller warnte noch 1921 seine Leser: „Der Geist jedoch befiehlt: Auch um der erhabensten Idee willen morde nicht; denn keine Idee ist erhabener als das Lebendige."²⁵²   Gewaltfreiheit

Vor allem die politische Geschichte der Menschheit galt den Expressionisten als Beleg für die Pervertierung ursprünglich positiver Ziele durch den Einsatz von Gewalt. Die uralte Spirale von Gewalt und Gegengewalt konnte nach expressionistischer Auffassung nur durch einen endgültigen Verzicht jedes einzelnen auf die Anwendung von Gewalt überwunden werden. Zu diesem Verzicht schien den Expressionisten kein Moment der Weltgeschichte besser geeignet als die kommende Ära nach dem Ende des grauenhaften Weltkriegs.

Das Prinzip der Gewaltlosigkeit bildete ein konstitutives Element der expressionistischen Weltanschauung zwischen 1914 und 1918. Auch das Ereignis der mittels Gewalt erfolgreichen Revolution in Rußland bewirkte zunächst im allgemeinen keine Abkehr von diesem Prinzip. Der blutige Verlauf der deutschen Revolution allerdings, speziell der Münchner Räterepubliken vom Frühjahr 1919, zerstörte radikal die Hoffnungen der Expressionisten auf eine gewaltfreie Neugestaltung der gesellschaftlichen Verhältnisse im Deutschen Reich. Unter dem Eindruck der realen politischen Ereignisse wurde die Auseinandersetzung mit der Gewaltfrage 1919 zu einem zentralen Thema der Expressionisten.²⁵³ Viele Autoren mußten erkennen: „der Expressionismus konnte die gewaltlose Revolution, die er wollte, nicht ausführen, und die gewaltsame, die stattfinden konnte, wollte er nicht" (G. Rühle).²⁵⁴ Die Reflexion über die Zulässigkeit von   Widerlegung

---

²⁴⁷ Ebda. S. 102/103.
²⁴⁸ Ebda. S. 102.
²⁴⁹ Ebda.
²⁵⁰ Ebda.
²⁵¹ Zitat aus dem Gedicht „Abschwur" von René Schickele. (Siehe Anm. 236).
²⁵² Kurt Hiller, *Logokratie oder ein Weltbund des Geistes*. Leipzig 1921, S. 23.
²⁵³ Literarischer Ausdruck dieser Beschäftigung mit der Frage der Gewalt unter dem Eindruck der politischen Ereignisse von 1918/19 sind z.B. die Stücke *Masse = Mensch* von Ernst Toller (geschrieben 1919, 1. Auflage Potsdam 1921) und *Judas* von Erich Mühsam (geschrieben 1920, 1. Auflage Berlin 1921).
²⁵⁴ Günther Rühle, „Einleitung". In: Günther Rühle (Hrsg.), *Zeit und Theater 1913–1925*. Band I. (Nr. 310.b), S. 44.

Gewalt trug maßgeblich zur schnellen Auflösung der expressionistischen Bewegung nach 1920 bei. Etliche Autoren verwarfen ihr früheres Prinzip der Gewaltlosigkeit und schlossen sich politischen Gruppierungen (vor allem der KPD) an, die den Einsatz von Gewalt ausdrücklich rechtfertigten. Andere hielten am expressionistischen Gebot der Gewaltlosigkeit weiterhin fest. Für sie gab es aber angesichts der politischen Ereignisse und Entwicklungen keine Hoffnung mehr auf eine absehbare geistige Erneuerung der Menschen im Sinne des Expressionismus.

Macht der Idee

Die politischen Ereignisse im Deutschen Reich ab dem November 1918 erschütterten auch noch ein weiteres zentrales Axiom der expressionistischen Weltanschauung: das Vertrauen auf die gesellschaftliche Wirkungskraft von „Ideen". Das Ansetzen der expressionistischen Erneuerungsstrategie bei Verstand und Gefühl des Menschen (und nicht bei den konkreten politischen Machtverhältnissen) hing ja untrennbar mit der festen Überzeugung zusammen, daß eigentlich „Ideen" diejenigen Kräfte seien, welche die Menschheit entscheidend bewegten und veränderten. So schrieb z. B. Kurt Pinthus 1918 von der glühenden Überzeugung der Expressionisten, „daß nicht durch die Wirklichkeit die Idee, sondern durch die Idee die Wirklichkeit bedingt und beherrscht werde".[255] Der im Verlaufe des Krieges zur expressionistischen Anschauung übergewechselte Klabund forderte im selben Jahr eine Ersetzung der „Realpolitik" durch eine „Ideenpolitik": „Man betreibe Ideenpolitik! Indem man sich nicht wie in der Realpolitik von den Realitäten treiben läßt, sondern indem man aus der Kraft der Idee das Reale schafft."[256] Wohl am deutlichsten hat Ludwig Rubiner einmal die folgenreiche Gewißheit der Expressionisten von der gesellschaftlichen Wirkungskraft ideeller Faktoren formuliert. „Wir können", so schrieb er schon 1916, „unsere Ideen im Leben außer uns wirkend machen, als seien sie reale Organismen."[257] Für die Expressionisten war es somit, in gezielter Opposition gegen „alle Wirklichkeitsfanatiker", völlig außer Zweifel, „daß die Verkündung der Ideen durch die Männer des Geists von jeher größere Wirkungen und Änderungen in der Menschheit erzielte als alle Anstrengungen der Politiker und alle Reden der Parlamentarier".[258] Der Begriff der „Idee" wurde von den Expressionisten dabei natürlich nicht im Sinne eines rein privaten Gedankenspiels verstanden, sondern als ein zu aktiver Tat[259] verpflichtendes, öffentlich wirksames Leitprinzip des Denkens und Urteilens.

Belege

Als Beleg für die gesellschaftliche Wirkungsmöglichkeit einer Idee verwiesen die expressionistischen Autoren neben der Nennung von Sokrates, Rousseau und Karl Marx vor allem auf die Lehre Christi. Dabei ging es ihnen nicht um die

---

[255] Kurt Pinthus, „Rede an junge Dichter". (Nr. 176), S. 148.
[256] Klabund, „Bußpredigt". (Nr. 126), S. 108.
[257] Ludwig Rubiner, „Zur Krise des geistigen Lebens". (Nr. 189), S. 237.
[258] Kurt Pinthus, „Rede für die Zukunft". (Nr. 177), S. 413.
[259] Vgl. Kurt Pinthus in seiner Schrift „Rede für die Zukunft": „Nicht Mächte der Vergangenheit und Konstellationen der Gegenwart sind die Wegweiser in die Zukunft, sondern allein die Idee, welche die Tat zeugt und für welche die Tat zeugt." (Nr. 177; Zitat S. 404).

göttliche Herkunft Christi im biblischen Sinne, sondern um die Art und die Dauer seines Wirkens auf die Menschen: „Der große Aktive von Nazareth – schuf er eine Symphonie? eine Bildsäule? einen Dom? eine Schulsiedlung? einen Staat? schuf er irgend ein ‚Ding‘ oder ‚Gebild‘? Worte sprach er; und selbst seine Wunder waren Worte, aus unerhörter Liebe und unermessener Kraft" (K. Hiller).[260]

Die Lehre Christi galt den Expressionisten als der beste Beweis, „wie unausrottbar"[261] eine Idee auch noch Jahrhunderte später in der Menschheit wirken konnte. „Gedanken sterben nicht",[262] lautete die bedeutsame Schlußfolgerung der Expressionisten aus der Betrachtung der menschlichen Ideengeschichte.

Die expressionistische Einschätzung von „Ideen" als eigentlichen Triebkräften in der Geschichte der Menschheit muß nicht zuletzt auch in direktem Zusammenhang mit dem Ereignis des Weltkrieges von 1914 gesehen werden. Die weithin euphorische Reaktion der Massen bei Beginn des Krieges hatte den Expressionisten eindrucksvoll die Wirkungsmöglichkeit von Ideen, in diesem Falle natürlich von ‚falschen‘[263] und verhängnisvollen demonstriert. Die furchtbare Realität dieses Krieges aber, so lautete die Zuversicht der Expressionisten, mußte schließlich jedem Zeitgenossen irgendwann einmal das Versagen und die Verlogenheit, die zukünftige Unhaltbarkeit aller bisher herrschenden Ideen offenbaren. Mit den Worten Hugo Balls vom April 1917:

Negativbeispiel

„Eine tausendjährige Kultur bricht zusammen. Es gibt keine Pfeiler und Stützen, keine Fundamente mehr, die nicht zersprengt worden wären. Kirchen sind Luftschlösser geworden, Überzeugungen Vorurteile. Es gibt keine Perspektive mehr in der moralischen Welt. Oben ist unten, unten ist oben. Umwertung aller Werte fand statt. [...] Die Welt wurde monströs, unheimlich, das Vernunfts- und Konventionsverhältnis, der Maßstab schwand."[264]

Von dieser Zerstörung aller bisherigen Werte und Denkweisen durch den Krieg erhofften sich die Expressionisten eine wachsende Bereitschaft ihrer Zeitgenossen zur Annahme der einzigen Idee, die nach expressionistischer Sicht der Menschheit noch Rettung bringen konnte: der Idee von der wesenhaften Verpflichtung des Menschen zum Aufbau weltweiter brüderlicher Gemeinschaft.

Diese Idee vom Brudertum aller Menschen galt den Expressionisten nicht nur als der einzige Rettungsanker für die weitere Zukunft der Menschheit. Sie wurde zugleich auch als die älteste und einflußreichste Idee in der Geschichte der Menschheit überhaupt gewertet. Zum Ausdruck der überpersönlichen und überzeitlichen Wirkungskraft dieser vom Menschen selbst geschaffenen Idee

Geist als überzeitliche Kraft

---

[260] Kurt Hiller, „Ortsbestimmung des Aktivismus". In: *Die Erhebung. Jahrbuch für neue Dichtung und Wertung.* Hrsg. von Alfred Wolfenstein. Berlin o.J. (1919), S. 360–377, Zitat S. 367.
[261] Kurt Pinthus, „Rede an junge Dichter". (Nr. 176), S. 148.
[262] Rudolf Leonhard, *Kampf gegen die Waffe.* (Nr. 142), S. 10.
[263] Zur expressionistischen Unterscheidung von falschen (sog. „einengenden") und richtigen (d. h. „erweiternden") Ideen siehe Kurt Pinthus, „Rede für die Zukunft". (Nr. 177), S. 404/405.
[264] Hugo Ball, „Kandinsky". (Nr. 12.b), S. 124.

diente den Expressionisten der Begriff des „Geist". Dieses Leitwort des deutschen Expressionismus bezeichnete somit nicht nur – wie bereits aufgewiesen[265] – eine grundsätzlich vorhandene soziale Kompetenz jedes einzelnen Menschen, sondern ebenfalls auch eine hinter der Geschichte der Menschheit wirkende Größe. Dieser wurde von den Expressionisten ausdrücklich eine aktive, dynamische Wirkungskraft zugesprochen. So schrieb z. B. Kasimir Edschmid vom „Geist", der „treibt und schafft"[266] und der immerzu „heftig umwerbend"[267] (sic!) über dem Menschen stehe.

Erweckung durch d. Geist   Der „Geist" konnte nach expressionistischer Vorstellung sich des einzelnen Menschen bemächtigen und ihn zu seinem „Träger"[268] und Sprachrohr erwählen. Gemeint war mit dieser Formulierung eine plötzliche Bewußtwerdung des einzelnen Menschen über die Errichtung einer brüderlichen Gemeinschaft als dem eigentlichen Sinn und Zweck seines Daseins. Diese Bewußtwerdung wurde von den Expressionisten in gezielter Opposition gegen das kausal-logische Denken der Zeit als ein rational-wissenschaftlich nicht erklärbares, wunderartiges Geschehen verstanden und in zahlreichen literarischen (meist dramatischen) Texten ausgestaltet.

Dialektik   Zwischen dem Geist als einem überzeitlichen Weltgesetz und dem einzelnen Menschen bestand nach der expressionistischen Theorie ein dialektisches Verhältnis. Der Geist konnte sich nur im sozialen Handeln des einzelnen manifestieren und erfüllen. Zugleich aber konnte auch der einzelne nur durch ein soziales Handeln im Sinne des Geistes, d. h. des „Brudergefühls" und der „Gemeinschaftsidee",[269] seine eigentliche Bestimmung als Mensch erreichen. Als letztes Ziel des Geistes und zugleich höchste Verwirklichungsstufe des Menschen galt den Expressionisten die Errichtung einer brüderlichen „Erdball-Einheit der Völker".[270] Das fürchterliche Geschehen des Krieges, so hofften die Expressionisten, mußte den Menschen diese eigentliche Verpflichtung zum Bau einer „Gemeinschaft freier Menschen, die durch den Geist besteht",[271] wieder ins Bewußtsein bringen.

Ambivalenz   Der einzelne Mensch erhielt im Expressionismus durch die Theorie des Geist als einer autonomen und überzeitlichen Wirkungskraft eine doppeldeutige Position. Einerseits wurde er in der Auseinandersetzung mit dem naturwissenschaftlichen Weltbild der Zeit von den Expressionisten zum allein verantwortlichen Schöpfer allen gesellschaftlichen Geschehens erhoben.[272] Andererseits er-

---

[265] Siehe Abschnitt 5.2.
[266] Kasimir Edschmid, „Über die dichterische deutsche Jugend". (Nr. 47), S. 35.
[267] Ebda. S. 35.
[268] Kurt Hiller, „Wir". (Nr. 96), S. 134.
[269] Ludwig Rubiner, *Der Mensch in der Mitte*. (Nr. 208), S. 173.
[270] Ebda. S. 6.
[271] Ernst Toller, „Brief an Gustav Landauer". In: *Der Freihafen* III, 1920, S. 5–7. – Der Brief entstand Ende 1917, kurz nachdem Toller in Heidelberg einen „Kulturpolitischen Bund der Jugend in Deutschland" gegründet hatte. Er wird hier zitiert nach dem Abdruck in: Ernst Toller, *Gesammelte Werke*. Band I: *Kritische Schriften. Reden und Reportagen*. Hrsg. von John M. Spalek und Wolfgang Frühwald, o. O. 1978, S. 36.
[272] Vgl. die Abschnitte 4.2 und 4.3.

scheint er oft auch als ein Werkzeug und Handlanger des ihn „auserwählt"[273] habenden Geist. Diese expressionistische „Ambivalenz von Macht und Entmachtung des Subjektes" (E. Kolinsky)[274] wurde von den einzelnen Autoren nicht grundsätzlich aufgelöst, sondern je nach persönlichem Standpunkt das Schwergewicht entweder auf die soziale Schöpfungskraft des einzelnen oder auf die Wirkungsmacht des Geist gelegt.

Der Geist war nach dem Verständnis der Expressionisten eine in der Geschichte der Menschheit wirkende Kraft, die immer wieder auf gesellschaftliche Veränderungen im Sinne von Freiheit, Gleichheit und Brüderlichkeit hinstrebte. Die Verwirklichung dieser Ziele des Geist zu einem bestimmten historischen Augenblick war aber nur durch eine Überwindung der gerade bestehenden gesellschaftlichen Herrschaftsverhältnisse möglich. Der Geist erhielt somit im Expressionismus den Charakter einer explizit politischen, zugleich schöpferischen wie auch destruktiven Kraft. Kurt Pinthus präzisierte diese Sehweise des Geist als „Zersetzer" des Alten und „Zeuger" des Neuen (wie Iwan Goll einmal schrieb)[275] in Hinblick auf die ihn verwirklichenden Menschen: „Keiner der Menschen des wirkenden Geist sah seine Aufgabe darin, den bestehenden Status der Menschheit und ihre Einrichtungen zu stützen, sondern sie zu stürzen; nicht sie zu rechtfertigen, sondern sie zu bessern."[276]

Umsturz und Neubau

Als „Schöpfer"[277] des Neuen, d. h. anderer gesellschaftlicher Verhältnisse stand der Geist nach Auffassung der Expressionisten in schärfstem Widerspruch zur „Macht". Macht bedeutete nicht nur für Heinrich Mann[278] zuallererst Unterdrückung der Nicht-Mächtigen und Verfestigung bestehender menschenunwürdiger Verhältnisse. Geist und Macht schlossen sich für die Expressionisten gegenseitig aus: „Es ist ein tiefes Lebensgesetz des Geistes, daß er wie Tag und Nacht niemals an einem Orte mit der Macht sein kann." (F. Werfel).[279] Ziel der Expressionisten war deshalb auch nicht irgendeine „Handänderung der Macht",[280] sondern vielmehr die generelle Ersetzung des Machtprinzips durch Liebe, Brüderlichkeit und gegenseitige Verantwortung als den wahren Bindemitteln menschlicher Gemeinschaft.

Geist vs. Macht

Die gesamte Geschichte der Menschheit erschien den Expressionisten als ein ständiger Prozeß von Verdrängung und Wiederkehr des Geist. Zwar habe er in einzelnen Personen, in kleinen Gruppen und Bünden beständig weitergewirkt, von der großen Masse aber sei die Idee von der „Heiligkeit des Mitmenschen"[281]

Manifestationen

---

[273] Ludwig Rubiner, „Die neue Schar". (Nr. 201), S. 12.
[274] Eva Kolinsky, *Engagierter Expressionismus*. (Nr. 287), S. 73.
[275] Iwan Goll, „Vom Geistigen". (Nr. 77), Sp. 677.
[276] Kurt Pinthus, „Rede für die Zukunft". (Nr. 177), S. 412.
[277] Iwan Goll, „Vom Geistigen". (Nr. 77), Sp. 677.
[278] Die Verfechtung dieser Antithetik von Geist und Macht durch die Expressionisten der Kriegsjahre wurde entscheidend durch die frühen Essays Heinrich Manns beeinflußt, so vor allem durch den Essay „Geist und Tat". Diesen Essay, der erstmals um die Jahreswende 1910/11 publiziert worden war, stellte Kurt Hiller als programmatische Einleitung seinem ersten *Ziel-Jahrbuch* (München und Berlin 1916) voran.
[279] Franz Werfel, „Die Gefahr". In: *Die weißen Blätter* 5, 1918, H. 2, S. 109.
[280] Ludwig Rubiner, „Die neue Schar". (Nr. 201), S. 3.
[281] Ludwig Rubiner, „Mitmensch". (Nr. 196), S. 11.

immer wieder völlig vergessen worden. Als Manifestationen des Geist in größerem Umfang bewerteten die Expressionisten u. a. das 12. Jahrhundert, die Französische Revolution und die Bewegung der deutschen Romantik. Auch die christliche Lehre galt ihnen als ein spezifischer, in der Geschichte der Menschheit besonders wichtiger und wirksamer Niederschlag des Geist. Diese Einschätzung betraf natürlich nur den Inhalt der christlichen Lehre, nicht ihre Vertretung und Anwendung durch kirchliche Institutionen. Grundlage der expressionistischen Bestimmung der christlichen Lehre als Manifestationsform des Geist bildete die Überzeugung der Expressionisten, daß alle Religionen letztlich von den Menschen selber geschaffen worden seien. Die Existenz eines außer- und übermenschlichen Gottes wurde von den meisten Expressionisten, gerade unter dem Einfluß Nietzsches, deutlich abgelehnt. In den Religionen, speziell in der christlichen, hatten sich die Menschen nach expressionistischer Auffassung selber das „dunkel geahnte und als utopisches Ziel vorschwebende Ideal menschlichen Seins und Zusammenlebens"[282] aufgerichtet. Somit galten gerade die Religionen den Expressionisten als Manifestationen der in der Menschheit wirkenden, überzeitlichen „Geistesglut zur Gemeinschaft".[283]

Russische Revolution Anfangs wurde vielfach auch die russische Revolution vom Februar 1917 als eine „Erhebung für den Geist"[284] gedeutet, als „Entscheidung gegen die Macht, die Gewalt, die Unterdrückung: zum Geist, zur Freiheit und zum Menschenrecht nach dem Plane der Idee".[285] Ludwig Rubiner, der Autor dieser Zeilen, sah die entscheidende Motivation der russischen Revolutionäre in einem glühenden „Glauben an die neue Auferstehung des Geistes auf Erden".[286] Fast alle Expressionisten empfanden zunächst die Vorgänge in Rußland als großartige Bestätigung ihrer festen Überzeugung, daß auch scheinbar nicht zu erschütternde Herrschaftsverhältnisse durch den „Geist" überwunden werden konnten. Durch die russischen Ereignisse erhielten somit auch die Hoffnungen der Expressionisten auf einen in ihrem Sinne positiven Verlauf der weiteren Entwicklungen im Deutschen Reich einen ungeheuren Auftrieb.

Werkzeuge des Geist Mit ihrer Lehre einer die Geschichte der Menschheit beherrschenden „Geistwanderung über die Völker"[287] vermochten die Expressionisten ihre eigene Bewegung in einen umfassenden Traditionszusammenhang einzuordnen. Sie verstanden ihre eigenen Bemühungen um eine geistige Erneuerung der Menschheit als vorläufigen Höhepunkt in einer langen Reihe von Versuchen zur Verwirklichung des Geist. Die expressionistischen Autoren sahen sich selber als Werkzeuge des Geist, der nach einer langen Pause von vielen Jahrzehnten jetzt wieder „vielstimmig, doch eindeutig"[288] aus ihnen rufe. Als letzte größere Manifestation des Geist in der deutschen Geschichte galt den Expressionisten übereinstimmend

---

[282] Christoph Eykman, *Denk- und Stilformen des Expressionismus.* (Nr. 271), S. 94.
[283] Ludwig Rubiner, „Mitmensch". (Nr. 196), S. 11.
[284] Ebda. S. 10.
[285] Ebda.
[286] Ebda. S. 11.
[287] Ebda.
[288] Kasimir Edschmid, „Über die dichterische deutsche Jugend". (Nr. 47), S. 35.

die Bewegung der Romantik.²⁸⁹ Nicht nur Kasimir Edschmid bestimmte die Expressionisten als direkte Erben der Romantik, nach der bis zur Gegenwart „kein großer geistiger Zug mehr" gekommen sei.²⁹⁰ Nach Edschmid waren die Expressionisten, „große Gedanken der Menschheit wieder denkend",²⁹¹ noch stärker als die Vertreter der Romantik vom Geist „entflammt", da jene „verschwommen noch nach dem Geiste suchten".²⁹²

Mit der Einordnung ihrer Bewegung in eine lange Geschichte von Verkündigung und erstrebter Verwirklichung menschheitlicher „Ur-Ideen"²⁹³ konnten die Expressionisten ihren Auffassungen und Zielen ein wesentlich größeres Gewicht verleihen. Gerade wegen seiner geschichtlichen Dimension mußte der Expressionismus denjenigen Zeitgenossen, deren Welt- und Geschichtsbild durch den Krieg erschüttert worden war, interessant erscheinen. Das Selbstverständnis der Expressionisten als vorläufiger Höhepunkt eines langen geschichtlichen Prozesses schützte sie zugleich auch gegen eine Abqualifizierung ihrer Lehre als spontane und zufällige Reaktion ‚verweichlichter Gemüter' auf das Erleben des Weltkriegs.
Selbstverständnis

Das eigentliche Ziel der expressionistischen Bewegung nach 1914 war, wie deutlich aufgezeigt, eine „geistige Revolution" des Menschen. Wie aber konnte diese Revolution, d. h. die Inbesitznahme von Verstand und Gefühl des einzelnen wie auch der Masse durch die Gemeinschaftsidee erreicht werden? Als entscheidendes Mittel dazu bestimmten die Expressionisten die Kunst, vor allem die Literatur. Die Kunst sollte, nicht zuletzt durch die Wirkungskraft des „frohen Beispiels",²⁹⁴ sowohl das „Hirn" wie auch das „Herz" der Menschen erreichen. Sie galt den Expressionisten als besonders geeignetes Mittel des Geist in seinem beständigen Ringen um eine Veränderung der Welt. In diesem Sinne bestimmte z. B. Kurt Pinthus 1918 als „Aufgabe" der Dichter: „durch das Mittel des Worts den Geist auf den Menschen wirksam werden zu lassen, um den Menschen zur Tat zu bewegen".²⁹⁵ Die Expressionisten verstanden ihre eigenen literarischen und programmatischen Werke als eine spezifische Form ethischen Handelns im Dienste der Bruder-Idee. Diese Sehweise der Kunst als eines Wirkungsmittels des Geist mit ihren besonderen wirkungsästhetischen Implikationen soll in einem gesonderten Kapitel noch genauer untersucht werden.
Geist und Kunst

---

²⁸⁹ Die engen Bezüge zwischen der Romantik und dem deutschen Expressionismus, die weit über die häufige Berufung expressionistischer Autoren auf Dichter der Romantik (allen voran auf Friedrich Hölderlin) hinausgehen, sind bisher weder in der Expressionismus- noch in der Romantik-Forschung erschöpfend untersucht worden. Einige aufschlußreiche Angaben dazu finden sich bei Otto Mann, „Einleitung". In: *Expressionismus. Gestalten einer literarischen Bewegung*. Hrsg. von Hermann Friedmann und Otto Mann. Heidelberg 1956, S. 9–26; die Angaben S. 17/18.
²⁹⁰ Kasimir Edschmid, „Über die dichterische deutsche Jugend". (Nr. 47), S. 16.
²⁹¹ Ebda. S. 24.
²⁹² Ebda.
²⁹³ Kurt Pinthus, „Rede an junge Dichter". (Nr. 176), S. 155.
²⁹⁴ René Schickele, „Der Konvent der Intellektuellen". (Nr. 211), S. 104.
²⁹⁵ Kurt Pinthus, „Rede an junge Dichter". (Nr. 176), S. 141.

Metaphysik   Die expressionistische Konzeption des „Geist" als der führenden Antriebskraft in der Geschichte der Menschheit ist bis heute von der literaturwissenschaftlichen Forschung nicht ausreichend aufgearbeitet worden. Die Bestimmung des Geist als einer überindividuellen und überzeitlichen Größe, die alle Menschen umfaßt und das Schicksal und Ziel der menschlichen Art festlegt, muß als Versuch verstanden werden, der durch den Krieg geistig tief verunsicherten Menschheit wieder eine metaphysische Orientierung zu verschaffen. Wichtige Grundlage für diesen Versuch bildete nicht nur die aufgezeigte entschiedene Ablehnung des durch den Krieg für die Expressionisten restlos diskreditierten naturwissenschaftlichen Welt- und Geschichtsbildes. Von großer Bedeutung war zweifellos auch der allgemeine Verlust christlich-religiöser Deutung der Welt, der schon lange vor der Zeit des Expressionismus eingesetzt hatte. Nach Ansicht von Otto Mann ist der Expressionismus vor genau diesem Hintergrund aufzufassen als „ein letzter radikaler Versuch, das Verhängnis der modernen säkularisierten Kultur durch den metaphysischen Bezug des Menschen auf eine wieder als metaphysisch begriffene Wirklichkeit doch vom Menschen her zu bannen. Seine These ist nicht Gott, sondern der metaphysisch erfüllte und bewegte Mensch."[296]

Parallelität   Die metaphysisch-religiöse Dimension der expressionistischen Erneuerungslehre zeigt sich nicht zuletzt an der eindeutigen Parallelität ihres Geistbegriffes zur biblischen Lehre vom „heiligen Geist". In beiden Fällen erscheint „Geist" als eine aktive, überzeitliche, metaphysische Kraft, die den Menschen auf eine rational nicht mehr erklärbare Art in ihren Bann zu ziehen vermag. Wie in der Bibel, so erstellt auch in der Lehre des Expressionismus der „Geist" die Einheit und brüderliche Gemeinschaft unter den Menschen. Im Unterschied zur biblischen Lehre aber verweist der Geist im Expressionismus nicht mehr auf ein jenseitiges, dem Willen und Handeln des Menschen unzugängliches Reich Gottes, sondern dient vielmehr zur Erfüllung einer im Diesseits liegenden Verpflichtung des Menschen zum Aufbau brüderlicher Gemeinschaft. „Von dieser Welt das Reich"[297] lautete die ausdrücklich gegen die christliche Lehre gerichtete Maxime der Expressionisten. Ihr Ziel war ein „durchaus diesseitiges Heil",[298] dessen paradiesischer Charakter durch ein praktiziertes Brudertum aller Menschen erreicht werden sollte.

Ersatzreligion   Die gesamte Erneuerungslehre des Expressionismus nach 1914 mit ihrer Hoffnung auf ein nahendes „Zeitalter des Geistes"[299] bildete eine zeitspezifische „sä-

---

[296] Otto Mann, „Einleitung". (Nr. 296), S. 16.
[297] Formulierung aus der „Einleitung" von Silvio Vietta zu Kap. II.9: „Der neue Mensch", in: *Lyrik des Expressionismus*. Hrsg. und eingeleitet von S. Vietta. Tübingen 1976, S. 217. Vietta verweist bei diesem Thema erneut auf die Beeinflussung der Expressionisten durch Friedrich Nietzsche.
[298] Kurt Hiller, „Ortsbestimmung des Aktivismus". (Nr. 100), S. 364.
[299] Ludwig Rubiner, „Nach Friedensschluß". (Nr. 199), S. 1. Verständlicherweise kann die expressionistische Geist-Konzeption im Rahmen dieser Arbeit nicht erschöpfend behandelt werden. So fehlen z. B. die Angaben der expressionistischen Autoren über die Verbindung zwischen Geist und Natur ebenso wie ihre Auffassungen über das Verhältnis von Geist und Gott. Auch die Wurzeln des expressionistischen Geist-Verständnisses können hier nicht weiter abgeklärt werden.

kularisierte Heilslehre, eine Art Ersatzreligion",[300] die heute nur noch aus ihrem philosophischen und historischen Kontext heraus verstanden werden kann. Das Geschichtsbild und der Optimismus dieser Lehre sind von einem modernen Betrachter kaum mehr nachvollziehbar. Die Beschäftigung mit dem Expressionismus aber kann dem heutigen Menschen sehr deutlich zu Bewußtsein bringen, in welchem Maße inzwischen die Hoffnung auf eine hinter der Geschichte der Menschheit wirkende und ihr ein positives Ziel verleihende Kraft verlorengegangen ist.

5.6. Neubau der Gesellschaft durch Erneuerung des Menschen

Die Erneuerungslehre der Expressionisten beschränkte sich nicht auf die geforderte geistig-ethische Wandlung des Menschen. Es war für die meisten Expressionisten eine Selbstverständlichkeit, daß eine grundlegende innere Wandlung der Menschen auch eine entsprechende Veränderung der äußeren Welt, d. h. nicht zuletzt auch der Arbeits- und Herrschaftsverhältnisse bewirken mußte. Die „niederträchtige Gesellschafts- und Wirtschaftsordnung"[301] der Gegenwart stand für die Expressionisten auf jeden Fall in klarem Widerspruch zu der von ihnen projektierten Seinsweise des gewandelten, des „neuen" Menschen. Es muß aber, um einen sehr gewichtigen Unterschied der expressionistischen Auffassung zu anderen Denkrichtungen der Zeit, die ebenfalls grundlegende gesellschaftliche Veränderungen erstrebten (wie z. B. Kriegsapologie, Sozialdemokratie, Marxismus), schärfer hervorzuheben, noch einmal ausdrücklich darauf verwiesen werden, daß nach expressionistischer Ansicht die innere, die geistige Wandlung und Erneuerung des Menschen eine absolut unverzichtbare Voraussetzung war für jede „äußere Umwälzung",[302] die erfolgreich und von Dauer sein sollte. Klaus Ziegler hat die Lehre „von der Erneuerung der Welt durch Erneuerung des Menschen"[303] zu Recht als das „Evangelium des Expressionismus"[304] bezeichnet. Besonders deutlich formuliert findet sich die expressionistische Auffassung der Verbindung von innerer und äußerer Veränderung in einer Rede von Kurt Pinthus aus dem Jahre 1918. Pinthus bestimmte darin den Expressionismus, in Abgrenzung zur „Realpolitik des Tages", als:

Innere Wandlung

„eine edlere, wirksamere Politik, die sich direkt an den Menschen wendet. Es ist eine Politik, die nicht durch Zustände den Menschen, sondern durch den Menschen die Zustände ändert, weil sie überzeugt ist, daß der aufgerüttelte, erkennende, bessere Mensch sich selbst, die besseren Zustände, besseren Staat, bessere Wirtschaft, ein lebenswerteres Leben schafft!"[305]

---

[300] Silvio Vietta, „Einleitung" zu Kap. II.9 (wie Anm. 297), S. 218.
[301] Kurt Pinthus, „Rede für die Zukunft". (Nr. 177), S. 402.
[302] Dieser Terminus nach Alfred Wolfenstein, „Aufruf gegen ein Gift". (Nr. 252), S. 272.
[303] Klaus Ziegler, „Dichtung und Gesellschaft im deutschen Expressionismus". (Nr. 324), S. 107.
[304] Ebda. Ziegler verweist in diesem Zusammenhang vor allem auf Lothar Schreyer, um zu belegen, daß die Einheit von innerer und äußerer Wandlung auch von Autoren des oft zu Unrecht als völlig unpolitisch dargestellten Sturm-Kreises vertreten wurde.
[305] Kurt Pinthus, „Rede an junge Dichter". (Nr. 176), S. 140/141.

„Talmi-revolution"

Die Auffassung, daß nur nach vorangegangener geistiger Erneuerung des Menschen eine ernsthafte Umgestaltung der äußeren Verhältnisse möglich sei, bildet ein gewichtiges Kennzeichen des Expressionismus der Kriegsjahre. Einige Beispiele sollen diesen konstitutiven Grundgedanken vom Neubau der Welt „aus dem Menschen heraus"[306] weiter belegen. Ludwig Rubiner lehnte 1917 jede nur äußere „Umgestaltung der Gesellschaft" entschieden ab: „In diesem allen ist keine Heilung, nur kurze Betäubung eines kleinen Teils der Schmerzen."[307] René Schickele widersprach im Jahre 1918 der marxistischen Revolutionslehre, weil sie bei ihrem Kampf um eine Änderung der gesellschaftlichen Verhältnisse die notwendige Wandlung des Menschen selber vergesse.[308] Alfred Wolfenstein schließlich, der heute vor allem als ein Vertreter des sog. „Aktivismus" rezipiert wird, lehnte noch im Moment des konkreten politischen Umsturzes im Deutschen Reich jede „Talmirevolution" nachdrücklich ab:

„Um keinen geringeren Preis ist die wahrhafte Erneuerung zu gewinnen als um die Revolutionierung des Menschen selbst [. . .] Das wäre eine Talmirevolution, die um die Seelen herumginge, nur die Ordnung und das Material des Bestehenden anpackte und die Seelen in die umgewandelte Ordnung nur anpassend nachzöge: das wäre wieder ein Weg der Zeitlichkeit aus der alten Zeit der Entwicklungen [. . .] Das ist die Aufgabe: die Revolutionierung des einzelnen Lebens."[309]

Einheit

Diese eindeutigen Zeilen Alfred Wolfensteins belegen, wie unzutreffend es ist, den „Aktivismus" — was noch immer oft geschieht — in Opposition zum Expressionismus der Kriegsjahre zu setzen und ihn auf einen schlichten Appell zur politischen Tat zu reduzieren.[310] Klaus Ziegler hat dagegen schon 1962 von einer „unauflöslichen Einheit" der verschiedenen Strömungen des Expressionismus gesprochen; einer „Einheit", die vor allem hergestellt wird durch den gemeinsamen „Glauben" der verschiedenen Autoren „an die Fähigkeit des Menschen, aus der Autonomie seiner ethisch-religiösen Gewissens- und Willensentscheidung heraus ebenso unbeschränkt, ebenso allmächtig die Innerlichkeit des eigenen Ich wie die äußerlich-welthafte Wirklichkeit zu erneuern".[311]

---

[306] Kurt Pinthus, „Zuvor". (Nr. 178.b), S. 27.
[307] Ludwig Rubiner, „Die neue Schar". (Nr. 201), S. 3. Rubiner verurteilt in diesem Artikel auch sehr scharf den Roman *Die Armen* von Heinrich Mann (erstmals erschienen 1917), weil darin nur eine „Vermögensänderung aus der Hand des einen in die Hand des anderen" vertreten werde, nicht aber eine innere Erneuerung des Menschen (ebda. S. 7).
[308] René Schickele, „Der Konvent der Intellektuellen". (Nr. 211), S. 103/104.
[309] Alfred Wolfenstein, „Über der Revolution das Revolutionäre!" In: *Revolution. Wochenschrift an Alle und Einen* Nr. 1, 23.11.1918, S. 3ff. (Nachlaß Wolfenstein, Sign. Pz th, Akademie der Künste, Berlin). Hier zitiert nach: Hans Helmuth Knütter, *Die Juden und die deutsche Linke in der Weimarer Republik 1918–1933*. Düsseldorf 1971, S. 72.
[310] Siehe z.B. Adolf D. Klarmann, „Der expressionistische Dichter und die politische Sendung". In: *Der Dichter und seine Zeit — Politik im Spiegel der Literatur. 3. Amherster Colloquium zur modernen deutschen Literatur*. Hrsg. von Wolfgang Paulsen. Heidelberg 1970, S. 158–180; Zitat S. 166.
[311] Klaus Ziegler, „Dichtung und Gesellschaft im deutschen Expressionismus". (Nr. 324), S. 108.

Der Expressionismus 1914–1918   217

Die Erhebung einer geistigen Wandlung des Menschen zur unverzichtbaren   Logische
Vorbedingung jeder ernsthaften politisch-gesellschaftlichen Veränderung muß als   Konsequenz
logische Konsequenz der expressionistischen Auffassung über die Entstehung des
Krieges gesehen werden. Als eigentliche Grundlage des Weltkrieges galt den
Expressionisten – wie ausführlich nachgewiesen – nicht die Politik der Regierungen und der Militärs, sondern eine tiefgehende Verformung des modernen
Menschen, die vor allem auf den Einfluß des naturwissenschaftlichen Denkens
zurückgeführt wurde. Folglich konnte nach expressionistischer Auffassung eine
grundlegende Veränderung der Welt nicht durch „Sturz" oder „Sieg" bestimmter „politischer Parteien oder Personen"[312] erfolgen, sondern allein durch eine
geistig-ethische Neubesinnung der Menschheit: „Wenn du, Mensch, dich, gut
zu sein entscheidest, / Wirst den Weltenlauf du umgebären. (Max Brod)".[313]

In der apologetischen Literatur des Ersten Weltkriegs findet sich vielfach die   Änderung der
These eines spezifischen deutschen Wesens, dem allein die Monarchie als Staats-   Gesellschaft
form angemessen sei. Für Thomas Mann z. B. schloß die „soldatische Moralität"[314] als Kennzeichen der deutschen „Seele" eine parlamentarisch-demokrati-
sche Regierungsform rigoros aus.[315] Umgekehrt war es für die Expressionisten
selbstverständlich, daß eine geistige Erneuerung des Menschen auch zu grundlegend anderen politischen Verhältnissen führen müsse. Die Leitwerte der geforderten Erneuerung, wie z. B. Brüderlichkeit, Liebe und Gemeinschaft, ver-
trugen sich für die Expressionisten keinesfalls mit der bestehenden gesellschaftlichen Ordnung. Die expressionistische Forderung nach innerer Wandlung des
Menschen muß deshalb immer auch als ein explizit politischer Angriff gegen den
wilhelminischen Staat und seine ideologische Rechtfertigung verstanden werden.
Die Reaktionen der Zensur und der apologetischen Autoren auf den Expressionismus der Kriegsjahre zeigen, daß dieser Angriff von den Zeitgenossen durchaus
erkannt und oftmals auch für recht gefährlich gehalten wurde.

Präzise Vorstellungen über die gesellschaftliche Ordnung nach einer geistigen   Unschärfen
Erneuerung der Menschheit wurden von den Expressionisten kaum entwickelt.
Meist verblieb es bei der visionären Beschwörung eines von Zwang und Gewalt
befreiten zukünftigen brüderlichen Miteinanders der Menschen. Diese Visionen
wurden vielfach mit Termini aus zeitgenössischen politischen Bewegungen und

---

[312] Kurt Pinthus, „Zur jüngsten Dichtung". (Nr. 175), S. 245.
[313] Ebda. Dieser Spruch wird von Pinthus – ohne weitere Quellenangabe – als ein Zitat von Max Brod ausgegeben.
[314] Thomas Mann, „Gedanken im Kriege". Zuerst in: *Die Neue Rundschau* 25, 1914, H. 11 (November), S. 1471–1484. Hier zitiert nach Thomas Mann, *Politische Schriften und Reden* 2. Frankfurt 1968, S. 7–20; Zitat S. 19 (*Das essayistische Werk. Taschenbuchausgabe in acht Bänden.* Hrsg. von H. Bürgin).
[315] Siehe ebda. S. 12ff. Noch 1918 schrieb Thomas Mann in der „Vorrede" zu seinen *Betrachtungen eines Unpolitischen* die eindeutigen Sätze: „Ich bekenne mich tief überzeugt, daß das deutsche Volk die politische Demokratie niemals wird lieben können, aus dem einfachen Grunde weil es die Politik selbst nicht lieben kann, und daß der viel verschriene ‚Obrigkeitsstaat' die dem deutschen Volke angemessene, zukömmliche und von ihm im Grunde gewollte Staatsform ist und bleibt." (Aus: Thomas Mann, *Betrachtungen eines Unpolitischen.* Berlin 1918; hier zitiert nach der Ausgabe Frankfurt a. M. 1983, S. 30).

Denkrichtungen (z. B. Sozialismus, Anarchismus, Marxismus) angereichert. Es wäre aber verfehlt, deshalb auch die Autoren des Expressionismus ohne weiteres diesen Bewegungen zuzuordnen. Die z. B. von Max Brod 1916 geforderte „Bekämpfung des Imperialismus"[316] durch die Geistigen hatte mit der Bedeutung dieses Begriffes in der Lehre Lenins wenig gemeinsam. Auch der besonders häufig benutzte Begriff „Sozialismus" wurde von den Expressionisten nicht streng politisch-ökonomisch verstanden, sondern sehr viel weiter gefaßt als ein generelles „Kennwort für eine gerechtere Ordnung für alle".[317] Eine derartige Verallgemeinerung kennzeichnet auch die Übernahme etlicher anderer Termini, die ursprünglich eng an bestimmte politische Lehren gebunden waren, durch den Expressionismus der Kriegsjahre.

Kernpunkt Ethik — Der Verzicht der expressionistischen Autoren auf genaue Entwürfe über zukünftige gesellschaftliche Ordnungen hatte verschiedene Gründe. Vor allem weil die Errichtung einer brüderlichen Erdballgemeinschaft als Aufgabe vieler kommender Generationen[318] betrachtet wurde, erschien es den Expressionisten wenig sinnvoll, sich bereits mit diesem Thema ausführlich zu beschäftigen. Ihr Interesse konzentrierte sich auf die geistig-ethische Erneuerung des Menschen als die nach ihrer Auffassung alles entscheidende Voraussetzung für jede dauerhafte gesellschaftliche Veränderung. Diese Einstellung wurde für viele Autoren erst durch das Ereignis der russischen Revolution in Frage gestellt. Die Erkenntnis von der Möglichkeit des gewaltsamen Sturzes einer vormals scheinbar unerschütterlichen Herrschaft lenkte die Aufmerksamkeit vieler Expressionisten mehr als je zuvor auf strategische und organisatorische Fragen. Die Vorrangigkeit der inneren Wandlung vor jeder äußeren gesellschaftlichen Umwälzung verlor an Gewicht, wurde aber nicht aufgehoben. Wo dies geschah, d. h. wo die politische Revolution wichtiger wurde als die ethische Erneuerung des Menschen, läßt sich nicht mehr von einem genuin expressionistischen Standpunkt sprechen.

Kurt Hiller — Eine bedeutende Sonderstellung in der expressionistischen Bewegung der Kriegsjahre nahm von Anfang an Kurt Hiller ein. Hiller gehörte zu den wenigen Autoren, die schon sehr früh über organisatorische Probleme beim bevorstehenden „Bau der Zukunft"[319] nachdachten. Er forderte bereits 1916 ausdrücklich eine „Verwaltung der Erde" durch die „geistigen Menschen".[320] Als „die Geistigen" bestimmte er, ganz im expressionistischen Sinne, nicht etwa die Gebildeten oder die Intellektuellen sondern:

---

[316] Max Brod, „Organisation der Organisationen". In: *Das Ziel. Aufrufe zu tätigem Geist.* (Nr. 32), S. 71–79; Zitat S. 73.
[317] Günther Rühle, „Einleitung". In: *Zeit und Theater 1913–1925.* Band I. (Nr. 310.b), S. 38. – Zum expressionistischen Sozialismusbegriff, z. B. als ein „bewußt hülfreiches Gemeinschaftsleben einer freien Menschheit", siehe u. a. Ludwig Rubiner, „Nach Friedensschluß". (Nr. 199), S. 4 (Zitat ebda.).
[318] Dazu siehe z. B. den Schluß von Ludwig Rubiners Artikel „Die neue Schar" (Nr. 201, S. 12), wo es heißt: „Alles ist noch zu tun. Wir stehen erst am Anfang einer Vorläufergeneration vom Leben fürs Bewußtsein dessen, was Freiheit ist."
[319] Kurt Hiller, „Wir". (Nr. 96), S. 133.
[320] Kurt Hiller, „Philosophie des Ziels". (Nr. 97), S. 213.

„Die, die sich verantwortlich fühlen [. . .] Verantwortlich heißt hier: zur Rechenschaft ziehbar – nicht für das Vergangne, aber für Zukünftiges. Sich verantwortlich fühlen: das Erlebnis seiner Sendung tragen; an der Welt fruchtbar leiden; von der Idee, sie zu verbessern, besessen sein – ohne zu überlegen, ob Befolgung der Idee auch dem Privatdasein Besserung bringe."[321]

An der Spitze der von Hiller geforderten „Verwaltung" sollte ein Bund „aller Geistigen der Erde"[322] stehen, der sich aus Unterbünden der einzelnen Nationen zusammensetzte. Für Deutschland forderte Hiller demgemäß u. a.: „Schaffung eines mit gesetzgebender Gewalt ausgestatteten deutschen Herrenhauses, das aus den geistigen Führern der Nation bestünde".[323] Bund der Geistigen

Kurt Hiller war in den Jahren des Krieges nicht der einzige, wohl aber der aktivste Vertreter einer geistesaristokratischen Staatsidee. Seine Forderung nach Logokratie, nach institutionalisierter Herrschaft der Geistigen über die ungeistige Masse[324] stieß schon innerhalb des Expressionismus auf scharfe Kritik. Störte man sich hier hauptsächlich an seiner „Methode" (K. Hiller)[325] einer Veränderung der Welt „von oben", d. h. durch die Geistigen, und an seiner elitären Einstellung gegenüber der breiten Masse, so entzündete sich die Kritik nicht-expressionistischer Autoren vor allem an seiner Gleichsetzung von Geist und Kunst mit politischer Tat. Die scharfe Verurteilung jeder Verbindung zwischen Kunst und Politik durch die Gegner des Expressionismus, für die als Paradigma die *Betrachtungen eines Unpolitischen* von Thomas Mann aus dem Jahre 1918 genannt werden können, richtete sich nicht zuletzt gegen die Schriften und den Einfluß Kurt Hillers.[326] Logokratie

Wenn auch die Vorstellungen der Expressionisten über die gesellschaftliche Ordnung nach einer Erneuerung des Menschen nur sehr ungenau oder widersprüchlich ausfielen, so bestand doch in einem Punkt von Anfang an zwischen allen Autoren völlige Übereinstimmung: Die erfolgreiche Umgestaltung der äußeren Welt wurde immer mit einer endgültigen Abschaffung des Krieges gleichgesetzt. Die „Verneinung, Verlachung, Verachtung, Verunmöglichung des Krieges" (L. Rubiner)[327] war für alle Expressionisten das konstitutive Kennzeichen Eine Welt ohne Krieg

---

[321] Ebda. S. 206/207.
[322] Ebda. S. 213.
[323] Ebda. S. 217.
[324] Zu diesem Thema heißt es bei Hiller (ebda. S. 205): „Gewiß, die Geistigen sind keine Kaste oder Gilde, in die hinein jemand geboren wird, und wohl erwächst hie und da auch aus der Masse Geist (der sich den Geistern bald anschließt und einreiht); aber die Massen als solche sind ungeistig. Sie werden für die rohen Lüste des Kadavers alles, für die Beseitigung seiner Nöte einiges tun, für den Geist nichts." Hiller hielt es deshalb für sinnvoller, vor fünfzig Studenten zu sprechen als vor fünftausend Arbeitern. (Wobei er Geist eben doch wieder eindeutig in eine direkte Verbindung mit Bildung und Intellekt brachte).
[325] Ebda.
[326] In seinem Essay „Der Taugenichts" (Zuerst in: *Die Neue Rundschau* 27, 1916, H. 11 (November), S. 1478–1490) setzte sich Thomas Mann direkt mit den Ansichten Kurt Hillers auseinander. In überarbeiteter Form ging dieser Essay dann in das achte Kapitel der *Betrachtungen eines Unpolitischen* ein.
[327] Ludwig Rubiner, „Organ". In: *Zeit-Echo* 3, 1917, 1. und 2. Maiheft, S. 1–2; Zitat S. 2.

der über die innere Wandlung des Menschen angestrebten grundlegenden Veränderung der äußeren Welt. Die expressionistische Forderung nach brüderlicher Gemeinschaft war immer auch eine Forderung nach restloser Abschaffung des Krieges.

5.7. Die Erneuerungslehre des Expressionismus im Kontext des Ersten Weltkrieges

Nie wieder Krieg

Der Aufbau einer umfassenden brüderlichen Gemeinschaft als eigentlicher Aufgabe der Menschheit konnte nach expressionistischer Auffassung nur bei einer völligen „Abschaffung des Krieges"[328] gelingen. Entscheidendes Anliegen der expressionistischen Bewegung nach 1914 war deshalb nicht, wie in der Forschung oft fälschlicherweise angegeben, die sofortige Beendigung des realen neuen Weltkrieges um jeden Preis, sondern vielmehr die zukünftige „Waffenlosigkeit der ganzen Welt".[329] „Nie wieder Krieg" lautete die langfristige Zielsetzung der Expressionisten, die ausdrücklich[330] nicht mit der auf den zeitgenössischen Weltkrieg bezogenen Forderung nach sofortiger Niederlegung der Waffen gleichgesetzt wurde. In Anerkennung ihrer eigenen momentanen gesellschaftlichen Ohnmacht waren sich die Expressionisten nach 1914 weitgehend bewußt, daß sie so gut wie keine Einflußmöglichkeiten für eine schnelle Beendigung dieses Krieges besaßen.[331] Ein schnelles Ende des Krieges ohne jede weitere geistige Bewußtwerdung der Menschen konnte nach ihrer Auffassung sowieso nur einen vorübergehenden „Waffenstillstand"[332] bringen, nicht jedoch die verhängnisvolle beständige Abfolge von Krieg und Frieden aufbrechen. Die Überwindung gerade dieser Abfolge aber erschien den Expressionisten, nicht zuletzt unter dem Eindruck der neuen Vernichtungsideologie und der Waffentechnik des Weltkriegs von 1914, als einzige Chance für ein Überleben der Menschheit.

Wandlung der Menschen

Die notwendige generelle Abschaffung des Krieges konnte nach dem Verständnis der Expressionisten allein durch eine grundlegende geistig-ethische Bewußtwerdung und Wandlung der Menschen selber erfolgen. Der konkrete Ausgang des noch tobenden Weltkrieges schien den Expressionisten für diese Wandlung nur von sekundärer Bedeutung. Er vermochte, so R. Schickele im Jahr 1918, den „Weg" zu dieser notwendigen Wandlung höchstens „kürzer" oder „länger" zu machen.[333]

Scharfe Antithetik

Die eigentliche, viele Generationen umfassende Arbeit am Bau einer weltweiten Gemeinschaft aller Menschen bei gleichzeitiger Vernichtung der Waffen konnte nach expressionistischer Ansicht erst nach dem Ende des Weltkrieges

---

[328] Diese Formulierung findet sich explizit u. a. bei Kurt Hiller, „Philosophie des Ziels". (Nr. 97), S. 214.
[329] Rudolf Leonhard, *Kampf gegen die Waffe*. (Nr. 142), S. 17.
[330] Ebda.
[331] Diese Situation änderte sich erst 1917, als das Ereignis der Russischen Revolution auch in der vom Krieg erschöpften deutschen Bevölkerung wachsende Resonanz fand.
[332] Zur Unterscheidung zwischen „Waffenstillstand" und wirklichem „Frieden" durch Abschaffung des Krieges siehe z. B. René Schickele, „Der Konvent der Intellektuellen". (Nr. 211), S. 99.
[333] Ebda. S. 97.

vom August 1914 beginnen. Ansatzpunkt dieser Arbeit mußte der Mensch selbst sein, dessen ethisch-soziale Fehlentwicklung und Defizienz den Expressionisten als eigentliche Ursache des Weltkrieges galt. Die Aufhebung dieser Defizienz hatte aus expressionistischer Sicht in erster Linie über das Bewußtsein des Menschen zu erfolgen. In dieser Einwirkung auf das Bewußtsein ihrer Zeitgenossen mit dem Ziel der „geistigen Revolution" sahen die Mitglieder der expressionistischen Bewegung ihre eigene Aufgabe, Verpflichtung und Wirkungsmöglichkeit. Sie entwarfen das Bild einer völlig anderen Seinsmöglichkeit des Menschen, das sie nicht nur der herrschenden Kriegsideologie, sondern dem gesamten naturwissenschaftlichen Weltbild ihrer Zeit entgegenstellten. Die scharfe Antithetik dieser expressionistischen Lehre vom wahren Sein des Menschen zur zeitgenössischen Kriegsideologie ist in den vorangehenden Abschnitten schon oft zur Sprache gekommen. Diese Antithetik soll, ihrer großen Bedeutung zum Verständnis des Expressionismus und ihrer bisherigen Vernachlässigung in der Forschung wegen, im folgenden noch einmal genauer aufgezeigt werden.

Im Zentrum der expressionistischen Weltanschauung der Kriegsjahre stand der „Mensch" schlechthin, sein Wesen und der Sinn seines Seins. Nicht allein diese zentrale Stellung, sondern schon der Begriff des „Menschen" selber, der von den Expressionisten bewußt als ein Verweis „auf das gemeinsame Interesse der Gattung über alle neuen Fronten hinweg"[334] eingesetzt wurde, kontrastierte scharf mit der zeitgenössischen Kriegsideologie. Volk, Vaterland, Dienst am Staat, Rasse und nationale Wesensart lauteten die Grundbegriffe dieser Ideologie. Der Verabsolutierung von Volk und Vaterland zum obersten Maßstab allen Denkens und Handelns hielten die Expressionisten provokativ entgegen: „Nicht Größe und Glück des Staates, sondern des Menschen sind entscheidend."[335]

Der Mensch im Zentrum

Die expressionistische Hochschätzung des Menschen, die von den Gegnern dieser Bewegung vorzugsweise als verhängnisvoller Einfluß der dem deutschen „Wesen" völlig unangemessenen französischen „Zivilisation" abgeurteilt wurde,[336] beruhte maßgeblich auf einem vom zeitgenössischen Denken sehr stark abweichenden Menschenbild. Der Mensch galt den Expressionisten, trotz der Erfahrung des Krieges, als prinzipiell zu sozialem und brüderlichem Verhalten fähig. Diese Fähigkeit, die sozialethische Kompetenz des Menschen war nach expressionistischer Auffassung zwar durch die vorangegangenen gesellschaftlichen Verhältnisse und die naturwissenschaftlichen Denkweisen weitgehend verschüttet, aber nicht grundsätzlich zerstört worden. Die Wiedergeburt dieser Kompetenz, die auch zu weitreichenden politisch-gesellschaftlichen Konsequenzen führen sollte, war das zentrale Anliegen der expressionistischen Bewegung nach 1914.

Der Mensch ist gut

Der Widerspruch der expressionistischen Lehre von der sozialen Veranlagung und Bestimmung des Menschen zu dem um 1914 vorherrschenden Menschen-

Fressen und Saufen

---

[334] Günther Rühle, „Einleitung". In: *Zeit und Theater 1913–1925*. Band I. (Nr. 310.b), S. 36.
[335] Kurt Pinthus, „Rede an junge Dichter". (Nr. 176), S. 141.
[336] Siehe z. B. Thomas Mann, *Betrachtungen eines Unpolitischen*. (Vor allem das Kapitel „Einiges über Menschlichkeit").

bild kann kaum überschätzt werden. Nach Thomas Mann z. B. interessierte sich „die gewaltig überwiegende Mehrzahl aller Menschen" nur für „Fressen und Saufen"[337] und war für jede tiefergehende moralische oder geistige Empfindung viel zu dumm und geistlos. Diese Sehweise des Menschen hatte Thomas Mann, seinen eigenen Worten zufolge, zu der „Einsicht" gebracht, „daß der Mehrzahl der Menschen wenig damit gedient ist, daß es ihnen wenig gemäß und bequem, vielmehr, wenn nicht beschämend, so doch entschieden lästig ist, wenn man sie allzu sehr ‚achtet'".[338] Die angebliche Einteilung der Welt in eine von „Unwissenheit, Dummheit und Unrechtlichkeit"[339] geprägten Masse und eine kleine Zahl geistig und sittlich hochstehender Menschen erscheint bei Thomas Mann als naturgegeben und als nicht aufhebbar.[340]

Leben ist Kampf

Die schnell populär gewordene Lehre des Darwinismus hatte schon lange vor dem Ersten Weltkrieg den ‚Kampf ums Dasein' und das ‚Recht des Stärkeren' zur Norm zwischenmenschlichen Verhaltens erhoben. Nicht zuletzt durch diese Lehre war das Prinzip des Kampfes um 1914 zu einem konstitutiven Axiom im zeitgenössischen Denken geworden. Es war eine feste Grundüberzeugung der Zeit, daß „Kampf unvermeidlich zum Dasein gehört, wie das Wachsen, Werden und Vergehen".[341] Diese Grundüberzeugung bezog sich nicht nur auf den als „unvermeidliches Ringen mit anderen wachsenden, lebenskräftigen Staatsgebilden"[342] verklärten Kampf mit Waffen, sondern vor allem auch auf das alltägliche Leben jedes Menschen. Der einzelne, so schrieb sogar eine aufgeklärte Frau (!) wie Marianne Weber im Jahre 1916, könne „ein wertvolles irdisches Dasein" nur „im Kampf gegen andere und auf ihre Kosten" führen.[343] Auch Thomas Mann bezeichnete es zwei Jahre später als Kennzeichen des Lebens schlechthin, daß „der Mensch dem Menschen ein Wolf ist und einer nur steigt, indem er den anderen zertritt".[344]

Erziehung zum Kampf

Gemäß dieser schon vor 1914 allgemein akzeptierten Lehre vom Kampf als Leitprinzip allen Lebens bildete die Erweckung von Fähigkeit und Bereitschaft zum geistigen und körperlichen Kampf ein zentrales Ziel der Erziehung im kaiserlichen Deutschland. „Wer zum Menschen erzogen werden will, muß zum Kampfe erzogen werden und nicht zum Frieden",[345] lautete ein Leitsatz der

---

[337] Thomas Mann, *Betrachtungen eines Unpolitischen*. (Nr. 161.b), S. 325.
[338] Ebda. S. 448.
[339] Ebda. S. 369.
[340] Dazu vor allem ebda. S. 326 und S. 125, wo Thomas Mann u. a. unter Berufung auf Schopenhauer die Monarchie als „die dem Menschen natürliche" Staatsform verteidigt.
[341] Marianne Weber, „Der Krieg als ethisches Problem (1916)". (Nr. 240), S. 174.
[342] Ebda.
[343] Ebda.
[344] Thomas Mann, *Betrachtungen eines Unpolitischen*. (Nr. 161.b), S. 477.
[345] So lautete das pädagogische Credo des Münchner Stadtschulrates Georg Kerschensteiner. In zahlreichen Schriften verbreitete Kerschensteiner seine keinesfalls untypische Auffassung, daß es ein „einheitliches Prinzip aller Erziehung: die Erziehung zum Kampfe" gebe. – Die hier aufgeführten Zitate stammen aus: Georg Kerschensteiner, *Deutsche Schulerziehung in Krieg und Frieden*. Leipzig/Berlin 1916. Hier zitiert nach Heinz Lemmermann, *Kriegserziehung im Kaiserreich. Studien zur politischen Funktion von Schule und Schulmusik 1890–1918*. Bd. 1: *Darstellung*. Lilienthal/Bremen 1984, S. 53.

zeitgenössischen Pädagogik. Eine derartige bewußte Erziehung zum Kampf wurde vom deutschen Kaiser bereits 1890 energisch gefordert. Die heute kaum mehr begreifbare Kriegsbegeisterung der deutschen Jugend vom Herbst 1914 muß nicht zuletzt als Ergebnis einer intensiven Militarisierung[346] des deutschen Erziehungswesens in der Regierungszeit Wilhelm II. verstanden werden.

Mit der Lehre vom Kampf als Grundzug des Lebens verband sich auch die weithin erfolgreiche Durchsetzung einer spezifisch soldatischen Pflichtethik als oberstem Maßstab zur Bewertung des Menschen. Disziplin, Gehorsam, Zucht, Tapferkeit, Härte, Gottesfurcht etc. lauteten schon vor 1914 die gepriesenen und geforderten „neuen Tugenden". Von vielen Apologeten des Weltkrieges wurden nach 1914 genau diese ‚Tugenden' zu konstitutiven Merkmalen einer spezifischen deutschen Seinsart erhoben. Nicht nur für Thomas Mann bildeten eine „soldatische Moralität",[347] der „Geist der Ordnung, Autorität und Pflicht"[348] und „die Lust am Dienen"[349] prägende Kennzeichen der von allen anderen Völkern unerreichten „deutschen Seele".[350] Der Krieg wurde von vielen Autoren als Wiedererwecker und erste große Bewährungsprobe dieser besonderen deutschen Wesensart gefeiert. Gerade das Ausharren der deutschen Soldaten an der Front trotz aller grausamen Erlebnisse galt vielfach als besonderer Beweis für die Prägung der vermeintlichen deutschen Sonderart durch Härte, Willensstärke und SelbstDisziplin.

Deutscher Militarismus

Erst vor diesem Hintergrund der zeitgenössischen Kriegsideologie kann die Besonderheit und Leistung der expressionistischen Lehre vom Menschen als Mit-Mensch, als leidendem „Bruder", der „des Mitgefühls und der Liebe bedarf",[351] genauer erkannt und gewürdigt werden. Diese Lehre bestimmte in genau umgekehrter Sehweise die in der Apologetik des Krieges so besonders gepriesenen militärischen Tugenden wie Härte und Mitleidlosigkeit als Belege für eine tiefe Pervertierung und Regression des modernen Menschen. Der zeitgenössischen These von der zur Führung der Welt berufenen ‚Höherwertigkeit' der deutschen Wesensart[352] widersprachen die Expressionisten mit dem – für die Zeit ungeheuerlichen – Konzept einer in der Substanz prinzipiellen Wesensgleichheit aller Menschen. Der allgemeinen Auffassung vom anderen als Konkurrenten und Feind stellten sie das „Vertrauen zum Menschen"[353] und den „Mut der Liebe zum gegenwärtigen und zukünftigen Menschen"[354] entgegen.

Brudertum

---

[346] Ausführlich an jüngster Forschung zu diesem Thema siehe Heinz Lemmermann, *Kriegserziehung im Kaiserreich*. (Nr. 292).

[347] Thomas Mann, „Gedanken im Kriege". (Nr. 156.b), S. 19.

[348] Thomas Mann, *Betrachtungen eines Unpolitischen*. (Nr. 161.b), S. 36.

[349] Ebda. S. 483.

[350] Thomas Mann, „Gedanken im Kriege". (Nr. 156.b), S. 19.

[351] Formulierung bei Walter H. Sokel, *Der literarische Expressionismus*. (Nr. 315), S. 177.

[352] Thomas Mann schrieb noch 1918, unter Berufung auf den Dänen Johannes V. Jensen, daß der deutsche „Volkscharakter" derzeit „der schärfste, vollendetste moralische Apparat sei, den die Welt je gesehen". Aus: Thomas Mann, *Betrachtungen eines Unpolitischen*. (Nr. 161.b), S. 471.

[353] Rudolf Leonhard, *Kampf gegen die Waffe*. (Nr. 142), S. 14.

[354] Diesen „Mut der Liebe" bezeichnete Kurt Pinthus im Rückblick als ein entscheidendes

Gezielter Widerspruch

Die Opposition der Expressionisten gegen das vorherrschende Denken der Zeit erfolgte in voller Absicht. Die erstrebte generelle Abschaffung des Krieges konnte nach expressionistischem Verständnis nur gelingen, wenn jede Rechtfertigung von Krieg, z. B. als vermeintlich „unsterbliche Einrichtung",[355] vollkommen unglaubwürdig werden würde. Nur durch einen „Sieg der Idee vom brüderlichen Menschen"[356] über die Lehre von der wesenhaften Verpflichtung des Menschen zu Kampf und Krieg[357] war für die Expressionisten eine wirkliche Erneuerung von Mensch und Welt denkbar. Als einen entscheidenden Schwerpunkt ihrer eigenen Arbeit am „Bau der Zukunft" sahen sie deshalb die Widerlegung der gängigen Rechtfertigungen des Krieges durch die Entwicklung und Verkündung ihrer eigenen Lehre von der eigentlichen Bestimmung und Seinsweise des Menschen.

Antiquiertes Heldenbild

Die Widerrede gegen die ideologische Rechtfertigung des Krieges wurde für die Expressionisten, mit Ausnahme der wichtigen These vom heimtückischen Überfall der Feinde auf das Deutsche Reich im Herbst 1914, durch den realen Verlauf des Weltkrieges erleichtert. Sogar die Befürworter dieses Krieges anerkannten vielfach eine Zerstörung des anfänglichen Heldenideals vom „edlen Ritter" durch die neuen Waffen. Trotz ihrer weiteren generellen Befürwortung des Krieges als Quelle sittlicher Bewährung des einzelnen wie auch des Volkes, konstatierte z. B. Marianne Weber 1916, daß ein Heldentum im klassischen Sinne gegenwärtig „am ehesten außerhalb des Krieges" möglich sei, so z. B. als „Forscher", als „Prophet neuen Glaubens" (!), als revolutionärer „Täter und Neuerer".[358] Kennzeichen dieses im momentanen Kriege nicht mehr möglichen Heldentums war für die Autorin vor allem „die Bereitschaft [...] *alles* aufs Spiel zu setzen, Einsamkeit und Glückslosigkeit, Verachtung, Schande und Tod auf sich zu nehmen".[359] Auch die Postulierung eines neuen Heldentums „der Askese",[360] d. h. eisernen Ausharrens und grenzenloser Pflichterfüllung, konnte für viele Zeitgenossen die Glaubwürdigkeit der bisherigen Auffassung vom Krieg als Auslöser einer seelisch-geistigen „Erhöhung, Vertiefung, Veredelung"[361] des Menschen nicht aufrechterhalten.

Kennzeichen des Expressionismus zwischen 1910 und 1920. Kurt Pinthus, „Nach 40 Jahren. (New York, Sommer 1959)". In: *Menschheitsdämmerung. Ein Dokument des Expressionismus*. Mit Biographien und Bibliographien neu herausgegeben von Kurt Pinthus. Hamburg 1959, S. 17.

[355] Wörtlich hieß es bei Thomas Mann 1918: „Den Krieg für eine unsterbliche Einrichtung zu halten, für ein unentbehrliches revolutionäres Mittel, der Wahrheit auf Erden zu ihrem Recht zu verhelfen, ist auch heute noch möglich, obgleich er sich durch den Fortschritt seiner Technik selbst ad absurdum geführt zu haben scheint." Thomas Mann, *Betrachtungen eines Unpolitischen*. (Nr. 161.b), S. 463.

[356] Kurt Pinthus, „Zuvor". (Nr. 178.b), S. 30.

[357] So schrieb z. B. Thomas Mann in seinen *Betrachtungen eines Unpolitischen*, daß „ohne Zweifel unsterblich" im Menschen „ein primitiv-heroisches Element, ein tiefes Verlangen nach dem Furchtbaren" lebe, das u. a. durch den Krieg befriedigt werde. (Nr. 161.b), S. 464.

[358] Marianne Weber, „Der Krieg als ethisches Problem (1916)". (Nr. 240), S. 176.

[359] Ebda.

[360] Ebda. S. 177.

[361] Thomas Mann, *Betrachtungen eines Unpolitischen*. (Nr. 161.b), S. 461.

Zu diesem Verlust des bisherigen Helden-Bildes boten die Expressionisten ihren Zeitgenossen eine interessante Alternative: die neue Leitfigur des sich innerlich wandelnden und erneuernden Menschen. Die expressionistischen Autoren charakterisierten diese Figur durch heroische Tugenden wie Mut, Tapferkeit, Selbstlosigkeit – Tugenden, die nicht nur sie dem neuen Typus des von der Waffentechnik völlig abhängig gewordenen Soldaten ausdrücklich absprachen: „[...] denn es ist lange her, daß Mut und Gewandtheit zum Gebrauche der Waffen gehörte, daß ritterliche Tugend der Waffendienst bewies. Was ist denn das für Mut, gegen einen unsichtbaren Gegner eine Maschine in Gang zu setzen."[362]

Die Alternative

In einer Hinsicht allerdings wies die expressionistische Figur des sich wandelnden Menschen vordergründig eine deutliche Parallele zum Heldenbild der Kriegsideologie auf. In beiden Denkhaltungen galt der Einsatz des einzelnen für das größere „Ganze"[363] als höchste Stufe menschlicher Existenz. Die Bestimmung dieses „Ganzen" aber, für das der einzelne sein gesamtes Dasein einzusetzen habe, differierte ebenso grundlegend wie die Wege zu seiner Erreichung: Dem propagierten Bau der deutschen Volksgemeinschaft durch soldatische Disziplin, Unterordnung des einzelnen und unerbittliche Bekämpfung jeglicher „Widerdeutschheit"[364] setzten die Expressionisten ihre Lehre vom Bau der Menschengemeinschaft durch Bewußtwerdung, geistige „Offenheit"[365] und aktives soziales Handeln jedes einzelnen Menschen entgegen. Nicht mehr durch blutigen Kriegsdienst, sondern allein durch im Alltag zu praktizierendes Brudertum der Tat sollte der Mensch seine wahre sittliche Größe beweisen.[366]

Heldentat Brudertum

Mit ihrer Lehre vom wieder zu entdeckenden „Gemeinschafts-Sollen"[367] des Menschen versuchten die Expressionisten nicht nur dem historischen Ereignis des Weltkrieges einen positiven Sinn zu verleihen, sondern vor allem auch dem Dasein des Menschen selber. Dieser Aspekt einer neuen Sinngebung für das Leben jedes einzelnen wurde vor allem von Ludwig Rubiner deutlich hervorgehoben. „Es gibt", so schrieb er 1917, „für den Menschen keine innere Leere mehr. Jeder hat sich mit seinem Gewissen unter das Auge der Ewigkeit zu stellen und die Sekunde jedes Lebensmoments hinzugeben an die Verwirklichung der

Vom Sinn des Seins

---

[362] Rudolf Leonhard, *Kampf gegen die Waffe*. (Nr. 142), S. 11.
[363] Vgl. Marianne Weber, „Der Krieg als ethisches Problem (1916)". (Nr. 240), S. 158.
[364] Dieser Begriff nach Thomas Mann, *Betrachtungen eines Unpolitischen*. (Nr. 161.b), u. a. S. 33.
[365] Zum Prinzip der geistigen „Offenheit" als einem Leitwert des Expressionismus siehe Wolfgang Rothe, *Der Expressionismus*. (Nr. 308), S. 295ff.
[366] An dieser Stelle soll zumindest darauf hingewiesen werden, daß die Bruder- und Gemeinschaftslehre der Expressionisten auch in Opposition stand zur Lehre vom Übermenschen bei Friedrich Nietzsche. Ausführlich hat sich mit diesem Gegensatz schon 1912 der Expressionist Reinhard Johannes Sorge, anfangs selber ein überzeugter Anhänger der Lehren Nietzsches, beschäftigt. Seine Kritik an Nietzsche findet sich in seiner Schrift: *Gericht über Zarathustra. Vision.* München und Kempten 1912.
[367] Diese Formulierung stammt aus der „Vorbemerkung" Ludwig Rubiners zu dem von ihm herausgegebenen Band *Die Gemeinschaft. Dokumente der geistigen Weltwende*. Potsdam o. J. (1919), S. 5–6; Zitat S. 6.

Mitmenschenfreiheit."[368] Noch 1919 sah er den „Sinn" des menschlichen Daseins allein im „schöpferischen" Einsatz des Menschen für die „Gestaltung der produktiven Menschengemeinschaft über alle Länder hin".[369]

<small>Sinnstifter Krieg</small>
Die Festlegung eines zuallererst sozialen Sinns menschlichen Seins durch die Expressionisten der Kriegsjahre darf allerdings nicht allein als Reaktion der Autoren auf das Geschehen des Weltkrieges verstanden werden. Schon in der frühen Literatur des Expressionismus vor 1914 war die Suche nach dem tieferen Sinn der menschlichen Existenz ein bedeutendes Thema gewesen. Der wachsende Verlust christlich-religiöser Weltanschauung hatte die Frage nach dem Sinn des menschlichen Daseins schon lange vor dem Weltkrieg zum Problem nicht nur der Philosophie werden lassen. Die große Begeisterung gerade der Jugend im Herbst 1914 für den neuen Krieg resultierte, wie aus vielen Briefen und Tagebüchern deutlich nachweisbar ist,[370] nicht zuletzt aus der weit verbreiteten Hoffnung, eine bisher empfundene Ziel- und Zwecklosigkeit des Lebens durch den nun geforderten Einsatz für das ‚größere Ganze' überwinden zu können. Dieser für die Zeit typischen Lösung der uralten Sinnfrage des Menschen ganz im Interesse der den Krieg betreibenden Politiker und Militärs stellten die Expressionisten gezielt ihre Lehre vom Bau der Menschengemeinschaft als Aufgabe jedes einzelnen und als Ziel der Menschheitsgeschichte entgegen.

<small>Gegenpol Thomas Mann</small>
Die Auffassungen der Expressionisten bildeten für die Rechtfertiger des Weltkrieges und die Verteidiger der im Reich bestehenden gesellschaftlichen Verhältnisse eine gewaltige Provokation. Wie sehr die expressionistische Bewegung bei manchen Zeitgenossen „Furcht, Haß und Widerstand"[371] erregte, wird besonders deutlich aus den *Betrachtungen eines Unpolitischen* ersichtlich, die Thomas Mann im Jahre 1918 veröffentlichte. Diese *Betrachtungen* verdienen, als vielleicht wichtigster Beleg für die Auseinandersetzung mit dem Expressionismus nach 1914, ein näheres Eingehen.[372] An ihnen kann exemplarisch aufgezeigt werden, auf welche Einwände, Aversionen und Verfemungen die Anschauungen der Expressionisten im Deutschen Reich vielfach stießen.

<small>Entdeutschung</small>
Maßgeblich motiviert durch die geistige Kontroverse mit seinem Bruder Heinrich setzte sich Thomas Mann ab 1914 intensiv mit dem „Neuen Pathos",[373] wie er „Aktivismus [...] Voluntarismus, Meliorismus, Politizismus, *Expressionismus*"[374] zusammenfassend bezeichnete, auseinander. Er erkannte sehr deutlich,

---

[368] Ludwig Rubiner, „Mitmensch". (Nr. 196), S. 13.
[369] Ludwig Rubiner, „Vorbemerkung" zu *Die Gemeinschaft*. (Nr. 205), S. 5.
[370] Siehe z.B. die Briefe aus der Anfangszeit des Krieges, die abgedruckt sind in: *Kriegsbriefe gefallener Studenten*. Hrsg. in Verbindung mit den deutschen Kultusministerien von Prof. Dr. Philipp Witkop. Leipzig und Berlin 1918.
[371] Mit diesen Worten beschrieb Thomas Mann 1918 seine Reaktion auf die Lehren der von ihm so genannten „Zivilisationsliteraten". Zitat in: Thomas Mann, *Betrachtungen eines Unpolitischen*. (Nr. 161.b), S. 33.
[372] Selbstverständlich kann an dieser Stelle nicht die gesamte Antithetik der Mannschen *Betrachtungen eines Unpolitischen* zur Lehre des Expressionismus behandelt werden. Die folgenden Ausführungen müssen sich auf die wichtigsten und grundlegenden Differenzen dieser beiden weltanschaulichen Haltungen beschränken.
[373] Thomas Mann, *Betrachtungen eines Unpolitischen*. (Nr. 161.b), S. 28.
[374] Ebda. S. 27. Kursivsetzung nach Thomas Mann.

daß es sich bei „dem Neuen"³⁷⁵ nicht um eine literarische Stilrichtung, sondern um eine sehr viel weitergehende geistige Bewegung handelte, deren eigentliches Ziel, so Thomas Mann, eine „seelische Bekehrung"³⁷⁶ Deutschlands sei. Diese „Bekehrung" aber lehnte er entschieden ab, da sie einer „Entnationalisierung",³⁷⁷ einer „Entdeutschung"³⁷⁸ des deutschen Volkes gleichkomme.

Die entscheidende Grundlage für die Argumentation Thomas Manns bildete in den *Betrachtungen*, wie auch schon in den vorangegangenen Schriften, die These eines unversöhnlichen Gegensatzes von deutscher und fremdländischer, speziell französischer Wesensart.³⁷⁹ Sein Werk von 1918 ist ein einziger Versuch, den „Zivilisationsliteraten",³⁸⁰ wie er die Vertreter der neuen „Strebungen" in eindeutig diskriminierender Absicht benannte, nicht nur eine „politische Deutschfeindlichkeit", sondern vor allem eine „seelische Widerdeutschheit"³⁸¹ nachzuweisen. Zu diesem Zwecke erstellte Thomas Mann eine vollkommene Identität von expressionistischem und französischem Denken. Der Zivilisationsliterat, so schrieb er z. B., „denkt nicht nur in französischer Syntax und Grammatik, er denkt in französischen Begriffen, französischen Antithesen, französischen Konflikten, französischen Affären und Skandalen".³⁸²

<small>Wider-deutschheit</small>

Als Begründung für seine Zuordnung der neuen Bewegung zum französischen Denken nannte Thomas Mann vor allem die auch politische Konsequenzen implizierenden Forderungen der Expressionisten nach Brüderlichkeit unter den Menschen, nach Gleichheit und Gleichberechtigung, nach Abschaffung des Krieges und aktivem öffentlichen Handeln jedes einzelnen. Alle diese Forderungen setzte Thomas Mann ausdrücklich mit der Zielsetzung der ihm so verhaßten französischen Revolution gleich: „denn aus dem Frankreich der Revolution empfängt der Literat seine großen Überlieferungen, dort liegt sein Paradies, sein goldenes Zeitalter, Frankreich ist sein Land, die Revolution seine große Zeit [...]"³⁸³ Den so als französisches, d. h. also feindliches Denken abgeurteilten Vorstellungen der Expressionisten über Gleichheit und Brudertum der Menschen hielt Thomas Mann die „Lust des Gehorsams",³⁸⁴ den „Instinkt des Dienenwollens"³⁸⁵ und „der ritterlichen Knechtschaft",³⁸⁶ das „natürlichste Gefühl für Abstand und Rangordnung"³⁸⁷ als eigentliche Grundhaltungen des Menschen

<small>Französisches Denken</small>

---

³⁷⁵ Ebda. S. 28.
³⁷⁶ Ebda. S. 34. An anderer Stelle sprach Thomas Mann davon, daß der „Zivilisationsliterat" „eine seelische Strukturveränderung, die völlige Umwandlung des Volkscharakters" erstrebe (ebda. S. 37).
³⁷⁷ Ebda. S. 319.
³⁷⁸ Ebda. S. 67.
³⁷⁹ Vor allem ebda. S. 31.
³⁸⁰ Ebda. S. 33.
³⁸¹ Ebda. S. 24.
³⁸² Ebda. S. 58.
³⁸³ Ebda. S. 55.
³⁸⁴ Ebda. S. 482.
³⁸⁵ Ebda. S. 485.
³⁸⁶ Ebda. S. 484.
³⁸⁷ Ebda. S. 371.

entgegen. Diese wahre menschliche Seinsart mit ihrer ‚natürlichen' Einteilung in Diener und Herren sah Thomas Mann nach der Demokratisierung des Westens, die – für ihn völlig zwangsläufig[388] – zu einer ‚Herrschaft des Pöbels' geführt habe, nur noch im deutschen Volk bewahrt. Mit dieser Erhaltung eines in der Welt einzigartigen besonderen deutschen Wesens begründete Thomas Mann, wie auch viele andere Autoren, den Anspruch des deutschen Volkes auf die zukünftige geistige und politische Führung der Welt.

Menschen-Bilder

Vor allem am Beispiel gerade dieser Anschauungen Thomas Manns kann die Antithetik von Expressionismus und den vorherrschenden zeitgenössischen Denkhaltungen erkannt werden. Bei dieser Opposition handelte es sich nicht um eine literarisch-ästhetische Kontroverse, sondern um den Gegensatz zweier grundverschiedener Auffassungen über Wesen und Bestimmung des Menschen. Mit diesem Gegensatz verbanden sich auch extrem unterschiedliche Vorstellungen über den Aufbau von Staat und Gesellschaft. Es darf allerdings nicht völlig übersehen werden, daß auch die Forderung der Expressionisten nach dem massiven Einsatz von Kunst und Literatur als Mittel zur Aufklärung und Veränderung der Gesellschaft Thomas Mann heftig erbitterte. Auch dieses politische Verständnis von Kunst, das sich von seinem eigenen radikal unterschied, führte Thomas Mann vollständig auf den Einfluß französischen Denkens zurück.

Im Dienste der Feinde

Aus der vollkommenen Zuordnung der neuen „Strebungen" zur französischen Geisteswelt zog Thomas Mann einige weitreichende Folgerungen. Nicht nur, daß nach seinen Angaben die Ziele der Expressionisten dem deutschen „Wesen" völlig fremd und unangemessen waren. Der Expressionismus erschien darüber hinaus in seinen Schriften ausdrücklich als ein heimtückisches Mittel der Feinde zur geistigen „Invasion"[389] und Zersetzung des Deutschen Reiches, nachdem alle Versuche einer militärischen Invasion gescheitert seien. Als Beleg für diese Auffassung verwies Thomas Mann immer wieder auf kriegspropagandistische Schriften westlicher Autoren. In diesen Schriften wurde vielfach erklärt, daß das Ziel des Krieges für die Entente nur in einer endgültigen Vernichtung des deutschen „Militarismus" durch Zivilisierung und Demokratisierung dieses ‚barbarischen' Volkes liegen könne. Diese Zielangaben aus der alliierten Propaganda setzte Thomas Mann ausdrücklich mit den Vorstellungen der Expressionisten gleich. „Der radikale Literat Deutschlands", so schrieb er u. a., gehöre „mit Leib und Seele zur Entente, zum Imperium der Zivilisation".[390] Sein Ziel sei die vollständige geistige Unterwerfung des deutschen Volkes unter dieses „Imperium". Zur Verwirklichung dieses Zieles ersehnte der Zivilisationsliterat nach Thomas Mann natürlich auch, „daß die Zivilisationstruppen mit klingendem Spiel in Berlin einmarschierten: – wie sein Herz sie empfangen würde!"[391]

Lumpenpack

Diese Darstellung des Expressionismus als vermeintliches Instrument der Gegner für den „Bürgerkrieg"[392] im Deutschen Reich mochte es den Zeitgenossen

---

[388] Vgl. ebda. S. 326.
[389] Ebda., z. B. S. 34 und 38.
[390] Ebda. S. 56. Diese Gleichsetzung von Expressionismus und den Zielen der Kriegsgegner des Deutschen Reiches beherrscht das gesamte Kapitel „Der Zivilisationsliterat".
[391] Ebda. S. 60.
[392] Ebda. S. 454.

Der Expressionismus 1914–1918   229

ganz verständlich erscheinen lassen, daß bei Thomas Mann in Hinblick auf die „Zivilisationsliteraten" und „Geistigen"[393] immer wieder die Rede war vom „unappetitlichsten Literatenvolk",[394] vom „Gesindel" und „Lumpenpack",[395] das ihm „Ekel"[396] und „Abscheu"[397] verursache.

Die ausdrückliche Gleichsetzung des deutschen Expressionismus mit den Zielen der militärischen Feinde des Reiches muß als ein gezielt diffamierendes,[398] wohl aber gerade deshalb durchaus wirksames Mittel von Thomas Mann verstanden werden, um die von ihm erstrebte ideologische Ermunterung der nach vier Jahren Krieg erschöpften deutschen Bevölkerung zu erreichen. Jede Forderung nach geistiger Wandlung oder gar nach gesellschaftlicher Veränderung konnte bei diesem Ansatz von Thomas Mann als dem deutschen Sonderwesen widersprechend und im Dienste der Feinde stehend abgeurteilt werden. Eine genauere Auseinandersetzung mit den Gedanken und Zielen der Expressionisten war bei diesem Vorgehen weder nötig noch möglich. Die gesamte Erscheinung des Expressionismus verfiel bei Thomas Mann einer radikalen und vollständigen Verdammung. Von allen „Schrecken" der Zeit war nach seinen Worten die Bewegung der „Zivilisationsliteraten" das Allerschlimmste und Widerlichste:

Zivilisationsliteraten

„Der Krieg ist greulich, ja! Wenn aber inmitten dieses Krieges der politische Literat sich aufstellt und erklärt, durch seine Brust gehe der Liebesatem des Alls, so ist das der schrecklichste der Schrecken und nicht anzusehen [...]
Liebe! Menschlichkeit! Ich kenne sie, diese theoretische Liebe und doktrinäre Menschlichkeit, die zwischen den Zähnen hervorgestoßen wird, um dem eigenen Volke Ekel damit zu erweisen [...] Aber gefallt euch nicht in einem politisch-humanitären Oppositionslamento gegen den Krieg! Stellt euch nicht an, als habe *er* das Antlitz der Erde entweiht – und vorher habe der Tiger beim Lamme gegrast. Ich kenne nichts Alberneres und Verlogeneres, als die Deklamation des Literaten, den dieser Krieg zum Philanthropen machte und der verkündet, wer ihn nicht als untermenschliche Schmach und Schande empfinde, der sei ein Widergeistiger, ein Verbrecher und ein Feind des Menschengeschlechts."[399]

Die Ausführungen Thomas Manns in seinen *Betrachtungen eines Unpolitischen* bilden eine hervorragende Folie, um sowohl die Besonderheit wie auch die Provokanz der expressionistischen Weltanschauung nach 1914 zu erkennen. Da-

Verfluchungen

---

[393] Ebda. S. 458. Die ausdrückliche Verwendung dieses Terminus durch Thomas Mann belegt, wie genau er die Schriften der Expressionisten kannte.
[394] Ebda.
[395] Ebda. S. 55.
[396] Ebda. S. 21.
[397] Ebda. S. 31.
[398] Zu dieser Einschätzung einer gewollten, ganz bewußten Diffamierung noch zwei weitere Beispiele (von vielen möglichen): Thomas Mann unterstellt den Zivilisationsliteraten nicht nur eine grenzenlose Bewunderung der westlichen Kriegswaffen (ebda. S. 63). Er unterstellt ihnen auch, daß sie (nach der Schlacht von Tannenberg) über den Tod von 150 000 Russen schmerzlich betroffen seien, wenn aber „ebenso viele Deutsche dabei umgekommen wären", dann hätten sie „dieser Entscheidung ihren sittlichen Beifall nicht versagt" (ebda. S. 456).
[399] Alle Zitate ebda. S. 477/478.

bei soll nicht übersehen werden, daß Thomas Manns Aburteilung der expressionistischen Forderungen nach Brüderlichkeit, Völkerverständigung und einem dauerhaften Frieden keineswegs extrem scharf ausfiel. Alfred Döblin z. B. ging einen erheblichen Schritt weiter und drohte noch im Februar 1918 (!) für den Fall, daß sich eine deutsche Niederlage ernsthaft anbahne:

„Jede Stimme muß verstummen, die auch nur ein Wort äußert, das nicht Krieg ist. Verflucht soll der sein, der das Wort Frieden dann in den Mund nimmt. [...] Wir werden Ruhe, absolute Ruhe im Innern haben, unsere lärmenden Strudelköpfe werden wir in die Keller gesperrt haben, wohin sie gehören. Wir werden augenblicklich frei von ihnen sein. Wir versprechen, wir werden selbst in unseren Reihen, in den Häusern, auf den Straßen diejenigen massakrieren, die nur einen Hauch von Friedensgesinnung dann äußern. Uns wird kein Hunger schlapp machen; das triumphierende Gesicht der Welschen, das Gejauchz der Senegalneger, die man gegen uns aufbietet, die heiseren Rufe der Briten halten uns bei Besinnung [...] Wenn sich die deutsche Niederlage zeigen sollte, so werden die Herren sehen, was sie sich groß gezüchtet haben; in dem Schlund dieses Feuers wird mit ihnen die ganze Welt verrauchen."[400]

Optimismus   Drohungen dieser Art und die nicht selten bis zur offenen Diffamierung gehende Ablehnung ihrer Ansichten durch zahlreiche Zeitgenossen konnten die Zuversicht der Expressionisten auf eine bevorstehende geistige Erneuerung der Menschheit nicht ernsthaft beeinträchtigen. Diese Zuversicht mag den späteren, mit dem weiteren geschichtlichen Verlauf vertrauten Betrachter stark irritieren. Auch dieser oft enorme Optimismus[401] der expressionistischen Bewegung ist nur in direkter Verbindung mit dem Ereignis des Ersten Weltkrieges zu verstehen. Die Expressionisten wollten ja nicht, wie in der Forschung gelegentlich zu lesen ist, durch ihre Literatur „die gesamte Welt aus den Angeln heben" (K. Ziegler).[402] Die Zerstörung des Alten, von vertrauten Denkweisen und Wertvorstellungen bis hin zu politischen Herrschaftssystemen, hatte nach expressionistischer Vorstellung vielmehr der Weltkrieg selber bewirkt. Es war für die Expressionisten vollkommen unvorstellbar, daß nach dem grauenhaften Geschehen des Krieges ihre Zeitgenossen weiterleben könnten wie zuvor. So vertraute F. M. Huebner noch 1920 auf die „ungeheure Auflockerung, welche der Krieg auch in den alltäglichen Seelen erzeugte".[403] Der hier zum Ausdruck kommende Glaube an eine tiefe geistig-seelische Erschütterung ihrer Zeitgenossen durch den Krieg bildete den entscheidenden Grund für die Wandlungs-Zuversicht der expressionistischen Autoren. „Dieser Erde", so schrieb Ludwig Rubiner schon 1917, „ist es so unglaublich schlecht gegangen, sie hat so nichts mehr zu verlieren, sie ist so

---

[400] Alfred Döblin, „Drei Demokratien". In: *Die Neue Rundschau* 29, 1918, H. 2 (Februar), S. 254–262. Hier zitiert nach dem Abdruck in: Alfred Döblin, *Schriften zur Politik und Gesellschaft*. Olten 1972, S. 33–44; Zitat S. 37/38.
[401] So schrieb z. B. Ludwig Rubiner 1917, die Idee der „Mitmenschenfreiheit" sei bereits „so stark in die Welt gedrungen, daß keine Kriegsmaschine ihr mehr ein tatsächlicher Gegner ist". Aus: Ludwig Rubiner, „Mitmensch". (Nr. 196), S. 13.
[402] So Klaus Ziegler in seiner Schrift „Dichtung und Gesellschaft im deutschen Expressionismus". (Nr. 324), S. 89.
[403] Friedrich Markus Huebner, „Deutschland". (Nr. 107), S. 89.

verschwistert mit der Verzweiflung, daß endlich auch der Träge und Böswillige als Heilung erkennt, was früher nur erhabene Seelen, unter aller Gefährdung ihrer Sicherheit, in eine stählern feindliche Welt zu künden wagten."[404] Nicht nur L. Rubiner war davon überzeugt, daß der Schock des Krieges sogar „die starrsten Bürgerherzen"[405] erschüttert habe und somit die Idee vom Brudertum aller Menschen „selbst in den Regierungshäusern des Erdballs"[406] inzwischen Fuß fassen konnte.

Die Überzeugung der Expressionisten, daß der Krieg die Menschen geistig wahrhaft erschüttert und zur Aufnahme neuer Ideen bereit gemacht habe, findet sich nicht nur in ihren programmatischen, sondern vielmehr auch in ihren literarischen Werken aus den Jahren 1914–1918. Fast immer wird in diesen Werken die thematisierte positive Wandlung einer Figur zu einem neuen, geläuterten Menschen mit dem Erleben eines Krieges in Verbindung gebracht. Die expressionistischen Autoren wählten als Auslöser für den vorbildhaften Erneuerungsprozeß des Protagonisten ganz bewußt ein Geschehen, das aus der Lebenswelt jedes Zuschauers stammte und somit dessen Identifikation mit der literarischen Figur ermöglichte. Die durch das Erleben eines Krieges ausgelöste geistig-ethische Wandlung der zentralen Figur sollte vom Zuschauer übernommen und in seiner eigenen Lebenswelt aktiv weitergeführt werden.[407]

[margin: Vorbilder]

Der weitere Verlauf des Expressionismus nach dem November 1918 zeigt, wie sehr nicht nur die Ausformung seiner Theorie, sondern auch seine Resonanz in der Öffentlichkeit an das Ereignis des Ersten Weltkriegs gebunden war. Im Augenblick der konkreten Kriegsniederlage mit dem vermeintlich sicheren Zusammenbruch aller bisher gültigen geistigen und politischen Faktoren erfuhr der Expressionismus eine gewaltige Resonanz im Deutschen Reich. Seine Werke beherrschten die literarische Welt, seine Lehre wurde geradezu staatliche Religion. Der Verlauf der folgenden Jahre aber zerschlug sehr schnell jede Hoffnung der Expressionisten auf die Fähigkeit und Bereitschaft ihrer Zeitgenossen zu einer ernst gemeinten geistigen Erneuerung. Der Wille, den Krieg zu vergessen, war allgemein schon bald wieder sehr viel stärker als die Aufforderung der Expressionisten, aus ihm zu lernen und tiefgehende persönliche Konsequenzen zu ziehen.

[margin: Scheitern]

Die Erneuerungslehre des deutschen Expressionismus wird bis heute, nicht zuletzt wegen dieses Scheiterns in der gesellschaftlichen Realität, vielfach als Utopismus, kleinbürgerliches Denken oder subjektivistischer Idealismus gewertet. Ernst Bloch hingegen hat schon in den dreißiger Jahren die Anschauungen und Forderungen der Expressionisten gerade wegen ihres fundamentalen Gegensatzes zum vorherrschenden zeitgenössischen Denken als „objektiv-revolutionäre"[408] bezeichnet. Nur bei Berücksichtigung dieses Gegensatzes kann die große

[margin: Würdigung]

---

[404] Ludwig Rubiner, „Mitmensch". (Nr. 196), S. 12.
[405] Ludwig Rubiner, „Europäische Gesellschaft". (Nr. 195), S. 9.
[406] Ludwig Rubiner, „Mitmensch". (Nr. 196), S. 12.
[407] Genauer dazu siehe den folgenden Abschnitt.
[408] Ernst Bloch, „Diskussionen über Expressionismus". Zuerst in: *Das Wort. Literarische Monatsschrift* 3, 1938, H. 6, (Juni), S. 103–112. Hier zitiert nach dem Abdruck in *Marxismus*

Leistung der Expressionisten, die mit oft hohem persönlichen Einsatz „ein radikales moralisches Korrektiv gegen die vorherrschende militaristische Gesinnung der Epoche" (H. Korte)[409] aufstellten, noch heute erkannt und gewürdigt werden: „Man muß sich das Zeitkolorit vergegenwärtigen, muß sich das Vorherrschen der chauvinistisch-rassistischen Denkformen nicht nur in Deutschland, sondern auch in den Nachbarländern vor Augen halten, um das objektiv Revolutionäre einer Denkform würdigen zu können, die auf die Gemeinsamkeit der Menschen und ihre friedliche Koexistenz pochte." (S. Vietta, H.-G. Kemper).[410]

6. Kunst und Erneuerung

6.1. Expressionismus und Kunst

Rolle der Kunst Im Mittelpunkt der bisherigen Ausführungen über den deutschen Expressionismus nach 1914 standen dessen Geschichtsverständnis und Menschenbild sowie seine Forderung nach einer umfassenden Erneuerung von Mensch und Welt. Bei dieser Darstellung der expressionistischen Weltanschauung aus den Jahren des Ersten Weltkriegs wurde immer wieder eine zentrale Stellung der Kunst erwähnt, darauf aber noch nicht genauer eingegangen. Die noch ausstehende Untersuchung über die Rolle der Kunst im Expressionismus, die zum tieferen Verständnis dieser Bewegung absolut unverzichtbar ist, erfolgt in den nächsten Abschnitten. Selbstverständlich können dabei nicht alle Aspekte und Ausformungen der expressionistischen Kunstauffassung berücksichtigt werden. Der Schwerpunkt der Analyse liegt vielmehr auf jenen drei Leistungsmöglichkeiten der Kunst, die für die Expressionisten von entscheidender Bedeutung waren: Kunst als Medium zur Erkenntnis der Welt, zur Verkündung der Lehre und zur Verwandlung des Menschen.

Schwerpunkt Drama Auch die kommenden Ausführungen stützen sich in erster Linie auf programmatische und theoretische Schriften expressionistischer Autoren. Erkenntnisziel ist hier nicht die ästhetische Praxis der expressionistischen Künstler, sondern vielmehr die Stellung und Aufgabe, welche der Kunst in den theoretischen Überlegungen zugesprochen wurde. Das Interesse richtet sich in den folgenden Abschnitten zuallererst auf die „eigentliche Kunst", d. h. vor allem auf die Ansprüche der Expressionisten an die dramatische Gattung. Die Publizistik dagegen, deren Bedeutung für den Expressionismus in den vorangegangenen Ausführungen bereits genauer aufgezeigt wurde, interessiert im folgenden nur sehr am Rande. Diese Schwerpunktsetzung auf das Drama folgt den programmatischen Schriften der expressionistischen Autoren nach 1914. Den Expressionisten galt,

---

und Literatur. Eine Dokumentation in drei Bänden. Hrsg. von Fritz J. Raddatz. Band II. Reinbek bei Hamburg 1969, S. 51–59; Zitat S. 53.

[409] Hermann Korte, *Der Krieg in der Lyrik des Expressionismus. Studien zur Evolution eines literarischen Themas.* Bonn 1981, S. 201.

[410] Silvio Vietta / Hans-Georg Kemper, *Expressionismus.* (Nr. 317), S. 201.

wie noch genauer auszuführen bleibt, das „Drama" als die höchste Form der Einwirkungsmöglichkeit auf den Mitmenschen. Unter „Drama" darf im Expressionismus allerdings nicht automatisch ein Bühnenwerk im traditionellen Sinne verstanden werden. So forderte z. B. Rudolf Leonhard nach der deutschen Revolution von 1918/19 ein neues, lebendiges Theater: „Aber dieses Theater ist nicht an den Raum gebunden; es sei überall; auf Plätzen und in Sälen, einfach, wesentlich, flugbereit. Denn überall ist der Boden für diese wahre Magie. Gespielt wird überall – es kann gar nicht genug gespielt werden."[1] Etliche Autoren des Expressionismus konzipierten ihre dramatischen Werke zunächst mehr oder weniger ausdrücklich als „Lese-Dramen", da sie wegen der im Krieg herrschenden Zensurbestimmungen fürs erste nicht mit öffentlichen Aufführungen ihrer Werke rechnen konnten.

Die Bedeutung der Kunst in der expressionistischen Lehre, vor allem ihre Bestimmung als Medium zur Erkenntnis der Welt und zur Verwandlung des Menschen, kann ohne genaue Kenntnis des expressionistischen Welt- und Menschenbildes nicht verstanden werden. Es erscheint deshalb sinnvoll, in aller Kürze noch einmal die zentralen Grundgedanken der expressionistischen Weltsicht zusammenzufassen.

6.2. Die Unwirklichkeit des Menschen

„Nein, wir sind das nicht zwischen den Möbeln und im Alltag agierend, konsumiert und Konsumenten; ein Betrug mit uns wird ausgeführt, so kann es in Wahrheit nicht um uns stehen. Wir müssen unser verlorenes Ich wiederfinden, [...]"[2]

Zerrbilder

Diese Zeilen finden sich in einer Rezension, die der Expressionist Ernst Blass 1919 über das gerade erschienene Werk *Geist der Utopie* von Ernst Bloch verfaßte. Sie enthalten paradigmatisch ein gedankliches „Grundmuster",[3] das die gesamte Bewegung des Expressionismus beherrschte: die Unterscheidung zwischen äußerer Erscheinung/Form und eigentlichem, innerem Wesen. Diese Unterscheidung wurde von den Expressionisten nicht nur auf „die Dinge der Erscheinungswelt" (Ch. Eykman)[4] angewandt, sondern vor allem auch auf den Menschen selber. Der Mensch der Moderne galt den Expressionisten in wachsendem Maße nur noch als Zerrbild und Karikatur seiner eigentlichen Veranlagung und Seinsmöglichkeit. Paul Kornfeld benannte 1918 in für den Expressionismus bezeichnender Weise die Verfassung des neuzeitlichen Menschen als „entmenschlichtes Menschtum", als „ein bei lebendigem Leibe Entseelt-sein".[5] „Es ist", so führte

---

[1] Rudolf Leonhard, „Das lebendige Theater". In: *Die Erhebung. Jahrbuch für neue Dichtung und Wertung*. Hrsg. von Alfred Wolfenstein. Zweites Buch. Berlin 1920, S. 258–264; Zitat S. 263.
[2] Ernst Blass, „Geist der Utopie". In: *Das junge Deutschland* 2, 1919, Nr. 3, S. 63–67; Zitat S. 63.
[3] Christoph Eykman, *Denk- und Stilformen des Expressionismus*. (Nr. 271), S. 93.
[4] Ebda. S. 114.
[5] Paul Kornfeld, „Der beseelte und der psychologische Mensch. Kunst, Theater und Anderes". In: *Das junge Deutschland* 1, 1918, Nr. 1, S. 1–13; Zitat S. 7.

der Autor weiter aus, „als würden die prinzipiellen Merkmale des Mensch-seins verschüttet und begraben sein unter den zufälligen Merkmalen des Lebens. Die Form, das Attribut, die Notdurft haben sich zum Tyrannen aufgeschwungen, und es ist, als würden, ohne Körper und Gesicht dahinter, gespenstisch Kleid und Maske auf der Erde umgehen. Was einst den Menschen Mittel war, um leben zu können, ist ihnen Zweck und Ziel des Lebens geworden."[6]

Wissens-Verlust   Kornfeld konstatierte aber nicht nur eine völlige Entfremdung des modernen Menschen von seinem eigentlichen Wesen. Er verwies zugleich darauf, daß sogar auch schon das Wissen um die eigentliche Bestimmung und Seinsmöglichkeit des Menschen weitgehend verloren gegangen sei. In genau diesem Zusammenhang bestimmte nicht nur Paul Kornfeld als entscheidende Aufgabe der expressionistischen Kunst, dem Menschen wieder dieses Wissen um sein eigentliches Sein zu verschaffen und es erneut zur Richtschnur des Denkens und Handelns werden zu lassen.

Entleerte Existenz   Die Auffassung einer verhängnisvollen „Verkümmerung"[7] der eigentlichen Veranlagungen und Möglichkeiten des Menschen prägte entscheidend das Menschenbild der gesamten expressionistischen Bewegung. Sie findet sich deutlich auch schon in der Literatur des Expressionismus vor dem Ereignis des Ersten Weltkriegs. Ausgangspunkt war vor 1914 oftmals eine Beschäftigung der Autoren mit dem eigenen Ich. Dieses wurde, nicht zuletzt unter dem Einfluß von Freud und Nietzsche, zunehmend als fragwürdig, leer und unheimlich empfunden.[8] Die Frage nach dem eigentlichen Wesen des Menschen und nach dem Sinn seines Daseins war bereits vor 1914 zu einem wichtigen Thema literarischer, theoretischer wie auch rein privater Schriften expressionistischer Autoren geworden. Nicht erst durch den Krieg war sich der Mensch nach expressionistischem Verständnis „in grauenhafter Weise abhanden gekommen" (E. Blass).[9] So wurden z. B. schon in der Lyrik des frühen Expressionismus die Bewohner moderner Großstädte vielfach als Schatten und Gespenster gezeichnet. Neuzeitliches Leben gestalteten die expressionistischen Autoren vorzugsweise als „ödes Schein-Sein",[10] als sinnloses Im Kreise-Laufen, als beständige psychische und soziale Erstarrung. Zur Kennzeichnung der diagnostizierten maskenhaften, unwirklichen Existenzweise des modernen Menschen wurden in den literarischen Texten vor allem die Merkmale Einsamkeit, Gefühllosigkeit und Sprachverlust verwendet. Derartige Bilder einer entleerten und sinnlosen Existenz des Menschen finden sich überreichlich bereits im Schrifttum des frühen Expressionismus. Mit den

---

[6] Ebda. S. 12.
[7] Dieser Begriff u. a. wörtlich bei Ludwig Rubiner, „Brief an einen Aufrührer". In: *Die Aktion* 3, 1913, vom 19. März, Sp. 341–347. Rubiner konstatiert hier (Sp. 345) eine „entsetzliche Verkümmerung der Zeitgenossen", die u. a. „in der Angst vor sich selbst" zum Ausdruck komme.
[8] Ausführlicher dazu siehe z. B. das Kap. V („Das Ich, die Dinge und die Wirklichkeit im deutschen Expressionismus") bei Christoph Eykman, *Denk- und Stilformen des Expressionismus*. (Nr. 271).
[9] Ernst Blass, „Geist der Utopie". (Nr. 19), S. 63.
[10] Begriff von Carl Ehrenstein, *Bitte um Liebe*. Berlin 1921, S. 80. Hier zitiert nach Wolfgang Rothe, *Der Expressionismus*. (Nr. 308), S. 124.

Worten Wolfgang Rothes: „Der Expressionist vermißt nur zu oft Ziel und Zweck menschlichen Daseins, damit eine Rechtfertigung desselben; er erblickt überall Sinnlosigkeit und Vergeblichkeit als prima facta kreatürlichen Daseins."[11]

Mit dieser negativen Sicht des neuzeitlichen Menschen und seiner Existenzweise verband sich aber vielfach zugleich auch schon die Frage nach einer anderen, tieferen Dimension hinter den äußeren Erscheinungsformen. Die persönliche Erfahrung[12] der Welt und ihrer Bewohner als fragwürdig, maskenhaft und unwirklich führte viele Autoren des Expressionismus schon vor 1914 auf die Suche nach einem „Vorstoß zum Wesenhaften" (Ch. Eykman).[13] Diese Suche nach dem „Elementaren" (P. Hatvani)[14] hinter der äußeren Erscheinung bezog sich nicht allein auf den Menschen selber. Den Expressionisten war neben dem modernen Menschen auch dessen gesamte dinghafte und natürliche Umwelt fragwürdig, unübersichtlich und unwirklich geworden. So stellte z. B. Kurt Pinthus 1916 in für den Expressionismus charakteristischer Weise die „jüngste Kunst" in Opposition zur zeitgenössischen Wirklichkeit; einer „Wirklichkeit, von der wir nicht wissen, was eigentlich an sich sie ist, jenes uns ganz Fremde, das außer uns, ohne uns ist, Chaos, jenseits unseres geistigen Willens, in das mühsam wir Gesetze hineininterpretieren, [...]"[15] Unter „Wirklichkeit" verstand Pinthus dabei ausdrücklich nicht nur die „Erscheinungswelt der Natur" und die von den Menschen selbst geschaffene Welt der Dinge, „sondern vor allem das Gewirr unserer sozialen, kulturellen, politischen, wirtschaftlichen Beziehungen und Einrichtungen."[16] Wenn der Mensch selber, so lautete die Argumentation der Expressionisten, sein eigentliches Wesen verfehlt habe, dann konnte auch die „Wirklichkeit", mit der er sich umgeben hatte, nur Schein und „Kulisse"[17] sein. Zugleich aber war der Mensch der Moderne nach expressionistischer Auffassung zum kläglichen Sklaven und Opfer eben dieser „Attrappenwirklichkeit" geworden.[18]

Es kann an dieser Stelle nur kurz darauf verwiesen werden, daß die Frage nach der ‚Wirklichkeit der Wirklichkeit' und die Suche nach einem „Elementaren" hinter den äußeren Erscheinungsformen um 1914 keineswegs nur ein Problem

Marginalia: Attrappen-Wirklichkeit; Kontext

---

[11] Wolfgang Rothe, *Der Expressionismus*. (Nr. 308), S. 140.
[12] Zur Rolle der persönlichen Erfahrung vgl. Wolfgang Rothe, *Der Expressionismus*. (Nr. 308), S. 122ff.
[13] Christoph Eykman, *Denk- und Stilformen des Expressionismus*. (Nr. 271), S. 124.
[14] Dieser Begriff z. B. bei Paul Hatvani, „Versuch über den Expressionismus". In: *Die Aktion* 7, 1917 (vom 17. März), Sp. 146–150; der Begriff u. a. Sp. 146.
[15] Kurt Pinthus, „Zur jüngsten Dichtung". (Nr. 175), S. 233. Ähnlich konstatierte Franz Werfel 1914 eine „fürchterliche Unübersehbarkeit" der Welt, in der „das *Und* zwischen den Dingen" verloren gegangen sei und alles „unverbindbar auf dem Haufen" liege. Zitat aus: Franz Werfel, „Aphorismus zu diesem Jahr". In: *Die Aktion* 4, 1914, 5. Dez., Sp. 902–905; Zitat Sp. 903.
[16] Kurt Pinthus, „Zur jüngsten Dichtung". (Nr. 175), S. 233.
[17] So sprach Kasimir Edschmid von einer Zeit, die das „Eigentliche" verschüttet und stattdessen die „Kulisse" zum „Panier" erhoben habe. Aus: Kasimir Edschmid, „Über die dichterische deutsche Jugend". (Nr. 47), S. 17.
[18] Vgl. Kurt Pinthus, „Rede für die Zukunft". (Nr. 177), S. 411.

der Expressionisten war. Der Expressionismus-Kenner Otto Mann bestimmte vielmehr die Absicht, „wieder verbindlicher auf substantielle Wirklichkeit zurückzugreifen",[19] als ein weithin gültiges Kennzeichen der Kunst und Philosophie um 1900: „Es scheint so, als müsse man jetzt am empirisch Gegebenen das eigentlich in ihm Wirkliche entdecken und aufdecken."[20] O. Mann nennt in diesem Zusammenhang neben der Philosophie (Dilthey, Husserl, Heidegger) vor allem die zeitgenössische Malerei: „Cézanne, van Gogh, Matisse versuchen im Zugriff auf erscheinende Wirklichkeit deren Äußerlichkeit zu überwinden, aus dem Erscheinenden das Sein herauszuholen, den Blick und das Bilden des Malers zum ontologischen Aufdecken zu intensivieren."[21]

Erkenntnis-Krisen

Einen entscheidenden Hintergrund für dieses zeitspezifische Bemühen um eine tiefere Dimension hinter der äußeren Erscheinungswelt bildete die beständige Auflösung zuvor gültiger Vorstellungen über Wirklichkeit und Wahrheit sowie über die Autonomie des menschlichen Subjekts. Diese Auflösung war nicht allein durch die Schriften Nietzsches und Freuds bewirkt worden, sondern vor allem auch durch die Naturwissenschaften, die immer wieder ihre eigenen Erkenntnisse und Ansichten relativiert und über Bord geworfen hatten.[22] Die Erkenntnislage der Wissenschaften um 1900 wird aus den folgenden Zeilen Wilhelm Diltheys exemplarisch deutlich:

„Diese Gegenwart steht dem großen Rätsel des Ursprungs aller Dinge, des Wertes unseres Daseins, des letzten Wertes unseres Handelns nicht klüger gegenüber als ein Grieche in den ionischen oder italienischen Kolonien oder ein Araber zur Zeit des Ibn Roschd. Gerade heute, umgeben von dem rapiden Fortschritt der Wissenschaften finden wir uns diesen Fragen gegenüber ratloser als in irgendeiner früheren Zeit."[23]

Kriegsursache Mensch

Mit seiner Denkform einer strengen Unterscheidung zwischen äußerer Erscheinung und dahinterliegendem eigentlichen Wesen war der Expressionismus somit Teil einer umfassenderen geistesgeschichtlichen Entwicklung nach 1900. Durch das Ereignis des Ersten Weltkriegs gewann die bereits zuvor aufgekommene Frage nach dem eigentlichen Wesen gerade des Menschen für die Expressionisten eine existentielle Bedeutung. Sie lehnten entschieden jede nur politisch, militärisch oder ökonomisch argumentierende Erklärung der Entstehung des Krieges als oberflächlich und irreführend ab: „Man glaube doch ja nicht, daß der heutige Krieg irgend eine durch politische Constellationen entstandene Einzeltatsache wäre!" (F. Wolf).[24] Die entscheidende Ursache des Krieges wurde von

---

[19] Otto Mann, „Einleitung". (Nr. 296), S. 19.
[20] Ebda.
[21] Ebda.
[22] Ausführlich dazu siehe Kap. 2.6 („Die erkenntnistheoretischen Voraussetzungen des Expressionismus") in: Silvio Vietta / Hans-Georg Kemper, *Expressionismus*. (Nr. 317), S. 134–174. – Als zeitgenössischen Beleg zu diesem Thema siehe vor allem Hugo Ball, „Kandinsky". (Nr. 12.b), speziell S. 124/125.
[23] Hier zitiert nach Otto Mann, „Einleitung". (Nr. 296), S. 13. Dort leider ohne nähere Quellenangabe.
[24] Aus einem Brief Friedrich Wolfs vom 4.10.1918 an Gustav Gerstenberger. Abgedruckt in: Friedrich Wolf, *Briefe. Eine Auswahl*. Hrsg. im Auftrag der Deutschen Akademie der Künste zu Berlin von Else Wolf und Walther Pollatschek. Berlin und Weimar 1965, S. 42.

den Expressionisten vielmehr im Menschen selber gesehen: „Wir waren sprachlos ob der ‚über Nacht' ausgebrochenen Vertierung und Entmenschung der Kulturwelt. In Wirklichkeit hat die Verlogenheit und innere Unwahrheit der Menschen, die vom lauteren bis unlauteren Konkurrenzkampf alle Stufen durchlief, längst schon in *jedem Einzelnen* die Vorbedingungen zu diesem Brudermord geschaffen."[25] Der Krieg galt den Expressionisten als der letzte und furchtbarste Beweis, daß der zeitgenössische Mensch sein „Selbst versäumt",[26] daß – so Ernst Blass 1919 – „wir zu Schatten und Narren gesunken sind – wie wäre es sonst möglich gewesen, daß solches geschah? Und es ist unmöglich, daß wir in Wahrheit es taten!"[27]

Der Krieg wurde aber immer mehr auch zum Auslöser einer großen Hoffnung der Expressionisten auf eine grundlegende Erneuerung von Mensch und Welt. Wenn nicht angesichts dieses grauenhaften Krieges, wann sonst sollten die Menschen ihre geistig-ethische Fehlentwicklung erkennen und endlich wieder „unverfälschtes Menschenleben"[28] erstreben.

Hoffnung

Die geistige Haltung der Menschen hatte nach expressionistischem Verständnis letztlich den realen Weltkrieg verursacht. Folglich wurde sie auch zum entscheidenden Ansatzpunkt der expressionistischen Strategie zur Erneuerung des Menschen – einer Strategie, die nicht nur für Paul Kornfeld unabdingbar bei jedem einzelnen anzusetzen hatte: „Aus dem Labyrinth all der Zeiten, die die unsrige heraufbeschworen haben, führt kein anderer Weg, als jener, der den Menschen zu sich selbst führt. Die Menschheit ist eine Summe von Menschen, und das einzige Mittel, sie zu ändern, ist der Einzelne. Wenn auch nur ein Einziger sich wahrhaft ändert, ändert sich das Gesicht der Welt, doch nicht, wenn Hunderte beieinander sitzen und die folgenschwersten, bestgemeinten Entschlüsse fassen."[29]

Änderung des Menschen

Wie aber ließ sich das wahre, das eigentliche Wesen des Menschen erkennen und mitteilen? Hier lag nach der Auffassung der Expressionisten die entscheidende Aufgabe des Künstlers und der Kunst. Sie erhoben den Künstler zum Seher und Propheten und die Kunst zum Mittel der Verkündung von Erkenntnis und Lehre. Die folgenden Abschnitte sollen genauer aufzeigen, worauf diese expressionistische Erhebung der Kunst zum Medium von Erkenntnis und Umgestaltung der Welt beruhte.

6.3. Introversion und Erkenntnis

„Die Welt ist der Schleier der Maja: hinter den Dingen und in Dir selbst verborgen ruht das Wesenhafte."[30] Mit diesen Worten referierte der Verfasser einer

Erkenntnis vs. Mimesis

---

[25] Ebda.
[26] Ernst Blass, „Geist der Utopie". (Nr. 19), S. 64.
[27] Ebda.
[28] Heinrich Stadelmann-Ringen, „Das neue Drama". In: *Die Aktion* 7, 1917, Sp. 328–332; Zitat Sp. 328.
[29] Paul Kornfeld, „Der beseelte und der psychologische Mensch". (Nr. 128), S. 5.
[30] Franz Landsberger, *Impressionismus und Expressionismus. Eine Einführung in das Wesen der neuen Kunst.* Leipzig 1916, S. 49.

zeitgenössischen „Einführung in das Wesen der neuen Kunst" die erkenntnistheoretische Grundposition der expressionistischen Bewegung. Wie aber, so mußten sich die Vertreter des Expressionismus fragen, konnte dieses „Wesenhafte" hinter den äußeren Erscheinungsformen durch den Menschen erfaßt und aufgedeckt werden? Die logisch-kausalen Verfahren der Naturwissenschaften waren nach expressionistischem Verständnis zu dieser Aufdeckung ungeeignet. Ihnen wurde vielmehr vorgeworfen, die Welt lediglich mimetisch nachzubilden und bestenfalls eine rein „mechanistische Deutung des Daseins"[31] liefern zu können. In für den Expressionismus charakteristischer Weise begründete F. M. Huebner, warum „der Expressionist" den Naturwissenschaften ablehnend gegenüberstehe:

„Er stellt fest, daß auch die Wissenschaft nur ein Versuch der Ausdeutung ist, daß sie nicht unumstößliche Erkenntnisse, sondern äußerst einwandzugängliche Hypothesen liefert. Die Instrumente, die sich der Mensch erfindet, und mit denen er das Leben zu greifen, die Wahrheit zu sieben hofft, sind ebenso viele Werkzeuge, mit denen er sich hinter das Licht führt. Die Natur ist nicht ein objektiv Unveränderliches und nichts Größeres als der Mensch. Sie bietet sich dar für jede Art von Vorstellung; sie ist das Nichts und wird erst zu Form und Gestalt durch den Menschen, der sie mit Sinn beseelt."[32]

Erstickung

Als scharfen Widerspruch zu der nach ihrer Auffassung dringend notwendigen Relativierung naturwissenschaftlicher Erkenntnismöglichkeit sahen die Expressionisten die zeitgenössische „Verabsolutierung" (W. Rothe)[33] naturwissenschaftlicher Ergebnisse zu vermeintlich gesetzmäßigen und unumstößlichen Wahrheiten, denen sich auch der Mensch selber in seinem Denken und Handeln zu unterwerfen habe. Der Mensch war für die Expressionisten dadurch zum Opfer seiner eigenen Schöpfungen geworden: „all diese, der Natur abgelesenen ‚Wahrheiten' legten sich als ebensoviele Schlingen um das Individualgefühl des Menschen, zogen sich enger und erstickten es." (F. M. Huebner).[34]

Wunsch nach Befreiung

Unter dem Eindruck des Ersten Weltkriegs verstärkte sich die ablehnende Haltung der Expressionisten gegen naturwissenschaftliches Denken. Denn sowohl die technischen Mittel des Krieges wie auch die ihn rechtfertigenden Ideologien[35] galten den Expressionisten als letztlich konsequente Folgen eines einseitig naturwissenschaftlich verfahrenden Denkens. Dringend notwendig erschien deshalb nicht nur für Kurt Pinthus eine grundlegende Befreiung des Menschen von seiner „Determination"[36] durch die äußere Wirklichkeit und von seinen naturwissenschaftlichen Denkweisen. Ansatzpunkt dieser Befreiung mußte nach expressionistischer Auffassung die Erkenntnis des Menschen über seine eigent-

---

[31] Friedrich Markus Huebner, „Deutschland". (Nr. 107), S. 81.
[32] Ebda. S. 83.
[33] Wolfgang Rothe, *Der Expressionismus*. (Nr. 308), S. 275.
[34] Friedrich Markus Huebner, „Deutschland". (Nr. 107), S. 81.
[35] Zu diesem Zusammenhang von Kriegsrechtfertigung und naturwissenschaftlichem Denken siehe z. B. Kurt Pinthus, „Rede für die Zukunft". (Nr. 177), S. 400ff.
[36] Ebda. S. 411.

liche Beschaffenheit und seine eigentliche Bestimmung in der Welt sein. Mit den Worten eines Autors aus dem Jahre 1917: „Der Mensch von heut und morgen will *erkennen*; will *sich befreien*. Will die Stellung seines Ich zur Welt bloßlegen; die Stellung zu sich, zu andern Menschen und dem Kosmos. Will sehen, was die Einzelheiten auseinander hält und was sie eint."³⁷

Bei dieser geforderten Suche nach dem eigentlichen Wesen des Menschen konnte auch die relativ neue Wissenschaft der Psychologie, die ab 1900 eine ständig wachsende öffentliche Resonanz erfahren hatte, nach Ansicht der Expressionisten keine wesentliche Hilfe bieten. Zwar verdankten viele Autoren der neuen Lehre von dem machtvollen Einfluß des Unterbewußten auf Denken und Handeln des Menschen wichtige Anregungen. Eine ausschließlich psychologische Betrachtung des Menschen aber wurde von den Expressionisten entschieden abgelehnt. Eine derartige Betrachtung reduziere, so lautete der Vorwurf, den Menschen auf einen simplen „Mechanismus", auf eine vermeintlich genau berechenbare „Summe von Eigenschaften und Fähigkeiten".³⁸ Nicht nur Paul Kornfeld war der Auffassung: „Die Psychologie sagt vom Wesen des Menschen ebenso wenig aus wie die Anatomie."³⁹

Skepsis gegen Psychologie

Das Wesen, die „Seele" des Menschen ließ sich für die Expressionisten mit naturwissenschaftlichen Methoden nicht erfassen. Dazu waren nach ihrer Überzeugung vielmehr ganz andere, „geistige" Verfahren nötig, wie z. B. Intuition, Selbstversenkung und Kontemplation. „Der Mensch", so Hermann Bahr in seiner Expressionismus-Monographie von 1916, „schlägt wieder einmal um: er stand lange nach außen, jetzt kehrt er sich wieder nach innen".⁴⁰ Deutliches Kennzeichen dieser Kehrtwendung der „heraufkommenden Jugend"⁴¹ (d. h. der Expressionisten) war eine neue Hochschätzung des „inneren Sehens". Die Überzeugung, „daß wir auch mit geschlossenen Augen sehen können, daß wir ‚Gesichte haben' können, Erscheinungen, Empfindungen der Augen ohne Reiz von außen",⁴² bildete eine Grundposition der expressionistischen Erkenntnistheorie. Die Propagierung dieses inneren, geistigen Sehens durch die Expressionisten richtete sich entscheidend gegen die Dominanz des Sehens ‚nach außen' in wichtigen anderen Kunstrichtungen (wie z. B. dem Impressionismus)⁴³ und in den Naturwissenschaften. „Der empirischen Methode der naturwissenschaftlichen Analyse" wurde von den Expressionisten – so Annalisa Viviani – „die

Introversion

---

³⁷ Heinrich Stadelmann-Ringen, „Das neue Drama". (Nr. 222), Sp. 329.
³⁸ Paul Kornfeld, „Der beseelte und der psychologische Mensch". (Nr. 128), S. 10. Bei dieser Kritik von expressionistischer Seite an der Psychologie darf nicht vergessen werden, daß Freuds Lehre zunächst sehr mechanistisch und deterministisch aufgebaut war.
³⁹ Ebda. S. 2. Zur entschiedenen Ablehnung der Psychologie vgl. auch Kasimir Edschmid, „Über den dichterischen Expressionismus". (Nr. 48), S. 60/61.
⁴⁰ Hermann Bahr, *Expressionismus*. München 1916. Im folgenden zitiert nach der dritten Auflage, München 1919; Zitat hier S. 36.
⁴¹ Ebda. S. 93.
⁴² Ebda. S. 97.
⁴³ So schrieb z. B. Hermann Bahr: „Impressionismus, das ist der Abfall des Menschen vom Geiste, Impressionist ist der zum Grammophon der äußeren Welt erniedrigte Mensch." (Ebda. S. 112).

intuitive Methode der geistigen Synthese entgegengesetzt".⁴⁴ Die deutliche Absage an den „Ausschließlichkeitsanspruch der empirischen Erkenntnis" (K. Lankheit)⁴⁵ durch die Hochschätzung intuitiven und inneren Sehens bildete keineswegs ein Spezifikum der expressionistischen Bewegung um 1914. Diese Absage ist vielmehr wichtiges Kennzeichen einer breiten Strömung in der Philosophie und Erkenntnislehre⁴⁶ vom Anfang dieses Jahrhunderts (z. B. bei Bergson, Nietzsche, Husserl), deren genauere Einwirkungen auf das Denken der Expressionisten bisher noch nicht intensiv erforscht wurde.

Rettung von innen Angestrebtes Ziel der von den Expressionisten geforderten Erkenntnisfindung durch Introversion und inneres Sehen war die Ausschaltung aller äußeren, d. h. politischen, sozialen, historischen etc. Einflüsse: „es muß das Bild der Welt rein und unverfälscht gespiegelt werden. Das aber ist nur in uns selbst."⁴⁷ Durch Introversion und inneres Sehen sollte schließlich auch der Mensch unverstellt und unverfälscht erkannt werden. So appellierte ein Autor der *Aktion* 1917 energisch an seine Leser: „Auf! Sucht die Kraft, die Menschenwahrheit in euch und die Wahrheit in der Welt! Das sind unsere Nöte und unsere Notwendigkeiten!"⁴⁸ Zwei Jahre später sah Kurt Pinthus den Menschen seiner Zeit erfolgreich auf dem Weg nach innen: „Er versinkt in seine abgründigsten Tiefen, in welche die Wirklichkeit noch nicht ihre verderblichen Hände gewühlt hat; nicht aber, um beschauend dort zu verharren, sondern um von dort seine wildesten Kräfte heraufzuholen, die seinem Geist zu Hilfe kommen sollen."⁴⁹

Höhere Wirklichkeit Diese Zeilen von Kurt Pinthus enthüllen besonders deutlich das eigentliche Ziel der expressionistischen Hinwendung zu Selbstversenkung und Introspektion: die Hoffnung auf das Auffinden neuer (d. h. eigentlich menschheitlich uralter), unverdorbener Kräfte, mit deren Hilfe die Welt nach dem Ende des Weltkriegs wieder neu gestaltet werden konnte. Je mehr die Menschen unter dem Krieg litten und alle bisherigen Denkweisen und Weltanschauungen erschüttert wurden, um so mehr sahen die Expressionisten den einzigen Ausweg aus dem „zusammenbrechenden Jahrtausend"⁵⁰ in der Introversion und Selbsterkenntnis des Menschen. Das Innere des Menschen, sein eigentliches, in der Moderne weitgehend verschüttetes Wesen wurde nun zur höheren, wichtigeren „Wirklichkeit" erhoben, so z. B. auch von Kurt Pinthus: „Das also müssen wir in uns festhämmern: Die Wirklichkeit ist nicht außer uns, sondern in uns. Der Geist des Menschen und seine Bewegung als Idee, die sich verwirklicht, ist die wirkliche

---

⁴⁴ Annalisa Viviani, *Das Drama des Expressionismus.* (Nr. 318), S. 5.
⁴⁵ Klaus Lankheit, „Kommentar". In: *Der Blaue Reiter.* Hrsg. von Wassily Kandinsky und Franz Marc. Dokumentarische Neuausgabe von Klaus Lankheit. München und Zürich 1965, überarbeitete Neuausgabe 1984. Zitat S. 287.
⁴⁶ Hermann Bahr benannte als Vorläufer und Anreger der expressionistischen Theorie vom inneren Sehen vor allem Sir Francis Galton (S. 77ff.), Johannes Müller (S. 98ff.) und Johann Wolfgang Goethe (S. 85ff.). Die Seitenangaben beziehen sich auf: Hermann Bahr, *Expressionismus.* (Nr. 11).
⁴⁷ Kasimir Edschmid, „Über den dichterischen Expressionismus". (Nr. 48), S. 54.
⁴⁸ Heinrich Stadelmann-Ringen, „Das neue Drama". (Nr. 222), Sp. 329.
⁴⁹ Kurt Pinthus, „Rede für die Zukunft". (Nr. 177), S. 419.
⁵⁰ Hugo Ball, „Kandinsky". (Nr. 12.b), S. 126.

Wirklichkeit und schafft die außermenschliche Wirklichkeit."⁵¹ „Der Mensch", so beschrieb A. Viviani 1970 diese wichtige Position der Expressionisten, konzentrierte sich wieder auf „das eigene Ich, in dem er noch ein Absolutes, allgemein Verbindliches, historisch und materiell Unbedingtes zu finden glaubt, aus dem ein neues Welt- und Menschenbild entstehen könne. Durch die postulierte Zentralstellung des Menschen soll das bisherige Chaos des Seins gebannt und zu einem geordneten Kosmos geformt werden."⁵²

Als höchste Form intuitiver Erkenntnis feierten die Expressionisten die „Vision". Dieser Begriff nimmt in ihren programmatischen wie auch literarischen Texten eine zentrale Stellung ein. Allerdings gab es durchaus keine völlig einheitliche Anwendungsweise. Gemeinsam war den verschiedenen Autoren das Verständnis der „Vision" als eines Gegenbegriffs zu allen naturwissenschaftlichen, positivistischen und mimetischen Verfahren. Die Vision als höchste Form des geistigen Sehens galt den Expressionisten zugleich als eine ganz besonders wichtige, produktiv-schöpferische Fähigkeit des Menschen. Denn für die Expressionisten stand fest, daß das innere, geistige Sehen „mehr als ein bloßes Erinnern oder ein bloßes Reproduzieren des sinnlichen Sehens, daß es ein eigenes Produzieren ist, daß das geistige Sehen eine schaffende Kraft hat, die Kraft, eine Welt nach anderen Gesetzen zu schaffen als den Gesetzen des sinnlichen Sehens" (H. Bahr).⁵³ A. Viviani beschrieb den Vorgang der „Vision" als den expressionistischen Weg zur Erkenntnis, wie folgt: „Das Wesen der Dinge offenbart sich dem von der konventionellen Rationalität befreiten, nach innen gerichteten Auge im Bild, in der Vision, die unabhängig von der Außenwelt existiert, deren Wirklichkeitsgrad aber den der empirischen Welt übersteigt. Die Wirklichkeit des Geistes und der Seele projiziert sich in den Raum, wobei die empirische Welt als bildhafter Träger der geistig-seelischen Gehalte verwendet wird."⁵⁴

Vision

Die Entwicklung im Expressionismus verlief somit, wenn auch natürlich nicht linear und von allen Autoren einheitlich mitvollzogen, vom radikalen Erkenntniszweifel der Anfangsphase zur wachsenden Hochschätzung von Intuition und Vision als alternativen Wegen zur Erkenntnis. Diese Wege durften allerdings nach dem Verständnis der Expressionisten keinesfalls zu völlig willkürlichen und rein subjektiven Ergebnissen führen. Am Ende wahrhafter Innenschau konnte nach expressionistischer Überzeugung schließlich nur die Anrührung durch den „Geist", die Überwältigung durch das „Reich des Ethischen",⁵⁵ d. h. durch die Idee vom wesenhaften Brudertum aller Menschen stehen. Wie auch immer dieses Brudertum von den Mitgliedern des Expressionismus im einzelnen genau bestimmt wurde, als Ergebnis aufrichtiger Selbstversenkung konnte für sie alle nur die Erkenntnis eintreten: „daß das Ich aus dem antwortenden Du lebt"; daß „der Mensch sich erst im sozialen Raum als ‚Mensch' konstituiert" (W. Rothe).⁵⁶

Geist und Vision

---

⁵¹ Kurt Pinthus, „Rede für die Zukunft". (Nr. 177), S. 412.
⁵² Annalisa Viviani, *Das Drama des Expressionismus*. (Nr. 318), S. 5/6.
⁵³ Hermann Bahr, *Expressionismus*. (Nr. 11), S. 48.
⁵⁴ Annalisa Viviani, *Das Drama des Expressionismus*. (Nr. 318), S. 15.
⁵⁵ Formulierung von Kurt Pinthus, „Zur jüngsten Dichtung". (Nr. 175), S. 244.
⁵⁶ So beschreibt Wolfgang Rothe die sozialethische Grundposition des Expressionismus. In: Wolfgang Rothe, *Der Expressionismus*. (Nr. 308), S. 27.

Gustav Landauer

Diese Auffassung, daß der Weg der Introversion notwendigerweise schließlich zur Erkenntnis einer geistig-ethischen Gemeinschaft aller Menschen führen müsse, war keineswegs nur auf die Angehörigen des Expressionismus beschränkt. Sie findet sich u. a. explizit auch in den Schriften Gustav Landauers, dessen Einfluß auf den Expressionismus bereits mehrfach erwähnt wurde. Schon 1901 hatte Landauer eben diese Auffassung, wie durch „Absonderung zur Gemeinschaft" zu gelangen sei, näher ausgeführt:

> „Die Gemeinschaft, nach der wir uns sehnen, die wir bedürfen, finden wir nur, wenn wir Zusammengehörige, wir neue Generation, uns von den alten Gemeinschaften absondern. Und wenn wir uns ganz gründlich absondern, wenn wir uns als Einzelne in uns selber tiefst hinein versenken, dann finden wir schließlich, im innersten Kern unseres verborgensten Wesens, die urälteste und allgemeinste Gemeinschaft: mit dem Menschengeschlecht und mit dem Weltall. Wer diese beglückende Gemeinschaft in sich selber entdeckt hat, der ist für alle Zeit bereichert und beseligt und endgültig abgerückt von den gemeinen Zufallsgemeinschaften der Mitwelt."[57]

Introversion u. Gemeinschaft

Die aufgezeigte Konzentration der Expressionisten auf die geistige Sphäre des Menschen kann nicht einfach, wie oft geschehen,[58] als Flucht aus der zeitgenössischen Wirklichkeit gewertet werden. Angestrebtes Ziel der expressionistischen Forderung nach Selbsterkenntnis des Menschen war vielmehr ausdrücklich auch eine spätere Umgestaltung der äußeren, der gesellschaftlichen Verhältnisse. Die Konzeption der Expressionisten, über Introversion zur Gemeinschaft zu gelangen, sollte nicht als Flucht abqualifiziert, sondern als die Konsequenz eines intensiven Nachdenkens über die tieferen Entstehungsgründe des Weltkrieges von 1914 verstanden werden; eines Nachdenkens, das sich ausdrücklich auch auf wichtige Schriften der zeitgenössischen Philosophie berufen konnte.

Mystik

Bei der Auffassung, daß der Mensch durch Introversion schließlich zur Erkenntnis seiner Gemeinschaft mit den anderen gelangen müsse, verbanden sich erkenntnistheoretische Positionen des Expressionismus mit der bereits aufgezeigten Geist-Konzeption dieser Bewegung. Der „Geist" bildete für die Expressionisten den eigentlichen, wenn auch vielfach nur sehr wenig entwickelten Mittelpunkt des Menschen. Aufrichtige Selbstversenkung mußte deshalb nach expressionistischer Überzeugung letztlich zur Begegnung mit genau dieser Kraft „im Innern des Menschen"[59] führen. Diese Gleichsetzung von menschlicher Selbsterkenntnis und Anrührung durch den „Geist" belegt besonders deutlich die „starken mystischen Tendenzen" (Ch. Eykman),[60] die in der Forschung vielfach als ein wichtiges Kennzeichen des expressionistischen Denkens gelten. Der „Geist" war ja im Expressionismus sowohl in seiner Auslegung als prinzipielle

---

[57] Gustav Landauer, „Durch Absonderung zur Gemeinschaft". In: Heinrich Hart/Julius Hart/Gustav Landauer, *Die neue Gemeinschaft*. Leipzig 1901, S. 45–68. (*Das Reich der Erfüllung. Flugschriften*, H. 2). Hier zitiert nach Klaus Siebenhaar, *Klänge aus Utopia. Zeitkritik, Wandlung und Utopie im expressionistischen Drama*. Berlin, Darmstadt 1982, S. 183.
[58] So z.B. bei Annalisa Viviani, *Das Drama des Expressionismus*. (Nr. 318), S. 5.
[59] Kasimir Edschmid, „Über die dichterische deutsche Jugend". (Nr. 47), S. 25.
[60] Christoph Eykman, *Denk- und Stilformen des Expressionismus*. (Nr. 271), S. 98.

Veranlagung des Menschen zu sozialem Verhalten wie auch in seiner Deutung als überzeitliches und wirkungsmächtiges Weltgesetz eine letztlich mystische Größe, die als rational nicht beweisbar galt, sondern vielmehr innerlich gespürt und erfahren werden sollte.

Zum Nachweis eindeutig mystischer Züge im Denken des Expressionismus können zahlreiche Aussagen expressionistischer Autoren angeführt werden. So schrieb z. B. Kurt Pinthus am Ende seiner bereits zitierten Ausführungen über die neue, notwendige Selbstversenkung des Menschen: „Nur diese Mystik ist des Menschen würdig und wertvoll für die Zukunft."[61] Voller Freude hatte schon 1912 der Maler Franz Marc den Beginn einer „Neugeburt des Denkens" durch ein Wiedererwachen der „Mystik" in den „Seelen"[62] der ihm Gleichgesinnten vermerkt. Sehr deutlich kam die mystische Dimension des Expressionismus auch dann zum Ausdruck, wenn seine Mitglieder über ihre eigene geistige Bewußtwerdung berichteten. Kurt Pinthus z. B. machte 1918 eine „geheimnisvolle Fanfare", die ganz plötzlich und „gleichzeitig" im Innern der Künstler „ertönte", für den Kampf der Expressionisten um einen „besseren Menschen"[63] verantwortlich.

Lob der Mystik

Auch die Hinwendung der Expressionisten zur Mystik muß im Kontext der Geistesgeschichte vom Anfang dieses Jahrhunderts gesehen werden. Die Kritik an der Vorherrschaft des naturwissenschaftlichen Denkens hatte um 1900 auf breiter Ebene zu einer Wiederbelebung mystischen Denkens geführt. Genannt werden muß in diesem Zusammenhang erneut auch wieder Gustav Landauer, dessen intensive Beschäftigung mit mystischen Autoren und Gedanken auch das eigene Werk stark beeinflußte.[64] Wohl am deutlichsten manifestierte sich die Renaissance der Mystik in Ernst Blochs *Geist der Utopie* (München, Leipzig 1918), das von Ch. Eykman als Paradigma der zeitgenössischen Verbindung von Mystik und sozialer Utopie betrachtet wird.[65]

Renaissance der Mystik

Intuition und innere Erkenntnis blieben nach dem Verständnis der Expressionisten aber unvollständig und wertlos, wenn sie nicht auch nach außen weiter-

Kunst und Vision

---

[61] Kurt Pinthus, „Rede für die Zukunft". (Nr. 177), S. 419.
[62] Franz Marc, „Die ‚Wilden' Deutschlands". In: *Der Blaue Reiter*. Hrsg. von Wassily Kandinsky und Franz Marc. München 1912. Wieder in: *Der Blaue Reiter*. Hrsg. von Wassily Kandinsky und Franz Marc. Dokumentarische Neuausgabe von Klaus Lankheit. München und Zürich 1965, überarbeitete Neuausgabe 1984, S. 28–32; das Zitat S. 30.
[63] Alle Zitate bei Kurt Pinthus, „Rede an junge Dichter". (Nr. 176), S. 146.
[64] Vgl. Gustav Landauer, *Skepsis und Mystik. Versuch im Anschluß an Mauthners Sprachkritik.* Berlin 1903. Einige Angaben über mystische Elemente im Denken Landauers finden sich bei Ulrich Linse, „Gustav Landauer: Der revolutionäre Geist". In: Ulrich Linse, *Gustav Landauer und die Revolutionszeit 1918–1919.* Berlin 1974, S. 9–39.
[65] Siehe Christoph Eykman, *Denk- und Stilformen des Expressionismus.* (Nr. 271), S. 102ff.

gegeben wurden. Das „Mitteilen" der „Vision" war nicht nur für Alfred Wolfenstein „ebenso wichtig" wie ihr „Erleben".[66] Wie aber konnten Innenschau und Vision ausgedrückt und mitgeteilt werden? Genau hier setzte für die Expressionisten die entscheidende Aufgabe der Kunst ein. In der Kunst sahen sie das am besten geeignete Mittel, um inneres Sehen, um „das der Wirklichkeit Fremdeste: Geist, Fühlen, Wollen einander sichtbar zu machen".[67] Diese Erhebung der Kunst zum Medium der Gestaltung und Vermittlung visionärer Erkenntnis findet sich exemplarisch u. a. bei Lothar Schreyer, der gegen Ende des Krieges erklärte:

„Die Kunst der Gegenwart gibt Bilder intuitiven Erlebnisses. Es gilt nicht mehr, eine natürliche Erscheinung zur Vollkommenheit, zur Harmonie zu führen. Der Künstler von heute gibt im Kunstwerk nicht eine natürliche Erscheinung, so wie er sie sieht, oder sucht sie nicht in eine so vollkommene Erscheinung zu wandeln, wie er sie sich wünscht. Er gestaltet das innere Gesicht, das sich ihm gibt, in dem er intuitiv die Welt erkennt. Das innere Gesicht ist unabhängig vom äußeren Sehen. Es ist Vision, Offenbarung. Das ist das Wesen des Expressionismus."[68]

Erkenntnis durch Intuition

Aus den bisherigen Ausführungen darf nun allerdings nicht geschlossen werden, daß Introversion und Intuition für die Expressionisten den einzigen Weg zur Erkenntnis bildeten. Vielmehr sollten ja gerade auch die Ergebnisse expressionistischen Kunstschaffens, also Literatur und Theater die Menschen zu neuem Denken und Verhalten anregen. Letztes Ziel der Expressionisten war nicht eine generelle Absage an die Ratio, sondern ein neues Gleichgewicht zwischen „Hirn" und „Herz". Die Theorie der Erkenntnisfindung durch Intuition und inneres Sehen war für die Expressionisten allerdings besonders wichtig, weil sie ihnen sowohl zur Absicherung ihrer Lehre vom Menschen als eines geistigen Wesens wie auch zur Legitimation ihrer eigenen Konzentration auf künstlerisches Schaffen dienen konnte. Diese expressionistische Verbindung von Kunst und Vision soll nun im folgenden Abschnitt noch näher ausgeleuchtet werden.

6.4. Kunst und Vision

Wendung nach innen

Nach dem Verständnis der Expressionisten konnte das von ihnen hinter den äußeren Erscheinungsformen angenommene eigentliche „Wesen" mit naturwissenschaftlichen Verfahren nicht erfaßt werden. Das Aufspüren und die Darstellung dieses „Elementaren"[69] hinter den Formen bestimmten sie vielmehr als eine zentrale Aufgabe von Kunst und Künstler. Hugo Ball sah 1917 die Suche nach

---

[66] Alfred Wolfenstein, „Kämpfer Künstler". In: *Zeit-Echo* 2, 1915/16, H. 12, S. 177–179; Zitat S. 177.
[67] Kurt Pinthus, „Zur jüngsten Dichtung". (Nr. 175), S. 233.
[68] Lothar Schreyer, „Expressionistische Dichtung". In: *Sturm-Bühne* Folge 4/5, 1918/1919, S. 19–20; Zitat S. 19. – Diese Zeilen Schreyers über eine Verbindung von Kunst und Vision sind ganz besonders interessant, weil sie von einem Autor stammen, der in der Forschung üblicherweise als ein Vertreter der reinen Wortkunst-Bewegung im Umfeld der Zeitschrift *Der Sturm* betrachtet wird.
[69] Paul Hatvani, „Versuch über den Expressionismus". (Nr. 86), Sp. 146.

dem „Hintergrund der Erscheinungswelt" als das gemeinsame Kennzeichen der Kunst seiner Zeit:

„Die Künstler dieser Zeit sind nach innen gerichtet [...] Sie lösen sich ab von der Erscheinungswelt, in der sie nur Zufall, Unordnung, Disharmonie wahrnehmen. Sie verzichten freiwillig auf die Darstellung von Naturalien, die ihnen von allem Verzerrten das Verzerrteste scheinen. Sie suchen das Wesentliche, Geistige, noch nicht Profanierte, den Hintergrund der Erscheinungswelt, um dies, ihr neues Thema in klaren, unmißverständlichen Formen, Flächen und Gewichten abzuwägen, zu ordnen, zu harmonisieren."[70]

Schon ein Jahr zuvor hatte Kurt Pinthus die „Auflösung der Realität"[71] im Medium der Kunst als eine ganz besondere Leistung des Expressionismus gefeiert. Die expressionistische Kunst erstrebte nach Pinthus „nicht die Wiedergabe der durch die Determinanten entstellten Erscheinung und Konstellation, sondern sie will die Zufälligkeiten abreißen, so daß das Wesen hervorbreche".[72]

Wesenssuche

Diese besondere eidetische Fähigkeit der expressionistischen[73] Kunst, „die Wirklichkeit vom Umriß ihrer Erscheinung zu befreien"[74] und schließlich „hinzudringen zum Wesentlichen, zur Essenz, nicht nur der Erscheinung, sondern des Seins" (K. Pinthus),[75] beruhte für die Expressionisten auf der Herkunft der Kunst aus dem Inneren des Menschen. Nicht mehr von außen kommende Sinneseindrücke (wie z.B. im Impressionismus) galten den Expressionisten als Anstoß und Gegenstand ‚wahrer' Kunst, sondern vielmehr „die bewegte Innerlichkeit des Menschen selbst" (O. Mann).[76] Die Kunst bildete nicht allein für Lothar Schreyer die „Gestalt", durch die „der Mensch sein inneres Erlebnis kündet".[77] Der Maler August Macke hatte schon 1912 geschrieben: „Der Mensch äußert sein Leben in Formen. Jede Kunstform ist Äußerung seines inneren Lebens. Das Äußere der Kunstform ist ihr Inneres." Und weiter: „Die Form ist uns Geheimnis, weil sie der Ausdruck von geheimnisvollen Kräften ist. Nur durch sie ahnen wir die geheimen Kräfte, den ‚unsichtbaren Gott'."[78]

Introversion und Kunst

---

[70] Hugo Ball, „Kandinsky". (Nr. 12.b), S. 125 und S. 126.
[71] Kurt Pinthus, „Zur jüngsten Dichtung". (Nr. 175), S. 241. Pinthus schrieb in diesem Zusammenhang z.B. über den expressionistischen Erzähler Kasimir Edschmid: „[...] er schabt den Flitter der Wirklichkeit ab, daß die Späne fliegen und wehrlos sich das Wesen bewegt enthüllt" (ebda. S. 242).
[72] Kurt Pinthus, „Rede für die Zukunft". (Nr. 177), S. 418.
[73] Die zitierten und noch weiter folgenden Aussagen der expressionistischen Autoren gelten natürlich nicht für jede Art von Kunst schlechthin. Genauer dazu am Ende dieses Abschnitts.
[74] Kurt Pinthus, „Zur jüngsten Dichtung". (Nr. 175), S. 233.
[75] Ebda. S. 240.
[76] Otto Mann, „Einleitung". (Nr. 296), S. 18.
[77] Lothar Schreyer, „Expressionistische Dichtung". (Nr. 215), S. 19.
[78] August Macke, „Die Masken". In: *Der Blaue Reiter*. Hrsg. von Wassily Kandinsky und Franz Marc. München 1912. Wieder in: *Der Blaue Reiter.* Hrsg. von Wassily Kandinsky und Franz Marc. Dokumentarische Neuausgabe von Klaus Lankheit. München und Zürich 1965, überarbeitete Neuausgabe 1984, S. 53–59; die Zitate S. 56 und S. 54.

Inneres Sehen

Ein Kunsthistoriker konstatierte 1919 mit Blick auf den Expressionismus: „Gegenüber dem Sehen mit bloßen Augen, das dem Impressionismus zugrunde liegt, führt die Gegenwart wieder das innere Sehen, das Sehen des Geistes, herauf, und wie dieses Sehen naturfremde Bilder liefert, so muß auch die auf ihm basierende Kunst von der Natur abweichen."[79] Wie sehr diese Auffassung von der Entstehung wahrer Kunst durch inneres Sehen, aus dem Inneren des Menschen heraus, auch für die Künstler selber Gültigkeit besaß, zeigen besonders deutlich die folgenden Zeilen, die Ernst Toller im Herbst 1921 über die Arbeit an seinem neuen Stück *Masse = Mensch* niederschrieb:

„Das Drama *Masse = Mensch* ist eine visionäre Schau die in zweieinhalb Tagen förmlich aus mir ‚brach'. Die beiden Nächte, die ich durch den Zwang der Haft in dunkler Zelle im ‚Bett' verbringen mußte, waren Abgründe der Qual, ich war wie gepeitscht von Gesichten, von dämonischen Gesichten, von in grotesken Sprüngen sich überpurzelnden Gesichten. Morgens setzte ich mich, vor innerem Fieber frierend, an den Tisch und hörte nicht eher auf, bis meine Finger klamm, zitternd den Dienst versagten. Niemand durfte in meine Zelle, ich lehnte die Reinigung ab, ich wandte mich in hemmungslosem Zorn gegen Kameraden, die mich etwas fragen, die mir in irgend etwas helfen wollten."[80]

Überwindung der Determinanten

Wegen ihrer Entstehung von „innen nach außen"[81] wurde die Kunst – die, wie Kurt Pinthus einmal ausführte, „ganz und gar aus uns selbst strömt, die ganz in der Idee, in der von uns gegebenen Form lebt, also ganz und immer Schöpfung und Werk unseres Gefühls, Geistes und Willens ist"[82] – für die Expressionisten zur großen Gegenspielerin der äußeren, außerseelischen Wirklichkeit. Sie konnte „jenseits der Konventionen von Realität, Logik und Kausalität"[83] verfahren und besaß somit aus expressionistischer Sicht ein spezifisches Vermögen zur „Umarmung, Zersetzung und Neuschöpfung der Realitätserscheinungen".[84] „Letzter Sinn aller Kunst" war es nicht nur nach Meinung von Paul Kornfeld, „dem Menschen vorzuführen, wie alle Wirklichkeit nur Schein ist und hinschwindet vor dem wahren menschlichen Dasein. Ja, alle Wirklichkeit ist nur Irrtum, da ja die Beseeltheit die Wahrheit ist."[85] Mit genau dieser Aufdeckung der sogenannten „Wirklichkeit" als Schein und Irrtum sollte die Kunst nach dem Willen der Expressionisten der vom Krieg gequälten Menschheit einen neuen Ausweg aus dem Chaos der Gegenwart aufweisen.

---

[79] Franz Landsberger, *Impressionismus und Expressionismus*. (Nr. 139), S. 31.
[80] Zitat aus Ernst Toller, „Brief an einen schöpferischen Mittler". Als „Vorwort zur zweiten Auflage" in: Ernst Toller, *Masse = Mensch. Ein Stück aus der sozialen Revolution des 20. Jahrhunderts*. Potsdam 1920 (4.-6. Tausend, Potsdam 1922), S. 5/6. – Ein weiteres Beispiel für dieses Denken lieferte Hermann Bahr schon 1916 in der Einleitung zu seiner Darstellung des Expressionismus. Dort hieß es u.a.: „Diese Schrift hat sich gewissermaßen selbst geschrieben. Es erging mir seltsam mit ihr. Ich hatte sie nicht vor und staune noch wie sie mich auf einmal überkam." (Hermann Bahr, *Expressionismus*. (Nr. 11), S. 7).
[81] Kurt Pinthus, „Rede für die Zukunft". (Nr. 177), S. 417.
[82] Kurt Pinthus, „Zur jüngsten Dichtung". (Nr. 175), S. 233.
[83] Kurt Pinthus, „Nach 40 Jahren". (Nr. 179), S. 13.
[84] Kurt Pinthus, „Zur jüngsten Dichtung". (Nr. 175), S. 243.
[85] Paul Kornfeld, „Der beseelte und der psychologische Mensch". (Nr. 128), S. 3.

Das angenommene eidetische Vermögen der Kunst, die „Determinanten" der äußeren Wirklichkeit zu überwinden, interessierte die Expressionisten nach 1914 ganz besonders in Hinblick auf die gesuchte eigentliche Beschaffenheit des Menschen. Im Medium der Kunst hofften sie, das Wesen des Menschen ohne jede von außen kommende Verzerrung aufdecken zu können: Gestaltung des Menschen

„So ist hier der Mensch nichts, als Geist und Seele, und darum haben diese großen Gestalten etwas vom Rasenden an sich. Aus dem Dickicht alles Irdischen treten sie, ekstatisch und wahnsinnig, hervor, doch sie erst mit den wirklichen Merkmalen des Menschen begabt. Sie scheinen die Maße des Menschlichen zu verlieren und finden sie doch eigentlich erst. Sie erscheinen dem gewöhnlichen Menschen übernatürlich und stellen doch erst des Menschen wahre Natur dar. Denn befreit von den Launen eines Charakters und den Zufälligkeiten einer Individualität, unabhängig von ihrem Körper und ungestört von allem, was nicht ihres wahren Wesens ist, sind sie, die ihren Weg ungehemmt dahinstürmen, sind sie, diese Rasenden, diese Nur-Beseelten, abseits von aller Entwicklung des Unprinzipiellen, sind sie die Urmenschen und die reine Schöpfung Gottes." (P. Kornfeld)[86]

Die Auseinandersetzung mit dem wahren Wesen des Menschen wurde zum beherrschenden Thema der expressionistischen Literatur nach 1914. Der Dramatiker Georg Kaiser schrieb zu diesem Thema im Jahre 1918: „Einer Vision ist Hülse der Dichter (Ein Spieler beschwatzt vielfaches, da er großem Gesetz nicht untersteht, das ihn auffordert). Nur von diesem Gegenstand kann er noch reden – will nur noch zu diesem überreden [...] Von welcher Art ist die Vision? Es gibt nur eine: die von der Erneuerung des Menschen."[87]

Vor allem in Bühnenwerken entwarfen die Autoren des Expressionismus ihre Visionen eines neuen, eigentlichen und unverfälschten Menschen. Dabei ging es ihnen keinesfalls um die Erarbeitung charaktervoller, lebensnaher Figuren, sondern vielmehr um das Aufzeigen grundlegender geistig-ethischer Wesenszüge des Menschen schlechthin. „Statt soziologisch oder psychologisch verifizierbare, ‚wirkliche Menschen' gibt der Expressionist Kunstfiguren im wahrsten Wortsinne, nahezu abstrakte Modelle des Menschlichen, Muster vorzugsweise extremer geistig-seelischer Verfassungen" (W. Rothe).[88] Modelle des Menschlichen

Die Kunst bot den expressionistischen Autoren aber nicht nur die Möglichkeit, ihr Bild vom wahren Sein des Menschen plastisch zu entwerfen. In der Kunst konnte zugleich auch die in den programmatischen Schriften des Expressionismus heftig geforderte Wandlung vom ‚alten' zum ‚neuen' Menschen exemplarisch demonstriert werden. Da diese Wandlung vor allem als ein geistigseelisches Geschehen im Stile eines religiösen Erweckungserlebnisses verstanden wurde, reichten sprachliche Mittel allein zu seiner Darstellung nicht aus. Auch aus diesem Grund verlagerte sich nach 1914 im Expressionismus das Schwergewicht von der Lyrik auf die Dramatik.[89] Im Schauspiel konnten die Expressio- Exempel der Wandlung

---

[86] Ebda. S. 2.
[87] Georg Kaiser, „Vision und Figur". In: *Das junge Deutschland* 1, 1918, S. 314–315; Zitate S. 314 und 315.
[88] Wolfgang Rothe, *Der Expressionismus*. (Nr. 308), S. 296.
[89] Kurt Pinthus schrieb schon 1918: „Und jetzt bemächtigen Sie sich auch des Dramas.

nisten am wirkungsvollsten ihre Visionen von der Erneuerung des Menschen gestalten und unter dem Einsatz aller künstlerischen Ausdrucksmittel „in's Körperlich-lebendige"[90] umsetzen. Hier ließ sich sogar die erhoffte Wirkung der expressionistischen Lehre auf einen bis dahin anders denkenden Menschen exemplarisch vorführen. Die Hochschätzung des Schauspiels nach 1914 durch die Expressionisten beruhte somit keineswegs nur auf der z. B. von Kurt Pinthus einmal ausdrücklich herausgestellten besonderen Fähigkeit des Monologs, Mittel zur „Selbstaufdeckung des Menschlichen und Anrede zugleich an die Menschheit"[91] sein zu können.

Entwurf der Zukunft

Je mehr unter dem Eindruck des Krieges die äußere Wirklichkeit (nicht nur) von den Expressionisten als chaotisch und ohne jeden Sinn empfunden wurde, um so mehr wuchs die Bedeutung der Kunst als Medium „neuer Sinnsuche und Sinngebung" (J. Knopf/V. Žmegač).[92] Immer mehr wurde nun der Kunst die Funktion zugesprochen, durch die von ihr vollbringbare Aufdeckung des wahren menschlichen Seins auch einen Vor-Entwurf für die Zukunft der Menschheit nach dem Ende des Weltkrieges zu erstellen. Kennzeichen des Expressionismus nach 1914 war somit keineswegs, wie gelegentlich noch immer behauptet wird, eine simple Negation der seinerzeit bestehenden, sondern vielmehr die gedankliche Antizipation einer erstrebten zukünftigen, besseren Welt. Kurt Hiller z. B. sprach ausdrücklich vom Leitbild der „gesollten Welt", das die Kunst zu errichten habe.[93]

Vor-Verwirklichung

Die Bedeutung der Kunst ging für die expressionistischen Autoren aber über diese Möglichkeit der Herstellung eines zukunftsweisenden Leitbildes noch weit hinaus. Die Kunst wurde auch verstanden als „ästhetischer Vorschein" (K. Siebenhaar),[94] als eine allererste Realisierungsform der zu errichtenden Zukunft der Menschheit. Mehr noch als die anderen Formen der Kunst galt den Expressionisten das Drama als „Vor-Verwirklichung" der Idee vom brüderlichen Sein der Menschen „im Material des Geistes", der noch die dann allerdings wesentlich schwierigere „Verwirklichung im Material der Wirklichkeit" nachzufolgen habe.[95] Derart als Stufe einer „Vor-Verwirklichung" zukunftgestaltender Ideen verstanden, sollte die Kunst dem Rezipienten nicht nur die Existenz und Wirkungskraft eben dieser Ideen beweisen, sondern zugleich auch in ihm den Willen zur endgültigen Verwirklichung auslösen.

Fühlen Sie, daß das Drama die leidenschaftlichste und wirksamste Ausdrucksform Ihrer Dichtung sein wird? Vielleicht am meisten das, was wir expressionistisch genannt haben." Zitat aus: Kurt Pinthus, „Rede an junge Dichter". (Nr. 176), S. 150.

[90] Paul Kornfeld, „Der beseelte und der psychologische Mensch". (Nr. 128), S. 10.
[91] Kurt Pinthus, „Rede an junge Dichter". (Nr. 176), S. 150.
[92] Jan Knopf / Viktor Žmegač, „Expressionismus als Dominante. Widersprüche, Bedingungen, Selbstverständnis". In: Viktor Žmegač (Hrsg.), *Geschichte der deutschen Literatur vom 18. Jahrhundert bis zur Gegenwart.* Bd. II/2, Königstein/Ts. 1980, S. 413–500; Zitat S. 416.
[93] Kurt Hiller, „Die neue Volkstümlichkeit". In: *Tätiger Geist! Zweites der Ziel-Jahrbücher.* Hrsg. von Kurt Hiller. München und Berlin 1918, S. 324–329. Hier zitiert nach dem Abdruck in: *Der Aktivismus 1915–1920.* Hrsg. von Wolfgang Rothe. München 1969, S. 80–84; Zitat S. 80.
[94] Klaus Siebenhaar, *Klänge aus Utopia.* (Nr. 314), S. 217.
[95] Alle Zitat bei Kurt Pinthus, „Rede für die Zukunft". (Nr. 177), S. 416.

In diesem Zusammenhang müssen auch die zahlreichen Selbstbenennungen der expressionistischen Autoren als „Vorläufer" und „Propheten" einer „neuen Zeit"[96] gesehen werden. Viele Expressionisten bezeichneten ihre Werke ausdrücklich als visionäre, prophetische und utopische Kunst. So gab z. B. Johannes R. Becher einem seiner Gedichte den bezeichnenden Titel „Klänge aus Utopia".[97] Und F. M. Huebner benannte den Expressionismus insgesamt als die „Weltanschauung der Utopie".[98] Darunter verstand er allerdings keinesfalls etwa private Hirngespinste oder Flucht aus der Wirklichkeit. Der Begriff der „Utopie" war für die Expressionisten vielmehr ohne jeden negativen Beiklang. Er diente ihnen zur Kennzeichnung einer extremen Radikalität des Denkens, die aber nichts mit Weltfremdheit oder Irrealität gemein haben sollte. Die Fähigkeit zur Utopie, d. h. zur Vision dessen, „was sein soll – wiewohl es noch nirgends ist",[99] und der Wille zur Umsetzung dieser Vision in gesellschaftliche Wirklichkeit galt den Expressionisten ausdrücklich als eine konstitutive Eigenschaft des ‚wahren' Menschen. „Der Mensch", so schrieb Kurt Hiller 1918, ist „Utopiker", „oder", so fuhr er weiter fort, „er ist auch nur Tier".[100] Die Erfüllung der Utopie, d. h. der „gesollten Welt",[101] durfte nach dem Verständnis der Expressionisten auf keinen Fall auf ein jenseitiges Reich verschoben werden. Ihr Utopiebegriff beinhaltete vielmehr ausdrücklich eine klare Absage an jede Form von Vertröstung auf ein Jenseits. Grundlage ihres Utopieverständnisses war die feste Überzeugung einer radikalen Veränderbarkeit der Welt sowie ein „absolutes Verwirklichungsstreben" (K. Siebenhaar).[102] „Jeder Fortschritt in der Menschheitsgeschichte" war nach expressionistischer Auffassung aus politischen Gründen zunächst einmal „als Utopie verleumdet worden".[103] Auch hinter der zeitgenössischen Ablehnung ihrer eigenen Ziele als „Utopismus" verbargen sich für die Expressionisten letztlich massive Herrschaftsinteressen: „in Wahrheit besagt es: wir *wollen* nicht, daß ihr's erreichet."[104]

Die Konzentration der Expressionisten auf die Utopie, auf den literarischen Vor-Entwurf dessen, was später in der Gesellschaft Realität werden sollte, hing engstens mit dem Ereignis des Ersten Weltkriegs zusammen. Eine offene Kritik politisch-gesellschaftlicher Phänomene war während des Krieges unter den Be-

Utopie-Begriff

Kunst als Kritik

---

[96] So z. B. von Hugo Ball, „Kandinsky". (Nr. 12.b), S. 125.
[97] Johannes R. Becher, „Klänge aus Utopia". In: *Menschheitsdämmerung. Symphonie jüngster Dichtung*. Hrsg. von Kurt Pinthus. Berlin 1920. Wieder in: *Menschheitsdämmerung. Ein Dokument des Expressionismus*. Mit Biographien und Bibliographien neu hrsg. von Kurt Pinthus. Hamburg 1959, S. 268. – Nach Klaus Ziegler „spiegelt" dieser Titel „die weitaus umfassendste und eigentlich entscheidende Grundtendenz der expressionistischen Dichtung wider". Klaus Ziegler, „Dichtung und Gesellschaft im deutschen Expressionismus". (Nr. 324), S. 104).
[98] Friedrich Markus Huebner, „Deutschland". (Nr. 107), S. 83.
[99] Kurt Hiller, „Die neue Volkstümlichkeit". (Nr. 99.b), S. 80.
[100] Ebda.
[101] Ebda.
[102] Klaus Siebenhaar, *Klänge aus Utopia*. (Nr. 314), S. 191.
[103] Kurt Hiller, „Die neue Volkstümlichkeit". (Nr. 99.b), S. 81.
[104] Ebda.

dingungen der Zensur noch weniger möglich als zuvor. Zugleich wurde im Verlauf des Krieges durch die Auflösung bislang gültiger Weltbilder immer mehr das Bedürfnis nach neuen, alternativen Zukunftsvorstellungen bedeutsam. In dieser Situation bot die Kunst den Expressionisten den Vorteil einer ganz spezifischen Erkenntnisleistung. Im Medium der Kunst konnten die Autoren sowohl ein Modell besserer Zukunft entwerfen, wie auch aus diesem Modell heraus implizit die zeitgenössische Wirklichkeit kritisieren: „Die Beschäftigung mit ihr [sc. der Kunst] erbringt dann in der Bezeichnung des Abstandes zwischen Kunst und Wirklichkeit Klarheit über die Rückständigkeit der Wirklichkeit, über ihre Bedingtheit, ihre überholbare Form" (H. Kraft).[105] Je weniger im Deutschen Kaiserreich unter der wachsenden Herrschaft der Militärs eine offene Kritik möglich war, um so wichtiger wurde für die Expressionisten gerade diese Erkenntnisleistung der Kunst, eine „kritische Kennzeichnung des Wirklichen"[106] erstellen zu können.

Das zentrale Thema

Als Alternative zu der vom Kriege beherrschten Gegenwart entwarfen die Expressionisten allerdings keineswegs ein völlig einheitliches oder sehr ausdifferenziertes Modell erstrebter künftiger gesellschaftlicher Verhältnisse. Gemeinsame Grundlage der durchaus individuell ausgestalteten Zukunftsentwürfe war die Auffassung einer selbst verschuldeten Entfremdung des Menschen von seinem eigentlichen Wesen. Die Wiedergewinnung dieses „menschenbrüderlichen Wesens"[107] und sein Vollzug in von gegenseitiger Achtung und Liebe erfüllter Gemeinschaft bildete das zentrale gemeinsame Thema der expressionistischen Autoren nach 1914.

Pseudo-Kunst

Selbstverständlich bezogen sich die aufgezeigten expressionistischen Auffassungen über den visionären Charakter der Kunst und über deren Entstehung „von innen nach außen"[108] nicht auf jede Art von Kunst schlechthin. Die Expressionisten entwarfen vielmehr einen Idealtyp „wahrer" Kunst, den sie mit ihren eigenen Werken einzulösen versuchten. Dieser Idealtyp wurde vor allem in Auseinandersetzung mit den vorangegangenen Kunstrichtungen des Impressionismus und Naturalismus entwickelt und präzisiert. Die beiden Richtungen galten den Expressionisten ausdrücklich als „Irreführung"[109] und verhängnisvolle Fehlentwicklung. Vor allem der Naturalismus wurde als ein blindes Anhängsel der Naturwissenschaften gewertet, das den Menschen (auch den Künstler) letztlich auf eine primitive „Kausalität seiner psychischen Vorgänge"[110] reduziert habe. Die Vertreter der vorangegangenen Kunstrichtungen waren aus expressio-

---

[105] Herbert Kraft, *Kunst und Wirklichkeit im Expressionismus. Mit einer Dokumentation zu Carl Einstein*. Bebenhausen 1972, S. 3.
[106] Ebda.
[107] Nach Alfred Wolfenstein war der Expressionismus eine „Kunst des menschenbrüderlichen Wesens". Siehe Alfred Wolfenstein, „Das Neue. Ein Vorwort". In: *Die Erhebung. Jahrbuch für neue Dichtung und Wertung*. Hrsg. von Alfred Wolfenstein. Berlin o.J. (1919), S. 1–6; Zitat S. 4.
[108] Kurt Pinthus, „Rede für die Zukunft". (Nr. 177), S. 415.
[109] Paul Kornfeld, „Der beseelte und der psychologische Mensch". (Nr. 128), S. 11.
[110] Ebda. S. 4.

nistischer Sicht nur „Nachformer"¹¹¹ gewesen, die sinnloserweise eine vorgegebene Welt noch einmal abgebildet und wiederholt hatten. Dieser Haltung der Nachbildung wurde die energische Forderung nach Mitarbeit gerade der Künstler an der „Zerstörung der Ordnungen" und dem „Neubau der Welt"¹¹² entgegengesetzt. Der Künstler sollte vom „Nachformer" endlich wieder zum Vorbild weisenden „Erzeuger" werden.¹¹³ Schon 1914 hatte Kurt Hiller in charakteristischer Weise geschrieben: „Hört, zweierlei gibts: Zu den Ereignissen Worte machen, und: durch Worte Ereignisse machen. Reportage und Prophetie; nichts Drittes."¹¹⁴ Das entscheidende ‚Ereignis', das die Expressionisten dann mit Hilfe ihrer Kunst zu erreichen suchten, war die geistig-ethische Wiederbesinnung ihrer zu Sklaven des Krieges gewordenen Zeitgenossen.

6.5. Kunst und Wirkung

Die aufgezeigte programmatische Erhebung der Kunst zum Ausdrucksmittel visionär gewonnener Erkenntnis bildete nach 1914 eine Grundposition der expressionistischen Ästhetik. Wohl noch mehr Bedeutung für die eigentliche literarische Praxis der Autoren gewann allerdings die expressionistische Sehweise der Kunst als eines ganz spezifischen Wirkungsmittels zur geistigen Beeinflussung und Verwandlung der Mitmenschen. „Der Wille zur Wirkung"¹¹⁵ auf den Rezipienten wurde nicht nur im Umkreis von Kurt Hiller zum „konstituierenden Element"¹¹⁶ der neuen, expressionistischen Kunst erhoben. Auch Kurt Pinthus z. B. sah 1916, trotz der von ihm beobachteten „Mannigfaltigkeit und Verschiedenartigkeit"¹¹⁷ der einzelnen Werke, in dem Willen der Autoren, durch die Kunst einen anderen, „bewegteren, menschlicheren Menschen"¹¹⁸ zu erzielen, die große Gemeinsamkeit der neuen Bewegung. Der intensive Wille zur Wirkung im außerästhetischen Bereich gilt auch noch heute in der literaturwissenschaftlichen Forschung als ein besonders wichtiges, weitgehend einheitliches Kennzeichen des Expressionismus nach 1914.

Zwischen der Forderung nach einer Entstehung ‚wahrer' künstlerischer Werke „von innen nach außen"¹¹⁹ und der Erhebung der außerästhetischen Wirkungsabsicht zur eigentlichen „Triebkraft des Schaffens"¹²⁰ bestand für die Expressionisten durchaus kein unlösbarer Widerspruch. Denn wie bereits aufge-

Wille zur Wirkung

Wille und Introversion

---

¹¹¹ Heinrich Stadelmann-Ringen, „Das neue Drama". (Nr. 222), Sp. 330.
¹¹² Kurt Hiller, „Neben dem System". In: *Das junge Deutschland* 1, 1918, S. 80–81; Zitat S. 80.
¹¹³ Heinrich Stadelmann-Ringen, „Das neue Drama". (Nr. 222), Sp. 330.
¹¹⁴ Kurt Hiller, „Wir". (Nr. 96), S. 132.
¹¹⁵ Carl Maria Weber, „Der politische Dichter". In: *Tätiger Geist! Zweites der Ziel-Jahrbücher*. Hrsg. von Kurt Hiller. München und Berlin 1918, S. 330–338. Hier zitiert nach dem Abdruck in: *Der Aktivismus 1915–1920*. Hrsg. von Wolfgang Rothe. München 1969, S. 88–95; Zitat S. 92.
¹¹⁶ Ebda. S. 90.
¹¹⁷ Kurt Pinthus, „Rede an junge Dichter". (Nr. 176), S. 152.
¹¹⁸ Ebda. S. 153.
¹¹⁹ Kurt Pinthus, „Rede für die Zukunft". (Nr. 177), S. 417.
¹²⁰ Carl Maria Weber, „Der politische Dichter". (Nr. 239.b), S. 92.

wiesen galt ihnen ja der „Wille" ganz allgemein als eine jener spezifischen Kräfte, auf denen das besondere Wesen des Menschen beruhte. Für die Expressionisten bildete gerade der Wille das entscheidende Mittel des Menschen gegen jede Determination durch äußere Verhältnisse und Gegebenheiten.

Legitimation Die beabsichtigte Wirkung auf den Rezipienten war für die Expressionisten nicht nur das eigentliche Ziel ihres künstlerischen Schaffens. Nach ihrer Auffassung lieferte diese Wirkung vielmehr in ihrer Gegenwart zugleich auch die einzige Rechtfertigung für jede Art von künstlerischer Tätigkeit überhaupt. Eine künstlerische Tätigkeit nur um ihrer selbst willen wurde von den Expressionisten ganz entschieden abgelehnt. „Jede Kunst", so schrieb z. B. Kurt Pinthus einmal, „war niemals der Kunst wegen, sondern immer des Menschen wegen da."[121]

Kunst für alle Die hier beispielhaft formulierte Hinwendung zum Menschen bildet einen deutlichen Unterschied zum frühen Expressionismus. Vor allem die Lyrik des Expressionismus vor 1914 hatte sich, gerade auch nach dem Selbstverständnis der Autoren, sehr viel mehr an eine kleine ästhetische und intellektuelle Avantgarde als an eine breitere Leserschaft gerichtet. Publikumsverachtung und Bürgerverspottung waren unübersehbare Elemente dieser Lyrik gewesen. Unter dem Eindruck des Krieges aber wurde von den Expressionisten diese anfangs elitäre Adressierung der Kunst weitgehend aufgegeben. Die Kunst hatte sich nun an das ganze Volk zu richten, wenn sie ihrem neuen Erziehungs- und Wandlungsauftrag gerecht werden sollte. In diesem Sinne forderte z. B. Kurt Hiller 1918 eine „Neue Volkstümlichkeit"[122] der Kunst, die er ausdrücklich nicht mit „Versimplung und Verflachung"[123] gleichgesetzt wissen wollte. Das wachsende Bemühen der Expressionisten nach 1914 um eine neue Kunst ‚für alle' stand nicht im Widerspruch zu der bereits gezeigten Auffassung, daß als Folge des Krieges einige Gruppen der Gesellschaft ganz besonders für eine geistige Erneuerung in Frage kämen. An diese Gruppen der gesellschaftlichen Außenseiter und der direkten Opfer des Krieges richtete sich allerdings die unmittelbare Wirkungsabsicht der expressionistischen Autoren. Mit ihren Werken wollten die Expressionisten zuallererst diejenigen erreichen, die der Krieg „nachdenklich, ermattet, verzweifelt"[124] gemacht hatte. Nach dem Verständnis ihrer Verfasser konnte die expressionistische Literatur die so wichtige Aufgabe des Trostes und der „Erhebung"[125] übernehmen, da sie den verstörten Zeitgenossen sowohl eine neue Sinngebung für den Krieg wie auch eine positive Perspektive für die weitere Zukunft anzubieten hatte.

Kluges Berühren Das eigentliche Ziel der Expressionisten aber war nicht die Vermittlung von Trost und Zuspruch, sondern die Auslösung einer „geistigen Revolution" der Menschen. Darunter wurde, wie bereits aufgezeigt,[126] eine grundlegende Veränderung des Denkens, Fühlens und Handelns der Menschen verstanden. Wie

---

[121] Kurt Pinthus, „Rede für die Zukunft". (Nr. 177), S. 415.
[122] Kurt Hiller, „Die neue Volkstümlichkeit". (Nr. 99.b), u. a. S. 80.
[123] Ebda. S. 83.
[124] René Schickele, „Der Konvent der Intellektuellen". (Nr. 211), S. 98.
[125] Kasimir Edschmid, „Über die dichterische deutsche Jugend". (Nr. 47), S. 25.
[126] Siehe weiter oben in diesem Kapitel Abschnitt 5.5.

aber konnte diese erstrebte geistige Revolution gerade mit den Mitteln der Kunst herbeigeführt werden? Um diese Frage zu klären,[127] muß noch einmal an eine Grundposition der expressionistischen Anthropologie erinnert werden. Jeder einzelne Mensch war nach dieser Lehre prinzipiell zur geistigen Revolution fähig, da er immer auch Träger derjenigen inneren, geistigen Kräfte war, welche für die Expressionisten wahres Menschsein konstituierten. Mit den Worten Kurt Hillers: „Aber des Geistes sind wir alle teilhaftig, du wie ich und er wie du; aus wem er sich in Wortformen herausstellt, das ist Zufall und entspringt keiner sozialen Ungerechtigkeit [...] und Geist und Denken sind das, was der Anlage nach in jedem steckt, was nur klug berührt sein will, damit es in jedem aktuell werde."[128] Hillers Worte belegen sehr deutlich, daß die angestrebte geistige Revolution für die Expressionisten vor allem „Erweckung" und „Wiedergeburt" einer prinzipiell in jedem Menschen vorhandenen, aber meist verschütteten Veranlagung bedeutete.[129] Diese Wiedergeburt des Menschen durch Überwindung der weithin eingetretenen „Trägheit des Herzens und des Geistes"[130] konnte nach expressionistischem Verständnis nicht etwa durch „irgendwelche politischen Maßnahmen" oder mit Hilfe sozialer „Verbesserungen"[131] erreicht werden, sondern allein durch die Erschütterung, Bewußtwerdung und Wandlung jedes einzelnen. Und genau hier sahen die Expressionisten die entscheidenden Wirkungsmöglichkeiten für die Kunst gegeben.

Eine erste Möglichkeit der Kunst zur Einwirkung auf den Rezipienten bestand für die expressionistischen Autoren in der Vermittlung von Aufklärung und Information. In ihrem Falle bedeutete dies vor allem Aufklärung über den Expressionismus selber und seine Lehre von der eigentlichen Bestimmung und Seinsmöglichkeit des Menschen. Die Zeitgenossen hatten nach expressionistischem Verständnis ja nicht nur ihr eigentliches Wesen, sondern auch schon das Wissen um dieses Wesen verloren. Dringend notwendig schien den Expressionisten deshalb auch eine beim Verstand ansetzende Aufklärung der Zeitgenossen mit dem Ziel einer Veränderung ihres „Bewußtseinszustandes aus dem geduldig Dumpfen ins menschenartig Helle" (L. Rubiner).[132] Mit Hilfe vor allem des

Aufklärung

---

[127] Die wirkungsästhetischen Überlegungen der Expressionisten sind bisher – trotz ihrer großen Bedeutung – von der Forschung wenig beachtet worden. Die folgenden Ausführungen verstehen sich deshalb eher als erster Versuch eines Überblicks denn als bereits abschließende Behandlung des Themas.

[128] Kurt Hiller, „Die neue Volkstümlichkeit". (Nr. 99.b), S. 83. Es sollte nicht übersehen werden, daß diese Formulierung von K. Hiller stammt, der in der Forschung zu Unrecht meist nur als Verfechter konkreten politischen Handelns rezipiert wird.

[129] Georg Kaiser schrieb zu diesem Thema noch im Jahre 1922: „Der Mensch ist vollkommen von Anfang an. Mit der Geburt tritt er vollendet auf. Nicht *aus* ihm kommt die Einschränkung, in die er später fällt, – *in* ihn, von der Mißform unserer Daseinsführung verbildet, drängt sich die Bindung." Aus: Georg Kaiser, „Der kommende Mensch". In: *Hannover Anzeiger* Nr. 88 vom 9.4.1922. Hier zitiert nach dem Abdruck in: Georg Kaiser, *Stücke – Erzählungen – Aufsätze – Gedichte.* Köln 1966, Zitat S. 680.

[130] Kurt Pinthus, „Rede an junge Dichter". (Nr. 176), S. 144.

[131] So wörtlich Friedrich Wolf in einem Brief vom 4.10.1918. Hier zitiert nach Friedrich Wolf, *Briefe. Eine Auswahl.* (Nr. 248), S. 42.

[132] Ludwig Rubiner, *Der Mensch in der Mitte.* (Nr. 208), S. 151.

Theaters hofften sie, die „Schau-Lust" des Menschen in „Denk-Lust"[133] und Bewußtseinswandlung umsetzen zu können.

Aufklärung durch Erinnern

Bei dieser „Gigantenarbeit"[134] einer Bewußtseinsveränderung ihrer Zeitgenossen bedeutete „Aufklärung" für die Expressionisten nicht etwa die Vermittlung völlig neuer Erkenntnisse und Einsichten, sondern vielmehr zuallererst „Erinnerung" an die eigentliche Veranlagung des Menschen sowie an frühere Phasen und Ziele der Menschheit. Nicht nur für Ludwig Rubiner war deren Geschichte seit langem geprägt durch „das Vergessen"[135] der eigentlichen Ziele und Ideen. Als Vorläufer und Vorbilder des Expressionismus benannte Rubiner deshalb „die großen Erinnerer und Enthüller",[136] die ihren Zeitgenossen wieder „die ältesten Ideen der Menschheit"[137] ins Bewußtsein zurückgebracht hätten (wie z. B. Augustinus, Rousseau und Tolstoi). Die auch jetzt wieder herzustellende Erinnerung bezog sich für die Expressionisten nicht allein auf frühere Ziele und Stufen der Menschheit, sondern mehr noch auf das verschüttete geistigethische Grundvermögen des einzelnen. Es gelte, so hatte Ludwig Rubiner schon 1913 geschrieben, „nur einmal, einmal an unser wahrhaftes Dasein in uns – und in allen – zu erinnern".[138] Dieser expressionistische Aufruf zur Erinnerung darf nicht einfach als reaktionäre Flucht in eine vermeintlich bessere Vergangenheit abgetan werden. Durch das Erinnern sollten die Zeitgenossen vielmehr wieder befähigt werden, andere, von der vorherrschenden Kriegsideologie deutlich abgesetzte Leitwerte und Zielvorstellungen zu entwickeln. Das Verfahren der Erinnerung wurde somit von den Expressionisten mit ausdrücklich progressiver Absicht zu einer „zukunftsweisenden Kraft" (K. Siebenhaar)[139] erhoben.

Erstellung von Vorbildern

Die Vermittlung von Aufklärung und Erinnerung galt den Expressionisten als zwar wichtige, aber noch nicht als eine spezifische Wirkungsmöglichkeit der Kunst. Zu eben diesen spezifischen Möglichkeiten zählten sie insbesondere die von ihnen selbst immer wieder geforderte Erstellung wirkungsmächtiger Vor- und Leitbilder. „Wir sind gegen das Bild – für das Vorbild",[140] lautete eine ihrer ästhetischen Maximen. Ludwig Rubiner forderte dementsprechend 1917 die Künstler seiner Zeit zu einer klaren Entscheidung auf:

„Und nun Dichter und Maler, ihr habt euch zu stellen. Entweder ihr arbeitet für die Rente; dann wundert euch nicht, wenn ihr nächstens noch bei lebendigem Leibe nach Verwesung stinkt. Oder ihr arbeitet für die Menschheit, dann habt ihr Vorbilder zu entwerfen, nach denen Hunderttausende sehnend zielen werden, [. . .]"[141]

---

[133] Georg Kaiser, „Das Drama Platons". In: *Das Programm. Blätter der Münchener Kammerspiele* 3 (1917), Nr. 14, S. 6–7. Hier zitiert nach dem Abdruck in: Georg Kaiser, *Stücke – Erzählungen – Aufsätze – Gedichte*. Hrsg. von Walther Huder. Köln 1966, S. 662.

[134] Ludwig Rubiner, *Der Mensch in der Mitte*. (Nr. 208), S. 151.

[135] Ludwig Rubiner, „Aus der Einleitung zu Tolstois Tagebuch 1895–1899". In: *Die Aktion* 8 (1918), Heft 1/2 vom 12. Januar 1918, Sp. 1–7; Zitat Sp. 6.

[136] Ebda.

[137] Ebda.

[138] Ludwig Rubiner, „Brief an einen Aufrührer". (Nr. 188), Sp. 344.

[139] Klaus Siebenhaar, *Klänge aus Utopia*. (Nr. 314), S. 203.

[140] Ludwig Rubiner, *Der Mensch in der Mitte*. (Nr. 208), S. 149.

[141] Ludwig Rubiner, „Neuer Inhalt". In: *Zeit-Echo* 3. Jg., 1917, 1. und 2. Maiheft, S. 2–5; Zitat S. 5.

Auch diese Konzentration der Expressionisten auf die Erschaffung von Vor-   Einmalige
bildern muß in Verbindung mit dem Ereignis des Ersten Weltkriegs gesehen   Chance
werden. Der Krieg hatte nach expressionistischer Überzeugung alle bisherigen
Denkweisen, Zielvorstellungen und Leitbilder der Zeitgenossen desavouiert und
ungültig werden lassen. Selten zuvor, so meinte man, war die Chance zu einem
grundlegenden Wechsel aller Denkweisen und Leitbilder durch die Menschen so
groß gewesen wie jetzt unter dem Eindruck des fürchterlichen Weltkriegs. Das
durch den Krieg vermeintlich entstandene geistige Vakuum wollten die expressionistischen Autoren mit ihrem neuen Angebot explizit auf die Zukunft bezogener „Vor-Bilder"[142] ausfüllen und ausnutzen.

Die Forschung hat mehrfach darauf verwiesen, daß die „Vorbildkonzeption"   Einflüsse
des Expressionismus der Kriegsjahre in „Terminologie und Konfiguration" (K.
Siebenhaar)[143] starke Anklänge zur christlichen Lehre aufweist. Aber nicht nur im
Christentum, dessen offizielle Vertreter allerdings aus expressionistischer Sicht
durch ihre offene Bejahung des Krieges restlos unglaubwürdig geworden waren,
sondern vor allem auch bei zeitgenössischen sozialistischen Theoretikern wie
Kurt Eisner, Gustav Landauer und Erich Mühsam[144] konnten die Expressionisten
wichtige Anregungen für ihre Hochschätzung des Vorbilds als Mittel zu Beeinflussung des Mitmenschen finden; eine Hochschätzung, die sich ausdrücklich
nicht auf die Erschaffung von Vorbildern im Medium der Kunst beschränkte,
sondern auch die konkrete Lebenspraxis mitumfaßte. Nur wer selber als Mensch
vorbildlich im Dienste der geistigen Erneuerung lebte, war für die Expressionisten auch als Autor vorbildhafter literarischer Figuren glaubwürdig und wirkungsfähig.

Das Interesse der Expressionisten an der Erschaffung vorbildhafter Figuren   Leonhard
führte naheliegenderweise zu einer gewaltigen Aufwertung der dramatischen   Frank
Gattung. Im Bühnenwerk ließ sich vorbildhaftes Verhalten am deutlichsten und
wirkungsvollsten demonstrieren. Eine sehr wichtige Ausnahme bildeten allerdings mehrere Novellen,[145] die Leonhard Frank während des Krieges veröffentlichte. Diesem Autor gelang es, auch im Medium der Prosa mit ungeheurer
Intensität Beispiele vorbildhaften, sozial-revolutionären Verhaltens zu gestalten.
Seine Erzählungen wurden zum Anstoß und Vorbild zahlreicher weiterer Autoren des Expressionismus.[146]

---

[142] Kurt Pinthus, „Rede für die Zukunft". (Nr. 177), S. 415.
[143] Klaus Siebenhaar, *Klänge aus Utopia*. (Nr. 314), S. 164.
[144] Genauer zu den bisher wenig beachteten politischen Auffassungen Erich Mühsams siehe Rolf Kauffeldt, *Erich Mühsam. Literatur und Anarchie*. München 1983.
[145] Leonhard Frank, *Der Mensch ist gut*. Zürich und Leipzig 1917. Vorabdrucke zweier Novellen aus diesem Band erschienen 1916 und 1917 in der Zeitschrift *Die weißen Blätter*.
[146] Rudolf Kayser z. B. rechnete 1918 Leonhard Franks Novellensammlung unter die „prinzipiellsten Bücher des letzten Jahres". Dieser Beleg findet sich bei Rudolf Kayser, „Literatur in Berlin". In: *Das junge Deutschland* 1, 1918, Nr. 2, S. 41–42; Zitat S. 42. – Erstaunlicherweise ist die Bedeutung der Novellen Leonhard Franks für die anderen Autoren des Expressionismus der Kriegsjahre bisher nicht näher erforscht worden. Ernst Tollers erstes Drama *Die Wandlung* z. B. (entstanden 1917/18) liest sich streckenweise wie eine dramatisierte Fassung der Kriegsnovellen Leonhard Franks.

Der Held als Vorbild

Im Medium der Literatur konnten die Expressionisten ihre Auffassung vom eigentlichen Wesen des Menschen in Verbindung bringen mit ihrer strategischen Überzeugung, daß die Zeitgenossen am ehesten durch „Beispiel"[147] und „Vorbild" zu erschüttern seien. Die Literatur diente ihnen zur Umsetzung ihrer anthropologischen Lehre in exemplarische Figuren, die zum Vorbild des Rezipienten werden sollten. Diese erstrebte Erhebung zum Vorbild durch den Leser bezog sich ganz besonders auf die von den literarischen Figuren vorgeführten sozialen Verhaltensweisen wie Mitleiden, Übernahme von Verantwortung, Nächstenliebe und Bereitschaft zum Selbstopfer. Mit Hilfe der Literatur konnte aber nicht nur an diese sozial-ethischen Verhaltensweisen, die nach dem Verständnis der Expressionisten das wahre Wesen des Menschen konstituierten, erinnert, sondern darüber hinaus auch die erwartete Wirkung gerade dieser Verhaltensweisen auf den Menschen demonstriert werden. Die Wandlung des Menschen durch die plötzliche Erfahrung von Liebe und Anteilnahme wurde somit zu einem zentralen Thema der expressionistischen Literatur nach 1914.

Vorbildhafte Bewußtwerdung

Vielleicht noch mehr Bedeutung als die Eignung der Kunst zur Vorführung positiver Verhaltensweisen erhielt ihre Verwendungsmöglichkeit zur Demonstration vorbildhafter Erkenntnishaltung. Nicht allein das Verhalten, sondern gerade auch die Entwicklung der Figuren zum Bewußtsein einer brüderlichen Gemeinschaft aller Menschen sollte von den Rezipienten zum Vorbild genommen werden. Wichtige Etappen dieses, vor allem in Bühnenwerken demonstrierten expressionistischen Weges zur richtigen Erkenntnis waren die Bewußtwerdung von der notwendigen Trennung zwischen äußerer Erscheinung und eigentlichem Wesen sowie die dann folgende Einsicht in die geistig-ethische Regression der zeitgenössischen Menschen.

Wirkungsabsicht

Ein zentrales Ziel der expressionistischen Autoren bildete die Übernahme der von den literarischen Figuren exemplarisch demonstrierten Erkenntnisfindung durch den Rezipienten. Bei dieser Übernahme sollte der Zuschauer/Leser nicht nur hinter der äußeren Form des literarischen Werkes (z.B. als Historiendrama) den eigentlichen, aktuellen geistigen Gehalt erkennen – das Werk lieferte durch den Protagonisten dem Leser den Schlüssel zum Verständnis seiner selbst –, sondern zugleich auch sich seiner eigenen Regression und Entfremdung bewußt werden. „Erkenntnis" und „Befreiung"[148] der Figur sollten zur Angelegenheit des Lesers selber werden. Grundlage dieser Wirkungsabsicht war die bereits mehrfach dargelegte Überzeugung der Expressionisten, am Beispiel ihrer litera-

---

[147] Ludwig Rubiner schrieb schon vor dem Krieg: „Heute glaube ich endgültig: es ist nötig, daß unsere Mitlebenden immer wieder in Unruhe gestellt werden. Nicht, indem man sich über sie lustig macht, [...] sondern durch das Beispiel." Zitat aus Ludwig Rubiner, „Brief an einen Aufrührer". (Nr. 188), Sp. 342.

[148] Heinrich Stadelmann-Ringen erhob 1917 die Abkehr von der herkömmlichen Konfliktgestaltung zum wichtigen Kennzeichen des zeitgenössischen expressionistischen Dramas. Nach seiner Auffassung bestimmten „Erkenntnis" und „Befreiung" (der jeweiligen Protagonisten) die Struktur der neuen Werke. In seinem Aufsatz „Das neue Drama" (Nr. 222; Sp. 329) konstatierte er schließlich: „Das neue Drama ist ein *Erkenntnis- und Befreiungsdrama.*"

rischen Figuren Kräfte und Fähigkeiten aufzuzeigen, die prinzipiell auch in jedem einzelnen Rezipienten als Veranlagung vorhanden seien. In diesem Sinne ist die auffällige Formulierung Ludwig Rubiners zu verstehen, es sei das Ziel einer Novelle von Leonhard Frank, „den Leser, jeden Leser so weit zu bringen, daß er in ähnlicher Lage Ähnliches aus sich heraus sage".[149]

Ziel der expressionistischen Literatur war somit keineswegs eine Unterhaltung, Erbauung oder Zerstreuung des zeitgenössischen Lesers. Die Literatur wurde vielmehr ausdrücklich als „Anleitung zum Handeln", ja noch weitergehend sogar als „Anleitung zum Leben"[150] verstanden. Vor allem das Theater, so forderte Ludwig Rubiner 1917, müsse wieder die „Lebensfrage" aller Menschen beantworten: „Was sollen wir tun?"[151] Die in den expressionistischen Stücken exemplarisch aufgezeigte Beantwortung dieser „Lebensfrage" sollte der zeitgenössische Rezipient in seine eigene Lebenswelt übernehmen, um schließlich in ähnlichen Situationen genauso zu handeln, zu reden und zu denken wie die literarischen Konfigurationen des ‚wahren' Menschen. Nur bei Beachtung dieser spezifischen Vorbild-Konzeption ist die gewaltige Aufwertung der Kunst durch die Expressionisten zum Medium der Weltveränderung aus dem Rückblick zu verstehen. Noch 1922, als die expressionistische Bewegung schon immer deutlicher an Einfluß verlor, schrieb Georg Kaiser über die von ihm angenommene spezifische Wirkungsmöglichkeit der Bühne durch Demonstration des Vorbilds: „Das Vorbild: sich zu gebrauchen – wird unverwickelt gegeben. Man geht aus dem Theater – und weiß mehr von der Möglichkeit des Menschen – von Energie."[152]

Anleitung zum Leben

Die Wirkungskraft der Kunst beruhte für die Expressionisten aber nicht allein auf diesem wichtigen Verfahren der Demonstration vorbildhaften Verhaltens und Erkennens. Der Kunst, speziell dem Theater, wurde darüber hinaus auch eine spezifische Kraft zugesprochen, den Rezipienten zum seelischen Mitvollzug des Geschehens zu veranlassen. So erhielt der Begriff der „Mitahmung" in den ästhetischen Schriften der Expressionisten eine gewichtige Bedeutung. Rudolf Leonhard versuchte, diesen „Vorgang" der „Mitahmung" näher zu erklären:

Mitahmung

„Der naive Zuschauer formt, ohne es zu wissen, schwach die Grimasse nach, die vor ihn getragen wird. ‚Mitahmung', das braucht nicht gedeutet, sondern nur von jedem, der sie erlebte, verfolgt zu werden. Noch nicht der Grund wird erklärt und benannt; aber die Methode. Sie ist – mehr Vorgang als Handlung – ein geringerer Verwandter der Methoden indischer Fakire. Sie ist ein Prozeß der Verwandlung. Wir werden, die da handeln und leiden. Wir sind es. Unsere Sache geschieht."[153]

---

[149] Ludwig Rubiner, „Leonhard Frank. Der Kellner". In: Zeit-Echo 3, 1917, 1. und 2. Maiheft, S. 19/20; Zitat S. 19 (Serie Menschen / Bücher / Zeitschriften).
[150] Beide Zitate bei Ludwig Rubiner, Der Mensch in der Mitte. (Nr. 208), S. 149.
[151] Ludwig Rubiner, „Bühne der Geistigen". In: Zeit-Echo 3, 1917, 1. und 2. Maiheft, S. 22–24; Zitat S. 23.
[152] Georg Kaiser, „Formung von Drama". In: Deutsches Bühnen-Jahrbuch 33, 1922, S. 53. Hier zitiert nach dem Abdruck in Georg Kaiser, Stücke – Erzählungen – Aufsätze – Gedichte. Hrsg. von Walther Huder. Köln 1966, S. 684–686; Zitat S. 686.
[153] Rudolf Leonhard, „Das lebendige Theater". In: Die Erhebung. Jahrbuch für neue Dichtung

Wandlung durch Mitvollzug

Diese „Verwandlung" des Zuschauers durch „einen Akt des unreflektierten, gefühlsbetonten Nachvollzugs" (K. Siebenhaar)[154] bildete ein wichtiges Ziel der expressionistischen Dramatiker. Es ging ihnen gerade auch um einen Nachvollzug der inneren Empfindungen und der Gefühle des Protagonisten durch den Zuschauer. Grundlage dieser Zielsetzung war die bereits aufgezeigte Auffassung der Expressionisten, daß der moderne Mensch vor allem wegen des Verlustes seiner zwischenmenschlichen Gefühls- und Mit-Empfindungsfähigkeit in die Katastrophe des Ersten Weltkriegs geraten sei. Die Wiedergewinnung des Gefühlsvermögens bildete deshalb ein wichtiges Anliegen der expressionistischen Bewegung. So erklärt sich auch, warum Kurt Pinthus einmal nicht „das Handeln" der Hauptfigur, sondern vielmehr ihr „Fühlen" zum zentralen „Inhalt"[155] von Walter Hasenclevers Drama *Der Sohn* erhob. Ganz im Sinne der Mitahmungspoetik führte Pinthus weiter aus: „Kein Sohn wird in Wirklichkeit so sprechen wie dieser Sohn; aber in jedes Menschensohnes Seele wird in jeglicher Situation all das mehr oder weniger unbewußt vorgehen, was dieser Sohn jedesmal, bei jedem Evenement lyrisch-pathetisch oder dialektisch ausspricht [. . .]"[156]

Vordenker Lessing

Bei ihrer Absicht, über die Kunst eine bestimmte „Seelenbewegung im Kunstempfangenden" (O. Mann)[157] auszulösen, konnten die Expressionisten nicht zuletzt durch die ästhetischen Schriften der deutschen Klassik wichtige Anregungen[158] erhalten. Furcht und Mitleid galten ja bereits seit Aristoteles als spezifische Wirkungseffekte der Tragödie. Gotthold Ephraim Lessings berühmte „Bestimmung" der Tragödie, „sie soll unsre Fähigkeit, Mitleid zu fühlen, erweitern",[159] konnte die Expressionisten in ihrer Wirkungsabsicht durchaus bestärken,[160] zu-

---

und Wertung. Hrsg. von Alfred Wolfenstein. Zweites Buch. Berlin 1920, S. 258–264; Zitat S. 260.

[154] Klaus Siebenhaar, *Klänge aus Utopia*. (Nr. 314), S. 164.

[155] Kurt Pinthus, „Versuch eines zukünftigen Dramas". In: *Die Schaubühne* 10, 1914, Nr. 14, S. 391–394. Hier zitiert nach dem Abdruck bei Paul Pörtner (Hrsg.), *Literatur-Revolution 1910–1925. Dokumente, Manifeste, Programme*. Bd.1: Zur Ästhetik und Poetik. Darmstadt u. a. 1960, S. 343–347; Zitat S. 344.

[156] Ebda. S. 346.

[157] Otto Mann, „Einleitung". (Nr. 296), S. 21.

[158] Selbstverständlich können im Rahmen dieser Arbeit die Verbindungen wie auch die deutlichen Unterschiede zwischen klassischer und expressionistischer Ästhetik nicht ausführlich behandelt werden. Ziel ist vielmehr „nur" der Nachweis, daß die Wirkungshoffnung der Expressionisten, gerade die Kunst könne den Menschen nachhaltig beeinflussen und maßgeblich zur grundlegenden Erneuerung der Gesellschaft beitragen, bereits von der klassischen Ästhetik vorgeprägt wurde. Erstaunlicherweise ist diese spezielle Verbindungslinie zwischen Expressionismus und Klassik bisher in der Forschung kaum beachtet worden.

[159] So Gotthold Ephraim Lessing in einem Brief an Nicolai vom November 1756 (vermutlich 13. Nov.). Zitiert nach: *Lessings Briefwechsel mit Mendelssohn und Nicolai über das Trauerspiel. Nebst verwandter Schriften Nicolais und Mendelssohns*. Herausgegeben und erläutert von Robert Petsch. Darmstadt 1967 (Unveränderter reprografischer Nachdruck der Ausgabe Leipzig 1910), S. 54.

[160] Dabei soll natürlich auf keinen Fall übersehen werden, daß sich die Ausführungen Lessings auf die strenge Form der Tragödie bezogen, während die Expressionisten diese Form

mal Lessing diese Erweiterung ausdrücklich nicht auf die Dauer der Theateraufführung beschränkt hatte: „sondern sie soll uns so weit fühlbar machen, daß uns der Unglückliche zu allen Zeiten, und unter allen Gestalten rühren und für sich einnehmen muß."[161] Denn, so Lessing im November 1756: „Der mitleidigste Mensch ist der beste Mensch, zu allen gesellschaftlichen Tugenden, zu allen Arten der Großmut der aufgelegteste."[162]

In der klassischen Ästhetik, speziell Lessings, fanden die Expressionisten somit genau jene Eigenschaft als wichtige Wirkungsmöglichkeit der Bühne angegeben, die nach ihrem Verständnis dem zeitgenössischen Menschen ganz besonders abhanden gekommen war: die Fähigkeit des Mitleidens. Daß gerade Lessings Ästhetik den Expressionisten bekannt war, können u. a. die folgenden Zeilen belegen, die Kurt Pinthus 1914 zu einem Werk Walter Hasenclevers verfaßte: „Aristoteles und Lessing würden Furcht und Mitleid empfinden wie vor ihren Musterstücken; [...]"[163] Nicht ohne Grund wurde im gleichen Zusammenhang von Pinthus auch „der junge Schiller"[164] als geistiger Bruder der Expressionisten genannt. Hatte er doch über die Wirkungen des Theaters einmal geschrieben: „So gewiß sichtbare Darstellung mächtiger wirkt als toter Buchstabe und kalte Erzählung, so gewiß wirkt die Schaubühne tiefer und dauernder als Moral und Gesetze."[165] Mit Schiller verband die Expressionisten aber nicht nur dieser Glaube an eine gewaltige gesellschaftliche Wirkungskraft[166] der Bühne, sondern vor allem auch das Verständnis des Theaters als eines führenden Mittels zur Wiedererweckung des Menschen: „wir werden uns selbst wiedergegeben, unsere Empfindung erwacht, heilsame Leidenschaften erschüttern unsre schlummernde Natur und treiben das Blut in frischere Wallungen."[167]

Wirkung der Bühne

---

deutlich ablehnten und stattdessen das Stationendrama übernahmen und weiterentwickelten.

[161] Brief Lessings vom November 1756. In: *Lessings Briefwechsel mit Mendelssohn und Nicolai über das Trauerspiel.* (Nr. 147), S. 54.
[162] Ebda.
[163] Kurt Pinthus, „Versuch eines zukünftigen Dramas". (Nr. 174.b), S. 346/347.
[164] Ebda. S. 346.
[165] Friedrich Schiller, „Was kann eine gute stehende Schaubühne eigentlich wirken? Eine Vorlesung, gehalten zu Mannheim in der öffentlichen Sitzung der kurpfälzischen deutschen Gesellschaft am 26. des Junius 1784" von F. Schiller, Mitglied dieser Gesellschaft und herzogl. Weimarischer Rat. Erstmals in: *Rheinische Thalia* Heft I (Lenzmonat 1785). Hier zitiert nach Friedrich Schiller, *Sämtliche Werke. Fünfter Band: (Erzählungen) Theoretische Schriften.* Auf Grund der Originaldrucke herausgegeben von Gerhard Fricke und Herbert G. Göpfert. München 1967, S. 818–831; Zitat S. 824. – Der Vortrag wurde von Schiller später überarbeitet und fortan unter dem neuen Titel „Die Schaubühne als eine moralische Anstalt betrachtet" veröffentlicht.
[166] Schiller machte 1784 die „Bühnen" explizit mitverantwortlich für die von ihm gesehene Durchsetzung eines neuen, liberaleren und gerechteren Denkens, das bereits bis in die „Gerichtssäle" und „das Herz unsrer Fürsten" vorgedrungen sei (ebda. S. 828).
[167] Ebda. S. 831. – In diesem Sinne hieß es auch am Ende des Vortrags: „Jeder einzelne genießt die Entzückungen aller, die verstärkt und verschönert aus hundert Augen auf ihn zurückfallen, und seine Brust gibt jetzt nur *einer* Empfindung Raum – es ist diese: ein *Mensch* zu sein."

Besserung des Menschen

Noch zahlreiche weitere Axiome der expressionistischen Kunstauffassung lassen sich ebenfalls mit der klassischen Ästhetik in Verbindung bringen. Dies gilt u. a. auch für das Verständnis der Kunst als eines besonderen Mittels zur Erziehung und Besserung des Menschen. „Bessern sollen uns alle Gattungen der Poesie; es ist kläglich, wenn man dieses erst beweisen muß; noch kläglicher ist es, wenn es Dichter gibt, die selbst daran zweifeln." So hatte kein Expressionist, sondern vielmehr G. E. Lessing 1768 in seiner *Hamburgischen Dramaturgie*[168] geschrieben. Für die Expressionisten war es kein Zweifel, daß nach der Schuldbelastung aller anderen gesellschaftlichen Kräfte durch die Förderung oder zumindest Duldung des Krieges nun gerade Kunst und Künstler Erziehung und Wandlung des Menschen zu übernehmen hatten.

Triebe der Menschlichkeit

In den Schriften G.E. Lessings konnten die Expressionisten noch eine weitere Position auffinden, die ebenfalls ein Kernstück ihrer eigenen Weltanschauung bildete: die Überzeugung von einer nie völlig zerstörbaren Fähigkeit des Menschen zur Liebe gegen den Nächsten. Die Kunst vermochte nach der Auffassung Lessings nur deshalb beim Zuschauer/Leser die „Triebe der Menschlichkeit" zu „nähren und stärken",[169] weil genau diese Triebe nach seiner festen Überzeugung niemals völlig ausgelöscht sein konnten.[170]

Das bist Du

Nach den Vorstellungen der klassischen Ästhetik war die Tragödie nur dann dazu geeignet, Furcht und Mitleid im Zuschauer auszulösen, wenn ihre tragende Figur aus „gleichem Schrot und Korne"[171] gestaltet war wie der vermeintliche Normaltyp des Zuschauers. Gefordert war damit ein Verzicht des Dramatikers auf die Darbietung besonders extremer Charakterzüge und Eigenschaften. Eine auf den ersten Blick gleiche Forderung findet sich auch bei den Dramatikern des Expressionismus nach 1914. So verlangte z. B. Ludwig Rubiner 1917, daß endlich der „Mimofatzke" von der Bühne vertrieben werde: „Der Bühnenmensch hat gleich uns zu sein. Gleichartig uns! (Mindestens). Immer wieder am Beginn einer produktiven Zeit muß diese Forderung erhoben werden."[172] Postuliert wurde damit allerdings keineswegs etwa eine möglichst naturalistische Wiedergabe möglichst zeitnaher Charaktere. Ziel der Expressionisten war vielmehr eine

---

[168] Zitat aus dem 77. Stück der *Hamburgischen Dramaturgie* (vom 26. Januar 1768). Zitiert nach: Gotthold Ephraim Lessing, *Hamburgische Dramaturgie*. Kritisch durchgesehene Gesamtausgabe. Mit Einleitung und Kommentar von Otto Mann. Stuttgart 1963, Zitat S. 305.

[169] Ebda. S. 308. (78. Stück der *Hamburgischen Dramaturgie*; vom 29. Januar 1768).

[170] So heißt es z.B. am Ende des 76. Stückes der *Hamburgischen Dramaturgie* (vom 22. Januar 1768): „Und eben diese Liebe, sage ich, die wir gegen unsern Mitmenschen unter keinerlei Umständen ganz verlieren können, die unter der Asche, mit welcher sie andere, stärkere Empfindungen überdecken, unverlöschlich fortglimmt und gleichsam nur einen günstigen Windstoß von Unglück und Schmerz und Verderben erwartet, um in die Flamme des Mitleids auszubrechen; eben diese Liebe ist es, welche Aristoteles unter dem Namen der Philanthropie versteht." (Ebda. S. 300/301).

[171] Ebda. S. 295. – Lessing forderte diese „Gleichheit" des Helden mit dem normalen Zuschauer, da nur so die „Furcht, daß unser Schicksal gar leicht dem seinigen ähnlich werden könne, als wir ihn zu sein uns selbst fühlen", entstehen könne. (75. Stück der *Hamburgischen Dramaturgie*; vom 19. Januar 1768; ebda. S. 295/296).

[172] Ludwig Rubiner, „Bühne der Geistigen". (Nr. 198), S. 22.

„Vor-Verwirklichung" des wahren, eigentlichen Menschen im Medium des Theaters. Aufgezeigt werden sollten im Bühnenwerk jene tieferen ethischen und geistigen Kräfte des Menschen, die den Zeitgenossen nach expressionistischem Verständnis weithin verloren gegangen waren. Schon vor dem Krieg hatte Carl Sternheim einmal ganz in diesem Sinne von der strengen „Pflicht" des Dramatikers geschrieben, „alle Eigenschaften des idealen Menschen blank und strahlend zu erhalten".[173] Durch die Hauptfiguren ihrer dramatischen Werke wollten die Expressionisten einen „Vorschein" des kommenden und wahren Menschen erstellen. Der Zuschauer sollte sich in der Theateraufführung über die Hauptfigur mit seiner eigenen eigentlichen Veranlagung und Seinsmöglichkeit identifizieren, um schließlich zu der entscheidenden Erkenntnis zu gelangen: „Das bist Du". „Tua res agitur".[174] Aus dieser Auffassung heraus warnte Paul Kornfeld 1918 seine Zeitgenossen: „Wer nicht in jeder dieser Gestalten seinen Bruder wiedererkennt, ist verloren, denn er weiß nichts von seinem eigentlichen Wesen und ist im wirklichen Sinn bewußtlos, ist abgefallen als faule Frucht vom Baum der Menschheit, [...]"[175] Dieses ‚Wiedererkennen' der eigenen Veranlagung und Fähigkeiten durch den Zuschauer war das eigentliche Ziel der expressionistischen Dramatiker.[176] Die demonstrierte Selbstfindung der Figur sollte zur Selbstfindung auch des Zuschauers werden. Eine Selbstfindung, die dann allerdings unbedingt auch noch in reales gesellschaftliches Handeln umzusetzen war.

Damit aber ging die Wirkungsabsicht und der Wirkungsglaube der Expressionisten weit über frühere ästhetische Konzeptionen hinaus. Nicht nur Mitleid und Furcht sollten im Zuschauer durch die Kunst, speziell durch das Theater, ausgelöst werden, sondern – sehr viel weitergehend – auch geistige Bewußtwerdung und innere, seelische Wandlung. Über die Mitahmung des Geschehens sollte der Zuschauer schließlich zur Erschütterung und Wandlung seiner bisherigen Persönlichkeit gebracht werden. Diesem Ziel diente auch die für viele Stücke des Expressionismus typische Einteilung in Leidensweg, Wandlung und neues Verhalten des Protagonisten. Der anfängliche Leidensweg lud den Zuschauer zur Mitfühlung ein, das Wandlungsgeschehen sollte auch auf ihn übergreifen und das neue, vorbildhafte Verhalten der Figur vom verwandelten Zuschauer in die ei-

Mitvollzug der Wandlung

---

[173] Carl Sternheim, „Gedanken über das Wesen des Dramas". In: *Die Argonauten. Eine Monatsschrift.* Hrsg. von Ernst Blass. 1. Jg., 1914, Nr. 5, S. 238–239. Hier zitiert nach: Paul Pörtner (Hrsg.), *Literatur-Revolution 1910–1925. Dokumente, Manifeste, Programme.* Bd. 1: *Zur Ästhetik und Poetik.* Darmstadt 1960, S. 347–348; Zitat S. 348.

[174] Rudolf Leonhard, „Das lebendige Theater". (Nr. 143), S. 261 und 262. – Erwähnt sei in diesem Zusammenhang, daß der Expressionist Friedrich Wolf 1919 „Ein Spiel in 5 Verwandlungen" mit genau diesem bezeichnenden, programmatischen Titel *Das bist Du* veröffentlichte.

[175] Paul Kornfeld, „Der beseelte und der psychologische Mensch". (Nr. 128), S. 2.

[176] Diese Zielsetzung gilt vielfach allerdings auch für die Prosa-Arbeiten expressionistischer Autoren nach 1914, z.B. für die bereits mehrfach genannten Novellen Leonhard Franks. Als Vorbild, wie diese Zielsetzung auch außerhalb der dramatischen Gattung erreicht werden könne, nannte Ludwig Rubiner 1918 die Tagebuch-Aufzeichnungen Leo Tolstois. Genauer dazu siehe Ludwig Rubiner, „Aus der Einleitung zu Tolstois Tagebuch 1895–1899". (Nr. 202), Sp. 2 und Sp. 5.

gene Lebenspraxis übernommen werden. Zentrale Bedeutung kam bei dieser Konzeption dem Geschehen der Wandlung des Protagonisten zu. Das von den Expressionisten erstrebte Übergreifen dieses Geschehens auf den Zuschauer konnte nicht mehr mit der klassischen Lehre von Furcht und Mitleid als Wirkungseffekten des Theaters begründet werden. Hier setzte vielmehr eine ganz spezifische Wirkungstheorie[177] des Expressionismus ein, die sehr deutlich magisch-mystische Züge aufweist.

Seelen-Schwingungen

Wie bereits gesehen, beruhten ‚echte' Kunstwerke nach dem Verständnis der Expressionisten entscheidend auf inneren, seelischen Empfindungen der Künstler. Diese Empfindungen, häufig auch als „Schwingungen" der Seele benannt, waren für die Expressionisten über das Kunstwerk auf den Rezipienten übertragbar. Eine frühe und für den weiteren Expressionismus folgenreiche Ausformulierung dieses Übertragungsgedankens war bereits vor dem Ersten Weltkrieg von Wassily Kandinsky veröffentlicht worden. Er hatte z. B. 1912 über die Ziele und Wirkungsweisen der Kunst geschrieben:

„Jede Kunst hat eine eigene Sprache, d. h. die nur ihr eigenen Mittel.
So ist jede Kunst etwas in sich Geschlossenes. Jede Kunst ist ein eigenes Leben. Sie ist ein Reich für sich.
Deswegen sind die Mittel verschiedener Künste äußerlich vollkommen verschieden. Klang, Farbe, Wort!
Im letzten innerlichen Grunde sind diese Mittel vollkommen gleich: das letzte Ziel löscht die äußeren Verschiedenheiten und entblößt die innere Identität.
Dieses *letzte* Ziel (Erkenntnis) wird in der menschlichen Seele erreicht durch feinere Vibrationen derselben. Diese feineren Vibrationen, die im letzten Ziele identisch sind, haben aber an und für sich verschiedene innere Bewegungen und unterscheiden sich dadurch voneinander.
Der undefinierbare und doch bestimmte Seelenvorgang (Vibration) ist das Ziel der einzelnen Kunstmittel.
Ein bestimmter Komplex der Vibrationen – das Ziel eines Werkes.
Die durch das Summieren bestimmter Komplexe vor sich gehende Verfeinerung der Seele – das Ziel der Kunst.
Die Kunst ist deswegen unentbehrlich und *zweckmäßig*.
Das vom Künstler richtig gefundene Mittel ist eine materielle Form seiner Seelenvibration, welcher einen Ausdruck zu finden er gezwungen ist.
Wenn dieses Mittel richtig ist, so verursacht es eine beinah identische Vibration in der Seele des Empfängers.
Das ist unvermeidlich. Nur ist diese zweite Vibration kompliziert [. . .]
Es gibt also keinen Menschen, welcher die Kunst nicht empfängt. Jedes Werk und jedes einzelne Mittel des Werkes verursacht in jedem Menschen ohne Ausnahme eine Vibration, die im Grunde der des Künstlers identisch ist."[178]

---

[177] Erstaunlicherweise ist auch diese besondere Wirkungstheorie des Expressionismus in der Forschung bisher kaum beachtet worden.
[178] (Wassily) Kandinsky, „Über Bühnenkomposition". In: *Der Blaue Reiter*. Hrsg. von Wassily Kandinsky und Franz Marc. München 1912. Wieder in: *Der Blaue Reiter*. Hrsg. von Wassily Kandinsky und Franz Marc. Dokumentarische Neuausgabe von Klaus Lankheit. München und Zürich 1965, überarbeitete Neuausgabe 1984, S. 189–208; die Zitate S. 189–192.

Kandinsky hatte sich in seinen frühen Schriften, denen heute eine für die Zeit epochale Bedeutung[179] zugemessen wird, nicht genau auf Dauer oder Inhalte der durch künstlerische Mittel in der „Seele" auslösbaren „Vibrationen" festgelegt. Eine derartige inhaltliche Präzisierung erstellten erst spätere Mitglieder der expressionistischen Bewegung. In den Schriften Kandinskys fanden sie — zusätzlich zu den genannten Anregungen durch frühere Wirkungstheorien[180] — eine weitere Rechtfertigung für ihre Wahl gerade der Kunst als Mittel zur geistigen Verwandlung des Menschen. Im Rückgriff[181] auf Kandinsky erhoben die Expressionisten der Kriegsjahre die Kunst — speziell das Theater als Sammelpunkt aller Kunstrichtungen — zum geeigneten Mittel, um auch die ethischen Empfindungen eines Autors (wie z. B. Nächstenliebe, Mitleid und Übernahme von Verantwortung) auf den Leser/Zuschauer übertragen zu können. Nicht ohne Grund feierte Hugo Ball 1917 gerade Wassily Kandinsky als einen „der ganz großen Erneuerer, Läuterer des Lebens", dem die Zeit „Befreiung, Trost, Erlösung und Beruhigung" zu verdanken habe.[182]

Wegbereiter Kandinsky

Die Wirkungstheorie der Expressionisten, über die Kunst im Rezipienten bestimmte Empfindungen auslösen zu können, wies eindeutig starke mystisch-magische Züge auf. Nach dem ausdrücklichen Verständnis der Expressionisten wirkte die Kunst nicht zuletzt auch auf eine geheimnisvolle, rational und wissenschaftlich nicht mehr faßbare Weise auf den Rezipienten ein. Kurt Pinthus z. B. schrieb einmal über die Wirkung des expressionistischen Dramas: „Hier explodiert der Mensch vor den Menschen. Der Strahl loht sichtbar aus einem Herzen und schlägt der hörenden Menge ins Herz."[183] Nach Kurt Hiller mußte ein zeitgenössischer Autor zuallererst das „kluge Berühren" der geistigen Veranlagung seiner Mitmenschen „lernen",[184] wenn er als Aufklärer und Erzieher der Volkes wirken wollte. Der hier zum Ausdruck kommende magische Aspekt der expressionistischen Wirkungstheorie ist auch in der Forschung immer wieder betont worden. „Die expressionistische Dramaturgie", so heißt es in einer Darstellung aus jüngerer Zeit, zielte „auf Identifikation ab, auf magische Wirkungen, nicht auf distanzierte Betrachtung".[185] Diese magische Dimension der expressionistischen Wirkungstheorie kann bei einem näheren Blick auf die Produktionsästhetik des Expressionismus nicht weiter überraschen. Bereits die Entstehung eines Kunstwerks wurde ja, wie schon gesehen, entscheidend als ein inneres, jenseits rationaler Logik ablaufendes Geschehen verstanden. So hatte Wassily Kandinsky bereits 1912 geschrieben: „Auf eine geheimnisvolle, rätselhafte,

Mystik

---

[179] Vgl. den Abschnitt „Gehalt und Wirkung" aus dem „Kommentar" des Herausgebers Klaus Lankheit in der Neuausgabe des *Blauen Reiters* von 1984, (Nr. 20), S. 285–302.
[180] Kandinskys Auffassungen standen ja ihrerseits wiederum eng mit früheren ästhetischen Lehren in Verbindung. So ist z. B. die Nähe seiner Position zur Farbenlehre Goethes in der Forschung immer wieder betont worden.
[181] Die genaueren Einflüsse der Schriften Kandinskys auf den Expressionismus der Kriegsjahre sind allerdings bisher noch nicht erforscht worden.
[182] Hugo Ball, „Kandinsky". (Nr. 12.b), S. 126.
[183] Kurt Pinthus, „Rede an junge Dichter". (Nr. 176), S. 150.
[184] Kurt Hiller, „Die neue Volkstümlichkeit". (Nr. 99.b), S. 83.
[185] Jan Knopf / Viktor Žmegač, *Expressionismus als Dominante*. (Nr. 284), S. 469.

mystische Weise entsteht das wahre Kunstwerk ‚aus dem Künstler'".[186] Als eigentlicher „Urheber" wahrer Kunst wurde von Kandinsky, ebenso wie von den späteren Expressionisten, die mystische Größe des „Geist"[187] genannt. Die Kunst bildete für die Expressionisten ein entscheidendes Ausdrucks- und Wirkungsmittel des Geistes, der – so Paul Kornfeld 1918 – „allein, weil er da ist, schon Gewalt über die Menschen haben und Kraft von seiner Kraft und seine Natur auf sie übertragen muß."[188]

Verschmelzung zur Gemeinde

Einen deutlich mystischen Charakter erhielt die expressionistische Wirkungstheorie auch dort, wo von den Autoren die Entstehung einer neuen „Gemeinschaft" als Wirkung des Theaters propagiert wurde. Die Identifikation mit dem Protagonisten und der gemeinsame Mitvollzug seiner inneren Wandlung sollte Publikum, Schauspieler und den Regisseur zu einer neuen, auch außerhalb des Theaters noch fortwirkenden „Gemeinschaft" verschmelzen. „Aus Zuschauer und Spieler, in Verschmelzung statt in Verwandlung, mit tagesweisser Magie erfolgt aus Ich und Du die Geburt des Wir."[189] Bezeichnenderweise sprach Rudolf Leonhard, der Verfasser dieser Zeilen, ausdrücklich von der „Magie" der erwarteten „Verschmelzung". Vergleichbare magische Züge trug auch Ludwig Rubiners Forderung nach einer von der Kunst zu leistenden „Erweckung" der Menschen zur „Gemeinschaft".[190] Der Begriff der „Gemeinschaft" wurde von den Expressionisten vielfach auch bewußt durch den religiös gefärbteren Terminus der „Gemeinde" ersetzt, der von der Kriegsapologetik nicht belastet war („Volksgemeinschaft"). So hieß es z. B. 1919 bei der Gründung eines neuen, ausdrücklich dem Expressionismus verschriebenen Theaters: „Wir wollen kein Publikum, sondern im einheitlichen Raume eine Gemeinde. In diesem Raum sei die Bühne – ähnlich einer Kanzel, [...] – eine ‚Tribüne'".[191]

Haltung des Rezipienten

Erforderlich für eine tiefgehende, seelische Wirkungsmöglichkeit der Kunst war nach expressionistischer Auffassung allerdings auch eine gewisse Bereitschaft von seiten des Rezipienten. Diese erforderte Bereitschaft bezog sich vor allem auf Lektüre und Bildbetrachtung,[192] da bei Malerei und Literatur vom Künstler

---

[186] Wassily Kandinsky, *Über das Geistige in der Kunst*. München ²1912, S. 114. (Die erste Auflage erschien ebenfalls München 1912).

[187] In einem 1913/14 entstandenen Vortragsmanuskript Kandinskys hieß es: „Die Entstehung des Werkes ist kosmischen Charakters. Der Urheber des Werkes ist also der Geist. Das Werk existiert also abstrakt vor seiner Verkörperung, die den menschlichen Sinnen das Werk zugänglich macht." Hier zitiert nach Peter Anselm Riedl, *Wassily Kandinsky*. Reinbek 1983, S. 61.

[188] Paul Kornfeld, „Der beseelte und der psychologische Mensch". (Nr. 128), S. 10.

[189] Rudolf Leonhard, „Das lebendige Theater". (Nr. 143), S. 263.

[190] Ludwig Rubiner, *Der Mensch in der Mitte*. (Nr. 208), S. 149.

[191] Aus dem Prospekt zur Eröffnung des Theaters „Die Tribüne", Berlin 1919. Hier zitiert nach: *Literatur im Klassenkampf. Zur proletarisch-revolutionären Literaturtheorie 1919–1923*. Eine Dokumentation von Walter Fähnders und Martin Rector. München 1971, S. 167.

[192] Ein schönes, frühes Beispiel für die erwünschte Rezeptionshaltung des Lesers/Betrachters sowie für die erhoffte Wirkung der Kunst findet sich in einem Essay Wassily Kandinskys aus dem *Blauen Reiter*, wo es u. a. heißt: „Wenn der Leser dieses Buches imstande ist, sich seiner Wünsche, seiner Gedanken, seiner Gefühle zeitweise zu entledigen, und dann das Buch durchblättert, von einem Votivbild zu Delaunay übergeht und weiter von einem

sehr viel weniger Mittel zur Beeinflussung des Lesers/Sehers eingesetzt werden konnten als bei einer Theateraufführung. Während ein Theaterstück nach Vorstellung der Expressionisten von sich aus die Mitahmung[193] des Zuschauers erzwingen konnte, hing die Wirkung der Lektüre stärker auch von der Aufnahmebereitschaft des Lesers ab. Kurt Hiller hat diese vom Leser erhoffte Rezeptionshaltung einmal näher beschrieben:

„Der Mann aus dem Volk, zumal der junge, streife den *Alltag* von sich und, mit dem Alltag, den Schmutz der alltäglichen Phrase; er tauche tief in sich selbst hinein – voll Ehrfurcht vor diesem tiefen Selbst; und inbrünstig öffne er sich Ungewohntem, das einströmt. Er lausche auf jedes Wort, als hörte er seinen Schall zum erstenmale; er greife es ohne Hast, betaste es um und um, wundre sich, versenke sich, greife das nächste, betaste es wieder – bald wird des Ganzen Sinn ihm erstrahlen."[194]

Hillers Zeilen belegen deutlich, wie sehr das beim Leser intendierte Rezeptionsgeschehen der von den Expressionisten propagierten Selbstversenkung und Innenschau des Künstlers selber ähnelte. Die „Seelenfärbung"[195] des Künstlers sollte über das Werk zur Seelenfärbung auch des Kunstempfangenden werden. Was der Künstler durch inneres Sehen erblickt und dann im Kunstwerk gestaltet hatte, sollte dem Rezipienten ebenfalls durch Versenkung und Kontemplation zugänglich werden. Ziel der Expressionisten war es natürlich, diese erstrebte kontemplative Haltung mit den Mitteln der Kunst beim Leser auszulösen und sie nicht als Vorleistung des Rezipienten voraussetzen zu müssen. Auch dieses Bemühen der Expressionisten um die Wiedergewinnung „einer gefühlshaften und quasireligiösen Rezeptionshaltung" (T. Anz/M. Stark)[196] hing nicht zuletzt mit dem Ereignis des Ersten Weltkriegs zusammen. Dieser galt den Expressionisten

Übertragungen

Cézanne zu einem russischen Volksblatt, von einer Maske zu Picasso, von einem Glasbild zu Kubin usw. usw., so wird seine Seele viele Vibrationen erleben und in das Gebiet der Kunst eintreten. Hier wird er dann nicht ihn empörende Mängel und ärgernde Fehler finden, sondern er wird statt einem Minus ein Plus seelisch erreichen. Und diese Vibrationen und das aus ihnen entsprungene Plus werden eine Seelenbereicherung sein, die durch kein anderes Mittel als durch die Kunst zu erreichen ist." Das Zitat findet sich in Kandinskys Aufsatz „Über die Formfrage", abgedruckt in: *Der Blaue Reiter*. Hrsg. von Wassily Kandinsky und Franz Marc. München 1912. Wieder in: *Der Blaue Reiter*. Hrsg. von Wassily Kandinsky und Franz Marc. Dokumentarische Neuausgabe von Klaus Lankheit. München und Zürich 1965; überarbeitete Neuausgabe 1984, S. 132–186; Zitat S. 180/181.

[193] So ist z. B. in dem bereits genannten Eröffnungsprogramm der „Tribüne" (Berlin 1919) die Rede von der „Erzwingung reinsten Mitschwingens" als dem stärksten Wirkungsmittel des Theaters. (Wie Anm. 191).

[194] Kurt Hiller, „Die neue Volkstümlichkeit". (Nr. 99.b), S. 83/84.

[195] Iwan Goll definierte 1914 den Expressionismus ausdrücklich als „Seelenfärbung" und „Erlebnisform". Zitat aus Tristan Torsi (i. e. Iwan Goll), „Vorwort" zu dem Gedichtband *Films*. Berlin-Charlottenburg, Verlag der expressionistischen Monatshefte 1914. Hier zitiert nach dem Abdruck in: *Expressionismus. Manifeste und Dokumente zur deutschen Literatur 1910–1920*. Mit Einleitungen und Kommentaren hrsg. von Thomas Anz und Michael Stark. Stuttgart 1982, S. 37.

[196] Aus der Einleitung der Herausgeber in den Abschnitt III.5 „Kunst und Öffentlichkeit" in: *Expressionismus. Manifeste und Dokumente zur deutschen Literatur 1910–1920*. (Nr. 63), S. 514.

ja, wie bereits gesehen, als grausamer Beweis für die dringende Notwendigkeit einer gründlichen Umkehr des menschlichen Denkens. Der Umgang mit der Kunst sollte die Zeitgenossen wieder mit der Sphäre von Geist, Gefühl und Religiosität vertraut machen und somit die Umkehr des Denkens entscheidend voranbringen.

Ziel der Kunst

Im Überblick zeigt sich, daß die Verfechter des Expressionismus nach 1914 versuchten, alle ihnen bekannten Mittel der Kunst zur Einwirkung auf den Rezipienten einzusetzen. Aufklärung, Appell und Demonstration vorbildhaften Verhaltens und Erkennens ebenso wie Gefühlsübertragung, Mitschwingung und Magie. Die Kunst galt den Expressionisten gerade in der Situation der Militärherrschaft (mit Meinungseinschränkung, Zensur, Pressekontrolle etc.) als das beste Mittel zur Einwirkung auf die Zeitgenossen; dies um so mehr, als nach expressionistischer Auffassung die notwendige geistige Revolution des Menschen nicht entscheidend durch politische oder soziale Maßnahmen zu erzielen war. „Sondern ich glaube", so hatte Friedrich Wolf beispielhaft im Herbst 1918 geschrieben, „daß der Mensch nur verändert werden kann, zu seinem Wesentlichen hingeführt werden kann, durch das persönlich innere *Einzel*erlebnis!"[197] Die Auslösung dieses inneren Einzelerlebnisses und seine Weiterführung zur kollektiven geistigen „Erhebung" war das zentrale Anliegen des expressionistischen Kunstschaffens nach 1914.

Wirkungs-Optimismus

Der ungeheure Optimismus der Expressionisten, mit Hilfe der Kunst nachhaltig auf die Zeitgenossen einwirken zu können, ist heute kaum mehr nachvollziehbar. Er kann nur aus der besonderen Situation vom Anfang dieses Jahrhunderts heraus verstanden werden. Ohne die erst später aufgekommene Konkurrenz von Rundfunk und Fernsehen besaßen Literatur und Theater um 1914 einen unvergleichlich höheren gesellschaftlichen Stellenwert als heutzutage. Noch gab es keine Vielzahl von Medien, Meinungen und Weltbildern, aus denen der einzelne weitgehend beliebig auswählen konnte. Gerade während des Krieges wurde vielmehr jede Äußerung, die nach Meinung der Regierenden die öffentliche Ordnung und „die Interessen der Landesverteidigung" verletzen konnte, so weit wie nur möglich unterbunden. Die Repressionen und Verbote durch staatliche Organe betrafen vor allem auch die expressionistische Literatur und ihre Verfasser. Die empfindlichen Reaktionen der Behörden mußten die Expressionisten in ihrer Auffassung von der großen gesellschaftlichen Wirkungskraft ihrer Werke ausdrücklich bestärken. Nicht übersehen werden darf in diesem Zusammenhang schließlich, daß um 1914 auch von den entschiedenen Anhängern der wilhelminischen Gesellschaft die Kunst, speziell das Theater, als ein führendes Mittel zur Einwirkung auf das deutsche Volk betrachtet wurde. Der Glaube an eine gewaltige Einflußmöglichkeit der Kunst prägte nicht nur das Schaffen vieler dem Expressionismus äußerst fernstehender Künstler,[198] sondern

---

[197] Aus einem Brief Friedrich Wolfs vom 4.10.1918. Zitiert nach Friedrich Wolf, *Briefe. Eine Auswahl.* (Nr. 248), S. 43.
[198] Vgl. die Ausführungen über die sog. Heimatkunst in Band 1, Kap. II, 3.5, und über die literarische Apologetik des Ersten Weltkriegs oben in Kap. II.

vor allem auch die endlosen zeitgenössischen Klagen über die vermeintliche Dekadenz der deutschen Gegenwartskultur. So hieß es z. B. 1916 in einer Schrift mit dem Titel *Weltkrieg und Schaubühne*: „Es ist nicht zuviel gesagt, wenn behauptet wird, daß den bislang staatlich geduldeten empörenden Theaterzuständen eine Hauptschuld an der Entsittlichung und Verwahrlosung des Volkes zukommt."[199] Und weiter: „Stücke wie Wedekinds *Frühlings Erwachen* sind für das Volk gefährlicher als die Pest [. . .]"[200] Sicherlich haben auch derartige Stellungnahmen[201] von der gegnerischen Seite den Wirkungsoptimismus der Expressionisten nicht unwesentlich gefördert.

Als Beleg für die Wirkungskraft der Kunst wurden in den Schriften der Expressionisten immer wieder auch die eigenen Leseerfahrungen und Theatererlebnisse aufgeführt. Nach Kurt Pinthus z. B. waren für die Expressionisten Anregungen durch Lektüre und vor allem durch Theaterbesuche wichtiger geworden als „persönliche Erlebnisse und alle direkte Belehrung und Erziehung".[202] Mag bei dieser Aussage auch die bewußte Stilisierung zugunsten einer gewaltigen Wirkungskraft von Literatur und Theater überwiegen, so belegen unzählige weitere Zeugnisse aus derselben Zeit das Erlebnis tiefster Beeinflussung durch Lektüre oder Theaterbesuch. Dies gilt nicht nur für die Mitglieder des Expressionismus, sondern auch für die Vertreter anderer Denkhaltungen und Stilrichtungen.

Wirkungs-Beispiele

Einen wichtigen Einfluß auf den Wirkungsglauben der Expressionisten übten zweifellos auch die Auffassungen sozialistischer Theoretiker aus. Auch in den Schriften führender Sozialisten der Zeit fand sich eine gewaltige Hochschätzung der Kunst. Nicht allein Kurt Eisner bestimmte die Kunst als ein „Erziehungsmittel für die Menschen, wie es stärker und gewaltiger gar nicht gedacht werden könnte".[203] Genau wie die Expressionisten, so hob auch Kurt Eisner vor allem die Bedeutung des Theaters für die nötige „Neubeseelung des Volkes"[204] heraus: „Das Theater könnte eine der größten, edelsten Bildungsanstalten des Volkes sein. Es gibt überhaupt der Idee nach kaum eine Einrichtung in der heutigen Gesellschaft, die so durch Phantasie und Einfluß auf das Gemütsleben die Menschen erneuern könnte wie das Theater, wie das Drama."[205] Eisner setzte diese

Kurt Eisner

---

[199] Artur Dinter, *Weltkrieg und Schaubühne*. München 1916, S. 43. Hier zitiert nach: *Weltkrieg und Sittlichkeit. Beiträge zur Kulturgeschichte der Weltkriegsjahre.* Hrsg. von Bruno Grabinski. Hildesheim 1917, S. 122.

[200] Ebda. S. 122 (im Original S. 37).

[201] Bei Grabinski finden sich noch zahlreiche weitere Beispiele dieser Art.

[202] Kurt Pinthus, „Rede an junge Dichter". (Nr. 176), S. 150.

[203] Kurt Eisner, „Die Stellung der revolutionären Regierung zur Kunst und zu den Künstlern. Rede in der Sitzung des provisorischen Nationalrats vom 3.1.1919". Zitiert nach Kurt Eisner, *Sozialismus als Aktion. Ausgewählte Aufsätze und Reden.* Hrsg. von Freya Eisner. Frankfurt 1975, S. 113–123; Zitat S. 122.

[204] Ebda. S. 123.

[205] Ebda. S. 121. – Eisner berief sich bei dieser Position ausdrücklich auf seine früheren Schriften, so vor allem auf seinen Aufsatz „Volkstheater – eine sociale Ehrenpflicht Berlins". (Erschienen 1889, wieder in Kurt Eisner, *Taggeist. Kulturglossen.* Berlin 1901). Eisners Position konnte den Expressionisten der Kriegsjahre somit schon lange bekannt sein.

Ausführungen sehr bewußt in die Form des Konjunktivs. Denn die zeitgenössische Praxis der meisten deutschen Theater verurteilte er, auch hier wieder mit den Expressionisten übereinstimmend, entschieden als primitive „Lustbarkeit" und „Verpöbelung des Geschmacks".[206] Dringend notwendig erschien ihm deshalb, ebenso wie auch den Mitgliedern des Expressionismus, eine grundlegende Wandlung und Erneuerung des Theaters und der Kunst überhaupt. „Herabgeschändet zu Form und Spiel" sollte die Kunst endlich wieder „von neuem Inhalt und Ziel" (K. Hiller)[207] erhalten. Diese notwendige Erneuerung der Kunst wollten die Vertreter des Expressionismus mit ihren eigenen Werken vollbringen. Damit die Kunst wieder ganz im Sinne Kurt Eisners entscheidend „zur Erhebung und zur Erziehung der Massen"[208] beitragen konnte.

6.6. Der Künstler als Führer

Neues Selbstverständnis

Die expressionistische Sehweise der Kunst als eines einzigartigen Mittels zur geistigen Erkenntnis und zur Veränderung von Mensch und Welt bewirkte auch ein im Vergleich zu früheren Epochen deutlich verändertes Selbstverständnis[209] der Kunstschaffenden selber. Der öffentlich verkündete, in der deutschen Geistesgeschichte so ungewöhnliche Anspruch der Expressionisten, „Propheten" und „Willentliche", „Redner, Lehrer, Aufklärer, Aufwiegler, Bündegründer, Gesetzgeber, Priester" und „Religionsstifter"[210] zu sein, hat spätere Betrachter immer wieder irritiert und provoziert.[211] Er kann heute nur im historischen Kontext des Ersten Weltkriegs erschlossen und verstanden werden.

---

[206] Ebda.
[207] Kurt Hiller, „Neben dem System". (Nr. 98), S. 81.
[208] Kurt Eisner, „Die Stellung der revolutionären Regierung zur Kunst und zu den Künstlern". (Nr. 54), S. 123.
[209] Die folgenden Ausführungen untersuchen das Bild des Künstlers als Wegbereiter und Führer, wie es in den Schriften der Expressionisten der zeitgenössischen Öffentlichkeit vermittelt wurde. Es kann dabei nicht weiter abgeklärt werden, ob dieses Bild primär dem tatsächlichen Selbstverständnis der expressionistischen Künstler entsprang, oder vielmehr zuallererst strategischen Überlegungen, gemäß der expressionistischen Hoffnung auf eine baldige geistige Führung der Massen. Der Begriff des „Führers" wurde trotz seiner späteren Diskreditierung durch die nationalsozialistische Ideologie beibehalten, weil er in den zeitgenössischen Schriften der Expressionisten eine zentrale Rolle spielte, und jede Umschreibung eine Verfremdung wäre. Für die spätere verhängnisvolle Verwendung des Führer-Begriffs im Nationalsozialismus sind die Expressionisten nicht verantwortlich zu machen. Bedauerlicherweise können in dieser Arbeit die eindeutigen Unterschiede zwischen der expressionistischen und der nationalsozialistischen Führer-Konzeption nicht bis ins Detail untersucht werden. – Grundlage der folgenden Ausführungen sind wiederum vor allem die programmatischen und essayistischen Schriften des Expressionismus der Kriegsjahre. Es kann davon ausgegangen werden, daß in den zahlreichen lyrischen Texten das Bild des Dichters als Führer noch plastischer gestaltet wurde, dem Inhalt nach aber mit dem sonstigen Schrifttum des Expressionismus übereinstimmte.
[210] Kurt Hiller, „Wir". (Nr. 96), S. 133.
[211] Diese Irritation findet sich z.B. bei Helmut Gruber, „Die politisch-ethische Mission des deutschen Expressionismus". (Nr. 275.b), speziell S. 408–410.

Je länger der Krieg dauerte und je fragwürdiger seine anfänglichen Sinnge-   *Der Künstler*
bungen und Rechtfertigungen wurden, um so mehr wuchs der Anspruch der   *als Führer*
Expressionisten auf eine Übernahme der geistigen Führung für das gesamte Volk.
„Es lebe der Führer! Es lebe der Literat!"[212] proklamierte Ludwig Rubiner schon
1916. Aus dem gleichen Jahr stammen auch die folgenden Zeilen Kurt Hillers
über den „Litteraten": „Er ist der Aufrufende, der Verwirklichende, der Prophet,
der Führer."[213] Diese beiden Zitate verweisen auf eine wichtige Verlagerung, die
sich unter dem Eindruck des Ersten Weltkriegs im Selbstverständnis der Expressionisten vollzog. Vor dem Krieg dominierte im Schrifttum des Expressionismus
eindeutig eine Darstellung des Dichters bzw. des Künstlers als „Narr" und miß-
achtetem Außenseiter der Gesellschaft.[214] Nach 1914 aber erhielt das expressionistische Bild des Dichters immer mehr die Züge eines Vorkämpfers und öffentlichen Führers, so z. B. auch in den berühmten Versen Walter Hasenclevers mit
dem programmatischen Titel „Der politische Dichter": „[. . .] Er wird ihr Führer
sein. Er wird verkünden. / Die Flamme seines Wortes wird Musik. / Er wird den
großen Bund der Staaten gründen. / Das Recht des Menschentums. Die Republik. /"[215]

Eine entscheidende Rechtfertigung für ihren neuen Anspruch auf Übernahme   *Werkzeug*
der geistigen Führung der Zeitgenossen sahen die Expressionisten in ihrer direk-   *des Geist*
ten Verbindung zum „Geist". Dieser galt ihnen – wie gesehen – als die mäch-
tigste aller ideellen Triebkräfte in der Geschichte der Menschheit. Grundlage
ihres eigenen Schaffens bildete nach dem Verständnis der Expressionisten nicht
ein Streben nach gesellschaftlichem Ruhm und materiellem Erfolg oder persönliches Vergnügen an künstlerischer Tätigkeit, sondern vielmehr zuallererst die
‚Anrührung' durch den Geist. Die Expressionisten verstanden sich in erster Linie
als Sprachrohre und Werkzeuge des Geists. Dies galt ausdrücklich auch für einen
Autor wie Kurt Hiller, der später zu Unrecht fast nur noch als Vertreter radikaler
politischer Forderungen rezipiert wurde. Hiller schrieb noch im Jahre 1918: „Für
den *großen* Künstler ist, daß er Künstler ist, Nebensache; er dient dem Geist."[216]
Ähnlich hieß es ein Jahr zuvor bei Ludwig Rubiner: „Wir, die uns unter die
Führung des Geistes stellen für die Welt, nehmen Maler und Dichter nicht als
Eigenkünstler, sondern als elementare Blicke und Münder zur Weisung unserer
Menschlichkeit."[217] Um diese Verbindung der expressionistischen Bewegung mit
der überzeitlichen und mystischen Kraft des Geistes deutlich zum Ausdruck zu
bringen, bevorzugten viele Expressionisten eine Selbstbezeichnung als „Geistige".

---

[212] Ludwig Rubiner, „Hören Sie!" In: *Die Aktion* 6, 1916, Nr. 27/28, Sp. 377–380; Zitat Sp. 380.
[213] Kurt Hiller, „Philosophie des Ziels". (Nr. 97), S. 210.
[214] Ausführlich dazu siehe Wolfgang Rothe, *Tänzer und Täter*. (Nr. 309), speziell Kap. I „Der Dichter. Zum Selbstverständnis einer Autorengeneration".
[215] Walter Hasenclever, „Der politische Dichter". Zuerst in Walter Hasenclever, *Tod und Auferstehung. Neue Gedichte*. Leipzig 1917. Hier zitiert nach: *Menschheitsdämmerung. Ein Dokument des Expressionismus*. Mit Biographien und Bibliographien neu hrsg. von Kurt Pinthus. Hamburg 1959, S. 213–216; Zitat S. 216.
[216] Kurt Hiller, „Neben dem System". (Nr. 98), S. 81.
[217] Ludwig Rubiner, „Bühne der Geistigen". (Nr. 198), S. 22.

Mit der Wahl dieses allerdings schnell zum Modewort[218] verkommenden Terminus wollten sie zugleich auch der zeitgenössischen Diskussion um den zunehmend negativ besetzten Begriff des „Intellektuellen" entgehen. Nicht allein Thomas Mann, sondern noch viele andere Apologeten des Krieges bemühten sich ja ab 1914, die Expressionisten als „Intellektuelle" und „Zivilisationsliteraten" und somit als Vertreter „französischen", das sollte heißen dekadenten und feindlichen Denkens zu diskriminieren.

Dienende Kunst

Kennzeichen der „Geistigen" war für die Expressionisten ein aktives Handeln nach der entscheidenden Erkenntnis: „der Mensch ist um des Menschen willen da".[219] Eine wichtige Form derartigen Handelns im Dienste des Mitmenschen bildete nach expressionistischem Verständnis auch die Anfertigung von Kunst und Literatur. Dies galt natürlich nur für den Fall, daß die künstlerischen Werke inhaltlich der Idee vom Brudertum aller Menschen verpflichtet waren. Derartige Werke wurden ausdrücklich als Materialisation und Formwerdung des Geistes betrachtet.[220] „Wahre" Literatur und Kunst war somit für die Expressionisten zugleich Ausfluß wie Werkzeug des Geists. Sie war „dienende Kunst", deren entscheidende „Sendung" – so Carl Maria Weber 1918 – darin bestand: *„Den Boden vorbereiten, auf dem die Erfüllung der Forderungen des Geistes erst ermöglicht wird."*[221] Diese Wegbereitung wurde vor allem vom Drama erhofft, das nicht allein für Kurt Pinthus die „edelste Möglichkeit" darstellte, um „die Welt des Geists auf die reale Welt wirken zu lassen."[222]

Persönliches Beispiel

Zahlreiche deutsche Künstler und Intellektuelle fanden erst unter dem Eindruck des Ersten Weltkriegs zur Weltanschauung des Expressionismus (so z. B. Ernst Toller, Fritz von Unruh, Klabund, Rudolf Leonhard). Viele von ihnen verstanden ihre persönliche Entwicklung von einer anfänglichen Begrüßung und Rechtfertigung des Krieges zur entschiedenen Kriegsgegnerschaft als Begegnung mit der mystischen Kraft des Geistes. Dieses eigene Erlebnis einer tiefgreifenden geistigen Wandlung spielte bei der Begründung des Anspruchs auf geistige Führung der Zeitgenossen oft eine wichtige Rolle. Es sollte zum Verständnis des Expressionismus nicht übersehen werden, daß seine Vertreter „nicht nur die Wandlung der Menschheit *fordern*, sondern daß sie auf ihren *eigenen* Wegen Wandlungen erfahren haben" (W. Riedel).[223] So erklärt sich auch das häufige Vorkommen autobiographischer Elemente im Schrifttum des Expressionismus der Kriegsjahre. Die eigene Wandlung eines Autors wurde im Medium der Li-

---

[218] Vgl. eine Tagebucheintragung Hugo Balls vom 21. April 1916: „,Wir Geistigen' ist bereits zum Schnörkel der Umgangssprache und zu einer Floskel der Geschäftsreisenden geworden. Es gibt geistige Hosenträger, geistige Hemdenknöpfe, die Journale strotzen von Geist und die Feuilletons übergeistern einander." Zitat aus: Hugo Ball, *Die Flucht aus der Zeit*. Mit einem Vorwort von Hermann Hesse. München 1931, S. 94.

[219] Ludwig Rubiner, *Der Mensch in der Mitte*. (Nr. 208), S. 173.

[220] Diese Auffassung findet sich explizit auch schon in den theoretischen Schriften Wassily Kandinskys kurz vor dem Krieg. So z. B. auch in dem bereits genannten Aufsatz „Über die Formfrage" aus dem Almanach *Der Blaue Reiter* (Nr. 120.b).

[221] Carl Maria Weber, „Der politische Dichter". (Nr. 239.b), S. 92/93.

[222] Kurt Pinthus, „Rede an junge Dichter". (Nr. 176), S. 151.

[223] Walter Riedel, *Der neue Mensch. Mythos und Wirklichkeit*. Bonn 1970, S. 105.

teratur zum Vorbild der auch von den Mitmenschen erhofften und zunehmend geforderten geistigen Veränderung ausgestaltet. Das persönliche Beispiel diente zugleich auch als Beweis für eine prinzipielle Fähigkeit des Menschen zur geistigen Wandlung sowie für eine ungebrochene Wirkungskraft der überzeitlichen Idee vom Brudertum aller Menschen.

Die eigene geistige Katharsis sowie die unter den Bedingungen der Militärherrschaft durchaus große persönliche Opfer[224] erfordernde Tätigkeit als Künstler im Dienste einer internationalen Verbrüderung führte viele Expressionisten zu dem Selbstverständnis, „Vorläufer",[225] „Vorhut zu sein kommender Menschheit".[226] Mit dieser Selbsteinschätzung der Expressionisten als Wegbereiter und Vorhut verband sich allerdings ausdrücklich kein längerfristiger Führungsanspruch. Die Hoffnung der Expressionisten war ja vielmehr, daß nach dem Ende des Krieges auch die Zeitgenossen endlich zu geistiger Erneuerung bereit seien. Georg Kaiser formulierte diese Hoffnung noch 1922 mit den einprägsamen Worten: „Fortschritte Einzelner werden von der Gesamtheit eingeholt. Der Berg wird zur Ebene, auf der alle siedeln."[227]

Vorhut

Zu den Leistungen der Expressionisten, die nach ihrem eigenen Verständnis von den Mitmenschen ihrer Zeit noch einzuholen waren, gehörte ganz besonders das Bekenntnis einer persönlichen Mitschuld jedes einzelnen am realen Krieg von 1914. Dieses persönliche Bekenntnis anstelle der herkömmlichen Schuldzuweisungen nach außen bildete für die Expressionisten einen Kernpunkt der von ihnen angestrebten geistigen Erneuerung der Zeitgenossen. Viele Expressionisten empfanden ihr eigenes Engagement für die Verbrüderung aller Menschen nicht zuletzt auch als eine Form der Sühne für die eigene Mitschuld am Krieg; dies um so mehr, als künstlerisches Schaffen (natürlich nur sofern es auf expressionistischer Basis stand) ihnen nicht als Handwerk oder ästhetisches Vergnügen galt, sondern als eine ganz spezifische Form „der menschlichen Liebestätigkeit".[228] „Dichten ist seine Art, zu lieben", schrieb Alfred Wolfenstein schon 1915/16 über den „Künstler" als „Kämpfer"[229] für eine bessere Welt. Aus expressionistischer Sicht konnte die zeitgenössische Kunst allerdings nur dann „zur sozialen Liebestätigkeit"[230] werden, wenn sie den „Schmerz der Millionen",[231] die unter dem Kriege litten, artikulierte und als Ausweg die Lehre

Nächstenliebe

---

[224] Zur oftmaligen Darstellung einer Künstler-Existenz als Opfer der Gesellschaft oder als bewußter Opfergang für die Mitmenschen siehe genauer bei Wolfgang Rothe, *Tänzer und Täter* (Nr. 309), vor allem die Abschnitte I.1 und I.2. Rothe verweist u. a. (S. 36ff.) auf Walter Hasenclevers 1915 entstandenen Einakter *Der Retter*. In diesem Stück wird ein Dichter wegen seiner expressionistischen Liebeslehre von Militärs umgebracht.
[225] Kurt Pinthus, „Rede für die Zukunft". (Nr. 177), S. 416.
[226] Kasimir Edschmid, „Über die dichterische deutsche Jugend". (Nr. 47), S. 30.
[227] Georg Kaiser, „Der kommende Mensch". (Nr. 114.b), S. 683.
[228] Ludwig Rubiner, „Organ". (Nr. 193), S. 1.
[229] Alfred Wolfenstein, „Kämpfer Künstler". (Nr. 249), S. 177.
[230] Iwan Goll, „Appell an die Kunst". In: *Die Aktion* 7, 1917, Nr. 45/46, 17. November, Sp. 599–600; Zitat Sp. 599. Am Anfang dieses Artikels heißt es: „Kunst ist kein Beruf. Kunst ist kein Schicksal. Kunst ist Liebe".
[231] Ebda.

vom „menschenbrüderlichen Wesen"[232] verkündete. Grundlage künstlerischen Schaffens mußte deshalb zuallererst eine gewaltige „sympathetische Kraft" (W. Rothe)[233] des Künstlers selber sein. Die Expressionisten beanspruchten somit für sich den Besitz einer sozialethischen Eigenschaft, die ihnen zum Neubau der Welt ganz besonders wichtig erschien: die Fähigkeit des Mitfühlens und des Mitleidens mit einem anderen Menschen.

Ethische Superiorität

In ihren programmatischen wie literarischen Schriften entwarfen die Expressionisten in vielen Variationen das Bild des Schriftstellers (sofern er zur expressionistischen Bewegung gehörte) als einer geistig geläuterten, ethisch höherwertigen Persönlichkeit. „Kein höheres Wesen in der menschlichen Gemeinschaft als der Literat!"[234] verkündete Ludwig Rubiner selbstbewußt und provokativ mitten im Krieg. Diese Behauptung einer „sittlichen Höhenposition" und „ethischen Superiorität" (W. Rothe)[235] des expressionistischen Dichters vertrat neben vielen anderen Autoren auch Georg Kaiser, der dabei vor allem auf die Fähigkeit des Künstlers zum inneren Sehen verwies. „Aus Vision wird Mensch mündig: Dichter".[236]

Sehweise der Masse

Das expressionistische Bild des Dichters als vom Geist erwählter „ethischer Ausnahmegestalt" (W. Rothe)[237] widersprach nicht nur entschieden der zeitgenössischen Hochschätzung des „Soldaten" als dem vermeintlich wertvollsten Mitglied des deutschen Volkes.[238] Es begründete zugleich noch einmal den Anspruch der Expressionisten auf geistige Führung der Zeitgenossen. Während dieser Anspruch von beinahe allen Autoren des Expressionismus deutlich erhoben wurde, herrschten über Umfang, Dauer und Mittel der geistigen Führung durchaus unterschiedliche Vorstellungen. Uneinheitlich war insbesondere die Einstellung der expressionistischen Schriftsteller zur „breiten Masse" des Volkes als dem eigentlichen Adressaten ihrer Schriften. Für die meisten Expressionisten bildete die „Masse" eine Ansammlung verkümmerter, ihrem eigentlichen Wesen entfremdeter Individuen. Diese galten als prinzipiell zur geistigen Wandlung und Erneuerung fähig, womit auch der Masse insgesamt ein gewaltiges Potential an geistiger Veränderungskraft zugesprochen wurde. In deutlichem Gegensatz zu anderen zeitgenössischen Auffassungen[239] war die Masse für die Expressionisten

---

[232] Vgl. weiter oben Anm. 107.
[233] Wolfgang Rothe, *Tänzer und Täter*. (Nr. 309), S. 38.
[234] Ludwig Rubiner, *Der Mensch in der Mitte*. (Nr. 208), S. 58.
[235] Formulierungen nach Wolfgang Rothe, *Tänzer und Täter*. (Nr. 309), S. 38.
[236] Georg Kaiser, „Vision und Figur". (Nr. 112), S. 314.
[237] Wolfgang Rothe, *Tänzer und Täter*. (Nr. 309), S. 31. Eine Position, die sicherlich nicht ohne Einfluß auf die Expressionisten war, vertrat im Krieg der schon mehrfach genannte sozialistische Theoretiker Kurt Eisner. Er schrieb z. B. 1917 zu diesem Thema: „Der Dichter als Kämpfer für die menschliche Entwicklung und als Poet einer großen Entwicklung der Menschheit ist das edelste Mitglied der menschlichen Gesellschaft." Zitat aus: Kurt Eisner, „Weltliteratur der Gegenwart (1917)". Hier zitiert nach: Kurt Eisner, *Die halbe Macht den Räten. Ausgewählte Aufsätze und Reden*. Eingeleitet und hrsg. von Renate und Gerhard Schmolze. Köln 1969, S. 240–245; Zitat S. 245.
[238] Zur Hochschätzung des Soldaten bei gleichzeitiger Abwertung des Künstlers in der apologetischen Literatur siehe z. B. Oskar Schmitz, *Das wirkliche Deutschland*. (Nr. 214), S. 22.
[239] Zur Verachtung der Masse bei Nietzsche und Le Bon als Kontrastfolie zum Expressio-

keineswegs eine ‚Anhäufung niederer Kreaturen', sondern vielmehr eine gewaltige Ansammlung geistig-sittlicher Energien, die es zu erwecken und zu führen galt. Viele Stücke der Expressionisten demonstrierten deshalb ausdrücklich das zum Vorbild erhobene Bemühen eines sich selbst geistig zuvor geläutert habenden Protagonisten um die geistige Führung einer größeren Menge von Menschen.

Abgelehnt aber wurde von den meisten Expressionisten eine auf Dauer konzipierte oder sehr fest institutionalisierte Führung der Massen durch die „Geistigen". Eine derartige Führungskonzeption vertrug sich nicht mit ihrer zentralen Auffassung einer prinzipiellen Gleichwertigkeit aller Menschen. Der von ihnen erhobene Anspruch auf geistige Führung sollte deshalb nur für eine befristete Übergangszeit gelten, in der sich der Geist, wie schon so oft in Krisensituationen der Menschheit, vorübergehend auf einige wenige auserwählte Träger zurückgezogen habe.[240] Je mehr dann die erhoffte Wandlung der Massen nach dem Ende des Krieges voranschritt, um so geringer mußten nach expressionistischem Verständnis die Bedeutung und der Einfluß der anfänglichen geistigen Anreger und Führer werden. Im Prozeß der Erneuerung sollten die Massen sowohl den Vorsprung der geistigen „Voranläufer" einholen wie auch aus sich selbst neue Führer hervorbringen. In mehreren dramatischen Werken expressionistischer Autoren wurde die Stellung des geistigen Führers zur Masse genauer thematisiert[241] und unter dem Eindruck der politischen Ereignisse von 1918/19 die Wandlungsfähigkeit der Masse schließlich zunehmend angezweifelt.[242]

Eine besondere Auffassung über die Beziehung zwischen den Geistigen und der Masse vertrat in den Jahren des Krieges der Kreis um Kurt Hiller. Zwar war

Führung auf Zeit

Sonderfall Hiller

---

nismus siehe Christoph Eykman, *Denk- und Stilformen des Expressionismus.* (Nr. 271), Kap. III: „Zur Sozialphilosophie des Expressionismus", S. 28–43. Genannt werden muß in diesem Zusammenhang natürlich auch noch die eindeutige Verdammung der Masse in den Schriften Stefan Georges und seines Kreises.

[240] Zur Stellung des Geistes genauer oben in Abschnitt 5.5. Die expressionistische Auffassung vom Rückzug des Geistes auf einige wenige Auserwählte war sicherlich zu einem großen Teil von Gustav Landauer beeinflußt. In seinem, vielen Expressionisten nachweislich bekannten *Aufruf zum Sozialismus* (erstmals Berlin 1911) sprach Landauer ausdrücklich von den Phasen „des Versickerns des Geistes uns dem Volk in die Schluchten und Höhlungen vereinsamt stehender Personen". Noch eindeutiger in Übereinstimmung mit dem späteren Expressionismus heißt es an anderer Stelle der Schrift Landauers: „Der Geist zieht sich in die Einzelnen zurück. Einzelne, innerlich Mächtige waren es, Repräsentanten des Volks, die ihn dem Volke geboren hatten; jetzt lebt er in Einzelnen, Genialen, die sich in all ihrer Mächtigkeit verzehren, die ohne Volk sind: vereinsamte Denker, Dichter und Künstler, die haltlos, wie entwurzelt, fast in der Luft stehen. Wie aus einem Traum aus urlang vergangener Zeit heraus ergreift es sie manchmal: und dann werfen sie mit königlicher Gebärde des Unwillens die Leier hinter sich und greifen zur Posaune, reden aus dem Geiste heraus zum Volke und vom kommenden Volke." Aus Gustav Landauer, *Aufruf zum Sozialismus.* Berlin 1911. Zitiert wird nach dem Nachdruck der vierten Auflage (Köln 1923), der 1978 im Verlag Büchse der Pandora erschienen ist. Die Zitate S. 8 und 6/7.

[241] Siehe z. B. Ludwig Rubiner, *Die Gewaltlosen. Drama in vier Akten.* Potsdam 1919.

[242] Siehe z. B. Ernst Toller, *Masse = Mensch. Ein Stück aus der sozialen Revolution des 20. Jahrhunderts.* Potsdam 1921.

auch für Hiller jeder einzelne Mensch prinzipiell ein Träger des Geist und somit zur Wandlung und Erneuerung fähig. „Die Masse als solche" aber hielt Hiller für „ungeistig"[243] und zu nur sehr langsamen Veränderungen fähig. Hiller plädierte deshalb für die feste Institutionalisierung einer nationalen wie auch einer weltweiten Herrschaft der „Geistigen". Die Menschheit werde nicht vorankommen, so schrieb er einmal, solange „die geistigen Führer der Nation zögern, die wirkliche, das ist die politische Führung zu übernehmen".[244] Eine derartige politische Führung durch die Geistigen aber wurde von den meisten Expressionisten entschieden abgelehnt.[245] Sie wollten zur Führung der Massen keine geistesaristokratischen Herrenhäuser[246] errichten, sondern zuallererst durch die Mittel der Kunst und der vorbildhaften Lebensführung wirken. Diese Einstellung änderte sich bei vielen Expressionisten erst durch den Zusammenbruch der kaiserlichen Regierung, als im Herbst 1918 plötzlich auch die konkrete politische Macht für die Expressionisten greifbar schien. Interessanterweise hatte die Idee der nun von vielen Expressionisten bevorzugten Bildung sogenannter Räte (als Alternative zu einem hierarchischen Herrschaftsaufbau) zuvor in den programmatischen wie literarischen Texten noch keine Rolle gespielt. Diese Idee war erst durch den Erfolg der russischen Revolution auch für deutsche Künstler und Intellektuelle attraktiv geworden.

Einheit der Geistigen   Die Forderung nach einem festen organisatorischen Zusammenschluß aller Geistigen, wie sie vor allem von Kurt Hiller erhoben wurde, fand bis zur deutschen Revolution unter den anderen Expressionisten nur wenige Anhänger. Weitgehend gemeinsam war dagegen den Expressionisten der Wunsch nach einer engeren Zusammenarbeit aller gleichgesinnten Künstler und Intellektuellen. Diese Zusammenarbeit sollte nicht nur der Verständigung untereinander dienen, sondern auch den Umfang und die Einheit der expressionistischen Bewegung nach außen hin demonstrieren. Als wichtige Form öffentlich sichtbaren Zusammenwirkens galt vor allem die gemeinsame Herausgabe von Zeitschriften und Anthologien. Als Kurt Pinthus in der Schlußphase des Expressionismus die schnell berühmt gewordene Anthologie *Menschheitsdämmerung* herausgab, schrieb er noch einmal in typisch expressionistischer Weise, er verfolge nicht etwa den „pädagogischen Ehrgeiz, Musterbeispiele guter Poesie zu bieten".[247] Sein Ziel sei es vielmehr, die „charakteristische Dichtung jener Jugend" zu sammeln, die vereint sei im Leiden unter dem Krieg und im Ringen um einen „edleren, menschlicheren Menschen".[248] Der betont kollektive Charakter derartiger expressioni-

---

[243] Kurt Hiller, „Philosophie des Ziels". (Nr. 97), S. 205.
[244] Kurt Hiller, „Bund zum Ziel. Leitsätze". In: *Das Ziel. Jahrbücher für geistige Politik*. Hrsg. von Kurt Hiller. Jahrbuch III. 1. Halbband. Leipzig 1919, S. 218.
[245] Siehe z. B. Franz Werfel, „Brief an einen Staatsmann". In: *Das Ziel. Aufrufe zu tätigem Geist*. Hrsg. von Kurt Hiller. München und Berlin 1916, S. 91–98. Im gleichen Sinne auch René Schickele, „Nachwort des Herausgebers". In: *Die weißen Blätter* 2, 1915, H. 6, S. 816–817.
[246] Zu diesem Vorschlag Kurt Hillers siehe u. a. in seinem Aufsatz „Philosophie des Ziels". (Nr. 97), S. 217.
[247] Kurt Pinthus, „Zuvor". (Nr. 178.b), S. 22.
[248] Ebda. S. 23.

stischer Veröffentlichungen richtete sich nicht zuletzt gegen den heftig abgelehnten Genie- und Individualkult anderer zeitgenössischer Autoren und literarischer Gruppierungen.

Das Bemühen der expressionistischen Künstler um eine nach außen hin deutlich sichtbare Einheit der „Geistigen" verfolgte noch eine weitere, ganz besonders wichtige Zielsetzung. Die Gemeinschaft der Geistigen sollte den Zeitgenossen auch als eine erste Vorstufe der in Aussicht gestellten späteren Bruder-Gemeinschaft aller Menschen erscheinen. Sie sollte die Fähigkeit des Menschen zu solidarischer Gemeinschaft auch noch mitten im Kriege demonstrativ belegen. Aus diesem Grund wurden immer wieder auch ausländische Autoren (insbesondere aus Rußland und Frankreich) in die expressionistischen Zeitschriften und Anthologien aufgenommen – Autoren, die nach der Denkweise der deutschen Militärs wegen ihrer nationalen Herkunft zu den gefährlichsten Feinden des Deutschen Reiches zu rechnen waren. Dem vorherrschenden Feinddenken der Zeit stellten die Expressionisten in ihren Veröffentlichungen somit gezielt „das Bewußtsein der Gemeinschaft"[249] entgegen: „einer Gemeinschaft, die auch durch diese graue Uniform, Ihnen wie uns angezogen, nicht zur Einung, sondern zur tödlichen Trennung, nicht zerrissen werden konnte" (K. Pinthus).[250] Es war nicht zuletzt gerade diese bewußte Betonung des aus nationaler Sicht „vaterlandslosen Ästheten- oder Europäertums",[251] das immer wieder ein Eingreifen der Zensurbehörden hervorrief.

Durch die Vorschriften und Maßnahmen der Behörden war eine öffentliche und internationale Zusammenarbeit der den Krieg verurteilenden Künstler und Intellektuellen nur sehr eingeschränkt möglich. Als wichtige Aufgabe wurde deshalb nicht allein von Ludwig Rubiner neben der Sammlung der oppositionellen Kräfte vor allem die innere Vorbereitung jedes einzelnen „Geistigen" auf den Augenblick des Kriegsendes ausgegeben: „Im Moment des Kriegsendes muß die geistige Welt dieser Erde bereit sein. [...] Die Geistigen aller Länder müssen in diesem Moment sichtbar vor dem Auge der Völker sich die Hände reichen."[252] Die Expressionisten wußten, daß sie auf Verlauf und Beendigung des realen Krieges keinen Einfluß ausüben konnten. Deshalb bezog sich ihr Anspruch auf die geistige Führung der Zeitgenossen mit dem Ziel einer grundlegenden Wandlung des Denkens entscheidend erst auf die Zeit nach der Beendigung des Krieges. Der Gedanke an diese bevorstehende epochale Aufgabe sowie an das Vorhandensein zahlreicher gleich denkender „Brüder" in den anderen Ländern

Europäertum

Innere Vorbereitung

---

[249] Kurt Pinthus, „Rede an junge Dichter". (Nr. 176), S. 140.
[250] Ebda.
[251] Zitat aus einem Brief des Bayerischen Kriegsministeriums vom 11.9.1915 an den Herausgeber der Zeitschrift *Das Forum*, Wilhelm Herzog. Dieser Brief wurde abgedruckt in: *Das Forum* 3, 1918, H. 1 (Oktober), S. 22–24. Hier zitiert nach dem Abdruck in: *Expressionismus. Manifeste und Dokumente zur deutschen Literatur 1910–1920*. Mit Einleitungen und Kommentaren hrsg. von Thomas Anz und Michael Stark. Stuttgart 1982, S. 319/320; Zitat S. 319.
[252] Ludwig Rubiner, „Neuer Inhalt". (Nr. 194), S. 2.

mußte nach Ludwig Rubiner jedem einzelnen Expressionisten auch noch inmitten der Qual des Krieges Kraft und Zuversicht spenden.[253]

Führungsanspruch

Der zahlreichen Fehldeutungen wegen, die in der Forschungsliteratur über den Expressionismus vorliegen, soll abschließend noch einmal ausdrücklich hervorgehoben werden: Der Anspruch der Expressionisten auf eine zeitlich befristete geistige Führung ihrer Zeitgenossen hing untrennbar mit dem Ereignis des Ersten Weltkrieges zusammen. Ohne diesen Krieg wäre für die Expressionisten weder die Deutung der Zeit als weltgeschichtlichem Wendepunkt noch die Überzeugung vom völligen Bankrott aller anderen geistigen Denkhaltungen ernsthaft möglich gewesen. Alle anderen zeitgenössischen Denkrichtungen und deren Vertreter hatten für die Expressionisten spätestens durch ihre jeweilige Verstrickung in den Krieg restlos jede Glaubwürdigkeit und Kompetenz verloren. Dies galt ausdrücklich auch für die Sozialdemokratie[254] und für die christlichen Konfessionen. „Alle Religionen sind tote Götzen geworden", verkündete Kurt Heynicke Anfang 1919.[255] Ähnlich hieß es zur gleichen Zeit bei Lothar Schreyer: „Die christliche Kirche der Gegenwart kündet keine Erkenntnis. Die Gegenwart löst sich daher von dieser Kirche."[256] Nach dem Versagen der Kirche konnte für Schreyer nur noch im Medium der (expressionistischen) Kunst „Offenbarung" und „Vision"[257] empfangen, gestaltet und vermittelt werden. Der Künstler erhielt somit von den Expressionisten „erneut und zum vorerst letzten Mal" (W. Rothe) den „verwaisten Platz des Priesters"[258] zugesprochen.

Geistiges Vakuum

Durch die Diskreditierung aller anderen geistigen Kräfte wegen ihrer Verstrickung in den Krieg war nach expressionistischer Auffassung ein gefährliches, immer mehr Zeitgenossen bedrohendes ideologisches Vakuum entstanden. Die Expressionisten hofften, diese Lücke mit ihrer eigenen Weltanschauung erfolgreich ausfüllen zu können. Sie wollten sich den Zeitgenossen allerdings nicht

---

[253] Rubiner schrieb: „Es kommt einzig darauf an, daß niemand von uns den Mut sinken läßt. Es kommt darauf an, jederzeit eingedenk zu bleiben, wie viele der Geistesbrüder in allen Ländern da sind und aufeinander warten. Es kommt darauf an, manchen Versprengten Mut zu machen, Mut zum Widerstand, und ihnen zu zeigen, daß sie nicht allein sind." Zitat aus: Ludwig Rubiner, „Europäische Gesellschaft". (Nr. 195), S. 6.
[254] Dazu siehe z. B. Paul Kornfeld, „Der beseelte und der psychologische Mensch". (Nr. 128), S. 5ff. Kornfeld zählte ausdrücklich die „Sozialdemokratie" und den „Katholizismus" zu den an der „Katastrophe" des Krieges mitschuldigen Kräften, da beide – entgegen ihrem eigentlichen „Wesen" – das verhängnisvolle Denken in extremen Feindbildern und nationalen Interessen übernommen hätten. (Ebda. S. 5). Eine ähnliche Kritik an Kirche und Sozialdemokratie vertrat während des Ersten Weltkriegs auch Romain Rolland in seinen, sicherlich vielen Expressionisten bekannt gewordenen publizistischen Schriften.
[255] Kurt Heynicke, „Aufbruch". In: *Der Weg* März 1919, H. 3, S. 4 (Reprint Nendeln 1969).
[256] Lothar Schreyer, „Expressionistische Dichtung (Fortsetzung)". In: *Sturm-Bühne. Jahrbuch des Theaters der Expressionisten* 1918/19, 6. Folge, Mai 1919, S. 21–23; Zitat S. 22 (Reprint Nendeln 1975).
[257] Lothar Schreyer, „Expressionistische Dichtung". In: *Sturm-Bühne. Jahrbuch des Theaters der Expressionisten* 1918/19, 4. und 5. Folge, September 1918, S. 19/20; Zitat S. 20 (Reprint Nendeln 1975).
[258] Wolfgang Rothe, *Tänzer und Täter*. (Nr. 309), S. 22.

aufdrängen, sondern glaubten vielmehr, auf deren Suche und „Sehnsucht"[259] zu antworten. „Durstet die Zeit nicht nach der Kunst, die aus dem Geist kommt und nicht aus dem Stückwerk des Menschen?" „Ist ein Zweifel, daß Kunst in den Zielen enorm sein muß, die von Zeitgenossen, die leiden Stunde und Tag um Tag, begehrt wird mit solcher Inbrunst?"[260] So vergewisserte sich Kasimir Edschmid Anfang 1918.

In diesem Zusammenhang muß noch einmal ausdrücklich wiederholt werden: Für seine Vertreter war der Expressionismus sehr viel mehr als nur eine Stilrichtung in der Kunst. Sie verstanden ihn ausdrücklich als „Weltanschauung in der ganzen Ausdehnung dieses Wortes", d. h. als „erkenntnistheoretische, metaphysische, ethische Geisteshaltung" (W. Rheiner).[261] Die Kunst galt den Expressionisten nicht als ästhetischer Selbstzweck, sondern als das beste und wirksamste Mittel zur Gestaltung und Verbreitung dieser Weltanschauung. Weltanschauung

Von späteren Betrachtern ist immer wieder der Vorwurf einer gewaltigen Naivität gegen die Expressionisten erhoben worden, da sie geglaubt hätten, „mit Hilfe der Dichtung lasse sich die gesamte Welt aus den Angeln heben" (so Klaus Ziegler 1962).[262] Dieser Vorwurf verkennt aber vollkommen die Bedeutung des Ersten Weltkriegs für das Denken der Expressionisten. Die Zerstörung der alten Welt, der bisher gültigen Werte, Denkweisen und Ordnungen war für die Expressionisten keineswegs eine Aufgabe, die von der Kunst vollbracht werden konnte. Diese Zerstörung sahen sie vielmehr als eine bereits zur Realität gewordene Folge des Weltkriegs von 1914 an. Nicht Zerstörung der alten, sondern vielmehr Neubau einer völlig neuen, anderen Welt nach dem Ende des Krieges bestimmten die Expressionisten als eigentliche Aufgabe und Zielsetzung ihrer Kunst. Für diesen Neuaufbau erhoben sie den Anspruch auf eine vorübergehende geistige Führung der Zeitgenossen. Die Kunst sollte dabei als Mittel zur wirksamen, den einzelnen Menschen überwältigenden Verkündigung der expressionistischen Weltanschauung dienen. Naivität?

Für eine kurze Zeit schien es gegen Jahreswechsel 1918/1919, als ob die Hoffnungen der Expressionisten auf eine Übernahme der geistigen Führung wie auch auf innere Wandlung der Zeitgenossen Wirklichkeit werden sollten. Unter dem Druck des Volkes mußten gegen Ende 1918 die für den Krieg besonders verantwortlichen Kräfte von der Macht zurücktreten. Die Zeit schien reif für einen gründlichen politischen wie auch geistigen Neuanfang. Wenig später aber zeigte sich bereits, daß die politische Revolution auf halbem Wege steckengeblieben und die Bevölkerung keineswegs zu einer geistigen Verarbeitung des Weltkriegs in expressionistischem Sinne bereit war. „Wenn kein anderes Argument, so müßte doch die Schmach der Tage, die wir durchleben, die Not, die fürchterliche Not unserer Zeit (die sich nicht mit Metaphern umschreiben läßt) Scheitern

---

[259] Kasimir Edschmid, „Über die dichterische deutsche Jugend". (Nr. 47), S. 26.
[260] Ebda. S. 25/26.
[261] Walter Rheiner, „Expressionismus und Schauspiel". In: *Die Neue Schaubühne. Monatshefte für Bühne, Drama und Film* 1, 1919, S. 14–17; Zitat S. 15.
[262] Klaus Ziegler, „Dichtung und Gesellschaft im deutschen Expressionismus". (Nr. 324), S. 113.

die Menschen endlich zur Besinnung bringen, zum tiefsten Bewußtsein dessen, was einzig nottut: Appell an den aufrichtigen Willen zu Verbrüderung und Liebe. Zur großen allumfassenden Menschenliebe. Und zur Vernunft."[263] So hatte Carl Maria Weber noch 1918 zuversichtlich an Walter Hasenclever geschrieben. Die Mehrheit der Bevölkerung aber konnte diesen geforderten „Willen zu Verbrüderung und Liebe" nicht aufbringen. Ihr lag es näher, die Schrecken des Krieges schnell zu verdrängen oder – nach dem Vertrag von Versailles meist noch in verschärfter Form – die alten Feindbilder und Schuldzuweisungen ungebrochen beizubehalten. Zwei geistige Verhaltensweisen, die schließlich, wie von manchen Expressionisten schon erschreckend klar vorhergesehen, in einem noch größeren und furchtbareren Kriege endeten.

---

[263] Carl Maria Weber, „Der politische Dichter". (Nr. 239.b), S. 93.

IV. Zusammenfassung

1. Kernpunkte der allgemeinen Kriegseuphorie vom Sommer 1914

Die überragende Mehrheit der deutschen Schriftsteller bewertete im Herbst 1914 das Ereignis eines neuen Krieges vollkommen positiv. Neben einer Unzahl von affirmativen Kriegsgedichten in traditioneller Machart verfaßten die Schriftsteller auch zahlreiche publizistisch-essayistische Texte zur genaueren Ausdeutung und Sinngebung des erneuten „Völkerringens". Dessen tiefere Bedeutung wurde mit großer Übereinstimmung nicht in den Interessenfeldern von Politik, Ökonomie, Militär etc. gesehen. Nach Auffassung der Schriftsteller mußte der neue Krieg vielmehr zuallererst aus geistig-ideeller und kulturphilosophischer Perspektive verstanden werden. Das wichtigste Denkmuster dieser sehr zeitspezifischen Sehweise war die Auslegung des neuen Krieges als eines großen Entscheidungskampfes über die künftige geistige Führung der ganzen Welt. Deutsche „Kultur" oder westliche „Zivilisation" – so lautete nicht nur für Thomas Mann im Herbst 1914 die nun anstehende Entscheidung von epochaler Tragweite.

Die Dichter und der Krieg

Zentrale Grundlage für diese, aus späterer Perspektive zunächst sehr befremdende Auslegung des Ersten Weltkriegs war die keineswegs nur auf das Deutsche Reich beschränkte zeitgenössische Lehre von der spezifischen „Seinsart" der einzelnen Völker. Nach dieser Vorstellung besaßen die an dem neuen Krieg beteiligten Staaten äußerst unterschiedliche „Wesensarten", die sich jeweils auf alle Bereiche menschlichen Tuns und insbesondere auf das politische und geistige „Leben" der Nationen auswirken sollten. Die eigentliche Kriegsabsicht der Entente lag nach den Ausführungen der deutschen Schriftsteller in einer Vernichtung des so ganz besonderen und aus verschiedenen Gründen nun endlich zur geistigen Führung der Welt berufenen deutschen „Wesens". Diese Vernichtungsabsicht empörte die Interpreten des Krieges um so mehr, als das deutsche „Wesen" nach weit verbreiteter Auffassung über lange Zeit hinweg durch ausländisch-dekadente Einflüsse unterwandert worden war und erst im August 1914 eine einzigartige „Wiedergeburt" erfahren hatte. Die Explikation und Verherrlichung eben dieser „Wiedergeburt" bildet einen besonders wichtigen Bestandteil in den anfänglichen Auslegungen und Rechtfertigungen des Ersten Weltkriegs durch die deutschen Schriftsteller seiner Zeit.

Krieg der Wesensarten

Von der vermeintlichen „Wiedergeburt" des deutschen „Wesens" und einer damit verbundenen geistig-kulturellen Neubesinnung des ganzen Volkes erwarteten die Schriftsteller im Herbst 1914 eine grundlegende Veränderung auch ihrer eigenen Position in der Gesellschaft. Nach langer Zeit gesellschaftlicher Randstellung und eines erheblichen Bedeutungsverlustes von Kunst und Literatur[1] schienen die „Dichter" nun endlich wieder zu Leitfiguren und zu geistigen Erziehern der Nation aufsteigen zu können. Der nach dem August 1914

Der Dichter als Führer

---

[1] Vgl. Band 1, Kap. II, insbesondere Abschnitt 4: „Literatur in der Krise".

immer wieder vorgebrachte Anspruch auf eine neue Führungsrolle in der Gesellschaft verweist sehr deutlich auf diese historischen Hintergründe der zunächst so großen Zustimmung zum Ersten Weltkrieg von seiten der deutschen Schriftsteller.

Krieg als Erlösung

Die nach 1871 im Deutschen Reich einsetzende rapide Industrialisierung und Technisierung brachte auch für die Kunst und Literatur gewaltige Umbrüche. Das Buch entwickelte sich immer mehr zu einer massenhaften Ware, deren Urheber in Konkurrenz um den Leser resp. Käufer standen. Die tiefgehenden Veränderungen in den Produktionsbedingungen wie auch bei der Rezeption von Literatur (z.B. durch neue Leserschichten) bewirkten seitens der Schriftsteller äußerst unterschiedliche Reaktionen. Der gewollte Rückzug auf esoterische Themen und in elitäre Dichter-Zirkel gehörte ebenso dazu wie die offensive Auseinandersetzung mit den gewaltigen Veränderungen der Gegenwart.[2] Durch den Erfolg der beiden neuen Medien, der illustrierten Massenpresse und des Films, geriet die Literatur nach der Jahrhundertwende noch weiter in Bedrängnis. Angesichts all dieser Entwicklungen und der offenkundigen Bedeutungslosigkeit von ‚ernster' Literatur in der immer mehr auf die Technik hin orientierten wilhelminischen Gesellschaft fragte sich nicht nur der Schriftsteller Jakob Wassermann im Sommer 1914 voll existentieller Sorge: „Was sollen wir tun?".[3] In dieser weit verbreiteten kulturpessimistischen Stimmungslage erschien der neue Krieg wie eine schlagartige Erlösung. Auf ihn wurden nun gewaltige Hoffnungen wie „Reinigung der Volksseele", Katharsis der Kunst, Rückkehr der Deutschen zu den Werten der Klassik etc. gerichtet. Ohne eine Kenntnis der vorangegangenen sozialen und kulturellen Umbrüche sind alle diese Hoffnungen, deren genauere Inhalte vollkommen widersprüchlich ausfielen, von einem späteren Betrachter nicht zu verstehen.

Weitere Sehweisen

Die deutschen Schriftsteller waren im Herbst 1914 keineswegs die einzigen, die den Versuch unternahmen, der Bevölkerung des Reiches die vermeintlich tieferen Hintergründe und den *eigentlichen* Sinn des neuen Krieges aufzudecken. Auch Pädagogen, Theologen, Philosophen, Politiker, Geistliche etc. verfaßten eine Fülle derartiger Schriften der Ausdeutung und Rechtfertigung. Die umfangreiche Publizistik von dieser Seite beruhte, genauso wie bei den Schriftstellern, auf einer vollkommen veralteten Kriegsvorstellung. Auch in der Kriegspublizistik der Gelehrten, der Politiker, der Kirchen usw. bildete die Überzeugung einer absoluten Unschuld des Reiches an der Entstehung des neuen Krieges eine weitere zentrale Prämisse aller Reflexionen. Einige andere wichtige Denkmuster dieser Publizistik wurden dagegen von den deutschen Schriftstellern eher selten vertreten, so z.B. die Sehweise des Krieges als eines auf dem Urprinzip des Kampfes beruhenden natürlichen Gesetzes, das auch für die Beziehungen zwischen den Staaten Gültigkeit besitze. Der Gedanke einer „göttlichen Erwählt-

---

[2] Vgl. Band 1, Kap. II, Abschnitte 3.1–3.6.
[3] Jakob Wassermann, „Was sollen wir tun?" In: *Das Forum* 1, 1914, H. 5/6 (August/September 1914), S. 286–294. Wieder in: Jakob Wassermann, *Lebensdienst. Gesammelte Studien, Erfahrungen und Reden aus drei Jahrzehnten.* Leipzig, Zürich 1928, S. 303–313.

heit" sowie „gottgegebenen Aufgabe" des deutschen Volkes gehörte ebenfalls nicht zu den Schwerpunkten der schriftstellerischen Publizistik. Der neue Krieg galt in dieser spezifischen Auslegung[4] als ein von Gott über die Sittenlosigkeit und Ungläubigkeit insbesondere der westlichen Welt verhängtes Strafgericht. Die deutsche Armee wurde darin zum Werkzeug göttlichen Willens erhoben, vorausgesetzt allerdings, daß das deutsche Volk die göttliche Mahnung zu Umkehr und Neubesinnung auch wirklich erkannte und befolgte.

Die von den Schriftstellern besonders intensiv ausgeführte Lehre einer kulturellen Überlegenheit und daraus resultierenden Missionsaufgabe des deutschen „Wesens" erfuhr 1915/16 vor allem durch Mitglieder der akademischen Welt (Ökonomen, Historiker) eine Erweiterung in die politische Sphäre. Dem bekannt gewordenen Anspruch der Alliierten auf Zivilisierung und Demokratisierung der deutschen „Barbaren" setzte man nun die „Ideen von 1914" entgegen. Darin wurde der Abschluß eines inneren „Burgfriedens" im August 1914 zu einer spezifisch deutschen Form politisch-gesellschaftlicher „Revolution" erhoben. Als herausragende Leistung dieser weltweit einzigartigen „Revolution" feierten J. Plenge, R. Kjellén, E. Troeltsch und etliche andere Interpreten des Krieges die freiwillige Ein- und Unterordnung des einzelnen in das höhere und wertvollere „Volksganze". „Schaffe mit, gliedre dich ein, lebe im Volksganzen",[5] lautete das Grundprinzip der gezielt gegen die Gedanken der Französischen Revolution gerichteten deutschen „Ideen von 1914".[6] Einige Autoren bewerteten dann im Jahre 1916 die seit Kriegsbeginn im Deutschen Reich erfolgten innen- und wirtschaftspolitischen Veränderungen bereits als entscheidende „Meilensteine" auf dem Weg zur Errichtung einer für die Welt vorbildhaften neuen Form von „Sozialismus".[7]

Die „Ideen von 1914"

2. Neue Einstellungen durch Erfahrung der Realität

Die so zahlreichen affirmativen Auslegungen des neuen Krieges und dessen Wirklichkeit stimmten von Anfang an nicht überein. Die Vorstellung einer neuen brüderlichen Gemeinschaft aller Deutschen wurde ebenso von der Realität widerlegt wie alle Erwartungen einer wunderbaren geistig-kulturellen Katharsis des ganzen Volkes. Die immer schroffer werdende Diskrepanz zwischen Philosophie und Realität des Krieges veranlaßte allerdings keineswegs alle anfänglichen Apologeten zu einer Korrektur oder gar völligen Preisgabe ihrer Auffassungen. Nicht etwa diese Auffassungen waren falsch gewesen; vielmehr hatte das deutsche Volk im Moment seiner weltgeschichtlichen Bewährungsprobe versagt. Diese Sehweise führte sehr schnell zu der Suche nach den eigentlich Schuldigen am „Versagen" der vermeintlich auserwählten Nation. Durch den

Widerlegung

---

[4] Genauer dazu siehe Band 1, Kap. III, 4.4: „Gott mit uns".
[5] Johann Plenge, *1789 und 1914 – die symbolischen Jahre in der Geschichte des politischen Geistes*. Berlin 1916, S. 87 (im Original gesperrt).
[6] Ausführlich zu den „Ideen von 1914" siehe Band 1, Kap. III, 4.6.
[7] Die Begriffe bei Konrad Haenisch, *Die deutsche Sozialdemokratie in und nach dem Weltkriege*. Berlin 1916 (3., unveränderte Auflage Berlin 1919), S. 128.

Ausgang des Krieges wurde diese Suche noch erheblich verstärkt und konnte noch Jahre später wesentlich zur Attraktivität und Durchsetzung der nationalsozialistischen Lehre beitragen.

Verstummen — Bei der überwiegenden Mehrzahl der deutschen Schriftsteller zerstörte die Erfahrung der Realität schon sehr bald die anfänglichen Auslegungen und Sinngebungen des Krieges vom August 1914 sowie die mit ihm verbundenen Hoffnungen, z. B. auf großartige ästhetische Anregungen. Übrig blieb schließlich zumeist nur noch der Gedanke der Pflicht jedes einzelnen zur Verteidigung des „heimtückisch" überfallenen Vaterlandes. Ab dem Frühjahr 1915 ging der Umfang der schriftstellerischen Kriegspublizistik deutlich zurück. Nur in wenigen Fällen folgte allerdings auf die Desillusionierung auch ein öffentliches Eintreten gegen den von einem Wunder zum Grauen werdenden Krieg.

Anti-heroische Lyrik — Eine frühe, wichtige Opposition gegen die herkömmliche Kriegsauffassung leistete 1915/16 eine neuartige Form von Lyrik, die sog. „Verse vom Schlachtfeld". Unter auffälligem Verzicht auf jede Art von Sinngebung und Glorifizierung versuchten einige Autoren, ihre persönlichen Fronterfahrungen möglichst unmittelbar wiederzugeben. Dabei wurden nicht nur bisherige Klischees und Tabuisierungen aufgebrochen. Neu und für die Zeitgenossen besonders schockierend war auch die gezielte Reduzierung des berichtenden Ich zu einem völlig passiven, vollkommen wehrlosen Objekt der alles beherrschenden technischen Kriegsmaschinerie.

Expressionismus und Krieg — Die innovative anti-heroische Lyrik der Jahre 1915/16 stand in gewolltem Widerspruch zu den herkömmlichen, absolut antiquierten Vorstellungen über das Geschehen an der Front. Sie stellte aber noch nicht die Frage nach den Ursachen und den Folgen des neuen Krieges. Die Opposition gegen dessen Verherrlichungen und Rechtfertigungen wurde das zentrale Anliegen der expressionistischen Bewegung zwischen 1914 und 1918. Der neue Weltkrieg galt den Expressionisten als eine Zäsur von weltgeschichtlicher Dimension. Auf eine nun im Krieg zu Ende gehende lange Zeit der Deformation und der Verfremdung „eigentlichen" Menschseins sollte ein völlig anderes, „geistiges" Zeitalter folgen. Die entscheidenden Grundlagen des Krieges suchten auch die Expressionisten nicht im politischen und ökonomischen Bereich, sondern in den geistig-mentalen Entwicklungen der Ära vor 1914. Durch den rapiden Siegeszug des naturwissenschaftlichen Denkens mit seinen Grundprinzipien der Kausalität und Rationalität war der Mensch nach expressionistischer Auffassung immer mehr zu einem determinierten „Anhängsel der Natur" verkommen. Seine eigentlichen Qualitäten wie Phantasie, Willen, Mitgefühl hatte er dabei zunehmend verloren. Unter Rückgriff auf sehr verschiedene vorangegangene geistige Strömungen entwickelten die Expressionisten eine besondere Anthropologie, die sie ganz gezielt der zeitgenössischen Kriegsideologie entgegenstellten.

Bau der Zukunft — Das zutiefst schockierende Geschehen des neuen Krieges mußte nach Auffassung der Expressionisten eine Neubesinnung des Menschen auf seine eigentlichen Aufgaben und Fähigkeiten bewirken. Die geistig-ethische „Wandlung" des einzelnen galt ihnen als zentrale Voraussetzung für die als ein sehr langfristiger Prozeß verstandene grundlegende Erneuerung der Gesellschaft. Durch diese Betonung einer enormen Bedeutung jedes einzelnen für den „Bau der Zukunft" unterschied sich die Konzeption des Expressionismus recht deutlich von anderen zeitgleichen Denkhaltungen, die ebenfalls eine weitgehende Veränderung der Gesellschaft propagierten. Mit ihrer Auslegung des realen Krieges als möglichem Wendepunkt zu einer neuen Ära „wahren" Menschseins konnten die Expressionisten dem Ereignis des Krieges trotz dessen Grauenhaftigkeit und Dauer noch einen positiven Sinn abgewinnen. Auf diesem Umstand beruhte ohne Zweifel ganz erheblich die wachsende Resonanz des Expressionismus bei den ihrer anfänglichen Hoffnungen und Kriegsinterpretationen zunehmend beraubten Zeitgenossen.

Zur Verbreitung ihrer Auffassung vom eigentlichen Sein des Menschen setzten die Expressionisten der Kriegsjahre neben der Publizistik vor allem die Gattung des Dramas ein. Mit Hilfe der Bühne wollten sie nicht nur ihre Vorstellungen in die Öffentlichkeit tragen, sondern sehr viel weitergehend auch an einem Vorbild die erhoffte Bewußtwerdung und Wandlung des einzelnen demonstrieren. Der zeitgenössische Zuschauer sollte die Bewußtwerdung des Protagonisten intensiv mitvollziehen und dann in seiner realen Lebenswelt weiterführen. Bedeutung der Bühne

Die Erwartungen der Expressionisten auf eine große geistig-ethische Neubesinnung der Menschen unter dem Eindruck des schrecklichen Krieges erfüllten sich nicht. Das Scheitern dieser bis heute oftmals mißverstandenen Bewegung kann in der vorliegenden Arbeit nicht mehr berücksichtigt werden. Das Engagement nahezu aller deutschen Expressionisten in den politischen Vorgängen am Ende des wilhelminischen Kaiserreiches 1918/19 und die bald darauf einsetzende Auflösung der expressionistischen Bewegung wäre einer eigenen ausführlichen Untersuchung wert. Scheitern

3. Ausblick

Die hier zum Abschluß kommende Arbeit analysierte auf breiter Materialbasis das Verhalten deutscher Schriftsteller zu Beginn sowie im weiteren Verlauf des Ersten Weltkriegs. Die eigentliche Ursache für die anfängliche Erleichterung, wenn nicht sogar offene Begeisterung nahezu aller deutschen Schriftsteller über die Gegebenheit eines neuen Krieges wurde in den gewaltigen Veränderungen des Deutschen Reiches seit 1871 aufgewiesen. Vor der Folie weiterer zeitgenössischer Auslegungen des Ersten Weltkriegs konnten die Schwerpunkte und die Besonderheiten der von den Schriftstellern verfaßten Kriegspublizistik herausgearbeitet werden. Resümee

Die Situation in den anderen am Ersten Weltkrieg maßgeblich beteiligten Ländern mußte hier außerhalb der Betrachtung bleiben. Ein erster Blick über die Grenzen des wilhelminischen Reiches hinaus zeigt, daß auch in Großbritannien, Frankreich, Italien usw. ab dem August 1914 eine umfangreiche Publizistik über die *eigentlichen* Grundlagen und Ziele des neuen Krieges entstand. Wie im Deutschen Reich, so beteiligten sich offensichtlich auch in den anderen Ländern insbesondere die Schriftsteller an den Ausdeutungen und Sinngebungen des erneuten „Völkerringens". Internationale vergleichende Studien zu diesem Thema Ein Desiderat liegen bisher kaum vor.⁸ Einem derartigen Vergleich, der neben den jeweiligen nationalen Besonderheiten auch die höchst aufschlußreichen Gemeinsamkeiten der schriftstellerischen Auslegungen des Ersten Weltkriegs zu erarbeiten hätte, sollte das Interesse weiterer Forschung gelten.

---

[8] Die bislang größte Leistung in der vergleichenden Forschung legte 1989 Modris Eksteins vor mit seinem Werk *Tanz über Gräben. Die Geburt der Moderne und der Erste Weltkrieg* (Reinbek bei Hamburg 1990, auf Englisch erstmals 1989). Der Schwerpunkt dieser Arbeit liegt allerdings nicht auf einem Vergleich der je nach Nation verschiedenen Rechtfertigungen und Ausdeutungen des Ersten Weltkriegs, sondern auf der wichtigen Bedeutung dieses Krieges für „die Entstehung unseres modernen Bewußtseins" mit seinem „Fixiertsein auf Geschwindigkeit, Neuheit, Flüchtigkeit und Innerlichkeit" (ebda. S. 12).

Literaturverzeichnis

I. Primärtexte

1. *Der Aktivismus 1915–1920*. Hrsg. von Wolfgang Rothe. München 1969.
2. Anon. (d. i. vermutlich Franz Pfemfert), „Zur Regelung der zwischenmenschlichen Angelegenheiten". In: *Die Aktion* 7. Jg., 1917, 6. Oktober, Sp. 521–524.
3. a. „Aufruf der 93". Abgedruckt u. a. in: *Frankfurter Zeitung* vom 4.10.1914.
   b. Auch in: *Expressionismus. Manifeste und Dokumente zur deutschen Literatur 1910–1920*. Hrsg. von Thomas Anz und Michael Stark. Stuttgart 1982, S. 314–316.
4. Bab, Julius, „Heinrich Lersch, der Sänger des deutschen Krieges". In: Heinrich Lersch, *Herz! Aufglühe dein Blut. Gedichte im Kriege*. Jena 1916, S. 1–8.
5. ders., „Deutsche Kriegslyrik von heute. I". In: *Das literarische Echo* 17, 1914/15, H. 1 (1. Oktober 1914), Sp. 5–8.
6. ders., „Deutsche Kriegslyrik von heute. IX". In: *Das literarische Echo* 20, 1917/18, H. 8 (15. Januar 1918), Sp. 449–461.
7. ders., *Die deutsche Kriegslyrik 1914–1918. Eine kritische Bibliographie*. Stettin 1920.
8. a. Bahr, Hermann, „An einen entfremdeten Freund". Zuerst in: *Die Tägliche Rundschau*, 5. Dezember 1914.
   b. Wieder in: *Der Krieg der Geister. Eine Auslese deutscher und ausländischer Stimmen zum Weltkriege von 1914*. Gesammelt und hrsg. von Dr. Hermann Kellermann. Dresden 1915, S. 463–465.
9. a. ders., „Kitsch". In: *Berliner Tageblatt*, Abendausgabe vom 9.4.1915.
   b. Wieder in: *Die Aktion* 5, 1915, Nr. 18/19, Sp. 238.
10. ders., *Kriegssegen*. München 1915.
11. ders., *Expressionismus*. München 1916, ³1919.
12. a. Ball, Hugo, *Kandinsky. Vortrag, gehalten in der Galerie Dada*. Zürich, 7. April 1917. Erste vollständige Veröffentlichung durch Andeheinz Mößer, „Hugo Balls Vortrag über Wassily Kandinsky in der Galerie Dada in Zürich am 7.4.1917". In: *DVjs* 51, 1977, H. 4, S. 676–704.
    b. Wieder in: *Expressionismus. Manifeste und Dokumente zur deutschen Literatur 1910–1920*. Hrsg. von Thomas Anz und Michael Stark. Stuttgart 1982, S. 124–126.
13. ders., *Die Flucht aus der Zeit*. Mit einem Vorwort von Hermann Hesse. München 1931.
14. Becher, Johannes R., „Ikarus. Dramatisches Gedicht in drei Teilen". In: *Die Erhebung. Jahrbuch für neue Dichtung und Wertung*. Hrsg. von Alfred Wolfenstein. Berlin o. J. (1919), S. 62–71.
15. a. ders., „Klänge aus Utopia". In: *Menschheitsdämmerung. Symphonie jüngster Dichtung*. Hrsg. von Kurt Pinthus. Berlin 1920.
    b. Wieder in: *Menschheitsdämmerung. Ein Dokument des Expressionismus*. Mit Biographien und Bibliographien neu hrsg. von Kurt Pinthus. Hamburg 1959, S. 268.
16. Becker, Julius Maria, *Das letzte Gericht. Eine Passion in vierzehn Stationen*. Berlin 1919.
17. Beckmann, Max, *Briefe im Kriege*. Gesammelt von Minna Tube. Mit 32 Zeichnungen des Künstlers. Nachwort von Peter Beckmann. München 1984.

18. a. Bertram, Ernst, „Wie deuten wir uns?" In: *Mitteilungen der Literarhistorischen Gesellschaft Bonn* 10. Jg., 1915, H. 1.
    b. Teilweise wieder in: Ernst Bertram, *Dichtung als Zeugnis. Frühe Bonner Studien zur Literatur.* Mit einem Nachwort hrsg. von Ralph-Rainer Wuthenow. Bonn 1967, S. 119–135.
19. Blass, Ernst, „Geist der Utopie". In: *Das junge Deutschland* 2, 1919, Nr. 3, S. 63–67.
20. *Der Blaue Reiter.* Hrsg. von Wassily Kandinsky und Franz Marc. Dokumentarische Neuausgabe von Klaus Lankheit. München und Zürich 1965, überarbeitete Neuausgabe 1984.
21. Blei, Franz, „Aus dieser Zeit". In: *Die Neue Rundschau* 25, 1914, Bd. 2, S. 1421–1428.
22. ders., „Philosophie und Gemeinschaft". In: *Zeit-Echo* 2, 1915/16, H. 6, S. 83–85.
23. Bloch, Ernst, *Geist der Utopie.* München, Leipzig 1918 (zweite Fassung Berlin 1923).
24. a. ders., „Diskussionen über Expressionismus". In: *Das Wort. Literarische Monatsschrift* 3, 1938, H. 6 (Juni), S. 103–112.
    b. Wieder in: *Marxismus und Literatur. Eine Dokumentation in drei Bänden.* Hrsg. von Fritz J. Raddatz. Band II. Reinbek bei Hamburg 1969, S. 51–59.
25. Bonsels, Waldemar, *Das junge Deutschland und der große Krieg. Aus Anlaß des Briefwechsels Romain Rollands mit Gerhart Hauptmann über den Krieg und die Kultur.* München und Wien 1914.
26. Borberg, Svend, „Europas Herzfehler". In: *Die weißen Blätter* 5, 1918, H. 1, S. 1–10.
27. ders., „Venus oder Nike. Der dritte Aufsatz". In: *Die weißen Blätter* 5, 1918, H. 3, S. 113–124.
28. Borchardt, Rudolf, *Der Krieg und die deutsche Selbsteinkehr. Rede, öffentlich gehalten am 5. Dezember 1914 zu Heidelberg.* Heidelberg 1915.
29. ders., *Der Krieg und die deutsche Verantwortung.* Berlin 1916.
30. *Rudolf Borchardt, Alfred Walter Heymel, Rudolf Alexander Schröder. Eine Ausstellung des Deutschen Literaturarchivs im Schiller-Nationalmuseum.* Marbach am Neckar 1978. (*Sonderausstellungen des Schiller-Nationalmuseums.* Katalog Nr. 29, hrsg. von Bernhard Zeller).
31. Borkowsky, Ernst, *Unser heiliger Krieg.* Weimar 1914.
32. Brod, Max, „Organisation der Organisationen". In: *Das Ziel. Aufrufe zu tätigem Geist.* Hrsg. von Kurt Hiller. München und Berlin 1916, S. 71–79.
33. Bröger, Karl, *Aus meiner Kriegszeit. Gedichte.* Nürnberg 1918.
34. Buber, Martin, „Gemeinschaft". In: *Neue Erde* 1, 1919, H. 1 (Januar), S. 6–8.
35. ders., *Ich und Du.* Leipzig 1923.
36. Busse, Carl, „Einleitung". In: *Deutsche Kriegslieder 1914/16.* Herausgegeben und eingeleitet von Carl Busse. Bielefeld und Leipzig 1915. (Dritte, vollständig umgearbeitete Auflage Bielefeld und Leipzig 1916).
37. Carossa, Hans, *Briefe I.* Hrsg. von Eva Kampmann-Carossa. Frankfurt a. M. 1978.
38. a. Dehmel, Richard, „An meine Kinder". Offener Brief; zuerst in: *Berliner Tageblatt,* 9. Oktober 1914.
    b. Wieder in: Richard Dehmel, *Zwischen Volk und Menschheit. Kriegstagebuch.* Berlin 1919, S. 9–13.

39. ders., *Zwischen Volk und Menschheit. Kriegstagebuch.* Berlin 1919.
40. *Deutsche Dichtung im Weltkrieg 1914–1918.* Bearbeitet von Dr. Ernst Volkmann. Leipzig 1934. (*Deutsche Literatur. Sammlung literarischer Kunst- und Kulturdenkmäler in Entwicklungsreihen. Reihe Politische Dichtung.* Bd. 8).
41. *Deutsche Kriegslieder 1914/16.* Hrsg. und eingeleitet von Carl Busse. Bielefeld und Leipzig 1915. (Dritte, vollständig umgearbeitete Auflage Bielefeld und Leipzig 1916).
42. *Die Dichter und der Krieg. Deutsche Lyrik 1914–1918.* Hrsg. von Thomas Anz und Joseph Vogl. München 1982.
43. Dinter, Artur, *Weltkrieg und Schaubühne.* München 1916.
44. a. Döblin, Alfred, „Es ist Zeit". In: *Die Neue Rundschau* 28, 1917, Bd. 2, S. 1009–1014.
   b. Wieder in: Alfred Döblin, *Schriften zur Politik und Gesellschaft.* Olten 1972, S. 25–33.
45. a. ders., „Drei Demokratien". In: *Die Neue Rundschau* 29, 1918, H. 2 (Februar), Bd. I, S. 254–262.
   b. Wieder in: Alfred Döblin, *Schriften zur Politik und Gesellschaft.* Olten 1972, S. 33–44.
46. Dohm, Hedwig, „Der Mißbrauch des Todes". In: *Das Aktionsbuch.* Hrsg. von Franz Pfemfert. Berlin-Wilmersdorf 1917, S. 95–112.
47. Edschmid, Kasimir, „Über die dichterische deutsche Jugend". In: Kasimir Edschmid, *Über den Expressionismus in der Literatur und die neue Dichtung.* Berlin 1919, S. 11–38. (*Tribüne der Kunst und Zeit. Eine Schriftensammlung.* Hrsg. von Kasimir Edschmid. Band 1).
48. ders., „Über den dichterischen Expressionismus". In: Kasimir Edschmid, *Über den Expressionismus in der Literatur und die neue Dichtung.* Berlin 1919, S. 39–78. (*Tribüne der Kunst und Zeit. Eine Schriftensammlung.* Hrsg. von Kasimir Edschmid. Band 1).
49. ders., „Vorbemerkung". In: Kasimir Edschmid, *Frühe Manifeste. Epochen des Expressionismus.* Darmstadt, Neuwied, Berlin 1960, S. 7–12.
50. Ehrenstein, Albert, „Neueste Kriegslyrik". In: *März* 8, 1914, 7. November 1914, S. 117–119.
51. ders., „Frage". Gedicht, in: *Die Aktion* 5, 1915, Nr. 37/38, Sp. 470.
52. Ehrenstein, Carl, *Bitte um Liebe.* Berlin 1921.
53. Eisner, Kurt, „Weltliteratur der Gegenwart (1917)". In: Kurt Eisner, *Die halbe Macht den Räten. Ausgewählte Aufsätze und Reden.* Eingeleitet und hrsg. von Renate und Gerhard Schmolze. Köln 1969, S. 240–245.
54. ders., „Die Stellung der revolutionären Regierung zur Kunst und zu den Künstlern. Rede in der Sitzung des provisorischen Nationalrates vom 3.1.1919". In: Kurt Eisner, *Sozialismus als Aktion. Ausgewählte Aufsätze und Reden.* Hrsg. von Freya Eisner. Frankfurt a. M. 1975, S. 113–123.
55. Engelke, Gerrit, „Tagebuchblätter aus dem Kriege". In: Gerrit Engelke, *Das Gesamtwerk. Rhythmus des neuen Europa.* Hrsg. von Hermann Blome. München 1960, S. 313–321.
56. *Die Erhebung. Jahrbuch für neue Dichtung und Wertung.* Hrsg. von Alfred Wolfenstein. Berlin o. J. (1919).
57. Ernst, Otto, „Gegen Mörder und Mördergenossen. (Am 3. August 1914)". In: *Gewittersegen. Ein Kriegsbuch* von Otto Ernst. Leipzig 1915, S. 3–5.

58. ders., „Die Revolution der deutschen Seele". (Geschrieben im Oktober 1914). In: *Gewittersegen. Ein Kriegsbuch* von Otto Ernst. Leipzig 1915, S. 80–116.
59. ders., *Gewittersegen. Ein Kriegsbuch.* Leipzig 1915.
60. ders., „Die singenden Helden". Gedicht, in: *Gewittersegen. Ein Kriegsbuch* von Otto Ernst. Leipzig 1915, S. 34/35.
61. ders., „Italia infame". In: *Gewittersegen. Ein Kriegsbuch* von Otto Ernst. Leipzig 1915, S. 69–77.
62. ders., „Warum wir so verhaßt sind". In: *Gewittersegen. Ein Kriegsbuch* von Otto Ernst. Leipzig 1915, S. 54–56.
63. *Expressionismus. Manifeste und Dokumente zur deutschen Literatur 1910–1920.* Mit Einleitungen und Kommentaren hrsg. von Thomas Anz und Michael Stark. Stuttgart 1982.
64. Fechter, Paul, *Der Expressionismus.* München 1914.
65. Fechter, Paul, „Der wirkliche Krieg". In: *Zeit-Echo* 2, 1915/16, H. 2, S. 22–24.
66. Flaischlen, Cäsar, „Deutscher Weltkrieg". In: *Deutsche Dichter-Kriegsgabe.* Hrsg. von Leopold Klotz. Gotha 1914, S. 144–149.
67. a. Flex, Walter, *Sonne und Schild. Kriegsgesänge und Gedichte.* Braunschweig 1915.
    b. Wieder in: Walter Flex, *Gesammelte Werke.* 1. Band. 1. Aufl. München o.J. (1925); 6. Aufl. München o.J., S. 71–140.
68. a. ders., *Der Wanderer zwischen beiden Welten. Ein Kriegserlebnis.* München 1916.
    b. Wieder in: Walter Flex, *Gesammelte Werke.* 1. Band. 1. Aufl. München o.J. (1925); 6. Aufl. München o.J., S. 185–265.
69. ders., *Briefe.* In Verbindung mit Konrad Flex hrsg. von Walther Eggert-Windegg. München o.J. (1927).
70. Frank, Leonhard, *Die Ursache. Erzählung.* München 1915.
71. ders., „Der Kellner". Erstmals in: *Die weißen Blätter* 3, 1916, Quartal Oktober-Dezember, Heft XI, S. 149–159.
72. ders., *Der Mensch ist gut.* Potsdam o.J. (1919). (Unveränderter Nachdruck Würzburg 1983).
73. a. Freud, Sigmund, „Zeitgemäßes über Krieg und Tod". In: *Imago* 4, 1915. S. 1–21.
    b. Wieder in: Sigmund Freud, *Studienausgabe.* Bd. IX. Frankfurt 1974, S. 33–60.
74. *Die Gemeinschaft. Dokumente der geistigen Weltwende.* Hrsg. von Ludwig Rubiner. Potsdam o.J. (1919).
75. Goll, Iwan, „Menschenleben". In: *Zeit-Echo* 3, 1917, August und September Heft, S. 20/21.
76. ders., „Appell an die Kunst". In: *Die Aktion* 7, 1917, 17. November, Sp. 599/600.
77. ders., „Vom Geistigen". In: *Die Aktion* 7, 1917, 29. Dezember, Sp. 677–679.
78. ders., *Requiem. Für die Gefallenen von Europa.* Zürich/ Leipzig 1917.
79. a. ders., „Der Expressionismus stirbt". In: *Zenit* 1, 1921, Nr. 8 (Oktober), S. 8–9.
    b. Wieder in: *Expressionismus. Manifeste und Dokumente zur deutschen Literatur 1910–1920.* Hrsg. von Thomas Anz und Michael Stark. Stuttgart 1982, S. 108–109.
80. a. Gundolf, Friedrich, „Tat und Wort im Kriege". In: *Frankfurter Zeitung* Nr. 282, 11.10.1914.
    b. Teilweise wieder in: *Der George-Kreis. Eine Auswahl aus seinen Schriften.* Hrsg. von Georg Peter Landmann. Köln und Berlin 1965, S. 240–243.
81. Haenisch, Konrad, *Die deutsche Sozialdemokratie in und nach dem Weltkriege.* Berlin 1916 (3., unveränderte Auflage Berlin 1919).

82. a. Hart, Heinrich und Julius, "Offener Brief an den Fürsten Bismarck". In: *Kritische Waffengänge* 1882, H. 2, S. 3–8.
    b. Wieder in: *Literarische Manifeste des Naturalismus. 1880–1892*. Hrsg. von Erich Ruprecht. Stuttgart 1962, S. 23–27.
83. a. Hart, Julius, "Der Krieg als Umgestalter unserer Literatur". In: *Der Tag* Nr. 220, 1915.
    b. Als Teilabdruck auch in: *Das literarische Echo* 17, 1914/15, Nr. 2 (15. Oktober 1914), Sp. 104/105.
84. Hasenclever, Walter, *Der Sohn. Ein Drama in fünf Akten*. Leipzig 1914.
85. a. ders., "Der politische Dichter". In: Walter Hasenclever, *Tod und Auferstehung. Neue Gedichte*. Leipzig 1917, S. 89–93.
    b. Wieder in: *Menschheitsdämmerung. Ein Dokument des Expressionismus*. Mit Biographien und Bibliographien neu hrsg. von Kurt Pinthus. Hamburg 1959, S. 213–216.
86. Hatvani, Paul, "Versuch über den Expressionismus". In: *Die Aktion* 7, 1917, 17. März, Sp. 146–150.
87. Hauptmann, Gerhart, "Die Unwahrhaftigkeit unserer Feinde". In: *Der Krieg der Geister. Eine Auslese deutscher und ausländischer Stimmen zum Weltkriege 1914*. Gesammelt und herausgegeben von Dr. Hermann Kellermann. Dresden 1915, S. 436–440.
88. Hausenstein, Wilhelm, "Für die Kunst". In: *Die weißen Blätter* 2, 1915, Erstes Quartal (Januar-März), S. 37–47.
89. Herzog, Wilhelm, "Die Überschätzung der Kunst". In: *Das Forum* 1, 1914/15, H. 9 (Dezember 1914), S. 445–458.
90. ders., "Klärungen. Kultur und Zivilisation". In: *Das Forum* 1, 1914/15, H. 11 (Februar 1915), S. 553–558.
91. Heuss, Theodor, "Die Kriegsgedichte von Wilhelm Klemm". In: *März* 9, 1915, Dritter Band (Juli-September), S. 62–63.
92. Heym, Georg, *Dichtungen und Schriften. Gesamtausgabe*. Hrsg. von Karl Ludwig Schneider. Bd. 3: *Tagebücher, Träume, Briefe*. Hamburg und München 1960.
93. ders., *Dichtungen und Schriften. Gesamtausgabe*. Hrsg. von Karl Ludwig Schneider. Bd. 1: *Lyrik*. Hamburg und München 1964.
94. Heynicke, Kurt, "Aufbruch". In: *Der Weg*, München, März 1919, Heft 3, S. 4 (Reprint Nendeln 1969).
95. a. ders., "Lieder an Gott". Zuerst in: Kurt Heynicke, *Das namenlose Angesicht. Rhythmen aus Zeit und Ewigkeit*. Leipzig 1919, S. 70/71.
    b. Wieder in: *Menschheitsdämmerung. Ein Dokument des Expressionismus*. Mit Biographien und Bibliographien neu hrsg. von Kurt Pinthus. Hamburg 1959, S. 205.
96. Hiller, Kurt, "Wir". In: *Zeit-Echo* 1, 1914/15, H. 9 (Februar), S. 132–134.
97. ders., "Philosophie des Ziels". In: *Das Ziel. Aufrufe zu tätigem Geist*. Hrsg. von Kurt Hiller. München und Berlin 1916, S. 187–217.
98. ders., "Neben dem System". In: *Das junge Deutschland* 1, 1918, S. 80–81.
99. a. ders., "Die neue Volkstümlichkeit". In: *Tätiger Geist! Zweites der Ziel-Jahrbücher*. Hrsg. von Kurt Hiller. München und Berlin 1918, S. 324–329.
    b. Wieder in: *Der Aktivismus 1915–1920*. Hrsg. von Wolfgang Rothe. München 1960, S. 80–84.
100. ders., "Ortsbestimmung des Aktivismus". In: *Die Erhebung. Jahrbuch für neue Dichtung und Wertung*. Hrsg. von Alfred Wolfenstein. Berlin o.J. (1919), S. 360–377.

101. ders., „Bund zum Ziel. Leitsätze". In: *Das Ziel. Jahrbücher für geistige Politik.* Hrsg. von Kurt Hiller. Jahrbuch III, 1. Halbband. Leipzig 1919, S. 218.
102. ders., *Logokratie oder ein Weltbund des Geistes.* Leipzig 1921.
103. a. Hofmannsthal, Hugo von, „Über Krieg und Kultur". Zuerst auf schwedisch in: *Svenska Dagbladet*, 1915. Gekürzt und rückübersetzt auch im *Berliner Tageblatt* vom 8.7.1915.
    b. Wieder in: Hugo von Hofmannsthal, *Prosa III.* Frankfurt 1952, S. 503–505. (*Gesammelte Werke in Einzelausgaben.* Hrsg. von Herbert Steiner).
104. Hofmiller, Josef, *Revolutionstagebuch 1918/1919. Aus den Tagen der Münchner Revolution.* Hrsg. von Hulda Hofmiller. Leipzig 1939. (*Josef Hofmillers Schriften.* Zweiter Band).
105. Holitscher, Arthur, „Opfer". In: *Die Erhebung. Jahrbuch für neue Dichtung und Wertung.* Hrsg. von Alfred Wolfenstein. Berlin o.J. (1919), S. 377–381.
106. Huebner, Friedrich Markus, „Krieg und Expressionismus". In: *Die Schaubühne* 10, 1914, Nr. 48 (3. Dezember), S. 441–443.
107. ders., „Deutschland". In: Friedrich Markus Huebner, *Europas neue Kunst und Dichtung.* Berlin 1920 (Nachdruck Nendeln 1973), S. 80–95.
108. a. *Innenansicht eines Krieges. Deutsche Dokumente 1914–1918.* Hrsg. von Ernst Johann. Frankfurt 1968.
    b. Als Taschenbuch München 1973.
109. *Jahrbuch der Goethe-Gesellschaft.* Im Auftrage des Vorstandes hrsg. von Hans Gerhard Gräf. Leipzig 1916. (Einleitung S. V-XII).
110. Kaiser, Georg, *Von morgens bis mitternachts. Stück in zwei Teilen.* Berlin 1916.
111. a. ders., „Das Drama Platons". In: *Das Programm. Blätter der Münchener Kammerspiele* 3, 1917, Nr. 14, S. 6–7.
    b. Wieder in: Georg Kaiser, *Stücke – Erzählungen – Aufsätze – Gedichte.* Hrsg. von Walther Huder. Köln 1966, S. 662.
112. ders., „Vision und Figur". In: *Das junge Deutschland* 1, 1918, S. 314–315.
113. ders., *Noli me tangere. Stück in zwei Teilen.* Potsdam 1922.
114. a. ders., „Der kommende Mensch". In: *Hannover Anzeiger* Nr. 88 vom 9.4.1922.
    b. Wieder in: Georg Kaiser, *Stücke – Erzählungen – Aufsätze – Gedichte.* Hrsg. von Walther Huder. Köln 1966, S. 679–683.
115. a. ders., „Formung von Drama". In: *Deutsches Bühnen-Jahrbuch* 33, 1922, S. 53.
    b. Wieder in: Georg Kaiser, *Stücke – Erzählungen – Aufsätze – Gedichte.* Hrsg. von Walther Huder. Köln 1966, S. 684–686.
116. ders., *Werke.* Hrsg. von Walther Huder. Erster Band: *Stücke 1895–1917.* Frankfurt, Wien 1971.
117. ders., *Stücke – Erzählungen – Aufsätze – Gedichte.* Hrsg. von Walther Huder. Köln 1966.
118. *Kaiserreden. Reden und Erlasse, Briefe und Telegramme Kaiser Wilhelm des Zweiten. Ein Charakterbild des Deutschen Kaisers.* Hrsg. von Oskar Klaußmann. Leipzig 1902.
119. Kandinsky, Wassily, *Über das Geistige in der Kunst.* München 1912. (Zweite Auflage ebda.).
120. a. ders., „Über die Formfrage". In: *Der Blaue Reiter.* Hrsg. von Wassily Kandinsky und Franz Marc. München 1912.
    b. Wieder in: *Der Blaue Reiter.* Hrsg. von Wassily Kandinsky und Franz Marc. Dokumentarische Neuausgabe von Klaus Lankheit. München und Zürich 1965; überarbeitete Neuausgabe 1984, S. 132–186.

121. a. ders., „Über Bühnenkomposition". In: *Der Blaue Reiter*. Hrsg. von Wassily Kandinsky und Franz Marc. München 1912.
   b. Wieder in: *Der Blaue Reiter*. Hrsg von Wassily Kandinsky und Franz Marc. Dokumentarische Neuausgabe von Klaus Lankheit. München und Zürich 1965; überarbeitete Neuausgabe 1984, S. 189–208.
122. Kandinsky, Wassily / Marc, Franz, *Briefwechsel. Mit Briefen von und an Gabriele Münter und Maria Marc*. Herausgegeben, eingeleitet und kommentiert von Klaus Lankheit. München 1983.
123. Kanehl, Oskar, *Die Schande. Gedichte eines dienstpflichtigen Soldaten aus der Mordsaison 1914–18*. Berlin 1922. (*Die Aktionslyrik*. Band 7).
124. Kayser, Rudolf, „Literatur in Berlin". In: *Das junge Deutschland* 1, 1918, Nr. 2, S. 41–42.
125. Kerschensteiner, Georg, *Deutsche Schulerziehung in Krieg und Frieden*. Leipzig und Berlin 1916.
126. Klabund (d. i. Alfred Henschke), „Bußpredigt". In: *Die weißen Blätter* 5, 1918, H. 2, S. 106–108.
127. Klemm, Wilhelm, *Ich lag in fremder Stube. Gesammelte Gedichte*. Hrsg. und mit einem Nachwort versehen von Hanns-Josef Ortheil. München 1981.
128. Kornfeld, Paul, „Der beseelte und der psychologische Mensch. Kunst, Theater und Anderes". In: *Das junge Deutschland* 1, 1918, Nr. 1, S. 1–13.
129. ders., „Himmel und Hölle. Eine Tragödie in fünf Akten und einem Epilog". In: *Die Erhebung. Jahrbuch für neue Dichtung und Wertung*. Hrsg. von Alfred Wolfenstein. Berlin o. J. (1919), S. 93–184.
130. *Der Krieg der Geister. Eine Auslese deutscher und ausländischer Stimmen zum Weltkriege 1914*. Gesammelt und hrsg. von Dr. Hermann Kellermann. Dresden 1915.
131. a. *Kriegerzweifel. Ein Soldatenbüchlein*. Von Robert Falke. Barmen 1917.
   b. Als Teilabdruck wieder in: *Zeit-Echo* 3, 1917, August- und September-Heft, S. 50/51.
132. a. *Kriegsbriefe deutscher Studenten*. Hrsg. von Philipp Witkop. Gotha 1915.
   b. *Kriegsbriefe deutscher Studenten*. Hrsg. von Philipp Witkop. Leipzig und Berlin 1916.
   c. *Kriegsbriefe gefallener Studenten*. Hrsg. in Verbindung mit den deutschen Kultusministerien von Philipp Witkop. Leipzig und Berlin 1918.
   d. *Kriegsbriefe gefallener Studenten*. In Verbindung mit den Deutschen Unterrichts-Ministerien hrsg. von Philipp Witkop. München 1928.
   e. *Kriegsbriefe gefallener Studenten*. In Verbindung mit den Deutschen Unterrichts-Ministerien hrsg. von Philipp Witkop. München 1928; 186. bis 190. Tausend, mit einem „Vorwort zur Volksausgabe" vom „Herbst 1933".
133. *Kriegsöffentlichkeit und Kriegserlebnis. Eine Ausstellung zum 1. Weltkrieg. 20.-30. Juni 1978*. (Bearb.) Hermann Altmann. Regensburg 1978. (Universität Regensburg, Fachbereich Sprach- und Literaturwissenschaft).
134. *Ein Kriegstagebuch. Gezeichnet von Max Slevogt. Mit einem Geleitwort von Max Slevogt*. Berlin 1917.
135. Landauer, Gustav, „Durch Absonderung zur Gemeinschaft". In: Heinrich Hart / Julius Hart / Gustav Landauer, *Die neue Gemeinschaft*. Leipzig 1901, S. 45–68. (*Das Reich der Erfüllung. Flugschriften*. H. 2).
136. ders., *Skepsis und Mystik. Versuch im Anschluß an Mauthners Sprachkritik*. Berlin 1903.

137. a. ders., *Aufruf zum Sozialismus*. Berlin 1911.
    b. Nachdruck der vierten Auflage (Köln 1923), erschienen 1978 im Verlag Büchse der Pandora.
138. a. ders., *Die Abschaffung des Krieges durch die Selbstbestimmung des Volkes*. Berlin 1911.
    b. Wieder in: Gustav Landauer, *Erkenntnis und Befreiung. Ausgewählte Reden und Aufsätze*. Hrsg. und mit einem Nachwort versehen von Ruth Link-Salinger (Hyman). Frankfurt 1976, S. 53–71.
139. Landsberger, Franz, *Impressionismus und Expressionismus. Eine Einführung in das Wesen der neuen Kunst*. Leipzig 1916.
140. a. Lenz, Max, „Der deutsche Gott". Aufruf, in: *Süddeutsche Monatshefte* Herbst 1914 (Sondernummer *Nationale Kundgebung*).
    b. Teilweise wiedergegeben in: *Das literarische Echo. Halbmonatsschrift für Literaturfreunde* 17, 1914/15, Heft 1 (vom 1. Oktober 1914), Sp. 44 (in der Sparte „Echo der Zeitschriften").
141. Leonhard, Rudolf, „Verkehr und Gemeinschaft". In: *Tätiger Geist! Zweites der Ziel-Jahrbücher*. Hrsg. von Kurt Hiller. München und Berlin 1918, S. 290–293.
142. ders., *Kampf gegen die Waffe*. Berlin 1919. Nachdruck Nendeln 1974. (*Umsturz und Aufbau. Dritte Flugschrift*).
143. ders., „Das lebendige Theater". In: *Die Erhebung. Jahrbuch für neue Dichtung und Wertung*. Hrsg. von Alfred Wolfenstein. Zweites Buch. Berlin 1920, S. 258–264.
144. Lersch, Heinrich, *Herz! Aufglühe dein Blut. Gedichte im Kriege*. Jena 1916.
145. ders., *Briefe und Gedichte aus dem Nachlaß*. Hrsg. von Christian Jenssen. Hamburg 1939.
146. Lessing, Gotthold Ephraim, *Hamburgische Dramaturgie*. Kritisch durchgesehene Gesamtausgabe. Mit einer Einleitung und Kommentar von Otto Mann. Stuttgart 1963.
147. *Lessings Briefwechsel mit Mendelssohn und Nicolai über das Trauerspiel. Nebst verwandter Schriften Nicolais und Mendelssohns*. Herausgegeben und erläutert von Robert Petsch. Darmstadt 1967. (Unveränderter reprografischer Nachdruck der Ausgabe Leipzig 1910).
148. Lessing, Theodor, *Geschichte als Sinngebung des Sinnlosen*. München 1916.
149. Lienhard, Friedrich, „Litteratur-Jugend von heute. Eine Fastenpredigt. (1900)". In: Friedrich Lienhard, *Neue Ideale. Gesammelte Aufsätze*. Leipzig und Berlin 1901, S. 234–258.
150. *Literatur im Klassenkampf. Zur proletarisch-revolutionären Literaturtheorie 1919–1923*. Eine Dokumentation von Walter Fähnders und Martin Rector. München 1971.
151. Lotz, Ernst Wilhelm, *Wolkenüberflaggt. Gedichte*. Leipzig 1917.
152. ders., *Prosaversuche und Feldpostbriefe. Aus dem bisher unveröffentlichten Nachlaß*. Hrsg. von Hellmut Draws-Tychsen. Diessen vor München o.J. (1955).
153. Ludwig, Emil, „Die großen Tage". In: *Die Neue Rundschau* 25, 1914, S. 1321–1326.
154. a. Macke, August, „Die Masken". In: *Der Blaue Reiter*. Hrsg. von Wassily Kandinsky und Franz Marc. München 1912.
    b. Wieder in: *Der Blaue Reiter*. Hrsg. von Wassily Kandinsky und Franz Marc. Dokumentarische Neuausgabe von Klaus Lankheit. München und Zürich 1965; überarbeitete Neuausgabe 1984, S. 53–59.
155. a. Mann, Heinrich, „Geist und Tat". Erstmals in: *Pan. Halbmonatsschrift*, hrsg. von Wilhelm Herzog und Paul Cassirer. Berlin, 1. Jg., Nr. 5, 1. Januar 1911, S. 137–143.

	b.	Wieder in: Heinrich Mann, *Macht und Mensch*. München und Leipzig 1919, S. 1–9.
156.	a.	Mann, Thomas, „Gedanken im Kriege". Zuerst in: *Die Neue Rundschau* 25, 1914, H. 11, S. 1471–1484.
	b.	Wieder in: Thomas Mann, *Politische Reden und Schriften 2*. Frankfurt 1968, S. 7–20. (*Das essayistische Werk*. Taschenbuchausgabe in acht Bänden. Hrsg. von H. Bürgin).
157.		ders., „Gute Feldpost". In: *Zeit-Echo* 1, 1914/15, H. 2, S. 14–15.
158.	a.	ders., „Friedrich und die große Koalition. Ein Abriß für den Tag und die Stunde". Zuerst in: *Der neue Merkur* 1, 1914/15, Heft 10 und 11.
	b.	Wieder in: Thomas Mann, *Politische Reden und Schriften 2*. Frankfurt 1968, S. 20–65. (*Das essayistische Werk*. Taschenbuchausgabe in acht Bänden. Hrsg. von H. Bürgin).
159.		ders., „Der Taugenichts". In: *Die Neue Rundschau* 27, 1916, H. 11, S. 1478–1490.
160.	a.	ders., „Brief an die Zeitung ‚Svenska Dagbladet', Stockholm". In: *Die Neue Rundschau* 26. Jg., 1915, Heft 6 (Juni), S. 830–836.
	b.	Wieder in: Thomas Mann, *Von deutscher Republik. Politische Schriften und Reden in Deutschland*. Nachwort von Hanno Helbling. Frankfurt 1984, S. 89–97. (Thomas Mann, *Gesammelte Werke in Einzelbänden*. Frankfurter Ausgabe. Hrsg. von Peter de Mendelssohn).
161.	a.	ders., *Betrachtungen eines Unpolitischen*. Berlin 1918.
	b.	Neuausgabe Frankfurt 1983.
162.		ders., *Briefe an Paul Amann 1915–1952*. Hrsg. von Herbert Wegener. Lübeck 1959. (*Veröffentlichungen der Stadtbibliothek Lübeck*. Neue Reihe. Bd. 3).
163.		ders., *Briefe 1889–1936*. Hrsg. von Erika Mann. Frankfurt 1961.
164.		Thomas Mann / Heinrich Mann, *Briefwechsel 1900–1949*. Hrsg. von Hans Wysling. Frankfurt 1968.
165.	a.	Marc, Franz, „Die ‚Wilden' Deutschlands". In: *Der Blaue Reiter*. Hrsg. von Wassily Kandinsky und Franz Marc. München 1912.
	b.	Wieder in: *Der Blaue Reiter*. Hrsg. von Wassily Kandinsky und Franz Marc. Dokumentarische Neuausgabe von Klaus Lankheit. München, Zürich 1965; überarbeitete Neuausgabe 1984, S. 28–32.
166.		ders., „Im Fegefeuer des Krieges". In: *Der Sturm* 7, 1916/17, H. 1 (April 1916), S. 2.
167.	a.	ders., *Briefe aus dem Feld 1914–1916*. Berlin 1940 (^{5}1959).
	b.	*Briefe aus dem Feld*. Neu hrsg. von Klaus Lankheit und Uwe Steffen. München 1982.
168.	a.	Meier-Graefe, Julius, „Drei Gewinne". In: Morgenausgabe des *Berliner Tageblatt* vom 11. September 1914.
	b.	Teilweise wieder in: *Die Aktion* 5, 1915, Nr. 18/19, Sp. 237/238.
169.	a.	*Menschheitsdämmerung. Symphonie jüngster Dichtung*. Hrsg. von Kurt Pinthus. Berlin 1920.
	b.	*Menschheitsdämmerung. Ein Dokument des Expressionismus*. Mit Biographien und Bibliographien neu hrsg. von Kurt Pinthus. Hamburg 1959. (*Rowohlts Klassiker der Literatur und Wissenschaft. Deutsche Literatur*. Bd. 4).
170.	a.	Musil, Robert, „Europäertum, Krieg, Deutschtum". In: *Die Neue Rundschau* 25, 1914, H. 9 (September), S. 1303–1305.

b. Wieder in: Robert Musil, *Gesammelte Werke. Prosa und Stücke. Kleine Prosa, Aphorismen. Autobiographisches. Essays und Reden. Kritik.* Hrsg. von Adolf Frisé. Reinbek bei Hamburg, 1978, S. 1020–1022.

171. *1914–1918. Eine Anthologie.* Berlin 1916. (*Die Aktions-Lyrik.* Hrsg. von Franz Pfemfert. Bd. I).
172. Pfeilschifter, Georg, „Seelsorge und religiöses Leben im deutschen Heere". In: *Deutsche Kultur, Katholizismus und Weltkrieg. Eine Abwehr des Buches »La guerre allemande et le catholicisme«.* Hrsg. von Georg Pfeilschifter. Freiburg 1915, S. 235–268.
173. Pfemfert, Franz, „Freunde der *Aktion*, Leser, Mitarbeiter!" In: *Die Aktion* 4, 1914, 15. August, Sp. 693.
174. a. Pinthus, Kurt, „Versuch eines zukünftigen Dramas". In: *Die Schaubühne* 10, 1914, Nr. 14, S. 391–394.
   b. Wieder in: Paul Pörtner (Hrsg.), *Literatur-Revolution 1910–1925. Dokumente, Manifeste, Programme.* Bd. 1: *Zur Ästhetik und Poetik.* Darmstadt 1960, S. 343–347.
175. ders., „Zur jüngsten Dichtung". In: *Vom jüngsten Tag. Ein Almanach neuer Dichtung.* Leipzig 1916, S. 230–247.
176. ders., „Rede an junge Dichter". In: *Die neue Dichtung. Ein Almanach.* Leipzig 1918, S. 137–157.
177. ders., „Rede für die Zukunft". In: *Die Erhebung. Jahrbuch für neue Dichtung und Wertung.* Hrsg. von Alfred Wolfenstein. Berlin o.J. (1919), S. 398–422.
178. a. ders., „Zuvor". In: *Menschheitsdämmerung. Symphonie jüngster Dichtung.* Hrsg. von Kurt Pinthus. Berlin 1920.
   b. Auch in: *Menschheitsdämmerung. Ein Dokument des Expressionismus.* Mit Biographien und Bibliographien neu hrsg. von Kurt Pinthus. Hamburg 1959, S. 22–35.
179. ders., „Nach 40 Jahren. (New York, Sommer 1959)". In: *Menschheitsdämmerung. Ein Dokument des Expressionismus.* Mit Biographien und Bibliographien neu hrsg. von Kurt Pinthus. Hamburg 1959, S. 7–21.
180. Plenge, Johann, *1789 und 1914 – die symbolischen Jahre in der Geschichte des politischen Geistes.* Berlin 1916.
181. Pörtner, Paul (Hrsg.), *Literatur-Revolution 1910–1925. Dokumente, Manifeste, Programme.* Bd. 1: *Zur Ästhetik und Poetik.* Darmstadt 1960.
182. Rheiner, Walter, „Expressionismus und Schauspiel". In: *Die Neue Schaubühne. Monatshefte für Bühne, Drama und Film* 1, 1919, S. 14–17.
183. a. Rilke, Rainer Maria, „Fünf Gesänge. August 1914". Zuerst in: *Kriegs-Almanach* (des Insel-Verlages). Leipzig 1915.
   b. Wieder in: *Die Dichter und der Krieg. Deutsche Lyrik 1914–1918.* Hrsg. von Thomas Anz und Joseph Vogl. München 1982, S. 30–35.
184. ders., *Gesammelte Briefe in sechs Bänden. Vierter Band (Briefe 1914–1921).* Hrsg. von Ruth Sieber-Rilke und Carl Sieber. Leipzig 1938.
185. ders., *Briefe. Zweiter Band. 1914 bis 1926.* Wiesbaden 1950.
186. ders., *Werke in drei Bänden. Zweiter Band. Gedichte und Übertragungen.* Frankfurt 1966.
187. Riser, Ernst, „Jüngster Tag". In: *Die Aktion* 7, 1917, 17. November, Sp. 610.
188. Rubiner, Ludwig, „Brief an einen Aufrührer". In: *Die Aktion* 3, 1913, 19. März 1913, Sp. 341–347.

189. ders., „Zur Krise des geistigen Lebens". In: *Zeitschrift für Individualpsychologie.* Hrsg. von Alfred Adler. 1. Jg., 1914/1916, o. O. (Zürich 1916, Neudruck Würzburg o. D.), S. 231–240.
190. ders., „Hören Sie!" In: *Die Aktion* 6, 1916, Nr. 27/28, Sp. 377–380.
191. ders., „Die Änderung der Welt". In: *Das Ziel. Aufrufe zu tätigem Geist.* Hrsg. von Kurt Hiller. München und Berlin 1916, S. 99–120.
192. ders., „Der Kampf mit dem Engel". In: *Die Aktion* 7, 1917, H. 16/17 (*Sonderheft Ludwig Rubiner*), Sp. 211–232.
193. ders., „Organ". In: *Zeit-Echo* 3, 1917, 1. und 2. Maiheft, S. 1/2.
194. ders., „Neuer Inhalt". In: *Zeit-Echo* 3. Jg., 1917, 1. und 2. Maiheft, S. 2–5.
195. ders., „Europäische Gesellschaft". In: *Zeit-Echo* 3, 1917, 1. und 2. Maiheft, S. 6–10.
196. ders., „Mitmensch". In: *Zeit-Echo* 3, 1917, 1. und 2. Maiheft, S. 10–13.
197. ders., „Leonhard Frank. Der Kellner". In: *Zeit-Echo* 3, 1917, 1. und 2. Maiheft, S. 19/20.
198. ders., „Bühne der Geistigen". In: *Zeit-Echo* 3, 1917, 1. und 2. Maiheft, S. 22–24.
199. ders., „Nach Friedensschluß". In: *Zeit-Echo* 3, 1917, 1. und 2. Juniheft, S. 1–5.
200. ders., „Konjunkturbuben". In: *Zeit-Echo* 3, 1917, 1. und 2. Juniheft, S. 32.
201. ders., „Die neue Schar". In: *Zeit-Echo* 3, 1917, August und Septemberheft, S. 1–12.
202. ders., „Aus der Einleitung zu Tolstois Tagebuch 1895–1899". In: *Die Aktion* 8, 1918, H. 1/2, Sp. 1–7.
203. ders., „Heinrich Mann und Stefan George". In: *Die Aktion* 8, 1918, H. 3/4, Sp. 29–39.
204. ders., „Einleitung". In: *Leo Tolstoi. Tagebuch 1895–1899.* Hrsg. von Ludwig Rubiner. Zürich 1918.
205. ders., „Vorbemerkung". In: *Die Gemeinschaft. Dokumente der geistigen Weltwende.* Hrsg. von Ludwig Rubiner. Potsdam o. J. (1919), S. 5–6.
206. a. ders., „Nachwort". In: *Kameraden der Menschheit. Dichtungen zur Weltrevolution. Eine Sammlung.* Hrsg. von Ludwig Rubiner. Potsdam 1919.
    b. Als Nachdruck Stuttgart 1979, das Nachwort dort S. 175.
207. ders., *Die Gewaltlosen. Drama in vier Akten.* Potsdam 1919.
208. ders., *Der Mensch in der Mitte.* Berlin-Wilmersdorf 1917. (2. Auflage Potsdam 1920).
209. Scheffler, Karl, „Der Krieg". In: *Kunst und Künstler. Illustrierte Monatsschrift für Kunst und Kunstgewerbe* Jg. XIII, 1914/15, Berlin 1915, S. 1–4.
210. Schickele, René, „Nachwort des Herausgebers". In: *Die weißen Blätter* 2, 1915, H. 6, S. 816–817.
211. ders., „Der Konvent der Intellektuellen". In: *Die weißen Blätter* 5, 1918, III. Quartal (August), S. 96–105.
212. ders., „Rede vor Mitternacht". In: *Die weißen Blätter* 5, 1918, Quartal Oktober-Dezember, S. 143–146.
213. Schiller, Friedrich, *Sämtliche Werke.* Fünfter Band: *Erzählungen. Theoretische Schriften.* Auf Grund der Originaldrucke hrsg. von Gerhard Fricke und Herbert G. Göpfert. München 1967.
214. Schmitz, Oskar A. H., *Das wirkliche Deutschland. Die Wiedergeburt durch den Krieg.* München 1914.
215. Schreyer, Lothar, „Expressionistische Dichtung". In: *Sturm-Bühne. Jahrbuch des Theaters der Expressionisten* 1918/1919, 4. und 5. Folge (September 1918), S. 19–20; Fortsetzung in der 6. Folge (Mai 1919), S. 21–23. (Reprint Nendeln 1975).

216. ders., „Die neue Kunst". In: *Der Sturm* 10, 1919/1920, H. 5, S. 66–70.
217. a. Schüller, Hermann, „Naivität und Gemeinschaft". In: *Die Erhebung. Jahrbuch für neue Dichtung und Wertung*. Hrsg. von Alfred Wolfenstein. Zweites Buch. Berlin 1920, S. 289–295.
   b. Wieder in: *Der Aktivismus 1915–1920*. Hrsg. von Wolfgang Rothe. München 1969, S. 139–144.
218. Schultze, Ernst, *Was verbürgt den Sieg?* Leipzig 1915. (*Zwischen Krieg und Frieden*. Bd. 18).
219. Serner, Walter, „Kunst und Gegenwart". In: *Die Aktion* 3, 1913, Nr. 25, Sp. 613–614.
220. Sorge, Reinhard Johannes, *Gericht über Zarathustra. Vision*. München, Kempten 1921.
221. Sprengel, Johann Georg, „Literatur". In: *Der Weltkrieg in seiner Einwirkung auf das deutsche Volk*. Hrsg. von Max Schwarte. Leipzig 1918, S. 457–477.
222. Stadelmann-Ringen, Heinrich, „Das neue Drama". In: *Die Aktion* 7, 1917, Nr. 24/25, Sp. 328–332.
223. a. Sternheim, Carl, „Gedanken über das Wesen des Dramas". In: *Die Argonauten. Eine Monatsschrift*. Hrsg. von Ernst Blass. 1. Jg., 1914, Nr. 5, S. 238–239.
   b. Wieder in: Paul Pörtner (Hrsg.), *Literatur-Revolution 1910–1925. Dokumente, Manifeste, Programme*. Bd. 1: *Zur Ästhetik und Poetik*. Darmstadt 1960, S. 347–348.
224. Stramm, August, *Das Werk*. Hrsg. von René Radrizzani. Wiesbaden 1963.
225. ders., *Briefe an Nell und Herwarth Walden*. Hrsg. von Michael Trabitzsch. Berlin 1988.
226. a. Sudermann, Hermann, „Was wir waren". Gedicht, in: *Berliner Tageblatt* vom 16.8.1914.
   b. Teilweise wieder in: *Die Aktion* 5, 1915, Nr. 18/19, Sp. 236.
227. Sydow, Eckart von, *Die deutsche expressionistische Kultur und Malerei*. Berlin o. J. (1920) (*Furche-Kunstgaben*. 2. Veröffentlichung).
228. Tönnies, Ferdinand, *Gemeinschaft und Gesellschaft*. Leipzig 1887.
229. ders., *Die Tatsache des Wollens*. Aus dem Nachlaß hrsg. und eingeleitet von Jürgen Zander. Berlin 1982.
230. Toller, Ernst, *Die Wandlung. Das Ringen eines Menschen*. Potsdam 1919.
231. ders., „Brief an einen schöpferischen Mittler". Als „Vorwort zur zweiten Auflage" in: Ernst Toller, *Masse = Mensch. Ein Stück aus der sozialen Revolution des 20. Jahrhunderts*. Potsdam 1920 (4.-6. Tausend, Potsdam 1922), S. 5/6.
232. a. ders., „Brief an Gustav Landauer". In: *Der Freihafen* III, 1920, S. 5–7.
   b. Wieder in: Ernst Toller, *Gesammelte Werke*. Band I: *Kritische Schriften und Reportagen*. Hrsg. von John M. Spalek und Wolfgang Frühwald. München 1978, S. 36.
233. a. Torsi, Tristan (i. e. Iwan Goll), „Vorwort" zu dem Gedichtband *Films*. Berlin-Charlottenburg 1914.
   b. Teilweise wieder in: *Expressionismus. Manifeste und Dokumente zur deutschen Literatur 1910–1920*. Mit Einleitungen und Kommentaren hrsg. von Thomas Anz und Michael Stark. Stuttgart 1982, S. 37.
234. Vallentin, Berthold, „Deutschlands Berufung". In: *Frankfurter Zeitung* Nr. 301 vom 30.10.1914.
235. Vesper, Will, *Vom großen Krieg*. München 1914.

236. Vierordt, Heinrich, „Deutschland, hasse!". Gedicht, unter anderem in: *Das Forum* 1, 1914/15, Band 2, S. 319/320.
237. Volkmann, Ernst, „Einführung". In: *Deutsche Dichtung im Weltkrieg 1914–1918*. Bearbeitet von Dr. Ernst Volkmann. Leipzig 1934. (*Deutsche Literatur. Sammlung literarischer Kunst- und Kulturdenkmäler in Entwicklungsreihen. Reihe Politische Dichtung.* Bd. 8).
238. a. Wassermann, Jakob, „Was sollen wir tun?" In: *Das Forum* 1, 1914, H. 5/6 (August/September 1914), S. 286–294.
   b. Wieder in: Jakob Wassermann, *Lebensdienst. Gesammelte Studien, Erfahrungen und Reden aus drei Jahrzehnten*. Leipzig, Zürich 1928, S. 303–313.
239. a. Weber, Carl Maria, „Der politische Dichter". In: *Tätiger Geist! Zweites der Ziel-Jahrbücher*. Hrsg. von Kurt Hiller. München und Berlin 1918, S. 330–338.
   b. Wieder in: *Der Aktivismus 1915–1920*. Hrsg. von Wolfgang Rothe. München 1969, S. 88–95.
240. Weber, Marianne, „Der Krieg als ethisches Problem (1916)". In: Marianne Weber, *Frauenfragen und Frauengedanken. Gesammelte Aufsätze*. Tübingen 1919, S. 157–178.
241. *Weltkrieg und Sittlichkeit. Beiträge zur Kulturgeschichte der Weltkriegsjahre*. Hrsg. von Bruno Grabinski. Hildesheim 1917.
242. Werfel, Franz, „Aphorismus zu diesem Jahr". In: *Die Aktion* 4, 1914, 5. Dezember, Sp. 902–905.
243. ders., „Die Gefahr". In: *Die weißen Blätter* 5, 1918, H. 2, S. 109.
244. ders., „Brief an einen Staatsmann". In: *Das Ziel. Aufrufe zu tätigem Geist*. Hrsg. von Kurt Hiller. München und Berlin 1916, S. 91–98.
245. Wilamowitz-Moellendorff, Ulrich von, „Krieges Anfang. Berlin, 27. August 1914". In: *Deutsche Kriegsreden*. Hrsg. von Kurt Pinthus. München, Berlin 1916, S. 416–425.
246. a. Winckler, Josef, „Hindenburg". Gedicht, in: Bab, Julius (Hrsg.), *Der deutsche Krieg im deutschen Gedicht*. Heft VII-IX, 1916.
   b. Wieder in: *1914. Der Deutsche Krieg im Deutschen Gedicht*. 2. Band. Ausgewählt von Julius Bab. Berlin o.J. (ca. 1919), S. 153–155.
247. Wohlgemuth, J., *Der Weltkrieg im Lichte des Judentums*. Berlin 1915.
248. Wolf, Friedrich, *Briefe. Eine Auswahl*. Hrsg. im Auftrag der Deutschen Akademie der Künste zu Berlin von Else Wolf und Walther Pollatschek. Berlin und Weimar 1969.
249. Wolfenstein, Alfred, „Kämpfer Künstler". In: *Zeit-Echo* 2, 1915/16, H. 12, S. 177–179.
250. a. ders., „Über die Revolution der Revolutionäre!" In: *Revolution. Wochenschrift an Alle und Einen* Nr. 1, 23.11.1918, S. 3ff.
   b. Auch in: Hans Helmuth Knütter, *Die Juden und die deutsche Linke in der Weimarer Republik 1918–1933*. Düsseldorf 1971, S. 72.
251. ders., „Das Neue. Ein Vorwort". In: *Die Erhebung. Jahrbuch für neue Dichtung und Wertung*. Hrsg. von Alfred Wolfenstein. Berlin o.J. (1919), S. 1–6.
252. ders., „Aufruf gegen ein Gift". In: *Die weißen Blätter* 7, 1919, H. 6 (Juni), S. 270–276.
253. Wolff, Kurt, *Briefwechsel eines Verlegers 1911–1963*. Hrsg. von Bernhard Zeller und Ellen Otten. Frankfurt 1966.
254. a. Zech, Paul, „Wie Georg Heym diesen Krieg sah". In: *Die Hilfe* 22, 1916, S. 364–365.

b. Wieder in: *Georg Heym. Dokumente zu seinem Leben und Werk.* Hrsg. von Karl Ludwig Schneider und Gerhart Burckhardt. München 1968, S. 132–136. (Georg Heym, *Dichtungen und Schriften.* Bd. 6).
255. Ziegler, Theobald, *Die geistigen und sozialen Strömungen Deutschlands im 19. und 20. Jahrhundert bis zum Beginn des Weltkrieges.* Berlin 1921.
256. Zuckmayer, Carl, *Als wär's ein Stück von mir. Horen der Freundschaft.* Frankfurt 1966.
257. Zweig, Arnold, „Judenzählung vor Verdun". In: *Die Schaubühne* 13, 1917, Nr. 5, S. 115–117.
258. *Arnold Zweig 1887–1968. Werk und Leben in Dokumenten und Bildern. Mit unveröffentlichten Manuskripten und Briefen aus dem Nachlaß.* Hrsg. von Georg Wenzel. Berlin und Weimar 1978.
259. Zweig, Stefan, *Die Welt von gestern. Erinnerungen eines Europäers.* Stockholm 1942.
260. ders., *Tagebücher.* Herausgegeben, mit Anmerkungen und einer Nachbemerkung versehen von Knut Beck. Frankfurt a. M. 1984.

II. Sekundärliteratur

261. Albrecht, Friedrich, *Deutsche Schriftsteller in der Entscheidung. Wege zur Arbeiterklasse 1918–1933.* Berlin und Weimar 1970.
262. Alt, Franz, *Frieden ist möglich. Die Politik der Bergpredigt.* München 1983.
263. Anz, Thomas / Vogl, Joseph, „Nachwort". In: *Die Dichter und der Krieg. Deutsche Lyrik 1914–1918.* Hrsg. von Thomas Anz und Joseph Vogl. München 1982, S. 225–244.
264. Boschert, Bernhard, „»Eine Utopie des Unglücks stieg auf.« Zum literarischen und publizistischen Engagement deutscher Schriftsteller für den Ersten Weltkrieg". In: *August 1914. Ein Volk zieht in den Krieg.* Hrsg. von der Berliner Geschichtswerkstatt. Berlin 1989, S. 127–136.
265. Brinkmann, Richard, *Expressionismus. Internationale Forschung zu einem internationalen Phänomen.* Stuttgart 1980.
266. Daniels, Karlheinz, „Expressionismus und Technik". In: *Expressionismus als Literatur. Gesammelte Studien.* Hrsg. von Wolfgang Rothe. Bern, München 1969, S. 171–193.
267. *Deutsche Literatur. Eine Sozialgeschichte.* Hrsg. von Horst Albert Glaser. Bd. 8: *Jahrhundertwende: Vom Naturalismus zum Expressionismus. 1880–1918.* Hrsg. von Frank Trommler. Reinbek bei Hamburg 1982.
268. Durzak, Manfred, *Das expressionistische Theater. Ernst Barlach, Ernst Toller, Fritz von Unruh.* München 1979.
269. Eksteins, Modris, *Tanz über Gräben. Die Geburt der Moderne und der Erste Weltkrieg.* Reinbek bei Hamburg 1990.
270. *Expressionismus. Gestalten einer literarischen Bewegung.* Hrsg. von Hermann Friedmann und Otto Mann. Heidelberg 1956.
271. Eykman, Christoph, *Denk- und Stilformen des Expressionismus.* München 1974.
272. Faulenbach, Bernd, *Ideologie des deutschen Weges. Die deutsche Geschichte in der Historiographie zwischen Kaiserreich und Nationalsozialismus.* München 1980.
273. *Geschichte der deutschen Literatur von den Anfängen bis zur Gegenwart. Band 9: Geschichte der deutschen Literatur vom Ausgang des 19. Jahrhunderts bis 1917.* Von einem Autorenkollektiv unter Leitung von Hans Kaufmann, unter Mitarbeit von Silvia Schlenstedt. Berlin (DDR), 1974.

274. a. Grebing, Helga, *Geschichte der deutschen Arbeiterbewegung. Ein Überblick.* München 1966.
  b. Als Taschenbuch München 1970.
275. a. Gruber, Helmut, „Die politisch-ethische Mission des deutschen Expressionismus". In: *The German Quarterly* 40, 1967, S. 186–203.
  b. Wieder in: Hans Gerd Rötzer (Hrsg.), *Begriffsbestimmung des literarischen Expressionismus.* Darmstadt 1976, S. 404–426. (*Wege der Forschung.* Bd. 380).
276. Heinemann, Ulrich, *Die verdrängte Niederlage. Politische Öffentlichkeit und Kriegsschuldfrage in der Weimarer Republik.* Göttingen 1983.
277. Hellmann, Winfried, *Das Geschichtsdenken des frühen Thomas Mann (1906–1918).* Tübingen 1972.
278. Hinck, Walter, *Die deutsche Ballade von Bürger bis Brecht. Kritik und Versuch einer Neuorientierung.* Göttingen 1968.
279. Imiela, Hans Jürgen, *Max Slevogt. Eine Monographie.* Karlsruhe 1968.
280. Kauffeldt, Rolf, *Erich Mühsam. Literatur und Anarchie.* München 1983.
281. Kaufmann, Eva, *Arnold Zweigs Weg zum Roman. Vorgeschichte und Analyse des Grischaromans.* Berlin (DDR), 1967.
282. Klarmann, Adolf, „Der expressionistische Dichter und die politische Sendung". In: *Der Dichter und seine Zeit – Politik im Spiegel der Literatur. 3. Amherster Colloquium zur modernen deutschen Literatur.* Hrsg. von Wolfgang Paulsen. Heidelberg 1970, S. 158–180.
283. Klein, Alfred, *Im Auftrag ihrer Klasse. Weg und Leistung deutscher Arbeiterschriftsteller 1918–1933.* Berlin und Weimar 1971.
284. Knopf, Jan / Žmegač, Viktor, „Expressionismus als Dominante. Widersprüche, Bedingungen, Selbstverständnis". In: *Geschichte der deutschen Literatur vom 18. Jahrhundert bis zur Gegenwart.* Bd. II/2. Hrsg. von Viktor Žmegač. Königstein 1980, S. 413–500.
285. Koester, Eckart, *Literatur und Weltkriegsideologie. Positionen und Begründungszusammenhänge des publizistischen Engagements deutscher Schriftsteller im Ersten Weltkrieg.* Kronberg 1977.
286. a. Kohlschmidt, Werner, „Zu den soziologischen Voraussetzungen des literarischen Expressionismus in Deutschland". In: Karl Rüdiger (Hrsg.), *Literatur – Sprache – Gesellschaft.* München 1970, S. 31–49.
  b. Wieder in: Hans Gerd Rötzer (Hrsg.), *Begriffsbestimmung des literarischen Expressionismus.* Darmstadt 1976, S. 427–446. (*Wege der Forschung.* Bd. 380).
287. Kolinsky, Eva, *Engagierter Expressionismus. Politik und Literatur zwischen Weltkrieg und Weimarer Republik. Eine Analyse expressionistischer Zeitschriften.* Stuttgart 1970.
288. Korte, Hermann, *Der Krieg in der Lyrik des Expressionismus. Studien zur Evolution eines literarischen Themas.* Bonn 1981.
289. Kraft, Herbert, *Kunst und Wirklichkeit im Expressionismus. Mit einer Dokumentation zu Carl Einstein.* Bebenhausen 1972.
290. *Kriegserlebnis. Der Erste Weltkrieg in der literarischen Gestaltung und symbolischen Deutung der Nationen.* Hrsg. von Klaus Vondung. Göttingen 1980.
291. Lehnert, Herbert, *Geschichte der deutschen Literatur vom Jugendstil zum Expressionismus.* Stuttgart 1978. (*Geschichte der deutschen Literatur von den Anfängen bis zur Gegenwart.* Bd. V).
292. Lemmermann, Heinz, *Kriegserziehung im Kaiserreich. Studien zur politischen Funktion von Schule und Schulmusik 1890–1918.* Band 1: *Darstellung.* Lilienthal / Bremen 1984. Band 2: *Dokumente.* Lilienthal / Bremen 1984.

293. Linse, Ulrich, „Das wahre Zeugnis. Eine psychohistorische Deutung des Ersten Weltkriegs". In: *Kriegserlebnis. Der Erste Weltkrieg in der literarischen Gestaltung und symbolischen Deutung der Nationen.* Hrsg. von Klaus Vondung. Göttingen 1980, S. 90–114.
294. Lübbe, Hermann, *Politische Philosophie in Deutschland. Studien zu ihrer Geschichte.* Basel, Stuttgart 1963.
295. Lukacs, Georg, „Größe und Verfall des Expressionismus". Erstmals in: *Internationale Literatur* 4, 1934, S. 153–173.
296. Mann, Otto, „Einleitung". In: *Expressionismus. Gestalten einer literarischen Bewegung.* Hrsg. von Hermann Friedmann und Otto Mann. Heidelberg 1956, S. 9–26.
297. Motekat, Helmut, „Das Experiment des deutschen Expressionismus". In: Helmut Motekat, *Experiment und Tradition. Vom Wesen der Dichtung im 20. Jahrhundert.* Frankfurt 1961, S. 79–109.
298. Neuss, Raimund, *Anmerkungen zu Walter Flex. Die ‚Ideen von 1914' in der deutschen Literatur: Ein Fallbeispiel.* Schernfeld 1992.
299. Ortheil, Hanns-Josef, *Wilhelm Klemm. Ein Lyriker der ‚Menschheitsdämmerung'.* Stuttgart 1979.
300. ders., „Nachwort". In: Klemm, Wilhelm, *Ich lag in fremder Stube. Gesammelte Gedichte.* Hrsg. und mit einem Nachwort versehen von Hanns-Josef Ortheil. München 1981, S. 119–137.
301. Petersen, Klaus, *Ludwig Rubiner. Eine Einführung mit Textauswahl und Bibliographie.* Bonn 1980.
302. Pikulik, Lothar, „Die Politisierung des Ästheten im Ersten Weltkrieg". In: *Thomas Mann 1875–1975. Vorträge in München – Zürich – Lübeck.* Hrsg. von Beatrix Bludau, Eckhard Heftrich und Helmut Koopmann. Frankfurt 1977, S. 61–74.
303. Prohl, Jürgen, *Hugo von Hofmannsthal und Rudolf Borchardt. Studien über eine Dichterfreundschaft.* Bremen 1973.
304. Riedel, Walter, *Der neue Mensch. Mythos und Wirklichkeit.* Bonn 1970.
305. Riedl, Peter Anselm, *Wassily Kandinsky.* Reinbek bei Hamburg 1983.
306. Rötzer, Hans Gerd (Hrsg.), *Begriffsbestimmung des literarischen Expressionismus.* Darmstadt 1976. (*Wege der Forschung.* Bd. 380).
307. Rothe, Wolfgang, „Der große Krieg. Geschichtssoziologische Marginalien". In: Wolfgang Rothe, *Schriftsteller und totalitäre Welt.* Bern, München 1966, S. 9–64.
308. ders., *Der Expressionismus. Theologische, soziologische und anthropologische Aspekte einer Literatur.* Frankfurt 1977.
309. ders., *Tänzer und Täter. Gestalten des Expressionismus.* Frankfurt 1979.
310. a. Rühle, Günther, „Einleitung". In: Günther Rühle (Hrsg.), *Zeit und Theater 1913–1925.* Band I: *Vom Kaiserreich zur Republik.* Frankfurt 1973, S. 7–60.
  b. Taschenbuchausgabe 1980, S. 7–60.
311. Schneider, Karl Ludwig, *Zerbrochene Formen. Wort und Bild im Expressionismus.* Hamburg 1967.
312. Schroeter, Klaus, „Der Chauvinismus und seine Tradition. Deutsche Schriftsteller und der Ausbruch des Ersten Weltkriegs". In: Klaus Schroeter, *Literatur und Zeitgeschichte. Fünf Aufsätze zur deutschen Literatur im 20. Jahrhundert.* Mainz 1970, S. 7–46.
313. ders., „‚Eideshelfer' Thomas Manns 1914/18". In: Klaus Schroeter, *Literatur und Zeitgeschichte. Fünf Aufsätze zur deutschen Literatur im 20. Jahrhundert.* Mainz 1970, S. 47–65.

314. Siebenhaar, Klaus, *Klänge aus Utopia. Zeitkritik, Wandlung und Utopie im expressionistischen Drama*. Berlin, Darmstadt 1982.
315. Sokel, Walter H., *Der literarische Expressionismus. Der Expressionismus in der deutschen Literatur des zwanzigsten Jahrhunderts*. München 1970.
316. Stieg, Gerald / Witte, Bernd, *Abriß einer Geschichte der deutschen Arbeiterliteratur*. Stuttgart 1973.
317. Vietta, Silvio / Kemper, Hans-Georg, *Expressionismus*. München 1975.
318. Viviani, Annalisa, *Das Drama des Expressionismus. Kommentar zu einer Epoche*. München 1970.
319. Vondung, Klaus, „Propaganda oder Sinndeutung?" In: *Kriegserlebnis. Der Erste Weltkrieg in der literarischen Gestaltung und symbolischen Deutung der Nationen*. Hrsg. von Klaus Vondung. Göttingen 1980, S. 11–37.
320. ders., „Geschichte als Weltgericht. Genesis und Degradation einer Symbolik". In: *Kriegserlebnis. Der Erste Weltkrieg in der literarischen Gestaltung und symbolischen Deutung der Nationen*. Hrsg. von Klaus Vondung. Göttingen 1980, S. 62–84.
321. Weisbach, Reinhard, *Wir und der Expressionismus. Studien zur Auseinandersetzung der marxistisch-leninistischen Literaturwissenschaft mit dem Expressionismus*. Berlin (DDR) 1972.
322. Wernecke, Klaus, *Der Wille zur Weltgeltung. Außenpolitik und Öffentlichkeit im Kaiserreich am Vorabend des Ersten Weltkrieges*. Düsseldorf 1970.
323. Wicke, Ernst August, *Das Phänomen der Menschenliebe im expressionistischen Drama als säkularisierte Form der christlichen Agape*. (Phil. Diss.) Marburg 1952.
324. Ziegler, Klaus, „Dichtung und Gesellschaft im deutschen Expressionismus". In: *Imprimatur*. Neue Folge 3, 1961/62, S. 98–114.

Personenverzeichnis

Adler, Alfred 137
Albrecht, Friedrich 3, 5, 15, 24, 26, 60
Alt, Franz 161
Amann, Paul 7
Anz, Thomas 15, 22, 29, 97, 190, 265, 275
Aristoteles 258, 259, 260
Augustinus 254

Bab, Julius 2, 8, 19, 21, 22, 33, 47, 92, 112, 127
Bahr, Hermann 31, 55, 73, 93, 114, 239, 240, 241, 246
Ball, Hugo 15, 194, 195, 209, 236, 240, 244, 245, 249, 263, 270
Barlach, Ernst 199
Barthel, Max 124
Baumgarten, A. 119
Bebel, August 202
Becher, Johannes R. 27, 185, 192, 249
Beck, Knut 1
Becker, Julius Maria 144
Beckmann, Max 2, 15, 30
Beckmann, Peter 30
Bergson, Henri 159, 160, 240
Bertram, Ernst 67
Bethmann Hollweg, Theobald von 22, 42
Blass, Ernst 233, 234, 237, 261
Blei, Franz 64, 67, 73, 74, 82, 131, 159, 160, 190
Bloch, Ernst 195, 231, 233, 243
Bloem, Walter 130
Blome, Hermann 76, 109
Bludau, Beatrix 83
Bode, Wilhelm von 40, 71
Bonsels, Walter 60, 64, 65, 66, 71, 75
Borberg, Svend 142, 144, 145, 146, 150, 151, 152, 153, 154, 155, 159, 163, 166, 167, 203
Borchardt, Rudolf 6, 11, 12, 13, 17, 20, 23, 24, 25, 28, 36, 37, 38, 39, 40, 44, 45, 50, 51, 52, 53, 54, 55, 56, 57, 58, 59, 61, 62, 63, 64, 65, 66, 67, 68, 69, 70, 71, 72, 73, 74, 75, 77, 80, 81, 88, 91, 92, 112, 123, 125
Borkowsky, Ernst 11, 21, 32, 34, 35, 36, 40, 41, 45

Bornebusch, Herbert 3
Braun, Otto 15
Brecht, Bert 20
Brinkmann, Richard 132, 134
Brod, Max 217, 218
Bröger, Karl 22, 42
Buber, Martin 115, 187, 192
Buchwald, R. 91
Bürgin, Hans 6, 25, 80, 149, 217
Burckhardt, Gerhart 16
Busse, Carl 2, 18, 19, 21, 31, 32, 33, 41, 42, 73, 75, 112, 129

Carossa, Hans 25, 109, 126
Cézanne, Paul 236, 265

Daniels, Karlheinz 154, 156, 186
Darwin, Charles 62
Dauthendey, Max 100
Daviau, Donald G. 100
Dehmel, Richard 1, 6, 7, 11, 12, 15, 17, 53, 56, 57, 58, 59, 61, 62, 64, 68, 73, 78, 87, 109, 113, 116, 117, 122, 123, 124, 125, 129
Delaunay, Robert 264
Demharter, Maria 126
Diederichs, Eugen 131
Dilthey, Wilhelm 236
Dinter, Artur 121, 267
Döblin, Alfred 15, 24, 61, 62, 76, 130, 131, 136, 230
Dohm, Hedwig 193
Draws-Tychsen, Hellmuth 31, 99
Durzak, Manfred 199

Eberle, J. 36
Edschmid, Kasimir 15, 135, 136, 141, 142, 173, 200, 210, 212, 213, 235, 239, 240, 242, 245, 252, 271, 277
Ehrenstein, Albert 15, 41, 57, 161, 179
Ehrenstein, Carl 234
Einstein, Carl 250
Eisner, Freya 267
Eisner, Kurt 255, 267, 268, 272
Eksteins, Modris 284

Engelke, Gerrit 76, 78, 91, 100, 109, 110, 111, 113, 118, 131
Ernst, Otto 17, 36, 37, 38, 39, 41, 43, 44, 54, 55, 72, 73, 74, 75, 76, 77, 92, 114
Eykman, Christoph 144, 147, 170, 187, 189, 190, 193, 195, 212, 233, 234, 235, 243, 273

Fähnders, Walter 264
Falke, Robert 165, 184
Faulenbach, Bernd 51
Fechter, Paul 97, 104, 204
Fichte, Johann Gottlieb 71
Flaischlen, Cäsar 17, 53, 55, 56, 57, 67
Flex, Walter 15, 22, 74, 82, 100, 105
Frank, Leonhard 27, 138, 173, 174, 176, 177, 182, 255, 257, 261
Frenssen, Gustav 17
Freud, Sigmund 143, 152, 234, 236, 239
Fricke, Gerhart 259
Friedmann, Hermann 139, 213
Friedrich II. von Preußen 79, 80, 112
Frisé, Adolf 45
Frühwald, Wolfgang 210

Galton, Sir Francis 240
Ganghofer, Ludwig 15, 17, 61, 76
Geibel, Emanuel 71
George, Stefan 20, 24, 26, 52, 66, 67, 91, 174, 273
Gerstenberger, Gustav 119, 236
Göpfert, Herbert G. 259
Goethe, Johann W. 13, 43, 73, 240, 263
Gogh, Vincent van 236
Goll, Iwan 15, 163, 167, 183, 185, 186, 201, 204, 211, 265, 271
Gollbach, Michael 3
Goltz, Joachim Freiherr von der 129
Grabinski, Bruno 36, 120, 267
Gräf, Hans Gerhard 43
Grebing, Helga 198
Gruber, Helmut 133, 268
Gundolf, Friedrich 17, 66

Haenisch, Konrad 281
Hart, Heinrich 242
Hart, Julius 35, 36, 242
Hasenclever, Walter 206, 258, 259, 269, 271, 278

Hatvani, Paul 235, 244
Hauptmann, Carl 91
Hauptmann, Gerhart 11, 17, 59, 60, 67, 69, 70, 71
Hausenstein, Wilhelm 111
Heftrich, Eckhard 83
Hegel, Georg Wilhelm Friedrich 71, 149
Heidegger, Martin 236
Heinemann, Ulrich 176
Helbling, Hanno 7
Hellmann, Winfried 87
Hellwig, W. 120
Henschke, Alfred (= Klabund) 15, 163
Herzog, Wilhelm 24, 27, 29, 275
Hesse, Hermann 15, 47, 49, 270
Hesse, Agnes 118
Heuss, Theodor 106, 111
Heym, Georg 16
Heymel, Alfred Walter 6, 23, 100
Heynicke, Kurt 184, 196, 276
Hiller, Kurt 136, 140, 141, 153, 158, 168, 179, 180, 181, 189, 207, 209, 210, 211, 214, 218, 219, 220, 248, 249, 251, 252, 253, 263, 265, 268, 269, 273, 274
Hinck, Walter 20
Hindenburg, Paul von 92
Hölderlin, Friedrich 213
Hofmannsthal, Hugo von 12, 17, 22
Hofmiller, Josef 110
Hofmiller, Hulda 110
Holitscher, Arthur 161, 172, 173, 176, 199
Huch, Ricarda 27
Huder, Walther 172, 254, 257
Huebner, Friedrich Markus 41, 45, 135, 136, 141, 150, 158, 173, 178, 179, 193, 230, 238, 249
Husserl, Edmund 236, 240

Ibsen, Henrik 39
Imiela, Hans Jürgen 107

Jensen, Johannes V. 223
Jenssen, Christian 97
Johann, Ernst 37, 108

Kästner, Ingrid 152
Kaiser, Georg 155, 156, 159, 172, 176, 178, 206, 247, 253, 254, 257, 271, 272
Kampmann-Carossa, Eva 25

Kandinsky, Wassily 46, 194, 209, 236, 240, 243, 245, 249, 262, 263, 264, 265, 270
Kanehl, Oskar 105
Kant, Immanuel 31, 90
Kantorowicz, Alfred 85
Kauffeldt, Rolf 255
Kaufmann, Eva 70
Kayser, Rudolf 255
Kellermann, Hermann 11, 17, 26, 60
Kemper, Hans-Georg 152, 160, 171, 192, 232, 236
Kerr, Alfred 15
Kerschensteiner, Georg 222
Kippenberg, Anton 124, 125, 127
Kjellén, Rudolf 281
Klabund (= Henschke, Alfred) 15, 163, 164, 165, 176, 208, 270
Klarmann, Adolf 216
Klaußmann, Oskar 69
Klein, Alfred 22
Klemm, Wilhelm 98, 99, 101, 102, 103, 104, 106, 111, 129
Klotz, Leopold 17
Knopf, Jan 248, 263
Knütter, Hans Helmuth 216
Koester, Eckart 4, 5, 6, 7, 9, 12, 14, 15, 20, 44, 49, 53, 54, 55, 63, 66, 71, 80, 83, 84, 90, 202
Kohlschmidt, Werner 133, 192
Kokoschka, Oskar 15
Kolb, Annette 6, 27
Kolinsky, Eva 178, 211
Koopmann, Helmut 83
Kornfeld, Paul 173, 233, 234, 237, 239, 246, 247, 248, 250, 261, 264, 276
Korte, Hermann 15, 16, 23, 26, 30, 41, 92, 101, 107, 232
Kraft, Herbert 250
Kraus, Karl 28
Kubin, Alfred 25, 109, 265

Landauer, Gustav 162, 198, 201, 210, 242, 243, 255, 273
Landmann, Georg Peter 66
Landsberger, Franz 238, 246
Lankheit, Klaus 46, 108, 240, 243, 245, 262, 263, 265
Le Bon, Gustave 272
Lehnert, Herbert 6, 7

Lemmermann, Heinz 222, 223
Lenin, Wladimir Iljitsch 218
Lenz, Max 76
Leonhard, Rudolf 15, 136, 151, 182, 184, 189, 209, 220, 223, 225, 233, 257, 261, 264, 270
Lersch, Heinrich 8, 18, 19, 21, 22, 33, 97, 98, 124, 127, 128
Lessing, Gotthold Ephraim 258, 259, 260
Lessing, Theodor 143, 144
Lichtenstein, Alfred 16
Lienhard, Friedrich 162
Liliencron, Detlev von 32
Link-Salinger (Hyman), Ruth 162
Linse, Ulrich 100, 243
Lissauer, Ernst 22, 92, 93
Löns, Hermann 17, 100
Lotz, Ernst Wilhelm 16, 31, 98, 99
Ludendorff, Erich 37
Ludwig, Emil 31, 73, 74
Lübbe, Hermann 90
Lukacs, Georg 146

Macke, August 16, 109, 245
Mann, Erika 1, 11
Mann, Heinrich 14, 15, 20, 25, 27, 34, 35, 58, 83, 84, 85, 173, 174, 211, 216, 226
Mann, Otto 138, 139, 213, 214, 236, 245, 258, 260
Mann, Thomas 1, 4, 5, 6, 7, 11, 12, 14, 15, 17, 20, 24, 25, 26, 27, 29, 34, 35, 43, 46, 47, 48, 49, 54, 57, 58, 62, 69, 70, 75, 77, 79, 80, 81, 82, 83, 84, 85, 86, 87, 88, 89, 90, 92, 94, 112, 131, 149, 217, 219, 221, 222, 223, 224, 225, 226, 227, 228, 229, 230, 270, 279
Marc, Franz 2, 15, 16, 45, 46, 99, 108, 109, 126, 129, 139, 145, 155, 161, 163, 165, 166, 169, 240, 243, 245, 262, 265
Marc, Maria 46
Marwitz, Bernhard von 119
Marx, Karl 190, 202, 208
Matisse, Henri 236
Mauthner, Fritz 243
Mayrhofer, Johannes 44
Meier-Graefe, Julius 63
Mendelssohn, Moses 258, 259
Mendelssohn, Peter de 7
Mühsam, Erich 201, 207, 255

Müller, Hugo 126
Müller, Johannes 240
Münchhausen, Thankmar Freiherr von 127
Münter, Gabriele 46
Musil, Robert 44, 45, 48, 49, 73, 79

Naumann, Willi 22
Nicolai, Friedrich 258, 259
Nietzsche, Friedrich 64, 83, 84, 160, 167, 180, 195, 198, 199, 212, 214, 225, 234, 236, 240, 272
Nordhausen, Richard 188

Ortheil, Hanns-Josef 98, 102, 103, 104, 106, 129
Otten, Ellen 101

Pauli, Gustav 6
Paulsen, Friedrich 180
Paulsen, Wolfgang 216
Petersen, Klaus 158, 178, 183
Petsch, Robert 258
Petzold, Alphons 97, 98, 124, 127
Pfeilschifter, Georg 126
Pfemfert, Franz 28, 29, 101, 104, 163, 191, 193
Picasso, Pablo 265
Pikulik, Lothar 83, 90
Pinthus, Kurt 134, 135, 136, 137, 138, 140, 149, 151, 155, 157, 158, 161, 166, 170, 171, 172, 174, 175, 178, 179, 180, 181, 182, 184, 186, 188, 191, 196, 201, 203, 208, 209, 211, 213, 215, 216, 217, 221, 223, 224, 235, 238, 239, 240, 241, 243, 244, 245, 246, 247, 248, 249, 250, 251, 252, 253, 255, 258, 259, 263, 267, 269, 270, 271, 274, 275
Platon 254
Plenge, Johann 281
Pörtner, Paul 99, 126, 258, 261
Pollatschek, Walther 119, 237
Prohl, Jürgen 12
Prümm, Karl 3

Raddatz, Fritz J. 232
Radrizzani, René 129
Rector, Martin 264
Rheiner, Walter 277
Riedel, Walter 270

Riedl, Peter Anselm 264
Rilke, Rainer Maria 31, 100, 119, 124, 125, 127, 130, 177
Riser, Ernst 194
Rötzer, Hans Gerd 133
Rohden, Gotthold von 111
Rolland, Romain 11, 60, 70, 276
Rosegger, Peter 119
Rothe, Wolfgang 94, 99, 127, 154, 170, 171, 174, 175, 178, 180, 182, 185, 186, 187, 189, 190, 197, 200, 204, 206, 225, 234, 235, 238, 242, 247, 248, 251, 269, 271, 272, 276
Rousseau, Jean-Jacques 208, 254
Rubiner, Ludwig 9, 137, 140, 141, 142, 144, 147, 150, 151, 152, 153, 154, 158, 160, 164, 170, 172, 174, 175, 178, 179, 180, 181, 182, 183, 184, 185, 188, 189, 191, 193, 197, 198, 199, 200, 201, 202, 203, 205, 206, 208, 210, 211, 212, 214, 216, 218, 219, 225, 226, 230, 231, 234, 253, 254, 256, 257, 260, 261, 264, 269, 270, 271, 272, 273, 275, 276
Rüdiger, Karl 133
Rühle, Günther 205, 207, 218, 221

Sack, Gustav 100
Scheffler, Karl 32, 36, 107
Scheid SJ, N. 121
Scheler, Max 32
Schickele, René 154, 204, 205, 206, 207, 213, 216, 220, 252, 274
Schiller, Friedrich 13, 71, 259
Schlösser, Siegfried 129
Schmitz, Oskar A.H. 48, 80, 188, 272
Schmolze, Gerhard 272
Schmolze, Renate 272
Schneider, Karl Ludwig 16, 34
Schnitzler, Arthur 27, 121
Schopenhauer, Arthur 160, 167, 180, 222
Schreyer, Lothar 157, 215, 244, 245, 276
Schröder, Christine 152
Schröder, Rudolf Alexander 6, 22, 23
Schroeter, Klaus 4, 51, 53, 62, 83
Schüller, Hermann 190
Schultze, Ernst 43
Schwarte, Max 75, 188
Seidel, Ina 41
Seidenfaden, Theodor 44

Serner, Walter 171
Shakespeare, William 40
Siebenhaar, Klaus 242, 248, 249, 254, 255, 258
Slevogt, Max 2, 15, 107
Sokel, Walter H. 173, 178, 183, 196, 223
Sokrates 208
Sorge, Reinhard Johannes 100, 148, 225
Spalek, John M. 210
Sprengel, Johann Georg 75, 121, 188, 192
Stadelmann-Ringen, Heinrich 237, 239, 240, 251, 256
Stadler, Ernst 16
Stark, Michael 15, 190, 265, 275
Steffen, Uwe 108
Stehr, Hermann 130
Stephani, Erich 108
Sternheim, Carl 121, 261
Stieg, Gerald 42, 115
Stramm, August 15, 99, 100, 105, 109, 126, 129
Sudermann, Hermann 14, 17
Sydow, Eckart von 180

Thurn und Taxis-Hohenlohe, Marie Fürstin von 124, 125
Tönnies, Ferdinand 159, 180, 190
Toller, Ernst 9, 10, 172, 199, 207, 210, 246, 255, 270, 273
Tolstoi, Leo N. 174, 197, 202, 254, 261
Torsi, Tristan (= Goll, Iwan) 265
Trabitzsch, Michael 99
Trakl, Georg 16, 100
Troeltsch, Ernst 281
Tube, Minna 30
Tucholsky, Kurt 28

Unruh, Fritz von 131, 199, 270

Vagts, Alfred 102
Vallentin, Berthold 65
Vesper, Will 93
Vierordt, Heinrich 94
Vietta, Silvio 152, 160, 171, 192, 195, 214, 215, 232, 236
Viviani, Annalisa 156, 182, 240, 241, 242
Vogl, Joseph 22, 29, 97
Volkmann, Ernst 21, 93, 108, 126, 129, 130, 191

Vondung, Klaus 19, 91, 100, 143, 144, 147, 149

Wagner, Richard 31, 64
Walden, Herwarth 99, 109, 126, 129
Walden, Nell 99, 109, 126
Wassermann, Jakob 280
Weber, Carl Maria 251, 270, 278
Weber, Marianne 122, 128, 130, 191, 222, 224, 225
Wedekind, Frank 121, 267
Wegener, Herbert 7
Weisbach, Reinhard 146, 158
Wenzel, Georg 32, 115
Werfel, Franz 27, 147, 179, 192, 211, 235, 274
Wernecke, Klaus 76
Werner, Renate 84
Weyl, Helene 32, 115
Wicke, Ernst August 148, 196
Wilamowitz-Moellendorff, Ulrich v. 188
Wilhelm II. 13, 62, 69, 93, 130, 223
Winckler, Josef 19, 22, 92
Witkop, Philipp 22, 111, 226
Witte, Bernd 42, 115
Wocke, H. 130
Wohlgemuth, J. 148
Wolf, Else 119, 237
Wolf, Friedrich 118, 119, 236, 237, 253, 261, 266
Wolfenstein, Alfred 156, 157, 161, 170, 173, 190, 192, 209, 215, 216, 233, 244, 250, 258, 271
Wolff, Kurt 100, 101, 125, 130
Wundt, Wilhelm 180
Wuthenow, Ralph-Rainer 67
Wysling, Hans 14

Zech, Paul 15, 16, 19, 91, 92, 100, 136
Zeller, Bernhard 6, 101
Ziegler, Klaus 167, 169, 171, 215, 216, 230, 249, 277
Ziegler, Theobald 180
Žmegač, Viktor 248, 263
Zuckmayer, Carl 128, 146
Zweig, Arnold 17, 31, 32, 70, 114, 115, 117, 118, 124, 131
Zweig, Stefan 1, 3, 95, 96, 97, 100, 112, 113, 116, 128

Anstelle eines Sachregisters:

Die Liste der Marginalien

Ein leserfreundliches, hilfreiches Sachregister der vorliegenden Untersuchung anzufertigen, fällt schwer. Es erscheint nützlicher, hier noch einmal die Marginalien zusammenzustellen. Sie informieren unterhalb der Ebene der Überschriften schlagwortartig über den Inhalt der einzelnen Abschnitte. Somit kann auch die folgende Liste eine gute Orientierungshilfe sein. Sie ermöglicht einen schnellen Vergleich, in welchen Kontexten die einzelnen Aspekte vorkommen. Damit man entsprechende Vergleiche auch zwischen Band 1 und Band 2 anstellen kann, wird die Liste der Marginalien für beide Bände der Untersuchung vorgelegt. Freilich haben die Marginalien ihren Informationswert nur im Zusammenhang der zugehörigen Überschriften, die deshalb ebenfalls (und mit Seitenzahlen) abgedruckt werden.

Band 1

I. Einleitung

1. Krieg und Katharsis · S. 1

Wandel der Forschung • Fremd-Einflüsse • Fischer-Kontroverse • Die große Katharsis • Lange Vorgeschichte • Literatur als Paradigma

2. Die Journalisierung der deutschen Literatur zwischen 1871 und 1914 · S. 4

Zeitschriften-Expansion • Novum Kultur-Revue • „Freie" Schriftsteller • Gattungsverschiebungen • Aufstieg des Essays • Standort-Suche • Fraktionierungen • Polarisierung der Literatur • Lebenstempo und literarische Form • Konkurrenz • Kultur-Journalistik

3. Philosophie und Realität des Krieges · S. 10

Quellenauswahl • Vorgehensweise • Die Ernüchterung

II. „Übergangszeit". Kultur und Gesellschaft im wilhelminischen Deutschland

1. Erster Überblick · S. 11

Krieg und Katharsis • Der Umbruch 1871–1914 • Großstadt als Exempel • Lage der Schriftsteller • Begriffsklärung • Literatur und Umbruch • Quellenauswahl • Stilpluralismus um 1900 • Grundströmungen • Früher Expressionismus • Literarische Anti-Moderne • Ausgrenzungen • Vorwurf der Dekadenz • Krise und Kriegsbegeisterung

2. „Ja, das ist eine neue Zeit, – eine ganz neue Welt."
2.1. *Der Umbruch des Deutschen Reiches durch Industrie und Technik (1871-1914)* · S. 18

Weltmacht und deutsches Wesen • Neue Industrien • Arbeitswelt • Standesverschiebungen • Arbeiterbewegung • Frauenarbeit • Novum Großstadt • Psychologie des Großstädters • Agrarromantik • Neue Verkehrsmittel • Neues Tempo • Leitbild Naturwissenschaften • Krise der Geisteswissenschaften • Spezialisierung des Wissens • Literatur als Gegenkraft • Poesie und Naturwissenschaft • Technik-Bewunderung • Wandel des Denkens • Stolz und Angst

2.2. *Die Dichter und die neue Zeit* · S. 35

Buch als Ware • Stellung des Autors • Konkurrenz • Neue Abhängigkeiten • Geld-Elend • Ansehens-Verlust • Vielschreiberei • Vorschriften • Anpassungen • Reklame-Apparate • Streben nach Originalität • Ästhetischer Wettkampf • Tendenz zur Extravaganz • Programmatische Texte • Thema Großstadt • Großstadt-Publikum • Varieté-Nerven • Verdammung der Großstadt • Neue Medien • Massenpresse • Bilderflut • Kinematograph • Kino als Konkurrenz • Warnung vor dem Kino • Kino vs. Theater • Lernen vom Kino • Kino und Literatur • Sprachskepsis • Kampf dem Kino • Ästhetik der Natur • Krise der Literatur

3. *Literarisch-geistige Strömungen im wilhelminischen Deutschland*
3.1. *Einheit von Kunst und Leben: Der Naturalismus* · S. 60

Ausländische Einflüsse • Kernpunkte • Poesie als Wissenschaft • Menschenbild • Dramatik • Sozialdemokratie • Auflösung • Abkehr

3.2. *Abkehr von der Gesellschaft und Wendung „zum Innen": Impressionismus und neuer Individualismus* · S. 65

Hinwendung zum Innen • Nerven-Kunst • Psychologie • Prinzip der Kürze • Neue Sicht der Welt • Nietzsche-Fieber • Großstadt als Lebensform • Reiselust • Genußmoral • Ablehnung

3.3. *Kunst als Mittel zur Stiftung verlorengegangener Einheit: All-Erfahrung und Lebenspathos um 1900* · S. 73

Lebensbegriff • All-Einheit • Aufgabe der Kunst • Ästhetik des Häßlichen • Nietzsche • Zeit-Bezug

3.4. *Vom Ästhetizismus zur Zeitkritik durch Poesie: Stefan George und sein Kreis* · S. 76

Kunst für die Kunst • Kunst und Leben • Höhere Wirklichkeit • Mysterium des Schaffens • Exklusivität • Wandel zur Zeitkritik • Verdammung der Masse • Visionen • Führungsanspruch • Kulturpessimismus

3.5. *Kunst als Mittel zur Umkehr der Nation: Die Programmatik der Heimatkunst* · S. 82

Anti-Moderne • Rembrandt als Erzieher • Großstadt-Feindschaft • Wahre Kunst • Rettung der Nation • Welschheit • Antisemitismus • Künstler als Erzieher • Volkstümliche Poesie • Höhenkunst • Sendungsauftrag • Helden-Bilder • Deutschthum • Stärke des Fühlens • Flucht in die Idylle

3.6. *Umbruch der Literatur: Der Expressionismus der Vorkriegsjahre* · S. 90

Begriff des Expressionismus • Phasen • Lyrik • Zerfall des Ich • Verdinglichung des Menschen • Lyrik der Großstadt • Reihungsstil • Apokalyptik • Auftakt • Wunschprojektionen • Aufbruchslyrik • Aufbruch der Jugend • Aufbruch des Herzens • Motiv des Krieges • Poetische

Chiffren • Wegbereitung für 1914 • Dramatik • Stenogramm der Seele • Aufbruch und Wandlung • Varianten • Der neue Mensch • Wille • Tat • Stationen-Form • Stellung des Protagonisten • Typisierung • Ausdrucksmittel • Krise des Menschen • Kriegsbejahung 1914

4. Literatur in der Krise
4.1. „Dichter" contra „Schriftsteller" · S. 105

Richtungs-Pluralismus • Stellung des Autors • Dichter/Schriftsteller/Literat • Schimpfwort „Literat" • Bild des Dichters • Ein unästhetisches Volk • Mitschuld der Autoren • Distanz zur Zeit • Entschlüpfte Realität • Zensur • Innerlichkeit

4.2. Der Vorwurf der Dekadenz und Ausländerei · S. 112

Literatur als Aschenbrödel • Kunstverständnis Wilhelm II. • Rinnstein-Kunst • Erziehung durch Kunst • Deutsche Vorrangstellung • Entartung • Ideal der Klassik • Moderne als Provokation • Psychopathische Kunst • Kranke Nerven • Kunst als Korrektiv • Anspruch und Wirklichkeit

4.3. „Was sollen wir tun?" · S. 120

Paradoxie • Schaffenszweifel • Was sollen wir tun? • Unwilligkeit des Publikums • Reichtum des Geschehens • Sinnzweifel • Krieg als Erlösung • Führung der Nation • Erneute Verzweiflung

5. Kulturpessimismus und Erneuerungshoffnungen
5.1. Ein Volk am Abgrund ... · S. 125

Allgemeiner Kulturpessimismus • Sittenlosigkeit • Selbstsucht und Lebensgier • Verlust der Werte • Darwinismus als Bedrohung • Geistige Zersplitterung • Drohendes Verderben • Zwiespalt von Stolz und Furcht • Ausländerei • Antisemitismus • Doppelgesicht der Epoche • Optimisten

5.2. Schriftsteller und Kulturpessimismus · S. 135

Ausscheidung des Fremden • Führungsanspruch • Katharsis durch Krieg • Kriegszustimmung 1914

III. Der Erste Weltkrieg: Entstehungsgeschichte und zeitgenössische Deutungen

1. Erste Orientierung · S. 139

Themen des Kapitels • Philosophie des Krieges • Deutsches Wesen • Totalität • Forschungsdefizit • Erkenntnisgewinn • Quellen-Auswahl • Ein Sonderthema

2. Der Weg des Deutschen Reiches in den Krieg
2.1. Die Frage nach der Kriegsschuld als Gegenstand von Politik und Forschung · S. 142

Deutsche Unschuld • Manipulationen • Hineingeschlittert • Griff nach der Weltmacht • Fischer-Kontroverse

2.2. Die Angst der deutschen Führung vor Einkreisung und Überrüstung · S. 146

Platz an der Sonne • Isolierung • Kriegserwartung • Heeresvermehrung • Eine Paradoxie

2.3. Aggressive Außenpolitik und innere Krise · S. 149

Sozialdemokratie • Schwachstellen • Innere Zersplitterung • Gegenmittel • Gesundung durch Krieg • Kriegsbereitschaft • Aggressive Defensivpolitik

3. Die nationale Hochstimmung vom August 1914

3.1. Die Unschuld des Reiches: „Mitten im Frieden überfällt uns der Feind" · S. 153

Mit reinem Gewissen • Standpunkt der Kirchen • Psychologische Mobilmachung • Notwehr • Tabuisierung

3.2. Der Rausch der neuen Einheit · S. 157

Neue Einheit • Burgfrieden • Spaltung der SPD • Einheit der Kirchen • Antisemitismus vor 1914 • Integration • Augustgemeinschaft

3.3. Inflation der Hoffnungen · S. 161

Divergenz der Hoffnungen • Schwächung der SPD • Demokratisierung • Enttäuschung • Große Erlebnisse • Flucht aus der Zeit

4. „Gewittersegen": Der Erste Weltkrieg in der Deutung der Zeitgenossen

4.1. Zur Vorgeschichte der Kriegsideologie von 1914 · S. 164

Krieg und Katharsis • Erfahrungsumbruch • Ideen von 1914 • Militarisierung der Gesellschaft • Krieg als Auslese • Suche nach Identität

4.2. Krieg als Naturgesetz · S. 168

Darwinismus • Natur als Kampf • Krieg als Naturgesetz • Staat als Organismus • Biologismus • Prinzip des Wachsens • Pflicht zur Expansion • Wachstum oder Untergang • Bereitschaft zum Krieg • Pflicht zum Krieg • Frieden als Traum • Naturgesetz • Widerrede

4.3. Krieg als Kulturwert · S. 174

Krieg als Kulturförderer • Gemeinschaftsbildende Kraft • Heroische Tugenden • Neue Gottesfurcht • Erhöhung des Daseins • Katharsis • Frieden als Gefahr • Positive Spätfolgen • Krieg und Kultur • Überfremdung nach 1871 • Evolution durch Krieg • Innergesellschaftlicher Kampf • Deutsche Höherwertigkeit • Weichenstellung • Opponenten

4.4. Gott mit uns · S. 181

Kriegsbejahung der Kirchen • Wille Gottes • Strafgericht Gottes • Mahnung zur Buße • Ein Bote Gottes • Autoritäten • Selbstverständnis Wilhelm II. • Auserwähltes Volk • Siegesgewißheit • Versagen der Heimat • Von Gott erwählt • Gott mit uns • Brudermord

4.5. Von deutscher Art und deutscher Sendung · S. 188

Volkstum als Determinante • Vorgeschichte • Uralte Gegensätze • Wesens-Suche • Leitfiguren • Überzeitlichkeit • Geistige Mobilmachung • Deutsche Innerlichkeit • Tiefe des Herzens • Tiefe des Gedankens • Hintergründe • Scheitern von 1848 • Deutsche Disziplin • Militarismus • Heer und Wesensart • Volksheer • Wesenstheorie • Arbeitsvolk • Führungsanspruch • Sein oder Nichtsein • Wesen und Verfassung • Zwangszivilisierung • Dekadenz der Feinde • Englisches Denken • Biologismus • Ewige Jugend • Führung der Welt • Kronzeugen • Schicksalsstunde • Sendungsauftrag • Versagen des Volkes • Neuer Anlauf

4.6. *Die Ideen von 1914: Von der kulturellen zur politischen Mission · S. 206*

Zivilisierung der Barbaren • Ideologische Defensive • Krieg der Geister • Die Ideen von 1914 • Vollendung der Nation • Die „Revolution" v. 1914 • 1789 vs. 1914 • Deutsche Sendung • Idealwechsel • Antithetik zu 1789 • Fetisch-Freiheit • Deutsche Freiheit • Freiheit und Unterordnung • Volk als Organismus • Erfordernis der Natur • Wechsel der Perspektive • Händler und Helden • Kriegswirtschaft • Revolution • Deutsche Gleichheit • Deutscher Sozialismus • Arbeiterbewegung • Wegbereitung des Sozialismus • Attraktivität • Demokratie als Gefahr • Ansturm des Ostens • Resonanz nach 1918

4.7. *Im Banne des Krieges · S. 220*

Geistige Mobilmachung • Kriegspädagogik • Praxis der Schule • Ziele der Schule • Erziehung zum Krieg • Kriegsneurosen • Krankhafte Geistestätigkeit • Rollentausch • Repressionen

IV. Die Ernüchterung

1. *Vorbemerkung · S. 228*

Desillusionierung • Dolchstoß-Legende

2. *Kriegsverlauf und Desillusionierung · S. 229*

Probleme der Ernährung • Hilfsdienstgesetz • Wachsende Kriegsunlust • Russische Revolution • Revolution von oben

3. *Die Auflösung der nationalen Einheit · S. 232*

Neue Kontroversen • Abspaltung der USPD • Deutsche Vaterlandspartei • Autoritäts-Verlust • Kriegsgewinnler • Profitgier • Sittenlosigkeit • Frauenwelt • Lotterleben • Polarisierung • Offizier vs. Mannschaft • Antisemitismus • Innere Vergiftung

4. *Der Mensch als Objekt der Kriegsmaschine · S. 239*

Ritter-Bilder • Die Wirklichkeit • Flucht in die Vergangenheit • Anachronismus • Stellungskrieg • Irrelevanz des Individuums • Heldentum der Askese • Frühe Desillusionierung • Entromantisierung • Sterben und Tod • Degradierung zum Objekt

5. *Von der Euphorie zur Pflichterfüllung und Suche nach neuen Orientierungen · S. 244*

Tiefe Ernüchterung • Imperativ der Pflicht • Wesen und Pflicht • Gebot der Pflicht • Kriegsorganismus • Heldentum des Erduldens • Seelische Entlastung • Pflicht der Heimat • Tabu • Entfremdung vom Kaiser • Neue Orientierungen • USPD • Der neue Mensch

Band 2

I. Einführung

1. Geistige Mobilmachung · S. 1

Freude/Sorge • Die Dichter als Deuter • Wahl der Quellen • Ein Sonderfall • ‚Hohe' Literatur

2. Probleme der Forschung · S. 3

Eine Verirrung? • Klaus Schroeter • Eckart Koester • Unzulässige Gleichsetzung • Ein neues Deutschland • Die große Katharsis • Desillusionierung

3. Erster Weltkrieg und Expressionismus · S. 8

Erneute Sinn-Frage • Krieg und Expressionismus • Die Ideen der Expressionisten • Geistige Revolution • Ignoranz der Forschung • Schwerpunkt Publizistik • Aufrüttelung

II. Die Dichter und der Krieg: Euphorie und Desillusionierung

1. Geistige Führung der Nation · S. 11

Ausdeutung und Vertiefung • Vom ‚wahren' Sinn • Geistige Führung • Neues Selbstverständnis • Die Vorgeschichte • Die große Katharsis • Kulturphilosophie

2. „Welche Heimsuchung!" Die anfängliche Kriegsbegeisterung deutscher Schriftsteller und ihre literarischen Folgen

2.1. „Wir sind Geweihte!" Die Reaktionen deutscher Dichter und Künstler auf den neuen Krieg im Herbst 1914 · S. 14

Überraschung • Kriegs-Freiwillige • Die Expressionisten • Krieg als Aufbruch • Antizipation • Beschönigung • Deutsche Unschuld • Einheit der Dichter

2.2. Formen literarischer Apologie des Krieges · S. 18

Kriegslyrik • Vorzüge • Kriegslieder • Sinn-Suche • Forschungslücken • Wendung zur Publizistik • Quellen

2.3. Umfang und Verbreitung kriegsapologetischer Literatur · S. 21

Verharmlosung • Lyrik-Flut • Rolle der Presse • Politische Verwertung • Rezensionen • „Große Freude" • Wirkungen

2.4. Motive und Hintergründe · S. 23

Das Thema • Traditionelle Erklärungen • Vereinsamung? • Krieg als Befreiung • Zusammenhänge • Interpretationszwang • Ökonomische Motive • Gegenrede • Bündel von Motiven

Liste der Marginalien

2.5. Schriftsteller in der Opposition gegen den Krieg · S. 27

Opponenten • Isolierung • Zensur • Schweigen als Protest • Formen der Opposition • Emigration • Resonanz

3. Krieg und Kunst
3.1. Der Krieg als ästhetischer Reiz und Anstoß zu künstlerischem Schaffen · S. 30

Hoffnung auf Abenteuer • Anregungen • Ästhetische Wahrnehmung • Schule des Talents • Lyrik als Erlösung • Arbeiterdichtung • Desillusionierung • Schaffenskrisen • Befreiung

3.2. Katharsis der Kunst · S. 35

Läuterung der Kunst • Alte Vorwürfe • Dekadenz • Konkurrenz-Ängste • Kinopest • Unheil Presse • Profitmoral • Ausländerei • Systematische Vergiftung • Nicht genug Leiden? • Das Reich als Opfer • Erste Beweise • Neue Achtung • Arbeiterpoesie • Läuterung des Publikums • Alte Feindschaften • Deutsche Kunst • Erneuerung als Rückkehr • Expressionistische Hoffnungen • Chauvinismus-Kritik

3.3. Der Dichter als „Soldat" · S. 46

Neues Leitbild • Eine Analogie • Wesensbrüder • Krieg und Kultur • Anspruch auf Erkenntnis • Selbstaufwertung • Neue Perspektivik • Selbstreklame • Sonderfall

4. Der Krieg als Entscheidung über die geistige Führung der Welt
4.1. Die geistigen Grundlagen des Krieges · S. 50

Die wahren Hintergründe • Kompetenz-Anspruch • Volk und Wesensart • Das deutsche Wesen • Vorwurf des Vergessens • Deutsche Superiorität • Volkswesen und Technik • Kultur vs. Zivilisation • Wesen und Erfolg • Politik als Psychologie • Kriegsursache Haß • Vernichtung deutschen Wesens • Ausrottung deutscher Sonderart • Kriegsziel deutscher Geist • Krieg der Wesensarten • Alles oder Nichts • Volkskrieg • Führung der Welt • Sieges-Gewißheit • Schock • Krieg der Geister • Apolitie • Entweder − oder! • Resonanz

4.2. Deutschlands Anspruch auf geistige Führung der Welt · S. 62

Epochale Entscheidung • Biologismus • Zivilisation als Verfall • Agonie • Egoismus, Utilitarismus • Selbst-Aufwertung • Weibermeute • Ein junges Volk • Generationen-Wechsel • Deutsches Jungsein • Aufstieg vs. Niedergang • Unfähigkeit zu Erneuerung • Verzweiflungstat • Deutsche Mission • Erlösung der Welt • Der wahre Erbe • Eine Unterstellung • Legitimation des Krieges • Elementarereignis • Erfüllung der Geschichte • Ein Widerspruch

4.3. August 1914: Die Wiedergeburt des deutschen ‚Wesens' · S. 71

Wiedergeburt • Rückkehr • Seelische Revolution • Deutsche Tugenden • Bereitschaft zum Opfer • Neue Gottesfurcht • Deutsche Selbstbesinnung • Belege • Neue Einheit • Volksgemeinschaft • Echte Demokratie • Kaisertreue • Reaktionäre Mentalität • Geistige Ausländerei • Abwehrhaltung • Leitbild Preußen • Identität • Anfänge • Ängste • Einmaligkeit • Katalysator Krieg • Wille Gottes • Katharsis

4.4. „Kultur" contra „Zivilisation" (Thomas Mann) · S. 83

Paradigma Thomas Mann • Ewiger Gegensatz • Kunst-Begriff • Kultur und Innerlichkeit • Dichter vs. Literaten • Feindliche Brüder • Volkscharakter • Wesenszug Militarismus • Selbstreklame • Krieg als Schicksal • Enthistorisierung • Widerlegung • Politische Konsequenz •

Wesen und Staatsform • Apologetik • Zwangs-Zivilisierung • Missions-Auftrag • Ein Kunstwerk • Wirkungsabsicht • Verharmlosung • Zusammenhänge

4.5. Der Feind als Tier und Ungeheuer · S. 91

Inferiorität • Bestien • Menschengeschmeiß • Kampf gegen Teufel • Haß • Politische Führung • Vernichtungs-Aufrufe • Totalität • Kluft Heimat/Front • Widerspruch

5. *Desillusionierungen*

5.1. Kampfgeschehen: Erwartung und Realität · S. 95

Antiquierte Vorstellungen • Unerwartete Kriegsdauer • Abstumpfung • Idee und Realität • Zwei Gesichter • Reduzierung zum Objekt • Schnelle Desillusionierung • Grauen der Realität • Faszination und Entsetzen • Wahnsinn

5.2. Literarische Ent-Heroisierung des Geschehens an der Front: Die „Verse vom Schlachtfeld" · S. 101

Neue Kriegslyrik • Verse vom Schlachtfeld • Anliegen • Gezielte Opposition • Resonanz • Perspektivik • Bilder-Reihung • Ausblendung • Leistung • Entglorifizierung • Konterkarierung • Einheit im Leiden • Konstitutive Opposition • Sachlichkeit • Ablösung

5.3. „Kein Krieg bringt Kunst hervor" · S. 107

Widerlegung • Unfähigkeit • Stillstand der Kunst • Versagen der Sprache • Phrase • Sprach-Verwirrung • Verstummen • Sinneswandel • Kein Krieg bringt Kunst • Schreibtisch-Lyrik • Wirkung • Rückgang • Verebben • Hoffnung auf später • Enttäuschung

5.4. Der Verlust der Hoffnungen auf Katharsis und Neuerung · S. 114

Die große Katharsis • Enttäuschungen • Neuer Antisemitismus • Arbeiterpoesie • Gewollte Einsamkeit • Edlere Menschen? • Stellung der Offiziere • Zweifel • Hoffnung auf Rache • Einschränkung • Letzte Hoffnung • Keine Spur von Katharsis • Fortdauer der Dekadenz • Tiefstand der Bühne • Schuld-Zuweisungen

5.5. Sinn-Zweifel, Pflicht-Gedanke und Verstummen · S. 122

Desillusionierungen • Folgen • Erneute Sinnfrage • Verlust der Zuversicht • Versuche des Verdrängens • Widerlegung alles Bisherigen • Abstumpfung • Seelische Erstarrung • Schreib-Unfähigkeit • Funktionskrise • Intensives Lesen • Imperativ der Pflicht • Neues Leitbild • Appell • Bittere Erkenntnis • Unverdrossene • Verstummen • Expressionismus

III. Erneuerung von Mensch und Welt:
Die Antwort des Expressionismus auf den Krieg

1. *Vorbemerkung · S. 132*

Desillusionierung • Krieg und Expressionismus • Forschungslücke • Begriff ‚Expressionismus' • Ziel der Analyse • Weltanschauung

2. *„Kreuzzug des Geists zur Rettung des Menschen": Das Selbstverständnis des Expressionismus der Kriegsjahre*
2.1. *Expressionismus als Lebensgefühl und Weltanschauung · S. 134*
Expressionismus als Weltanschauung • Belege • Terminologie

2.2. *Die außerästhetische Zielsetzung der Expressionisten · S. 136*
Das neue Wollen • Änderung des Menschen • Bedeutung der Kunst • Ethik • Programmatische Schriften • Zensur • Neue Einstellung zur Welt

3. *Der Krieg als Wendepunkt der Weltgeschichte*
3.1. *Umsturz und Neubau der Welt · S. 139*
Zäsur • Franz Marc • Umsturz und Neubau • Neuanfang • Termini • Grundauffassung • Der Mensch als Mitte • Zwei Wege

3.2. *Sinngebung des Sinnlosen · S. 143*
Sinn-Suche • Sinn-Verlust • Theodor Lessing • Die expressionistische Alternative • Krieg als Chance • Epochen-Wechsel • Automatismus • Attraktivität • Doppelexistenz • Konkretes Handeln • Ein deutsches Phänomen

3.3. *Säkularisierte Heilsgeschichte · S. 147*
Biblische Apokalyptik • Expressionistische Apokalyptik • Die Differenz • Verheißung • Säkularisierte Heilsgeschichte • Transfer • Gegenpole

4. *Die Entstehung des Krieges aus expressionistischer Sicht*
4.1. *Der Krieg als Abschluß einer Epoche · S. 150*
Unterwerfung • Determinismus • Ende einer Epoche

4.2. *Der naturwissenschaftliche Sündenfall der Menschheit · S. 151*
Maschinisierung • Abdankung des Geist • Darwinismus • „Seelen-Mechanik" • Fehlentwicklung der Kunst • Mitschuld • Technik-Kritik • Vergötzung • Der Mensch als Sklave • Abdankung der Moral • Verkümmerung • Georg Kaiser • Anonymisierung des Tötens • Erkenntnis-Leistung • Defizit

4.3. *Die Verschüttung des Menschen · S. 157*
Verschüttung und Neugeburt • Verluste • Regression • Ich-Sucht • Zerfall der Gemeinschaft • Erstarrung des Herzens • Zeitgenössische Philosophie • Kriegsursache • Neue Aktualität • „Mensch, werde wesentlich!" • Parallelen • Ein Spezifikum

4.4. *Schuld und Sühne · S. 163*
Geistige Kriegsursachen • Schuld • Passivität • Selbst-Anklage • Sühne • Töten als Gottesdienst • Ich bin schuld • Resonanz

4.5. *Die Leistung der Expressionisten · S. 166*
Der Weg in den Krieg • Jahrmarkt-Menschen • Fanal • Mitschuld der Kunst • Mit-Schuld des einzelnen • Ein Vergleich • Idee der Katharsis • Leistung

5. Die Erneuerung des Menschen

5.1. *Verschüttung und Wiedergeburt* · S. 169

Symptom • Chaos und Neugeburt • Erneuerung des Menschen • Mittelpunkt • Apokalyptik und Utopie

5.2. *Vom wahren Menschsein* · S. 171

Leitbild Neuer Mensch • Wesens-Suche • Rolle der Literatur • Lebensziel Liebe • Krieg und Selbstverachtung • Antithetik • Soziale Tat • Erneuerung durch Liebe • Liebe und Verachtung • Anti-Determinismus • Mit-Schuld • Grundprinzip Schuld • Schuld und Sühne • Idee des Opfers • Vorbild • Rainer Maria Rilke • Eine Demonstration • Begriff der Tat • Erkenntnis und Tat • Schöpferisches Handeln • Unterschiede • Tat und Wille • Wille zum Menschen • Schlüsselbegriff ‚Geist' • Varianten • Autonomie • Der geistige Mensch • Fähigkeit zum Brudertum • Geist — Tat — Gemeinschaft • Geist und Individuum • Lebensziel Gemeinschaft • Recht auf Leben • „Heilig ist der Mensch" • Geistige Revolution • Organe des Geist

5.3. *„Ein jeder dir nah und Bruder"* · S. 185

Brudertum • Ich und Wir • Realisierung des Geist • Personalismus • Gezielte Opposition • Waffen-Brüder • Menschen-Brüder • Daseinsziel Gemeinschaft • Begriff der Gemeinschaft • Geist und Gemeinschaft • Gesellschaft • Kriegs-Gemeinschaft • Erdball-Gemeinschaft • Attraktivität • Unverständnis

5.4. *Der Mensch als Träger der Erneuerung* · S. 193

Der Mensch in der Mitte • Eigen-Verantwortlichkeit • Gottes Ohnmacht • Gott ist tot • Sinn-Vakuum • Einflüsse Nietzsches • Idealbild Christus • Vermenschlichung Gottes • Vergöttlichung des Menschen • Ablehnung des Marxismus • Grundpositionen • Distanz zur SPD • Wegbereiter Nietzsche • Drei Hoffnungsträger • Die junge Generation • Die Verzweifelten • Die Außenseiter

5.5. *Geistige Revolution* · S. 201

Bewußtseins-Änderung • Tolstoi • Ein konstitutives Merkmal • Grundvermögen • Wahn-Denken • Erweckung der Herzen • Leiden an der Stirn • Balance von Herz und Hirn • Soziales Handeln • Zuversicht • Ablehnung von Gewalt • Kraft des Beispiels • Wandlung zum neuen Menschen • Letzte Chance • Relikt Gewalt • Abschaffung aller Gewalt • Konsequenz • Gewaltfreiheit • Widerlegung • Macht der Idee • Belege • Negativbeispiel • Geist als überzeitliche Kraft • Erweckung durch den Geist • Dialektik • Ambivalenz • Umsturz und Neubau • Geist vs. Macht • Manifestationen • Russische Revolution • Werkzeuge des Geist • Selbstverständnis • Geist und Kunst • Metaphysik • Parallelität • Ersatzreligion

5.6. *Neubau der Gesellschaft durch Erneuerung des Menschen* · S. 215

Innere Wandlung • „Talmirevolution" • Einheit • Logische Konsequenz • Änderung der Gesellschaft • Unschärfen • Kernpunkt Ethik • Kurt Hiller • Bund der Geistigen • Logokratie • Eine Welt ohne Krieg

5.7. *Die Erneuerungslehre des Expressionismus im Kontext des Ersten Weltkrieges* · S. 220

Nie wieder Krieg • Wandlung der Menschen • Scharfe Antithetik • Der Mensch im Zentrum • Der Mensch ist gut • Fressen und Saufen • Leben ist Kampf • Erziehung zum Kampf • Deutscher Militarismus • Brudertum • Gezielter Widerspruch • Antiquiertes Heldenbild • Die Alternative • Heldentat Brudertum • Vom Sinn des Seins • Sinnstifter Krieg • Gegenpol Thomas Mann • Entdeutschung • Widerdeutschheit • Französisches Denken • Menschen-

Bilder • Im Dienste der Feinde • Lumpenpack • Zivilisationsliteraten • Verfluchungen • Optimismus • Vorbilder • Scheitern • Würdigung

6. *Kunst und Erneuerung*
6.1. *Expressionismus und Kunst* · S. 232
Rolle der Kunst • Schwerpunkt Drama

6.2. *Die Unwirklichkeit des Menschen* · S. 233
Zerrbilder • Wissens-Verlust • Entleerte Existenz • Attrappen-Wirklichkeit • Kontext • Erkenntnis-Krisen • Kriegsursache Mensch • Hoffnung • Änderung des Menschen

6.3. *Introversion und Erkenntnis* · S. 238
Erkenntnis vs. Mimesis • Erstickung • Wunsch nach Befreiung • Skepsis gegen Psychologie • Introversion • Rettung von innen • Höhere Wirklichkeit • Vision • Geist und Vision • Gustav Landauer • Introversion und Gemeinschaft • Mystik • Lob der Mystik • Renaissance der Mystik • Kunst und Vision • Erkenntnis durch Intuition

6.4. *Kunst und Vision* · S. 244
Wendung nach innen • Wesenssuche • Introversion und Kunst • Inneres Sehen • Überwindung der Determinanten • Gestaltung des Menschen • Modelle des Menschlichen • Exempel der Wandlung • Entwurf der Zukunft • Vor-Verwirklichung • Utopie-Begriff • Kunst als Kritik • Das zentrale Thema • Pseudo-Kunst

6.5. *Kunst und Wirkung* · S. 251
Wille zur Wirkung • Wille und Introversion • Legitimation • Kunst für alle • Kluges Berühren • Aufklärung • Aufklärung durch Erinnern • Erstellung von Vorbildern • Einmalige Chance • Einflüsse • Leonhard Frank • Der Held als Vorbild • Vorbildhafte Bewußtwerdung • Wirkungsabsicht • Anleitung zum Leben • Mitahmung • Wandlung durch Mitvollzug • Vordenker Lessing • Wirkung der Bühne • Besserung des Menschen • Triebe der Menschlichkeit • Das bist Du • Mitvollzug der Wandlung • Seelen-Schwingungen • Wegbereiter Kandinsky • Mystik • Verschmelzung zur Gemeinde • Haltung des Rezipienten • Übertragungen • Ziel der Kunst • Wirkungs-Optimismus • Wirkungs-Beispiele • Kurt Eisner

6.6. *Der Künstler als Führer* · S. 268
Neues Selbstverständnis • Der Künstler als Führer • Werkzeug des Geist • Dienende Kunst • Persönliches Beispiel • Vorhut • Nächstenliebe • Ethische Superiorität • Sehweise der Masse • Führung auf Zeit • Sonderfall Hiller • Einheit der Geistigen • Europäertum • Innere Vorbereitung • Führungsanspruch • Geistiges Vakuum • Weltanschauung • Naivität? • Scheitern

IV. Zusammenfassung · S. 279

1. *Kernpunkte der allgemeinen Kriegseuphorie vom Sommer 1914* · S. 279
Die Dichter und der Krieg • Krieg der Wesensarten • Der Dichter als Führer • Krieg als Erlösung • Weitere Sehweisen • Die „Ideen von 1914"

2. *Neue Einstellungen durch Erfahrung der Realität* · *S. 281*

Widerlegung • Verstummen • Anti-heroische Lyrik • Expressionismus und Krieg • Bau der Zukunft • Bedeutung der Bühne • Scheitern

3. *Ausblick* · *S. 283*

Resümee • Ein Desiderat